절대지식
세계문학

절대지식 세계문학

가메야마 이쿠오 외 지음 · 임희선 옮김

이다미디어

왜 세계 문학인가

흔히 요즈음 젊은 사람들은 문학 작품을 별로 읽지 않는다고 말한다. 내 주위에 있는 학생들을 보면 그 말이 결코 옳지만은 않다고 여겨지지만, 한편으로 지하철 안에서 만화 잡지에 넋을 잃고 있는 젊은 사람들의 모습을 보면 '하기야 그럴지도 모른다'는 생각을 하게 된다.

일본이 전쟁에 패전한 해에 중학교 3학년이었던 나는 영양실조에 걸려서 건강이 악화되었고, 의사로부터 폐문임파선염肺門淋巴腺炎이니 집에서 요양해야 한다는 진단을 받았다. 참으로 묘한 이야기지만, 그 때 나는 날아갈 듯이 기뻤다. 그 뒤로 난 반세기를 넘게 살아왔지만 그 때 느꼈던 만큼의 기쁨을 다시 느껴 본 적이 없다. 나는 아버지의 책장에서 소설이라는 소설은 모조리 꺼내서 닥치는 대로 읽었다. 처음에는 일본 문학부터 시작했는데, 그렇게 읽다 보니 어느새 읽을 책이 없어져 버렸다. 그래서 아버지가 번역한 톨스토이의 『안나 카레니나』를 읽기 시작했다.

이 소설이 아름다운 유부녀 안나와 청년 장교 브론스키의 열렬한 사랑을 그린 작품이라는 정도의 예비 지식은 있었으므로, 사춘기 소년의 호기심이 이 책을 고르게 한 것이다. 지금 생각해 보니 자신이 번역한 러시아의 슬픈 사랑에 관한 소설을 열네댓 살의 아들이 탐독하고 있는 모습을 보는 아버지의 심경은 매우 복잡했을 것이라고 여겨진다. 하지만 그렇다 하더라도 아버지는 내가 읽지 못하게 말리지도 않았고, 그렇다고 읽으라고 적극적으로 권하지도 않은 채 그저 묵묵히 지켜보기만 했다.

우리는 왜 세계 명작을 읽는 것일까? 더구나 외국의 고전 작품들을 말이다. 지금까지도 여러 사람들에게 많은 영향을 미치고 있는 도스토옙스키는 120여 년 전에 세상을 떠난 사람이고, 일본에서 해마다 어느 지방에서든 희곡이 상연되고 있는 체호프만 해도 사망한 지 100여 년이 된다. 도대체 그들이 남긴 작품의 어느 부분이 현대를 사는 우리를 그토록 매료시키고 있는 것일까?

세계 명작을 읽는 것은 결코 작품을 매개로 해서 다른 나라의 생활이나 그들의 풍속을 알기 위해서가 아니다. 예를 들면 내가 대학을 졸업하자마자 번역한 숄로호프의 대하소설 『고요한 돈 강』은 1965년에 노벨문학상을 수상한 명작인데, 일반 독자들은 돈 강 유역에서 일어난 혁명과 내전의 추이, 돈 카자크의 생활 습관 등을 알기 위해 200자 원고지로 1

만 장에 가까운 작품을 읽는 것이 아니다. 그런 지식은 읽은 다음 부산물로 얻어지는 것일 뿐이고, 독자들은 그레고리 멜레호프라는 성실한 카자크 청년이 혁명과 내전의 소용돌이에 휘말린 채 운명에 희롱되면서 아름다운 유부녀 악시냐와의 슬픈 사랑을 이루려고 하는 필사적인 모습에 공감과 동정을 느낀다고 보아야 한다. 독자들은 이렇듯 주인공에게 자신을 투영해서 그들의 인생을 같이 경험한다. 바로 그렇기 때문에 뛰어난 문학 작품은 시대나 국경을 초월해서 우리를 감동시키는 것이다. 비록 시대와 언어권은 달라도 인간의 속성이나 삶의 본질은 같기 때문이다.

스탈린 치하의 소련에서 실시된 대숙청으로 수많은 작가와 시인들이 형장의 이슬로 사라졌고, 도스토옙스키의 작품은 중학교 교과서나 19세기 러시아의 문학 요강에조차 나오지 않았다. 그런 소련도 1985년부터 고르바초프에 의한 페레스트로이카와 글라스노스트(개방) 정책에 의해 지하에 묻혀 있던 많은 작가들의 이름이 다시금 우리 앞에 모습을 드러내게 되었다. 뛰어난 문학은 이와 같이 동시대를 반영하는 거울인 동시에 인간의 미래를 제시하는 예언적인 성격을 가지고 있다. 그리고 오네긴이나 라스콜리니코프, 라네프스카야 부인 등이 대면한 고민은 21세기를 살아가는 우리가 그대로 겪고 있는 문제들이다. 우리는 체호프의 주인공들처럼 '살아갈 수밖에 없는' 운명을 지닌 '인간'이기 때문이다.

하라 다쿠야

도쿄외국어대학 명예교수

차례

1장 · 프랑스 문학

2장 · 영국 문학

3장 · 미국 문학

4장 · 독일 문학

5장 · 러시아 문학

6장 · 세계 각국의 문학

책 속의 부록

1장

프랑스 문학

프랑스 문학을 다른 유럽 여러 나라의 문학과 비교할 때 주지적인 경향과 도시적인 세련미, 형식미와 문체의 존중, 보편적 문화에 대한 신념, 인간성과 인간 심리를 향한 지칠 줄 모르는 호기심, 왕성한 풍자 정신과 에스프리(기지) 등의 특성을 떠올리게 된다. 이러한 특성은 프랑스의 사회 체제와 정신적인 전통에 영향을 받아 역사적으로 형성된 것으로 시대를 통틀어 해당된다고 볼 수 있다.

프랑스 문학의 흐름

히라오카 노보루 | 프랑스 문학가

프랑스 문학의 특징

프랑스 문학을 다른 유럽 여러 나라의 문학과 비교할 때 신비함이나 무한한 느낌과는 거리가 먼 주지적인 경향과 명석함을 선호하는 취미, 도시적인 세련미, 형식미와 문체의 존중, 보편적 문화에 대한 신념, 인간성과 인간 심리를 향한 지칠 줄 모르는 호기심, 끈질긴 개인주의, 남다른 사회적·정치적 관심, 왕성한 풍자 정신과 에스프리(기지) 등의 특성을 떠올리는 것이 일반적이리라 생각한다. 이러한 특성은 프랑스의 사회 체제와 정신적인 전통에 영향을 받아 역사적으로 형성된 것인데, 적어도 르네상스 이후 문학사의 각 시기마다, 말하자면 시대를 통틀어 해당된다고 볼 수 있다.

고전주의 소설과 근대 소설의 성립

첫머리에 나오는 라블레의 이야기는 르네상스의 휴머니즘과 이 시대 특유의 자유분방한 비평 정신을 구현한 프랑스 최초의 풍자문학의 걸작이다. 다음은 17세기 절대왕정의 귀족적인 사회에 대응한 질서와 균형,

조화, 기품을 주조로 하는 고전주의 문학의 대표적 작품(코르네유, 라신, 몰리에르 등)이다. 고전주의는 프랑스 문학의 미의식에 심각한 영향을 미쳤다. 18세기에는 사상적으로나 심미적으로 고전주의에 대한 비판의 시기로 반종교적이며 민주주의적인 계몽 사상과 본능이나 열정의 해방을 호소하는 전前 낭만주의적 경향을 띤 작품들이 많이 나타났고, 이 시대에 영국 소설의 영향을 받아 처음으로 프랑스에서 근대 소설 장르가 성립되었다.

프랑스혁명 뒤에 생겨난 19세기 초의 시민사회에서는 연극보다 소설이 문학의 주된 형식으로 대두되어 많은 소설가들이 배출되었고, 그에 따라 소설의 황금 시대가 도래했다. 그중에서도 스탕달과 발자크는 소설이라는 형식의 가능성을 최대한으로 이끌어 냈다. 그들에 의해 소설이 개인과 심리, 사회, 정치까지 포괄하면서 문학적 리얼리티를 확대하는 중요한 첫걸음이 실현되었다. 그 뒤 플로베르에 의해 소설에서 주관적 요소를 배제하는 형식으로 나아가면서 19세기 현실주의의 전형이 제시되었다. 다음으로 나타나는 졸라와 공쿠르, 모파상의 자연주의는 클로드 베르나르, 텐 등의 사상적 영향 아래 소설에 일종의 실험과학적 성격을 부여했고, 이런 경향은 나아가 세계적으로 영향을 미쳤다.

신문학의 태동

19세기 말부터 20세기 초에 이르는 시기는 자연주의에 대한 반동과 신문학의 태동기였다. 그 시기에 제1차 세계대전 전야의 사회적 불안과 중산 계급의 피폐와 해체, 프롤레타리아 문제의 심화 등은 소설가들을 사로잡기 시작했다. 또한 형식상으로는 로맹 롤랑이 시작한 대하소설과 19세기의 대작가들이 쓴 사회소설의 연장으로 볼 수 있는 연작소설이 유행했다. 연작소설은 다음 시대에 더욱 발전해 제1차 세계대전 뒤의 사회 불안 속에서 마르탱뒤가르, 뒤아멜, 쥘 로맹 등에 의해 개인의 운명을 사회와 역사의 관계성 속에서 추구하는 대규모 역사 벽화와 같은 소설로 나타났다. 이들에 앞서 나온 프루스트의 『잃어버린 시간을 찾아서』도 독자적인 연작소설로, 이는 소설의 방법과 대상이라는 면에서 현대 소설에 이르는 길을 개척한 혁명적인 의의를 가지고 있으며, 베르그송 철학을 배경으로 19세기 리얼리즘과 완전히 대조적인 주관적 방법과 기억의 매개에 따라 과거와 현재의 의식이 교류하는 복잡하고 다원적인 현실을 표현했다.

그 밖에 지드에 의한 소설 비판과 순수소설의 실험, 죄의식의 심층 심리를 문제시하는 모리아크의 심리소설, 제2차 세계대전 전야의 말로 등과 같은 반역적인 행동주의 문학, 이어서 제2차 세계대전을 계기로 한 반독일 레지스탕스 문학과 사르트르가 전쟁 전부터 시작한 실존주의 계열의 문학 등을 모태로 하여 현대 소설은 크게 발전되어 갔다. 이들의 특색은 소설을 프로이트 학설과 함께 현상학적 영역에 속하는 것으로 간주해 현실을 설명하거나 분석하지 않고 자의적인 순수한 기술만으로 이끌어 가도록 노력하는 새로운 리얼리즘을 지향하고 있다는 점인데, 이것이 곧 신新낭만주의의 시도이다.

프랑수아 라블레(François Rabelais)

가르강튀아와 팡타그뤼엘

(Gargantua et Pantagruel)

거인 일가의 편력을 통해 사회를 비판한 프랑스 르네상스기의 걸작이다. 『팡타그뤼엘』은 풍자적이며, 『가르강튀아』는 상징주의와 사실주의가 엿보인다. 이 작품 속에는 고전과 민간 전승, 학문, 현실 체험, 시대 정신 등 여러 가지 주제가 담겨 있다.

INTRO

16세기 프랑스의 의사이자 작가인 프랑수아 라블레(François Rabelais, 1494? ~1553)는 1494년경 투렌 주의 라드비니에르에서 변호사의 막내아들로 태어났다. 수도원에서 철학과 신학, 라틴어를 배웠고, 이어서 의학을 공부해 몽페리에대학에서 교편을 잡기도 했으며, 인문주의 학자 에라스무스에 심취하기도 했다.

리옹의 시립병원 의사가 된 뒤 『두 번째 책』(1532)을 써서 그 무렵의 금기를 어기기도 했으나, 왕의 측근인 파리 주교 장 뒤 벨레의 신임을 얻어 그와 이탈리아에 동행했고, 귀국한 뒤에 『첫 번째 책』(1534)을 써냈다.

그 무렵 복음주의자와 종교개혁자에 대한 박해가 시작되어 신변에 위험을 느끼고 한때 몸을 감추었다가 다시 그 주교를 따라 로마로 가서 체류하던 중 교황의 사면을 받았다. 『세 번째 책』(1546)과 『네 번째 책』(1552)은 모두 금서가 되었고, 그것이 풀리지 않은 채 1553년 무렵에 사망한 것으로 보이는데, 그의 파란만장한 생애 중에는 지하 잠복기도 있어 명확하지 않은 점이 많다.

거인 가르강튀아와 그 아들 팡타그뤼엘의 이야기

그 무렵의 유행작으로 저자를 알 수 없었던 『거인 가르강튀아의 위대하고 귀중한 연대기』의 속편이라는 『팡타그뤼엘』(1532)을 처음에 간행했다가 호평을 받자 그에 힘입어 그 전편에 해당되는 『가르강튀아』(1534)를 써서 이를 『첫 번째 책』이라 하고, 앞서 나온 작품을 『두 번째 책』이라고 했다. 그 이후로 『다섯 번째 책』까지 이어지는데, 라블레가 죽은 뒤에 출판(1564)된 이 마지막 책은 문체 등에서 그 전의 작품들과 다른 점이 많아 가짜로 의심받고 있다.●

『첫 번째 책』의 전반은 거인왕巨人王 그랑구지에의 아들 가르강튀아의 탄생과 교육으로 이루어져 있고, 후반은 가르강튀아의 파리 유학 이야기와, 조국과 이웃 나라 사이에 전쟁이 일어나자 서둘러 귀향한 그가 수도사인 장 등과 힘을 합쳐 분전하는 전투 이야기로 이루어져 있다.

이 수도사의 공훈에 대한 포상으로 주어지는 것이 '텔렘의 수도원'인데, 전반의 중세적인 구舊 교육 비판과 대칭을 이루는 인문주의의 이상이 제시되며 수도원이 그 이상향으로 그려져 있다.

『두 번째 책』은 가르강튀아의 아들이자 그와 마찬가지로 거인인 팡타그뤼엘의 탄생과 프랑스 여러 지방의 대학 편력 및 파리 유학에 대한 이야기를 다루고 있다. 여기서는 파리에서 알게 되어 나중에 신하가 되는 학생 파뉘르주가 나오는데, 교활하고 겁이 많으며 장난을 좋아하는 그의 활약은 그 이후의 내용에서 주인공을 능가할 정도이다.

『세 번째 책』 이후로 팡타그뤼엘은 거인으로서의 특성이 거의 사라진 채 당대의 이상적인 인간상으로 구현된다. 파뉘르주의 결혼 여부를 둘러싼 논의가 대부분을 차지하는 이 책은 신의 신탁을 찾아 배를 타고 여행을 떠나는 것으로 끝난다.

『네 번째 책』은 그들의 대항해에 관한 것으로, 유명한 '파뉘르주의 양' 이야기와 폭풍을 만났을 때 드러난 파뉘르주의 겁 많은 본성, 가공의 섬들을 돌아다닐 때 나오는 풍자적인 장면들이 재미있으며, 한편으로는 그 무렵의 '대항해 시대'를 반영한 정확한 지식과 자료 등도 이야기 속에 폭넓게 소개된다.

마지막 『다섯 번째 책』은 가톨릭 교회와 귀족, 법조인 등을 잇달아 풍자의 대상으로 삼고, 마지막에 신의 신탁을 얻는 것으로 끝난다.

팡타그뤼엘 – 술고래에 낙천적이고 호탕한 인물

팡타그뤼엘이란 '모두 마르게 하다'라는 뜻인데, 그 이름에 어울리게 이 책의 주인공도 주변에 있는 사람들까지 갈증 나게 하는 특기가 있을 정도로 대단한 술고래이며, 낙천적이고 호탕한 인물이다. 파뉘르주는 '교활하고 겁 많은' 사람의 전형을 보여 주는 인물이며, 수도사인 장은 무술이 뛰어나고 위선을 싫어하는 쾌남아로 모두 프랑스 사람들에게 매우 익숙한 인물상이다. 그래서 '팡타그뤼엘리스트'(팡타그뤼엘과 비슷한 생활 방식을 가진 사람), '파뉘르주의 양 같다'(그가 항해 도중에 다른 배에 탄 양 상인으로부터 억지로 양 한 마리를 산 뒤 감언으로 그 양을 놀려 바닷속으로 뛰어들게 했더니 다른 양들도 모두 따라서 바닷속으로 뛰어들었다 →'줄지어 간다') 등의 관용구로 현대 프랑스어에 남아 있을 정도이다.

| 작품 속의 명문장 |

"그대가 하고 싶은 바를 행하라." 『첫 번째 책』 텔렘 수도원의 규율

* 인문주의의 주장 가운데 하나로, 『논어』에 나오는 '마음대로 행해도 도에 어긋나지 않는다'라는 말보다 훨씬 적극성이 강하다.

NOTES

● 『세 번째 책』 이후에는 대담하게도 본명으로 발표했으나, 앞서 발표한 2권의 책에서는 알코프리바스 나지에**Alcofribas Nasier**라는 필명을 썼다. 이는 본명인 프랑수아 라블레**François Rabelais**의 철자를 바꾸어 만든 이름이다.

피에르 코르네유(Pierre Corneille)

르 시드

(Le Cid)

고전주의 비극의 기초를 이룩한 5막짜리 운문 비극. 에스파냐의 국민적 영웅인 엘 시드에 관한 이야기를 줄거리로 하며, 외면적인 부분에 치중했던 연극을 애정과 의지의 갈등이라는 주제로 내면화함으로써 고전 비극의 탄생을 알렸다.

INTRO

프랑스의 극작가 피에르 코르네유(Pierre Corneille, 1606~1684)는 1606년 루앙의 법률가 집안에서 태어나 예수회 학교에서 배웠고, 법률 공부를 하여 1628년에 관리가 되었다. 1629년 프랑스 최초의 문학적 희극인 『멜리트』●로 성공했고, 1637년에 발표한 『르 시드』 역시 획기적인 성공을 거두었다. 이후 『호라티우스』(1640), 『키나』(1642), 『폴리외크트』(1642) 등 영웅이 등장하는 걸작 비극들을 발표해 극작가로서 정상의 자리에 올랐으며, 『거짓말쟁이 사나이』(1644), 『니코메드』(1651)를 발표한 뒤 1647년에 아카데미 프랑세즈● 회원이 되었다.
1651년에 발표한 작품이 좋지 못한 평가를 받자 은퇴했다가 1658년 재무장관 푸케의 권유로 『오이디푸스』를 써서 연극계에 복귀했다. 그 이후 정치 비극을 다룬 작품을 썼으나 애정 분석으로 기울어진 시대 흐름을 따라가지 못한 채, 1670년 로마 황제와 이국 여왕의 비련이라는 주제를 다룬 『티투스와 베레니케』로 라신●과 겨루다가 패한 뒤 1674년부터 극작 활동을 중단했다. 1684년에 파리에서 사망했다.

아버지의 치욕을 갚기 위해 약혼녀의 아버지와 결투

무대는 11세기 에스파냐 카스티야 왕국의 수도인 세비야이다. 노장군 돈 디에게의 아들이자 기사인 돈 로드리게와 백작의 딸 치멘은 서로 사랑하는 사이이다. 그런데 두 사람의 약혼을 얼마 앞두고 두 남녀의 아버지들이 서로 차지하려던 황태자의 교사 자리를 돈 디에게가 맡게 되었고, 그 일로 화가 난 백작은 말다툼 끝에 돈 디에게의 뺨을 때리게 된다. 돈 디에게는 그 치욕을 씻어 달라고 아들에게 부탁한다.

로드리게는 아버지의 부탁에 사랑과 명예 사이에서 갈등하다가 '사랑하는 사람에 대한 의리를 지키는 것보다 아버지의 은혜에 보답하는 것이 더 중요하다'고 결심하고 결투를 신청해 백작을 죽인다. 치멘은 눈물을 머금고 국왕에게 연인의 처형을 간청한다.

로드리게는 그날 밤 치멘의 집으로 찾아가 자기를 죽이라고 하지만, 그녀는 사랑하는 마음 때문에 그렇게 하지 못한다. 그날 밤 무어인들이 습격해 왔다는 소식을 접한 로드리게는 아버지의 격려를 받으며 출격해 적군을 물리치고 '용사(르 시드)'의 칭호를 받는다.

국왕은 치멘의 요청에 대해, 그녀를 대신하는 기사와 로드리게의 결투를 인정하겠다고 하고 그 대신 그 결투에 이긴 자와 결혼해야 한다는 조건을 단다. 결국 결투에서 로드리게가 이기지만, 국왕은 치멘의 심정을 헤아려 그가 무어인을 토벌하기 위한 원정을 끝내고 돌아온 뒤에 두 사람을 맺어 주어야겠다고 마음먹는다.

총 5장章의 운문으로 이루어진 비극 『르 시드』는 1637년에 처음 상연되었다. 『르 시드』의 성공을 두고 구성이 고전적이 아니라는 둥 치멘이 지조가 없다는 둥의 비난이 일어나 상류 계급까지 그 논쟁에 휘말리게 되자 도저히 방관할 수 없게 된 총리 리슐리외가 아카데미에 중재를 요청했다는 일화가 전해진다.

『르 시드』는 그때까지 외면적인 형식에 치중했던 연극을 애정과 의지의 갈등이라는 주제로 내면화해서 고전주의 비극의 기초를 이룩한 걸작이다.

고귀한 품성을 지닌 두 연인

로드리게는 '명문가에서 태어났고 무예도 뛰어나며 충성심과 의리도 지킬 줄 아는' 사람으로, 그에 걸맞게 '고귀한 품성'까지 갖춘 멋있는 청년 기사이다. 치멘도 기품 있는 미녀인데, 두 사람 모두 사랑하는 마음을 억제하면서 아버지의 원수를 갚으려고 고뇌하는 가운데 의연한 의지를 끝까지 지켜 나간다. 그런 고귀한 마음에서 코르네유가 제시하는 영웅의 전형적인 모습을 찾아볼 수 있다.

| 작품 속의 명문장 |

"아버지와 연인, 명예와 사랑, 고귀하고 엄격한 세상의 규율과 거부할 수 없는 사랑의 힘. 인간으로서의 기쁨을 포기할 것이냐, 기사로서의 체면을 더럽힐 것이냐."

『르 시드』 제1막 제6장

* 명예와 사랑에 대한 갈등으로 괴로워하는 로드리게의 명대사로 사람들 입에 오르내리고 있다.

"나는 세계에 군림하는 주군이요, 스스로에 대한 지배자이다."

『키나』 제5막 제3장

* 로마의 황제 아우구스투스가 반역을 일으킨 심복 부하를 용서하며 대범한 관용을 베풀었을 때의 대사.

NOTES

● 코르네유는 청년 시절에 루앙에 사는 어떤 아가씨를 연모했지만 말주변이 없어 마음을 제대로 전하지 못해 실연을 당했다. 그 경험이 그의 처녀작인 『멜리트』를 통해 그 무렵 젊은이들의 연애 풍속을 그려 내게 함으로써 작가로 성공하는 계기를 마련해 주었다. 결과적으로 그는 프랑스 최초의 문학적 희극의 창시자가 될 수 있었다.

● 아카데미 프랑세즈는 1635년 추기경 리슐리외가 창설한 프랑스에서 가장 권위 있는 학술 기관으로, 프랑스 학사원Institut de France을 구성하는 5개의 아카데미 가운데 하나이다. 프랑스혁명으로 중단되었다가 1803년 부활되었다.

● 라신(Jean-Baptiste Racine, 1639~1699)은 코르네유, 몰리에르(Molire, 1622~1673)와 함께 3대 고전극 작가로 일컬어지며, 『베레니스』(1670)와 『이피제니』(1674), 『페드르』(1677) 등의 작품을 남겼다.

몰리에르(Molière)

타르튀프 부제 「사기꾼」

(Le Tartuffe)

그 무렵 교회에 몸담고 있던 고위 성직자들의 부패와 타락을 폭로한 몰리에르의 전성기 때 작품으로, 거짓 신앙을 풍자해 5년이나 상연이 금지되었던 작품이다. 사회 부조리에 대한 고발과 위선적인 인간의 징계라는 주제를 담고 있다.

INTRO

몰리에르(Molière, 1622~1673)는 프랑스의 극작가이자 배우로, 본명은 장 밥티스트 포클랭Jean-Baptiste Poquelin이다. 코르네유, 라신과 함께 3대 고전극 작가로 불린다. 1622년 파리의 부유한 실내장식업자 집안에서 태어나 10세 때 어머니를 여의고 이듬해 맞이한 계모도 3년 뒤에 죽었다.

외할아버지가 연극을 좋아해 그에게 연극에 대한 열정을 불어넣은 것으로 보인다. 중학교에서 고전을 가르쳤는데 나중에 보호자가 된 콩티 공도 이 무렵 알게 되었다.

1643년 가업의 상속권을 동생에게 양보한 뒤, 그 무렵 이미 이름이 알려진 여배우 마들렌 베자르와 함께 '일뤼스트르 테아트르'라는 극단을 창립하고 몰리에르라는 이름을 쓰기 시작했다. 이 극단은 인기를 얻지 못해 순식간에 부채가 늘었고, 그로 인해 한때 몰리에르가 투옥되기도 했다. 하는 수 없이 극단은 파리를 떠나 13년 동안 지방 순회 공연을 했는데, 그동안에 극단도 몰리에르도 많이 성장했다.

1658년 겨우 파리로 진출해 루브르 궁전의 루이 14세 앞에서 공연한 뒤 실력을 인정받게 되었다. 이듬해 풍속 풍자 희극인 『재치를 뽐내는 여인들』(1659)을 초연하면서 화려한 파리 정착 시대를 열었다. 1662년에 마들렌의 여동생(일설에는 딸이라고도 함) 아르망드 베자르●와 결혼했다. 21세나 연하인 이 젊은 아내와의 가정생활은 불안과 고통으로 가득 찬 불행한 시간이었다고 한다. 같은 해 말 『아내들의 학교』(1662)가 대성공을 거두었다.

1664년에 발표한 『타르튀프』는 종교에 대한 모독이라 하여 신자들로부터 비난과 공격을 받아 상연이 금지되었다. 이를 대신해서 썼던 『동 쥐앙』(1665)도 종교계의 반대로 단기간에 막을 내려야 했다. 1666년에는 그의 대표작인 『인간혐오자』를 발표했고, 그 이후에도 『앙피트리옹』(1668), 『수전노』(1668), 『평민귀족』(1670), 『유식한 여자들』(1672) 등을 발표했다.

1673년에 무용 희극인 『기분으로 앓는 사나이』를 공연하던 중 무대에서 쓰러져 그날 밤 피를 심하게 토하고는 그대로 사망했다. 그의 머리맡에는 아내 아르망드도 없었다. 몰리에르가 불신자라 하여 그의 장례식에는 사제도 오지 않았고, 장례도 왕이 개입해 간신히 치를 수 있었다.●

날카로운 현실 관찰에 토대를 둔 사회 풍속의 묘사와 보편적인 인간 심리의 전개, 본격적인 성격 희극의 창시가 몰리에르의 공적이다. 그가 죽은 뒤 그의 극단을 중심으로 프랑스 국립 극장인 코메디 프랑세즈(다른 이름은 몰리에르의 집)가 창설되어 오늘에 이르고 있다.

사기꾼 타르튀프, 오르공 가문에서 정신적인 지도자로 군림

제1막 — 부유한 파리의 시민 오르공은 전처가 남긴 장성한 자식이 둘이나 있었지만 젊은 엘미르와 재혼했다. 그런 오르공 가문에 얼마 전부터 성직자인 타르튀프가 같이 살고 있다. 그는 거지꼴로 이 집안에 굴러들어왔지만 오르공과 오르공의 어머니는 그를 성인군자라고 믿으며 '마치 미친 사람처럼 영웅 대접'을 하고 있다.

그러나 다른 사람들의 눈에는 타르튀프가 사이비 성직자로밖에 보이지 않는다. 시골에 갔다가 돌아왔을 때도 오르공은 가족의 안부보다도 타르튀프가 잘 있는지 걱정할 정도이다. 주위 사람들이 무슨 말을 해도 오르공의 생각은 도무지 바뀌지 않는다.

제2막 — 타르튀프에 대한 광신에 빠진 오르공은 딸 마리안을 애인과 헤어지게 하고 타르튀프에게 시집보내려고 마음먹는다. 마리안이 비탄에 빠지자 하녀인 도린이 마음 약한 마리안에게 용기를 북돋워 주며 저항하자고 말한다.

제3막 — 오르공의 후처인 엘미르도 의붓딸의 혼인을 막아 보려고 타르튀프에게 부탁하지만, 평소에 엘미르에게 음탕한 마음을 품고 있던 타르튀프는 단둘이 만나게 된 기회를 틈타서 그녀를 유혹한다.

이 장면을 우연히 목격하게 된 오르공의 아들 다미스는 아버지에게 타르튀프를 비난하며 모든 사실을 폭로한다. 그러나 오르공은 그 말을 믿지 않고 오히려 타르튀프의 교묘한 말솜씨에 휘말려 거꾸로 아들과 인연을 끊고, 나중에는 타르튀프에게 전 재산을 증여해 버린다.

제4막 – 딸과 타르튀프의 혼인을 서두르려 하는 남편 오르공을 보고 엘미르는 한 가지 꾀를 낸다. 남편을 테이블 밑에 숨어 있게 하고 타르튀프를 불러내어 그의 유혹에 응하는 척한 것이다.

처음에는 미심쩍어하던 타르튀프도 그녀의 계략에 보기 좋게 넘어가 그녀에 대한 자신의 흑심을 드러낸다. 오르공은 그때서야 자신이 속고 있었다는 사실을 깨닫고 이 사기꾼을 쫓아내려고 한다. 그러나 타르튀프는 배짱을 부리며 "이 집에서 나갈 사람은 바로 당신이다"라고 말한다. 오르공의 전 재산이 자신의 것이 되었기 때문이다.

제5막 – 오르공은 자신의 입장이 불리해질 수 있는 정치적인 기밀 문서가 든 작은 상자까지 타르튀프에게 건네준 상태이다. 사기꾼은 그 문서를 국왕에게 보이며 오르공을 고소했다. 오르공은 체포되기 전에 도망을 쳐야 했다.

그때 타르튀프가 경찰을 데리고 유유히 나타나 오르공을 역적으로 몰아세운다. 그러나 경찰이 체포한 사람은 뜻밖에도 타르튀프였다. "국왕 폐하께서는 사람의 마음을 꿰뚫어 보시는 분이어서 어떠한 사기꾼의 술책에도 속지 않으십니다"라고 경찰은 말한다. 이어 오르공이 왕의 영민한 판단에 감탄하면서 막이 내린다.

이 작품은 1664년 국왕 루이 14세가 베르사유 궁전에서 개최한 페스티벌 '마법섬의 환락' 때 초연되었다. 사이비 악덕 성직자이자 위선자를 공격한 내용이었지만, 종교의 전성기에 종교계를 통렬하게 풍자한 내용이 신자들로부터 반감을 사 곧바로 공연이 금지되었다. 그 이후 몰리에르가 국왕에게 탄원했지만 1667년의 두 번째 상연도 금지되었고, 1669년이 되어서야 겨우 공개 상연이 정식으로 허가되었다. 그 공연은 전대 미문의 대성공을 거두었다.

타르튀프 – 위선자의 대명사

타르튀프는 제2막까지는 얼굴이 나오지 않다가 제3막이 되어서야 "누군가 나를 만나러 오거든 헌금받은 돈을 감옥에 있는 죄수들에게 나누어 주러 갔다고 전하라"라는 말을 하면서 처음으로 등장한다. 그러나 관객은 이미 타르튀프에 대해 충분히 알고 있다. 괴테가 "『타르튀프』의 도입부는 세계적으로도 유례가 없는 독특한 방식으로, 이런 종류의 것으로는 최대이자 최고라고 할 수 있다"라고 칭찬을 아끼지 않았을 정도로 뛰어난 극의 전개 방식이었다.

타르튀프는 '굴러들어 왔을 때는 신발도 신지 않고 너덜너덜한 누더기를 걸친 거지꼴'이었지만, 이제는 오르공 가문의 주인이 된 양 '피둥피둥 살이 찌고, 얼굴에는 기름이 자르르 흐르는 듯하며, 입술도 불그스레하니 혈색이 좋아 …… 혼자서 저녁을 먹을 때는 참으로 신앙심이 넘쳐흐르는 듯 닭 두 마리와 양의 다릿살을 갈아 넣은 요리를 반 접시나 먹어 치우게' 되었다. 아침 식사 때부터 포도주를 큰 컵으로 넉 잔이나 마시는 남자였지만, 오르공의 눈에는 '신께 바치는 그 기도의 열렬함이여. …… 깨달음의 기쁨으로 말미암아 탄성이 절로 새어 나오고, 겸허한 마음으로 끝없이 땅바닥에 입을 맞추는' 겉모습만 보인다. 따라서 타르튀프가 처음으로 등장해 가슴을 적나라하게 드러낸 옷을 입은 하녀를 보았을 때, "도저히 눈뜨고 볼 수 없는 그 가슴을 빨리 숨겨 주시오. 그런 모습 때문에 우리 영혼이 상처를 입고 죄스러운 생각이 자꾸 떠올리게 되는 것이오"라고 말하며 손수건을 주려고 하는 위선적인 모습을 보고 관객들은 웃음을 금치 못하게 된다.

최근에는 오르공과 타르튀프 사이에 무의식적인 동성애 관계가 있었다고 보는 작품 해석도 나오고 있다. 어쨌든 타르튀프라는 이름은 현대 프랑스어로 위선자를 나타내는 보통명사로 사용될 정도로 사람들에게 널리 알려져 있다.

| 작품 속의 명문장 |

"아아, 신앙심이 깊다고는 하나 저 또한 남자입니다."

『타르튀프』 제3막 제3장

* 타르튀프가 유부녀인 엘미르를 유혹할 때 한 말. 성인과 같은 모습 속에 감추어진 속인의 욕망을 드러내는, 타르튀프의 위선적인 모습을 잘 나타내고 있는 대사로 유명하다.

NOTES

● 몰리에르는 평생 동안 근친상간을 했다는 비난을 받았다. 그의 아내 아르망드의 출생이 불명확했기 때문이다. 마들렌 베자르의 막내 여동생으로 되어 있었지만, 몰리에르와는 나이 차이가 21세나 난다. 마들렌의 딸이라면 그녀의 오랜 연인이었던 몰리에르의 자식일 가능성도 있다는 것이다. 또한 몰리에르는 이 젊은 아내 아르망드의 바람기 때문에 고생을 많이 했다고 한다. 죽기 1년 전에 그녀의 사랑을 되찾기 위해서 소화 불량을 치료하려고 계속하고 있던 우유 식이요법을 그만두고 고기와 포도주를 곁들인 '정력에 좋은' 식사로 바꾸었다고 전해지기도 한다.

● 몰리에르는 적이 많아 미움을 많이 샀다. 『아내들의 학교』가 대성공을 거둔 뒤에 어떤 공작이 조끼의 단추에 바늘을 꽂은 채 길가에서 몰리에르를 단단히 잡고 포옹하는 바람에 피투성이가 된 적도 있었다고 한다.

인간혐오자 부제 「화를 잘 내는 연인」 (Le Misanthrope)

등장인물의 내면과 심리 묘사가 뛰어난 성격 희극이다. 표면적인 위트나 희극적인 과장 없이 주로 등장인물들의 내면과 심리 전개를 묘사하는 데 중점을 두었으며, 특히 풍속 묘사가 뛰어난 작품으로 높은 평가를 받고 있다.

위선을 혐오하는 알세스트와 세속적인 클리멘의 불가능한 사랑

위선자를 미워하고, 정직하고 솔직한 것을 최고로 치는 주인공 알세스트는 너무나 극단적인 성격 때문에 인간 그 자체까지 싫어하는 사람이다. 그런 그가 하필이면 젊은 미망인 클리멘을 사랑하게 된다. 그녀야말로 사교계의 나쁜 풍속에 물들어 겉으로는 애교를 뿌리면서 뒤로는 험담을 일삼는 여자이다.

알세스트는 "사랑은 이성으로 어찌할 수가 없다"고 말하면서도 친구 오롱트가 들려준 사랑에 관한 시를 가차 없이 깎아내려 친구를 화나게 한 적도 있다. 또한 클리멘이 젊은 후작들에게 남의 험담을 늘어놓는 장면을 목격하고는 분노하기도 한다. 한편 클리멘의 친구인 아르시노에는 남자들에게 둘러싸여 있는 클리멘에 대한 질투심 때문에 알세스트에게 클리멘이 오롱트에게 보낸 편지를 보여 주며 그녀의 방탕함을 고자질한다. 알세스트는 그 증거를 가지고 클리멘을 다그치지만 그녀는 교묘한 화술로 위기를 넘긴다.

때마침 알세스트는 소송에서도 지게 되어 인간 사회에서 아예 떠나려는 결심을 한다. 후작들도 클리멘이 다른 사람에게 쓴 편지 속에서 자기들을 얼마나 우롱하고 있는지 알게 되자 모두 분개하면서 클리멘의 곁을 떠난다. 알세스트만이 진정으로 그녀를 사랑하고 있었기 때문에 사교계와 인연을 끊고 같이 은둔 생활을 한다면 모든 것을 용서하겠다고 한다. 그러나 그녀는 "아직 꼬부랑 할머니가 된 것도 아닌데 이 사회를 버리다니!"라고 하면서 그의 제안을 거부한다. 화가 난 알세스트는 '이 세상 어딘가 사람의 흔적이 없는 곳을 찾으러' 홀로 떠난다.

이 작품은 표면적인 위트나 희극적인 과장 없이 주로 등장인물들의 내면과 심리 전개를 묘사하는 데 중점을 두었고, 결말도 오히려 비극에 가깝기 때문에 초연 무렵에는 일부에게서만 인정을 받았을 뿐 일반 관객에게는 인기가 없었다. 그러나 등장인물의 대부분이 위선적인 생활을 하는 상류 사회 사람인 데다 시대의 초상화라고도 할 수 있을 만큼 풍속 묘사가 뛰어나며, 어두운 면이 많고 화를 잘 내는 알세스트의 성격을 잘 그려 내 오늘날에는 완성된 성격 희극●으로서 높은 평가를 받고 있다(1666년 초연).

솔직하며 화를 잘 내는 인물, 알세스트

작가 몰리에르는 평생 동안 자연스러운 삶과 중용의 미덕을 중요하게 여겼다. 이 희곡에서도 자신의 정의감을 과장해 때와 장소를 가리지 않고 상식을 벗어나 사교계에까지 그 솔직함을 끌어들이는 귀족 알세스트의 극단적인 태도를 풍자하고 있다. 유명한 장면인 오롱트의 시를 깎아내리는 부분(제1막 제2장)에서는 "그렇게 빙빙 돌려서 말하는 시구는 올바른 취미도 아니고 진실과도 동떨어진 것이다"라고 말하며, "속된 말로 가득 찬 민요 쪽이 훨씬 더 낫다"라는 말까지 하는 바람에 친구를 화나게 만든다.

그는 솔직하게 말하는 사람이면서 동시에 세상에 있는 부정함이나 위선에 분개하는 사람이기도 하다. 작품 속에 있는 것처럼 그 무렵의 사람들이 믿고 있던 '인체4체액설'●에 따라 말하자면 알세스트는 까다롭고 우울한 흑담즙 성질의 인간이다.

| 작품 속의 명문장 |

"내가 자네의 친구라고? 그 명단에서 지워 주게."

『인간혐오자』 제1막 제1장

* 화를 잘 내는 알세스트의 분개를 적확하게 표현한 말로 유명하다.

NOTES

● 탐욕이나 소심함, 허풍 등 인간의 특정한 성격을 중심적으로 묘사한 희극을 성격희극(性格喜劇, comedy of character)이라 한다.

● 서양 의학의 아버지라고 불리는 히포크라테스Hippocrates는 사람의 체액을 혈액·점액·흑담즙·담즙으로 구분했는데, 이 네 가지 액의 균형 정도에 따라 건강 상태가 결정되며, 또한 그 가운데 어느 체액이 신체 안에서 우세한가에 따라 성격이 결정된다고 주장했다.

장 바티스트 라신(Jean Baptiste Racine)

앙드로마크
(Andromaque)

피할 수 없는 사랑의 정열과 파멸을 완벽하게 묘사한 작품. 그리스 신화에서 소재를 취한 이 작품은 사랑하되 사랑받지 못하는 비극적 정념을 이야기하고 있다. 코르네유에서 시작된 고전 비극을 심리극으로 완성한 걸작이다.

INTRO

장 바티스트 라신(Jean Baptiste Racine, 1639~1699)은 프랑스의 극작가로서, 1639년 라페르테밀롱의 관리 집안에서 태어나 부모를 일찍 여의고 할머니 밑에서 자랐다. 이후 할머니와 함께 포르루아얄 수도원으로 이사해 그곳에서 그리스어와 문학 교육을 받았고, 아울러 수도원의 교리가 지닌 엄격한 숙명관을 마음 깊이 간직하게 되었다. 나중에 파리의 대학에서 논리학을 배웠고, 한때 성직자가 되기 위해 남프랑스의 위제스 성당으로 갔으나 실패하고 파리로 돌아가 문학을 계속했다.

1664년에 처녀작인 『테바이드 : 적의 형제들』이 아는 사람의 주선으로 몰리에르 극단에서 상연되었으나 실패했고, 1665년의 『알렉상드르』도 성공을 거두지 못하자 야심 때문에 친구를 배반하고, 몰리에르와 대립하던 부르고뉴 극단으로 주연 여배우까지 송두리째 옮겨서 몰리에르와의 우정에 종지부를 찍었다.● 그 뒤로도 연극의 윤리성을 둘러싸고 포르루아얄 수도원의 스승에게 맞서 공개적인 편지로 격렬한 논쟁을 펼쳤다.

그러다가 『앙드로마크』(1667)로 큰 성공을 거두었고, 그 이후로 희극 『소송광들』(1668)을 쓴 다음 『브리타니퀴스』(1669), 『베레니스』(1670), 『바자제』(1672), 『미트리다트』(1673), 『이피제니』(1674) 등 뛰어난 비극을 거의 매년 한 편씩 발표했다. 그의 최고작이자 프랑스 고전극의 최고 걸작이라 할 수 있는 『페드르』(1677)의 발표 이후 성경에 관한 두 편의 비극을 제외하고는 창작에서 손을 떼었다. 1699년에 병으로 사망했다.

앙드로마크와 아들 아스티아낙스의 비극

베르길리우스•의 서사시 『아이네이스』에서 소재를 따온 트로이 전쟁의 뒷이야기에 속하는 5막 운문 비극으로, 1667년 11월 부르고뉴 극장에서 초연되었다.

트로이 왕자의 미망인인 앙드로마크는 아들 아스티아낙스와 함께 아킬레우스의 아들이자 에페이로스의 국왕인 피로스의 포로가 되었다. 피로스는 메넬라오스의 딸 에르미온으로부터 열렬한 사랑을 받아 약혼까지 한 몸이었지만, 앙드로마크를 연모하고 있다. 그때 에르미온을 사모하던 아가멤논의 아들 오레스트가 그리스에서 온 사자로 등장해 화근을 없애려는 목적으로 아스티아낙스의 죽음을 요구한다.

결국 여주인공 앙드로마크는 피로스의 일방통행적 사랑 앞에서 망부에 대한 정절을 지키고, 사랑하는 아들의 목숨을 구해야 하는 절박한 상황에 처하게 된다. 극의 진행은 그녀가 결단을 내리기까지 생기는 마음의 갈등을 쫓아가는 여정이라고 할 수 있다.

그리스의 가혹한 요구와 그에 대한 피로스의 관대하면서도 교만한 거부, 앙드로마크에 대한 그의 구애라는 식으로 이야기는 진행되는데, 처음에는 그녀의 마음도 흔들린다. 에르미온은 오레스트에게 만일 피로스가 앙드로마크와 결혼하고 그녀의 아들을 살리기 위해 나선다면 자신도 오레스트와 함께 귀국하겠다고 약속해 오레스트를 기쁨에 들뜨게 한다. 그러나 피로스는 오히려 그리스의 명령에 복종하겠다고 선언한다. 이에 오레스트는 앙드로마크를 납치하려 하고, 피로스를 사랑하는 에르미온은 오레스트의 결단을 반긴다.

앙드로마크는 에르미온에게, 그다음으로는 피로스에게 아들의 목숨을 살려 달라고 애원하는데, 피로스는 다시금 그녀에게 양자택일을 하라고 다그친다. 앙드로마크는 조언을 구하러 망부의 무덤을 찾아갔다가 결국 피로스에게 결혼하겠다는 약속을 하고, 아들의 목숨을 확실히 구해 주겠다는 서약을 받은 다음 자살할 결심을 한다.

한편 에르미온은 질투에 휩싸여 오레스트에게 피로스를 죽이라고 요구하면서도 사랑과 복수심 사이에서 계속 방황하다가 결혼식장에서 피로스가 오레스트의 칼에 목숨을 잃었다는 소식을 듣는다. 감사와 기쁨의 말을 기대하는 오레스트에게 그녀는 미친 듯이 원망을 퍼붓고 사랑하는 사람의 시신에 몸을 던져 자살한다. 망연자실한 오레스트도 미쳐서 어디론가 가 버리는 것으로 막이 내린다.

질투, 광기 등 연애 정념의 온갖 양상을 표현

앙드로마크는 주인공이기는 하지만 미망인이자 어머니의 입장이기 때문에 그다지 주목을 받지 않는다. 피로스도 본래는 용맹스러운 무장이었을 사람이 사랑 때문에 고민하는 우유부단한 남성으로 등장해 매력이 덜하다.

오히려 격렬하게 질투하는 에르미온과, 마지막에 광기에 빠져 버릴 정도로 에르미온에게 일편단심인 오레스트가 주목을 받는 경우가 많다.

NOTES

● 라신의 애인이 된 초연 무렵의 주연 여배우 뒤 파르크가 『알렉상드르』를 공연했던 몰리에르 극단에서 부르고뉴 극단으로 이적했다가 나중에 독살되었다고 하여 라신도 연대 책임을 질 뻔했다.

● 베르길리우스(Publius Vergilius Maro BC 70~BC 19)는 『아이네이스』, 『전원**Eclogae**』, 『농경시**Georgica**』 등의 명작을 남긴 고대 로마의 시인이다. 특히 트로이의 영웅 아이네이아스의 전설을 바탕으로 한 『아이네이스』는 베르길리우스의 이름을 후세에 남기게 한 작품으로 유명하다.

장 바티스트 라신(Jean Baptiste Racine)

페드르

(Phèdre)

시적 운율과 상징, 다의성이 돋보이는 프랑스 고전 비극의 대표작이다. 이룰 수 없는 사랑에 집착하고 괴로워하는 정념의 광기와 혼돈을 그려 낸 작품으로, 페드르의 비극적인 운명을 아름다운 시로 노래한 걸작이다.

금지된 사랑으로 고통받는 인간의 숙명

에우리피데스● 및 세네카●의 비극 『히폴리토스』●에서 소재를 따서 만든 작품으로, 1677년 1월 1일에 파리의 부르고뉴 극장에서 처음 상연된 5막 운문 비극이다.

아테네의 왕 테제가 원정 중에 행방불명이 되자, 왕자 이폴리트는 아버지를 찾아 나서려고 한다. 그러나 그에게는 또 다른 목적이 있었다. 그때까지 사랑의 정열을 경멸해 왔던 그가 마음속으로 연모하게 된 왕가의 공주 아리시를 피하기 위해서였다. 한편, 시녀 외논은 왕비 페드르가 이상한 병에 걸린 듯하여 그 원인을 이리저리 살피다가 드디어 왕비의 마음속에 감추어진 비밀을 알아내게 된다. 바로 의붓아들인 이폴리트에 대한 사랑이었다. 이를 불륜의 사랑이라고 자각하고 있는 페드르는 비밀이 들켜 버렸으니 더 이상 살 수 없다고 생각한다.

그러나 테제가 전사했다는 소식에 그녀는 다시금 삶에 대한 집착을 느끼고, 사랑을 성취할 수도 있다는 일말의 희망을 갖게 된다. 한편, 자신에 대한 왕자의 사랑을 알게 된 아리시는 자신도 그를 사랑하고 있다고 고백한다.

페드르는 죽은 왕의 뒤를 잇게 된 이폴리트에게 자신과 자기 친아들의 장래를 맡기지만, 차츰 더해 가는 연정의 불꽃을 어쩌지 못해 끝내 사랑을 고백한다. 이폴리트는 당황해하면서 이를 거부하고, 그녀는 수치심 때문에 그의 칼로 자살을 기도하려 하나 유모가 말리는 바람에 칼을 손에 쥔 채 퇴장한다. 자기도 모르게 사랑을 고백했고, 더구나 그것을 거절당한 굴욕감에서 벗어나기 위해 고심하던 페드르는 테제가 살아 돌아왔다는 소식을 듣고 다시 죽을 결심을 한다. 외논은 그런 페드르에게 왕자가 오히려 음탕한 마음을 먹었다고 왕에게 거짓 고백을 하라고 권하면서 그 증거로 그 칼을 내보이라고 한다.

이폴리트는 아버지를 맞이한 다음 의붓어머니의 죄에 대해서는 함구한 채 그저 국외로 나갈 수 있게 해 달라는 청을 올린다. 아들의 그 같은 행동을 이상하게 여기던 테제는 외논으로부터 왕자의 사심에 대한 거짓 보고를 듣고 격노해 이폴리트의 추방을 선언한다.

이폴리트는 진상에 대해서 입을 다문 채 자신의 결백만을 맹세하고, 자신이 사랑하는 사람은 아리시뿐이라고 고백하지만, 아버지의 노기는 가시지 않는다. 테제는 바다의 신 넵튠에게 아들에게 벌을 내려 달라고 기도한다. 페드르는 양심의 가책 때문에 이폴리트의 목숨을 살려 달라고 애원하지만, 이폴리트가 아리시를 사랑한다는 사실을 알고는 심한 질투심 때문에 어쩔 줄을 모른다. 아리시는 이폴리트에게 어째서 진실을 감추느냐고 다그치지만, 그는 진실을 밝히면 아버지의 이름이 더럽혀진다면서 입을 봉하고 같이 국외로 망명하자고 말한다.

아리시는 그의 청을 받아들이고 다시금 테제에게 이폴리트의 무죄를 호소한다. 왕은 외논을 다시 심문하려고 했으나 외논은 물에 빠져 자살한다. 그래서 넵튠에게 아들에 대한 벌을 취소해 달라고 기도하지만, 이미 때가 늦어서 왕자가 큰 파도에 휘말려 죽었다는 소식을 듣게 된다. 독이 든 술을 들이켠 페드르는 사건의 진상을 밝힌 뒤 숨을 거둔다.

페드르 – 비극의 여성상

이폴리트와 아리시의 청순한 사랑을 질투하면서 사랑의 여신 비너스의 증오를 받게 된 일가의 숙명에 지배되지만, 스스로 잘못된 사랑임을 알고 거기서 벗어나기 위해 페드르는 혼신의 노력을 다한다. 하지만 끝내 빗나간 사랑의 노예가 되어 버린 페드르야말로 연애 심리에 뿌리를 둔 비극의 명수 라신이 만들어 낸, 그리고 프랑스의 모든 연극을 통틀어 찾아볼 수 없는 최대의 여주인공이다.

더구나 그녀가 자신의 죄를 항상 의식하고 이에 대해 필사적으로 저항하면서도 결국에는 잘못된 사랑 때문에 자신의 생명까지 내던지게 되는 과정에는 얀센주의(엄정·엄격)의 숙명관이 반영되어 있다. 또 사랑에 목숨을 건 여자의 본성을 훌륭하게 묘사했다는 점에서 영원한 여성상을 구현한 작품으로 평가되고 있다.

| 작품 속의 명문장 |

걸작인 만큼 명대사도 많지만 그 가운데 페드르의 대사만 소개한다.

"불행한 인간은 죽음이 전혀 두렵지 않게 마련입니다."

"그분(이폴리트)을 보자마자 첫눈에 저는 얼굴이 붉어졌고 그러고는 창백해졌습니다."

* 잘못된 사랑을 품은 여성이라고는 하나, 자신을 엄하게 다스리려고 노력하다가 결국에는 파국으로 치달을 수밖에 없었던 그녀의 모습이 보는 사람으로 하여금 '연민'을 자아내게 한다.

NOTES

● 에우리피데스(Euripides, BC 484?~BC 406?)는 아이스킬로스, 소포클레스와 함께 고대 그리스의 3대 비극 시인으로 일컬어진다. 인간 정념情念의 가공할 작용을 주제로 한 작품이 많다.

● 세네카(Lucius Annaeus Seneca, BC 4?~AD 65)는 로마의 스토아 철학자이자 정치가로, 고대 로마의 유명한 수사학 교사였던 루키우스 안나이우스 세네카(Seneca the Elder, BC 55?~AD 39)의 아들이다. 통칭 소小 세네카로 불린다. 『도덕에 관한 서한』등 다수의 철학서 외에 『파이드라**Phaedra**』등의 비극 아홉 편을 남겼다.

● 히폴리토스**Hippolytos**는 그리스 신화의 영웅으로, 아테네의 왕 테세우스와 아마존족의 여왕 히폴리테 사이에서 태어난 아들이다.

라파예트(Marie Madeleine Pioche de la Vergne La Fayette)

클레브 공작부인

(La Princesse de Clèves)

연애에 관한 정열의 비극적인 상념을 표현하고 있는 이 작품은 섬세한 심리 해부와 묘사의 묘미, 세밀한 관찰력, 고전주의적인 간소한 형식, 고전 비극의 비장미 등이 돋보이는 소설로, 프랑스의 전통적 심리소설의 원천이 되는 걸작이다.

INTRO

별칭 라파예트 부인으로 더 친숙한 프랑스의 작가 마리 마들렌 피오슈 드라베르뉴 라파예트(Marie Madeleine Pioche de la Vergne La Fayette, 1634~1693)는 신분이 낮은 귀족(기술장교)인 마르크 피오슈의 딸로 1634년에 파리에서 태어났다. 미를 사랑하는 자질이 풍부했던 아버지는 그녀가 15세 때 죽었고, 이후 어머니는 세비녜 부인●의 친척인 기사와 재혼했다. 재능이 뛰어난 마리 마들렌은 메나주를 사사하여 일찍부터 랑부예 저택을 비롯한 여러 살롱에 출입하며 문학적·사교적으로 풍부한 교양을 쌓았다. 1665년에 오베르뉴 지방의 라파예트 백작과 이성적理性的으로 결혼해 그 지역에 살다가 1669년에 남편을 남겨 두고 파리로 돌아와 아버지의 집에 자리를 잡고 자녀 교육과 문학 수업에 전념했다.●

부인의 살롱에는 메나주와 스그레, 위에 등 일류 문인들이 모여들었는데, 그중에서도 부인에게 깊은 애정을 품은 라로슈푸코●는 매일 찾아왔고, 또한 친구 세비녜 부인은 "숨을 돌리는 데 파리에서 가장 좋고 아름다운 곳"이라고 하며 그곳에서 유명한 편지를 많이 썼다.

그들 세 사람의 깊은 교류는 라로슈푸코가 죽을 때까지 계속되었다. 라로슈푸코와 그보다 21세 연하인 라파예트 부인은 사교계에서 공인된 사이였다고 하는데, 과연 단순한 친구 사이였는지, 아니면 애인 관계였는지는 알 수 없다. 그러나 적어도 부인은 연애나 행복에 대해 경계심이 강하고 덕망이 높은 진실한 사람이었다는 점은 분명한 사실이다.

라파예트 부인은 이성적이고 진실을 사랑하는 성격을 가진 사람이었지만, 여장부였던 어머니에게서 물려받은 야심적인 면도 있었다. 궁정에서는 나중에 그녀의 전기를 쓰기도 한 왕제王弟의 부인 앙리에트 당글테르의 총애를 받아 그녀의 이야기 상대가 되기도 했고, 음모에 가담하는 것도 좋아했다고 한다. 그래서 적도 많아 몇 년 뒤에는 부인의 살롱을 찾아오는 사람들이 한정되어 생기를 잃고 말았다.

더욱이 세비녜 부인이 부르타뉴 지방의 레로셸에 머무르는 일이 많아졌고, 1680년에는 라로슈푸코마저 세상을 떠나자, 그녀는 "누구나 하나님의 부르심을 받기 전에 이미 자기 자신의 반을 잃어버린다"며 시름에 잠겼다. 그 뒤 병으로 몸까지 약해져서 고독과 신앙심만을 벗 삼아 말년을 보내다가 1693년 6월 26일에 사망했다.
작품으로는 스그레의 이름으로 발표한 『몽팡시에 공작부인』(1662), 『자이드』(1672), 익명으로 낸 『클레브 공작부인』(1678)●, 사후 출판된 『탕드 백작부인』(1720) 등이 있다.

서로 갈구하면서도 결코 해방되지 못하는 두 영혼

앙리 2세 시대의 이야기이다. 정숙하기로 유명한 어머니 밑에서 자라난 소녀 샤르트르는 16세 때 궁정에 데뷔해 남다른 미모와 정숙함으로 사람들의 이목을 끌었다. 얼마 뒤 클레브 공과 애정도 없이 결혼해 클레브 공작부인이 되나, 궁정 무도회에서 소문으로만 듣던 미모의 귀공자 느무르 공을 보고 생전 처음으로 마음이 설레는 것을 느낀다. 느무르 공도 그녀를 보고는 첫눈에 반한다. 클레브 공작부인은 그 사랑에 대한 불안을 어머니에게 털어놓고 마음을 다잡아 줄 것을 바라지만, 병상에 누워 있던 어머니는 정절을 지킬 것만 강조하고는 세상을 떠난다.

클레브 공작부인은 의식적으로 느무르 공을 피하며 자신의 마음을 드러내지 않기로 결심하지만, 어느 날 느무르 공이 그녀의 초상화를 훔치는 것을 묵인함으로써 그로 하여금 희망을 품게 한다. 또한 어떤 부인이 공에게 보낸 사랑의 편지를 읽고 나서 처음으로 심한 질투심을 경험한다.

그러나 그 편지가 사실은 느무르 공의 친구이기도 한 클레브 공작부인의 백부를 궁지에 빠뜨리려는 계략임이 밝혀지고, 부인은 클레브 공의 주선으로 느무르 공과 둘이서 거짓 편지를 만들게 된다. 그 과정에서 부인은 마음이 통하는 것을 느끼지만, 그런 정열로부터 자신을 지키기 위해 크로미에에 틀어박혀 버린다. 파리로 돌아가라고 권하는 남편에게 부인은 결국 자신의 심중을 고백하고 남편에 대해 부끄럽지 않은 아내로 남기 위해 궁정을 떠날 생각이라고 말한다.

아내를 열렬히 사랑하는 클레브 공은 진심이 담긴 부인의 고백을 정절의 증거라고 생각하면서도 질투심을 억누르지 못한다. 결국 그는 아내의 마음을 빼앗아 간 남자의 이름을 알아내려 하지만 부인은 끝내 밝히지 않는다. 한편 이때 부인을 만나고 싶은 마음에 저택으로 몰래 숨어들었던 느무르 공이 이 대화를 엿듣게 된다. 그는 기쁨에 들뜬 나머지 부인의 이름을 밝히지 않고 자랑삼아 친구에게 그런 이야기를 해 버린다. 그 소문이 순식간에 클레브 공 부부의 귀에도 들어가게 되자 그들은 서로에 대해 의심을 품게 되고, 한편으로 느무르 공도 자신의 경솔함을 후회하며 세 사람은 제각기 고뇌에 빠진다.

아내와 느무르 공에 대한 의심을 증폭시키던 클레브 공은 심복에게 느무르 공의 동정을 살피게 한다. 그런 줄도 모르는 느무르 공은 크로미에의 저택으로 숨어 들어가 부인의 모습을 정원에서 엿보고, 이를 알아차린 부인은 도망치듯 몸을 숨긴다. 크로미에로 느무르 공이 숨어 들어갔다는 보고를 받은 클레브 공은 아내의 부정에 절망한 나머지 병을 얻어 자리에 눕는다. 부인은 자신의 결백을 증명하지만 클레브 공은 결국 숨을 거둔다. 부인은 비탄에 잠기지만 그래도 마음속에 자리잡은 느무르 공에 대한 사랑은 저버리지 못한다.

몇 달 뒤에 부인은 드디어 느무르 공에게 사랑을 고백하고 그와 동시에 공과 결혼할 수는 없다고 말한다. 그리고 모든 번뇌에서 벗어나기 위해 수녀원으로 들어가 은둔 생활을 하며 사랑하는 느무르 공의 방문도 거부한 채 짧은 여생을 깨끗하게 보낸다.

『클레브 공작부인』은 극명한 심리 분석과 고전주의적인 간소한 형식을 통해 서로 갈구하면서도 결코 해방되지 못하는 두 영혼을 그려 낸 소설로, 고전 비극이 가진 비장미가 돋보인다. 자신의 의무를 끝내 지켜 내려고 하는 클레브 공작부인의 금욕적인 의지는 코르네유의 주인공과 공통되는 부분이기도 하고, 한편으로는 정열을 두려워하면서도 그 정열에 희생된다는 점에서는 라신의 주인공과 비슷하기도 하다.

이 작품은 프랑스의 전통적 심리소설의 원천이 되는 걸작으로, 그 정통성은 프로망탱의 『도미니크』, 라디게의 『도르젤 백작의 무도회』로 이어지며, 또한 『적과 흑』이나 『감정교육』 등에서도 그 흐름을 찾아볼 수 있다.

사랑에 대한 불안으로 고뇌하는 클레브 공작부인

그 무렵의 독자들은 정숙하고 아름다운 부인이 사랑의 고뇌를 다른 누구도 아닌 자기 남편에게 고백한다는 행위는 있을 수 없는 일이라고 비난했다. 얼핏 말도 안 되는 것처럼 보이는 이 고백도 진실과 성실을 중시하는 작가의 정신이 구현된 것으로 이해할 수 있다. '진실만이 복잡하게 꼬인 문제의 와중에서 우리를 구해 낼 수 있다'고 작가는 쓰고 있다.

그런데 클레브 공이 죽어서 자유의 몸이 되었는데도 부인은 어째서 느무르 공의 구애를 거절한 것일까? '의무라고 하는 망령' 때문이라는 분석도 있지만 그 이상으로 사랑에 대한 불안 때문이다. 그녀는 "사랑이란 만족할 수 있을 만큼 오래 계속되는 것이 아니며, 그리고 언젠가 공에게 배신당할지도 모른다는 상상도 그에 대한 사랑이 깊은 만큼 더욱 참을 수 없다"고 말한다.

| 작품 속의 명문장 |

"궁정이라는 곳에서 겉으로 드러난 것만 가지고 판단하다가는 잘못투성이가 됩니다. 그럴듯하게 보이는 것은 대부분 진실이 아니기 때문이지요."

* 이것은 클레브 공작부인의 어머니인 샤르트르 부인의 말로, 음모가 횡행하는 궁정의 모습을 나타내고 있다. 궁정에 출입하면서 얻은 작가 자신의 경험일 것이다.

"여자의 성격은 특징이 될 만한 것을 전혀 갖지 않는다는 점이다."

* 이 말대로 라파예트는 조신함을 평생 간직하고 살았는데, 그것은 『클레브 공작부인』에서도 샤르트르 부인이 자기 딸인 클레브 공작부인에게 가르친 미덕으로 나타나고 있다. 그녀는 딸이 남들의 눈에 띄는 행동을 할까 두려워했던 것이다.

NOTES

● 세비네 부인(Marquise de Sévigné, 1626~1696)은 프랑스의 작가로, 18세기 서간문학에 큰 영향을 끼쳤다. 딸과 레 추기경, 라파예트 부인 등에게 보내는 1,700통의 편지를 『서간집』(1726)으로 남기고 있다.

● 작가의 남편인 라파예트 백작은 1683년에 죽었는데, 그에 대한 생전의 소식은 세비네 부인의 방대한 편지에조차 씌어 있지 않다.

● 라로슈푸코(François de La Rochefoucauld, 1613~1680)는 인간 심리의 미묘한 심층을 날카롭게 파헤친 『도덕에 대한 성찰과 잠언』(1665)이라는 작품을 남긴 프랑스의 고전 작가로, 『도덕에 대한 성찰과 잠언』은 그 무렵 살롱에서 유행하는 문학 양식에 따라 저술된 작품이다.

● 작가는 처음에 이 작품을 '회상록' 이라는 제목으로 출판하려고 했다. 그 정도로 이 『클레브 공작부인』은 그 무렵 궁정에 드나들던 사람들의 생활을 사실적으로 그려 내고 있다.

앙투안 프랑수아 프레보데그질(Antoine François Prévost d'Exiles)

마농 레스코

(Manon Lescaut)

이후의 낭만주의 문학을 예고하는 소설가 프레보데그질의 대표작이다. 18세기의 리얼한 사회적 풍조를 배경으로 한 여인의 정념과 정열적인 사랑을 묘사하고 있는 작품으로, 작가의 반자전적 소설이기도 하다.

INTRO

앙투안 프랑수아 프레보데그질(Antoine François Prevost d'Exiles, 1697~1763)은 1697년 아르투아의 에스댕에서 태어나 16세에 군에 입대했다가 군대 생활에 환멸을 느껴 수도사가 되었다. 그러나 수도 생활에도 적응하지 못해 그 뒤에 각지를 전전했다.
수도원 생활을 할 때부터 연작 『어느 귀인의 회상록』(8권, 1728~1731)을 집필했고, 그 7권째에 유명한 『슈발리에 데 그리외와 마농 레스코의 이야기』(1731)를 간행했는데, 통칭 '마농 레스코'라고 불리는 이 작품 하나로 프레보데그질의 이름이 문학사에 빛나게 되었다.
영국에 체류●하면서도 파리의 문예 신문에 기고하는 한편, 콘그리브와 드라이덴, 셰익스피어 등의 작품을 프랑스어로 번역했다.
번역자로서의 프레보데그질은 리처드슨●을 소개한 사람으로 알려져 있으며 『파멜라』, 『클라리사 할로』 등을 번역해 디드로나 루소에게 큰 영향을 미쳤고, 이후 낭만주의 문학으로 이어지는 길을 열었다. 말년에는 샹티 근처의 수도원으로 돌아갔다가 1763년에 사망했다.

정열적인 마농에 대한 슈발리에의 맹목적인 사랑

프레보데그질의 연작 소설인 『어느 귀인의 회상록』에 등장하는 어떤 후작은 2년 전에 북아메리카로 귀양을 떠나는 여자의 마차에 매달려 있는 젊은이(데 그리외)를 목격하게 되는데, 2년 뒤에 그 젊은이를 다시 만났을 때 그가 후작에게 자신의 체험에 관한 이야기를 해 주었다.

아미앵 근교의 명문 귀족인 슈발리에 데 그리외는 학업이 다 끝나 갈 무렵에 미지의 여자를 만나 첫눈에 반해 버린다. 맹목적인 사랑에 빠진 그는 그 여자(마농)를 납치한다. 두 사람은 파리로 가서 몸을 숨기지만, 사치를 좋아하는 마농은 돈이 많은 세리稅吏와 몰래 정을 통한다. 데 그리외는 그녀의 부정을 알게 됨과 동시에 아버지의 부하에 의해 강제로 집으로 끌려 들어간다. 마농이 그의 아버지에게 은신처를 알려 주었던 것이다. 이중적인 배신에 절망한 데 그리외는 생 쉴피스 수도원으로 들어간다.

그러나 1년 뒤 마농이 데 그리외를 만나러 오자, 그는 다시금 순식간에 그녀에게 마음을 빼앗긴다. 두 사람은 다시 시골로 도망치지만, 얼마 뒤 시골 생활에 싫증이 난 마농이 파리로 나간다. 그 사이에 마농은 근위기병인 오빠를 만난다.

두 사람은 그의 지시로 돈 많은 세리로부터 돈을 빼돌리려 하다가 발각되어 모두 감옥에 갇혔다가 도망을 치게 된다. 그러나 마농에게 반한 세리의 아들 때문에 두 사람은 다시 체포된다. 데 그리외의 아버지는 아들을 석방시키지만 마농은 북아메리카로 귀양을 가게 된다. 절망한 데 그리외는 수송차를 습격하려다가 실패하고, 하는 수 없이 마농을 쫓아서 뉴올리언스까지 간다.

그곳에서 완전히 새로운 생활을 하려 했으나 지사의 아들이 마농에게 빠지자 데 그리외는 그에게 결투를 신청한다. 결투에서 지사의 아들을 죽였다고 착각한 데 그리외는 마농을 데리고 도망치지만, 도중에서 지쳐 버린 마농이 데 그리외의 품에서 숨을 거두게 되고, 상심한 데 그리외는 혼자 프랑스로 돌아온다.

마농 – 악마적이면서도 아름다운 여성의 표상

마농은 데 그리외를 사랑하면서도 돈이 없어지면 돈 많은 남자들을 유혹해 사치스러운 생활에 빠지는 여성의 전형적인 인물이다.

그렇게 악마적이면서도 아름다운 마농이지만, 이상하게도 그녀에 대한 묘사 가운데 육체적인 특징이 빠져 있다는 점에서 수도사였던 프레보데그질의 일면을 엿볼 수 있다.

| 작품 속의 명문장 |

"어떻게 할 수 없는 정열! 아아, 아버지는 사랑의 힘을 모르신다는 말입니까? 저를 이 세상에 태어나게 한 아버지의 피가 지금껏 저와 같은 열정을 느낀 적이 없다니 그런 일이 있을 수 있습니까?"

* 부모 얼굴에 먹칠을 했다고 꾸짖는 아버지를 향해 마농과의 맹목적인 사랑에 빠진 데 그리외가 외치는 말.

NOTES

● 방랑벽이 있던 프레보데그질은 영국 체류 중에 약속어음을 위조했다는 혐의로 체포되어 교수형을 당할 뻔했다가 5일 만에 풀려났다.

● 영국의 소설가 리처드슨(Samuel Richardson, 1689~1761)은 종래의 소설에서는 볼 수 없었던 결혼이나 연애 문제를 주제로 채택해 영국에서 근대 소설을 개척했다는 평을 받고 있다. 주요 저서로 『파멜라』(1740), 『클라리사 할로』(1747~1748) 등이 있다.

드니 디드로(Denis Diderot)

라모의 조카
(Le Neveu de Rameau)

대화체로 쓰인 풍자문학의 걸작으로 어용 문인들의 태도나 심리를 분석하고 있는 이 작품에서는 계몽주의 철학자의 혁신적인 성향이 잘 나타나 있다. 1805년 괴테가 독일어로 번역해 공식적으로 처음 출판했다.

INTRO

드니 디드로(Denis Diderot, 1713~1784)는 프랑스의 철학자·극작가·소설가로, 1713년 샹파뉴의 랑그르에서 태어나 파리대학교에서 인문학, 철학 등을 고학으로 공부했다.
방랑 생활을 거친 뒤 1745년에 달랑베르●와 함께 편집 책임자가 되어 볼테르와 몽테스키외, 루소 등의 계몽사상가들이 포함된 260명 이상의 집필자를 통솔하며 수많은 고난을 극복하고 『백과전서』를 1772년에 완성했다. 그는 생애의 대부분을 이 사업에 바쳤다.
그 사이에 철학 저술로 『철학적 사색』(1746)과 연작 『달랑베르의 꿈』(1769)을 집필했고, 연극이론가로서 시민극을 창설했으며, 소설가로서 걸작인 『라모의 조카』(1762)●와 『운명론자 자크』(1773)를 발표했다.
『백과전서』를 완성한 뒤에 장서를 사 준 러시아의 여제 예카테리나 2세에게 감사의 뜻을 표하기 위해 러시아로 갔다가 돌아온 뒤에는 평생의 테마인 도덕 문제를 고찰한 『세네카론』(1778)을 완성하였다. 1784년에 파리에서 사망했다.
그 밖에 『백과전서』 속의 항목 「미美」를 집필한 이래 미술에 관해서도 남다른 관심을 보여 관전官展 '살롱'의 비평가로 보들레르의 선구자적 역할을 했다는 평가를 받고 있다.

철학자인 '나'와 출세하지 못한 음악가 '그'의 대화

이것은 대화체로 쓰인 색다른 소설이다. 철학자라고 불리는 '나'와 대작곡가 라모의 조카로 출세하지 못한 음악가인 '그'가 팔레루아얄 근처의 카페 레장스에서 오랜만에 다시 만나 실로 다양한 주제에 대해 이야기하며 오후를 같이 지낸다.

대화는 대부분 '그'가 상식을 벗어난 몸짓과 목소리로 말하는 이야기로 이루어져 있으며, 자기 같은 밥벌레의 생활과 철학자의 숙적인 베르트랑 가문의 모습, 작가나 시인, 음악가라는 직업만으로는 생계를 이어갈 수 없어 부자들의 광대 역할을 강요당하는 사람들의 모습 등에 이르기까지 다양한 내용으로 전개된다. 이런 화제를 둘러싸고 '나'는 전체적으로 건설적인 도덕관을 전개하지만, 이에 대해 '그'는 생활하는 사람으로서의 체험적인 실감을 토로하면서 둘은 정면으로 날카롭게 충돌한다.

'나'의 입장에서는 구걸하거나 야유하는 생활을 그만두고 '그'가 다소나마 재능을 가지고 있다고 자부하는 음악가로서 제대로 된 생활을 하라고 권하지만, '그'는 자기보다 재능이 없는 인간도 부유한 생활을 하고 있으니 성실하게 일하는 것이 얼마나 헛되냐며 허무함을 강조한다. 양자의 견해가 서로에게 다가가는 듯한 모습을 보이는 것은 이탈리아 음악을 격찬하는 부분뿐으로, '그'가 감탄하는 사람들이 세무 관리인 부레나 아비농의 배교자처럼 악의 천재들인 만큼 '나'의 건설적인 세계관과 맞아떨어질 리가 없어 둘은 의견이 대립된 채 헤어질 수밖에 없다.

'타락한 의식'의 소유자, 라모의 조카

라모의 조카는 '고매함과 저급함, 양식과 부조리의 화합물'이라는 평가를 받는 것처럼 한마디로 정의를 내리기 힘든 인물이다. 이런 인간이 반사회적 언사를 토하면서 전개하는 악의 철학은 형용할 수 없을 정도로 대단한 위력을 지녀 '나'의 도덕관까지 흔들리게 한다. 그런 의미에서 라모와 괴테의 메피스토펠레스, 또는 나중에 발자크가 창조하는 범죄의 천재 보트랭 사이의 정신적 흐름을 지적하는 사람들이 많다.

| 작품 속의 명문장 |

"그리고 가난이라는 놈. 배 속에서 꼬르륵거리는 소리가 나면 양심이나 명예심의 목소리는 정말 약해지게 마련이거든."

* 건설적인 도덕관을 제시하는 '나'에 대해 동물적인 실감을 토로하는 '그'의 말은 '나'를 흔들리게 한다.

NOTES

● 달랑베르(Jean Le Rond d'Alembert, 1717~1783)는 프랑스의 수학자이자 물리학자, 철학자로, 특히 『역학론』(1743)이라는 저서를 남김으로써 역학 분야에 훌륭한 업적을 남겼다. 계몽사상가의 중심인물로 다양한 활동을 하기도 했다.

● 『라모의 조카』(1762)는 등장인물 가운데 생존해 있는 사람이 많았기 때문에 디드로는 사후 출판을 할 셈으로 쓴 작품이다. 이 작품이 처음 공식적으로 출간된 시기는 괴테가 1805년에 독일어로 번역했을 때이다.

카롱 드 보마르셰(Pierre Augustin Caron de Beaumarchais)

피가로의 결혼

(Le Mariage de Figaro, ou La folle journée)

갈등 희극의 유형에 정치 풍자와 심리 묘사를 더한 시민극으로, 귀족·성직자 등 특수 계급의 횡포를 풍자와 해학으로 공격하며 구 제도를 비판한 작품이다. 프랑스혁명의 전조를 알려 준 작품으로도 유명하다.

INTRO

프랑스의 극작가 피에르 오귀스탱 카롱 드 보마르셰(Pierre Augustin Caron de Beaumarchais, 1732~1799)는 1732년 시계수리공의 아들로 파리에서 태어나 그 무렵 유행했던 시계의 태엽 조정 장치를 발명하기도 하고, 루이 15세의 공주의 하프 교사로 궁정에서 일하는 등 젊었을 때부터 다양한 분야에서 재능을 드러냈다.
극작가로서는 디드로의 시민극 이론●에 공감해 『외제니』(1767)와 『두 친구』(1770)를 발표했으나 실패했다. 그러다가 『세비야의 이발사』(1775)와 그 후속편인 『피가로의 결혼』(1784)으로 극작가로서의 명성을 확립했다. 특히 후자는 검열 때문에 6년이나 금지●되었던 작품인데, 이 작품이 상연되자마자 68회나 계속되는 경이적인 기록으로 장기 상연을 하게 되었다. 그 밖에도 미국의 독립전쟁과 프랑스혁명 때에는 무기 상인으로 활약하는 등 여러 방면에 걸쳐 활동하다가 1799년에 파란만장한 생애를 마쳤다.●

알마비바 백작의 하인 피가로와 백작의 하녀 쉬잔의 결혼

피가로와 쉬잔은 결혼하기로 되어 있었다. 그런데 피가로와 예전에 결혼을 약속한 노처녀 마르셀린이 나타난다. 일찍이 피가로는 마르셀린에게서 돈을 꾸면서 그 돈을 못 갚을 경우 그녀와 결혼하겠다는 증서를 써 준 일이 있었다. 마르셀린은 그 증서를 내보여 피가로와 쉬잔의 결혼에 이의를 제기하는 한편, 안방 하녀인 쉬잔에게 반한 알마비바 백작이 '초야권初夜權'을 행사한다는 소문을 내면 쉬잔은 그 치욕을 견디지 못해 스스로 물러날 것이고, 그렇게 되면 자기가 피가로와 결혼할 수 있겠다고 생각한다.

한편 피가로와 쉬잔, 알마비바 백작부인은 백작의 바람기를 잡아야 한다는 점에서 의견이 일치한다. 피가로의 꾀로 알마비바 백작을 꾀어내는 가짜 편지를 준비하고 하인 셰뤼뱅을 여장시키려고 하는데, 느닷없이 나타난 백작을 보고 도망칠 곳을 잃은 셰뤼뱅이 창문으로 뛰어내렸고, 그때 떨어뜨린 가짜 편지가 백작의 손에 들어가자 피가로는 당황하게 된다. 배후에 피가로가 연관되어 있는 것으로 짐작되는 계략에 화가 나고, 쉬잔을 유혹하려는 일도 제대로 되지 않는 데 짜증이 난 백작은 피가로가 마르셀린에게 진 빚을 내세워 피가로를 협박하면서, 마르셀린의 제소를 받아들여 재판을 열고 마르셀린을 승소시킨다. 이때 피가로는 궁지에 처하게 되지만 마르셀린이 피가로의 친어머니였음이 밝혀진다.

한편 셰뤼뱅의 여장 계획이 실패하자, 알마비바 백작부인은 직접 쉬잔으로 변장해 백작과 쉬잔이 만나기로 한 밀회 장소에 대신 나가기로 쉬잔과 일을 꾸민다. 그런데 이 계획은 피가로에게도 비밀리에 행해진다. 변장한 백작부인에 대해 알마비바 백작뿐 아니라 피가로까지 완전히 속아서 한바탕 소동이 벌어지지만, 애써서 손에 넣은 사람이 부인이라는 사실을 알고는 백작의 바람기도 수포로 돌아가고 만사가 원만하게 해결되면서 피가로와 쉬잔의 결혼도 순조롭게 풀려 간다.

피가로 – 민중의 분개와 공격을 대변

피가로라는 인물은 하인이면서도 재치와 간계로 주인인 알마비바 백작을 종종 놀려 대고, 특권 계급을 위협한다. 이를 통해서도 알 수 있듯이 피가로는 프랑스혁명 전야의 제3신분의 발언을 대변하고 있으며, 보마르셰 이전의 희곡에 등장했던 하인 역할의 틀에서 크게 벗어난 인물이다.

| 작품 속의 명문장 |

"당신은 대단한 귀족 나으리인 데다 재능도 많다고 생각하시지요. …… 작위와 재산, 지위, 수많은 직분, 이것저것들을 모두 꼽아 보면 콧대가 높아지는 것도 당연하지요. 하지만 그만한 혜택을 받기 위해 당신은 도대체 무엇을 했습니까? 노력하신 것으로 따지자면 응애 하고 세상에 태어난 것, 그것 하나뿐이지 않습니까?"

* 『피가로의 결혼』 제5막 제3장에 나오는 피가로의 유명한 독백으로, 특권 계급의 무능함과 신흥 세력인 제3신분의 대립이 선명하게 드러나는 대사이다.

NOTES

● 디드로는 비극과 희극의 구별을 없애고 근대에 알맞은 사실적인 문장으로 이루어진 교훈조의 시민극을 제창했으며, 『희극론』(1758), 『배우에 관한 역설』등의 저술을 남겼다. 시민극은 보마르셰의 『세비야의 이발사』(1775), 『피가로의 결혼』(1780) 등의 걸작을 통해 서서히 자리를 굳혔다.

● 이 희곡은 피가로를 통해 계급 사회를 비판하고 있다. 이는 프랑스혁명의 정신을 바탕으로 한 것인데, 귀족 사회의 위협이 계속될 즈음 황제의 명령으로 작품 상연이 금지되었다. 빈에서도 요제프 2세가 이 희곡에 담겨 있는 비판과 저항의 자세를 불쾌하고 위험스럽게 생각해 상연을 금지했다.

● 보마르셰는 1769년에 여동생 리제트와의 결혼을 이행하지 않은 약혼자 클라비호 이 파하르드를 마드리드까지 쫓아가서 그가 몸담고 있던 공직에서 추방했다. 이 사건을 그의 『회상록』에서 읽은 괴테는 이를 소재로 하여 『클라비고』라는 희곡을 썼다.

피에르 쇼데를로 드 라클로(Pierre Ambroise François Choderlos de Laclos)

위험한 관계

(les Liaisons dangereuses)

18세기의 퇴폐한 프랑스 귀족 사교계를 무대로 한 심리·풍속 소설. 이 작품은 완성도가 높은 서간체 소설로, 프랑스혁명 전의 문란한 상류 사회를 날카롭게 분석한 작품이다. 등장인물들의 미묘한 심리 변화가 잘 표현되어 있다.

INTRO

프랑스의 소설가이자 군인인 피에르 앙브루아즈 프랑수아 쇼데를로 드 라클로(Pierre Ambroise François Choderlos de Laclos, 1741~1803)는 1741년 아미앵에서 태어나 1803년 이탈리아의 타란토에서 이질에 걸려 객사했다.

그는 1761년에 인도 캐나다 원정군에 포병 소위로 참전한 이래 군인으로서의 영광을 꿈꾸었지만, 뛰어난 재능을 발휘할 기회를 얻지 못해 군인으로서는 출세가 순탄하지 못했다.

라클로는 1769년부터 6년 동안 그르노블에 주둔했는데, 이 시기에 『위험한 관계』(1782)●의 소재를 얻었던 것으로 보인다. 이 소설은 1780년 여름부터 이듬해 가을까지 집필되었고, 1782년에 간행되었다.

두 번째 작품은 『여성 교육에 대하여』(1785)라는 장편소설로, 이 작품은 첫 번째 소설의 심리학을 해명하고 있다는 점 외에는 별다른 특징이 없어 주목을 받지 못했다.

라클로는 이 밖에도 몇 편의 시와 오페라 대본을 썼는데, 모두가 평범한 작품이어서 그야말로 『위험한 관계』라는 한 편의 소설에 의해 불후의 이름을 얻게 된 작가라고 할 수 있다.

프랑스혁명기에는 자코뱅파에 속해 오를레앙 공의 음모에 가담했고, 로베스피에르●와 알고 지냈으며, 나중에는 나폴레옹과 인연을 맺기도 했다. 라클로가 마키아벨리스트라고 불리는 것도 그 때문이다.

공통의 적에 대한 복수와 질투, 사랑

무대는 18세기 프랑스의 상류 사교계이다. 발몽 자작과 메르퇴유 후작부인은 같은 인물에 대한 복수를 동기로 맺어진 사이이다. 예전에 후작부인은 제르쿠르 백작에게 배신당한 적이 있다. 한편, 발몽은 지방 장관의 부인과 서로 사랑하는 사이였는데, 장관 부인은 제르쿠르 때문에 발몽을 버렸다. 이윽고 두 사람에게 복수할 기회가 찾아왔다. 제르쿠르가 6만 프랑의 연금을 받는 15세의 '장미꽃 봉오리' 같은 세실과 결혼하게 되었던 것이다. 후작부인은 제르쿠르의 뒤통수를 치기 위해 발몽에게 세실을 유혹하라고 충동질한다.

그런데 발몽에게 또 하나의 목표가 나타난다. 바로 신앙심이 깊은 투르벨 법원장 부인이다. 그녀는 자신의 아름다움을 의식하지 않을 뿐 아니라 연애 감정에 대해 경멸하는 마음까지 가지고 있다. 흔해 빠진 연애놀음에 싫증이 나 있던 발몽에게는 이 사람이 더할 나위 없는 사냥감이 된다. 드디어 발몽은 보기 좋게 세실을 유혹하고 법원장 부인도 정복한다.

이후 진실을 알게 된 세실은 수녀원으로 들어가고, 투르벨 부인은 미쳐서 죽어 버린다. 한편, 발몽은 세실의 애인 당스니 기사와의 결투에서 목숨을 잃고, 메르퇴유 후작부인도 천연두에 걸려 두 번 다시 보지 못할 끔찍한 얼굴이 된 채 네덜란드로 도망쳐 버린다.

악마적인 메르퇴유 후작부인과 호색한 발몽

메르퇴유 후작부인이 여자 타르튀프의 대명사로 불리는 것처럼 발몽은 돈 후안과 거의 비슷하다. 그의 행로를 도식화하자면, 첫 번째는 애정에 대한 환멸, 두 번째는 연애 기술의 승리, 세 번째는 권태라고 할 수 있다.

단조로운 쾌락에 싫증 난 발몽은 정숙한 여인에게 잔인한 고민을 안겨 준 뒤 그 모습을 즐기기 위해 아름답고 정숙한 법원장 부인을 유혹하기로 하고 이에 성공하지만, 어느새 그의 마음속에서도 진실한 사랑과 방종에 대한 구별이 애매해진다. 결국 발몽은 돈 후안을 목표로 삼았다가 좌절한 희생자였을 뿐이다.

| 작품 속의 명문장 |

"안녕, 나의 천사여. 나는 당신을 기쁨으로 얻었지요. 그러나 지금은 미련 없이 헤어지려 합니다. 어쩌면 돌아올지도 모릅니다. 이것도 모두 세상살이의 한 부분일 뿐 나의 잘못이 아닙니다."

* 메르퇴유 후작부인은 발몽이 투르벨 법원장 부인을 정복한 뒤에도 계속해서 부인을 사랑하고 있다는 것을 알자 질투가 나서 직접 법원장 부인에게 절연장을 쓰고 그 편지를 발몽의 이름으로 보낸다. 구절마다 '나의 잘못이 아닙니다'라고 적힌 편지에는 여자 '타르튀프'다운 면목이 엿보인다. 동시에 이 편지는 후작부인과 발몽의 관계에 치명적인 금이 가게 만들었다.

NOTES

● 『위험한 관계』는 출판된 무렵에 일대 화제를 불러일으켰고, '연애 기술 지도서'로 잘못 읽히기도 할 정도였지만, 작가 라클로 자신은 평생토록 좋은 아들과 좋은 아버지, 더할 나위 없는 남편으로 살았던 것으로 보인다.

● 로베스피에르(Maximilien François Marie Isidore de Robespierre, 1758~1794)는 프랑스혁명기의 정치가로, '아라스의 촛대'라는 별칭으로 불리기도 한다. 1789년 삼부회 의원에 당선되고 혁명이 일어나자 자코뱅당에 가입해 일생을 정치에만 열중했다.

마르키 드 사드(Marquis de Sade)

쥘리에트

(Histoire de Juliette, ou les Prospérités du Vice)

신앙심이 깊고 정숙한 미덕의 화신이었지만 불행했던 동생 쥐스틴과, 악덕에 몸을 바쳐 부귀영화를 누린 악랄하고 음탕한 언니 쥘리에트, 이 두 자매의 운명을 대조적으로 그린 이 작품은 일종의 교양소설로 기성의 도덕을 완전히 뒤엎고 있다.

INTRO

프랑스의 소설가 마르키 드 사드(Marquis de Sade, 1740~1814)의 본명은 도나티앵 알퐁스 프랑수아 콩트 드 사드**Donatien Alphonse François Comte de Sade**로, 시인 F. 페트라르카●가 찬미한 미녀 로드 드 노브의 혈통을 이어받은 프로방스 지방의 명가이자 유서 깊은 귀족 가문에서 1740년에 태어났다. 그의 아버지는 백작이며 외교관이었다. 그는 청년기를 남프랑스의 프로방스에서 지내다가 군대에 들어가 7년전쟁에 참전했다.

이후 여자 거지를 감금해 고문을 했다는 1768년의 '아르쾨유 사건'과, 창녀들을 모아서 추행했다는 '마르세유 사건' 등의 추문을 일으켰다. 독살 미수와 남색 혐의로 관헌에 쫓기는 몸이 된 사드는 투옥과 탈옥을 되풀이하다가 1784년부터 바스티유의 '자유의 탑'에 갇혔다.

이 무렵에 이미 죄수 작가로 출발하고 있었으나, 당국으로부터 위험인물로 지목되어 샤랑통 정신병원으로 옮겨진 뒤 그곳에서 프랑스혁명을 맞았다.● 혁명으로 자유의 몸이 되었으나, 1793년 반혁명 혐의로 체포되어 감옥을 전전했다. 출옥한 뒤 『쥐스틴 또는 미덕의 불운』(1791)이 사회를 어지럽힌다는 이유로 다시 체포되었고, 1814년에 샤랑통 정신병원에서 숨을 거두었다.

그는 성의 본능에 대한 날카로운 관찰을 시도하면서 신이 사라진 뒤 인간이 얻게 되는 자유의 문제와 악惡의 문제를 추구한 작가였다.

천진난만한 고아 쥘리에트가 악녀로 성장해 가는 이야기

정숙한 쥐스틴의 언니이면서 너무나도 죄악을 사랑하는 성격으로 태어난 쥘리에트의 이야기는 먼저 팡테몽 수녀원의 음탕한 생활로부터 시작된다. 음란하기 짝이 없는 원장으로부터 온갖 종류의 음탕한 짓을 배운 쥘리에트는 부모의 파산을 계기로 스스로 유곽에 들어가 창녀가 되어 잔인하면서도 색을 밝히는 대신 상폰의 음탕한 향연에 가담한다. 그것은 젊은 여자들을 꼬챙이에 꿰어서 불에 굽기도 하고, 빈사 상태의 아버지를 목 졸라 죽이기도 하며, 자신의 딸과 닭을 교접하게 하는 등 잔학하기 이를 데 없는 향연이었다. 이에 겁을 집어먹은 쥘리에트는 상폰 대신의 집에서 도망쳐 백작과 결혼했다가 남편을 독살하고 재산을 가로챈다.

그 뒤에 쥘리에트는 로마에서 다시 창녀로 돌아가 교황 피우스 6세를 유혹해 성베드로 대성당에서 검은 미사를 집전시킨다. 나폴리에서는 페르디난도 왕의 처형 무대를 구경하다가 형 집행 책임자가 자신을 그리스도나 성모 마리아라고 믿어 버린 미친 사람을 닭과 간통시키는 장면을 목격하기도 한다. 쥘리에트는 나중에 자신의 친딸을 고문한 끝에 불 속에 던져 죽여 버리는 악행을 저지른다.

쥐스틴은 이와 같은 언니의 잔악한 이야기를 도저히 참지 못한다. 언니와 손님들은 이 쥐스틴의 미덕이 귀찮아져서 천둥 번개가 치는 빗속으로 그녀를 내쫓는다. 여동생은 불쌍하게도 번개를 맞아 전기가 온몸을 관통해 목숨을 잃는다. 악인들은 열광하며 외친다.

"미덕을 사랑한다는 것은 도저히 참을 수 없을 정도로 허망하단 말이야."

'박해받는 미덕'과 '승승장구하는 악덕'

'박해받는 미덕'이라는 주제는 결코 사드만의 전유물이 아니라 18세기 영국이나 프랑스의 소설에서 흔히 볼 수 있는 주제였다. 그러나 사드만큼 '박해받는 미덕', 곧 '승승장구하는 악덕'을 철저하게 그려 낸 작가는 없다. 이 작품에서 미덕을 지키는 것만 생각하며 살다가 온갖 고생을 다 한 끝에 쥐스틴은 번개를 맞아 죽는다. 또한 『강주 후작』에서 정숙하고 미모가 빼어난 강주 후작부인도 불륜 관계를 거부한 것 때문에 남편의 형제들에게 칼로 난도질당한 끝에 독물에 빠져 죽는다.

18세기의 백과전서파는 신의 존재를 의문시하거나 부정했다. 사드는 그 무렵의 유물론적 무신론을 철저하게 관철해 신이 사라진 뒤 인간이 얻게 된 자유에 대한 공포를 생생하게 보여 주고 있다.

| 작품 속의 명문장 |

"살인이라는 범죄는 범죄인가, 아닌가? 만약 범죄가 아니라면 어째서 범죄가 아닌 행위를 벌하는 법률을 만드는가? 그리고 만약 범죄라면 같은 범죄 행위로 그것을 벌하는 것이 얼마나 야만스럽고 어리석은 모순이란 말인가?"

* 『침실철학』에서 사드가 사형에 반대하는 의견을 피력한 문장.

NOTES

1 페트라르카(Francesco Petrarca, 1304~1374)는 이탈리아의 시인이자 인문주의자로, 이탈리아어로 쓴 많은 서정시를 통해 인간의 사랑과 자연을 노래했다. 『나의 비밀』(1342~1343), 『칸초니에레』 등의 작품을 남겼다.

2 사드가 실제로 저지른 일은 애인을 몇 명 사귄 것과 처제와 불륜 관계를 맺은 것, 매춘부를 상대로 몇 번 심한 장난을 친 것 정도에 지나지 않았다. 그런데도 사드가 범죄자 취급을 받은 것은 그의 과격한 사상 때문이었다.

벵자맹 콩스탕(Benjamin Constant)

아돌프
(Adolphe)

인간의 나약함을 직시한 이 작품은 스탈 부인과의 장기간에 걸친 감정 체험을 모델로 한 자서전적 연애·심리 소설로서, 삶의 권태로움과 사랑의 덧없음을 고전적 기법으로 분석한 걸작이다.

INTRO

벵자맹 콩스탕(Benjamin Constant, 1767~1830)은 스위스 태생의 프랑스 작가이자 정치가이다. 1767년에 스위스 로잔에서 네덜란드에 속한 스위스 장교의 아들로 태어나 독일의 에를랑겐에서 공부한 뒤 영국의 옥스퍼드대학교와 에든버러대학교 등 유럽 각지의 대학교를 돌아다니며 공부했다.

1794년에 스탈 부인과 알게 되어 1808년까지 교류했다. 1795년에 부인과 함께 파리로 가서 프랑스 국적을 취득하고 정계로 진출했으나, 나폴레옹과 대립하는 바람에 제정이 끝날 때까지 망명할 수밖에 없었다. 그 사이에 『아돌프』, 『세실』, 실러의 번역극인 『발렌슈타인』을 집필했다.

1814년에 나폴레옹에 관한 통렬한 탄핵 연설을 발표했으나, 100일 천하에서는 완전히 전향해 황제를 위해 일했다.● 왕정복고 시기에 정계로 다시 들어가 자유파 의원으로 화려하게 활약하다가 1830년에 사망했다. 거듭된 변절 때문에 콩스탕은 지조가 없다는 비난을 받았는데, 그가 그렇게 된 것은 젊은 시절부터 죽음에 대한 두려움으로 인해 그 어떤 일에도 집착할 수 없었기 때문이라고 할 수 있다. 그 자신의 이런 정신 상태를 선명하게 그려 낸 것이 『아돌프』라는 작품이다.

유명한 소설가인 스탈 부인과의 장기간에 걸친 감정 체험을 모델로 한 이 작품은 프랑스혁명 후의 사회에서 파탄에 이른 한 개인의 인격을 연애를 통해 분석한 걸작으로, 콩스탕은 이 작품 하나로 프랑스 문학사에 자신의 이름을 길이 남겼다. 1816년에 간행되었다.

우유부단한 청년 아돌프의 연애

독일의 어느 궁정에서 시종으로 일하면서 권태를 느끼고 있던 청년 아돌프는 P백작의 첩인 폴란드 여성 엘레오노르를 알게 되자, 사랑을 느끼는 것도 아니면서 그저 따분함을 없애고 허영심을 충족하려는 목적으로 그녀에게 다가간다. 그러나 첩의 신분이기는 하나 정숙한 그녀에게 거절당하자 아돌프의 변덕스러운 유혹은 진정한 애정으로 바뀌고 만다. 또 그런 아돌프를 보고 엘레오노르의 마음도 연민에서 동정으로, 이윽고 사랑으로까지 발전한다.

그런데 엘레오노르가 자신의 여자가 되자 아돌프는 마음이 돌변해 헌신적인 사랑을 바치는 그녀를 거추장스럽게 느끼게 된다. 그녀에 대한 의무감 때문에 애정이 있는 척 꾸미고 있는 사이에 아버지가 두 사람 사이를 갈라놓으려 하자, 아돌프는 반항심 때문에 그녀와 함께 보헤미아로 도망친다. 엘레오노르에 대해 차츰 종속적인 상태가 되어 간다는 사실에 초조감을 느낀 아돌프는 어떻게든 두 사람의 관계를 청산하고 싶어 하지만, 막상 실행하려고 할 때면 결단력이 둔해진다.

이런 일이 몇 번이고 되풀이된 뒤 결국 아돌프의 본심을 알게 된 엘레오노르는 마음이 너무 상한 나머지 죽어 버린다. 혼자 남겨진 아돌프는 아무도 사랑해 주지 않는 세상 속으로 내던져진 채 폐인이 되어 간다.

아돌프 – 프랑스혁명 후 청년들의 권태를 표현

아돌프는 소년 시절부터 벌써 죽음에 대한 생각에 사로잡혀 있었으며, '어떠한 일이건 노력을 기울일 만한 가치가 없다'고 하는 염세적인 생각에 깊이 빠져 있었다. '고독을 사랑하면서도 고독을 견디지 못하고, 남들과 사귀면서도 그 관계를 견디지 못하는 상태'였던 그는 권태를 없애기 위해 아버지로부터 물려받은 여성 멸시적인 생각을 가진 채 사랑하지도 않는 엘레오노르를 유혹한다. 하지만 아돌프는 그녀와 관계를 맺게 되자 도망칠 생각만 하고 막상 실행에 옮기지는 못하는 유약함에 시달린다.

아돌프의 특성은 그렇게 우유부단한 자신을 통렬하게 자각하고 있다는 점이다. 삶에서 아무런 의미도 찾지 못하고, 그러면서도 자기 중심적인 영혼과 그런 자신을 관찰하며 분석하는 영리한 지성. 이는 프랑스혁명 후의 사회에서 볼 수 있었던 청년들의 주요한 증세 가운데 하나였다.

| 작품 속의 명문장 |

"연애가 시작된 초기에 이 관계가 앞으로 영원히 계속되리라고 믿지 않는 인간은 저주받을지어다!"

『아돌프』 제1장

NOTES

● 콩스탕은 도박에 미쳐서 막대한 빚을 지고 있었는데, 콩스탕의 도움으로 왕위에 앉은 루이 필리프가 그 빚을 갚아 주었다. 그러자 그는 "정말 고맙습니다. 하지만 폐하께서 자유에 역행하시면 저희는 당장 반역을 일으킬 것입니다"라고 선언했다고 한다.

스탕달(Stendhal)

적과 흑 부제 「1830년 연대사」

(Le Rouge et le Noir)

작가의 현실주의와 역사를 넘어서는 낭만주의가 명확하게 표현된 걸작이다. '1830년 연대사'라는 부제가 암시하고 있는 것처럼, 프랑스혁명 이후의 격동의 시대에서 일어나는 갖가지 행위에 관한 동기와 사람들의 내면적 특성을 비판적으로 그려 낸 작품이다.

INTRO

스탕달(Stendhal, 1783~1842)●은 프랑스의 소설가로, 본명은 마리 앙리 벨Marie Henri Beyle이다. 1783년에 고등법원 변호사의 아들로 그르노블에서 태어났다. 7세 때 어머니를 여읜 뒤, 아버지와 성직자인 가정 교사, 독신녀인 숙모 밑에서 자랐다.

이들은 하나같이 위선적이었기 때문에 스탕달은 일찍부터 압제와 위선에 대한 반항심을 갖게 되었다. 학교 시절에는 "위선을 용납하지 않는 유일한 공부"라며 수학에 열중해 좋은 성적을 거두었고, 1799년에 에콜 폴리테크니크에 들어가기 위해 파리로 갔다가 시험을 포기했다.

1800년 육군부로 들어가 나폴레옹을 따라 밀라노에 입성했다. 이듬해 파리로 돌아와 제2의 몰리에르가 되기 위해 연극 관람과 독서에 주력했다. 다시 육군부로 들어가 모스크바 원정에서 식량 조달에 실력을 발휘했으나, 1814년 나폴레옹이 실각하자 생활비가 적게 드는 밀라노로 이주해 표절작인 『하이든과 모차르트 및 메타스타시오의 생애』(1814), 『이탈리아 회화사』(1817)를 출판했다.

그의 영원한 연인이었던 덴보스키 부인에게 실연을 당한 뒤 1821년에 파리로 돌아와 『연애론』(1822), 『라신과 셰익스피어』(1823~1825), 『로시니의 생애』(1823), 『아르망스』(1827) 등을 출간했으나 문학가로서 인정받지는 못했다. 생활이 궁한 나머지 1828년에는 자살을 하려고 여섯 번이나 유서를 쓰기도 했다.

『적과 흑』(1830)●을 간행한 이듬해인 1831년, 신정부에 의해 치비타베키아 영사로 임명되었고 평생 동안 그 지위에 있었다. 그 사이에 2권의 자서전인 『앙리 브륄라르의 생애』, 『에고티슴 회상록』(사후 1894 출판), 소설 『뤼시앵 뢰뱅』, 『파름의 수도원』(1839) 등을 썼으나, 1842년에 휴가로 머물렀던 파리의 길거리에서 쓰러져 사망했다. 몽마르트에 있는 그의 무덤에는 그가 직접 선택한 '살았다, 썼다, 사랑했다'라는 명구가 새겨져 있다.

스탕달은 사후 간행한 것까지 포함해 방대한 양의 작품을 썼는데, '행복한 소수'만을 대상으로 하고 있었기 때문에 생전에는 거의 인정받지 못했다. 대표작인 『적과 흑』의 경우도 괴테에게는 이해를 받았지만 프랑스 국내에서는 평이 좋지 않았으며, 걸작 『파름의 수도원』도 발자크 혼자서만 극찬하는 데 그쳤다. 이런 스탕달의 진가가 인정되기 시작한 것은 본인이 예언한 대로 19세기 말에 접어들면서부터였다.

격동의 시대를 살아가는 한 평민 청년의 야심

스위스 국경과 가까운 가공의 도시 베리에르에서 목재상의 아들로 태어난 야심가 쥘리앵 소렐은 나폴레옹을 열렬하게 숭배하면서 왕정복고 시대에 평민에게 남겨진 유일한 출세길인 성직자가 되려고 결심한다. 시장 레날의 자녀를 가르치는 가정 교사가 된 그는 정략적으로 시장 부인을 유혹해 정복한다. 결국 두 사람은 서로를 뜨겁게 사랑하는 사이가 되지만, 온 동네에 소문이 퍼졌기 때문에 쥘리앵은 브장송 신학교로 들어간다. 그곳에서 쥘리앵은 교장의 추천을 받아 파리의 대귀족이자 정계의 거물인 라몰 후작의 비서가 된다.

파리로 간 쥘리앵은 공화주의적 본심을 교묘하게 감추고 사교계와 접촉하며 차츰 세련된 매너를 익힌다. 자존심 덩어리와도 같은 후작의 딸 마틸드는 신분은 낮지만 고귀한 성품에 정력적인 쥘리앵에게 반해 자신의 몸을 내던진다. 이윽고 임신한 그녀는 아버지인 후작에게 쥘리앵과의 결혼을 허락해 달라고 조른다.

후작은 딸의 간청을 물리치지 못해 결혼을 승낙하고, 쥘리앵은 후작의 힘으로 경기병 중위로 임명되는 등 모든 일이 그가 원하던 대로 순조롭게 풀려 가는 듯했다. 그러던 참에 그를 비방하는 레날 부인의 편지가 후작 앞으로 날아온다. 한순간에 출세의 꿈이 깨져 버린 쥘리앵은 격분해 베리에르로 달려가 마침 교회에서 기도를 드리고 있던 레날 부인을 총으로 쏘고 그 자리에서 체포된다.

투옥된 쥘리앵은 모든 세속적인 야심으로부터 해방되고, 더구나 상처를 치료한 레날 부인과 다시 만나 둘만의 옛사랑을 확인하면서 깊은 행복감에 젖는다.

이윽고 법정으로 끌려 나간 그는 "저는 당연히 사형을 당하는 것이 마땅합니다"라고 말한 다음, 가난한 자가 탄압을 받는 사회의 희생자로서 지배 계급인 배심원을 고발하는 바람에 단두대에서 처형된다. 마틸드는 쥘리앵의 목을 안고 성대한 장례식을 거행하고, 레날 부인은 그로부터 사흘 뒤에 아이들을 끌어안은 채 세상을 떠난다.

『적과 흑』은 '1830년 연대사'라는 부제목을 통해서도 알 수 있듯이 7월 혁명 직전에 지배자가 교체되는 격동의 시대를 살아가는 한 평민 청년의 야심을 통해 귀족과 성직자, 대부르주아지의 삼자가 서로를 헐뜯는 사회의 반동성을 철저하게 비판적으로 그려 낸 작품이다. 주인공 쥘리앵 소렐이 품었던 야심의 좌절과 옥중에서 성취되는 그의 내면적인 구제를 통해, 역사를 꿰뚫어 본 작가의 현실주의와 그 역사를 넘어서는 낭만주의가 명확하게 표현되어 있다.

제목 가운데 '적'(赤 : 붉은색)은 나폴레옹 시대의 군인(군복)의 영광 또는 공화주의의 열렬한 에너지를 나타내고, '흑'(黑 : 검은색)은 왕정복고 시대에 세력을 휘두른 성직자 계급의 검은 옷을 나타낸다고 일반적으로 평가되는데, 적과 흑에 의해 운명이 결정되는 룰렛 게임에 인생을 비유하고 있다는 설도 있다.

쥘리앵 소렐 – 자기를 긍정한 정신적 귀족

쥘리앵 소렐은 마치 소녀와도 같은 섬세한 미모와 가냘픈 육체 속에 극도로 민감한 감수성과 불굴의 의지 그리고 놀라운 기억력을 겸비한 청년이다. 주위로부터 학대받으며 자라난 그는 나폴레옹을 찬미하면서도 위선을 유일한 수단으로 삼아 신분 상승을 꾀한다.

그러나 그의 본질은 출세를 위해 위선을 행사하는 자신을 냉정하게 관찰하고 있으며, 또한 위선임을 알면서도 결심한 행위를 실천에 옮기지 못하면 권총으로 자신의 머리를 쏴 버릴 수도 있다고 할 만큼의 자존심도 가지고 있다. 경멸당하는 것, 그 무엇보다도 자기 자신에게 경멸당하는 것이야말로 이 자존심 강한 청년이 가장 두려워하는 일이다.

나폴레옹을 따라 끊임없이 "무기를 잡아라!"라고 자기에게 명령하는 그는 싸움에 이기는 것만이 목적이며, 그가 얻는 승리는 최종적으로는 자기 자신에 대한 승리라고 할 수 있다. 이 점이 몰리에르가 그려 낸 위선자 타르튀프와 쥘리앵의 본질적인 차이점이다.

쥘리앵 소렐은 일반적으로 일컬어지는 이른바 출세주의자는 아니다. 그는 오로지 자신의 존엄을 중시했고, 그런 자기를 긍정하는 것을 최대의 목적으로 한 정신적인 귀족이었다. 바로 그렇기 때문에 마지막에 그는 맑고 깨끗한 마음으로 단두대에 설 수 있었다.

| 작품 속의 명문장 |

"소설이란 큰길을 따라 운반되는 거울이다. 그것이 제군의 눈에 파란 하늘을 보이게 하는 때도 있고, 길가의 흙탕물을 비추는 때도 있다. 그런데 그 거울을 등에 지고 나르는 남자는 제군들로부터 부도덕하다는 욕을 먹는 것이다!"

『적과 흑』 제2부 제19장

＊ 소설은 곧 거울이라는 스탕달의 현실주의 이론을 나타내는 말인데, 한편으로 사회의 부정과 추악함을 묘사해도 그것은 작가의 책임이 아니라 위정자가 나쁜 것이라

고 하는 비판이기도 하다.

“상상력의 즐거움 속에 정치를 끌어들이는 것은 음악회 도중에 권총을 쏘는 것과 마찬가지의 행위이다.”

『적과 흑』 제2부 제22장

＊『아르망스』에서도 거의 같은 말이 나오는데, 이는 일종의 역설로 스탕달만큼 소설 속에서 정치를 거론한 작가도 드물다. 그는 “정치 이야기를 하지 않으면 19세기 소설이 되지 않는다”고도 했다.

NOTES

● 스탕달이라는 이름은 봉베, 코트네, 도미니크, 살뷔아티, 윌리엄 크로커다일 등 그가 가진 170여 개의 필명 가운데 하나로, 스탕달을 필명으로 처음 사용한 것은 1817년에 간행된 『로마·나폴리·피렌체』에서였다.

● 『적과 흑』은 작가와 같은 고향 출신으로 신학생이었던 적이 있는 청년 앙토완 베르테의 범죄에서 그 소재를 얻은 이야기이다. 쥘리앵의 모델이 된 베르테는 가정 교사로 일하던 집의 부인과 딸을 유혹했고, 마지막에는 그 부인을 총으로 쏜 죄로 사형당했다.

스탕달(Stendhal)

파름의 수도원
(La Chartreuse de Parme)

자연인으로서 행복을 추구하는 개인의 생애가 우매한 신성동맹의 세계 안에서 어떠한 결과로 나타나는지 보여 주고 있다. 이탈리아에 대한 사랑과 청춘에 대한 애석함을, 자유와 행복을 추구하는 주인공들 삶에 투영해 표현하고 있다.

파브리스가 이탈리아를 배경으로 정열과 욕망을 펼치는 이야기

밀라노의 대귀족인 델 동고 후작의 둘째 아들로 태어난 파브리스는 나폴레옹을 숭배하는 미소년이었다. 어머니와 숙모 지나의 뜨거운 사랑을 받으며 온화한 환경 속에서 자란 그는 16세 때 워털루 전투에 참가했으나, 싸움터에서 그저 우왕좌왕하며 어쩔 줄을 모르다가 전쟁과 영광에 환멸을 느끼고, 게다가 중상까지 입는다. 이 모험 때문에 자유주의를 증오하는 형에게 고발되어 쫓기는 몸이 된 그는 숙모 산세베리나와 그녀의 애인인 파름 공국의 재상 모스카 백작의 도움으로 성직자가 된다.

파름 공국에서 그는 여배우 마리에타 때문에 유랑 극단의 배우를 칼로 찔러 죽인 일로 곧바로 체포되어 파르네세 탑에 유폐된다. 이곳에서 그는 감옥의 옥사獄司인 콘티 장군의 딸 클레리아를 만나고, 두 사람 사이에는 사랑이 불타오른다. 파브리스가 독살당할 위험에 처하자 지나가 그를 탈옥시키지만, 탈옥 과정에 도움을 준 클레리아는 두 번 다시 그의 얼굴을 보지 않겠다고 성모에게 맹세한다. 한편, 파브리스는 클레리아가 그리운 나머지 다시금 파르네세 탑으로 가서 자수하고, 클레리아도 자신의 맹세를 잊고 그에게 몸을 맡겨 버린다.

얼마 뒤 방면된 파브리스는 파름의 대주교 보조가 되고, 클레리아는 클레센티 후작과 결혼한다. 그러나 두 사람은 어둠 속에서 밀회를 거듭하고, 결국 아이까지 태어난다. 하지만 우연한 일로 아이가 죽게 되자 이를 신의 벌이라고 믿은 클레리아는 괴로워하다가 숨을 거두고, 이에 절망해 수도원에 몸을 숨기고 살던 파브리스도 세상을 떠난다.

『파름의 수도원』●은 16세기 이탈리아의 고古문서 『파르네세가家의 융성의 기원』을 핵심으로 하여 발상된 대작이다. 스탕달은 자신이 찬미를 아끼지 않았던 르네상스 이탈리아의 정열적인 자연인을 우매한 신성동맹의 세계로 던져 넣는 것으로, 행복을 추구하는 개인의 생애가 어떠한 결과에 이르는지 보여 주었다. 말년을 맞이한 스탕달의 작가적 역량이 이 작품 속에 온전히 투영되어 있다. 1839년에 간행되었다.

도덕의 울타리 밖에서 끊임없이 행복을 추구한 파브리스

파브리스는 호적상 델 동고 후작의 아들로 되어 있지만, 사실은 나폴레옹 휘하의 프랑스군 중위와 후작부인의 사생아로 보인다. 주인공 파브리스는 끝없이 이탈리아를 찬미하며 그 나라를 사랑해 마지않았던 스탕달이 만들어 낸 가공의 아들이라 할 수 있다.

이 티 없이 사랑스러운 청년은 어렸을 때부터 미신을 믿었고, 특히 워털루 전투 직전에 스파이로 오해를 받아 투옥되었던 일 때문에 항상 감옥을 두려워하게 된다. 이런 식으로 자신의 예감에 집착한다는 점에서 그는 과감하게 미래를 향해 자기를 던졌던 쥘리앵 소렐과 결정적으로 다르다. 이 예감은 사실 파르네세 탑에 투옥되는 것으로 실현되는 셈인데,

이 탑 안에서 그는 워털루 전투 이후의 주체성이 결여된 인간에서 탈피해 진정한 자아를 파악했다. 또한 그때까지 '나는 천성적으로 여인을 사랑하지 못하게 되어 있는 것이 아닐까?' 하고 생각하던 그가 클레리아 콘티를 진정으로 사랑하게 된다.

이 작품의 주제는 '여기가 정말 감옥일까?' 하고 이상해하면서도 감미로운 기분에 빠져드는 주인공의 심리를 통해 드러난다. 감옥 안에만 행복이 존재한다는 점, 이것이 부르주아적 현실에 대한 작가의 비판인 것이다.

| 작품 속의 명문장 |

"사람이 현실을 직시하고 싶어 하지 않는 마음도 충분히 이해할 수 있다. 그러나 그럴 때는 현실에 대해 이런저런 생각을 하지 말아야 한다. 자신의 무지한 단편을 방패로 삼아 현실에 항의하는 짓은 특히 옳지 않다."

『파름의 수도원』 제1부 제8장

* 현실에 대해 무지한 인간이 현실을 비판하는 어리석음을 꾸짖는 말. 냉철한 현실 관찰자의 면모가 엿보인다.

NOTES

● 스탕달은 『파름의 수도원』을 겨우 52일 만에 구술 필기로 완성한 뒤 원고를 거의 다시 보지 않은 채 인쇄소로 보냈다. 더구나 발행처의 요청으로 후반부를 대폭 삭제해 버렸다. 결말이 어딘지 허망하게 끝나는 것이 바로 이것 때문이다.

오노레 드 발자크(Honoré de Balzac)

고리오 영감

(Le père Goriot)

근대 시민사회를 근간에서 움직이고 있는 '돈'을 둘러싸고 펼쳐지는 인간의 정열에 대한 드라마를 부성애와 입신출세라는 주제를 축으로 투철한 관찰과 분석에 의해 그려 낸 작품. 귀족 사회의 퇴폐와 금전 만능의 사회상을 고발하고 있다.

INTRO

프랑스의 소설가 오노레 드 발자크(Honoré de Balzac, 1799~1850)는 1799년 투르에서 태어났다. 신경질적인 어머니의 냉대를 받으며 고독한 소년 시절을 보냈다. 나중에 파리에서 법률 사무소의 견습생으로 일하다가 20세 때 글로 출세하겠다고 선언한 뒤 2년간의 유예 기간을 받아 비극을 집필했으나 가망이 없다는 판정을 받았다. 그러나 포기하지 않고 생계를 위해 익명으로 통속 소설을 썼다. 또한 경제적인 안정을 꾀하기 위해 출판업, 인쇄업, 활자주조업에 이르기까지 여러 사업에 착수했으나, 모조리 실패해 약 6만 프랑의 빚을 평생 동안 짊어지게 되었다. 30세 때 새로운 결의로 써낸 역사 소설 『올빼미당』(1829)으로 데뷔했다.

그는 죽을 때까지 약 20년 동안 진한 커피를 벌컥벌컥 들이켜면서 하루에 많을 때는 18시간, 평균적으로 12시간씩 일하며 소설·희곡·평론·잡문 등을 아우르는 초인적인 집필 활동을 했다. 1834년 『고리오 영감』을 집필하면서 '인물 재등장'이라는 방법을 고안했고, 이윽고 '19세기 프랑스 사회사'를 묘사한다는 의도를 체계화하기 위해 모든 소설 작품을 하나의 종합적 제목인 '인간희극'● 안으로 끌어들이기로 결정했다. 그 결과 『인간희극』은 프랑스 전국을 무대로 하여 활약하는 약 2,000명의 등장인물과 함께 장편과 단편을 합쳐 약 90편의 소설을 포함한 방대한 소설집이 되었다. 대표작으로 『골짜기의 백합』(1844), 『외제니 그랑데』(1833), 『사촌 누이 베트』(1846) 등이 있다.●

같은 시대의 유명한 작가들과 마찬가지로 발자크도 여성 편력이 화려했다. 그중에서도 특히 발자크의 창작 활동에 정신적으로 큰 영향을 미친 사람은 『골짜기의 백합』의 모델이 된 22세 연상의 첫사랑 베르니 부인과, 아내가 된 폴란드의 귀족 한스카 부인이었다. 팬레터로부터 시작된 한스카 부인과의 관계는 18년에 이르며, 그동안 그녀에게 보낸 발자크의 편지는 수천 페이지에 달한다.

과로로 건강을 잃은 말년에 겨우 한스카 부인과 결혼할 수 있게 된 발자크는 결혼한 지 5개월 뒤, 『인간희극』에 포함될 예정이었던 약 30편의 미완성 작품을 그대로 남긴 채 집필과 사업, 여행, 정치, 연애로 다망하기 짝이 없던 그 정력적인 생애를 접고 고리오 영감처럼 페르 라셰즈에 매장되었다. 향년 51세였다.

리오 영감의 부성애와 가난한 청년 라스티냐크의 출세욕

파리의 싸구려 하숙집 보케 관館에는 하숙하는 사람들이 몇 명 살고 있는데, 그 가운데 고리오 영감이라고 불리는 노인과 외젠 드 라스티냐크라는 이름의 학생이 있다. 원래 제분업자였던 고리오는 예전에 백만장자였지만, 거액의 지참금을 가지고 귀족에게 시집보낸 두 딸에게 돈을 쏟아붓는 바람에 지금은 거의 무일푼 상태이다. 그러나 지나치리만큼 딸들을 사랑하는 그는 아버지를 창피하게 여기는 딸들을 위해 싸구려 하숙집에 몸을 숨기고 살면서도 있는 돈 없는 돈을 털어서 두 딸이 낭비한 돈을 메워 주고 있다.

청년 라스티냐크는 가난한 지방 귀족의 후계자로, 늘 영화로운 생활을 꿈꾸는 야심가이다. 성급한 그는 학문과 사랑이라는 양쪽 길을 모두 성취하기 위해 공부를 열심히 하는 한편, 사촌 누이인 보세앙 자작부인의 원조를 받아 고리오의 둘째 딸인 델핀 드 뉘생장 남작부인에게 다가간다.

마찬가지로 같은 하숙집에 사는 수수께끼의 남자 보트랭은 화려한 사교계에서 출세의 열쇠를 쥐고 싶어 어쩔 줄 모르는 라스티냐크의 심경을 꿰뚫어 보고, "자네처럼 무일푼인 사람이 재빨리 입신출세하려면 손을 더럽혀야 한다"며 '성공이야말로 미덕'이라고 하는 '반항의 철학'을 내세워 그의 마음을 뀐다. 그리고 성공을 하면 그를 부자로 만들어 주겠다는 조건으로 자기가 하는 일을 도우라고 한다. 스스로 아무 일도 하지 않아도 되는 이 유혹에 매력을 느껴 라스티냐크는 마음이 흔들리면서도 인간의 목숨이 달려 있는 일이었기 때문에 결국 거절한다.

그런데도 계획은 차질 없이 진행된다. 하지만 일이 진행되는 도중에 보트랭, 사실은 탈옥수인 자크 콜랭은 같은 하숙집 사람의 배신으로 경찰에게 체포된다.

한편 고리오는 딸들이 몇 번이고 돈을 뜯어 가는 바람에 완전히 무일푼이 되고, 결국 곤경에 처한 딸들을 도와줄 수 없게 되었다는 점에 고민한다. 더구나 눈앞에서 딸들이 보기 싫은 싸움을 하는 것을 보고는 마음이 아픈 나머지 병으로 쓰러진다. 그러나 두 딸은 병문안조차 오지 않는다.

고리오는 라스티냐크와 그의 친구의 간병을 받으며 딸들의 이름을 허망하게 부르기도 하고 저주와 축복의 말을 번갈아 내뱉기도 하다가 두 청년을 딸들로 착각한 채 숨을 거둔다. 라스티냐크는 하는 수 없이 델핀에게 선물로 받은 시계를 전당포에 잡히고 고리오의 장례식을 치러 준다. 그는 페르 라셰즈의 묘지에 고리오의 시신을 매장하고, 그곳에 청춘의 마지막 눈물을 같이 묻은 뒤 파리를 향해 "자, 한판 붙자!"고 외치며 사회에 대해 도전의 첫발을 뗀다.

다른 소설에 나오는 각 인물들을 다시 등장시키고 이들을 모두 연결해 하나의 작품으로 만드는 '인물 재등장'이라는 수법이 이 작품에서부터 사용되기 시작한 것으로 유명하다. 근대 시민사회를 근간에서 움직이고 있는 '돈'을 둘러싸고 펼쳐지는 인간의 정열에 대한 드라마를 부성애와 입신출세라는 주제를 축으로 투철한 관찰과 분석에 의해 그려 낸 이 작품은 근대 사실주의 소설의 시초이자 '돈의 시인'이라 불리는 발자크의 대표작 가운데 하나이다.

비극적인 아버지의 전형 고리오 영감, 출세주의자의 전형 라스티냐크

이 소설의 주인공은 고리오 영감과 라스티냐크 두 사람이다. 글의 내용 가운데 '부성애의 그리스도'라고 묘사되어 있는 고리오는 자식을 너무 사랑한 나머지 한없이 애정과 돈을 쏟아붓고, 나중에는 자기 목숨까지 희생하지만, 그 숭고한 그러나 너무도 맹목적인 애정 때문에 오히려 딸들에게 아무런 감사도 받지 못하는 비극적인 아버지의 전형으로, 흔히 셰익스피어의 '리어 왕'과 비교된다. 동시에 그는 발자크가 자주 그려낸 타입으로, 자신은 물론 주위 사람들(여기서는 딸들)까지 결국 파멸로 이끌어 가게 되는 '정열에 홀린' 『인간희극』의 대표적인 인물 가운데 하나이다.

한편, 라스티냐크는 19세기 프랑스 소설 속에서 『적과 흑』(스탕달)의 쥘리앵 소렐, 『감정교육』(플로베르)의 프레데릭 모로와 함께 19세기 부르주아 사회에서 입신출세를 꿈꾸는 청년의 전형을 대표하고 있다. 두 사람과 라스티냐크의 다른 점은 선과 악 사이에서 어느 쪽에도 치우치지 않고 타협하는 길로 나아가 결국에는 법무장관이 되는 것으로 일단 목적을 달성한다는 점이다.

"뱀장어처럼 능글능글하기 때문에 어지간히 출세할 것입니다"라고 등장인물 중의 하나가 그를 평가하고 있다. 명민한 통찰력과 강한 적응력, 유연한 성격의 소유자인 반면에, 과감하게 악을 거부할 수 있을 정도로 자신을 강하게 다스리지는 못하는 인간이다. 타협에 의해 교묘하게 인생을 꾸려 나가는 입신출세주의자의 전형이다.

| 작품 속의 명문장 |

"인간의 마음은 애정의 극한까지 오르면 잠시 휴식을 취하지만, 증오심의 절벽으로 굴러떨어질 때는 좀처럼 멎지 않게 마련이다."

* 발자크는 다른 소설에서 '사랑은 소비이지만 증오는 축적'이라고 해설하기도 했다.

"여자라는 존재는 설혹 아무리 극단적인 거짓말을 할 때에도 항상 진심을 가지고 하게 마련이다. 왜냐하면 그런 때에도 그녀들은 무언가 자연적인 감정에 따라 움직이고 있기 때문이다."

* 발자크는 여성의 나이에 대해 "남의 눈에 보이는 나이가 여성의 진정한 나이일 뿐, 여성에게는 호적상의 나이가 존재하지 않는다"고 말한 적이 있다.

NOTES

● 『인간희극』에 나오는 2,000명이 넘는 등장인물들 가운데 재등장하는 인물은 약 600명으로, 예를 들면 『화류계 여인의 영화와 몰락』 속에는 55명의 인물이 재등장한다. 이들 등장인물을 자세하게 소개해 놓은 『등장인물사전』이라는 책이 나오기도 했다.

● 발자크도 『고리오 영감』의 주인공인 라스티냐크에 지지 않을 정도의 야심가였다. 그는 '이 남자가 칼로 시작한 일을 나는 펜으로 이룩한다' 라는 맹세를 나폴레옹의 동상에 붙여 놓고 자신에 대한 훈계로 삼았다.

오노레 드 발자크(Honoré de Balzac)

골짜기의 백합

(Le Lys dans la Vallée)

두 남녀의 숙명적인 비극을 낭만주의적 서정으로 그려 낸 발자크의 대표작으로, 화려한 자연과 섬세한 심리가 훌륭하게 묘사되어 있다. 여성의 숙명적인 우수와 꿈, 청년의 정열적인 감정이 잘 표현된 이 작품은 발자크의 자전적인 소설로 잘 알려져 있다.

고독한 청년 펠릭스와 연상의 부인 앙리에트의 플라토닉한 사랑

형제들 가운데 어머니로부터 유독 혼자서만 냉대를 받고 자란 고독한 청년 펠릭스 드 방드네스는 처음 나간 무도회에서 만난 낯모르는 부인에게 반해 자신도 모르게 미친 듯이 그녀의 어깨에 키스를 한다. 그 이후로 그는 이 여성을 잊지 못해 상사병을 앓게 되었고, 요양을 위해 프랑스에서도 가장 풍요로운 지역인 투렌으로 간다. 그곳에서 그는 아름다운 앵드르 강변을 산책하면서 생각한다.

'여성들 중에서도 가장 아름다운 꽃인 그 사람이 이 세상 어딘가에 살고 있다면 바로 이곳일 것이다.'

그의 예감대로 그녀는 운명처럼 그 골짜기에 살고 있었다. 그녀는 망명 귀족인 모르조프 백작의 아내인 앙리에트로, 난폭한 남편과 병약한 아이들을 위해 헌신적으로 일하면서 조용히 살고 있었다. 이윽고 부인의 집에서 가족처럼 따뜻한 대우를 받으며 살게 된 펠릭스는 부인에게 열렬한 사랑을 바치지만 정숙한 앙리에트는 어머니와 같은 순수한 정신적 사랑으로만 펠릭스를 대해 준다. 그 뒤 그는 부인의 후원을 받아 파리로 나가서 높은 사회적 지위를 얻지만, 그의 모든 정열은 여전히 '골짜기의 백합'을 향하고 있다.

그러나 펠릭스는 충족되지 않는 육체적 사랑의 유혹을 이기지 못해 파리 사교계의 자유분방한 뒤들레 부인과 관능적인 사랑에 빠지게 되고, 앙리에트의 귀에도 그 소문이 들어간다. 골짜기로 앙리에트를 찾아간 펠릭스는 그녀의 감정이 심한 질투와 자포자기한 감정에 휩싸여 있음을 느낀다.

이윽고 자신이 위독하다는 소식을 듣고 다시 골짜기로 돌아온 그에게 앙리에트는 풍요로운 가을의 향기 속에서 질병과 배고픔에 시달리며 이루지 못했던 사랑에 대한 한을 구구절절 쏟아 낸다. 마침내 죽음을 앞두고 정숙하고 고귀한 향기를 지닌 백합으로 돌아간 부인은 펠릭스에 대한 감추어진 연정의 깊이와 부덕婦德과 관능의 치열한 싸움을 이기지 못해 죽어 간다는 고백을 유서에 남겨 놓고 숨을 거둔다.

정숙하고 고매한 덕망을 지닌 한 송이 흰 백합, 앙리에트

이 작품은 발자크의 소년 시절이 거의 그대로 묘사된 작품으로, 모르조프 부인은 그의 첫사랑인 베르니 부인이 모델이라고 한다. 발자크의 어머니는 그에게 냉담해서 그는 평생 동안 모성애에 동경을 품었고, 그것을 종종 사랑의 이상적인 형태로 작품에 그려 냈는데, 실제로 22세나 연상인 베르니 부인에게 구한 것도 그런 애정이었다. 이 작품은 발자크의 대표적인 명작으로서, 이러한 고백적 요소를 이상화하면서 정신과 관능이 상극을 이루는 드라마를 자연과의 교감 속에서 진전시켰다.●

아름다운 육체를 흰 드레스에 감춘 채 항상 이성적인 분위기를 풍기고 있는 앙리에트 드 모르조프 부인은 그야말로 앵드르의 아름다운 골짜기에 고귀한 향기를 풍기면서 피어난 한 송이 '흰 백합'이다. 그러나 그녀의 정숙함과 고매한 덕망은 단순히 종교적인 체념이나 인내에 의한 것이 아니다. 병약한 피보호자들을 감싸고 인도해 가는 넓은 마음의 그늘에는 펠릭스의 등장으로 처음 눈을 뜬 무구하고 풍요로운 정열이 넘쳐흐르고 있다.

이렇게 각성한 뜨거운 정열이 그녀를 끝도 없이 쾌락으로 유혹하기 때문에 고요한 겉모습의 내면에서 이루어지는 싸움은 치열하기 그지없는 것이다. 그래서 그녀의 정숙함은 더욱 숭고한 빛을 비추며, 또한 그것 때문에 죽음을 면하지 못해 더욱 비극적인 셈이다.

| 작품 속의 명문장 |

"자기 자신의 앙리에트를 가진 적이 없는 남자야말로 불행합니다! 뒤들레 부인과 같은 여성을 모르는 남자야말로 불행합니다! 그런 두 남자가 결혼을 한다면 후자는 아내의 마음을 자기에게 잡아 두지 못할 것이고, 전자는 연인의 버림을 받을 것입니다. 그러나 이 두 여성의 특징을 한 여성에게서 발견한다면 더할 나위 없는 행복일 것입니다."

『골짜기의 백합』 제3장

NOTES

● 걸핏하면 발자크를 혹평했던 생트 뵈브가 『애욕』을 출간했을 때 발자크는 복수를 위해 "『애욕』을 다시 써 주마" 라고 하며 『골짜기의 백합』을 썼다고 한다. 그의 의도대로 지금에 와서는 같은 주제를 가진 두 작품 가운데 『애욕』을 읽는 사람은 거의 없다.

알렉상드르 뒤마(페르)(Alexandre Dumas(père))

몽테크리스토 백작
(Le Comte de Monte-Cristo)

『삼총사』와 함께 가장 유명한 걸작으로 뒤마에게 문학적 명성을 안겨 준 작품이다. 프랑스혁명의 와중에 정치적 음모에 휘말린 한 청년의 사랑과 복수의 대서사시인 이 작품은 화려한 상상력과 추리소설 같은 묘미로 지금도 많은 독자를 매혹하고 있다.

INTRO

알렉상드르 뒤마(Alexandre Dumas, 1802~1870)는 프랑스의 소설가이자 극작가로, 『춘희』의 작가인 아들 뒤마와 구별하기 위해 대大 뒤마라고 한다. 1802년 파리 북쪽의 작은 마을인 엔 빌레르코트레에서 태어났다. 아버지는 산토도밍고 섬의 흑인 노예인 어머니의 피를 받은 혼혈로 나폴레옹 휘하의 유명한 장군이었다. 용맹하고 과감한 호걸이었지만 나폴레옹과의 알력으로 생활이 불우해져서 44세의 젊은 나이에 죽었다. 이 때문에 뒤마는 어린 시절부터 생활고를 겪어야 했다.

뒤마는 읽고 쓰는 것을 제외한 공부를 무척 싫어했고, 검술이나 사격 훈련에 열중해 사냥을 하며 소년 시절을 보냈다. 15세 때 공증인 사무소에서 일하기 시작했는데, 이때 친구의 영향으로 소설을 읽는 한편, 어학을 배우고 연극에 관심을 갖게 되었다.

파리에 놀러 갔다가 탈마의 연극을 보고 감격해 파리에서 살 결심을 한 뒤 아버지의 친구인 포와 장군의 소개로 오를레앙 공의 비서로 들어갔다. 교양을 익히기 위해 상사의 지도 아래 독서에 열중하는 한편 희곡을 쓰기 시작했는데, 이때 아파트 옆방에 사는 재봉사 카트린과 관계를 가졌다. 그녀와는 평생 결혼하지 않았지만, 이때 생긴 사생아가 소小 뒤마이다.

1825년 단막 희극 『사냥과 사랑』을 합작으로 상연했고, 이듬해 『혼례와 매장』이 호평을 받았으며, 1828년 『앙리 3세와 그의 조정』이 대성공을 거두어 27세에 큰 명성을 얻었다. 이어서 낭만파 연극의 첫 작품인 『앙토니』(1831)로 극단의 중진이 되었고, 이후 작품을 잇달아 발표했다.

그러나 극작이 인기를 잃자 소설을 쓰기 시작해 1844년에 『삼총사』를 발표했고, 이것이 크게 성공해 그 이후 『몽테크리스토 백작』(1844~1845) 등 수많은 소설(주로 역사 소설)을 집필했다. 뒤마는 대부분의 작품을 공저(예를 들어 『레오 뷔르카르』를 네르발●과, 『삼총사』는 마케●와 함께 집필)로 썼기 때문에 '제작공장 뒤마 회사'라는 별명을 얻었고, 이로 인해 비난을 받기도 했으나 천진난만했던 본인은 이에 전혀 아랑곳하지 않았다.
그는 연극과 신문 소설을 지배하는 왕으로 막대한 수입을 마음껏 탕진하며 바람기 많은 호색한 생활을 추구했고, 호화로운 저택●을 세우고, 극장을 설립하고, 신문을 창간하고, 혁명에 참가하고, 호사스러운 여행을 하는 등 참으로 낭만적인 생활을 했다. 이후 무절제한 낭비벽과 사업(극장이나 신문)의 실패, 방탕한 생활 때문에 재정적으로 파탄했지만, 그의 왕성한 에너지는 좀처럼 쇠퇴하지 않아 똑같은 생활을 되풀이하는 사이에 끝내는 피폐하여 뇌졸중으로 인한 발작을 일으켰다. 이때 그는 아들의 집 대문을 두드리면서 "네 집에 죽으러 왔다"고 말했다.
이렇게 해서 뒤마는 1870년에 68세의 나이로 그 '거인의 생애'를 마쳤다.

정치적 음모에 휘말린 당테스의 사랑과 모험과 복수

일등 항해사인 에드몽 당테스는 선장의 갑작스러운 죽음으로 19세의 나이에 후임자가 된다. 이를 질시한 같은 배의 회계사 당글라르는 당테스의 약혼녀인 메르세데스를 연모하는 페르낭과 함께 음모를 꾸며서 당테스를 나폴레옹파의 스파이라고 밀고한다. 당테스는 약혼 피로연장에서 체포되었고, 여기에 다시 검사 대리 빌포르의 음모까지 겹쳐져 마르세유 만에 있는 이프 성의 감옥에 갇힌다.

옥중에서 파리아 신부라는 늙은 죄수를 알게 되고 그 신부가 당테스에게 음모의 수수께끼를 풀어서 설명해 준다. 당테스는 복수심을 불태우면서 오랜 감옥 생활을 하는 동안 신부로부터 다양한 교육을 받고, 또한 몽테크리스토 섬에 매장된 보물의 비밀을 듣는다. 신부가 죽었을 때 그 시체로 가장해 탈옥한 당테스는 매장되어 있는 보물을 찾아내어 손에 넣는다. 그러고 나서 이름을 바꾸고 고향으로 돌아간다.

이미 14년의 세월이 흘러 아버지는 굶어 죽었고, 선주船主이자 은인인 모렐은 파산 직전이었다. 한편 당글라르는 대은행가이자 남작이 되었고, 페르낭은 메르세데스를 아내로 삼고 육군 중장인 모르세르 백작이 되었으며, 빌포르는 검찰총장으로 각각 출세해 파리로 이주해서 살고 있었다. 아버지의 죽음에 통한의 눈물을 흘리던 당테스는 복수의 화신이 되어 증오심과 막대한 재력, 신부로부터 전수받은 교양을 무기로 부조니 신부, 윌모어 경, 뱃사람 신드바드, 몽테크리스토 백작 등의 인물로 변장해서 신출귀몰하며 은인 모렐을 파산에서 구해 주고, 나아가 세 사람에 대한 복수를 착실하게 준비한다.

파리 사교계의 명사가 된 몽테크리스토 백작은 세 사람의 가족을 끌어들이면서 한 치의 어긋남도 없이 계획을 실현해 나간다. 세 사람은 이유도 모르는 채 차츰 자신이 궁지에 빠지고 있음을 느낀다.

이렇게 해서 모르세르는 에스파냐 전쟁에서 은인과 성을 적에게 팔아넘겼던 배신 행위가 폭로되고, 당테스의 비밀을 알게 된 아내 메르세데스와 아들로부터 버림을 받은 데다 당테스까지 나타나게 되자 괴로워하다가 자살한다. 빌포르는 계속되는 가족의 독살 사건에다가 영아를 살해했던 옛 악행이 폭로되고, 그것이 당테스의 복수라는 사실을 알자 미쳐 버린다. 당글라르는 당테스의 책략에 걸려 파산한 뒤에 산적에게 유괴되어 굶주림의 고통과 공포를 한참 동안 맛본 다음 당테스 앞에 무릎을 꿇는다. 정신을 차려 보니 그의 머리카락은 새하얗게 변해 있었다.

이렇게 해서 복수를 모두 끝낸 당테스는 결백한 모르세르의 아들과 메르세데스를 구하고, 빌포르의 딸과 모렐의 아들을 결혼시킨 다음 막대한 재산을 그들에게 남겨 주고 바다 저편으로 떠난다.

일반적으로 "뒤마의 모든 작품을 끝까지 다 읽은 사람은 아무도 없지만, 전 세계의 사람들이 뒤마의 작품을 읽는다"●고 일컬어질 정도로 뒤마의 소설은 대중적으로 인기를 모았다. 그중에서도 이 작품은 대중의 꿈을 치밀하게 파악한 뒤 정밀하게 조립해서 극적으로 폭발하는 줄거리와 여기저기 뿌려 놓은 낭만적인 감동이 있어 파란만장한 모험담을 능란하게 그려 낸 뒤마의 작품들 중에서도 『삼총사』와 함께 가장 유명한 걸작으로 파리의 모든 사람들을 열광하게 만들었다.

당테스 – '복수의 화신'의 대명사

순수하고 남을 의심할 줄 모르는 다감한 청년 에드몽 당테스. 그런 사람이 창백하고 음습한 얼굴로 고뇌에 끝없이 시달리고 있음을 나타내 주는 이마의 주름, 마음 깊숙한 곳까지 꿰뚫어 보듯이 시퍼렇게 빛나는 눈빛, 독특한 울림을 지닌 말을 흘리는 교만하고 조소적인 입술, 감정을 조금도 드러내지 않는 냉랭한 표정, 그리고 완벽한 매너와 교양을 가진 몽테크리스토 백작으로 변신한다. 그러고는 아버지와 자신의 청춘을 약탈당한 한을 막대한 재력을 무기로 냉혹하게 풀어 나가는 복수의 화신이 된다. 복수 이야기의 주인공으로 이만큼 완벽한 조건과 매력을 겸비한 인물은 찾아볼 수 없다.

그는 복수의 화신의 대명사가 되었다. 그러나 복수의 화신이라고 해도 그에게는 불쾌한 어두움이 없다. 왜냐하면 자신의 손으로는 결코 피를 보지 않았다는 점과, 가족을 끌어들이는 것에 대해 고민하며 악인의 자식이라 하더라도 결백한 인간에게는 구제의 손길을 내밀고 악을 행한 본인들만 철저하게 짓밟는다는 통쾌한 정의감이 이야기의 밑바닥에 흐르고 있기 때문이다.

| 작품 속의 명문장 |

"지극히 단순해서 실행해도 상관없는 일이라 하더라도, 우리의 자연적인 욕구는 해도 좋은 일의 경계를 벗어나지 않도록 우리를 조심시켜 준다. …… 나쁜 생각을 천성적으로 가지고 태어난 인간이 아닌 한, 인간의 성질은 죄를 싫어하게 되어 있다. 그런데 문명은 우리에게 욕망과 악덕, 부자연스러운 욕구를 주고, 때로는 우리의 선량한 본능을 죽여서 우리를 악한 쪽으로 끌어 가는 식으로 영향을 미친다."

『몽테크리스토 백작』에 나오는 파리아 신부의 말

NOTES

● 프랑스의 시인·소설가·저널리스트인 네르발(Gérard de Nerval, 1808~1855)은 어학에 능해 19세 때 『파우스트』를 번역해 괴테에게 칭찬을 받았다. 독일 문학의 연구와 소개에 힘썼으며, 시·희곡·소설·기행 등의 분야에서 많은 작품을 발표했다.

● 뒤마와 마케(Auguste Maquet, 1813~1886)는 많은 공저를 남기고 있다. 마케는 뒤마의 작품에서 초고의 설계에 중요한 역할을 했는데, 그 역할을 명확하게 구분짓기는 어렵지만 함께 소설의 줄거리를 기획한 뒤 마케는 소설에 필요한 역사적인 조사 등을 담당했다. 둘의 관계는 나중에 소송 때문에 끝나게 된다.

● 뒤마는 파리 교외에 몽테크리스토 백작의 이름을 따서 호화의 극치를 이루는 몽테크리스토 저택을 세웠다. 그 무렵 사치와 낭비로 유명했던 발자크조차도 미친 짓이라고 할 정도로 사치스럽기 그지없었던 이 집에서 뒤마는 제후와 같은 생활을 했으나 이윽고 파산하자 이 집도 차압당했다.

● "뒤마의 모든 작품을 다 읽은 사람은 아무도 없다"는 말을 들을 정도로 방대한 양의 작품을 쓴 뒤마는 남에게 향응을 베푸는 것도 좋아해 원고를 쓰는 손을 멈추지 않은 채 방문자에게 왼손을 내밀어 아무라도 상관없이 점심 식사의 향연에 참가하라고 잡아끌었지만 막상 그 자신은 아주 조촐한 식사를 했다고 한다.

프로스페르 메리메(Prosper Mérimée)

카르멘
(Carmen)

한 고고학자가 에스파냐를 여행하던 중 돈 호세를 만나 이야기를 듣는 형식으로 전개되는 이 중편소설은 감정을 억제한 묘사와 에스파냐를 무대로 한 이국적인 정취와 현학적이고 간결한 필치가 돋보이는 작품이다.

INTRO

프로스페르 메리메(Prosper Mérimée, 1803~1870)는 프랑스의 소설가·고고학자·언어학자로, 1803년 파리에서 화가의 아들로 태어났다. 법률을 공부한 뒤, 스탕달 등 문학가들과 교제하면서 독특한 재능과 박식함으로 인기를 얻었다. 1825년에 어떤 에스파냐 여배우의 작품을 번역한 것으로 알려진 희곡집 『클라라 가줄의 연극』을 출판했는데, 이 작품이 평판을 얻어 그 무렵 일류 살롱의 유명인이 되었다.

1827년에는 발칸 반도 일리리아 지방의 옛 민요라고 하는 『라 귀즐라』를 간행했다. 그 뒤 역사 소설인 『샤를 9세 시대의 연대기』(1829)를 비롯해 『마테오 팔코네』, 『에트루리아의 항아리』(1830) 등을 포함한 단편집 『모자이크』를 간행했다. 1830년에는 에스파냐를 여행하면서 나중에 나폴레옹 3세의 왕비가 된 외제니의 어머니 몬티호 백작부인과 가까워졌고, 이 관계 덕분에 제2제정 시대에는 왕비의 측근이 되었다.

1832년에 사적史蹟 감독관으로 임명되어 붕괴에 직면해 있던 유럽 각지의 역사 건조물을 조사하고, 복구를 위해 노력했다. 이 무렵 그는 사생활에서 일부러 돈 후안처럼 바람기 많은 남자 행세를 했고, 조르주 상드를 상대로 한 추문도 전해지고 있다. 『이중의 오해』(1833), 『이르의 비너스』 등은 이 시기에 쓰인 작품들인데, 무엇보다도 그의 이름을 문학사에 남긴 작품은 1845년에 쓰인 『카르멘』과 코르시카 섬을 무대로 한 『콜롱바』(1840)이다. 말년은 러시아 문학의 연구와 소개에 전념했고, 1870년에 사망했다.

열정적인 집시 여인 카르멘과 촌뜨기 돈 호세의 사랑과 파멸

바스크에서 태어난 기병 하사 돈 호세는 고지식한 청년이다. 그런데 세비야에 있는 담배 공장의 경비를 맡게 되면서부터 운명의 바퀴가 이상하게 돌아가기 시작한다. 담배 공장의 여공인 집시 여인 카르멘이 놀리는 말과 함께 입에 물고 있던 아카시아 꽃을 그에게 던져 준 것이다.

그 직후 싸움을 일으켜서 상대방 여자를 찌른 카르멘을 감옥으로 호송하는 도중에 호세는 그녀의 감언에 넘어가 그녀를 도망치게 한다. 영창에 들어가게 된 데다 일병으로 강등된 호세에게 카르멘은 감사의 표시라며 미친 듯이 웃으면서 자신의 몸을 허락했고, 그가 다시 만나자고 조르자 "나는 악마야. 나랑 같이 있다가는 목숨을 부지하지 못할걸" 하면서 냉정하게 거절한다.

그 뒤 카르멘의 부탁으로 밀수입을 묵인하고, 더구나 경쟁자인 중위를 찔러 죽인 호세는 하는 수 없이 그녀의 패거리에 끼게 되어 점점 타락해 간다.

이윽고 카르멘의 남편인 외눈박이 가르시아가 탈옥해 나오자 질투에 휩싸인 호세는 카드 놀이에서 사기를 쳤다는 빌미로 결투를 신청해 가르시아를 죽여 버린다. 카르멘은 그런 호세를 향해 "우리는 같이 죽을 운명이야. 흥, 그게 어때서?"라고 큰소리를 치며 캐스터네츠를 울린다.

이제 명실공히 카르멘의 남편이 되어 더욱 그녀에게 열을 올리게 된 호세와는 반대로 카르멘은 차츰 사랑이 식어 간다. 그래도 부상당한 호세를 열심히 간호해 주는 착한 면도 보인다. 그러나 현재의 생활에 질려 버린 호세가 미국으로 건너가 같이 새 생활을 시작하자고 부탁하자, "내가 지금 양배추나 심으면서 살게 되었어?" 하면서 아예 상대도 하지 않는다.

그러는 사이에 카르멘은 젊은 투우사인 루카스에게 마음을 주게 되고, 이에 격노한 호세는 루카스가 쇠뿔에 찔려 중상을 입은 그날 밤 카르멘을 인적 없는 산속으로 데리고 가서 칼을 들이대고는 눈물을 흘리면서 다시 한 번 미국으로 가자고 애원한다. 하지만 그녀는 "당신은 내 남편이니까 나를 죽일 권리는 가지고 있겠지. 그러나 카르멘은 어디까지나 자유로운 여자라는 사실을 알아주었으면 해"라고 하면서 끝내 거절한다. 더 이상 두고 볼 수 없다고 생각한 호세는 카르멘을 칼로 찔러 죽인다.

분방하고 음탕한 집시 여인을 주인공으로 한 이 소설은 작가의 에스파냐 취향과 함께 집시에 대한 호기심과 학식이 만들어 낸 작품이다.● 어두운 숙명과 그에 맞서는 뜨거운 정열이라는 주제는 낭만적이지만, 그것을 묘사하는 메리메의 문장은 극도로 억제되어 있다. 이 작품을 소재로 작곡된 비제의 오페라 「카르멘」과 같은 화려함은 찾아볼 수 없지만 그야말로 낭만주의의 고전파라 불리는 메리메다운 단정한 걸작이다.

허례허식이 없는 자연의 여자, 카르멘

카르멘은 '세련된 모습에 작은 몸집을 가졌고, 정욕적인 큰 눈 속에 때로는 난폭한 빛을 띠는' 집시 여인이다. 이런 여자가 입에 아카시아 꽃을 물고 주먹을 허리에 댄 채 마치 '코르도바의 목장에 있는 젊은 암말처럼 허리를 흔들며' 걸어온다. 야성적이고 관능적이며 무엇보다도 자유를 사랑하는 이 여자는 마음에 드는 남자에게는 몸과 마음을 다 바치지만, 일단 상대방이 싫어지면 아무리 애원하고 협박해도 차갑게 내쳐 버린다. 돈 호세도, 그 전의 남편인 가르시아도 마찬가지이다.

물론 그녀는 음탕한 여자이며 범죄자이기도 하다. 남자에게는 그저 재앙만 불러오는 위험한 여자이다. 하지만 우리는 이런 카르멘을 미워할 수가 없다. 그것은 무엇보다도 이 여자가 자기 스스로에게 대하는 것과 마찬가지로 호세에 대해서도 어떻게 보면 철저히 성실하게 행동하기 때문이다.

처음에는 "당신 같은 애송이는 상대할 생각이 없어"라고 말했지만, 일단 관계를 맺자 아내로서 침식을 잊을 정도로 잘해 준다. 그러다가 싫증이 나고 거짓말이 들통 나자 체념하고 모든 것을 고백한다.

그녀는 자신의 언행에 대해 부정하거나 변명하지 않는다. 호세의 손에 죽는다는 것을 알고 있으면서도 자기의 마음을 속이고 그의 말을 따르는 짓은 결코 하지 않는다. 또한 호세가 자기에게 운명의 남자라는 사실을 알고 그 운명을 순순히 받아들인다. 카르멘은 자신의 의지를 굽히면서까지 상대방을 속이는 짓은 하지 않았던 것이다.

메리메는 카르멘을 집시 여인의 전형으로 생각했던 것이 아니다. 그는 카르멘을 통해 허례허식이 없는 자연의 여자를 그려 내어 그것을 이른바 문명사회에 내밀었던 것이다.

| 작품 속의 명문장 |

"설사 사악한 정열의 경우라 해도 그 에너지라는 것은 항상 우리 마음에 놀라움과 감탄을 불러일으킨다."

『이르의 비너스』

* 이 말은 자신도 사교계의 인기인이면서 한편으로 거세된 듯한 파리의 사람들을 조소하고 있던 메리메의 태도를 잘 나타내 주고 있다.

"친구를 잃는 것은 매우 불행한 일이다. 그러나 이 재앙을 피하려면 그보다 훨씬 더 큰 또 하나의 재앙을 만나야 한다. 그것은 아무도 사랑하지 않는다는

것이다."

『미지의 소녀에게 보낸 편지 162』

＊ 아무도 사랑하지 않으면 친구를 잃을 일도 없다. 설사 배신을 당한다 해도 사람을 사랑하는 편이 훨씬 더 중요하다. 냉철하고 냉소적인 남자로 알려져 있는 메리메의 또 다른 일면을 전해 주는 말이다.●

NOTES

● 『카르멘』의 끝 부분에 덧붙여져 있는 집시에 관한 논의는 이 소설이 1845년 잡지에 발표되었을 때에는 없었던 것으로, 이듬해 『아르센 기요』, 『오뱅 신부』와 함께 하나로 묶였을 때 처음 붙여졌다.

● 메리메가 평소에 끼던 반지에는 '어떤 일이건 경계하면서 임해야 한다는 것을 잊지 말라'는 말이 새겨져 있었다. 냉소적이고 회의적인 사람으로 알려져 있는 이 작가의 면목이 고스란히 드러나는 이야기이다.

알렉상드르 뒤마(피스)(Alexandre Dumas(fils))

춘희 椿姬
(La Dame aux Camélias)

고급 매춘부 마르그리트와 청년 아르망의 순수한 사랑으로 화제를 불러일으킨 이 소설은 진실한 사랑만이 사람을 고귀하게 만들고 영혼을 구한다는 이야기를 담고 있다. 베르디에 의해 오페라 「라 트라비아타」로 개작되었다.

INTRO

알렉상드르 뒤마(Alexandre Dumas, 1824~1895)는 프랑스의 소설가이자 극작가이다. 같은 이름을 가진 아버지와 구별하기 위해 뒤마 피스●, 또는 소小 뒤마라고 일컬어진다.

1824년에 대大 뒤마의 사생아로 파리에서 태어났다. 사치를 좋아하고 낭만파 연극의 대가로 활약한 아버지로부터 떨어져 어머니와 둘이 살았던 어린 시절이 지난 뒤, 아들로 인정한 아버지 곁으로 가게 되어 7세 이후 기숙학교 학생으로 소년 시절을 보냈다. 어두운 출생 배경과 그로부터 이어진 불안정한 성장 환경이 이후의 생애와 작품에 어두운 그림자를 남겼다.

'공부에도 놀이에도 흥미를 갖지 않았던' 소 뒤마도 몸집이 큰 미소년으로 자라나 이윽고 18세에 유부녀를 애인으로 두는 생활을 시작했다.● 그러는 한편으로 아버지를 본보기로 삼아 문학으로 이름을 떨치기 위해 낭만주의 시와 소설을 습작했다. 얼마 뒤 소설 『춘희』(1848)가 성공하자,● 현실 경험을 토대로 한 사실적인 문제 소설을 쓰게 되었고, 또한 『춘희』의 극화가 대성공을 거두자 희곡 작가로서의 재능도 꽃피우게 되어 그 이후로 주로 극작에 전념했다.

『사생아』(1858), 『돈의 문제』(1857), 그리고 그 자신이 만든 말로 사교계와 연결된 고급 매춘부들을 뜻하는 『드미몽드』(1855) 등의 희곡은 모자 보호와 이혼, 간통, 여색과 탐욕 등 모두 사회 문제를 다룬 작품들이다. 이 작품들은 또한 사실적 풍속극이라는 새로운 바람을 연극계에 불어넣었다. 시대는 아직 19세기 후반의 안정기를 향하고 있어 새로운 예술 표현과 풍속의 모럴을 찾는 사람들에게서 사실주의와 사회도덕을 내건 소 뒤마의 작품은 항상 좋은 평가를 받았다.

아카데미 프랑세즈 회원으로 성공을 거두고 명예를 얻게 된 소 뒤마는 1895년에 세상을 떠났다. 잘 만들어지기는 했어도 편협한 문제극으로 완결된 그의 희곡들은 요즈음 시대에는 돌아보는 사람이 없지만, 앙드레 말로가 말한 것처럼 그 무렵의 사회도덕이 높이 평가하지 않았던 정열적인 사랑을 그려 낸 『춘희』라는 작품 하나가 작가의 사후에도 영광을 계속 이어주고 있다.

마르그리트의 진실하고도 애달픈 사랑

저자는 우연히 젊은 나이에 죽은 고급 매춘부 마르그리트 고티에의 유품이 경매에 나온 것을 보고 그것을 손에 넣는다. 유품은 아르망 뒤발이라는 이름으로 마르그리트에게 선물된 한 권의 책이었다. 저자는 평소에 이렇게 가련한 여인들에 대해 깊은 동정심을 가지고 있었고, 진정한 슬픔과 진실한 사랑에 의해서만 그녀들을 구제할 수 있다고 생각하고 있었다.

그런데 자신이 선물한 책을 저자가 입수했다는 사실을 알게 된 아르망이 저자를 찾아온다. 이 청년은 마지막으로 한 번만이라도 마르그리트를 만나고 싶어서 알렉산드리아로부터 돌아왔지만, 결국 임종도 보지 못하고 경매에도 참가하지 못했던 것이다. 저자는 아르망으로부터 그와 마르그리트의 사랑에 대한 이야기를 듣게 된다.

어느 날 청년 아르망은 미모의 젊은 여성을 보고 첫눈에 반했는데, 그녀가 동백꽃을 항상 몸에 지녀서 '춘희'라는 별명을 가지고 있는 고급 매춘부 마르그리트 고티에라는 사실을 알게 된다. 아르망은 친구를 통해 사교계의 꽃으로 군림하는 그녀를 소개받지만 별다른 관심을 보이지 않자 그냥 물러난다. 한편 마르그리트는 가슴의 병을 고치기 위해 요양을 떠난다. 2년 뒤 아르망은 파리로 돌아온 마르그리트와 다시 만난다. 마르그리트는 아르망을 기억하고 있지 않았지만, 아르망은 자신의 사랑이 조금도 식지 않고 있었음을 자각한다. 어느 날 밤 자신의 친구들과 함께 초대받은 자리에서 발작을 일으킨 마르그리트는 자신을 따라온 아르망이 진심으로 걱정을 해 주고 깊은 사랑의 마음을 표하자 그에게 큰 감명을 받는다. 얄팍한 연애가 횡행하는 세계에서 벗어나 진정한 사랑에 눈뜬 마르그리트는 모든 수단을 동원해 남의 눈길에서 벗어나 두 사람만

이 사랑하며 살 수 있는 준비를 한다. 드디어 둘은 파리 교외의 부디발에 있는 시골집에서 서로의 사랑만을 확인하는 행복한 나날을 보낸다.

그러나 이 일을 아르망의 엄격한 아버지가 알게 되고, 파리로 온 아버지는 두 사람의 사랑을 인정하면서도 마르그리트에게 아들의 장래를 위해 물러나 줄 것을 요구한다. 이 말을 들은 마르그리트는 아르망의 경멸과 노여움을 참아 내면서 거짓으로 사랑이 식은 척한다. 아르망은 중동으로 떠나고 마르그리트는 원하지도 않으면서 귀족의 첩이 된다. 그러나 여행을 떠난 아르망이 보낸 편지를 통해 오해가 풀리고, 마르그리트는 사랑의 아픈 상처를 참아 내는 슬픔을 통해 마음의 응어리를 풀면서 폐병으로 세상을 떠난다.

1848년에 발표되자마자 화제를 불러일으킨 이 소설은 1852년에 저자에 의해 5막의 희곡으로 만들어져 상연되었고, 소설과 마찬가지로 큰 성공을 거두었다. 또한 이 연극을 관람한 베르디에 의해 오페라 「라 트라비아타」로 작곡되기도 했다.

순수한 순애보를 지닌 화류계 여인, 마르그리트

매춘부이면서도 마음 깊은 곳에 결코 더럽혀지지 않는 순정을 지닌 마르그리트가 진정한 사랑에 눈뜨게 된 뒤 모든 것을 버리고 그 사랑에 몸을 바치는 모습을 보며 그 순수한 정열에 감동받지 않는 사람은 없을 것이다. 그런데 이 주인공은 작가가 만들어 낸 가공의 인물이 아니라, 춘희라고 불린 같은 처지의 실제 여성을 모델로 했다. 작가인 소小 뒤마와 같은 해인 1824년에 노르망디에서 태어나 1847년에 파리에서 죽은 마리 뒤플레시라는 여자이다. 그녀의 생명을 빼앗은 것도 폐병이었다. 소설 속에서 온갖 문장으로 찬미되었던 그대로의 미모와 고상한 취미, 품격 있는 옷과 화장, 그리고 기품과 재치를 모두 갖춘 여성이었다고 그 무렵의 매스미디어에도 나와 있었다. 그리고 18세의 소 뒤마가 첫눈에 반해 사랑에 빠진 상대이기도 했다.

신분이 높고 부유한 사람들을 차례대로 애인으로 삼아 세상을 살아가는 마리와 같은 여인에게 공연히 위축되어서 가까이 가지 못하던 소 뒤마도 이윽고 이 여성과 허물없는 친구가 되었다. 그러나 결국은 헤어지고 말았다. 마리에 대한 마음을 잊으려고 소 뒤마는 시와 소설을 쓰기 시작했다. 그리고 마리가 죽은 이듬해에 교외에 틀어박혀서 예전에 애독한 『마농 레스코』를 다시 읽고 마리와의 사랑을 생각하며 단숨에 써낸 것이 이 소설이다. 진실한 사랑만이 사람을 고귀하게 만들고 영혼을 구한다고 하는 주제가 고리타분하게 느껴지지 않고 생생한 감동을 전하는 것도 이러한 작가 자신의 진심이 주인공들에게 내면화되었기 때문일 것이다.

| 작품 속의 명문장 |

"진실한 사랑이라면 상대가 어떠한 여자라도 남자를 높여 줄 수 있다."

『춘희』 20장

* 마르그리트와 같은 여자가 평생에 걸쳐 다시 없을 단 한 번의 진지한 사랑으로 영혼을 말끔히 씻어 낼 수 있을 뿐 아니라, 남자도 그렇게 정화될 수 있다는 이 말은 작가가 아르망의 입을 통해 자신의 정열을 드러낸 말인 동시에 사회의 위선에 의문을 던진 소 뒤마의 문제 제기이다.

"나는 악덕을 퍼뜨리는 것이 아니다. 다만 고귀한 마음이 불행 속에서 드리는 기도가 들릴 때는 언제나 그것을 널리 전해야겠다고 생각할 뿐이다."

『춘희』 27장

* 이 또한 자기는 사회 안에 있는 불행한 사람들, 곧 학대받고 경멸당하는 사람들의 편에 서 있다고 하는 작가의 선언이다.

"인생은 아름다운 것이에요. 어떤 안경을 쓰느냐에 따라 보이는 모습도 달라지지요."

『춘희』 13장

* 주인공들의 진실한 사랑을 인정하지 않는 바람기 많은 여자가 한 말. 이 말 속에는 약간 씁쓸한 의미가 함축되어 있다.

NOTES

● 피스**fils**는 아들이라는 뜻으로, 아버지와 아들의 이름이 같을 경우에 아들의 이름에 이 단어를 붙여 구별한다.

● 스스로를 여성의 편이라고 생각했던 소 뒤마도 결혼 생활은 행복하지 못했다. 그래서인지 어떤 작품 속에서 '아내와는 언제든 살아갈 수 있다. 달리 할 일만 있다면'이라는 말까지 한 적이 있다.

● 뒤마가 그 무렵 벨기에에 머물고 있던 아버지에게 자신의 희곡 『춘희』가 대성공을 거두었다는 소식을 전하는 전보에는 이렇게 적혀 있었다. '당신의 작품이 공연되는 첫날인가 싶을 정도의 대성공입니다.' 그에 대한 답변은 다음과 같았다. '나의 가장 뛰어난 작품은 내 아들, 바로 너다.'

조르주 상드(George Sand)

사랑의 요정

(La Petite Fadette)

노앙이라고 하는 작가의 고향을 배경으로 한 아름다운 전원과 소박한 농민 생활, 젊은 남녀의 순수한 감정에 대한 묘사가 뛰어난 전원소설로, 이상주의와 서정적 낭만주의가 흐르는 걸작으로 평가받는 작품이다.

INTRO

프랑스의 소설가 조르주 상드(George Sand, 1804~1876)는 1804년 유서 깊은 집안의 군인 아버지와 서민 계급의 어머니 사이에서 태어났다. 어릴 때 아버지를 여의고 파리를 떠나 친할머니의 영토인 베리 지방의 저택에서 자라났다. 18세에 뒤드방 남작과 결혼했지만 평범하기만 한 남편에 대한 불만이 쌓여 파리로 나와 같은 고향의 소설가인 쥘 상도와 합작으로 소설을 출판했으며, 그에 이어 처녀작인 『앵디아나』(1832)●로 문단에 데뷔했다.

남장을 하고 남자처럼 조르주라는 이름을 쓰며● 뮈세, 쇼팽을 비롯한 당대 일류 인사들과의 연애와 교제를 통해 인간적인 성장과 함께 왕성한 작품 활동을 할 수 있었다. 1876년에 죽을 때까지 평생 동안 100권이 넘는 저작을 남겼다.

초기의 정열적인 소설에서는 여성 해방과 연애의 신성한 권리를 주장했고, 중기에는 이런 페미니즘이 인도적인 이상주의와 결부되어 사회주의 소설로 발전했다.

그 뒤에는 '전원소설'을 많이 썼는데, 여기에 소개한 『사랑의 요정』(1849)도 그러한 전원소설의 하나로, 그녀의 사상을 고향 노앙의 아름다운 전원과 소박한 농민 생활 속에서 전개한 독창적인 장르이다. 이 작품은 『악마의 늪』(1846)과 더불어 대표작으로 꼽히며 예술적인 가치 또한 상드의 작품 중에서도 최고로 평가받고 있다. 말년에는 파리 상류 사회의 연애를 다룬 작품을 여러 편 남겼다.

숲 속의 소녀와 쌍둥이 형제의 지고지순한 사랑

코스 마을의 돈 많은 농부인 바르보의 집안에 귀여운 쌍둥이가 태어난다. 두 사람은 한시도 떨어지지 않는 사이 좋은 형제가 되지만, 두 사람이 14세 때 마을에 흉년이 들자 바르보는 쌍둥이 중 동생인 랑드리를 이웃 마을의 카이요 집안으로 일하러 보낸다. 형 실비네보다 몸도 마음도 튼튼한 동생은 금세 새로운 환경에 적응해 쓸모 있는 젊은이가 되지만, 신경질적인 형은 동생과 떨어져 사는 것을 참지 못하고 동생이 자기를 잊었다고 원망하다가 동생과 말싸움을 하고는 가출해 버린다.

랑드리가 형을 찾아 헤매고 있는데, 마을에서 마녀라고 불리는 파데 할머니의 손녀 파데트가 조건을 내걸고 실비네가 있는 곳을 가르쳐 준다. 랑드리는 그 조건대로 마을 축제에서 초라한 옷차림을 한 그녀와 춤을 추었고, 게다가 다른 사람에게 모욕을 당한 그녀를 감싸 준다. 그 이후로 두 사람은 진정한 친구가 된다.

다른 사람들의 소문과는 달리 파데트는 정말로 현명하고 착한 소녀여서 두 사람은 서로 사랑하는 사이가 되지만, 실비네와 아버지를 비롯한 주위 사람들의 눈초리는 따갑기만 했다. 파데트는 두 사람의 장래를 위해 마을을 떠날 결심을 하고, 뒤쫓아와서 매달리는 랑드리에게 처음으로 사랑을 고백하고 떠난다.

1년 뒤에 할머니가 죽었다는 소식을 듣고 마을로 돌아온 그녀는 거액의 유산을 바르보에게 관리해 달라고 부탁한다. 바르보는 파데트의 사려 깊음에 감탄하면서 과거 1년 동안 그녀의 행적을 조사해 보고는 마을에 떠돌던 나쁜 소문들이 모두 편견에 불과했음을 깨닫는다.

그래서 기쁜 마음으로 랑드리를 다시 불러들여 파데트와 혼인을 시키려고 하는데, 동생을 빼앗겼다고 생각한 실비네는 질투에 사로잡힌 나머지 앓아눕는다. 간병을 위해 찾아온 파데트는 그런 실비네의 병든 마음을 고쳐 주려고 온갖 정성을 다한다.

이윽고 혼례식도 치르고 바르보 일가가 행복의 절정에 있는 것처럼 보였을 때 실비네는 언제부터인가 제수가 된 파데트를 깊이 사랑하고 있음을 깨닫고 자진해서 군대에 지원해 혼자 마을을 떠난다.

사랑의 요정, 파데트

'나비 같은 말괄량이에다 울새처럼 참견하기를 좋아하고, 귀뚜라미처럼 까무잡잡한' 소녀 파데트의 이름은 사람을 좋아하고 장난기가 많은 작은 도깨비 파데(도깨비불의 정령이라고도 함)에서 유래한 것이다.

랑드리에게는 사랑을, 실비네에게는 생명력을 불어넣고 스스로도 매력적인 여성으로 변신한 그녀는 그야말로 사랑의 요정이라 할 수 있다. 명랑하고 똑똑하고 생활력이 넘치는 이 시골 소녀는 노앙에서 지낸 어린 시절의 상드 자신을 모델로 했다고 한다.

| 작품 속의 명문장 |

"그녀의 영혼은 참으로 아름답고 관대하며 부드럽다. 선택받은 사람의 지성을 가졌으면서도 방황을 거듭하며 비참하기 짝이 없는 생애를 보냈다. …… 그래서 나는 그녀를 더욱 아끼고 존경하는 것이다."

* 상드가 여배우 마리 도르발에 대해 언급한 말인데, "이것은 그대로 상드 자신을 나타내는 말이기도 하다"는 것이 앙드레 말로의 평이었다.

NOTES

● 낭만주의를 기조로 해서 쓴 소설 『앵디아나』는 상드의 출세작이자 조르주 상드라는 남자 이름을 처음 사용한 작품이기도 하다. 이 작품에서 상드는 사회 규범에 저항하고 인습에 반하는 사랑을 그렸으며, 여성의 내면에 담긴 정열을 생생하게 묘사했다.

● 여성의 예속적인 지위 때문에 고생을 했던 그녀는 처녀작을 발표할 때 주변의 반발을 예상해 자신의 친정의 성이나 남편의 성을 사용하지 않고 남성의 이름으로 된 필명을 썼다. 이는 과거로부터의 해방을 뜻했다. 그 이후로 상드는 자신에 관한 형용사를 모두 남성형으로 바꾸었다고 한다.

귀스타브 플로베르(Gustave Flaubert)

보바리 부인

(Madame Bovary)

시골의 평범한 한 여성의 생활과 환경을 냉정하고 객관적인 수법으로 그려 낸 현실주의 소설의 대표작으로, 꿈과 현실의 차이가 빚어내는 환멸 속에서 출구를 찾아 애쓰는 인간의 비극을 그리고 있다.

INTRO

프랑스의 자연주의 소설가 귀스타브 플로베르(Gustave Flaubert, 1821~1880)는 1821년 아버지가 외과 부장으로 일하고 있던 루앙시립병원에서 태어났다. 이 병원은 어린 플로베르●에게 생활의 장소가 되었고, 계단식 교실에 늘어선 시체를 여동생 카롤린과 함께 호기심 어린 눈으로 쳐다보면서 자랐다. 이런 성장 배경에서 자란 그는 나중에 "여성을 보면 그 안에 있는 해골의 모습이 떠오른다"는 말을 할 정도로 염세주의자가 되었다. 그에 반해 여동생이나 친구들과 당구대를 무대로 삼아 상연한 연극은 고등중학교 시절에 열중한 '가르송'● 놀이와 마찬가지로 그에게 해학 정신이 있었음을 나타내 주고 있다. 이런 염세주의와 해학 정신은 마지막까지 그가 가진 인식의 밑바탕에 수레의 두 바퀴처럼 쌍을 이루며 존재했다.

1832년 루앙의 고등중학교에 입학한 뒤, 그 무렵 유행하던 우울한 낭만주의(바이런, 뮈세 등)의 열기에 빠지게 된 그는 '광기와 자살 사이를 떠도는' 소년들 가운데 하나가 되어 많은 모작과 습작을 썼다. 그중에는 『열정과 미덕』과 같이 『보바리 부인』(1857)의 원형이라고도 할 수 있는 작품도 있었다. 평생 독신으로 살았던 그는 1836년 여름 투르빌의 해안에서 그가 진정으로 사랑했던 유일한 여성인 엘리자 술레젱제 부인을 만났다. 그녀의 이미지는 먼저 『한 광인의 회고록』에 묘사되었고, 20세 때의 작품 『11월』을 거쳐 결정적으로 『감정교육』의 아르누 부인으로 이어졌다.

1842년 그는 파리대학교 법학부에 입학했으나 그의 성격에 법률 공부가 맞지 않아 우울한 나날을 보내다가 이듬해 파리의 학생 생활을 소재로 초고 『감정교육』을 쓰기 시작했다. 그러나 집필 도중에 뇌전증 발작으로 쓰러지게 되자, 그는 문학에 평생을 바칠 결심을 다지고 루앙 근교의 크루아세로 이사해 나머지 생애의 대부분을 그곳에서 글을 쓰며 지냈다.

1856년에 탈고한 『보바리 부인』의 성공●으로 현실주의의 거장으로서 지위를 확립했고, 그 이후 『살랑보』, 『감정교육』, 그리고 미완성의 유작이 된 『부바르와 페퀴셰』 등을 썼다. 1880년에 사망했다.

로맨틱한 영혼에 대한 동경과 무의미한 일상의 파멸

평범한 의학생 샤를 보바리는 준準의사 시험에 간신히 합격한 뒤 노르망디 지방의 루앙 근교에 있는 작은 마을 토스테에 자리를 잡고 연상의 늙은 미망인과 결혼하고 개업을 한다. 그런데 부유한 농장주인 루오를 왕진하러 갔을 때 그의 딸 에마를 보고 사랑에 빠진 그는 아내가 죽은 뒤 에마와 결혼한다.

수녀원에서 살고 있을 때부터 귀족의 화려한 생활을 동경하며 매혹적인 결혼 생활을 상상했던 낭만적인 여성 에마는 결혼 생활의 단조로움과 남편의 평범함에 불만을 품는다. 그녀는 가끔씩 초대받아 가는 귀족들의 화려한 파티를 통해 자신이 꿈꾸고 있던 호사스러운 생활을 접하게 된 뒤부터 자신의 생활에 대한 권태감이 날이 갈수록 쌓여 우울한 나날을 보낸다. 아내의 그런 상태를 본 샤를은 요양을 위해 집을 옮겨야겠다고 생각하고, 두 사람은 용빌 라베로 이사한다.

용빌 역시 속물적인 약제사 오메처럼 어리석고 보잘것없는 사람들로 가득 찬 마을이었지만, 에마는 그곳에서 공증인의 서기로 일하는 레옹을 만나 사랑을 느낀다. 그러나 둘 다 서로에게 느낀 사랑을 표현하기도 전에 레옹이 공부를 위해 파리로 떠나 버린다. 다시 고독하게 된 에마 앞에 바람둥이 로돌프가 나타나 그녀를 교묘한 말솜씨로 사로잡아 육체관계를 맺는다. 차츰 적극적이 된 에마는 로돌프에게 같이 도망치자고 요구한다. 그러나 그런 에마가 두렵기도 하고, 한편으로 이미 싫증까지 느끼고 있던 로돌프는 그녀를 버린다.

절망한 에마는 병에 걸린다. 간신히 회복이 되었을 무렵에 루앙의 극장에서 파리에서 돌아온 레옹과 재회하고, 두 사람 사이에 그동안 잊고 있던 사랑이 다시금 불타오른다. 그러나 항상 채워지지 않는 감정 때문에 목이 마른 에마는 타락한 쾌락 속으로 빠져든다.

이윽고 경제적인 측면에서 파국이 찾아온다. 빗나간 정사와 물질적 욕망을 채우기 위해 계속해서 빚을 지고 있던 에마는 파산 선고를 받는다. 그러나 도와주는 사람이 없자 그녀는 절망한 나머지 비소를 마신다. 남겨진 샤를은 정신 나간 사람처럼 혼돈 속을 헤매다 죽고, 오메 혼자만 '명예 훈장'을 받게 된다.

에마 – 획일적인 틀에 지배되는 우매한 인간

에마 보바리의 모델은 루앙 근교의 작은 마을에 살던 의사 외젠 들라마르(플로베르의 아버지의 제자)의 아내로, 불륜의 사랑 때문에 빚을 많이 졌다가 끝내 음독 자살한 델핀이라고 알려져 있다. 그러나 "나의 불쌍한 보바리는 지금 이 순간에도 프랑스의 스무 곳이나 되는 마을에서 괴로워하며 울고 있다"고 작가가 써 놓은 것처럼 에마는 들라마르 부인이라는 개별적인 존재를 소설화한 것이 아니라 프랑스 시골에 사는 평균적인 여성을 종합한 것이라 할 수 있다.

에마는 자신을 둘러싼 환경, 곧 조금도 변함이 없는 따분한 시골과 우매한 프티 부르주아, 단조로운 일상생활, 그리고 특히 '철길을 깔아 놓은 것처럼 평범'한 생각밖에 갖지 못한 우직한 남편이라는 협소하기 짝이 없는 현실을 혐오한다. 나아가 '어떤 땅 이외에서는 자라나지 않는 식물이 있듯이 이 지상 어딘가에 행복을 만들어 낼 수 있는 장소가 있다'고 믿고 그곳으로 가고 싶어 하며 끝없이 몽상에 잠기는 여성이다. 에마의 이런 성격을 쥘 드 고티에는 '보바리즘'이라는 이름으로 일반화했다.

에마의 생애는 자신이 지금 현재 있는 장소에서 시간적·공간적으로 떨어져 있는 몽상의 세계를 자기 손으로 확인할 수 있는 현실로 바꾸기 위해 시도하다가 실패하는 과정의 연속이다. 그런데 어떠한 경우에도, 가령 로돌프처럼 천박한 남자를 훌륭한 남성으로 믿어 버리는 것으로 알 수 있듯이 그녀의 몽상의 대상은 진부하고 웃기며, 또 정사 자체도 단순하고 평범한 행위에 지나지 않는다. 그런 점에서 에마는 오메로 대표되는 다른 등장인물들과 마찬가지로 '획일적'인 틀에 지배되는 우매한 존재로 작가의 단죄 대상이 된다.

그러나 그와 동시에 "보바리 부인은 나 자신이다"라고 한 플로베르의 말에 상징적으로 나타나 있는 것처럼, 왜소하고 비속한 부르주아가 지배하는 세계에 대한 깊은 절망과 상처받기 쉬운 예민한 감수성을 가졌다는 점에서 에마는 플로베르의 분신으로 프랑스 문학 속에서 독자적인 개성을 발휘하고 있다.

약제사 오메를 필두로 신부와 공증인, 고리대금업자 등의 등장인물들은 작가가 혐오하고 있던 그 무렵 부르주아 사회의 우매한 구성 인물들을 축소한 모습이며, 그에 대해 주인공 에마의 치열한 삶은 플로베르가 애독한 『돈 키호테』처럼 슬프고 우습지만 강렬한 안티 테제를 제시하고 있다.

| 작품 속의 명문장 |

"공리公理-영예는 체면을 깎는다. 작위는 품위를 떨어뜨린다. 지위는 이성을 잃게 한다. 벽에 이렇게 써 두게."

모파상에게 보낸 편지에서

* 죽마고우의 아들인 모파상에게 플로베르는 깊은 애정을 느껴 인생과 문학에 대한 지도나 조언을 아끼지 않았는데, 그중에서도 이 글에는 모든 권위와 가치에 대해 부정적이었던 그의 비관주의가 잘 드러나 있다.

"이 하잘것없는 세상에서 웃음만큼 진지한 것은 없다."

루이즈 콜레에게 보낸 편지에서

* 그의 염세주의는 쇠약해진 정신이 아니라 철저한 절망의 깊이에 대응하는 강인한 해학 정신이었으며, 그는 이를 방패로 삼아 우울증에 저항했다.

"모든 정부는 문학을 증오한다. 권력이라는 것은 다른 권력을 좋아하지 않게 마련이니까."

조르주 상드에게 보낸 편지에서

* 염세주의도 해학도 그것 자체만으로는 부정적인 의미밖에 갖지 않는다. 그는 마지막 거점으로 문학을 믿었고, 이를 실천했다.

NOTES

● 플로베르는 조숙했으나 어릴 때는 우둔했다고 하는데, 사르트르가 저술한 플로베르론論의 제목인 『집안의 천치』는 그 이야기에서 유래되었다.

● 가르송**garçon**은 영어의 보이**boy**에 해당하는 말로, 호텔이나 레스토랑 등의 급사를 일컫는다.

● 『보바리 부인』이 잡지에 실리자 작가는 풍속을 어지럽힌 죄로 기소되었는데, 그것이 반대로 화제를 불러일으켜 작품이 출판되자마자 베스트셀러가 되었다.

빅토르 위고(Victor Marie Hugo)

레 미제라블

(Les Miserables)

1845년에서 1862년에 걸쳐 완성된 대장편으로, 시대의 풍속이 잘 드러난 위고의 대표작이다. '불쌍한 사람들'이라는 뜻의 제목 '레 미제라블'은 불쌍한 사람들을 만들어 내는 주체에 대한 작가의 분노를 나타낸다

INTRO

프랑스의 시인이자 극작가·소설가인 빅토르 마리 위고(Victor Marie Hugo, 1802~1885)는 1802년 나폴레옹 휘하에 있는 군인의 아들로 브장송에서 태어났다. 어릴 때부터 각지를 여행했고, 소년 시절 이후에는 파리에 정착해 살았다. 20세에 처녀 시집인 『송가 및 기타 시』를 발표하면서 본격적인 작가 생활을 시작했다. 처음에는 그 무렵 문학 세계를 주도하고 있던 낭만주의의 중심적인 존재로 『동방시집』 등을 출판해 작가로서 기반을 닦았고, 1830년에는 희곡 『에르나니』를 상연해 고전파를 물리치고 낭만주의 연극에 승리를 가져다주었다.

그 무렵부터 차츰 인도주의적 경향을 띠기 시작해 『어느 사형수의 마지막 날』(1829) 등을 썼다. 시집에서도 1831년 『가을의 나뭇잎』, 1835년 『황혼의 노래』 등을 통해 내면적인 심화를 보여 주었다. 한편 낭만주의적 역사소설로 중세 성당의 아름다움과 민중의 힘을 찬미하는 『노트르담의 곱추』(1831)를 썼고, 그에 이어서 낭만극을 잇달아 펴냈다.

그러나 20세 때 서로 사랑해서 결혼한 아내와의 불화, 딸의 익사 등의 가정 문제로 괴로워하다가 아름다운 여배우 쥘리에트 드루에의 헌신적인 사랑으로 마음의 안정을 찾게 되었다. 1840년 무렵부터 정치에 관심을 가졌고, 1845년에는 상원 의원에 임명되었다. 1851년 나폴레옹 3세의 쿠데타에 반대하다가 국외로 추방당해 그 이후로 19년 동안 영국 해협에 있는 저지 섬과 건지 섬에서 지냈다. 웅대한 자연에 둘러싸인 생활은 그에게 많은 결실을 가져다주어 『명상 시집』, 『여러 세기의 전설』 등과 같은 시집과 『레 미제라블』●이라는 대작을 탄생하게 했다.

1870년 제정 붕괴 뒤에 조국으로 돌아와 평화로운 말년을 보내며 철학적인 시와 역사소설 『93년』 등을 발표했다. 1885년에 사망한 뒤 성대한 국장이 치러졌다.

사회의 악에 굴하지 않고 참다운 선을 실행

굶주린 조카들을 위해 한 조각의 빵을 훔치다가 징역살이를 하게 된 장 발장은 19년 동안 형무소에서 지내다가 46세에 겨우 석방된다. 1815년 워털루 전투가 일어나던 해이다. 남루한 모습을 한 수상한 떠돌이에게 사람들은 모두 냉정하게 대한다. 다만 한 사람, 인자한 주교 미리엘이 그를 사람답게 대접해 주는데, 감옥살이를 하는 동안 악이 몸에 밴 장 발장은 주교의 은촛대를 훔친다. 그러나 주교는 이를 용서하며 그에게 선물이라고 준다.

이를 계기로 장은 선과 덕의 길로 들어서게 된다. 이후 이름을 바꾸고 북부 프랑스에 살면서 마을의 발전을 위해 힘을 기울이던 장은 그 공로와 높은 인망으로 시장 자리에 오른다. 그러나 전과자는 사회에 복귀할 수 없는 시대였다. 예전의 장을 알고 있는 냉혹한 형사 자베르는 시장이 된 그를 의심하기 시작한다.

마침 장 발장으로 오인되어 체포된 남자로 인해 위기를 모면한 장은 밤새도록 고민하다가 스스로의 정체를 고백하고 그 남자를 구한다. 장은 재산을 감춘 뒤 다시 체포되어 감옥에 갇혔다가 탈옥해 시장으로 일하던 시절에 만난 불쌍한 창녀 팡탱이 죽을 때 그녀에게 했던 약속을 지키기 위해 팡탱의 딸 코제트를 구해 낸다. 코제트는 그때까지 사악한 테나르디에● 부부 밑에서 비참한 어린 시절을 보내고 있었다. 코제트와 함께 파리에 정착한 장은 처음으로 사랑하는 '자식'을 얻어 인간으로서 더욱 성장한다.

그러나 자베르의 손길이 그곳까지 미치자 두 사람은 한 수도원으로 들어가 은신하게 되고, 코제트는 그 수도원에서 아름다운 아가씨로 자라난다. 이윽고 수도원에서 나와 시내에서 조용하게 살아가는 두 사람

앞에 청년 마리우스가 나타나게 되고, 마리우스와 코제트는 몰래 서로를 사모하는 사이가 된다. 그 사실을 안 장은 질투심 때문에 괴로워한다.

때마침 1832년 6월, 공화파의 반란이 일어나고 마리우스도 거기에 참여한다. 장도 이 사실을 알고 바리케이드로 가서 스파이 혐의를 받고 잡혀 있던 자베르를 풀어 주고, 부상당한 마리우스를 지하 수로를 통해 구해 낸다. 그 출구에서 다시 만난 자베르는 두 사람을 무사히 바래다준 다음 센 강에 몸을 던져 자살한다.

상처가 치료된 마리우스와 코제트는 결혼하고, 홀로 남겨진 장은 쇠약해져 간다. 이후 장의 정의와 자애의 마음을 알게 된 마리우스는 코제트와 함께 장을 찾아오고, 두 사람의 사랑 속에서 장은 숨을 거둔다. 그의 머리맡에는 예전에 미리엘 주교에게서 받은 은촛대가 놓여 있었고, 촛대 위에는 촛불이 밝혀져 있었다.

장 발장을 통해 악에 대항하는 양심의 각성과 성숙을 표현

"법률과 관습이 있기 때문에 사회적인 처벌이 생기고, 그로 인해 문명 한가운데에 인공적인 지옥이 생겨나며, 신이 만들어야 할 숙명이 인간이 만든 운명 때문에 헝클어지고 있다"라고 위고는 말했다. 이는 인간이 인간에 대해 행하는 악을 표현한 말이다.

위고는 그와 같은 악을 이 작품을 통해 고발하려 했고, 사회의 악에 대항하는 양심의 싹과 그 성장을 장 발장이라는 인간을 통해 그려 냈다. 이는 인간성이 가진 선의 발전과 완성의 이야기이다. 또한 주인공 장은 '민중'의 대표이기도 하다. 『레 미제라블』은 민중을 믿는 작가에 의해, 민중을 위해 쓰였고, 민중에 의해 이해되어 온 작품이다.

그런데 이 소설의 주인공은 당연히 장 발장이지만, 부주인공들도 잊어서는 안 된다. 구상 초기에 위고는 '성인 이야기, 남자 이야기, 여자 이야기, 인형 이야기'라는 메모를 남긴 바 있다. 각각 미리엘, 장, 팡탱, 코제트이다.

그러고 보면 미리엘 주교는 장에게 인간으로서 선을 꽃피울 수 있는 계기를 마련해 주었고, 창녀인 팡탱은 코제트와의 행복한 생활을 주었으며, 코제트는 사랑을 주고받을 수 있는 기회를 주었다. 이들은 모두 장의 생애와 깊이 관련되어 있다. 또한 각자가 자신들의 자리에서 깊은 사랑을 키우며 살았던 사람들이다.

| 작품 속의 명문장 |

"형무소가 죄인을 만들어 낸다."

"평등의 첫 번째는 공정함이다."

"개혁 의식은 일종의 도덕 의식이다."

"진보야말로 인간의 존재 방식이다."

"가난한 생활에 의한 남자의 실추, 배고픔에 의한 여자의 타락, 암흑에 의한 아이들의 쇠약이라는 현대의 세 가지 문제가 해결되지 않는 한 …… 지상에 무지와 비참함이 있는 한 이 책과 같은 글도 쓸모없지는 않을 것이다."

『레 미제라블』의 서문

NOTES

● 『레 미제라블』을 출판한 사람은 벨기에 사람인 라크루아였다. 12년 동안의 판권으로 지불된 금액은 24만 프랑으로, 현재 가치로 따지면 100만 프랑 이상이었으나, 책이 판매되자마자 날개 돋힌 듯이 팔려 나간 덕분에 라크루아는 큰돈을 벌었다.

● 『레 미제라블』에 나오는 악당 테나르디에의 막내아들로 짓궂은 장난도 잘 치지만 항상 씩씩하고 명랑한 가브로슈는 파리 아이들의 전형이다. 공화파와 같이 싸우다가 죽는 이 소년의 이름은 보통명사가 되어 지금까지 전해지고 있다.

알퐁스 도데(Alphonse Daudet)

풍차방앗간 편지
(Lettres de mon moulin)

사람들에 대한 연민과 자연을 찬미하는 작가의 철학이 스며 있는 수작이다. 목가적인 분위기의 이 작품은 작가의 고향인 프로방스 지방의 풍속과 민화를 제재로 한 것으로, 아름다운 자연 묘사와 서민 생활의 애환 등을 사랑과 감성의 시각으로 그리고 있다.

INTRO

프랑스의 소설가 알퐁스 도데(Alphonse Daudet, 1840~1897)는 1840년에 남부 프랑스의 님에서 태어났다. 견직물업을 하던 아버지가 사업에 실패해 1849년 가족과 함께 리옹으로 이사했고, 그 이후 힘든 생활이 시작되었다.
그러나 공상을 즐기는 소년이었던 도데는 이 시기에도 학교를 빠져나와 숲 속으로 들어가 놀기도 하고, 아름다운 론 강변을 산책하기도 했다고 한다.
도데는 리옹의 고등중학교에 들어갔으나 가업이 파산해 중퇴하고 알레스에 있는 한 학교에서 사환으로 일했다. 1857년 형 에르네스트가 살고 있던 파리로 가 얼마 뒤에 시집 『연인들』(1858)을 출판했다.
2년 뒤 시집의 출판을 계기로 알게 된 입법원 의장 모르니 공작의 비서가 된 도데는 형의 지원을 받으면서 활발한 집필 활동을 시작했다.
1868년 28세에 자전적 소설인 『꼬마』, 이듬해 『풍차방앗간 편지』(1869)●를 간행해 문학적인 성공을 거둔 도데는 다시 알제리와 프랑스 북부를 무대로 한 두 작품 『타라스콩의 타르타랭이 겪은 놀라운 모험』(1872)과 『월요일 이야기』(1873)를 집필했다. 그 이후 파리의 풍속 묘사를 주제로 한 『자크』(1876), 『르 나바브』(1877), 『사포』(1884) 등을 발표했다.
『사포』 발표 때부터 지병이었던 척추병이 악화되어 1897년 57세의 나이로 생을 마감했다.

전원의 한 풍차방앗간 주변에서 일어나는 훈훈한 이야기

번잡한 파리를 벗어나 자연의 고요함과 찬란하게 빛나는 태양을 찾아 프로방스 지방의 어떤 마을을 찾아온 작가는 론 계곡의 산중턱에서 소나무 숲에 둘러싸인 채 버려져 있던 풍차방앗간을 발견하고 그곳에서 살기 시작한다. 그리고 파리에 사는 친구에게 편지를 써 보내는 형식으로 아름다운 프로방스의 풍경을 그려 내는 한편, 그 한적한 시골에 사는 사람들과 그들의 생활을 따뜻한 눈길로 묘사하고 있다.

『풍차방앗간 편지』를 구성하는 24편의 이야기들은 작가의 민감한 감성이 포착해 낸 삶의 인상으로, 때로는 슬프고(예를 들면 『코르니유 영감의 비밀』이나 『아를의 여인』), 때로는 재미있는(『교황의 당나귀』, 『퀴퀴냥의 사제』 등) 주옥 같은 단편들이다.

특히, 도데는 '밤이 되면 침묵과 고독의 세계 속에서 눈을 뜨기 시작하는'(『별』) 신비로운 자연과 초목 및 동물들의 생명에 깊은 애정을 보이고 있으며, 간결한 자연 묘사가 전편을 통해 모습을 드러내고 있다. 그리고 대부분 이야기에 등장하는 인물은 양치기와 늙은 부부, 병사, 세관원 등과 같이 지극히 평범한 서민으로, 그들의 생활을 그려 낸 도데의 생생한 글 속에서 읽는 이는 따뜻함이 담긴 작가의 마음을 느낄 수 있다.

목가적인 삶을 사는 소박한 인간 군상을 따뜻한 시선으로 묘사

24편의 이야기들 가운데 16편은 라벤더 향기와 소나무 숲, 매미 울음소리, 그리고 심하게 불어닥치는 바람 등과 같은 남부 프랑스의 자연을 배경으로 전개되고 있는데, 그런 뜻에서 『풍차방앗간 편지』의 주인공은 도데가 어린 시절을 보낸 프로방스의 대자연 그 자체라고 할 수 있을 것이다.

프로방스의 시인 미스트랄●과 친분이 있었고, 프로방스어와 그 지방의 문화 전통을 계승하는 데 주력했던 펠리브리주● 운동의 오바넬●, 루마니뉴 등과 같은 시인들과도 접촉을 가졌던 도데는 파리의 차갑게 계산된 인간관계 속에서 찾을 수 없는 인간성과 자연의 만남을 프로방스의 대지 속에서 찾으려고 했다.

| 작품 속의 명문장 |

"어린 시절의 나는 참으로 대단한 감각 장치와도 같았다. …… 아마도 나의 몸에는 바깥의 사물이 들어올 수 있는 구멍이 여기저기 뚫려 있었던 모양이다."

『인생수첩』

* 일상생활의 사소한 인상을 감각으로 잘라 내듯 표현한 도데의 문학을 상징하는 말.

NOTES

● 『풍차방앗간 편지』를 처음 발표할 때, 도데는 '마리 가스통'이라는 필명을 썼다. 이는 발표된 작품이 그 무렵 친구인 폴 아렌의 협력을 얻어 쓰였기 때문이라고 한다.

● 미스트랄(Frédéric Joseph Étienne Mistral, 1830~1914)은 프랑스 남부의 아름다운 자연을 배경으로 한 서정 시집 『미레이오』(1859) 등 많은 시집을 남긴 프랑스의 시인으로, 1904년 노벨문학상을 받았다. 1854년 오바넬, 루마니뉴와 함께 문학 부흥 단체인 '펠리브리주'를 결성했다.

● 펠리브리주**Felibrige**는 1854년 프로방스 지방의 언어와 관습 수호를 목적으로 결성된 문학 부흥 단체이다. 오랫동안 방언의 노래로 전락한 남프랑스어를 문학적 위치로 올려놓았으며, 아울러 남프랑스의 민족의식을 선양하고자 했다.

● 오바넬(Theodore Aubanel, 1829~1886)은 시인이자 극작가로 활동했다. 남프랑스의 프로방스 방언으로 작품을 발표했으며, 대표작으로 『아비뇽의 처녀들』(1885) 등이 있다.

에밀 졸라(Émile Zola)

목로주점

(L´Assommoir)

총 20권으로 된 『루공마카르』의 제1권으로, 자연주의의 효시가 된 19세기 자연주의 문학의 대표작으로 꼽힌다. 작가의 예리한 관찰력과 구성력을 통해 파리 노동자 계급의 비참함이 잘 표현되어 있다.

INTRO

프랑스 자연주의 소설가 에밀 졸라(Émile Zola, 1840~1902)는 1840년 파리에서 태어났다. 이탈리아인으로 토목 기사였던 아버지 프란체스코 졸라의 직업 때문에 3년 뒤 프랑스 남부의 도시 엑상프로방스로 이사했다. 아버지가 죽은 뒤에도 1858년 18세에 파리로 상경할 때까지 어머니 에밀리 오베르, 외조부모와 함께 밝은 햇빛이 비치는 프랑스 남부의 자연 속에서 청소년기를 보냈다.

이 시기에 졸라가 동경한 작가는 빅토르 위고, 알프레드 드 뮈세 등의 낭만주의 시인이었고, 시를 쓰고 싶은 열망을 키우며 자연과 교감하면서 몽상적인 세계에 빠져 있었다. 파리에서의 가난한 생활 속에서 차츰 현실에 눈뜨기 시작한 졸라는 지인의 소개로 아셰트출판사에 입사한 뒤 시에 관한 관심을 접고 산문을 통한 문학 표현을 지향하게 되었다.

1864년에 몽상과 현실의 갈등 속에서 만들어진 단편집 『니농에게 주는 이야기』를 간행했다. 그 이후 신문과 잡지를 통해 비평 활동을 계속하면서 자전적인 중편소설 『클로드의 고백』(1865), 『마르세유의 신비』(1867), 『테레즈 라캥』(1867), 『마들렌 페라』(1868) 등의 소설을 집필했다.

그 사이에 텐●의 저작을 즐겨 읽었고, 한편으로 발자크의 『인간희극』●에서 영향을 받아, 1869년에 제2제정 시절의 프랑스 사회 전체사를 그려 내려는 목표를 가지고 『루공마카르』●의 집필 계획을 세운 뒤, 제1권 『루공 집안의 운명』 이후 1893년 제20권 『파스칼 박사』로 완결될 때까지 24년 동안 이를 위해 정력적인 집필 활동에 몰두했다.

다윈이 진화론을 제창한 이후 많은 연구가 이루어진 유전 이론과 텐에 의한 '환경론'을 소재로 삼은 졸라는 루공 집안과 마카르 집안의 두 가족을 통해 '혈연과 환경의 문제'를 전체적인 중심 주제로 잡고, 이들에게서 파생되는 등장인물들을 노동자, 농민, 상인, 부르주아 등 사회의 각 계층에 배치해 그들의 생활을 성격과 행동의 유형성을 통해 그려 내려고 했다. 그는 이러한 문학적 입장을 '자연주의'●라고 불렀으며, 그 과학적이고 이성적 성격을 강조했다.
1880년에 졸라는 클로드 베르나르의 『실험의학입문』에서 얻은 착상을 기반으로 『실험소설론』을 발표해 '자연주의'가 현실의 단순한 반영을 시도한 것이라는 비판에 답했다. 그는 과학에서의 실험이라는 개념을 방법으로 도입한 자연주의 소설은 작가의 주체적 행동을 동반하는 실험소설일 뿐, 현실에 예속된 것이 아니라고 반론했다.
『루공마카르』를 완성한 다음 『루르드』, 『파리』, 『로마』의 3권으로 이루어진 『세 도시』를 집필한 졸라는 다시 4부작인 『4복음서』(1899~1903)를 완성하려 했으나, 3부까지 집필을 마친 1902년 9월에 가스 중독으로 뜻하지 않은 죽음을 맞았다.

경제적 궁핍으로 인한 세탁부 제르베즈의 불행한 생애

제르베즈와 랑티에는 그들의 자녀인 클로드와 에티엔을 데리고 프랑스 남부의 도시 프라상에서 도망치듯이 파리로 온다. 그러나 여자에게 빠져 낭비를 일삼던 랑티에가 제르베즈를 버리고 다른 여자와 사라져 버린다. 남편의 행동을 참아 내며 제르베즈는 아이들을 위해 세탁부가 되어 부지런히 일한다.

그러한 제르베즈의 태도에 감탄한 양철공 쿠포는 어느 날 그녀에게 결혼을 신청한다. 제르베즈는 처음에 그 청혼을 계속 거절했지만 쿠포의 열의에 감화되어 두 사람은 마침내 결혼을 하게 되고, 열심히 일한 덕분에 어느 정도 저축까지 할 수 있게 되었다. 제르베즈는 그 돈으로 가게를 빌려서 세탁소를 열겠다는 꿈을 가지고 있었다. 그러던 어느 날 일 때문에 지붕에 올라갔던 쿠포가 미끄러져 떨어지는 바람에 큰 부상을 입었고, 제르베즈는 그의 치료를 위해 가지고 있던 돈을 다 쓰게 되었다. 이 사정을 알게 된 옆집 청년 구제는 제르베즈를 연모하는 마음에 그녀의 꿈을 이루어 주려고 가게를 여는 비용을 빌려 주겠다는 말을 한다.

구제의 도움으로 세탁소를 열 수 있게 된 제르베즈는 성실하게 일한 덕에 인근 주민들의 신용을 얻어 가게가 번창하게 되었다.

그러나 사고 이후로 게으름을 피우는 버릇이 생긴 남편 쿠포는 술에 빠져 제르베즈가 번 돈을 술값으로 날리곤 한다. 거기에다 설상가상으로 동네로 돌아온 전남편 랑티에가 쿠포를 감언으로 꾀어서 가게로 들어와 주저앉아 버리고, 제르베즈도 이 남자의 유혹에 넘어가 다시 관계를 맺고 만다.

이렇게 해서 두 남자와의 분방한 생활을 시작한 제르베즈는 근면함을 잊고 언덕길을 굴러떨어지는 것처럼 밑바닥 생활로 치닫게 되어 결국 가게까지 남의 손에 넘어가 버리고 만다. 술에 빠져 있던 쿠포는 결국 알코올 중독자가 되어 비참하게 죽는다. 이윽고 창녀 행세까지 하게 된 제르베즈도 유일한 식량이 된 술을 퍼마시다가 쿠포의 뒤를 따르듯이 처참한 생애를 마친다.

제목인 '목로주점'은 원어로 '때려눕힌다'라는 뜻의 동사에서 파생된 속어로, 이 이야기가 '목로주점'에 놓인 알코올 증류기 때문에 삶이 망가지고 파멸의 길로 타락해 가는 인간들의 드라마라는 것을 상징하고 있다. 파리의 빈궁한 생활을 통해 노동자 생활을 알게 된 작가 졸라는 그들의 언어와 속어를 대화 부분뿐 아니라 설명문에도 많이 사용해 제2제정 시대의 파리 민중을 생생하게 그려 내는 데 성공했다.

제르베즈 – '자연주의적' 여성의 한 전형

졸라가 처음에 '목로주점'이 아니라 '제르베즈 마카르의 흔해 빠진 일생'이라는 제목을 생각했었다는 이야기에서 알 수 있듯이 이 이야기는 제르베즈를 중심으로 전개된다.

그녀는 공쿠르 형제●의 작품인 『제르미니 라세르퇴』에 나오는 같은 이름의 여주인공이나 플로베르의 작품인 『보바리 부인』의 에마, 그리고 모파상의 작품인 『여자의 일생』의 잔 등 이 시기에 졸라 이외의 자연주의 작가들이 일치해서 그려 낸 여성상과 많은 점에서 비슷하다. 그녀들은 흔들리는 감각 세계에 사로잡혀 살 수밖에 없는 '자연주의적' 여성의 한 전형을 나타내고 있다.

『루공마카르』 전체 속에서 제르베즈를 살펴보았을 때 그녀는 클로드, 에티엔, 나나, 자크(이상한 일이지만 자크는 나중의 책에서 처음으로 그녀의 자녀로 등장한다)의 4명의 자녀를 통해 『목로주점』 이외의 작품에도 그림자를 드리우고 있으며, 그녀가 아버지 앙투안 마카르로부터 이어받은 알코올 의존적인 유전 요소가 이 4명의 자녀들 속에서도 다양한 전개를 보이게 된다.

창녀 생활을 시작한 나나는 부패한 인생을 상징하듯이 천연두의 지저분한 고름 속에서 죽어 가야 했고, 『수인獸人』의 자크도 살인을 지향하는 피가 흐르는 광기의 인물이 되어야 했다. 『작품』●의 클로드도 자살하는 숙명을 지닌 청년 화가로 나타나고 있다.

이런 식으로 『목로주점』의 주인공 제르베즈는 『루공마카르』 전체를 통틀어 그녀의 유전적 요소를 가진 자식들의 핏속에서 순환하듯이 계속 존재하고 있는 것이다. 졸라가 "유전은 중력처럼 고유의 법칙을 가지고 있다"는 자신의 말을 증명하기 위해 쓰기 시작한 이 작품은 유전을 근대적 숙명관으로 부각한 걸작이다.

| 작품 속의 명문장 |

“나는 고발한다.”

1898년 1월 13일 『오로르』 지

* 독일에 대한 이적 행위를 했다는 혐의로 재판에 회부된 드레퓌스에 대한 공격이 반反유대주의에 근간을 두는 왜곡임을 알게 된 졸라는 드레퓌스를 변호하기 위해 캠페인을 전개했으나, 군부와 우익 등의 반유대 선전 활동을 격렬하게 비난했기 때문에 같은 해 7월 영국으로 망명해야만 했다. 그러나 ‘진실과 정의’를 위한 졸라의 이 싸움은 나중에 크게 확산되어 졸라가 죽은 뒤인 1906년에 드레퓌스는 정식으로 명예를 회복했다.

NOTES

● 텐(Hippolyte Adolphe Taine, 1828~1893)은 프랑스의 평론가·철학자·역사가로, 19세기 후반의 대표적 사상가로 평가받고 있다. A. 콩트의 실증주의적 방법을 써서 과학적으로 문학을 연구했으며, 『티투스 리비우스론』(1854) 등의 저서를 남겼다.

● 『인간희극』은 발자크가 자신의 작품 전부를 하나로 묶은 것으로, 전체는 풍속 연구와 철학적 연구, 분석적 연구의 세 부문으로 이루어져 있다. 약 90편으로 구성되어 있는 이 책의 등장인물은 2,000명에 이른다. 『고리오 영감』 이후 ‘인물 재등장’ 이라는 기법이 체계적으로 적용되고 있으며, 19세기 프랑스의 시민사회를 적나라하게 드러내고 있다.

● 1871년부터 1893년까지 발표된 『루공마카르』는 발자크의 『인간희극』을 본떠 제2제정 시대(1852~ 1870)의 사회상을 생리학·유전학의 과학 정신을 응용해 표현한 자연주의의 대표작이다. 총 20권으로 되어 있으며, 『목로주점』, 『나나』, 『수인』 등의 걸작이 들어 있다.

● 1880년에 간행된 『메당의 저녁』은 졸라가 제창한 자연주의 문학에 찬동한 청년 작가들의 단편을 모은 책이었는데, 모파상은 이 책에 『비곗덩어리』를 실어 문학적으로 출발할 수 있는 기회를 얻었다.

● 공쿠르**Goncourt** 형제인 에드몽 루이 앙투안 드 공쿠르(Edmond Louis Antoine de Goncourt, 1822~1896)와 쥘 알프레드 휘오 드 공쿠르(Jules Alfred Huot de Goncourt, 1830~1870)는 프랑스의 형제 작가로 저작 활동을 함께 했으며, 자연주의 소설과 사회사·미술비평 등에 큰 업적을 남겼다. 에드몽의 유언에 따라 매년 뛰어난 프랑스 문학가에게 주는 공쿠르상으로 유명하다.

● 졸라는 엑상프로방스에서 보낸 소년 시절에 나중에 화가가 된 세잔을 만났고, 두 사람의 우정은 파리 시절에도 계속되었는데, 청년 화가 클로드를 주인공으로 한 『작품』이 간행되자 세잔이 화를 냈고, 그로 인해 두 사람은 절교하게 되었다.

기 드 모파상(Guy de Maupassant)

여자의 일생
(Une Vie)

한 순진무구한 여자의 불행하고도 비극적인 인생을 담담하게 그리고 있는 작품으로, 자연주의 문학의 발전에 지대한 영향을 미쳤으며 오늘날까지 심리소설의 걸작으로 평가받고 있다. 잔이라는 한 여인을 통해 인생의 '허와 실'을 깊이 있게 표현했다.

INTRO

프랑스의 소설가 기 드 모파상(Guy de Maupassant, 1850~1893)은 1850년에 디에프 근교의 미로메스닐 성에서 태어났다고 하나 확실하지는 않다. 부모가 이혼한 뒤 어머니 로르, 동생 에르베와 함께 에트루타로 이사해 노르망디의 전원과 농민들의 생활을 가깝게 접했다. 이브토의 작은 신학교에 들어갔으나 형식적인 가톨릭 교육에 반발해 루앙의 고등중학교로 전학했고 1869년에 졸업했다. 그 사이에 시인 루이 부이에와 편지를 주고받으며 시작詩作을 격려받았다.

1870년에 프랑스-프로이센 전쟁이 일어나자 소집을 받아, 패전해서 후퇴하는 프랑스군의 한 병사로 참전해 전쟁의 실상을 직접 눈으로 본 뒤로 전쟁을 극도로 혐오하게 되었다. 전후에 파리로 나가 생활비를 벌기 위해 해군부의 관리가 되었고, 나중에 공공교육부로 옮기면서 1881년까지 공무원 생활을 계속했다.

이 시기는 그의 습작기로 시, 단편소설, 희곡을 썼고, 어머니의 어린 시절 친구로 『보바리 부인』의 작가인 플로베르의 가르침을 받았다. 플로베르가 파리에 체류하고 있을 때는 일요일마다 그의 살롱을 찾아가 그곳에서 투르게네프●, 텐, 도데, 공쿠르 형제, 위스망스●, 졸라 등을 알게 되었다. 그러나 그 무렵에 모파상은 그들에게 재능을 인정받지 못했다.

1880년 졸라가 중심이 되어 만든 자연주의 선언이라고 할 수 있는 단편집 『메당의 저녁』에 수록된 『비곗덩어리』가 인정을 받았고, 1883년 『여자의 일생』으로 인기 작가가 되었으며,● 그 이후 1891년까지 10년 동안 300여 편의 중편·단편과 『벨 아미』(1885) 등 6권의 장편소설, 『물 위』 등 3권의 기행문을 집필했다. 그는 창작력이 왕성해 특히 단편에서는 노르망디의 농민과 프랑스-프로이센 전쟁, 파리의 하급 관리나 프티 부르주아 등 스스로 체험하고 관찰한 것들을 아이로니컬하면서 염세적인 분위기를 풍기는 간결하고 강한 문체로 그려 냈다.

그러나 차츰 광기에 사로잡혀 가던 그는 자신의 관찰 기록이라고 할 수 있는 『오를라』 등의 신비적·환상적인 작품을 쓰다가 1891년에 자살을 기도했고, 2년 뒤에 블랑쉬 박사의 정신병원에서 사망했다.●

선량한 한 여성의 일생이 보여 주는 삶의 진실

노르망디 귀족의 딸로 태어난 잔은 그녀를 청순하고 순진무구하게 키우고 싶어 하는 아버지의 방침으로 17세까지 수녀원에서 양육되었다. 그곳에서 나온 뒤로는 친할아버지가 물려준 레푀플 저택에서 사랑하는 부모와 유모의 딸이자 하녀인 로잘리 등과 함께 평온하고 가정적인 생활을 보낸다. 거기에 젊은 자작 쥘리앵이 나타나자 세상사에 대해 무지한 채 연애를 동경하고 있던 잔은 순식간에 사랑에 빠져 그와 결혼한다.

그러나 결혼 생활의 현실은 잔의 꿈과 달리 실망과 고뇌의 연속이었다. 쥘리앵은 바람기가 많아서 그녀와 연애를 할 때 이미 로잘리와 관계를 가지고 있었고, 아이까지 낳게 했다. 더구나 집에서 쫓겨나는 로잘리에게 마음이 따뜻한 잔의 아버지가 돈을 주려고 하자, 그것을 깎아 버릴 정도로 인색한 남자였다. 그런 쥘리앵은 잔이 친구라고 믿고 있던 푸르빌 백작부인과도 관계를 맺다가 결국 아내의 불륜 사실을 알아차린 백작에게 처참하게 살해되고 만다.

그뿐만 아니라 잔은 어머니의 임종 때도 잔혹한 현실과 대면해야 했다. 죽어 가는 어머니의 머리맡에서 어머니가 평소 소중하게 간직하고 있던 편지를 읽던 잔은 정숙한 아내이자 선량한 여자라고 믿었던 어머니가 젊었을 때 부정을 저질렀다는 사실을 알게 되자 망연자실해한다.

남편이 죽은 뒤 잔은 아버지와 루이종 숙모와 함께 외아들인 폴의 성장을 유일한 낙으로 삼으며 살아가는데, 너무 귀엽게만 기른 탓인지 폴은 런던과 파리를 전전하면서 도박에 빠져 지낸다. 그리고 어머니에게는 돈을 달라고 할 때만 편지를 보내다가 끝내 가산을 탕진해 버리고 만다.

아버지와 숙모도 세상을 떠나고, 저택도 팔아 버린 잔은 나이가 들어 가며 고독과 절망 속에 빠져 지내다가 마지막에 잔의 곁으로 보내진 폴의 딸을 충실한 로잘리와 함께 키워 나갈 결심을 한다.

모파상의 첫 장편소설

『여자의 일생』은 솜씨 좋은 단편 작가로 알려진 모파상이 처음 쓴 장편으로, 남의 눈길을 한 번도 끌어 보지 못한 채 살아온 루이종 숙모라는 늙은 독신녀가 약혼하는 잔의 행복을 부러워하며 마음속의 비애를 견디지 못해 갑자기 그 자리에 흐느끼며 쓰러지는 이야기, 또 젊은 신부가 너무 엄격하게 계율을 지키던 나머지 연인들이 만나는 것을 방해하거나 새끼를 밴 개를 때려 죽이는 이야기 등 단편소설과 같은 구성을 가진 에피소드들이 모여서 이루어진 것이다.

이와 같이 인생의 진실을 보여 주는 단편이라고 할 수 있는 에피소드들에는 남자의 이기심과 늙어 가는 사람의 쓸쓸함, 교육과 종교의 우매함 등 작가의 염세주의가 일관되게 배어 있다. 그리고 『여자의 일생』은 그런 에피소드들이 유기적으로 연결되어 잔이라는 한 여성의 이야기에 머물지 않고 인생의 다양한 모습에 대한 작가의 깊은 절망과 혐오를 집약한 작품으로 승화되었다.

수동적인 태도로 불운한 인생을 산 '잔'

바람기 많은 남편과 어리석고 못난 아들 때문에 괴로워하며 노르망디에 위치한 코 지방의 저택에서 바다를 바라보며 고독하게 사는 박복한 여인 잔. 작가 자신의 어머니인 로르를 모델로 하기는 했지만, 모파상은 잔을 철두철미하게 냉철한 시선으로 바라보며 평생 동안 잔인한 운명에 괴로워하는 존재로 만들었다.

잔이 짊어진 운명의 가혹함은 그녀의 남편인 쥘리앵의 아이를 낳은 로잘리의 생애와의 대비를 통해 더욱 부각된다. 출산을 할 때에도 '로잘리는 전혀 힘들어하지 않았는데', 잔은 고통이 극심해서 '그녀는 운명의 불공평한 처사에 분노를 느꼈다'고 했고, 그렇게 낳은 자녀의 경우에도 폴이 잔을 지옥의 구렁텅이로 밀어 넣는 데 반해 로잘리의 아들은 농장을 이어받아 훌륭하게 꾸려 나가는 건실한 청년으로 자라났다. 따라서 인생에 대해 느끼는 두 사람의 감회도 대조적이다. 로잘리는 "인생은 사람들이 생각하는 것만큼 좋지도, 그렇다고 나쁘지도 않네요"라고 말하지만, 잔은 "난 운이 나빴어. 나에게 닥친 일들은 하나같이 모두 나쁜 쪽으로만 갔으니까"라고 탄식을 한다.

이 두 여인은 단순히 운뿐 아니라 인생에 대한 태도도 대조적이다. 로잘리는 실무 능력도 있고, 적극적으로 인생을 개척해 나가는 여인이지만, 잔은 로잘리의 도움을 받아 겨우 '빈털터리'가 되는 것을 면하는 것처럼 어디까지나 수동적인 생활을 한다. 그런 식으로 결혼 상대를 선택할 때도 주체성을 갖지 않고 항상 운명에 몸을 맡긴다. 그런 점에서 잔은 종종 비교되는『보바리 부인』의 에마와 근본적으로 다르다.

둘 다 가혹한 운명에 농락당하는 여성들이지만, 에마의 불행이 적극적으로 자신의 삶을 찾아 나서다가 스스로 절망을 향해 뛰어든 결과라면, 잔의 경우는 자신의 생을 구축하려는 의지조차 갖지 않은 상태에서 불운이 그녀에게 들이닥친 격이라고 할 수 있다. 잔은 처음부터 끝까지 수동적인 여성이었던 것이다.

| 작품 속의 명문장 |

"종교란 천국의 금고를 채우기 위해 인간의 지갑을 털거나 주머니를 비우는 일이다."

『아마블 할아버지』

* 모든 가치에 대해 부정적이었던 염세주의자 모파상은 작품 속 인물의 입을 빌려서 다양한 권위를 비웃거나 공격했다.

"결혼이란 어떤 유명한 남자의 말에 따르면, 낮에는 나쁜 감정을 주고받고 밤에는 악취를 주고받는 행위에 지나지 않는다고 하더군요."

『기책奇策』

* 모파상은 많은 여성과 방탕한 생활을 했지만 평생 동안 독신으로 지냈다.

NOTES

● 투르게네프(Ivan Sergeevich Turgenev, 1818~1883)는 '러시아 제일의 문장가'로 불리는 소설가로, 생애의 반 이상을 유럽에서 보냈으며 러시아 문학을 서유럽에 처음 소개했다. 사회 문제를 훌륭한 시인적 감성으로 파악해 많은 장편을 남겼다. 『사냥꾼의 수기』, 『시골에서의 한 달』, 『첫사랑』, 『아버지와 아들』, 『루딘』, 『처녀지』 등의 작품이 있다.

● 프랑스의 작가이자 미술평론가인 위스망스(Joris Karl Huysmans, 1848~1907)의 작품 속에는 세밀화가인 아버지와 재혼한 어머니의 영향으로 미술에 대한 기호와 여성 불신 사상이 많이 나타난다.

● 『여자의 일생』은 경이로운 성공을 거두어 작가를 단번에 인기 작가로 만들어 주었을 뿐 아니라 도산 직전이었던 출판사까지도 재기시켜 주었다.

● 모파상을 미쳐서 죽게 한 질병은 매독이라고 하는데, 그 병균은 그의 오른쪽 눈의 기능을 떨어뜨렸다. 그래서 모파상은 권총 사격 연습으로 눈의 조절 기능을 바로잡았다고 한다.

질 르나르(Jules Renard)

홍당무
(Poil de Carotte)

무관심한 아버지와 신경질적인 어머니, 그리고 자신을 괴롭히는 형과 누나 사이에서 겪는 사춘기 소년의 일상을 유머러스하게 묘사한 작품으로, 작가의 유년 시절을 소재로 한 일종의 성장소설이다.

INTRO

질 르나르(Jules Renard, 1864~1910)는 프랑스의 소설가이자 극작가로, 1864년 프랑스 중부의 샬롱에서 태어났다. 어머니에게 사랑받지 못한 채 어두운 소년 시절을 보냈는데, 그런 어린 시절의 기억이 『홍당무』의 주된 소재가 되었다. 1886년에 시집 『장미』를 발표했고, 1891년 소설 『부평초』로 특이한 감각을 가진 작가로 인정받았다. 『홍당무』 이후 문학적 재능과 유머가 돋보이는 작품 『포도밭의 포도 재배자』(1894), 『박물지』(1896) 등의 명작을 잇달아 집필했다. 또한 극작가로서도 비범한 실력을 발휘해 『이별도 즐겁다』(1897), 『나날의 양식』(1898), 희곡 『홍당무』(1900), 『베르네』(1903) 등의 작품을 연이어 발표했다. 르나르는 1910년에 46세의 나이로 죽었는데, 사후에 발표된 24년간에 걸친 그의 『일기』●는 문학적인 가치와 함께 사료로서 높은 평가를 받고 있다.

가족과 자연, 세상에 대해 눈떠 가는 소년의 이야기

빨간 머리에 붉고 주근깨투성이로 애교라고는 찾아볼 수 없는 얼굴을 가진 르피크 집안의 둘째 아들은 '홍당무'라는 별명을 가지고 있다. 그는 성격이 고약하고 히스테리가 심한 어머니로부터 남의 자식처럼 취급당하며 산다. 사사건건 트집을 잡으며 그를 못 살게 구는 어머니는 예를 들면 한밤중에 닭장 문을 닫으러 갔다 오라고 명령한다. 형이나 누나가 닫으러 가기 싫어했기 때문이지만, 그가 무서운 것을 참아 가며 닭장 문을 닫고 오면 어머니는 차가운 목소리로 이렇게 말한다.

"홍당무, 앞으로는 매일 밤 네가 닫고 오너라."

매일 이런 일들이 계속되자 착한 홍당무도 차츰 집이 싫어지고 어머니에 대해서도 반항적으로 변해 간다. 더욱이 마음은 너그러우나 집에 있는 일이 드문 아버지도 이런 홍당무의 괴로움을 알아주지 않는다. 홍당무는 점점 염세적이 되어 가출할 생각을 하기도 하고 자살할 생각을 하기도 한다.

그리고 마지막에는 아버지를 향해 "나한테 어머니가 한 사람 있어요. 그 어머니는 나를 사랑해 주지 않고, 나도 그 사람을 사랑하지 않아요"라고 외칠 지경에 이른다. 아버지는 "그럼, 내가 그 사람을 사랑한다고 생각하는 것이냐?"라고 대답하고는 "그 사람은 바로 너의 어머니 아니니?"라고 타이른다. 그 뒤로 홍당무는 다시 르피크 집안의 착한 아이로 돌아간다.

홍당무 – 미움받는 아이의 대명사

'홍당무'는 어머니에게 미움을 받는 아이의 대명사가 되었다. 그러나 그는 본질적으로 어머니를 사랑하고 있다. 다만 좀 괴팍한 어머니와 성격적으로 맞지 않았을 뿐이다.

홍당무는 아버지와 형제들에게 이렇게 말한다.

"내가 보기에는 가족이라는 것은 아무런 의미가 없어."

"우연이 너희를 내 형으로 만들거나 누나로 만들었을 뿐이야. 그런데 어째서 내가 너희한테 고맙다는 말을 해야 하는 거지? 우리 세 사람이 모두 르피크 집안사람들이라고 한다면 도대체 누구한테 잘못이 있는 거야?"

| 작품 속의 명문장 |

"알기 쉬운 글은 문학가의 예의이다."

『일기』

* 평이하고도 세련된 문장을 썼던 르나르의 신조였다.

"행복은 찾아내는 것이다."

『일기』

* 르나르가 말년에 남긴 말. 인생을 꿰뚫어 본 인간만이 토로할 수 있는 심오한 말이다.

NOTES

● 사후에 전집과 함께 발표되었으며, 1887년부터 24년에 걸쳐 쓴 것이다. 거기에는 늘 문체의 연마에 힘쓰고, 인간의 진실한 모습을 관찰한 작가의 생활이 묘사되어 있다.

로맹 롤랑(Romain Rolland)

장 크리스토프
(Jean Christophe)

19세기 말에서 20세기 초에 걸친 유럽의 예술과 문화, 정치, 사회에 대한 통렬한 비판이 담긴 이 작품은 일종의 유럽 공화국 구축을 꿈꾸던 작가의 웅대한 이상주의가 반영된 10권으로 이루어진 장대한 서사시적 대하소설이다.

INTRO

프랑스의 작가·사상가·음악학자인 로맹 롤랑(Romain Rolland, 1866~1944)은 1866년 프랑스 중부에 위치한 니에브르 지방의 클람시에서 태어났다. 아버지는 여러 대에 걸친 그 지방의 공증인이었고, 어머니 쪽은 열렬한 가톨릭 신자를 많이 배출한 집안이었다. 그는 어릴 때 어머니로부터 독일 음악에 대한 깊은 사랑을 배웠다. 그의 일가는 롤랑의 교육을 위해 파리로 이사했는데, 세기말의 물질주의적이고 퇴폐적인 이 대도시의 공기는 그를 매우 힘들게 했다.

1889년에 고등사범대학을 졸업한 롤랑은 로마의 프랑스 학원으로 유학했다. 르네상스 예술에 둘러싸였던 이 체류 기간은 그에게 큰 영향을 미쳤다. 또한 니체와 바그너의 여자 친구였던 늙은 이상주의자 말비다와 알게 된 것도 이 시기였다. 다시 프랑스로 돌아온 롤랑은 모교의 교단에서 교편을 잡아 프랑스에서 처음으로 음악사 강좌를 담당하게 되었고, 동시에 음악평론가와 극작가로서도 폭넓은 활동을 했다. 그러나 그의 창작 활동에 결정적인 계기가 된 것은 1903년에 잡지 『레 카이에 드 라 켕잰』('반월수첩'이라는 뜻)에 발표한 『베토벤의 생애』였으며, 그 뒤를 이은 『장 크리스토프』(1904~1912)●의 집필과 간행이었다.

제1차 세계대전이 시작되자 그는 스위스로 가서 잇달아 반전 논문을 발표했고, 그것은 『싸움을 넘어서』(1915), 『선구자들』(1924) 등에 수록되었다. 이렇게 해서 '뜻하지 않게' 정치 문제 속으로 휘말려 든 그는 전쟁이 끝난 뒤에도 제국주의와 나치즘, 파시즘 등 새로운 형태의 전쟁과 계속 싸웠다. 또한 간디의 인도 독립운동을 지지함과 동시에 인도의 깊은 종교적 영혼들에 공감을 표하는 등 그의 활동은 더욱 확대되었다.

두 번째 대작인 『매혹된 영혼』(1922~1933)을 완성하고, 3년 뒤에 고향과 가까운 베즐레 마을로 돌아가 말년을 베토벤 연구로 완성하고 『페기』(1944)를 저술하면서 보낸 롤랑은 제2차 세계대전이 한창이었던 1944년 말에 베즐레에서 사망했다. 그의 일생은 소설과 희곡, 전기, 음악 평론 등 다양한 창작 활동뿐 아니라 항상 자기 시대에 성실하게 대처한 지성인의 빛나는 생애였다고 할 수 있다.

독일 태생의 천재 음악가 장 크리스토프의 생애

라인 강변의 한 마을에서 태어난 장 크리스토프의 생애에 대한 이야기이다. 가난과 주정뱅이 아버지 때문에 비참한 어린 시절을 보내면서도 풍부한 상상력과 강한 생명력을 가진 크리스토프는 어느 날 할아버지에 의해 음악적 재능이 발굴된다.

평범한 음악가인 아버지는 아들의 재능을 이용하려 들고, 거기에 크리스토프 자신의 교만함도 작용해 자칫 잘못된 길로 나갈 뻔하다가 선량한 숙부 고트프리트의 말을 듣고 구원을 얻는다. 성장을 하면서 그는 독일 사회의 다양한 허위와 부정을 알게 되고, 이런 것들과 승산이 없는 싸움을 하기도 한다. 어느 날 산책하러 나갔다가 마을 사람과 병사들의 난투극에 휘말려 국외로 도망쳐야 하는 신세가 된다.

혈혈단신으로 파리에 도착한 크리스토프는 세기말의 대도시가 가진 혼탁한 공기 속에서 다시금 고독한 싸움을 시작한다. 그 무렵 몸과 마음이 모두 지친 그의 눈앞에 한 내성적인 프랑스 청년이 나타난다. 허례허식의 안쪽에 숨겨진 진정한 프랑스의 모습과 우정, 진지한 노력, 건강한 민중 모습을 크리스토프에게 보여 준 사람은 바로 청년 올리비에였다. 그러나 올리비에와의 우정도 메이데이 데모 중에 그가 죽는 것으로 끝이 나고, 크리스토프는 다시 스위스로 도망친다.

옛 친구 브라운의 집을 찾아간 크리스토프는 브라운의 아내 안나와 정열적인 사랑에 빠진다. 안나와 크리스토프는 함께 자살을 기도하다가 실패하고, 절망에 빠진 크리스토프는 눈보라가 휘날리는 쥐라 산 속으로 몸을 숨긴다.

이윽고 봄이 찾아와 크리스토프는 다시 소생한다. 그의 음악적인 명성은 굳건해지고, 평온함 속에서 생애의 마지막 나날을 맞는다. 이탈리아의 맑고 명랑한 기질을 가진 여자 친구 그라치아와 다시 만난 크리스토프는 또 한 번 사랑의 정열을 불태우지만, 정신적인 사랑에 머물 뿐이다. 그라치아가 죽은 뒤 크리스토프도 새로운 세대의 성장을 바라보면서 죽어 간다. 한 줄기 큰 강물이 바다로 흘러가듯이.

모두 10권으로 이루어진 이 장대한 서사시적 대하소설은 1904년부터 12년에 걸쳐 잡지 『레 카이에 드 라 켕잰』에 발표되었다. 19세기 말에서 20세기 초에 걸친 유럽의 예술과 문화, 정치, 사회에 대한 통렬한 비판이 담긴 이 작품에는 작가의 웅대한 이상주의가 반영되어 있으며, 일부 사람들로부터는 심한 반발을 불러일으켰지만 많은 독자들로부터 열광적인 공감을 얻으며 크게 환영받았다.

베토벤을 모델로 한 장 크리스토프

장 크리스토프라고 하는 이 기묘한 인물은 자연의 근원적인 힘 그 자체와도 같은 생명력을 지닌 사람이다. 작가는 작품의 주인공을 '오늘날의 세계에 사는 베토벤과 같은 인물'로 만들겠다고 어떤 편지에 쓴 적이 있는데, 어린 시절의 크리스토프에 관해 '같이 놀 친구가 없었다. 다른 아이들과 서로 이해하며 지내지 못했다. 마을 장난꾸러기들은 크리스토프와 놀고 싶어 하지 않았다. 그것은 크리스토프가 놀이에 지나치게 몰두하는 바람에 항상 너무 세게 때리기 때문이었다'라고 적고 있다.

모든 사물을 진지하게 받아들이고, 어떤 부정도 용서하지 못해 남에게 사랑받고 싶어 하면서도 결국에는 고독할 수밖에 없었던 이 인물의 성격은 평생 변함이 없었다.

인생이 자기에게 기쁨을 주지 않는다면 자기 스스로 기쁨을 만들어 낼 수밖에 없다고 말한 베토벤과 크리스토프는 서로 많이 닮았다. 그리고 그는 나중에 그렇게 되었다.

'이렇게 해서 크리스토프는 그가 있다는 것만으로, 그가 존재하고 있다는 사실만으로 위안이 될 수 있는 식의 영향을 미치게 되었다. 그가 가는 곳에는 어디나 그가 내면에서 비추는 빛의 잔영殘影이 그 자신도 모르는 사이에 남아 있었다.'

이런 '내면에서 비추는 빛의 잔영'은 그가 걸어간 이 작품의 모든 길마다 남아 있다. 그래서 이 작품이 완결되었을 때, 프랑스의 작가 장 리셜 블로크는 "'장 크리스토프가 죽었다!'는 소식이 이 세상에 전해진 뒤 몸을 떨면서 울었다고 고백한 사람들을 많이 만났다"라고 쓰기도 했다.

| 작품 속의 명문장 |

"사상이나 힘으로 이긴 사람들을 나는 영웅이라고 부르지 않는다. 마음이 위대했던 사람들만을 나는 영웅이라고 부른다."

『베토벤의 생애』

* 이 유명한 말은 롤랑의 이상주의와 그의 인간관을 잘 나타내고 있다. 이 말은 1908년에 붙여진 '서문' 속에 씌어 있는데, 모든 예술이나 행위 가운데 그가 높이 평가하는 것의 본질을 보여 주고 있다.

"사랑이 닿는 것은 모두 죽음에서 구제된다."

『장 크리스토프』

* 롤랑은 인생의 첫인상에 관해 "나는 답답하게 갇힌 느낌이었다"라고 말했다. 이런

느낌은 청년기에 경험한 일종의 종교적인 체험으로 타파되는데, 이 경험을 통해 그는 개인적인 존재로서의 인간의 죽음이라는 것에 대한 공포로부터도 해방되었다. 그의 인생에서 인간에 대한 사랑이 우러나오는 밑바탕에는 항상 이때의 경험이 깔려 있었다고 한다.

"아무것도 하지 않는 사람들은 결코 착각하는 일이 없다. 그러나 살아 있는 진리를 향해 노력하는 사람의 과실은 죽은 진리보다 훨씬 풍부한 결실을 맺는다."

『장 크리스토프』 제7권 '집안'

NOTES

● 이 소설로 롤랑은 1915년 노벨문학상을 받았다. 로맹 롤랑은 『장 크리스토프』의 서문에 '『장 크리스토프』에서 내가 이루려고 했던 것은 프랑스가 도덕적·사회적으로 붕괴하는 시기에 잿더미 속에 잠들어 있던 영혼의 불을 각성시키는 것이었다' 고 썼다.

지옥
(L' Enfer)

회의적인 한 시인이 여관방의 구멍을 통해 인간 군상들의 벌거벗은 욕망과 병든 내면을 목격하는 이야기로, 작가의 인간관과 사회관이 명료하게 표현된 작품이다. 빛을 갈망하면서도 끝내 어둠 속으로 잠겨 버리는 인간의 비참함을 드러낸다.

INTRO

프랑스의 소설가이자 시인인 앙리 바르뷔스(Henri Barbusse, 1873~1935)는 1873년 파리 근교의 아스니에르에서 태어났다. 일찍부터 상징파 시인들로부터 그 섬세함을 높이 평가받으며 시작詩作 활동을 했다.

처음에는 관리로, 나중에는 저널리스트로 활약하는 한편, 소설을 쓰기 시작해 세기말의 불안과 사회에 대한 불만을 전하는 염세적인 색채가 짙은 소설을 발표했다. 그 가운데 하나가 1908년에 발표된 『지옥』이다. 이 작품으로 세인들의 주목을 받기 시작했다.

제1차 세계대전이 발발하자 자원해서 병사로 종군했고, 그 경험을 소재로 1916년에 『포화 : 분대일지』를 썼다.

이 소설은 참호 생활의 비참함을 사실적으로 전해 큰 반향을 불러일으켰으며, 이 소설로 바르뷔스는 공쿠르상을 수상했다. 이는 또한 바르뷔스가 가지고 있던 세계 평화와 평등에 대한 열정을 처음으로 개화하게 하는 계기가 되기도 했다.

이후 그는 로맹 롤랑 등과 함께 '클라르테' 운동●을 일으켜 평화 운동을 전개했으며, 또한 공산주의에 공감해 혁명 직후였던 러시아를 자주 왕래했다. 1935년에 모스크바에서 병을 얻어 사망했다.

그 밖의 작품으로는 『지옥』 외에 『빛』, 『레닌』(1934), 『스탈린』(1935) 등이 있다.

한 시인이 벽의 구멍을 통해 엿보는 옆방의 광경

30세의 주인공은 평범한 시골 생활과 평범한 애인을 버리고 은행원으로 취직해 파리로 나왔다. 그리고 하숙을 겸해 방을 빌려 살게 된 여관에서 벽의 틈새로 옆방의 모습을 훤하게 볼 수 있다는 사실을 발견한다. 청년은 그 구멍을 통해 인생의 참된 모습을 보는 데 열중하게 된다.

비참한 하녀가 혼자가 되었을 때 내면의 광채를 보인다. 젊은 아가씨가 혼자서 음란한 모습을 보인다. 어린 두 사람이 가슴 떨리는 사랑의 예감을 경험한다. 서로에게 제각기 다른 것을 바라면서도 육체의 욕망만으로 맺어진 불륜의 관계가 있다. 동성애의 두 여인이 있다. 불륜을 저지르고 있는 아내와 그녀의 남편 사이의 싸늘하게 식은 관계가 있다. 병고에 시달리며 홀로 죽어 가는 노인이 있다. 그 노인과 결혼하는 여자의 따뜻한 마음이 있다. 피투성이가 되어 태어나는 갓난아기가 있다. 그리고 결국에는 고독하고, 항상 자기가 갖지 못하는 것을 탐내는 인간의 지옥이 있다.

빛을 갈망하면서도 끝내 어둠 속으로 잠겨 버리는 인간의 비참함이 드러난다. 쾌락의 허망함과 인간의 숙명적인 불행, 세상의 불공평함, 전쟁과 계급의 거짓됨, 종교의 위선, 인간의 무無 등의 관념들이 차례차례 실제적인 풍경과 더불어 눈앞에 연출된다. 이는 염세주의의 극치라고 할 수 있다. 그러나 마지막에는 인간이 지닌 있는 그대로의 고통에 대한 긍정과 비참한 인생에 대한 사랑으로 주인공의 마음을 인도한다. 마침내 청년은 고향으로 돌아간다.

나 – 세속 도시 속의 아웃사이더

굳이 말하자면 이는 엿보는 자, 훔쳐보는 자의 이야기이다. 인간의 가면 뒤에 숨어 있는 진실을 현실의 사실적인 표현으로 그려 내려 한다면 이렇게 될 수밖에 없는지도 모른다.

그러나 보고 있는 사람이 하나의 눈에 불과하다면 모를까, 살아 있는 인간인 이상 그 사람은 엿보는 행위에 의해 자신을 더럽히고 있으며 도덕적으로 피폐되어 갈 수밖에 없다.

『지옥』의 주인공도 처음에는 옆방의 나체에 욕정을 느끼고 거리로 나가 매춘부를 산다. 그러나 나중에는 거기에 보이는 육체 그 자체가 아니라 그 육체 속에 자리 잡고 있는 인간의 영혼으로 주인공의 관심이 쏠린다.

| 작품 속의 명문장 |

"만약 우리들 속에서 우리를 괴롭히는 것을 없애 버린다면 도대체 무엇이 남을까?"

『지옥』 제8장

* 그러면 아무것도 남지 않는다. 왜냐하면 우리의 고통 속에 참된 진실이 있기 때문이다. 이것이 『지옥』의 중심 주제이다.

NOTES

● 클라르테**Clarté**란 광명·빛을 뜻하며, 1919년 발표한 바르뷔스의 소설 제목이기도 하다. 작가는 이 작품에서 제국주의와 편견, 전통의 속박, 계급 착취 등을 배격했고, 이 작품을 계기로 인간 해방과 무산계급을 위한 문학 운동을 전개했는데, 이를 '클라르테 운동'이라고 한다.

앙드레 지드(André Gide)

좁은 문

(La Porte étroite)

이 작품은 비인간적인 자기희생의 허무함을 신랄하게 비판하는 작품으로, 종교적 금욕주의에 대한 회의를 암시하고 있다. 자전적인 요소가 짙게 깔려 있으며, 아름다운 서정과 정교한 심리 묘사가 뛰어나다.

INTRO

프랑스의 작가 앙드레 폴 기욤 지드(André Paul Guillaume Gide, 1869~1951)는 1869년 파리에서 태어났다. 병약했던 그는 고등학교까지 진학하고 대학에는 가지 않았다. 청년 시절의 작품 『앙드레 왈테르의 수첩』(1891), 『지상의 양식』(1896) 등은 간행 무렵에는 전혀 팔리지 않다가 제1차 세계대전 뒤에 젊은 사람들이 애독하게 되어 그의 '불안의 사상'과 '나그네 사상'이 제1차 세계대전 뒤의 세대를 지배했다.

어렸을 때 받은 엄격한 기독교적 윤리관과 그에게 내재한 육체적 욕망의 갈등이 오랫동안 그를 괴롭혔다. 26세 때인 1895년에 그 이전부터 그가 청순한 애정을 바치고 있던 사촌 누이 마들렌 롱도와 결혼했지만 그의 고민은 해소되지 않았다. 왜냐하면 그녀에 대해서는 정신적인 사랑만을 느낄 뿐이었고, 결혼 전에 이미 알제리에서 소년의 육체를 경험하는 과정을 통해 자신의 동성애적 경향을 자각하고 있었기 때문이다. 그 이후로 기독교적 윤리관과 육체적 욕망의 대립뿐 아니라 아내에게는 정신적인 사랑을, 동성에 대해서는 육체적인 사랑을 느낀다는 새로운 대립이 시작되었다. 이런 복잡한 대립은 그의 많은 작품들에 나타나 있다.

치열한 자기 갈등을 겪은 그는 작품을 잇달아 발표했다. 소설로는 대작 『사전꾼들』(1926)을 비롯해 『좁은 문』(1909)●, 『배덕자』(1902)●, 『교황청의 지하도』(1914), 『전원교향곡』(1919) 등이 널리 읽히고 있다. 그는 나중에 이런 개인적인 고뇌에서 벗어나 점차 외부로 시야를 넓혀 1927년 무렵부터는 아프리카에서 전개된 프랑스와 기타 나라들의 식민주의를 고발했고, 이어서 공산당에 입당해 소비에트에 간 적도 있었다. 그러나 귀국한 뒤에 공산당에서 탈퇴했다. 제2차 세계대전이 발발한 뒤에는 주로 아프리카에 체류하다가 전후에 파리로 돌아왔다. 1947년 노벨문학상을 수상했고, 1951년 2월 19일에 향년 82세로 파리에서 사망했다.

넓은 의미의 문학 작품으로는 방대한 분량의 『일기』가 있다. 1943년부터 1953년 사이에 출판된 이 책은 그가 1889년부터 쓴 것으로, 자서전인 『한 알의 밀이 죽지 않는다면』

(1920~1921)과 더불어 그의 정신적 편력과 문학 사상을 이해하는 데 빼놓을 수 없는 작품이다. 또한 프랑시스 잠●, 폴 클로델●, 릴케●, 발레리● 등과 주고받은 서간집에도 각각 풍부한 내용이 담겨 있다.

성스럽고 순결한 알리사와 그녀의 사촌 제롬의 사랑 이야기

제롬은 루아브르에서 의사로 일하던 아버지가 12세 때 사망하자 어머니를 따라 파리로 이사한다. 그는 가끔씩 숙부의 초대를 받아 그의 집에 놀러 간다. 그리고 어렸을 때부터 남매처럼 지냈던 사촌들 가운데 2년 연상인 알리사에게 어느새 연정을 품게 된다.

알리사는 신앙심이 깊은 여성으로, 그녀의 이상은 제롬과 손을 잡고 하나님이 가르치는 '생명의 길'을 걸어가는 것이다. 그러나 그녀는 여동생 쥘리에트가 제롬을 몰래 사랑하고 있음을 알게 된다. 그래서인지는 모르지만 점차 제롬을 피하게 된다. 제롬은 기회가 있을 때마다 알리사에게 자신의 마음을 전하려고 하나 그녀는 받아들이지 않는다. 그는 절망해 아테네 학원의 교사로 추천받은 것을 계기로 프랑스를 떠난다.

3년 뒤 그는 숙부가 죽었다는 소식을 듣고 프랑스로 돌아와 알리사와 재회한다. 그녀는 비쩍 말라서 그림자처럼 변해 있었다. 그때까지 알리사를 사랑해 독신 생활을 계속하고 있던 제롬은 다시 그녀에게 구혼하지만, 그녀는 "옛날 일은 이제 생각하지 말아요. 이미 책장은 넘어가 버렸으니까요"라고 쓸쓸하게 대답한다. 그로부터 석 달 뒤에 제롬은 쥘리에트로부터 언니의 죽음을 알리는 편지를 받는다. 말없이 집을 나가 소식이 끊긴 알리사가 파리의 요양원에서 숨졌다는 사실을 알게 되었다는 내용이었다.

알리사의 유언에 따라 그에게 전해진 '일기'에는 그와 교제하기 시작했을 때부터 죽음 직전까지 알리사의 심경이 어떻게 변화했는지 자세하게 적혀 있었다. 더불어 제롬과 만나던 날 그에게 말하지 않았던 알리사의 마음과 반성도 적혀 있었다.

한편으로 '내가 아직 어렸을 때부터 나는 벌써 그 사람을 위해 예뻐지고 싶어 했다. 지금 와서 생각해 보면 내가 완전한 덕망을 지향한 것도 모두 그 사람을 위해서였다. 그런데도 그 덕망을 완전하게 하는 데 그 사람의 존재가 방해가 되어 버리다니'라는 모순에 괴로워하면서 하나님만을 바라보는 고독한 사랑을 향해 나아가는 과정이 선명하게 기록되어 있었다.

그 일기를 받고 10년의 세월이 흐른 뒤 제롬은 다시 쥘리에트를 찾아간다. 그녀는 남편과 3명의 자녀와 함께 남프랑스의 니스에 살고 있었다. 그녀는 제롬에게 언제까지 독신으로 있을 생각이냐고 묻는다. "모든 것을 잊을 수 있을 때까지"라고 그는 답한다. 날이 어두워져서 쥘리에트의 얼굴이 제대로 보이지 않았다. 아무래도 그녀는 울고 있는 듯했다.

알리사 – 청교도적 종교관의 소유자

『좁은 문』 하면 많은 독자들은, 알리사가 가슴에 매달고 있던 자수정 브로치가 상징하고 있듯 순결하고 더러움을 모르는 아름다운 그녀의 이미지를 떠올린다. 사실 여기에는 작가가 실생활에서 사촌 누이인 마들렌 롱도에게 바쳤던 애정이 어떤 의미에서 그대로 그려져 있다고 할 수 있다. 지드는 인간에 대한 사랑을 버리고 성스러운 존재 속으로 도피하려고 하는 알리사의 태도를 긍정하고 있는 듯이 보인다. 또한 동생이 제롬을 사랑하고 있다는 사실을 알고 알리사가 자신을 희생했다고 해석하는 독자들도 있을 것이다. 그렇게 읽는 방법도 아주 틀린 것은 아니다.

참고로 '좁은 문'이라는 제목은 『신약성서』의 「마태오의 복음서」 7장 13~14절의 내용, 곧 '좁은 문으로 들어가라. 멸망으로 인도하는 문은 크고 그 길이 넓어 그리로 들어가는 자가 많고, 생명으로 인도하는 문은 좁고 길이 협착하여 찾는 이가 적음이니라'라는 구절에서 따온 것으로, 교회에서 예배를 드릴 때 목사가 설교 주제로 이 부분을 인용하고, 알리사와 제롬이 이를 듣는 장면이 나온다.

그러나 지드의 다른 작품들을 읽으면 『좁은 문』이 과연 알리사를 '완전한 덕망'을 향해 나아가는 성녀로 그려 낸 것일까 하는 의구심이 생긴다. 오히려 말년에 "인간의 종국적인 목적은 신의 문제를 조금씩 인간의 문제로 바꿔 놓는 데 있다"고 말한 지드가 기독교에 대해 보인 반항이 아니었을까 하는 생각이 든다.

| 작품 속의 명문장 |

"당신"이라고 그녀는 말했다. 그리고 내 쪽을 보지 않고 "전 당신 곁에 있으면 더 이상 바랄 것이 없을 정도로 행복한 기분이 돼요……. 하지만 사실 우리는 행복해지기 위해 태어난 것이 아니지요"라고 말했다.

"그렇다면 우리 영혼이 행복 이상의 무엇을 바란다는 것이오?"

나는 성급하게 외쳤다. 그녀는 작은 목소리로 말했다.

"성스러움……."

그 말은 너무나 낮고 작은 목소리로 나왔기 때문에 나는 그 말을 들었다기보다 차라리 그렇게 생각했다고 해야 옳을 것이다.

"그대가 있어 주지 않으면 난 그것을 얻을 수 없단 말이오"라고 말한 뒤, 나는 그녀의 무릎에 이마를 묻고 마치 어린아이처럼, 하지만 슬퍼서가 아니라 사랑하는 마음에서 눈물을 흘리며 다시 말을 이었다.

"그대가 없으면 안 된단 말이오. 그대가 없으면 안 된단 말이오."

『좁은 문』

NOTES

- 지드가 1915년 말 프랑스의 소설가 폴 부르제(『제자』의 작가)를 처음 방문했을 때 부르제는 지드를 환영하며 "앞으로는 마음 내킬 때 언제라도 찾아오시오. 내 집은 '좁은 문'이 아니니까"라고 말했다고 한다.
- 『배덕자』를 쓴 뒤 슬럼프에 빠진 지드는 무엇 하나 읽지도 않고, 쓰지도 않는 상태가 계속되어 봄에는 여름을 기다리고, 여름에는 가을이 오는 것만 기다리고 있었다고 한다.
- 프랑스 상징파의 후기를 장식한 신고전파 시인 잠(Francis Jammes, 1868~1938)은 지드의 지지를 받으며, 지드와 평생의 벗으로 지냈다.
- 클로델(Paul Louis Charles Marie Claudel, 1868~1955)은 현대 프랑스의 대표적인 시인이자 극작가로 평가받고 있다. 독자적인 시 작법을 확립했으며, 전인적인 극의 전개 방식을 선호했다. 1946년 아카데미 프랑세즈의 회원이 되었다.
- 릴케(Rainer Maria Rilke, 1875~1926)는 독일의 현대 문학을 대표하는 시인으로, 사람과 사물, 풍경과 만남에서 그 내면을 응시해 본질을 이끌어 내고자 한 작품들로 국제적인 명성을 얻고 있다.
- 발레리(Paul Valéry, 1871~1945)는 프랑스의 시인·비평가·사상가로, 위고와 보들레르 등의 영향을 받아 13세 때부터 시를 쓰기 시작했다. 18세부터 본격적으로 시에 몰두했으며 이후 20년간 침묵의 시기를 보낸 뒤 산문 작품으로 문필 생활을 계속했다. 앙드레 지드와는 평생 동안 친구 사이였다.

마르셀 프루스트(Marcel Proust)

잃어버린 시간을 찾아서

(Á la recherche du temps perdu)

1913년에서 1927년에 걸쳐 간행된 작품으로, 과거는 풍화되어 잊히는 것이 아니라 무의식적 기억으로 남아 있다가 초시간적 감각을 계기로 되살아난다는('잃어버린 시간'의 발견) 사실을 지적하고 있다.

INTRO

프랑스의 소설가 마르셀 프루스트(Marcel Proust, 1871~1922)는 1871년 파리 근교의 오퇴유에서 태어났다. 아버지 아드리앵 프루스트는 나중에 파리대학교 의학부 교수가 되었고, 외가인 베이유 가문은 부유한 유대계 부르주아였다. 태어날 때부터 병약해 9세 때 신경성 천식 발작을 일으킨 이후로 평생 이 고질병을 앓았다.

콩도르세 고등중학교를 나와 파리대학교 법학부로 진학했는데, 그 사이에 벌써 문학적 재능을 드러내 동인 잡지나 상징파 문예지 등에 시와 수필, 단편소설 등을 발표하기도 하고(그 대부분은 아나톨 프랑스가 서문을 붙인 『즐거움과 나날』에 수록됨), 여러 사교계 모임이나 문학 살롱에 출입하기도 했다.

1895년 3인칭으로 된 자전소설인 『장 상퇴유』(1952)의 집필에 착수해 수년에 걸쳐 단속적으로 집필하다 1899년에 폐기했다. 그 뒤에 『잃어버린 시간을 찾아서』에 착수할 때까지 수년 동안 존 러스킨의 연구와 번역(1904년의 『아미앵의 성서』, 1906년의 『참깨와 백합』), 프랑스 작가들의 모작에 의한 문체 비평(1919년의 『모작과 작문집』에 수록)이나 소설 형식의 평론(『생트 뵈브에 대한 반론』)을 시도하면서 나중에 『잃어버린 시간을 찾아서』에 수록할 만한 주제를 모색했다.

1903년에 아버지가, 1905년에 어머니가 잇달아 세상을 떠났다. 세상에서 가장 사랑하는 어머니를 잃은 그는 자신의 건강이 악화되는 가운데 1909년 가을에 드디어 『잃어버린 시간을 찾아서』에 착수해 1911년에 제1편 『스완네 집 쪽으로』를 집필했는데, 출판사를 찾기 힘들어서 하는 수 없이 1913년에 그라세사에서 자비로 출판했다.● 제2편 『꽃핀 소녀들의 그늘에서』는 제1차 세계대전 때문에 1919년에 『누벨 르뷔 프랑세즈』(NRF; 신프랑스평론)●에서 출판되어 공쿠르상을 받았다.

그 이후 프루스트는 다가오는 죽음과 숨막히는 경쟁을 하면서 작품의 완성을 서둘렀지만,

1922년 11월 제5편 『갇힌 여인』을 추고하다가 중반에 폐렴으로 사망했다. 후반에 해당하는 3분의 1은 초고 상태로 남겨져 사후에 출판되었다.

시간의 흐름 속에서 융합되어 가는 서로 다른 2개의 세계

작은 마들렌 과자가 화자인 '나'●의 소년 시절을 환기시키는 것으로 이 소설은 시작된다. 소년이 매년 휴가를 보내러 간 시골 마을 콩브레에는 2개의 산책길이 있다. 하나는 파리의 부르주아인 스완가家의 별장으로 향하는 길로, 그 곳에는 스완 집안의 딸 질베르트가 살고 있다.

또 하나의 길은 중세 때부터 내려온 명문 게르망트 공작부인의 저택으로 향하는 길이다. 이 두 갈래 길은 소년인 '나'의 마음에 자리 잡고 있는 두 가지 동경의 방향을 상징하게 되는데, 소설은 이 2개의 세계가 세기말에서 제1차 세계대전 직후까지의 시대를 배경으로 해서 서로 교차하며 융합해 가는 형태로 전개된다.

'나'는 파리에서 다시 만난 질베르트와의 아련한 첫사랑이 깨진 뒤 할머니와 노르망디 해변의 발베크로 가고, 그곳 해변에서 알게 된 소녀 알베르틴에게 끌린다. 사교계 사람들이 모이는 이 피서지에서 '나'는 또한 게르망트 가문의 생 루와 샤를뤼 등의 친구를 얻는다. 그 뒤 파리로 돌아간 '나'는 그들의 지도를 받으며 동경하던 생제르맹가家의 귀족 사회에 조금씩 편입되어 가고, 샤를뤼를 중심으로 한 기괴한 소돔의 거리도 엿본다.

한편 '나'는 발베크에서 만난 이후 알베르틴과의 교제가 깊어 감에 따라 그녀가 고모라의 여자가 아닐까 하는 의심이 깊어져서 질투심에 사로잡힌 나머지 그녀를 자기 집에 가두어 놓고 진상을 알려고 하지만, 결국 알베르틴의 가출과 죽음으로 지옥과 같은 동거 생활을 끝내게 된다.

인생에 대한 꿈도, 작가가 되겠다는 희망도 잃은 채 막막한 기분으로 두 번째 요양지에서 파리로 돌아온 '나'는 초대를 받아 게르망트 대공의 저택으로 가는 도중에 저택 안뜰의 울퉁불퉁한 자갈에 발이 걸린다.

그러자 갑자기 말할 수 없는 행복감과 함께 산마르코 사원의 세례당에 있던 울퉁불퉁한 자갈과 베네치아의 도시가 떠오른다. 그것은 마들렌 과자의 체험과 같이 무의식적 기억이 나타난 것으로, '나'는 이런 과거와 현재에 공통되는 초超시간적 감각이야말로 존재의 본질을 나타내고, 이 기적만이 '잃어버린 시간'을 발견할 수 있는 힘을 가지고 있다는 사실을 이해하게 된다.

살롱에서 만난 옛 지인들은 모두 놀라울 정도로 나이가 들었다. 죽은 생 루와 질베르트 사이에서 태어난 딸이 눈앞에 나타났을 때 '나'는 이 소녀 속에 자신이 소년 시절에 동경했던 2개의 '방향'이 하나로 연결되어 있는 것을 본다. 이렇게 해서 '나'는 '시간'의 파괴를 초월해 영원히 무너지지 않는 세계의 존재를 알게 되고, 드디어 글을 쓰겠다는 결심을 한다.

뛰어난 지성과 예민한 감수성을 지닌 '나'

발자크나 스탕달의 소설을 많이 읽은 독자는 이 작품을 펼치면 매우 놀랄 것이다. 왜냐하면 이 작품에는 『환멸』의 보트랭이나 『파름의 수도원』의 파브리스처럼 정열적인 행동으로 스토리를 전개해 나가는 인물이 한 사람도 없기 때문이다. 물론 게르망트 공작부인이나 샤를뤼 등과 같이 잊을 수 없는 인상을 남기는 존재도 있지만, 그들의 경우도 인상파의 그림처럼 다양한 시간과 공간 속에서 조금씩 점이 찍히듯 나타나서 차츰 복잡한 전체상을 드러내는 식으로 존재한다.

주인공 '나' 역시 작품 속에서 살아 움직이기보다는 관찰하는 것을 주된 일로 삼고 있다. 이 작품에서 주인공은 마음에 비친 자연 세계의 관능적인 아름다움이나 사교계의 미세하고 추악한 인간의 모습을 정교한 렌즈처럼 찍어 내기도 하고, 자신의 내면으로 다가왔다가 멀어지는 감정과 감각의 기복을 가만히 맛보는 것을 주요 임무로 하는 일종의 허점虛點, 말 그대로 정확한 의미에서의 반反 주인공이라고 할 수 있다.

곧, 이 소설의 특징은 현실 세계에서 일어나는 다양한 사건을 그대로 묘사하는 것이 아니라 주인공이라는 관찰 기계를 통해 체험된, 말로 표현하기 힘든 감각이나 심리를 매우 호흡이 길고 환기적喚起的인 문체를 사용해 표면으로 끌어내는 데 있다.

| 작품 속의 명문장 |

"작품이란 작가가 독자에게 제공하는 일종의 광학 기계라 할 수 있다. 이 책을 읽지 않으면 아마도 볼 수가 없었을 자기 속의 무언가를 보게 해 주는 기계인 것이다."

마지막 편 『되찾은 시간』

* 작품이란 현실의 정직한 거울이 아니라 만화경처럼 생을 확산시키거나 망원경처럼 멀리 있는 한 점을 확대하기도 하면서 현실에 대한 새로운 시각을 열어 주는 것이라는 생각은 은유 이론과 더불어 현대 문학에 큰 영향을 주었다. 조이스와 함께 프루스트가 현대 문학의 시조라고 불리는 이유에는 언어의 이 마술적인 기능에 주목한 점이 크게 작용하고 있다.

NOTES

● 『잃어버린 시간을 찾아서』는 『스완네 집 쪽으로』(1913), 『꽃핀 소녀들의 그늘에서』(1918, 1919년 공쿠르상 수상), 『게르망트가의 사람들』(1920), 『소돔과 고모라』(1922), 『갇힌 여인』(1923), 『자취를 감춘 여인(사라진 알베르틴)』(1925), 『되 찾은 시간』(1927)의 일곱 편으로 이루어져 있다.

● 처음에 『누벨 르뷔 프랑세즈』(NRF ; 신프랑스평론)에서 이 책을 출판하는 것을 거절했던 지드는 나중에 이 소설의 진가를 인정하며 "이 책의 출판을 거절한 일은 『누벨 르뷔 프랑세즈』의 가장 큰 잘못이 될 것이다"라고 솔직하게 사죄하는 편지를 보냈다.

● 이 방대한 소설 속에서 화자인 '나'가 '마르셀'이라는 이름으로 불리는 것은 겨우 두 번뿐으로, 이는 작품을 충분히 가필하거나 수정할 기회가 없었던 프루스트가 지우는 것을 잊어버렸을 뿐, 사실 이 주인공은 끝까지 무명으로 끝날 예정이었던 것으로 보인다.

로제 마르탱뒤가르(Roger Martin du Gard)

티보가의 사람들
(Les Thibault)

1922년부터 1940년에 걸쳐 간행된 제1차 세계대전을 배경으로 한 대하소설. 제1차 세계대전 전후의 유럽 정세를 훌륭하게 묘사하고 있는 이 작품은 어지러운 시대를 살아가는 젊은 세대의 시대적 고뇌를 체험자의 입장에서 생생하게 분석하고 있다.

INTRO

로제 마르탱뒤가르(Roger Martin du Gard, 1881~1958)는 프랑스의 소설가·극작가로, 1881년 파리 근교의 뇌이쉬르센에서 태어났다. 마르탱뒤가르의 집안은 파리로 이사한 뒤로 몇 대에 걸쳐 사법관과 재무관을 다수 배출한 부유한 가톨릭 가문이었다. 1905년에 에콜 드 샤르트(고문서학교)를 졸업했고, 이듬해 결혼해 북아프리카로 긴 여행을 다녔다. 톨스토이의 영향을 받아 소설가가 되려고 한 그는 『어느 성자의 생애』라는 전기소설에 착수했으나 완성하지 못한 채 정신적으로 불안정한 시기를 보냈다.

1908년 처녀작인 『생성生成』을 발표했고, 이듬해에는 두 번째 작품에 착수했으나 이것도 끝을 보지 못했다. 1913년에 발표한 최초의 대작인 『장 바루아』는 드레퓌스 사건의 전후 시대를 살아가는 프랑스 청년의 정신적 상황을 묘사해 지드나 슐룅베르제● 등과 같은 『누벨 르뷔 프랑세즈』(NRF ; 신프랑스평론) 지도자들의 주목을 받았고, 또한 그들의 희곡적 양식을 받아들이면서 자크 코포● 등과도 알게 되었다. 후자의 경향은 이듬해 발표한 희곡 『를뢰 영감의 유언』과 1924년의 『부풀음』 등과 같은 희곡으로 이어졌다.

제1차 세계대전이 발발하자 군대에 소집된 이후 휴전 때까지 종군했다. 문학 생활로 돌아온 그는 클레르몽에 틀어박혀서 새로운 소설을 위한 노트를 쌓아 두고 구상을 짜서 1920년 『티보가의 사람들』●에 착수했다. 1922년의 『회색 노트』로부터 1929년의 『아버지의 죽음』에 이르는 6권 뒤에 『출범』이 이어질 예정이었는데, 1931년 자동차 사고를 당해 요양 생활을 하는 동안 미발표 부분을 포기하려는 결심을 하고 소설을 중단했다.

그 사이 1931년에는 『아프리카 비화』, 1933년에는 『옛 프랑스』 등을 발표했다. 『티보가의 사람들』의 새로운 후반은 1936년에 발표한 『1914년 여름』과 이듬해 내놓은 『에필로그』로 완결된다.● 1937년에 『1914년 여름』으로 노벨문학상을 수상했고, 이를 계기로 유럽 각지를 돌아다녔다. 독일군이 침입하자 니스로 피난해 그곳에서 『모모르 대령의 일기』에 착수했으나 이는 끝내 미완으로 끝났다. 1958년 오른의 벨렘에서 사망했다. 문학을 통한 인류 공헌이 그가 평생 동안 추구한 주제였다.

앙투안과 자크, 다니엘이 펼치는 젊음과 고뇌

티보가의 차남인 자크의 가출로 이야기는 시작된다. 그는 중학교 친구인 다니엘 드 퐁타냉과의 열렬한 교환 일기를 기숙사 사감에게 들켜 혼이 난 것에 반발해 친구와 함께 가출했던 것이다. 이 가출로 엄격한 가톨릭 집안인 티보가와 그와는 대조적인 프로테스탄트 가정의 퐁타냉가 사이에 팽팽한 긴장 관계가 형성된다. 사회교풍협회社會矯風協會 회장으로 가부장적인 생각을 가진 오스칼 티보 씨는 자신이 창립한 소년원에 아들을 집어넣어 그의 반항적인 성품을 교정하려고 한다. 자크의 형 앙투안은 아버지 몰래 소년원에 있는 동생을 찾아갔다가 아버지와 말다툼을 한 끝에 아버지의 고해성사를 받는 성당 신부의 힘을 빌려 자크를 석방시킨다(『회색 노트』, 『소년원』).

자크는 아버지로부터 독립한 형 곁에서 생활하기 시작하는데, 그러면서 부르주아 사회를 거스르려는 뜻은 더욱 견고해진다. 퐁타냉가와의 교제가 재개되어 자크의 고독한 마음은 다니엘의 여동생 제니를 향한다. 에콜 노르말에 합격한 자크는 여름 별장에서 지내는 동안 그녀에게 흠뻑 끌린다. 제니도 자크의 내면 속에서 자신과 비슷한 인격을 발견하지만 낯선 감정의 출현에 공포를 느낀다. 자크는 입학을 포기하고 다시 실종되어 소설의 무대에서 사라진다(『아름다운 계절』).

앙투안은 자신감 넘치는 유능한 소아과 의사가 되어 정력적으로 활동한다. 또 사랑에 대한 태도도 자크의 태도와는 전혀 다르다. 자크가 모습을 감추고 3년이 지난 1913년 11월, 아버지 티보 씨는 와병 중이다. 앙투안은 동생이 쓴 소설을 실마리로 해서 스위스에 있는 자크를 찾아와 다시 만난다. 아버지가 편찮다는 소식을 들은 자크는 하는 수 없이 귀가한다. 티보 씨의 극적인 죽음 이후 소년원에서 장례식을 치르고 돌아오는 길에 앙투안은 신부에게 종교는 쓸모없다고 말한다(『진찰』, 『라 솔레리나』, 『아버지의 죽음』).

『1914년 여름』의 내용 가운데 혁명 운동에 투신한 자크가 역사의 흐름 속에서 평화를 위해 싸우며 치열하게 사는 장면은 이 소설 중에서도 압권을 이루고 있다. 사라예보 사건에서부터 프랑스의 군사 동원에 이르는 기간 동안 파국으로 치닫는 유럽 사회의 급속한 변화를 허구의 인물들이 생생하게 보여 준다.● 다니엘의 아버지 제롬의 권총 자살, 자크와 제니의 운명 같은 합류, 자크의 장렬하지만 무익한 죽음 등과 같은 소설적 전개는 역사 그 자체의 무게로 인해 극적인 사실성을 획득하게 된다.

『에필로그』에서 그려진 것은 전쟁이 끝나 가던 1918년, 독가스를 마시게 된 앙투안이 다가오는 죽음을 직시하며 자신의 생애를 반성하고 인간의 존재 조건을 사색하는 모습이다. 티보가의 혈통은 제니가 낳은 자크의 아들 장 폴이 이어받는다. 앙투안에게는 이처럼 생명이 고리를 이루며 이어지는 모습이 우주 전체로 보았을 때 한순간의 작은 불꽃에 지나지 않는 인간의 의미를 확인시켜 준 것으로 보인다. 이렇게 해서 이야기는 앙투안이 다음 세대를 위해 쓰는 일기가 작가의 문학 행위 그 자체라는 의미를 던지면서 끝을 맺는다.

실존주의적 양상을 보이는 주인공들

티보가의 세 인물을 보자면, 아버지 오스칼이 질서와 명예와 권력에 집착하는 구세대 부르주아의 전형으로 그려진 한편, 그 두 아들은 1914

년 무렵의 세대가 보여 주는 두 종류의 대극적인 인간상을 드러내고 있다고 할 수 있다.

앙투안은 '빽빽한 수염'과 '조심스러워 보이는 이마의 주름'으로 정력적이고 침착한 청년 의사다운 인상을 주고, 자크는 '주근깨가 있는 얼굴'과 '갈라진 입술'로 고독하고 순수하지만 반역을 할 때는 타협할 줄 모르는 젊은이로 등장한다. 또한 동시에 형제는 '눈에 띄게 큰 두개골'과 '티보가 특유의 턱' 등과 같은 공통점이 나타내는 집안 특유의 끈질김과 자부심을 가지고 있다. 형은 과학자처럼 합리적이고 실증적인 정신의 소유자이고, 9세 연하의 동생은 사회 변혁에서 자기 가치를 실현하려고 하는 정열적인 이상주의자로, 두 사람 모두 20세기 문학의 주인공다운 면을 지녔다고 할 수 있다.

자크에게는 기성 사회의 속박이 굴종이냐 반항이냐 하는 양자택일을 하게 하는 것이지만, 앙투안에게 옛 관습으로 이루어진 도덕은 문제가 되지 않는다. 그는 니체가 말하는 '절대자유' 속에서 명찰明察에 대한 욕구만이 자신을 인도하는 좌표라고 여긴다.

한편 앙투안에게 사적 소유에 바탕을 둔 생활의 편리함과 자기 능력의 개발을 통한 세속적 영달은 당연하다는 입장이지만, 자크는 이 점을 절대로 받아들이지 못한다. 결국 동포의 운명 전체를 위해 싸울 것을 선택한 자크는 병역 거부 사상을 자기 희생으로 완결하고, 의사로서 개개인의 비참한 처지를 구하기 위해 일하는 것을 자기 임무로 삼은 앙투안은 국가 공동체에 대한 의무로 싸움터로 나간다.

여기에는 분명히 실존주의 세대를 예고하고 준비하는 사상이 내포되어 있다. 카뮈가 『티보가의 사람들』의 작가를 '우리의 영원한 동시대인'이라고 평가한 것도 이런 이유 때문이라고 할 수 있다.

| 작품 속의 명문장 |

"티보가家라는 나무는 우리 손으로 꽃피워야 한다."

* 소년원에서 갓 돌아온 자크에게 앙투안은 티보가 사람들이 지닌 왕성한 생명력에 대해 말한다. "자부심과 난폭함과 집요함 등 약간 독특한 특성들의 결합"을 가진 그들은 "티보가의 사람은 뭔가를 바랄 수가 있다"고 했다. 이 부르주아다운 인생에 대한 의욕과 힘의 자각, 그것이 이 소설 전체가 가진 활력의 근원이 되었다고 할 수 있다.

NOTES

● 프랑스의 소설가 슐룅베르제(Jean Schlumberger, 1887~1968)는 성실한 도덕관을 지닌 심리 작가로, 1909년 지드와 『누벨 르뷔 프랑세즈』(NRF ; 신프랑스평론)를 창간했다. 1942년 그의 작품 전체에 아카데미 프랑세즈의 문학대상이 수여되었다.

● 코포(Jacques Copeau, 1879~1949)는 연출가이자 배우·극작가로, 프랑스 연극계에 지대한 영향을 끼쳤다. 일찍부터 극작과 평론을 시작했으며 『누벨 르뷔 프랑세즈』의 창간에 참여했고, 연극의 예술화를 시도했으며, 배우들의 양성에도 힘썼다.

● 『티보가의 사람들』은 대하소설의 대표작으로 불리는데, 이 제목을 통해 받을 수 있는 느낌과는 반대로 이야기의 전개는 몇 개의 응축된 시간의 틀 속에 짜여 있어, 소설의 대부분이 장면에서 장면으로 이어지는 희곡의 수법으로 이루어진다.

● 『티보가의 사람들』은 『회색 노트』, 『소년원』(1922), 『아름다운 계절』(1923), 『진찰』, 『라 솔레리나』(1928), 『아버지의 죽음』(1929), 『1914년 여름』(1936), 『에필로그』(1940)의 여덟 편으로 이루어져 있으며, 마르탱뒤가르는 『1914년 여름』으로 1937년도 노벨문학상을 받았다.

● 제1차 세계대전 때 프랑스에 동원령이 발표되기 전날, 사회당 지도자로 『위마니테』 지의 사주였던 장 레옹 조레스가 암살되었다. 『티보가의 사람들』은 이 사건을 작품 속의 중요한 사건으로 다루어 자크와 제니를 그 현장에 등장시켰다.

장 콕토(Jean Cocteau)

무서운 아이들

(Les Enfants terribles)

제1차 세계대전과 제2차 세계대전 사이의 풍속을 소재로 하면서 어른이 되고 싶어 하지 않는 소년과 소녀의 내면을 섬세하게 그려 낸 심리소설. 고전적인 완벽함을 나타낸 콕토의 얼마 되지 않는 소설 중의 걸작이다.

INTRO

프랑스의 시인 장 콕토(Jean Cocteau, 1889~1963)는 1889년 파리 근교의 부르주아 가정에서 태어났다. 일찍부터 시를 쓰고 문학가들의 사교 장소에 출입해 조숙하고 다재다능한 미소년으로 알려졌다. 그러나 그런 표면적 성공의 허무함을 깨닫고 『포토막』(1913~1919)을 써서 이전의 자신과 결별했다. 그 이후 모든 분야에서 새로운 것을 도입하며 시대에 앞선 활동을 계속했고, 고전적인 미의식을 가지고 도시인다운 섬세한 표현으로 작품의 주제 의식을 표출했다.● 시인으로 반세기를 살고 1963년에 세상을 떠났다.

『평조곡집平調曲集』(1922), 『오페라』(1937)를 비롯한 다수의 시집 외에 『가랑이 벌리기』(1923), 『협잡꾼 토마』(1923) 등의 소설시, 『존재 곤란』(1947) 등의 비평시, 『오르페우스』, 『지옥의 기계』(1934), 『쌍두雙頭의 독수리』(1946) 등의 희곡시, 그리고 영화 세계에도 그의 시를 적용한 『비련悲戀』(1943), 『미녀와 야수』(1946), 『오르페우스의 유언』(1959) 등이 있다.

꿈의 세계에 사는 남매 이야기

소년 폴은 눈싸움을 하다가 친구들의 영웅인 다르젤로스의 눈덩이를 가슴에 맞고는 약한 몸 속에 숨어 있던 병이 도져 학교를 그만둔다. 폴의 쇠약함을 사랑하고 있는 제라르는 폴과 그의 누나 엘리자베트 두 사람을 앞으로 언제든지 만날 수 있게 된 것을 기뻐한다. 폴과 엘리자베트야말로 특이한 종족, 말하자면 무시무시한 '영원한 아이들'이다. 이윽고 남매는 고아가 되어 외부 세계로부터 단절된 자신들만의 골방 생활을 시작하게 된다. 고아 제라르도 그곳에 끼어든다. 폴과 엘리자베트는 자신들의 세계를 지키기 위해 사랑하면서도 서로에게 자꾸만 상처를 준다. 제라르는 남몰래 엘리자베트를 사랑한다.

그리고 우연히 알게 된 고아 아가트도 이들 사이에 들어온다. 폴은 아가트 속에서 다르젤로스의 모습을 보고 그녀를 사랑하기 시작한다. 한편, 엘리자베트는 큰 부자인 미국인 자동차 경주 선수 마이클과 결혼한다. 그러나 결혼하는 날 마이클은 자동차 사고로 죽고, 마이클의 저택에 아이들의 무대가 다시 만들어진다. 폴과 아가트가 고독하게 서로 사랑하고 있다는 사실을 알게 된 엘리자베트는 남매의 세계를 지키기 위해 음모를 꾸며서 제라르와 아가트를 결혼시킨다. 그런데 다시 나타난 다르젤로스가 가져온 독구슬을 먹고 폴은 죽고, 엘리자베트는 두 사람의 세계를 지키기 위해 권총으로 자살한다.

어른이 되는 것을 거부하는 폴과 엘리자베트

이 이야기의 주인공은 '한 몸에 달린 두 개의 팔'과 같은 남매인 엘리자베트와 폴이다. 두 사람은 '어린 시절을, 살기 위해 태어나서 서로 연결된 요람에 나란히 누워 있는 것처럼 살았고', 더구나 사는 것을 연극처럼 연기하며 옛날이야기의 세계로 도피하기도 하고, 좁은 공간에 틀어박혀서 그 단단한 아름다움으로 사람을 매혹시키지만, 결국은 유리로 만들어진 공예품처럼 자기 자신에게 상처를 주어 깨트려 버린다.

이렇게 무서운 아이들의 모습은 발표 무렵에(1929) 젊은이들의 공감을 모았다. 하지만 그렇다고 해서 그들이 젊은이들의 풍속을 대변하고 있는 것은 아니었다. 순수하고 어린 마음을 계속 가지고 있었으나 그 순수함 때문에 멸망해 버리고 마는 아이들…….

어른이 되는 것을 거부하는 소년 소녀가 가진 심리의 아름다움이 혼란과 불안의 시대를 살아가는 사람들에게 잔인한 운명의 시정과 함께 영원한 청춘의 모습을 보여 주었기 때문이다.

| 작품 속의 명문장 |

"미의 위력은 헤아릴 수 없다. 미는 그것을 느끼지 않는 인간들에게까지 그 영향을 미친다."

『무서운 아이들』

* 심미가인 콕토다운 말이다.

NOTES

● 콕토로 하여금 고전으로의 회귀를 결정짓게 한 것은 라디게와의 만남이었다. 그 라디게가 죽은 뒤 절망한 나머지 아편에 빠진 콕토가 마약 중독 치료를 받으면서 만들어 낸 작품이 『무서운 아이들』이다.

앙투안 생텍쥐페리(Antoine de Saint-Exupéry)

야간비행
(Vol de Nuit)

인간의 영원성이라는 명제를 추구한 생텍쥐페리의 소설. 극도로 긴장된 상황 속에서 인간이 가진 의미를 탐구하려는 목적으로 시도된 이 작품은 밤하늘을 연상시키는 산문시적 아름다움을 띠고 있다. 앙드레 지드의 서문을 붙여 1931년에 발표되었다.

INTRO

프랑스의 소설가이자 비행사인 앙투안 드 생텍쥐페리(Antoine de Saint - Exupéry, 1900~1944)는 1900년 오래된 귀족의 후예로 리옹에서 태어났다. 어렸을 때 아버지를 여의었으나 어머니의 사랑을 받으면서 행복한 유년 시절을 보냈다. 그는 이런 나날들에 대해 나중에 종종 이야기했는데, 시와 몽상으로 가득 찬 그의 걸작 『어린 왕자』(1943)도 이 유년 시절을 토대로 꽃핀 작품이다.

청년기에는 원하지 않은 생활을 해야 하는 일이 많아 항상 일상생활로부터 탈출할 것을 생각하다가 1926년에 에어프랑스항공회사에 입사했고, 그것이 그의 생애와 일을 결정짓게 만들었다. 아프리카의 카프 주비 비행장 주임 시절인 1929년에 『남방우편』(1929)을 썼고, 같은 해 이 원고를 가지고 파리로 돌아갔다. 같은 해 가을 남아메리카의 야간비행로를 개발하게 되었는데, 이 경험을 토대로 탄생한 작품이 『야간비행』으로, 이 작품은 그에게 페미나상을 안겨 주었다.

1935년에 에어프랑스항공회사를 위해 파리와 사이공 간의 시험 비행을 시도했다가 리비아 사막에 불시착한 뒤 기적적으로 구출되었다.● 이 사고를 계기로 그는 비일상적인 행동을 지향하는 영웅주의에서 완전히 벗어나 인간과 인간, 존재와 존재 사이의 관계라는 불가시적인 연결 고리의 형성을 과제로 삼게 되었다. '인간'에 대한 명상적인 수필집 『인간의 대지』(1939) 이후로 그의 전 작품은 모두 이 과제를 추구하고 있다.

제2차 세계대전이 시작되자 이미 비행에 적절하지 않은 연령이었는데도 스스로 지원해 군용기 조종사가 되었으나, 1944년 7월 지중해 연안으로 정찰 비행에 나섰다가 실종되었다.●

초기 소설들과 직접적인 체험이 바탕이 된 『전투 조종사』(1942), 인간과 문명의 본질에 대한 깊은 성찰인 유작 『성채』(1948)에 이르기까지 그의 작품들은 모두 위기의 시대에서 인간의 본질적인 연대 가능성을 모색하고 진지하게 탐구한 것이었다.

위험에 직면한 조종사와 지도자의 감상

석양의 황금색 빛줄기 속에서 남아메리카의 끝인 파타고니아를 출발해 비행기를 조종하고 있던 파비앙은 통신사와 함께 단둘이 부에노스아이레스를 향하고 있다. 파비앙은 하늘에서 지상을 바라본다. 거기에는 어둠 속에 빛나는 지상의 별들이 있고, 그 별들은 하나하나가 인간의 생활이 이루어지는 곳을 나타내고 있다.

부에노스아이레스 비행장에서는 책임자인 리비에르가 파타고니아와 칠레, 파라과이에서 오는 3대의 우편기가 도착하기를 기다리고 있다. 그 비행기들이 도착하면 유럽행 비행기가 출발할 것이다. 리비에르는 우편비행사업을 수행하기 위해서는 감정적이 되어서는 안 되며, 감독과 비행사가 모두 각자의 역할을 명심해야 한다고 생각한다. 그리고 그는 부하를 아끼려면 본인들이 알아차리지 못하게 할 필요가 있고, 또 야간비행을 하려면 공포심을 없애야 한다고 늘 강조한다.

파비앙의 비행기는 폭풍우를 향해 다가가고 있었다. 각지에서 들어오는 통신은 폭풍우의 위치와 상황, 그리고 파비앙의 비행기가 침묵의 벽에 둘러싸여 있음을 전해 주고 있었다. 그의 아내 시몽은 평소의 시간대에 맞추어 공항으로 전화를 한다. 남편은 아직 도착하지 않았다. 불안감에 사로잡힌 그녀는 리비에르를 만나러 공항으로 나간다. 그녀에게는 가정적인 행복이 지상 명제이다.

그러나 리비에르는 그녀와는 다른 것을 추구하고 있다. 그는 각각의 인간이 지닌 생명에는 가치가 없을지도 모른다고 생각한다. 그리고 '각각의 인간이 지닌 생명이나 그 덧없는 행복을 초월해 가치를 창조하는 행동이란 어떤 것일까'라는 의문을 품는다. 리비에르는 페루의 산속에 있는 고대 잉카 사원의 폐허를 떠올린다. 혹시 그 돌기둥은 그런 가치를 증명하고 있는 것이 아닐까?

파비앙은 폭풍 구름 위로 떠올랐다. 밤하늘에 반짝이는 별들 속에서 그는 이제 무사히 귀환하는 것이 불가능하다는 사실을 감지한다. 파라과이에서 온 우편기는 도착한다. 유럽으로 향하는 비행기는 파비앙의 비행기를 기다리지 않고 출발한다.

초기의 우편비행사업은 많은 어려움을 동반하는 것으로, 그 사업에 종사하는 사람은 인생 최대의 위험과 항상 싸워야 했다. 1931년에 이 중편소설이 간행되었을 때 이 작품이 진정한 행동 문학으로 찬미된 이유 가운데 하나는 바로 그것이었다.

리비에르 – 진정한 가치를 추구하는 강인한 의지의 소유자

부에노스아이레스의 비행장 책임자 리비에르는 고독한 의지를 가진 사람이다. 그는 밤하늘을 올려다보면서 이렇게 생각한다.

'나의 우편기가 두 대나 날고 있는 오늘 밤 나는 하늘 전체에 대해 책임이 있다. 저 별은 군중 속에서 나를 찾고 나를 발견한 신호이다. 내가 다른 사람들과 관계가 소원하고 고독하다는 느낌이 드는 것은 바로 그것 때문이다.'

그는 전날에 친구 몇 명과 함께 들었던 소나타의 한 소절을 떠올린다. 그의 친구들은 그 곡을 이해하지 못해 무어라고 말을 하지는 않았지만 약간 지겨워하는 듯했다.

'오늘 밤과 마찬가지로 그때도 그는 고독한 느낌을 받았다. 그러나 금세 그는 그런 고독함 속에서 풍요로운 무언가를 발견했다. 그 음악은 그에게만, 평범한 사람들 속에서 남달랐던 그에게만 일종의 비밀이 담긴 감미로움과 함께 전달되었다. 별이 보내는 신호와 마찬가지로, 그리고 많

은 사람들의 어깨 너머로 오로지 그에게만 이해가 가능한 언어로 전달이 되었던 것이다.'

이렇게 해서 그는 자기 두 어깨에 우편비행사업의 무게 전체를, 그 비행기가 떠 있는 하늘 전체를, 그리고 그 행위를 통해 각각의 인간이 존재를 초월해 실현할 수 있는 무언가의 무게를 짊어지고 있는 것이다. 리비에르는 그래서 일상적인 생활이 실현해 주는 행복을 인정하지 않는다.

따라서 비행사 파비앙의 아내 시몽이 남편의 귀가를 기다리며 준비하는 꽃과 커피, 램프, 그리고 그녀 자신의 젊은 육체 등과 같은 것들은 모두 리비에르에게 이의를 제기하려고 하지만, 사멸死滅로부터 무언가를 구하려고 하는 리비에르의 굳은 의지 앞에서는 그저 허망한 반항에 지나지 않는다.

| 작품 속의 명문장 |

"사랑한다는 것은 우리가 서로를 바라보는 것이 아니라 한 방향을 같이 바라보는 것이다."

『인간의 대지』

＊ 평생을 통해 수많은 시련을 경험한 생텍쥐페리는 공통된 목적으로 맺어진 인간관계가 얼마나 아름다운지 역설한다. 그런 경우에는 그저 같이 호흡하고 있을 뿐인데도 '사랑한다'는 것의 진정한 의미를 느낄 수 있다.

"마음으로만 보이는 거야. 본질적인 것은 눈으로는 보이지 않게 마련이거든."

『어린 왕자』

＊ 『어린 왕자』에 등장하는 여우 한 마리가 어린 왕자에게 하는 말로, 작가가 가장 중심적인 사상으로 지니고 있던 '관계'의 의미를 시사하고 있다. 어린 왕자는 많은 장

미꽃을 보았지만, 그것은 그가 자기 손으로 정성껏 키운 장미와는 다른 것이었다. 왜냐하면 그의 별에 있는 그의 장미만이 그가 물을 주고, 바람을 막아 주고, 벌레를 없애 준 것이기 때문이다.

'본질적인 것'이란 바로 '관계'를 만드는 것을 가리키고 있다. 인간과 인간, 인간과 사물, 농부와 밭, 정원사와 정원, 친구, 조국, 문명 등 생텍쥐페리가 말하는 것의 중심에는 항상 '관계'의 그물이 있다.

NOTES

● 생텍쥐페리의 친구들이 쓴 추도문의 내용에 따르면, 그의 조종 실력은 그다지 뛰어나지 않았고, 이상한 곳에서 방심하는 버릇이 있었으며, 조종 기술을 제대로 익히기도 전에 부주의에 의한 추락 사고도 몇 번이나 일으켰다고 한다.

● 생텍쥐페리는 제2차 세계대전에서 공군 소령으로 참전해 코르시카 섬에서 비행을 떠난 뒤 실종되었다. 독일군에게 격추당했는지, 아니면 사고로 인해 사망했는지 지금까지도 논란이 계속되고 있지만 아무도 진실을 알지 못한다.

질 로맹(Jules Romains)

선의의 사람들
(Les Hommes de Bonne Volonté)

1908년부터 1933년까지의 프랑스 사회를 23년이라는 세월에 걸쳐 그려낸 장대한 벽화라고 할 수 있다. 그 무렵의 유럽 사회를 1,000명의 등장인물을 통해 입체적으로 묘사한 장대한 드라마이다.

INTRO

질 로맹(Jules Romains, 1885~1972)은 프랑스의 소설가이자 시인·평론가로, 본명은 루이 앙리 장 파리굴Louis – Henri – Jean Farigoule이다. 1885년 블레의 생줄리앵사퇴유에서 태어나 어릴 때부터 파리에서 생활했다. 1906년 고등사범대학에 입학했고, 졸업한 뒤에는 철학 교수 자격을 받아 수년 동안 브레스트와 파리에서 교직 생활을 했다.

그러던 중 1903년 가을에 어떤 계시를 받았는데, 그는 이를 일체주의一體主義라 일컫고 문학의 대상으로 삼았다. 일체주의란 위나니미슴unanimisme이라도 하며, 집단은 개인을 초월한 독립된 생활과 영혼을 지니고 있다는 주장이다.

1908년에 시집 『일체의 삶』으로 데뷔한 이래, 시단과 연극계, 문단 등에서 다채로운 활동을 전개하며 『오드와 기드』(1913) 등의 시집과 『어떤 죽음』(1911), 『크노크 또는 의학의 승리』(1923) 등의 희곡 외에 기타 많은 작품을 탄생시켰다.

예술가이자 동시에 지식인이기도 했던 로맹은 20세기 초 파리 교외에 위치한 크레테유의 수도원 터에서 예술과 노동의 일체화를 목적으로 공동 생활●을 하고 있던 시인과 예술가들에게 이론적인 지주가 되었고, 제2차 세계대전 때는 나치즘과 파시즘에 대한 저항을 선봉에 서서 외쳤다. 그는 언제나 시대의 문제에 대해 적극적인 관심을 나타내는 행동하는 지식인이었다.

1972년 파리에서 사망했다.

세계의 파국을 막으려는 '선의의 사람들'의 노력과 우애

전 27권●을 통해 특별히 줄거리다운 줄거리는 없으며 특정한 주인공도 없다. 굳이 주인공을 찾자면 작가의 모습을 느끼게 하는 2명의 인물, 곧 냉정한 눈을 가진 제르파니옹과 몽상가 잘레 정도가 주요 인물들일 것이다. 하지만 이 작품은 특정 주인공의 이야기라기보다 1908년 10월 6일부터 1933년 10월 7일에 이르기까지의 프랑스 사회를 그려 낸 장대한 벽화라고 해야 할 것이다.

점차 다가오는 최초의 폭풍(제1차 세계대전)에 대한 불안한 예감에서부터 이 시련을 거쳐 다시 히틀러의 대두가 예고하는 제2의 폭풍(제2차 세계대전)의 징조에 이르기까지의 시대와 그 속에 사는 무수한 사람들을 그리고 있다. 그들은 제각기 세계의 파국을 제지하려고 노력한다.

그들의 운명은 서로 교차하기도 하고, 평행선을 만들며 진행되기도 한다. 어떤 인물은 작품의 마지막에 이르기까지 결국 다른 인물과 만나는 일이 없기도 한다. 마치 우리의 현실이 그런 것처럼 말이다.

작품 밑바닥에는 낭만 철학인 일체주의 사상이 흐르고 있으며, 특정한 개인을 중심으로 응집되는 세계를 제시하는 것이 아니라 개인보다는 집단을, 그리고 총체로서의 인간 사회를 동시적이고 전체적으로 그려 내려는 것이 작가의 의도였다. 그리고 마치 영화처럼 하나의 화면에서 갑자기 다른 화면으로 이행하는 수법을 통해 작품은 독자를 프랑스 사회의 다양한 환경으로 안내한다.

또한 제1권이 '10월 6일'이고 마지막 권이 '10월 7일'이라는 제목을 가진 것은 개개의 인간을 떠밀고 가는 세월도 거대한 역사의 척도로 보면 겨우 하루에 지나지 않는다는 사실을 은유하고 있다.

하나의 총체를 형성하는 무수한 인물들의 등장

작품의 주인공은 특정인이 아니라 무수한 사람들이 형성하는 하나의 총체이다.

1903년 10월의 어느 저녁, 두 젊은이가 고등중학교를 나와 파리의 암스테르담가의 사람들 속을 걷고 있다. 때마침 퇴근 시간이어서 인도에도, 버스에도, 지하철 출입구에도 파리 시민들이 넘쳐 나고 있다.

그때 문득 젊은이 가운데 한 사람이 계시를 받는다. 그에게 거리와 사람들과 차들이 마치 엄청나게 큰 하나의 존재처럼 생각된 것이다. 일체주의의 탄생이다. 동시에 이것이 『선의의 사람들』의 주인공이 탄생한 순간이다.

| 작품 속의 명문장 |

"어느 아름다운 아침, 파리는 일하러 나간다."

『선의의 사람들』

＊ 인간이 한 사람씩 있는 것이 아니라, 집합체로서의 인간이 하나의 같은 상태로 존재하는 모습을 훌륭하게 표현한 문장이다.

NOTES

● 1906년 조르주 뒤아멜, 샤를 빌드라크 등 젊은 시인들이 파리 교외에 위치한 크레테유의 수도원(아베이) 터에 모여 이상적인 생활을 지향하는 작은 공동체 부락을 설립하고 공동생활을 했다. 로맹도 여기에 참가해 1908년 시집 『일체의 삶』을 발표했다.

● 쥘 로맹이 『선의의 사람들』의 아이디어를 갖게 된 것은 1923년 무렵이었는데, 제1권이 1932년에 간행되었고, 마지막 권인 제27권이 나온 때가 1946년이었으므로 실로 23년이나 되는 긴 세월에 걸쳐 완성된 작품이다.

루이페르디낭 셀린(Louis-Ferdinand Céline)

밤의 끝으로의 여행

(Le Voyage au bout de la nuit)

비속어와 구어체 프랑스어를 문학 언어로 살려 등장시키고 사회 통념을 무시한 충격적인 내용을 다룸으로써 이른바 '문제작'으로 주목을 끈 작품이다. 현대 사회의 부정과 군국주의, 식민주의에 대한 작가의 항거를 표현하고 있다.

INTRO

프랑스의 소설가 루이페르디낭 셀린(Louis – Ferdinand Céline, 1894~1961)의 본명은 루이페르디낭 데투슈Louis – Ferdinand Destouches이다.

1894년 파리 근교에서 태어나 제1차 세계대전에 지원병으로 참전해 수훈을 세웠고, 제대한 뒤 독학으로 의학을 공부했으며, 교장의 딸과 결혼했다. 장래를 촉망받던 그는 출셋길을 버리고 국제연맹에서 일하며 유행병과 노동의학, 사회 문제 등에 관심을 가지고 몽마르트르의 무료 진료소 의사로 활동하였다.

셀린이 1932년에 발표한 『밤의 끝으로의 여행』은 과격한 언어와 철저한 반사회 사상, 졸라의 자연주의를 더욱 극단적으로 추구한 묘사 때문에 일대 화제를 불러일으켰다. 그때부터 그는 '저주받은 작가'가 되었다.● 그는 이 작품으로 나중에 사르트르 등에게 큰 영향을 미치기도 했다.

그다음에 발표한 『저당잡힌 죽음』(1936)은 바르다뮈의 소년 시절을 회상한 작품인데, 이야기를 하는 화자의 현재와 무질서한 회상이나 공상이 교차해 혼란스러운 악몽과도 같은 그림으로 짜여 있다. 나아가 제2차 세계대전 뒤에 발표한 『성에서 성으로』, 『북부』에서는 일상의 언어를 파괴하는 정도까지 이르렀다.

전쟁 중에 반유대적 발언을 한 것 때문에 독일군의 패배와 함께 독일과 덴마크로 망명했고, 전쟁이 끝난 뒤에도 반역자 취급을 받아 문단에서 배제된 채 1961년에 사망했다.

한 젊은이가 역경을 거치면서 느끼는 인간에 대한 환멸

지원병을 모집하는 떠들썩한 군대 행진에 이끌려 입대한 바르다뮈는 전선에서 전쟁의 비참함과 어리석음을 체험한다. 이윽고 부상을 당해 후송되자 파리에서 요양하며 여자들을 쫓아다닌다. 명예로운 부상자라는 점을 내세워 후방의 봉사 사업에 헌신하는 미국 아가씨 롤라와 관계를 갖지만, 애국심이 결여되어 있다는 점 때문에 버림받는다. 이어서 관계를 맺은 창녀 뮈진도 그를 버리고 남아메리카의 부호에게로 간다.

제대한 뒤에는 새로운 인생을 찾아 아프리카와 북아메리카 등지를 돌아다니기도 했지만 비겁한 겁쟁이인 데다 한 곳에 오래 머물러 있지도 못하는 성격 탓에 잇달아 발작적으로 직장을 버리고 결국 파리로 돌아온다.

이후 의학 공부를 계속해 허름한 동네에 의원을 열지만, 그곳에서 그의 선의에도 불구하고 가난한 환자들의 천박함과 몽매함에 상처를 받고 결국 야반도주를 한다. 마지막으로 교외에 있는 정신병원의 조수로 고용되었다가 원장의 신임을 얻어 병원 경영을 맡게 되면서 처음으로 안정된 지위를 얻는다. 하지만 그 자리에서도 언제까지 참고 일할 수 있을지 알 수 없는 상황이다. 그러다가 평생 같이 붙어 다녔던 단짝 로뱅송이 약혼자에게 사살되는 사건이 일어나자 이제 자신도 '밤의 끝'에 이르렀다는 사실을 자각하게 된다.

고통과 절망 속에서 생의 의미를 찾아 헤매는 바르다뮈

페르디낭 바르다뮈는 모든 권력과 조직, 신앙, 이데올로기의 기만을 거부하고 그것을 저주하면서 끝도 없이 도망친다. 그로서는 구원을 사랑에서밖에 찾을 수 없는 것이다. 그래서 여자들을 쫓아다니는 것이겠지만 그것도 순식간에 성욕으로 퇴화해 여자들이 호소하는 사랑조차 이기심의 신음 소리로 들리게 된다.

바르다뮈는 단순한 반역자가 아니라 자신이 얼마나 비겁한가를 직시하고 있는 사람이다. 마지막에 약혼자에게 사살되는 비열한 남자 로뱅송은 바르다뮈의 분신이라고 할 수 있다.

이 세계에는 희망이 없다. 이 소설은 그 같은 사실을 우리도 한 번쯤은 인정해야 한다고 통렬하게 주장하고 있다.

| 작품 속의 명문장 |

"정의를 입 밖에 내는 인간들이 결국 제일 정신 나간 사람들처럼 보이는군!"

* 정신병원장 바리통이 했던 이 말은 불행의 근원에서 울려오는 듯한 느낌을 준다. 아울러 셀린의 작가적 역량의 위대함을 여실히 나타내 주고 있다.

NOTES

● 『밤의 끝으로의 여행』이 날개 돋친 듯이 팔리면서도 보수적인 비평가들로부터 무참히 짓밟히고 있을 때 한 학생이 이 작품이 걸작일 수밖에 없는 이유를 훌륭하게 분석해 보였다. 그 학생의 이름은 클로드 레비스트로스였다.

앙드레 말로(André Malraux)

인간의 조건
(La Condition humaine)

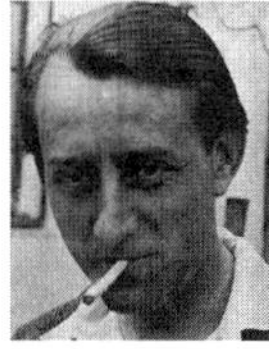

1927년 상하이 쿠데타를 배경으로 한 이 작품에는 숙명을 극복하고자 하는 인간 군상이 묘사되어 있다. 혁명 속에서 죽음도 두려워하지 않는 인간의 용감한 행동과 더불어 고귀한 모습을 찾아내려는 영웅주의적 태도를 엿볼 수 있다.

INTRO

프랑스의 소설가이자 미술가인 앙드레 말로(André Malraux, 1901~1976)는 1901년 파리의 은행가 집안에서 태어났다. 학교에 입학한 뒤 부모가 별거하는 바람에 할머니 집에서 고독한 소년기를 보냈고, 17세 때 가출해 파리에서 고서점과 출판업을 겸하는 상점에서 일했다. 그 무렵 이상한 댄스홀에 다니다가 권총 발포 사건을 일으킨 적도 있었다. 1920년 무렵부터 막스 자코브, 앙드레 살몽 등과 알게 되어 문필 활동을 시작했다.

한편, 고미술 연구에도 열중해 1922년에는 아내 클라라와 함께 캄보디아의 밀림을 탐험하면서 크메르의 신전을 발견했다. 그런데 이때 석상을 가지고 돌아온 것 때문에 도굴 혐의로 체포되어 유죄를 선고받았다. 항소해 한 번 파리로 돌아왔고, 1925년에 다시 인도차이나로 건너가 원심 파기 판결을 받자, 곧바로 일간지를 발행해 오직汚職 적발 등으로 총독부를 공격했다. 그리고 이런 경험이 정치적 관심을 불러일으키게 한 계기가 되었다.

그 뒤 서유럽 지성의 한계를 문제 삼은 『서구의 유혹』(1926), 광둥 혁명에서 소재를 따온 『정복자들』(1928), 인도차이나의 유적 탐험에 대해 쓴 『왕도王道』(1930) 등을 잇달아 발표했다. 1933년 『인간의 조건』으로 공쿠르상을 수상하게 되어 작가로서 부동의 지위를 확립했고, 행동주의의 대표적인 작가라고 불리게 되었다.● 다만 이제까지 알려져 있었던 것처럼 말로가 중국 혁명에 참가한 사실은 없다. 광둥 혁명과 상하이 쿠데타가 일어났을 무렵에 활자를 사기 위해 홍콩에 갔을 뿐이다.

나치가 나타난 뒤에는 죄 없는 방화범 디미트로프●를 옹호하고, 반유대주의 반대 세계동맹을 설립해 소비에트작가동맹에 참석하는 등 반反파시즘 운동에 참가했는데, 그 시기에 쓴 『모멸의 시대』(1935)는 공산주의에 가장 가까운 입장에서 쓰인 작품이다. 1936년 에스파냐 내란이 일어났을 때는 공화파 측의 국제의용군 항공대에서 활약했고, 그 경험을 바탕으로 대작 『희망』(1937)을 집필했다.

1939년 독소불가침조약이 체결된 뒤에는 공산당에서 떨어져 나왔고, 제2차 세계대전에 참가해 한때 독일군의 포로가 되었으나 탈주에 성공해 『알텐부르크의 호두나무』(1943)를 쓴 다음 레지스탕스에 가입했으며, 해방 뒤에는 동부 전선의 지휘관으로 활약했다.
1945년 드골의 신임을 받아 정치가의 길로 들어섰다. 이듬해 내각이 총사퇴한 뒤에는 『전 세계 조각의 상상적 박물관』(1947), 『예술의 심리』(1947~1950) 등을 집필하며 미술 연구에 몰두했다. 1958년 알제리 위기 때 드골이 다시 등장하자 문화부 장관으로 정계에 복귀해 문화 활동에서 성과를 올렸다. 드골이 죽은 뒤에는 정계에서 은퇴해 드골을 회고한 『베인 떡갈나무』(1971)와 미술평론 『랭탕포렐』(1976)을 발표한 뒤 1976년 11월 75세의 나이에 폐병으로 사망했다.●

혁명의 소용돌이에 휘둘리는 개개인의 삶과 이상

1927년 3월 테러리스트인 천陳, 러시아인인 카토프, 베이징대학의 전 사회학 교수로 프랑스인인 지조르, 그의 아들로 일본인 어머니에게서 태어난 기요淸, 그리고 기요의 아내인 메이 등은 난징南京에 있는 국민당 정부의 장제스蔣介石와 힘을 합해 상하이에서 군벌 정권 타도를 목표로 하는 거사를 준비하고 있다.

그들은 노동자의 무장 봉기를 지도해 경찰서와 병기창 점거, 역과 다리 폭파를 실현했는데, 그때 장제스의 군대가 도착해 정부군의 마지막 저항을 분쇄한다. 폭동은 성공한 것처럼 보였으나, 그 직후 노동자의 파업권과 토지 분배를 목표로 내건 공산당과, 자본가와 손을 잡는 장제스 사이에 문제가 생겨 국공합작은 결렬 위기에 처한다.

기요는 한커우漢口의 인터내셔널 지부로 가서 공산당의 입장을 설명하지만, 대표부의 기회주의적 정책은 장제스를 지지하고 거꾸로 기요 등에게 무기를 반환하라고 지시한다.

사태는 급진전해 코민테른의 명령을 무시하고 장제스 암살을 기도한 천은 그 계획이 실패해 사형당하고, 기요와 카토프는 체포된다. 기요는 고문을 당한 뒤 청산가리를 먹고 자살하고, 카토프는 자기 약을 동지에게 나누어 준 다음 처형된다.

한편, 메이는 일본인 화가의 집에 몸을 숨기고 있는 늙은 지조르에게 다시 싸워 줄 것을 부탁하기 위해 고베神戸까지 찾아가지만 그가 거부하자 홀로 싸우기 위해 돌아간다.

이 소설은 상하이의 3·27폭동에서 장제스에 의한 4·11쿠데타에 이르기까지 중국 혁명 사상 유명한 사건들을 소재로 하고 있다. 혁명을 묘사한 작품이라고는 하나, 여기에서는 인간 소외에 대한 마르크스주의적 해석이 중심 테마는 아니다. 오히려 혁명 속에서 죽음도 두려워하지 않는 인간의 용감한 행동과 고귀한 모습을 찾아내려는 영웅주의적 태도가 주제라고 할 수 있다.

그리고 일반적인 의미에서의 주인공은 등장하지 않고, 등장인물 각자가 어떻게 혁명과 관계를 맺고 있는지를 개별적으로 하나씩 묘사하고 있다. 곧, 지조르와 아편, 천과 살인, 클라피크와 미치광이 노릇, 카토프와 혁명, 메이와 사랑이라는 식으로 같이 숙명을 극복하고 싶어 하는 인간의 다양한 행위가 영화의 몽타주 같은 수법으로 병렬해 서로 겹쳐지면서 서로 공명하는 여러 음계와 같은 구조를 만들어 내고 있다.

인간의 조건을 극복하려는 기요와 지조르

혁명에 참가한 다양한 군상들 가운데 주인공이라고 부르기는 힘들지만 기요와 그의 아버지 지조르는 각각 인간의 조건을 극복하기 위한 방향을 제시하고 있는 것으로 보인다.

기요는 혁명 속에서 약자를 사회적으로 해방시킨다는 의미와는 별도로 무엇보다 혁명이 자신의 죽음과 직면하는 자리를 제공한다는 점에서 가치를 발견한다. 그는 관념이 그저 사고의 세계에만 머물지 말고 실제로 활용되어야 한다는 신념을 가지고 있다. 그래서 자연적으로 죽음을 맞는 굴욕을 '할복' 같은 의식적인 죽음의 형식으로 극복하고, 그것을 인간의 고귀함의 증거로 삼으려는 생각을 했다.

그에 따르면 "인간이란 그가 해 놓은 일과 앞으로 할 수 있는 일들을 합쳐 놓은 존재"라고 설파했다. 이와 같이 숙명과 대결하는 자들 사이에 생기는 우애 또한 인간이 가진 존엄성의 증거라는 것이다.

한편, 지조르는 지성을 중시해 의식적으로는 혁명을 지지하지만, 아편에 무기력해진 몸을 맡기며 내내 방관하고 있다. 물론 그는 일본인 화가를 통해 동양적 명상의 정적 세계를 알게 되어 행동하지 않는 상황 속에서도 죽음을 만들어 낼 가능성이 있음을 깨닫는다.

작가는 행동과 명상이라는 대조적인 두 가지 길을 통해 인간의 조건을 초월하는 방향을 이야기하고자 하는 듯하다. 그러나 죽음의 초월이라는 주제는 시대를 막론하고 모든 사람들이 대결을 해야 하는 것인만큼, 이 소설이 지금도 독자들에게 감동을 주고 있다고 한다면 그 이유는 그런 주제가 가진 보편성과 영원성 때문이라고 할 수 있다.

또한 프랑스인이 죽음에 대해 동양적 관념 속에서 행동 지침을 모색했다는 점은 주목할 만하다.

| 작품 속의 명문장 |

"인간이란 그가 이루는 것입니다."

『알텐부르크의 호두나무』

* 인간의 조건이란 마치 불치병이 개인에게 숙명을 강요하듯 조물주가 인간에게 숙명적으로 강요하는 조건이므로 그 조건, 곧 삶을 파괴하고 죽여야 한다는 말로의 행

동주의적 인간관을 단적으로 나타낸 말이다.

"예술이란 반反숙명이다."

『침묵의 소리』

＊ 인간은 숙명에 반항해 자기 족적을 지상에 남기는 것으로 존엄성을 되찾을 수 있다고 말로는 생각했다. 그런 말로에게 예술 작품은 인간의 영원성에 관한 증거였다.

NOTES

● 『인간의 조건』이 베스트셀러가 되자 말로는 그 인세를 사용해 1934년 친구인 비행사와 함께 시바 여왕의 도읍을 발견하기 위해 예멘으로 갔다. 그곳에서 운 좋게 사진 촬영에는 성공했지만 돌아오던 중 폭풍에 휘말려 구사일생으로 살아났다.

● 불가리아의 정치가 디미트로프(Georgi Mikhailovich Dimitrov, 1882~1949)는 1933년 독일 국회의 방화사건 용의자로 베를린에서 체포되었다. 그러나 재판에서 파시즘을 탄핵하는 진술을 한 덕분에 국제 여론의 지지를 얻어 1934년에 석방되었다.

● 말로만큼 평생 죽음의 그림자가 따라다닌 사람도 보기 드물다. 할아버지는 도끼에 머리를 맞아 죽었고, 아버지는 자살, 내연의 아내 클로티스는 사고로 죽었으며, 두 아들 고티에와 뱅상은 자동차 사고로 한꺼번에 죽었고, 2명의 동생들은 전쟁 중에 죽었다.

장 폴 사르트르(Jean-Paul Sartre)

구토
(La Nausée)

실존주의 철학의 근저를 이루고 있는 대표적인 작품이다. 세상을 새롭게 인식하면서 겪게 되는 주인공의 어둠과 구원에 대한 희망을 그리고 있다. 사르트르의 첫 장편으로, 실존과 존재의 부조리, 인간의 깊은 절망감 등을 묘사했다.

INTRO

현대의 주요한 사상적 지도자로 꼽히는 프랑스의 철학자이자 작가인 장 폴 사르트르(Jean-Paul Sartre, 1905~1980)의 문필 활동은 소설과 희곡, 문예평론에서 정치에 이르기까지 거의 모든 분야에 걸쳐 있다. 1905년 파리에서 태어났고, 외가는 알베르트 슈바이처 박사를 배출한 명문 슈바이처 집안이다. 2세 때 아버지를 여의고 외할아버지 밑에서 성장했다.

어린 시절에 눈을 뜬 '읽기'와 '쓰기'는 자서전답지 않은 자서전인 『말』 속에 자세히 나와 있는데, 그는 같은 또래의 소년들과 교류를 갖지 않는 고독한 소년이었던 것으로 보인다.

고등사범학교를 거쳐 1929년 교수 자격 시험에 수석으로 합격해 교편을 잡았다. 이 무렵 같은 시험에 차석으로 합격한 보부아르●를 알게 되었고, 나중에 그녀에게 2년간의 '계약 결혼'을 제안해 승낙을 받았다. 이는 다른 이성과 사랑할 가능성을 배제하지 않고 서로의 자유를 최대한으로 인정하면서, 동시에 어떠한 비밀도 갖지 않고 서로를 최상의 연인이자 이해자로 받아들이는 것을 의미한다. 관습이나 타성에 빠지지 않는 새로운 형태의 남녀 관계는 그 이후 평생에 걸쳐 유지되었다.

1932년 후설●의 현상학을 접하고, 이듬해 베를린으로 건너가 공부했다. 귀국한 뒤에는 신진 현상학의 소개자로 철학 연구에 몰두하는 한편, 7년에 걸쳐 써낸 소설 『구토』●를 1938년에 출판했다. 1943년에는 프랑스 실존주의의 경전이라고 할 수 있는 방대한 철학서 『존재와 무』를 완성했다.

그 사이에 제2차 세계대전이 발발해 프랑스의 패배와 독일에 의한 점령 기간 동안 한때 포로 생활을 했고, 또한 레지스탕스 조직을 만들기도 했다. 그 한편으로 '문학을 절대적인 것'으로 생각하던 사르트르는 자유로운 선택과 책임을 주장하는 '앙가주망'●의 사상가로 변모해 프랑스 해방과 함께 세계적인 명성을 가진 사상계의 제1인자 자리를 차지하게 되었다.

1945년에는 잡지 『현대Les Temps Modernes』를 창간했고, 그 이후 이 잡지를 발판으로 '혁명적 민주연합'의 계획과 알제리해방전선에 대한 지원, 베트남의 '전쟁범죄국제법정'에 대한 참가 등 현대의 모든 정치 문제에 적극적으로 몸을 던져 비공산당 계열의 좌익을 대표하는 입장으로 종횡무진 활약을 하는 한편, 평론과 창작 활동도 왕성하게 전개했다.
소설로는 미완의 장편 연작 『자유에의 길』(1945~1949)이 있는데, 작가로서의 그의 인기는 오히려 『파리떼』(1943), 『닫힌 방』(1944), 『더러운 손』(1948), 『악마와 선신善神』(1951), 『알토나의 유폐자』(1959) 등과 같은 희곡에 힘입은 바가 크다. 철학적 저작으로는 1960년의 대작인 『변증법적 이성비판』과 함께 『보들레르』(1947), 『성聖 주네, 희극 배우와 순교자』(1952), 『플로베르』(1971~1972) 등이 유명하다. 그의 저서 중에는 철학 연구와 전기를 종합한 듯한 특이한 작가론들이 있는데 『말』 등도 여기에 포함된다.

구토증에 대해 인간 의식의 내면을 추적해 가는 과정

앙투안 로캉탱은 몇 년 전부터 부빌에 살면서 어떠한 사회적 관계도 갖지 않은 채 고독한 생활을 하고 있다. 그는 홀로 시립 도서관에 다니며, 프랑스혁명 전후의 혼란기에 배신과 이중 스파이 행위를 하며 살아간 드 로르봉 후작이라는 특이한 인물에 대한 연구를 하고 있다.

어느 날 그는 해변에서 조약돌을 줍는다. 그런데 무엇인가 구역질이 날 것 같은 느낌을 받고 금세 손을 떼어 버린다. 이런 '손안의 구역질'은 그 뒤로도 종종 그를 덮치게 된다. 물웅덩이에 있던 종잇조각을 주우려고 했을 때, 유리컵에 있는 맥주를 바라보았을 때, 카페에서 일하는 종업원의 벨트가 셔츠의 주름 속으로 보일 듯 말 듯 했을 때에도 그렇다. 그리고 그런 구역질의 발작을 가라앉히는 방법은 딱 한 가지, 낡은 재즈 레코드의 음악 소리를 듣는 것뿐이다.

한편, 드 로르봉에 대한 연구도 꽉 막힌 상태이다. 현재에 생존하는 자가 어떻게 과거를 구해 낼 수 있겠는가? 오직 존재하는 것은 끝도 없이 계속되는 현재뿐이다. 그리고 드 로르봉에 관한 연구도 '현재로부터 도망치기 위해' 자기가 선택한 구실에 지나지 않는다.

로캉탱은 드 로르봉에 대한 연구를 포기한다. 그와 동시에 그에게 남겨진 마지막 존재 이유를 잃어버린다. 이렇게 해서 그는 이유도 없고 의미도 없이 존재하는 단순한 존재물, 곧 육체와 의식의 꿈틀거림에 지나지 않은 자신을 발견한다.

그러던 어느 날 밤, 드디어 '계시'가 찾아온다. 심한 구역질 발작을 느낀 그는 공원으로 도망친다. 그때 벤치에 앉은 그의 눈앞에 우뚝 솟아 있던 마로니에 나무, 그것이 순식간에 일상적인 외관을 벗어나 흐느적거리는 음란한 덩어리로 그 진정한 모습을 드러내는 것이다. 존재의 드러남이다.

인간을 포함한 모든 존재물은 전혀 존재 이유를 갖지 않고, 존재 의지도 갖지 않은 채 그저 사실상 우연히 그곳에 존재하는 데 지나지 않는다. 다시 말하면 '쓸데없는 것'이다. '구역질'이란 이런 존재의 실상을 드러내는 징후인 것이다.

로캉탱은 잠시 동안 옛 애인 아니와 재회하게 되는데, 그녀와의 대화 속에서 그러한 계시의 뜻을 다시 확인한다. 예전에 '완벽한 순간'을 추구하는 심미주의자였던 그녀는 지금 "나는 그저 연명하고 있다"고 말하는 여자가 되어 있었다.

그저 '연명'하기 위해서만 파리로 돌아가려고 하는 로캉탱은 마지막에 다시 한 번 자기가 좋아하는 재즈 레코드를 듣고, 그 곡을 만든 자는 인간으로서 가능한 한 '존재한다는 죄로부터 깨끗해졌다'고 생각한다. 그리고 될 수 있으면 자기도 그렇게 되고 싶어 한다. 예를 들면 '강철처럼 아름답고 딱딱해 사람들로 하여금 자신들의 존재를 부끄럽게 느끼도록 할 수 있는' 이야기를 썼으면 좋겠다고 생각한다.

구토 – 존재의 실상에 대한 징표

앙투안 로캉탱은 나이가 30세이고, 젊었을 때부터 세계 각지를 여행한 '모험가'로 보이는데, 붉은 머리라는 점을 제외하면 외모에 대해서는 전혀 알 수가 없다. 예전에 아니라는 애인이 있었으며, 현재는 주위에 전혀 사람이 없는 아주 고독한 '완전한 개인'이다.

다만 가끔씩 호텔의 여주인과 성적 관계를 갖는 것과 그에게 일종의 동경심을 품고 접근해 온 '독학자'와 대화를 나누는 일이 그가 가진 유일한 인간적 접촉이다. 말하자면 그는 존재의 적나라한 실상을 경험하기 위해 살아 있는 인간으로서 가능한 한 잡티를 배제한 인물로, 구토를 경험하는 순수한 육체이자 경험을 있는 그대로 기술하는 순전한 의식, 또는 '쓰는 행위' 그 자체이다.

그런 뜻에서 로캉탱은 소설에서 줄거리와 주인공의 필요성에 이의를 제기한 신낭만주의 작품에 나오는, 이름과 개성을 갖지 않은 등장인물들의 선구자이다. 따라서 이 소설의 진정한 주인공은 바로 '구토' 그 자체라고 할 수 있다.

| 작품 속의 명문장 |

"실존은 본질에 선행한다."

강연 '실존주의란 무엇인가'

* 인간은 본질이나 본성 등과 같은 영구불변한 특질을 가진 존재가 아니라 상황 속에서 자유로운 선택에 의해 자기 본질을 만들어 나가는 존재라는 그의 근본 사상을 나타내는 말이다.

"자유롭다는 것은 자유롭게 되기 위해 저주받았다는 것이다."

『존재와 무』 제2부

＊ 인간은 자유롭지만 자유롭지 못할 자유는 없다. '자유형을 선고받았다'고 번역할 수도 있다. 이런 생각은 『존재와 무』 속에 다양한 형태로 되풀이해서 나타나고 있다.

NOTES

● 프랑스의 작가 보부아르(Simone de Beauvoir, 1908~1986)는 실존주의의 대표적 작가 가운데 한 사람으로, 『제2의 성』(1949)을 통해 세계적인 여성해방운동의 선구적 역할을 했다. 소르본대학교 재학 중 3세 연상의 사르트르를 알게 되어 '계약 결혼'을 했다.

● 후설(Edmund Husserl, 1859~1938)은 독일의 철학자로, 1901년 발표한 『논리 연구』를 통해 현상학을 탄생시켰다. 후설의 현상학은 의식에 직접적으로 부여되는 현상의 구조를 분석해 기술하는 학문이라고 할 수 있다.

● 사르트르는 『구토』를 집필할 무렵 메스칼린을 주사하는 실험을 했다가 '게'에게 습격을 당하는 환각에 사로잡혔는데, 이 '게'는 『알토나의 유폐자』 등 그의 작품 속에 종종 모습을 드러낸다.

● 앙가주망**engagement**은 원래는 계약이나 구속을 뜻하는 말이나 지금은 정치나 사회 문제에 적극적으로 참여하는 것을 가리킨다. 사르트르가 『존재와 무』에서 주창했다.

알베르 카뮈(Albert Camus)

이방인

(L' Étranger)

사회적 관습이나 전통적, 종교적 가치로부터 먼 존재인 '이방인' 뫼르소를 통해 철저하게 추방당한 세계에서 살고 있는 현대인을 투영하고 있다. 허위의 도덕을 강요하는 인간들에 대한 거부가 드러나 있다.

INTRO

프랑스의 소설가 알베르 카뮈(Albert Camus, 1913~1960)는 1913년 프랑스 식민지였던 알제리 동부의 한적한 마을에서 태어났다. 아버지는 알자스 출신의 농장 인부였고, 어머니는 에스파냐계 마요르카인으로 청각장애인이자 문맹이었다. 이듬해 아버지가 전사하자 카뮈의 가족은 알제의 빈민굴에 있는 외할머니 집으로 이사했고, 여기에서 카뮈는 가난한 소년 시절을 보냈다. 나중에 그는 알제리의 풍요로운 자연이 삶의 빈곤을 충분히 보충해 주었다고 말했는데, 그의 작품에서 핵심을 이루는 세계의 이중성에 관한 의식은 이 무렵에 이미 생겨났던 것으로 보인다.

그 뒤 장학생으로 알제대학에 진학해 그리스 철학을 전공하는 한편, 동인지를 발간했고, 극단을 조직해 연극 활동에도 열중했다. 1937년에 결핵을 앓아 교수 자격 시험을 단념하고 언론인이 되었는데, 좌익 계열 신문에 총독부의 비인도적인 행정을 비판하는 글을 게재한 것 때문에 추방당해 1942년 파리로 건너갔다. 알제리 시대의 카뮈는 프랑스 본토에서는 무명이어서 수필집인 『표리表裏』(1937)와 『결혼』(1938)도 전혀 알려져 있지 않았다. 『이방인』(1942)●과 부조리 철학에 대한 책 『시지프의 신화』(1942)로 문단의 주목을 받게 된 뒤, 레지스탕스 기관지 『콩바』의 편집 등을 통해 정치에 깊이 관여한 시기를 보냈다.

1945년에 발표한 희곡 『칼리귈라』의 성공과 함께 『페스트』(1947)의 문학상 수상으로 더욱 명성이 높아졌으나, 1951년 『반항적 인간』에 나타난 역사관의 무효성에 관해 사르트르로부터 비판을 받고, 또 알제리 정전停戰에 대한 주장이 무시당하자 오랫동안 실의에 빠져 지냈다. 그러다가 고뇌에 찬 지식인의 죄를 고백한 글 『전락轉落』(1956)과 『유배와 왕국』(1957)으로 오랜 침묵을 깬 카뮈는 노벨문학상 수상이라는 영예를 안게 되었다. 그 뒤 남부 프랑스의 별장에서 요양 생활에 전념하다가 1960년 파리로 가던 중 자동차 사고로 사망했다.

카뮈는 제2차 세계대전 뒤에 사르트르와 함께 '양심의 지도자'로서 시대를 이끌어 나가는 지식인의 대표처럼 인식된 적이 있었지만, 그것은 카뮈 자신이 말하고 있듯 그 자신의 뜻에 가장 맞지 않은 시기였다. 최근에는 카뮈를 알제리의 풍토와 관능적으로 결부된 페이거니즘●적 세계 속에서 인간의 원형을 창조하려고 한 작가로 받아들이는 경향이 강하다.

평범한 샐러리맨 뫼르소의 우발적인 살인을 둘러싼 이야기

알제의 선박 회사에서 일하는 뫼르소는 도시의 어느 곳에서나 볼 수 있는 평범한 청년이다. 양로원에 있던 어머니가 죽지만 장례식에서도 그는 눈물 한 방울 보이지 않은 채 담배를 피우고 커피를 마시더니 곧 잠들어 버린다. 매장할 때 누가 어머니의 나이를 물었는데도 그는 그 질문에 정확하게 대답하지 못하고 그저 주변에 있는 사람들의 모습에만 정신이 팔려 있다. 알제로 돌아온 그는 상장喪章을 붙인 채 해수욕을 하러 나갔다가 해변에서 마리라는 처녀를 만나 저녁에 희극 영화를 본 뒤 함께 밤을 보낸다. 사무실에서는 일을 잘하지만 승진이나 전근 이야기가 나오면 거절해 버린다. 또한 마리를 사랑하고 있는 것도 아니면서 그녀가 조르자 결혼을 승낙해 버린다.

어느 날 그는 건달인 레이몽으로부터 편지 대필을 부탁받는데, 그 일을 계기로 그의 정부情婦와의 문제에 휘말리게 되고, 초대받아 간 해변에서 자신과는 아무런 상관도 없는 아랍인을 총으로 쏘아 죽인 뒤 체포된다. 재판 과정에서 이러한 뫼르소의 행위는 예심판사, 검사 등과 같은 이른바 전통적 가치의 옹호자들에 의해 하나씩 검토된다.

그들은 행위 사이에서 의도적인 연결 고리를 발견해 사악한 본능이 그를 살인으로까지 이끌었다는 증명을 하려고 한다. 하지만 뫼르소는 모든 것이 우연한 일이었고, 살인의 동기는 햇빛이었다고 하며 뉘우치는 기색을 전혀 보이지 않는다. 재판정에 있던 사람들은 그런 뫼르소를 이해하지 못한 채, 사회의 적이자 '괴물'이라고 치부해 사회 질서의 이름으로 사형을 선고한다.

뫼르소는 자유롭지 못한 감옥 생활에도 금세 적응하는데, 사형이 가까워지자 그를 하나님의 자비에 매달리게 만들려는 고해 신부에 대해 분노를 폭발한 뒤 그때까지 자기가 살아온 삶의 진실성을 분명하게 자각한다. 그리고 감옥의 창을 통해 밤하늘의 별들을 바라보고는 자연이 인간에 대해 무관심한 것이 자기가 인생에 대해 무관심한 것과 마찬가지라는 무관심의 증거를 찾고 의식적으로 세상을 향해 마음을 열며 행복하다고 생각한다.

소외에 대한 이야기

이 작품은 1942년 파리에서 간행되었다. 수동적이라고는 하나 스스로에게 성실했기 때문에 비극적인 삶을 살게 된 주인공의 모습이 독일군 점령 시절의 프랑스인들에게 공감을 불러일으켜 카뮈의 이름이 널리 알려지게 되었다.

카뮈 자신이 "사회는 어머니의 장례식 때 눈물을 흘리는 사람들을 필요로 한다. 또는 사람들은 자기가 죄라고 생각한 일로는 벌을 받지 않는다. 그 밖에도 나는 10가지 이상의 다른 결론을 생각해 낼 수 있다"라고 말한 것처럼 이 소설은 소외에 대한 이야기이다.

'이방인'이란 사회적 관습이나 전통적, 종교적 가치로부터 먼 존재로, 뫼르소가 살인할 때 느끼는 것처럼 자연으로부터도 적의를 가지고 내몰리는 식으로 철저하게 추방당한 세계에 살고 있는 인간을 뜻하는 것으로 보인다. 부조리한 인간은 세상과의 괴리를 인식하고 그것을 의식하는 존재인데, 이 소설은 그런 형이상학적 의미와 더불어 허위의 도덕을 강요하는 인간들에 대한 거부라는 사회적 의미를 가지고 있다.

뫼르소 – 현대 사회에서 '추방당한' 비극적 인간상

뫼르소는 자신에게 솔직한 인간이다. 그는 결혼에 대해서도, 일에 대해서도 "그런 건 아무래도 상관없다"는 식의 무관심을 자주 표명하는데, 그 이면에는 사실만을 바라보고, 느낀 그대로를 말하려는 강한 의지가 작용하고 있다.

따라서 자기의 진술이 남에게 이해받지 못하고, 그 결과 재판이 불리하게 전개된다는 점 같은 것은 생각하려고 하지도 않은 채, 살인의 동기를 "몸이 휘청거릴 정도로 심한 더위 속에서 태양의 적의를 느꼈기 때문"이라고 솔직하고 거리낌없이 말해 버린다. 그는 편의적 수단이라는 것과 인연이 없는 사람인 것이다.

그런데 이 뫼르소에게는 특정한 외모가 없다. 작품 속에 머리카락의 색깔이나 용모 등에 대한 설명이 전혀 나와 있지 않기 때문이다. 따라서 독자는 자유롭게 상상력을 발휘해 현대의 신화적 인물인 그에게 생명력을 줄 수가 있다.

카뮈는 20세기 여기저기에서 마치 시대병처럼, 자기가 살고 있는 사회와 자기 자신 사이에 아무런 의사소통이 없는 듯한 느낌을 받을 수 있다고 했다. 사실 고도 성장을 이룬 자본주의 사회와 정밀도가 더욱 심화된 획일적인 기계 문명 속에서 살아가는 현대인은 뫼르소가 나타내는 무관심에 공감하는 것이 어렵지 않다. 그리고 인간의 진정한 삶의 방법은 이것이 아니라는 의식이 한번 생겨나면 '그는 뫼르소와 같은 인간이다'라는 식의 말은 허용되지 않은 채 각자가 제각기 뫼르소처럼 살아갈 수밖에 없는 것이다.

| 작품 속의 명문장 |

"삶에 대한 절망 없이는 삶에 대한 사랑도 없다."

『표리』

* 인간은 죽는다는 것이 절대적인 진리인 이상, 종교에 의한 내세의 구원을 거부하고 자기 자신의 종말과 허무를 직시해 자기 내면에 의식적인 죽음을 만들어 내야 한다. 이런 적나라한 진실을 인식하고 있어야만 세계에 대한 사랑이 생긴다는 카뮈의 부조리 철학을 요약한 말이다.

"인간 속에는 경멸해야 할 것보다 칭찬해야 할 것이 더 많다."

『페스트』

* 인간의 부조리성을 의식하면서 절도 있는 반항을 시도하는 인간 사이의 우애 속에서 인간 본연의 모습을 찾을 수 있다고 하는 뜻으로, 카뮈의 적극성을 표명하는 말이다.

NOTES

● 『이방인』은 1967년에 이탈리아의 루키노 비스콘티 감독에 의해 영화로 만들어졌다. 뫼르소 역을 마르첼로 마스트로이안니가 맡고, 마리 역을 안나 카리나가 맡아 연기했다. 극본은 카뮈의 친구였던 에마누엘 로블레스가 맡았다.

● 페이거니즘**paganism**이란 이교도 또는 이교 신앙을 말한다. 이교도에 해당하는 라틴어 '파가누스'에서 파생된 말이다.

시몬 드 보부아르(Simone de Beauvoir)

초대받은 여자

(L' Invitée)

극적인 상황을 설정해 실존주의가 제기하는 문제들을 추구한 작품이다. 타인 속에서 생의 보람을 발견하려는 여자의 마음과 자기 존재를 위협하는 타인의 존재를 부정하려는 의지로 고뇌하는 인간을 그리고 있다.

INTRO

프랑스의 소설가이자 철학자인 시몬 드 보부아르(Simone de Beauvoir, 1908~1986)는 1908년 파리에서 태어났다. 소르본대학교에서 철학을 전공한 뒤 교단에 섰고, 그 사이에 사르트르와 알게 되어 이후 변치 않는 일심동체의 생활을 시작했다.
1943년에 처녀작인 『초대받은 여자』로 작가 생활을 시작했고, 대작인 『제2의 성』(1949)으로 여성해방운동의 기수가 되었다. 『타인의 피』, 『레 망다랭』(1954년도 공쿠르상 수상) 등의 소설과 철학 에세이, 희곡 등 많은 영역에 걸친 문필 활동을 했으나, 그녀의 저작으로 가장 가치가 높은 것은 『얌전한 처녀의 회상』(1958), 『나이의 힘』(1960), 『어떤 전후戰後』(1964)로 이어지는 일련의 회상록이라 할 수 있다.

한 성실한 여성이 실존적 자유에 눈뜨게 되는 과정

프랑수아와 신진 스타로 주목받는 연극 배우 피에르 사이는 일반적으로 말하는 연인 관계도 아니고 내연의 관계도 아니다. 둘은 서로 깊은 신뢰와 존경으로 굳게 맺어져 있는 좋은 협력자인데, 상대방의 자유를 구속하지 않는 것을 원칙으로 하고 있다. 그런데 자신의 감수성을 있는 그대로 드러내 놓고 살면서 모든 노력이나 약속을 무시하는 여인 크사비에르●와 알게 되자, 두 사람 사이에 미묘한 갈등이 생기기 시작한다.

얼마 뒤 피에르가 세 사람이 함께 '아무도 희생되지 않고 조화롭게 살아가는 삼위일체'를 만들 것을 제안하지만, 독점욕에 사로잡힌 크사비에르는 온갖 방법을 다 동원해 피에르가 자기 혼자만을 선택하게 만들려고 한다.

그러나 피에르가 프랑수아를 버릴 의지를 갖지 않자 결국 세 사람은 갈라서게 된다. 한편 크사비에르가 피에르에게 복수하려고 충동적으로 육체 관계를 맺었던 청년 제르베르는 이전부터 프랑수아를 사모하고 있었는데, 나중에 두 사람은 서로 맺어지게 된다. 이윽고 총동원령이 내려져 피에르와 제르베르가 모두 전쟁터로 떠난 뒤 파리에 남은 두 여인들에게는 그저 암담한 나날이 흐른다.

그러던 어느 날 두 남자가 프랑수아에게 보낸 편지를 읽게 된 크사비에르는 두 사람 모두 자기를 열애하고 있다고 믿었던 만큼 격분과 절망을 느낀 나머지 "나를 질투해서 두 남자를 빼앗았다"고 프랑수아를 비난한다. 프랑수아는 자기를 죄인이라고 몰아세우는 이 여자의 의식이 자기 존재와 양립할 수 없음을 깨닫고 그 의식을 없애기 위해 가스 밸브를 열어서 그녀를 죽인다.

전후 프랑스 젊은이의 단면을 보여 주는 '크사비에르'

형식상으로는 마지막에 살인이라는 극단적인 방법까지 쓰면서 굳이 '자기 자신'을 선택하려고 한 프랑수아가 주인공처럼 보이지만, 이 작품이 가진 매력의 원천은 '초대받은 여자'인 크사비에르이다.

말이나 논리나 이성을 믿지 않고 날카로운 감수성이 가리키는 대로 살아가는 그녀는 가치를 실현하기 위한 갖가지 노력을 모두 경멸한다. 말하자면 미래를 갖지 않고 지금 이 순간을 충실하게 보내기 위해서만 살고 있는 셈이다. 지나치게 강한 자존심 때문에 완고하며 상처도 입기 쉽고, 끊임없이 자기 혐오에 빠져 히스테릭한 자포자기 상태가 되는가 하면 발작적으로 감미로운 애정을 나타내기도 한다.

사회를 모두 거절한, 자유의 구현과도 같은 이 시골 출신의 아가씨는 근대 문화의 최첨단을 어깨에 짊어지고 있는 파리의 지식인들 사이에 난입한 무녀巫女이자 경우에 따라서는 악마라고도 할 수 있다. 또한 그녀는 전후의 프랑스 젊은이들이 지니고 있던 한 단면을 보여 주고 있다고 할 수 있다.

| 작품 속의 명문장 |

"여자로 태어나는 것이 아니다. 여자로 만들어지는 것이다."

『제2의 성』 첫머리의 글

* 사르트르의 충실한 제자인 실존주의자 보부아르에게는 선천적으로 주어진 특성으로서의 '여성적인 것'은 존재하지 않는다. 성의 차이는 생물학적인 본성에 바탕을 둔 것이 아니라 '제1의 성'인 남성이 지배하는 사회 속에서 인위적으로 만들어진 것에 지나지 않는다. 보부아르의 이 문구는 여성해방운동의 가장 기본적인 구호가 되었다.

NOTES

● 『초대받은 여자』에 나오는 크사비에르의 모델은 보부아르의 제자인 올가 도미니크로, 사르트르가 한때 그녀에게 매혹되어 실제로 삼각관계가 계속되었다. 올가는 나중에 사르트르의 『파리 떼』에 등장하는 엘렉트르 역을 연기했다.

사뮈엘 베케트(Samuel Beckett)

고도를 기다리며

(En attendant Godot)

현대인의 고독과 소외된 삶을 막연한 '기다림'이라는 두 주인공의 행동을 통해 표현하고 있다. 인생의 부조리를 인식하고 삶의 의미를 찾으려 했던 전후 실존주의 문학의 대표작이라고 할 수 있다.

INTRO

사뮈엘 베케트(Samuel Beckett, 1906~1989)는 아일랜드 태생의 프랑스 극작가이다. 1906년 아일랜드의 더블린 근교에 있는 신교도의 중류층 가정에서 태어났다. 1923년 트리니티 칼리지에 들어가 한때 프랑스에 머문 뒤, 1928년 내적 독백의 작가 조이스의 제자가 되었으며, 1930년에 모교의 영어 교사로 일하며 시와 평론을 썼고, 1939년 파리로 돌아가 레지스탕스 운동에 참가했다.

그 뒤 『몰로이』(1951), 『말론 죽다』(1951) 등의 자작 소설을 프랑스어로 번역해 1952년 바빌론 소극장에서 상연했는데, 이 형이상학적인 코미디로 획기적인 성공을 거두었다. 1957년 『승부의 끝』, 1963년 『행복한 날들』, 1964년 『연극』 등 세상의 부조리를 응시하는 작풍을 관철해 기성 연극을 부정하는 프랑스 누보 테아트르의 시조가 되었다.

『고도를 기다리며』(1952)●의 성공은 베케트의 이름을 널리 알리게 된 계기가 되었다.

'고도'를 기다리는 상황을 블랙 유머로 표현

제1막 — 시골길. 고목 한 그루. 저녁. 등산모자를 쓴 부랑자 에스트라공이 신발과 씨름하고 있다. 지난밤 헤어진 동행자 블라디미르가 와서 그리스도와 함께 십자가형을 받은 도둑에 관한 이야기를 한다.

에스트라공 : 자, 이제 가자.

블라디미르 : 안 돼.

에스트라공 : 왜?

블라디미르 : 고도를 기다려야지.

에스트라공 : 아, 그렇군.

이 대화는 그 뒤에도 반복됨으로써 그들이 '나무 앞에서 고도(신을 은유하고 있다는 설이 있다)를 기다리는 것'이 이 작품의 주제임을 알 수 있다. 두 사람이 고도가 왔다고 생각하며 잠시 착각에 빠진 뒤, 채찍을 가진 포조가 무거운 짐을 짊어진 러키를 끈으로 잡아끌며 등장한다. 포조는 러키를 혹사하면서 자신은 편히 앉아 먹고 마시며 떠든다. 러키는 울고, 포조는 이를 동정하는 에스트라공을 발로 찬다.

이처럼 무의미한 짧은 대사와 부조리한 행동이 '연극'이며, 줄거리는 없고 그저 '기다린다'는 상황을 블랙 유머로 표현하고 있다.

이윽고 러키가 알 수 없는 현학적인 긴 대사를 읊어 내자, 세 사람은 그를 덮쳐 모자를 빼앗은 뒤 입을 다물게 한다. 포조는 쓰러진 러키를 잡아 일으키고는 함께 무대에서 사라진다. 남은 두 사람에게 남자아이가 찾아와 고도가 오지 않는다는 소식을 전하고, 두 사람은 또다시 고도를 기다린다.

제2막 — 앞에서와 같은 무대이지만 나무에 잎이 무성하다. 블라디미르의 노래. 전날 밤 헤어진 에스트라공이 신발에 신경을 쓰고, 러키의 모자를 주워 둘이서 3개의 모자를 재빠르게 쓰기도 하고 돌리기도 하는 개그. 포조와 러키의 주종 관계를 흉내 내면서 고도가 오는지 보고 있다. 그때 포조와 러키가 돌아오는데, 포조는 눈이 멀어 넘어지더니 도움을 청한다. 두 사람은 포조를 때린다.

포조 : 어느 날 저놈은 벙어리가 되었다. 나는 눈이 멀었다.

포조와 러키는 다시 끈으로 서로를 잇고는 사라진다. 남자아이가 와서 고도가 오지 않는다는 소식을 전한다. 두 사람은 목을 매려다가 실패한다.

블라디미르 : 그러지 말고 내일 목을 매자. (침묵) 고도가 오지 않는 한.

에스트라공 : 만약 오면?

블라디미르 : 우리는 구원을 받는 거지. …… 그럼, 갈까?

에스트라공 : 그래 가자.

두 사람은 움직이지 않는다. 이윽고 막이 내린다.

인간의 삶 자체의 부조리를 상징하는 등장인물들

고도가 누구인지는 각자가 생각해야 한다. '기다린다'는 것은 인류를 존속시켜 온 힘이며, 인간의 존재 조건인 것이다. 블라디미르는 정신, 에스트라공은 육체를 나타내고, 두 사람은 고도를 '기다리는'데, 고도가 올 때까지 '살지도 못하고 죽지도 못하는' 인간의 근원적인 상황을 상징한다. 포조와 러키는 현세에 사는 인간의 주종적인 삶의 상징이다.

| 작품 속의 명문장 |

"이 광대한 혼돈 속에서 분명한 것은 단 한 가지, 그건 우리는 고도가 오기를 기다리고 있다는 점이야."

* 블라디미르가 한 말로, 드라마의 본질을 요약하고 있다.

NOTES

● 초연의 연출자 로제 블랭은 이 연극에 대해 "폭탄 같은 효과가 있었다"고 했다. 상연은 300회에 이르렀다. 현재 『고도를 기다리며』는 20개 국어로 번역되어 전 세계에서 상연되고 있다.

프랑수아즈 사강(Françoise Sagan)

슬픔이여 안녕

(Bonjour Tristesse)

사강이 주인공 세실과 같은 나이인 18세 때 쓴 처녀작이자 대표작으로, 간결한 문장과 섬세한 심리 묘사가 뛰어난 작품이다. 청춘이 가진 잔혹함과 냉소, 담담한 허무감이 훌륭하게 표현되어 있다.

INTRO

프랑스의 소설가이자 극작가인 프랑수아즈 사강(Françoise Sagan, 1935~2004)의 본명은 프랑수아 쿠아레**Françoise Quoirez**이다. 1935년 파리에서 부유한 가정의 막내딸로 태어났다. 파리대학교를 중퇴하고● 18세 때 3주일 만에 완성한 『슬픔이여 안녕』이 1954년 비평대상을 획득해 세계적으로 유명해졌다.

그 뒤의 주요 소설로는 『어떤 미소』(1956), 『한 달 뒤, 한 해 뒤』(1957), 『브람스를 좋아하세요』(1959), 『신기한 구름』(1961), 『뜨거운 사랑』(1966) 등이 있다. 또한 얄미울 정도로 소설에서 대화의 미묘한 맛을 자아내는 법을 아는 사강은 희곡에서도 큰 성공을 거두었다.

주요 희곡으로는 『스웨덴의 성城』(1960), 『바이올린은 때때로』(1961), 『발랑틴의 연보랏빛 옷』(1962)이 있다. 주제의 발전성이 모자라다는 비판을 받기도 하지만, 섬세한 감수성에 의존하는 종래의 여류 문학의 틀을 타파했다는 점에서 높이 평가받고 있다. 심장과 폐 질환으로 고생하다 2004년 옹플레르 병원에서 생을 마감했다.

슬픔을 모르고 자란 세실이 정신적으로 성숙해 가는 과정

주인공 세실은 17세의 행복한 소녀이다. 아버지는 홀아비에 바람둥이이지만 세실은 아버지의 삶을 이해하는 딸로, 둘은 서로 공범 관계에 있다. 그해 여름에 아버지의 애인 엘사와 함께 세 사람이 지중해 연안으로 피서를 갔고, 그녀는 그곳에서 만난 청년 시릴과 사랑하는 사이가 된다.

그런데 죽은 어머니의 친구로, 총명하지만 어딘지 차갑게 느껴지는 여성 안이 나타나고, 아버지는 지적이고 세련된 아름다움을 지닌 안과의 결혼을 결심한다.

그러나 세실은 자기에게 공부할 것을 강요하고, 시릴과 헤어지게 만든 안이 싫었다. 또한 그녀가 아버지와 결혼한 뒤에 이어질 따분하고 평온하기만 할 생활이 두려운 나머지, 세실은 아버지와 자신에게 해롭고 위험한 안을 추방하기 위해 청춘의 잔인함과 호기심으로 책략을 꾸민다. 시릴과 엘사의 위장 연애 관계를 날조해 아버지를 착각하게 만든 것이다. 그 사실을 알게 된 안은 별장을 떠나 자살과도 같은 자동차 사고로 죽는다.

아버지와 딸은 전처럼 방탕한 생활로 돌아갔지만, 1년이 지나 잠이 오지 않는 밤을 맞이한 시간에 갑자기 안의 기억이 떠올라 세실은 그때까지 알지 못했던 '슬픔'의 감정을 곱씹게 된다.

세실 – 시니컬하고 잔혹한 '매혹적인 작은 악마'

사람들이 찬미하는 18세라는 빛나는 나이에 세실은 이미 인생과 연애에 대해 환멸적인 생각을 갖고 있다.

"젊다거나 어리다고 모든 것을 그런 말 한마디로 처리하지 마요. 난 될 수 있는 대로 젊음을 적게 이용하고 있으니까."

쾌락과 행복에 대한 기호가 세실의 유일하고도 일관된 성격이다.

"난 아무것도 생각하지 않아요. 알잖아요."

어떠한 틀도 거부하는 세실은 실존주의가 휘몰아치고 난 뒤 다시 경직화하기 시작한 프랑스 사회를 헤쳐 나가던 청춘의 전형이다.

| 작품 속의 명문장 |

"당신이 인간이라는 의무를 다하지 않았기 때문에 고소합니다. 나는 당신이 사랑을 놓치고, 행복해야 할 의무를 소홀히 하며, 체념으로 그날그날 살아갔던 것에 대해 고소합니다."

『브람스를 좋아하세요』

"우울함과 다정함이 맞붙어 떨어지지 않는 이 낯선 감정에 슬픔이라는 무겁고 훌륭한 이름을 붙여도 좋을지 나는 망설이고 있다."

『슬픔이여 안녕』

* 이 문장으로 시작되는 이 책의 유명한 서두 부분에는 슬픔과 우울함, 다정함, 고독, 유일한 도덕인 행복의 추구 등과 같은 그 뒤의 사강 문학의 특징적 주제가 이미 모두 서술되어 있다.

NOTES

● 사강은 대학 입학을 위한 자격 시험에 합격한 뒤 1년 동안 파리대학교 문학부에 적을 두고 있었으나, 교양 과정 시험에 실패했고, 그 덕분에 전부터 구상하고 있던 『슬픔이여 안녕』을 썼다고 한다. 이 책은 84만 부가 팔렸다.

알랭 로브그리예(Alain Robbe-Grillet)

질투
(La Jalousie)

아내와 이웃집 남자 사이의 관계를 의심하는 남편의 시선만을 객관적으로 뒤쫓고 있는 소설이다. 관찰자인 남편의 존재가 언급되어 있지 않는 등 전례 없는 새로운 기법을 선보이고 있다.

INTRO

프랑스의 소설가 알랭 로브그리예(Alain Robbe-Grillet, 1922~2008)는 1922년 브레스트에서 태어났다. 국립농업전문학교를 졸업하고 농업 기사로 프랑스령 식민지에서 일한 뒤● 1953년의 『지우개』 이후 『변태성욕자』(1955), 『질투』(1957) 등의 특이한 작풍의 소설을 발표해 소수의 열렬한 지지와 다수의 맹렬한 비난을 받는 대상이 되었다. 또한 『심야총서Editions de Minuit』의 문예부장으로 자신의 작품과 함께 베케트, 시몽●, 뷔토르, 사로트● 등 혁신적인 작가들의 작품을 출판했다. 그들의 작품은 모두 발자크풍의 전통적 소설 형식을 부정하고, 소설이 소설 자신을 반성하는 듯한 성격을 가지고 있었기 때문에 처음에 사르트르가 한데 묶어서 '앙티로망(반소설)'이라고 불렀다가 나중에 '누보로망(신소설)'이라고 불리게 되었다.

로브그리예는 그들의 대변자로서 보수적인 작가나 비평가들로부터의 공격에 맞서 답했고, 나중에 『누보로망을 위하여』에 수록된 평론을 잇달아 발표했다. 그는 누보로망에 대한 비판에 관해 "틀에 박힌 소설로 만족하는 것이야말로 자기기만"이라고 반박했다. 이후 일관해서 형식의 중요성을 강조하면서도 그 주장에 다소간의 변천이 보이듯 작풍도 서서히 변했다. 초기에는 냉철한 문체에 의한 사물의 시각적 묘사가 두드러지다가 『미로 속에서』(1959)에서는 카프카와 같은 악몽의 세계를 구축했고, 『뉴욕 개혁안』에서는 분방한 연상의 전개에 의한 어지러운 이미지의 향연을 만들어 냈다.

한편 영화 제작에도 손을 댔는데, 특히 유명한 것은 그가 시나리오를 쓰고 알랭 레네가 감독한 1961년의 「지난해 마리엔바트에서」이다.● 여기에서 나아가 그는 그 이후 직접 메가폰을 잡고 일곱 편의 영화를 연출하기도 했다. 이 또한 단순한 취미 차원이 아니라 영상과 음악을 분리해 처리할 수 있다는 영화의 특성을 최대한으로 활용해 스크린 위에 자유로운 상상력을 발현하려는, 소설 영역의 실험과 병행한 의욕적인 시도였다.

한 남자의 의심의 시선으로 구축된 관찰의 기록

'지금 기둥의 지붕 남서쪽 모서리를 지탱하고 있는 기둥의 그림자는 그와 대응하는 테라스의 모서리를 2개의 동일한 크기로 나누고 있다'라는 식의 비개성적인 문장과 기하학적인 묘사로 시작되는 이 소설은 일반적으로 소설과는 성질이 전혀 다른 문학 작품이다. 처음으로 이 소설을 접한 독자는 열대의 바나나 농장으로 보이는 방갈로풍의 집이 무대이고, 이웃한 바나나 농장의 주인으로 보이는 프랑크라는 남자와 무대가 된 집의 여주인으로 보이는 A가 등장하며, 다양한 풍경과 집 내부, 주변의 묘사 등이 아무런 맥락도 없이 나열되어 있다는 것까지는 이해하지만 도대체 무슨 일이 일어났는지, 전체적으로 어떤 이야기를 구성하고 있는지 이해하지 못해 막막해질 것이다.

아무래도 프랑크와 A는 일이 있어 항구 도시에 갔을 때 자동차 고장 때문이라며 하룻밤을 같이 보낸 모양이다. 되풀이해서 그려지는 만찬이나 저녁에 바람 쐬는 장면에서 이 드라이브 계획이 의논되기도 하고, 결정되기도 하고, 회고되기도 한다. 그 시간적인 순서는 뒤엉켜 있고, 두 사람의 말 속에는 어딘지 음란한 부분이 있다. 또한 A가 집을 비운 밤과 아침 사이의 집 안 모습이 묘사된다. 이런 것들을 통해 이 소설에는 또 하나의 인물, 곧 이 집의 주인인 제3의 인물이 등장하고 있음을 알 수 있다.

A가 테라스에서 코냑을 서빙할 때 작은 테이블 위에는 3개의 컵이 놓여 있다. 또 식탁에는 3인분의 그릇이 놓여 있다. 아침에 A가 창문을 열고 잘 잤느냐고 묻는다. 다시 말해, 어느 장면에서나 A의 남편인 제3의 인물이 존재하는 것이다. 어디에도 '나'라는 말이 적혀 있지 않는데도 모든 장면이 그의 눈을 통해 비치고 있다.

열쇠는 소설의 제목이 된 'La Jalousie'라는 단어이다. 이는 '블라인드'와 '질투'라는 두 가지 뜻을 가진 낱말이다. 관찰자인 남편은 끊임없이 블라인드 너머로 실내에 머물고 있는 아내의 거동이나 테라스에서 바람을 쐬는 프랑크와 아내의 뒷모습을 감시한다. 바꾸어 말하자면 질투의 감정이라는 '블라인드' 너머로 두 사람의 친근함이 한계를 넘어섰는지의 여부를 알아내려고 하는 것이다.

따라서 그는 모든 것을 이상할 정도로 정확하고 면밀하게 바라보는데, 그 시선은 왜곡되어 있고, 그가 이상하다고 느끼는 정경이나 대화의 단편들은 집요할 정도로 빈번하게 반복되면서 나온다. 곧, 이 소설은 완전히 비개성적인 객관적 묘사만으로 성립되어 있는 것처럼 보이지만, 사실은 지극히 주관적인 질투의 감정밖에 그려져 있지 않다고 하는 역설적 구조이다.

누보로망에 대해

일반적으로 '누보로망'이라는 호칭은 로브그리예와 뷔토르, 시몽, 사로트에 대해 쓰이는데, 주변 작가로 베케트와 뒤라스●, 솔레르● 등의 이름을 들 수도 있다. 그들은 당파를 짜고 있는 것도 아니고, 작풍도 제각기 다르지만 전통적 소설에 대한 반역과 형식의 중시라는 점에서 서로 공통점을 가지고 있다.

그들의 기본적인 주장은 로브그리예의 『누보로망을 위하여』와 사로트의 『의혹의 시대』를 통해 알 수 있다. 그들의 주장에 의하면, 발단에서 클라이맥스를 거쳐 종결에 이르는 수미일관의 이야기와 그것이 시간적 순서에 따라 인과 관계를 따라가는 형식, 주인공에게 주어진 명확한 성격 등과 같은 전통적인 소설의 여러 특징은 모두 우리의 실제적 생존 감각이나 현실 인식과 다르며, 시대에 뒤떨어진 19세기 합리주의적 세계관의 유물에 지나지 않는다는 것이다.

그에 대해 '누보로망'의 작가들은 마음을 비우고 세계나 인간이, 그리고 우리 자신의 내면이 어떻게 우리 눈에 비치는지를 탐색해 그에 맞는 새로운 소설 형식을 창조하려고 한다. 사로트는 인간의 심리를 분자 상태의 미립자가 산란하는 유동체와 같은 것이라고 생각했고, 뷔토르는 갖가지 단층이 서로 겹쳐진 세계를 다양한 각도에서 바라본 모양의 종합으로, 일종의 전체 소설적 구조를 꿈꾸었으며, 시몽은 전통적 소설에서 출발하면서 현재 속에 되살아나는 과거의 기억에 관한 혼돈을 재현하려고 했다.

그 속에서 로브그리예 혼자만이 마치 카메라 렌즈로 포착하거나 측량기사가 측정한 것처럼 엄밀한 시각 묘사 수법을 구사하면서 기존의 현실을 비추는 것이 아니라 새로운 현실을 창조해 내는 수단으로서 언어의 자주적인 역할을 추구했고, 그 유희적 조작을 매개로 하여 상상력을 모든 구속에서 해방시키려 했다.

새로운 언어학이나 문학 이론의 성과와도 합치하는 이 방법이 이윽고 주류가 됨에 따라 '누보로망'도 제2기를 맞이했다. 리카르두의 『말과 소설』, 『소설의 텍스트』가 그런 생각을 가장 선명하게 해설하고 있다.

이제는 '누보로망'이 활력을 잃었다고 하지만, 그것을 뛰어넘는 새로운 작가가 나타나지 않는 것을 보면 로브그리예 등의 영향이 얼마나 컸는지 짐작할 수 있을 것이다.

| 작품 속의 명문장 |

"세계는 의미도 없으려니와 부조리하지도 않다. 그저 단순히 거기에 '존재'할 뿐이다."

『누보로망을 위하여』

* 사르트르의 『구토』를 연상시키는 말. 로브그리예의 한 측면이 사르트르의 실존주의적 세계관에 강한 영향을 받고 있다는 사실을 여실히 보여주는 말이다.

"작가에게 유일하게 가능한 앙가주망은 문학이다."

『누보로망을 위하여』

* 앙가주망(정치 참여)의 문학을 제창한 사르트르에 반대한 그는 정치적 주장을 소설 속에 끌어들이는 것을 거부하고 좋은 작품을 쓰는 일이 작가가 할 수 있는 앙가주망이라고 주장하고 있다.

NOTES

● 말년의 앙드레 말로는 여류 소설가이기도 한 귀족 루이즈 드 빌모랭 부인과 애인 관계에 있었는데, 그녀의 크고 호화로운 정원을 설계한 사람이 바로 무명의 청년 농업기사 로브그리예였다.

● 프랑스의 소설가 시몽(Claude Simon, 1913~2005)은 누보로망의 대표자 가운데 한 사람이다. 초기에는 카뮈의 영향을 받은 작품 『사기꾼』(1945)을 출간했고, 그 뒤 포크너의 영향으로 작풍을 바꾸어 실험적인 작품을 썼다. 1985년 노벨문학상을 수상했다.

● 사로트(Nathalie Sarraute, 1900~1999)는 러시아 태생의 프랑스 소설가로, 누보로망을 대표하는 작가 가운데 한 사람이다. 기존의 소설 형태를 타파하고 현대인 특유의 불결함과 불안의 심리를 인간 심리의 미세한 움직임으로 포착해 그려 내는 '인간묘사법'을 제시했다.

● 「지난해 마리엔바트에서」를 본 어느 독자가 마지막에 같이 도망치는 X와 A가 X의 주장대로 실제로 지난해에 마리엔바트에서 만나 재회를 약속했느냐고 묻자, 로브그리예는 그것은 작가인 자신도 모른다고 대답했다.

● 뒤라스(Marguerite Duras, 1914~1996)는 프랑스의 소설가이자 영화감독으로, 『조용한 생활』(1944) 등의 초기작에서는 헤밍웨이의 영향을 받은 네오리얼리즘적인 작풍을 나타냈다. 그 뒤 『광장』(1955), 『모데라토 칸타빌레』(1958) 등의 작품 이후 스토리성에서 벗어나 독자적인 대화 스타일을 통해 무의식적인 것을 부각하는 작풍을 선보여 누보로망 작가들과 비교되었다.

● 프랑스의 작가 솔레르(Philippe Sollers, 1936~)는 파리에서 경제학을 공부했으나 문학으로 전향해 1958년 『기묘한 고독』을 발표함으로써 문단의 주목을 받았다. 이후 1961년 누보로망을 능가하는 새로운 수법으로 『공원』을 발표해 메디시스상을 수상했다. 전위 계간지 『텔케**Tel Que**』의 중심인물이다.

외젠 이오네스코(Eugène Ionesco)

코뿔소

(Rhinocéros)

거대한 힘이 되어 인간을 내리누르는 현대 군중의 폭력과 압제를 그리고 있다. 유행병처럼 번지는 코뿔소로의 변신에 저항하는 소시민 베랑제의 투쟁이 영웅적이면서도 희비극적이다. 누보 테아트르의 대표작 가운데 하나이다.

INTRO

외젠 이오네스코(Eugène Ionesco, 1912~1994)는 루마니아 태생의 프랑스 극작가로, 1912년 루마니아에서 태어났지만 파리에 살면서 프랑스어로 작품을 발표했다.

어머니가 프랑스인이어서 소년 시절을 프랑스에서 보냈고, 대학을 졸업한 뒤에는 모국에서 프랑스어를 가르쳤다. 1938년에 박사 논문을 준비하기 위해 다시 프랑스로 건너가 그대로 파리에 눌러앉았다.

어느 날 영어 회화를 공부하던 중 '원리적이고 정당한 진리'를 말하는 대화에서 힌트를 얻어 '반反희곡'●이라고 스스로 이름 붙인 기묘한 처녀작 『대머리 여가수』(1950 상연)●를 썼다. 이 작품은 그다음에 쓴 『수업』(1951), 『의자』(1952)와 함께 일부의 주의를 끌었을 뿐 인기를 얻지 못했다.

그러나 1956년에 『의자』를 다시 상연한 것을 계기로 각광을 받아 그 이후 『새로 온 하숙인』(1957), 『무보수 살인자』(1959), 『코뿔소』(1960 초연), 『왕이 죽다』(1962)를 발표했다.

1966년의 『갈증과 허기』는 드디어 국립극장 코메디 프랑세즈●에서 상연되었고, 1970년에는 아카데미 프랑세즈 회원으로 선출되어 난해한 전위극에서 출발해 문학계의 최고 지위에 도달했다.

1970년 『살인놀이』, 셰익스피어의 『맥베스』를 개작한 『막베트』, 1973년에 『아수라장』 등을 썼다. 그의 희곡은 악몽의 극화라고도 하여 일상적인 현실이 갑자기 붕괴하고 질서를 잃어 생기는 그로테스크한 난센스극이다.

마을 주민들이 속속 코뿔소로 변하는 가운데 벌어지는 경이와 공포

프랑스에 있는 어느 시골 마을의 광장. 일요일 아침에 칠칠치 못하고 만사 태평인 주인공 베랑제와 그의 친구로 단정한 차림의 신사인 장이 찻집의 테라스에 앉아 이야기를 나누고 있다.

그때 한 마리의 코뿔소가 나타나 엄청난 소리와 함께 모래먼지를 날리며 그들의 옆을 지나 달려간다. 장은 깜짝 놀라지만 베랑제는 멍하니 쳐다보고만 있다. 장은 베랑제에게 좀더 적극적으로 생활에 임하라고 충고한다. 이튿날 회사에도 코뿔소가 온다. 아무래도 결근한 사람이 코뿔소가 된 모양이다.

마을의 여기저기에서 사람들이 코뿔소로 변하기 시작한다. 베랑제는 친구 장이 코뿔소로 변하는 것을 목격한다. 마을에 코뿔소가 늘어나 떼지어 건물을 무너뜨리기 시작한다. 베랑제는 자기도 언제 코뿔소가 될지 모른다고 생각하며 걱정한다. 회사 동료도 코뿔소가 되었다.

마지막까지 남았던 애인도 "우리들이 오히려 이상한 거예요"라고 말하더니 코뿔소로 변해 갔다. 홀로 남겨진 그는 무수한 코뿔소들의 울음소리 속에서 "나는 당신들을 따라가지 않을 거야"라며 변신을 거부하지만, 그 목소리는 약하게 들린다. 코뿔소가 되지 못한 절망감이 스며 있는 것이다.

코뿔소가 된다는 것은 한 인간이 개성을 잃고 군중 속에 매몰되는 것을 말한다. 이 희곡에서 이오네스코는 거대한 힘이 되어 인간을 내리누르는 현대 군중의 폭력과 압제를 그려 내고 있다. 파시즘과 같은 정치사상을 상징한다고 단순하게 해석하지 않는 편이 작가의 뜻에 맞을 것이다. 부조리를 그려 낸 '새로운 연극'(누보 테아트르)의 대표작 가운데 하나이다.

베랑제 – 개성을 잃어 가는 무기력한 현대인

작가 이오네스코는 젊은 시절에 법률서를 펴내는 출판사에서 교정을 담당한 적이 있었다. 이 『코뿔소』의 주인공 베랑제도 바로 그 교정 담당자이다. 그는 복장도 칠칠치 못하고, 시간도 지키지 못하며, 입에서 술을 떼지 못하는 무기력한 남자이다. 사람들이 코뿔소가 되는 현상에 대해서도 처음에는 무관심했다. 친구가 눈앞에서 코뿔소로 변하는 것을 보고서야 비로소 '큰일이다!'라고 생각한다.

그러나 "나는 지금 이대로가 좋다"고 말하며 '작은 세계에 머물러 있는 소시민이라는 비난을 받아도 나는 내 입장을 바꾸지 않겠다'고 생각한다. 그런 무기력증 때문에 결국 애인도 놓쳐 버린다. 마지막에는 "뒤처지지 않고 따라갈 걸 그랬다"고 후회하지만 다시 '마지막 인간'으로서 저항하겠다고 외친다. 그야말로 개성이나 인간성을 잃어 가는 무기력한 현대인의 모습이라 할 수 있다.

NOTES

● 앙티테아트르**antithéâtre**라고도 하며, 1950년 이후 프랑스에서 나타난 전위적인 연극 운동을 일컫는다. 연극적 환상의 모든 원리를 부정하며 황당무계한 이야기와 인간 내면의 허무와 불안을 추구한다. 이오네스코의 『대머리 여가수』에서 유래되었다고 한다.

● 이오네스코의 『대머리 여가수』에는 대머리도 여가수도 등장하지 않는다. 처음에는 다른 제목이었는데, 연극을 연습하던 중에 배우가 "금발머리의 가정 교사"라는 대사를 "대머리 여가수"라고 잘못 말하는 것을 듣고 갑자기 이 제목으로 바꾸었다고 한다.

● 코메디 프랑세즈는 고전극(주로 비극)이나 근대의 명작을 주로 상연하는 프랑스의 국립극장으로, 1680년에 설립되었다.

영국 문학

문학을 포함한 문화를 형성하고 그 성격을 결정하는 본원적인 힘은
인종과 환경과 시대라는 세 가지 요소에서 나온다고 한다.
이런 세 가지 요소가 어떤 때는 화려하게, 어떤 때는 장중하게 작용하면서
다른 유럽 여러 나라의 문학에 비해 훨씬 생생하고
다채롭게 영국 문학을 살아 숨 쉬게 하고 있다.

영국 문학의 흐름

니시무라 고지 | 영국 문학가

영국 문학의 태동

프랑스의 실증주의 사상가 히폴리트 텐에 의하면, 문학을 포함한 문화를 형성하고 그 성격을 결정하는 본원적인 힘은 인종과 환경(곧, 사회적 구조)과 시대라는 세 가지 요소에서 나온다고 한다. 그가 외국 문학인 영국 문학을 본질과 역사라는 면에서 거론하려고 한 것은 이러한 힘들이 가장 순수한 형태로, 또 구체적으로 영국 문학에 나타나 있다고 생각했기 때문이다. 이런 세 가지 요소가 어떤 때는 화려하게, 어떤 때는 장중하게 작용하면서 다른 유럽 여러 나라의 문학에 비해 훨씬 생생하고 다채롭게 영국 문학을 살아 숨 쉬게 하고 있다.

대부분 전승에 의한 중세의 이야기들이 지나간 뒤에, 이른바 중세의 해 질 녘에서 근세의 해 뜰 녘 사이에 초서의 『캔터베리 이야기』가 탄생했다. 그로부터 약 2세기가 지나 말로의 『포스터스 박사의 비극』이 나타났고, 이어서 셰익스피어의 여러 작품들이 상연되었다. 또한 이 엘리자베스 여왕 시대에는 '위대한 신의 영광을 위해' 신 곁에 있는 존재로서의 인간과 그 원죄를 날카롭게 추궁하려 했던 밀턴의 『실낙원』과 버니언의 『천로역정』 이 쓰였다. 그리고 신에 대한 깊은 경외를 유지하면서도 다시

인간 중심의 현실주의가 머리를 들었다. 디포의 『로빈슨 크루소』는 그러한 예의 하나이며, 이를 잔인할 정도로 엄격한 인간 비평의 풍자문학으로 바꾼 것이 스위프트의 『걸리버 여행기』이다. 그리고 같은 시대에 필딩의 『톰 존스』도 나왔다.

영국 문학이 맞이한 소설의 황금 시대

다음 세기에 들어와 영국 문학은 소설의 황금 시대를 맞이했다. 그 발단을 이루는 고전은 제인 오스틴이 쓴 『오만과 편견』으로, 여기에서 시작된 흐름은 『폭풍의 언덕』의 에밀리 브론테와 그녀의 언니 샬럿 브론테의 『제인 에어』, 조지 엘리엇의 『사일러스 마너』로 이어졌고, 20세기에 들어와서는 『가든파티』의 맨스필드와 『댈러웨이 부인』의 버지니아 울프로 이어졌다.

19세기 영국 문학의 정점에 선 작가는 『데이비드 코퍼필드』, 『두 도시 이야기』의 디킨스였고, 그와 대립하는 것이 『허영의 시장』의 새커리였다. 전자가 도시의 저변을 이루는 서민들의 애환과 정의감을 그려 낸 데 비해, 후자는 상류 계층의 위선을 폭로하는 멋진 풍자문학을 써냈다.

스티븐슨은 『아이반호』의 작가 스콧의 문학적 후예라고 할 수 있는데, 로맨스와 스릴러와 인간 심리 탐구를 겸한 고차원적인 대중소설 『지킬 박사와 하이드 씨』를 발표해 인간성의 밑바닥에 감추어진 선악의 이중성을 파헤쳤다. 이 주제는 와일드의 『도리언 그레이의 초상』에서는 다른 문학적 형태로 표현되었으며, 버나드 쇼의 『피그말리온』에서도 전혀 다른 방식으로 나타나고 있다.

그리고 시대는 20세기로 넘어가는데, 그렇게 이행하는 데 가교 역할을 한 것이 바로 하디의 『테스』와 콘래드의 『노스트로모』였다.

풍요롭고 다채롭게 발전하는 영국 문학

요즈음 영국 문학이 쇠퇴의 길을 걷고 있다고 흔히 이야기한다. 그러나 사양斜陽 국가가 반드시 사양 문학을 낳는다고 할 수는 없다. 가령 조이스의 『율리시스』를 예로 들면, 여기에 필적할 만큼 인간 의식에 관한 실험을 혁명적으로 한 나라는 찾아볼 수 없다. 그리고 재산이라는 괴물과 자유로운 이상 간의 싸움을 배경으로 하는 『포사이트가家 이야기』의 골즈워디, 『아들과 연인』, 『사랑하는 여인들』, 『채털리 부인의 사랑』으로 인생에서 사랑과 성의 관계를 대담하고도 치밀하게 그려 낸 D. H. 로렌스 등의 작품은 이미 20세기 영국 문학의 고전이 되었다.

그리고 『연애대위법』의 헉슬리, 『장거리 경주자의 고독』의 실리토, 『레베카』의 듀 모리에, 『성채』의 크로닌, 『달과 6펜스』, 『인간의 굴레』의 몸, 그 밖에 포스터, 톨킨, 오웰, 그린에 이르기까지 참으로 영국 문학은 풍요롭기 그지없다.

제프리 초서(Geoffrey Chaucer)

캔터베리 이야기
(The Canterbury Tales)

중세 설화문학의 모든 장르가 집약된 고전으로, 유쾌하고 음탕한 이야기에서 도덕적인 이야기까지 다채로운 내용이 수록되어 있다. 미완성의 이야기를 포함한 총 24편의 이야기는 중세 영국의 다양한 모습과 인간의 희비극적 요소들을 반영하고 있다.

INTRO

영국의 시인 제프리 초서(Geoffrey Chaucer, 1342?~1400)는 1342년 무렵에 런던에서 포도주 상인의 아들로 태어났다. 젊었을 때부터 궁중에서 일했고, 1359년 프랑스에서 에드워드 3세의 군대에서 복무하다 르앙 전투에서 포로로 잡혀서 몸값을 내고 풀려난 적도 있었다. 궁중생활을 하는 한편으로 시를 쓰기 시작했는데, 초기에는 그 무렵 궁중에서 유행하던 프랑스 시의 영향을 받아 『장미 이야기』를 영역하기도 하고, 『공작부인의 책』(1369~1370?)이라는 시를 쓰기도 했다.

1372년에 외교 사절로 이탈리아의 피렌체를 방문해 르네상스의 숨결을 느끼고 돌아온 단테●와 보카치오●의 영향을 받은 시를 쓰게 되었다. 그리고 이 시기에 『영예의 궁전』(1372~1380?), 『새들의 의회』(1380~1386?), 『트로일로스와 크레시다』(1380~1386?) 등의 시집을 발표하고, 보이티우스●의 『철학의 위안』 등을 번역했다. 공인으로서 초서는 오랫동안 런던항의 세관장을 맡고 있었는데, 그 뒤에는 켄트 주의 치안판사와 국회의원, 왕실 토목공사 감독관 등을 역임했다. 작가로서 원숙기에 들어선 1387년 무렵부터 『캔터베리 이야기』를 쓰기 시작했다. 그는 1400년에 사망해 웨스트민스터 사원에 묻혔다.

캔터베리 대성당으로 가는 참배자들이 돌아가며 하는 이야기

어느 해 봄, 캔터베리 대성당●을 참배하려고 온 사람들이 런던 남부 지구의 서더크에 있는 숙소에 묵게 되었다. 시인인 나도 그 가운데 하나이다. 숙소 주인은 기분 좋게 손님들을 대접한 다음 자기도 참배 행렬에 참가했다. 가는 도중에 각자가 이야기를 두 가지씩, 갈 때와 올 때 하도록 하고, 그중에서 가장 재미있는 이야기를 한 사람에게 나머지 사람들이 돌아오는 날 저녁 식사를 사 주도록 하자는 제안이 나왔다. 모두들 찬성했다. 그래서 첫 번째로 뽑힌 기사부터 이야기를 시작해 참배자들이 모두 돌아가며 이야기를 들려주게 된다는 내용이다.

이야기는 대부분 운문으로 되어 있으며, 모두 24편이 들어 있는 미완성의 작품이다. 그중에는 보기 흉한 노파 덕분에 궁지에서 벗어난 아서 왕의 기사가 약속을 지키기 위해 하는 수 없이 그 노파를 아내로 삼자, 노파는 하룻밤 사이에 젊고 아름다운 여인으로 변신했다('배스의 아내')는 사랑 이야기와, 이탈리아의 월터 후작이 가난한 서민 집안의 아내 그리셀다를 시험하기 위해 처녀를 유괴하게 만들기도 하고, 다른 여자와 결혼한다며 그 준비를 그녀에게 시키기도 하는데, 그리셀다는 그런 잔인한 행동을 견딜 뿐 아니라 적극적으로 남편의 명령에 순종해 남편에게 큰 만족감과 연민의 정을 느끼게 했다('대학생의 이야기')는 교훈담도 있다.

또한 옥스퍼드의 늙은 목수가 점성학에 빠진 가난한 하숙생에게 속아 젊은 아내를 빼앗기고, 또 그 젊은 아내를 사모하는 서기는 겨우 그녀와 키스할 수 있게 되지만 어둠 속에서 엉뚱한 곳에 키스를 하게 된다('방앗간 주인의 이야기')는 해학담도 몇 가지 있다.

초서는 등장인물에게 제각기 그 직업에 알맞은 이야기를 하게 하고, 몇 가지 관련된 이야기를 그룹으로 묶어 가려고 구상했던 것으로 보인다.

이 작품에는 중세 사회의 최상층인 왕과 최하층인 거지를 제외한 다양한 지위와 직업을 대표하는 사람들이 등장한다. 기사와 수녀원장, 수도

사, 무역 상인, 옥스퍼드 대학생, 법률가, 목수, 염색가게 주인, 요리사, 선장, 의학박사, 배스 근처에서 온 부인, 마을 교구의 사제, 그 형제인 농부, 방앗간 주인, 농장 책임자, 종교재판소의 관리, 면죄부를 파는 장사꾼 등이다. 여기에 시인인 '나'와 숙소 주인까지 모두 31명이 다 같이 출발하는데, 도중에서 연금술사가 일행에 참가한다.

초서는 서문 속에서 이러한 인물 한 사람 한 사람의 외모와 성격, 태도, 버릇, 말투 등을 생생하게, 마치 실재하는 인물처럼 묘사했다.

| 작품 속의 명문장 |

"이 세상은 불행이 가득 찬 길거리에 지나지 않는다. 그리고 우리는 그곳을 오가고 있는 순례자이다."

* '기사 이야기' 속에서 테세우스 공이 인생 무상에 대해 한 말이다.

NOTES

● 불멸의 고전 『신곡』을 저술한 단테(Alighieri Dante, 1265~1321)는 이탈리아 최고의 시인이다. 그는 이 작품으로 중세의 정신을 종합해 르네상스 문학의 지평을 개척했다.

● 단테, 페트라르카(Francesco Petrarca, 1304~1374)와 함께 이탈리아 최대의 문학가로 꼽히는 보카치오(Giovanni Boccaccio, 1313~1375)는 시는 물론, 소설과 논문 등 다방면에서 재능을 발휘하며 방대한 작품을 남겼다. 특히 『데카메론』은 후세 유럽 문학에 큰 영향을 끼쳤다.

● 보이티우스(Anicius Manlius Severinus Boethius, 480?~524)는 고대 로마 말기의 철학자이다. 반역죄로 모함을 받아 투옥되어 있던 와중에 옥중에서 쓴 『철학의 위안』 등의 신학적 저작을 남겼다.

● 캔터베리 대성당은 그곳에서 암살된 성자 토머스 베켓을 추모하는 성당이다. 초서 자신도 캔터베리 대성당을 참배하기 위해 그곳에 간 적이 있는데, 순례자들은 런던에서 100㎞ 정도 되는 길을 사흘 반가량 걸어서 갔다고 한다.

월리엄 셰익스피어(William Shakespeare)

햄릿
(Hamlet)

북유럽 민화를 그 무렵에 유행하던 복수 비극의 형태를 빌려 희곡화한 작품이다. 복수를 향한 인간의 정신적 고뇌가 잘 나타나 있다. 『오셀로』, 『리어 왕』, 『맥베스』와 함께 셰익스피어의 4대 비극을 이룬다.

INTRO

영국의 시인이자 극작가인 월리엄 셰익스피어(William Shakespeare, 1564~1616)는 영국이 낳은 세계 최고의 극작가로 일컬어지는데, 총 37편의 희곡과 여러 권의 시집을 남겼다.

그는 1564년 4월에 스트랫퍼드어폰에이번에서 태어났다. 아버지는 상인으로 마을의 유력자였으며 한때 읍장을 지낸 적도 있었다. 그러나 아버지의 경제적인 몰락으로 인해 셰익스피어는 마을의 문법학교를 끝으로 더 이상 배우지 못하고, 많은 독서와 사교로 지식을 보충해야만 했다.

1582년 18세 때 옆 마을에 사는 8세 연상의 여성과 결혼해 1남 2녀를 두었다. 그 무렵 그가 무엇을 하고 있었는지, 또 언제쯤 런던으로 나가 극단에 들어갔는지는 알 수 없지만, 1590년대 초반에는 이미 배우 겸 극작가로 이름이 알려져 있었고, 이윽고 궁정 극단의 중견 단원이 되었으며, 1599년에는 새로 만드는 글로브 극장을 건설할 정도가 되었다.• 1603년 제임스 1세가 왕위를 계승하자 궁정 극단은 왕실 극단이 되어 영국 제1의 극단으로 떠올랐다.

그로부터 8~9년 동안 셰익스피어는 성공 가도를 달렸으나, 1611년 무렵 은퇴해 고향인 스트랫퍼드어폰에이번으로 돌아가 1616년 4월에 세상을 떠났다.

작가로서의 셰익스피어는 시와 희곡을 연속적으로 발표해 불후의 명성을 남겼다. 그의 시로는 1593~1594년에 발표한 『비너스와 아도니스』(1593)와 『루크리스의 겁탈』(1594), 1595년 전후에 주로 쓴 『소네트집』(1609 간행)이 있다. 희곡은 1592년 전후부터 1610년 무렵까지 매년 약 두 편꼴로 발표했는데, 그 작품들은 비극과 희극, 사극 등 여러 분야에 걸쳐 있다.

희극으로는 『한여름 밤의 꿈』(1595), 『베니스의 상인』(1597), 『헛소동』(1598), 『뜻대로 하세요』(1599), 『십이야十二夜』(1600), 『겨울 이야기』(1610), 『템페스트』(1611) 등이 있고, 사극으로는 『리처드 3세』(1593), 『리처드 2세』(1595), 『헨리 4세』(1598), 『헨리 5세』(1599) 등이 있으며, 비극으로는 『로미오와 줄리엣』(1599), 『줄리어스 시저』(1597), 『햄릿』(1601), 『오셀로』(1604), 『리어 왕』

(1605), 『맥베스』(1606), 『안토니와 클레오파트라』(1607) 등이 있다.

부왕의 원수를 갚아야만 했던 지식인 햄릿의 고민

덴마크의 왕자 햄릿은 얼마 전에 갑자기 죽은 부왕 햄릿과 왕비 거트루드의 아들이다. 거트루드는 남편이 죽은 지 얼마 되지 않아 왕위를 이은 시동생 클로디어스와 재혼했는데, 이는 햄릿에게 아버지의 죽음보다 더욱 충격적인 사건이었다.

그러던 중에 아버지의 유령이 나타나 지금 왕위에 앉아 있는 클로디어스야말로 거트루드를 유혹하고 자신을 독살한 장본인이므로 그에게 복수하라고 하고, 어머니의 처분은 하늘에 맡기라고 명령한다. 감수성이 예민하고 생각에 잠기는 버릇이 있는 햄릿은 그 유령이 자신을 꾀려고 하는 악마일지도 모른다고 생각하며 복수를 망설인다.

그는 숙부의 의심스러운 눈길을 피하기 위해 미친 체하며 사랑하는 약혼녀 오필리아에게까지 냉정하게 대한다. 마침 떠돌이 극단이 성을 방문하자 그는 숙부의 죄상을 표현한 연극을 숙부에게 보인다. 그것을 보고 안색이 변한 클로디어스는 자리를 박차고 나가 버린다.

그 직후에 햄릿은 기도를 드리고 있는 무방비 상태의 숙부를 발견하고 그의 죄를 확신하지만 그를 죽일 수 있는 절호의 기회를 놓친다. 그는 자신의 무례함을 꾸짖는 어머니를 다그치다가 격분해 당장이라도 죽일 듯이 달려든다. 그런데 그때 옷걸이 뒤에서 엿듣고 있던 오필리아의 아버지 폴로니어스가 깜짝 놀라 자기도 모르게 소리를 지르자 그를 클로디어스라고 생각하고 찔러 죽인다.

이제 햄릿을 경계하게 된 클로디어스는 그를 영국으로 보내고, 영국

왕에게 그를 죽여 달라고 부탁한다. 오필리아는 햄릿에게 거부를 당한 데다 아버지의 죽음이라는 충격까지 받게 되자 미쳐서 물에 빠져 죽는다. 그녀의 오빠 레어티스는 아버지의 죽음에 대한 복수를 하려고 프랑스에서 돌아온다. 그는 클로디어스를 원망하고 있었으나, 클로디어스는 교묘한 설득으로 그가 증오하던 대상을 햄릿으로 바꿔 놓는다. 한편 햄릿은 클로디어스의 음모를 거꾸로 이용해 영국으로 가는 도중에 뱃머리를 돌려 오필리아의 장례식이 거행되는 것을 지켜본다.

이윽고 클로디어스는 검술 시합을 준비하고 햄릿과 레어티스를 싸우게 한다. 클로디어스의 음모로 레어티스는 칼 끝에 독을 바르고 검술 시합에 응해 햄릿에게 상처를 주지만, 햄릿은 그 칼을 빼앗아 레어티스에게 치명상을 입힌다. 죽는 자리에서 레어티스는 클로디어스의 배신 행위를 햄릿에게 털어놓는다.

그 사이에 왕비는 국왕이 햄릿에게 먹이려고 준비해 두었던 독이 든 술을 마시고 죽는다. 햄릿은 클로디어스를 찌르고 억지로 그에게 독이 든 술을 마시게 한 다음, 친구 허레이쇼가 같은 술을 마시려고 하는 것을 막아 내고 죽어 간다.

감수성이 예민하고 지성이 뛰어난 '햄릿'

햄릿은 '대왕의 눈길, 학자의 말솜씨, 무사의 검술, 유행의 거울, 예절의 본보기'라고 칭송을 받으며 '만약 왕의 자리에 오르면 세상에 다시 없는 명군이 될 것'이라고 기대되었던 왕자였다. 그러나 아버지의 갑작스러운 죽음과 어머니의 성급한 재혼으로 인한 충격 때문에 완전히 사람이 변해서 우울하고 무기력해져 있다. 특히 어머니의 음탕한 본성을 본 것이 정신적으로 심각한 타격이 되었다. 그러는 참에 아버지의 유령이 나타나 자신의 죽음에 관한 진상을 말해 주고, 어머니에게는 해를 끼치지 않도록 하되 숙부에게는 복수하라는 어려운 과제를 주었던 것이다.

원래 감수성이 예민하고 지성이 뛰어나며 생각에 잠기는 버릇이 있던 햄릿은 유령의 정체를 먼저 의심했다. 그래서 유령이 한 말이 과연 사실인지를 알아보려고 했고, 다음으로는 가장 효과적인 복수의 방법을 궁리한다. 더없이 사랑하고 있던 애인 오필리아에 대해서도 어머니와 같은 '여성'이라는 이유만으로 차갑게 대하기도 하고, 자기의 속내를 알아보려는 숙부의 스파이가 아닐까 하고 의심하기도 한다.

이렇게 복수를 늦추고 있는 사이에 잘못해서 폴로니어스를 죽이기도 하고, 오필리아를 미치게 하기도 한다. 마지막에 복수에 성공하는 것도 그가 의도해서 된 것이 아니라 순전히 우연으로 숙부의 음모를 거꾸로 이용한 것에 지나지 않는다.

이런 햄릿의 우유부단에 대해서는 지금까지 다양한 해석이 이루어져 왔다. 가장 잘 알려진 설은 그가 생각을 너무 많이 한 나머지 좀처럼 실행에 옮기지 못했다는 해석이다. 이 설명을 바탕으로 '햄릿형'이라는 말까지 생겨서 반대의 뜻을 가진 '돈키호테형'과 함께 사용되어 왔다. 그러나 요즈음에는 이런 해석이 부정되고 있다. 햄릿은 순간적으로 재빨리 판단해 대담하게 실행하는 면도 몇 번 보여 준 적이 있기 때문이다. 어머니에 대한 무의식적인 성적 사모가 모든 원인이라고 하는 이른바 오이디푸스 콤플렉스 설도 나온 적이 있다.

그러나 햄릿은 역사상의 인물이 아니라 극 중 인물이므로 심리학 등에서 설명할 것이 아니라 어디까지나 하나의 창조적인 극적 환상으로 받아들여야 한다는 의견이 지금은 가장 유력하다.

| 작품 속의 명문장 |

"약한 자여, 그대의 이름은 여자이다."

제1막 제2장

* 햄릿의 첫 번째 독백 가운데 한 대사로, 어머니의 성급한 재혼을 한탄하며 한 말이다.

"사느냐 죽느냐, 이것이 문제로다."

제3막 제1장

* 가장 유명한 세 번째 독백 가운데 서두에 나오는 대사. 자신이 짊어지게 된 임무의 무게를 햄릿은 견디지 못한다.

NOTES

● 런던에 처음으로 상설 극장이 생긴 것은 1576년이었는데, 그 이후 1600년이 될 때까지 6개로 늘어났다. 그러나 지붕이 있는 것은 하나뿐이었고, 나머지는 모두 주무대와 주요 관람석 위에 지붕이 없어 비가 오면 이용할 수가 없었다. 또한 셰익스피어 시대의 연극에서는 여자 역할을 아직 변성기를 거치지 않은 소년이 맡았다. 따라서 여자 역할을 맡은 배우의 대사는 모두 그다지 길지 않았다. 영국 무대에 여배우가 등장하게 된 것은 1660년부터이다.

로미오와 줄리엣
(Romeo and Juliet)

셰익스피어가 쓴 최초의 낭만적 비극으로, 숙명적인 죽음을 맞이하는 청춘 남녀의 운명적 연애 비극을 다루고 있다. 다채로운 문체와 화려한 대사, 속도감 있는 전개가 돋보이는 이 작품은 이후 음악·무용·영화 등 다양한 장르에서 소재로 채택되었다.

두 남녀의 이루어질 수 없는 사랑과 숙명적인 죽음

베로나의 명문 몬터규 집안과 캐풀렛 집안 사이에는 오랫동안 반목이 계속되어 왔다. 몬터규 집안의 후계자인 로미오는 친구에게 이끌려 변장을 한 채 캐풀렛 집안의 무도회에 갔다가 그곳에서 그 집안의 외동딸인 줄리엣을 보고 한눈에 반한다. 그날 밤 그 집의 정원으로 숨어 들어간 그는 줄리엣도 자신을 사랑하고 있음을 알고 열렬한 사랑을 나눈 뒤 결혼을 약속한다. 이튿날 두 사람은 로런스 신부의 거처에서 비밀리에 결혼식을 올린다.

그날 오후 로미오는 길거리에서 줄리엣의 사촌인 티벌트를 만난다. 티벌트는 로미오에게 결투를 신청했으나 로미오는 거절한다. 하지만 친구 머큐시오가 대신 싸우다 죽자 하는 수 없이 티벌트와 싸우게 되어 그를 찔러 죽인다. 그 죄로 시에서 추방 선고를 받은 로미오는 그날 밤 줄리엣과 하룻밤을 지내고 이튿날 아침 일찍 유배지로 떠난다.

한편, 캐풀렛 집안에서는 줄리엣을 억지로 패리스 백작과 결혼시키기로 하고 준비를 서두른다. 궁지에 빠진 줄리엣은 로런스 신부에게 상의해 수면제를 받는다. 그 약을 먹으면 이틀가량 가사 상태에 빠진다는 것이다. 패리스 백작과의 결혼식 전날 밤에 그녀는 그 약을 복용했고, 그녀가 죽었다고 생각한 가족들은 줄리엣을 캐풀렛 집안의 묘소에 안치한다.

로런스 신부는 줄리엣이 깨어나는 것을 기다렸다가 로미오에게로 데리고 가려고 로미오에게 사자를 보내지만, 그 사자는 불의의 사고로 인해 도착하지 못한다. 다른 소식통을 통해 줄리엣의 죽음을 알게 된 로미오는 독약을 얻어서 그 날 밤 베로나로 돌아온다. 묘소에 들어가려던 그는 그 곳에서 패리스 백작을 만나 방해를 받게 되자, 하는 수 없이 그를 죽인 뒤 줄리엣 옆에서 독약을 먹고 죽는다. 얼마 뒤 가사 상태에서 깨어난 줄리엣은 죽어 있는 로미오를 보고 그의 칼로 자살한다. 몬터규와 캐풀렛 집안은 죽은 자녀들을 앞에 두고서야 겨우 서로 화해를 한다.●

로미오와 줄리엣 – 불행한 연인의 대표적 유형

로미오는 홍안의 아름다운 청년으로 '인품도 좋고 예의 바른 젊은이'라는 평판이 자자했고, 줄리엣은 얼마 뒤에 만 14세를 맞는 꽃다운 소녀이다. 두 사람의 사랑은 티 없이 순진하고 열렬하며 아름답다. 그럼에도 불구하고 두 사람의 사랑에는 처음부터 어두운 그림자가 따라다녔고, 결국 비참한 최후를 맞이한 것은 극도로 운이 나빴기 때문이다.

처음에 나오는 설명에서 이미 두 사람은 "가련한 비운의 연인들"이라고 소개되는데, '불운' 또는 '비운'이라는 말은 극 중에서도 자주 언급되고 강조된다. 두 사람이 원수 집안의 딸과 아들이면서 그런 줄도 모른 채 사랑에 빠져 버린 것이 가장 큰 불운이었다. 로런스 신부의 사자가 예정대로 도착하지 못한 것도 불운이었고, 무덤에 도착한 로미오가 줄리엣이 깨어나기도 전에 독을 마셔 버린 것도 불운이었다. 그러한 불운 속에서도 두 사람이 끝까지 서로의 사랑을 관철한 것이 깊은 비애와 아름다움을 느끼게 하는 것이다.

NOTES

● 셰익스피어와 같은 시대의 에스파냐 극작가인 베가(Lope de Vega, 1562~1635)에게도 『로미오와 줄리엣』과 같은 주제를 다룬 『카스텔빈가와 몬테스가』가 있는데, 이 작품에서는 두 주인공이 죽지 않고 살아나 해피 엔딩으로 끝을 맺었다.

윌리엄 셰익스피어(William Shakespeare)

베니스의 상인

(The Merchant of Venice)

셰익스피어의 희곡 중 가장 대중적인 작품으로, 인육人肉 재판과 상자 고르기, 유대인 처녀와 그리스도교 청년의 사랑의 도피, 반지 분실이라는 네 편의 에피소드를 통해 사랑과 우정, 물질과 정신 등의 가치를 극명하게 보여 주고 있다.

지혜로운 포르티아가 악덕 상인에게서 안토니오를 구해 내는 이야기

벨몬트의 아름다운 여자 상속인 포르티아에게 청혼하려고 하는 바사니오는 그 자금으로 3,000두카트를 빌려 달라고 친구인 베니스의 상인 안토니오에게 부탁한다. 그러나 안토니오의 자본이 선박과 상품에 투입되어 있었기 때문에 그는 그것을 담보로 유대인 고리대금업자인 샤일록에게 돈을 빌린다. 샤일록은 돈을 빌려 주겠다고 하지만, 그 대신 안토니오의 살 1파운드를 담보로 요구한다.

계약은 이루어졌고, 바사니오는 친구 그라티아노를 데리고 벨몬트로 간다. 그곳에서 그는 포르티아의 초상화가 든 구리 상자를 골라 구혼에 성공한다. 그라티아노도 포르티아의 시녀인 네리사와 결혼한다. 그곳에 샤일록의 딸인 제시카와 사랑에 빠져 함께 도망친 바사니오의 친구 로렌초도 찾아온다.

그런데 안토니오의 배가 모두 행방불명이 되고, 계약 기간이 만료되어 샤일록이 빌려 간 돈 대신에 그의 살을 내놓으라고 한다는 소식이 들려오자, 바사니오와 그라티아노는 서둘러 친구를 구하기 위해 베니스로 돌아간다. 포르티아와 네리사도 남편들 몰래 재판관과 서기로 변장한 뒤 안토니오를 변호하기 위해 달려간다.

포르티아는 샤일록에게 안토니오에게서 살 1파운드를 가져가도 좋지만, 만약 그의 살을 베어 낼 때 피를 한 방울이라도 흘리게 하면 샤일록의 전 재산을 몰수하겠다고 말한다. 베니스의 공작은 안토니오의 부탁을 받아 '샤일록의 재산 가운데 반을 그에게 돌려주되, 그는 유산으로 사위 로렌초에게 그 재산을 물려주고 그리스도교로 개종한다'는 조건을 단다.

포르티아와 네리사는 봉사한 보수로 남편들에게 결혼반지를 달라고 하며 그들을 한참 동안 놀린다. 나중에 안토니오의 배도 모두 무사히 항구로 돌아오게 되고, 샤일록을 제외한 모든 사람들은 행복한 결말을 맞는다.●

샤일록 – 차별받는 소수 민족의 대표자

제목과 같은 '베니스의 상인'에 해당하는 인물은 안토니오인데, 그는 관대하고 온화한 신사이지만 쉽게 우울해지고 말수도 적어서 주인공이라고 하기에는 성격이 약하다.

그의 친구 바사니오와 나중에 그의 아내가 되는 포르티아 쪽이 훨씬 화려하게 활약한다. 특히 포르티아는 총명하고 과감하며 재치가 풍부한 매력적인 여성이다. 그러나 뭐니 뭐니 해도 가장 주인공적인 요소가 강한 인물은 악역으로 나오는 샤일록일 것이다.

샤일록은 원래 유대인과 고리대금업자에 대한 영국 사람들의 반감을 반영해 밉살스러운 희극적 인물로 등장하는데, 19세기 이후로 해석이 바꿔어 차별받는 소수 민족의 대표자로서의 부분이 강조되고 있다. 그가 "유대인에게는 눈이 없다는 것인가? 손이 없다는 것인가? 아니면 오장 육부나 오체, 감각, 감정, 격정이 없다고 말하는 것인가? 같은 음식을 먹고, 같은 칼날에 상처를 입는다. 겨울은 춥고, 여름은 덥다. 모두 그리스도교 신자들과 똑같지 않은가"라고 외치는 부분은 비장하다고 할 수 있다.

| 작품 속의 명문장 |

"광채가 난다고 해서 모두 금은 아니다."

제2막 제7장

＊ 포르티아에게 청혼한 구혼자들 가운데 한 사람인 모로코 왕이 고른 금으로 된 상자 속에 해골과 함께 두루마리가 들어 있었는데, 이 글은 거기에 적힌 문구의 첫 번째 줄이다. 지금 이 말은 격언이 되었다.

"마음의 만족을 얻은 사람은 그것만으로 충분한 보수를 받았다고 할 수 있습니다."

제4막 제1장

＊ 재판 장면의 끝 부분에서 목숨을 구원받은 안토니오와 그의 친구 바사니오가 깊은 감사의 말과 함께 사례금을 내밀었을 때 포르티아가 했던 말이다.

NOTES

● 엘리자베스 여왕의 주치의 가운데 로페스라는 유대인이 있었는데, 여왕을 독살하려 했다는 혐의로 체포되어 재판을 받고 1594년 6월에 처형되었다. 『베니스의 상인』은 그 사건에서 소재를 얻어 쓰인 것으로 보인다.

윌리엄 셰익스피어(William Shakespeare)

오셀로

(Othello)

인간에게 내재된 악과 사랑, 질투를 선명하게 묘사한 이 작품은 가정 비극의 색채가 짙은 셰익스피어 4대 비극의 하나이다. 인간이 선과 악을 동시에 지닌 양면적 존재라는 점과 악에 의해 나약한 존재로 전락하게 되는 보편적 인간의 특성을 부각하고 있다.

이아고의 간계에 사랑하는 아내를 죽인 오셀로의 이야기

베네치아 공화국의 흑인 장군 오셀로는 그 나라의 원로원 의원 브라반티오의 딸 데스데모나와 서로 사랑하는 사이가 되어 몰래 결혼한다. 오셀로가 카시오를 부관으로 등용한 것에 한을 품은 기수旗手 이아고는 두 사람을 파멸시키려는 결심을 한다. 오셀로가 데스데모나와 결혼하게 된 사정을 원로원에 설명하고 있을 때 투르크 함대가 키프로스 섬으로 향하고 있다는 급보가 왔고, 오셀로는 그 섬을 수비하기 위해 파견된다. 그때 남편을 따라가고 싶다는 데스데모나의 청이 받아들여져서 그녀도 오셀로와 동행한다.

이아고는 먼저 근무 중인 카시오에게 술을 권해 취하게 만들어 장군으로부터 파면당하게 한다. 이어서 의기소침해 있는 카시오를 설득해 데스데모나를 통해 장군에게 복직을 부탁하라고 한다. 동시에 그는 오셀로에게 카시오가 데스데모나와 불륜 관계에 있는 것 같다고 경고한다. 이아고는 그 거짓 충고를 진짜처럼 보이게 하기 위해 자기의 아내이자 데스데모나의 시녀인 에밀리아를 시켜 오셀로가 데스데모나에게 선물한 손수건을 훔친 뒤, 카시오의 방에 떨어뜨려 놓아 고지식한 오셀로로 하여금 그녀의 부정을 믿게 만든다.

데스데모나의 부정을 확신한 오셀로는 침대에서 그녀를 목 졸라 죽인다. 한편 이아고는 속기 쉬운 로데리고를 부추겨서 카시오를 죽이려고 한다. 로데리고가 카시오를 죽이는 데 실패하자, 비밀이 발각될 것을 두려워한 이아고는 로데리고를 죽인다.

에밀리아는 살해된 여주인을 발견하고 그녀에게 죄가 없다는 것을 오셀로에게 증명해 보인 뒤 남편의 칼에 찔려 죽는다. 그 사이에 이아고의 죄를 입증해 주는 편지가 로데리고의 시체에서 발견되어 이아고는 체포된다. 오셀로는 이아고를 칼로 찔러 죽이려다가 실패하자 자신의 목을 찔러 자살한다.

오셀로 – 불신으로 스스로 파멸하는 존재

오셀로는 무어● 왕족의 피를 이어받은 고결하고 용감한 장군이지만, '피부가 검고 입술이 두꺼운' 추남인 데다, 나이도 벌써 '한창때를 지난' 사람이다. 그런 사람이 최고 권력을 가진 가문의 딸이자 젊고 아름다운 데스데모나와 결혼했으니 누가 보아도 부자연스럽게 보였을 것이다. 그러나 오셀로 자신은 '지금까지 내가 이루어 온 공적을 보더라도 이 정도의 행운은 당당하게 요구할 권리가 있다'고 생각하고 있다. 데스데모나도 '오셀로의 마음을 통해 참된 그의 모습을 발견하고' 진실한 사랑을 바치고 있다.

다만 오셀로는 군사 이외의 세상일은 잘 몰라서 마지막에 확실하게 뒤집힐 때까지 이아고를 '정직한 사람'이라고 믿을 정도로 '사람 좋고 고지식'하다. 악마와도 같은 악의 화신인 이아고는 오셀로의 그런 점을 이용해 비열한 수단으로 그를 교묘히 꾀어서 결국 아내의 부정을 확신하게 하고 나아가 그녀를 죽이게 만든다.

이 희곡은 오셀로를 파멸로 인도해 가는 이아고의 교활하기 짝이 없는 방법과, 차츰 의심을 품기 시작해 고민에 빠지다가 나중에는 '극도의 혼란에 싸여' 둘도 없는 보물마저 내팽개치고 마는 오셀로의 심리 과정을 묘사한 것이다.

| 작품 속의 명문장 |

"빛나는 칼은 칼집에 넣어라. 그렇지 않으면 밤이슬을 맞아 녹슬게 된다."

제1막 제2장

* 눈에 넣어도 아프지 않을 딸을 가로채 갔다는 소식을 듣고 한밤중에 칼을 들고 쫓아온 브라반티오와 관리들에게 오셀로가 하는 말.

"각하, 질투를 조심하십시오. 그놈은 녹색 눈을 가진 괴물인데 마음속에 자리잡고 앉아 사람을 비웃으면서 갉아먹곤 한답니다."

제3막 제3장

* 카시오와 데스데모나가 이야기하고 있는 모습을 본 오셀로에게 이아고가 의미심장한 말로 의심을 부추기면서 하는 말.

NOTES

● 무어인은 아프리카 북부에 사는 아랍 계열의 민족으로 피부가 갈색이다. 『티투스 안드로니쿠스』에도 '악마처럼 검은' 무어인인 아론이 등장하는데, 셰익스피어는 무어인과 니그로인을 혼동했던 모양이다.

맥베스
(Macbeth)

스코틀랜드의 역사극에서 모티프를 취해 공포와 절망 속에서 죄를 더해 가는 주인공의 내적 갈등과 고독을 섬세하게 표현했다. 인간 본성에 대한 날카로운 지적과 완성도 높은 대사가 돋보이는 작품이다.

스스로 저지른 악행으로 인과응보적 비극을 초래

스코틀랜드의 장군 맥베스와 그의 친구 뱅코는 반란을 평정하고 개선하던 중 3명의 마녀를 만난다. 마녀들은 맥베스에게 "고다의 영주, 미래의 왕이여"라고 예언하고 뱅코에게는 "자손이 왕이 될 분이여"라고 예언한다.

영주가 된 맥베스는 첫 번째 예언이 금세 실현되자, 가장 큰 두 번째 예언도 빨리 실현시키고 싶은 야망을 품게 되고, 그의 부인도 남편 이상의 야망을 가지고 가담한다. 그러던 중 국왕 덩컨 부자가 손님으로 자기 성을 방문하자 맥베스는 절호의 기회를 잡았다는 생각에 잠들어 있는 덩컨을 살해한다. 맥베스는 잉글랜드로 도망친 맬컴 왕자 일행에게 살인자라는 혐의가 돌아가도록 흉계를 꾸미고, 왕과 가장 가까운 친척이라는 이유로 왕위에 오른다.

왕이 된 맥베스는 뱅코에 대한 마녀들의 예언에 불안을 느끼고 결국 눈엣가시인 뱅코 부자를 죽이기 위해 자객을 보낸다. 뱅코는 자객의 손에 죽지만 그의 아들은 도망친다. 그 뒤 뱅코의 유령에 시달리는 한편 귀족들로부터도 의심을 받게 된 맥베스는 다시 마녀들을 찾아가 예언해 달라고 한다. 그녀들은 "맥더프를 조심하라. 여자한테서 태어난 자는 맥베스를 쓰러뜨릴 수 없다. 버넘 숲이 던시네인 언덕을 향해 움직일 때까지는 괜찮다"고 대답한다.

한편 파이프의 영주 맥더프는 덩컨 왕의 죽음에 맥베스가 연관되어 있음을 눈치채고 잉글랜드에 있는 왕자 맬컴에게로 도망을 간다. 이 소식을 듣게 된 맥베스는 그 처자를 죽이게 한다. 그러자 그 일에 반감을 느낀 많은 귀족들이 맥베스에게서 등을 돌린다. 맥베스 부인은 죄책감에 시달리다가 미쳐서 자살한다.

맬컴을 앞세운 잉글랜드 군대가 쳐들어오자 스코틀랜드의 귀족들도 이에 합류한다. 그들이 버넘 숲에서 나뭇가지를 들고 몸을 감추면서 던시네인 성으로 밀려들었을 때 맥베스는 '버넘 숲이 움직였다'는 말로 보고를 받는다. 그는 싸움터에서 맥더프를 만났는데, 그가 자신은 여자한테서 태어난 것이 아니라 어머니의 배를 가르고 나온 자라고 소개한다. 기세가 완전히 꺾인 맥베스는 맥더프의 손에 죽고 맬컴이 새로운 왕으로 등극한다.

맥베스 – 지나친 야심으로 인해 파멸하는 인물

맥베스는 반란군을 토벌할 때는 '전쟁의 여신 벨로나를 아내로 맞이한 군신 마르스와 같다'라고 칭송받았을 정도로 용맹스러운 장군이었는데, 마녀의 예언으로 인해 '마음속에 숨어 있던 검은 야망'이 눈을 뜬 뒤로는 끊임없이 불안에 시달리게 된다. 그는 상상력이 풍부해 앞으로 저지르려는 나쁜 짓이나 그 결과를 항상 환상으로 보며 미리 두려워하는 남자이다.

부인의 격려를 받고 덩컨을 죽이러 갈 때도 피에 젖은 칼의 환상에 이끌려 간다. 국왕을 살해한 직후에는 "이제 너는 잠들지 못한다. 맥베스는 잠을 죽였다"라고 하는 환청을 들었고, 그 이후로 그런 환청을 끊임없이 듣게 된다. 뱅코를 죽인 것도 불안의 주된 원인을 없애기 위해서였는데, 결과적으로 불안은 오히려 더욱 심해졌다. 뱅코의 유령이 다른 사람에게는 보이지 않고 그에게만 보이는 것은 역시 불안한 상상력이 만들어낸 환영이기 때문이다.

불안의 씨를 없애려다가 그는 자꾸만 죄를 더해 간다. 양심의 가책과는 다른, 보다 근본적인 불안이 맥베스를 통해 표현되어 있었던 것이다.

| 작품 속의 명문장 |

"눈에 보이는 무서움 같은 것은 마음으로 그리는 무서움에 비하면 아무것도 아니다."

제1막 제3장

* 마녀의 첫 번째 예언이 적중해 야망을 갖게 된 맥베스가 벌써 국왕을 살해하는 일을 상상하면서 내뱉는 혼잣말의 일부이다.

"나의 이 손은 끝없는 바닷물을 새빨갛게 물들이고 초록색을 붉은색으로 바꿀 것이다."

제2막 제2장

* 국왕 덩컨을 죽이고 온 맥베스가 피투성이가 된 자신의 손을 바라보면서 말하는 유명한 대사이다.

존 밀턴(John Milton)

실낙원

(Paradise Lost)

단테의 『신곡』과 함께 불후의 종교적 서사시로 평가되는 작품이다. 지옥과 천국, 지상을 무대로 아담과 하와가 사탄의 유혹에 빠져 금단의 열매를 먹고 그 일로 낙원에서 추방된다는 내용을 통해 인간의 원죄와 그 구원에 관한 가능성을 이야기하고 있다.

INTRO

셰익스피어에 버금가는 대시인으로 평가받고 있는 존 밀턴(John Milton, 1608~1674)은 영국의 시인·사상가·혁명가이다. 1608년에 런던의 부유한 공증인 집에서 태어나 작곡에 재능이 있었던 아버지로부터 음악 애호의 소질과 청교도적인 기질을 이어받았다.

최고의 교육을 받은 뒤 국교회의 사제가 되기 위해 케임브리지대학교의 크라이스트 칼리지에 들어갔다. 그러나 청교도주의로 기울게 된 그는 성직자가 되려던 처음의 뜻을 바꾸어 신의 영광을 높일 수 있는 대작을 남기기 위해 시인이 되겠다는 소명의식을 갖게 되었다.

졸업한 뒤에는 호턴에 은거하며 6년 동안 시를 쓰면서 보냈고, 그 사이에 가면극 『코머스』 등의 걸작을 탄생시켰다. 1638년, 프랑스와 이탈리아로 유학을 갔다가 이듬해 내전이 일어났다는 소식을 듣고 귀국한 뒤 『영국 교회계율의 개혁에 대해』(1641), 『아레오파지티카』(1644) 등의 저술을 통해 혁명을 옹호했다. 찰스 1세의 처형을 지지하는 글(1649)을 쓴 이후 크롬웰 정권의 대변인이 되었고, 실명失明한 뒤로도 혁명을 옹호하기 위한 글을 계속 썼다.

그러나 그런 그의 노력에도 불구하고 1660년 왕정이 복고되었다. 이에 따라 그의 신변도 위험해졌으나 기적적으로 처형을 면하고 재야로 나가 『실낙원』(1667)●, 『복낙원復樂園』(1671), 비극 『투사 삼손』(1671)의 출판 등을 통해 숙원을 이룬 뒤 1674년에 사망했다.

인류의 타락과 구원 가능성

천사들 가운데 최고의 자리에 있던 사탄은 하나님이 그의 독생자인 그리스도를 자기보다 높은 지위에 앉힌다는 소리를 듣고는 심하게 분노해 많은 천사들을 이끌고 반역을 일으키지만, 천사 미카엘과 가브리엘 등의 분투와 그리스도의 위력 등으로 싸움에서 패배해 지옥으로 떨어진다. 서사시의 법칙에 따라 『실낙원』은 '이야기의 중간', 곧 지옥에 떨어져 악마가 된 사탄이 타락천사들을 소집해 복수할 궁리를 하는 부분부터 시작된다.

자기들이 할 수 있는 가장 좋은 복수 방법으로 모두 의견의 일치를 본 것은 그 무렵 하나님에 의해 창조되어 낙원에서 행복을 누리고 있던 인류의 조상을 유혹해 하나님을 배신하게 만든다는 것이었다.

그 임무를 띠고 사탄은 홀로 우주를 날아가 낙원을 지키고 있던 천사의 눈을 교묘히 피해 새로운 천지로 숨어 들어가는데, 그곳에서 행복의 절정을 누리고 있는 아담과 하와(이브)를 발견하고는 기가 막혀 한다. 밀턴 자신은 결혼의 행복을 맛보지 못한 것으로 생각되는데, 그럼에도 불구하고 그렇게 아름다운 부부간의 사랑을 그려 낸 사람은 드물 것이다.

하나님은 인간이 사탄의 음모와 그 유혹에 빠져서 타락할 것을 미리 꿰뚫어 보고 있었지만, 하나님의 독생자는 멸망의 길을 따라갈 인간을 구하기 위해 정해진 날에 사람이 되어 세상으로 내려와 스스로를 제물로 바치겠다고 나선다. 사탄의 꾐에 빠져 하나님을 배신하고 낙원에서 추방된 아담과 하와의 앞길은 험난하지만, 그리스도에 의한 구원의 희망이 두 사람의 마음을 받쳐 주는 기둥이 된다.

재기를 꿈꾸는 밀턴의 마음이 투영된 '사탄'

『실낙원』의 주인공이 지옥으로 떨어진 뒤에도 굴하지 않고 하나님에게 복수의 칼을 들이대려고 하는 사탄인지, 아니면 그의 유혹에 빠져 낙원에서 쫓겨나는 아담인지에 대해서 오래전부터 의견이 분분하다.

『실낙원』 서두의 한 구절에 나타나 있는 것처럼 하나님에 대한 인류 조상의 불복종과 그에 대해 하나님이 행한 처분의 공정함을 찬미하는 것이 당초 밀턴이 이 작품을 쓴 목적이었을 것이다. 특히 사탄의 한과 복수를 그릴 때 역경 속에서도 재기를 꿈꾸는 밀턴 자신의 마음을 투영함으로써 시인 블레이크 이후로 많은 사람들을 매혹한 숭고하고도 박력 있는 사탄의 모습을 탄생시킬 수 있었던 것이다.

| 작품 속의 명문장 |

"지옥에서 다스리는 것이 천국에서 모시는 것보다 훨씬 낫다."

『실낙원』 제1권

* 하나님에 대한 사탄의 교만함을 나타냄과 동시에 혁명에는 실패했지만 재기를 다짐하는 밀턴의 불굴의 정신에서 나오는 외침이라고 볼 수 있다.

"모든 것은 최선이다. 최고의 지혜가 만들어 내는 일도 우리가 헤아릴 수 없어 때로 의심하게 되지만 마지막에는 모두 최선이었음이 판명된다."

『투사 삼손』의 마지막 합창

* 주인공 삼손의 일생, 나아가서는 밀턴의 일생을 총괄하는 말일 것이다.

NOTES

● 밀턴의 『실낙원』은 종교적인 내용과 비유할 수 없는 숭고한 아름다움(칸트도 절찬했다) 때문에 특히 영국과 독일, 에스파냐, 미국의 독자들을 오래도록 사로잡았고, 18세기 영국에서는 문학적 평가와 발행 부수의 양면에서 셰익스피어를 능가했다고 한다. 『실낙원』은 총 12권으로 되어 있는데, 1권과 2권에서는 아담과 하와를 유혹하려는 사탄을, 3권에서는 천상의 소식을, 4권에서는 에덴 낙원의 축복을 그리고 있다. 5권부터 8권까지는 천사 라파엘의 경고가 언급되어 있고, 9권에서는 사탄의 유혹에 넘어간 하와, 10권에서는 죄로 인한 재화災禍가 묘사되어 있다. 이어 마지막 11권과 12권에서는 인류의 역사와 구원의 예언이 언급되고 있다.

존 버니언(John Bunyan)

천로역정 天路歷程
(The Pilgrim's Progress)

진지한 신앙과 풍부한 인간 관찰이 담긴 영국 근대 소설의 선구적 작품으로, 중세 이후 하나의 전통이 된 알레고리(우화) 문학의 계보에 속한다. 한 사람의 청교도가 자신의 죄를 깨닫고 구원을 체험한 뒤 모든 고난을 이기고 하늘로 들어갈 때까지의 이야기이다.

INTRO

영국의 종교문학가이자 목사인 존 버니언(John Bunyan, 1628~1688)은 1628년 베드퍼드의 가난한 집에서 태어났다. 청교도 문학자로 언제나 함께 거론되는 밀턴과는 대조적으로 교육도 받지 못한 채 일찍부터 가업을 도와 일했다. 청교도혁명 때에는 병사로 의회군에 참여했다. 나중에 결혼한 뒤 순하기 짝이 없는 첫 번째 아내(1656 사망)에게 감화를 받아 신앙을 가졌으나, 옥중에서 쓴 자서전 『넘치는 은혜』(1666)에 쓰인 것처럼 심각한 영적 고뇌를 오랫동안 체험했다.

이후 존 기퍼드 신부와의 만남으로 인해 고뇌에서 탈피해 구원을 확신하게 되었고, 그 이후로 평신도 전도사이자 저작가로 활약하다가 나중에 목사로 추대되고 명성도 얻었다.

그러나 침례교 목사였던 버니언은 국교도가 아니라는 이유로 박해를 받아 몇 번씩 투옥(1660~1666, 1666~1672, 1675)되었다. 옥중에서 그는 작품 저술과 함께 전도를 하기도 했는데, 『천로역정』(1678)●도 그가 옥중에서 쓴 작품이다.

이 작품은 영국 근대 소설의 발전에 크게 이바지했을 뿐 아니라 그리스도교 문화사에서도 매우 뛰어난 경건 문서 가운데 하나로 꼽힌다.

그 밖의 작품으로는 『개구쟁이의 일생』(1680), 『거룩한 전쟁』(1682), 『속 천로역정』(1684) 등이 있다. 1688년에 사망했다.

성도의 영적 투쟁을 비유로 서술

누더기를 걸친 채 무거운 짐(죄)까지 짊어진 주인공 크리스천은 한 권의 책(성경)에 의해 자신과 가족, 그리고 이웃이 사는 멸망의 도시(현세)가 하늘에서 내려오는 불(최후의 심판)에 타 버릴 운명에 처해 있다는 것을 알고 전도사의 인도에 따라 가족들의 비웃음과 방해를 물리치고 구원을 찾아 여행을 떠난다.

낙담의 늪을 지나 빛을 찾아서 영광의 문을 향하던 그는 도중에서 언변이 좋은 사람의 꾐에 빠져 도덕적 완성(율법적 종교)으로 구원을 얻으려 하다가 목숨을 잃을 뻔한다. 다시 전도사의 가르침을 받아 영광의 문으로 들어가는데, 거기에서 하늘의 도시로 가는 길은 좁고 똑바른 길이다.

해설자의 집을 거쳐 십자가가 서 있는 곳까지 온 크리스천은 신기하게도 어깨의 짐이 사라졌다는 사실을 깨닫는다. 밝게 빛나는 사람에게서 새로운 옷과 함께 이마에 낙인을 받은 뒤 하늘 문에서 내놓아야 할 두루마리를 받는다(신앙에 의한 인정).

아름다운 집에서 성스러운 소녀들의 환대를 받은 뒤 전신을 무장하고 여행을 계속하는 크리스천 앞에 일대일로 싸우자고 도전하는 아폴리언과 소름이 돋는 음습한 죽음의 계곡, 마음을 현혹하는 허영의 도시(같이 간 충실한 사람은 이 곳에서 순교한다), 절망 거인의 감옥 등이 차례차례 나타나지만, 주인공은 이 모든 시련을 극복하고 죽음의 강을 건너 하늘 도시에 개선한다.

청교도의 이념을 구현

『천로역정』은 영국 근대 소설의 시조로 일컬어지는데, 주인공에게는 지정된 고유한 이름이 없다. 하지만 그에게는 개성이 있다.

그것은 바로 세상의 즐거움을 버리고 영원한 세계를 향해 나아가는 여로가 현세라고 생각한 청교도 이념의 구현이라고 할 수 있다.

이것은 다음 세대의 보다 세속적인 자본주의적 이념의 구현으로 나온 디포의 『로빈슨 크루소』와 대조를 이룬다.

| 작품 속의 명문장 |

"지갑이 부풀고 영혼이 메말라 있는 것은 큰 저주를 받은 표시이다."

『의로운 자의 바람은 이루어진다』

"하나님의 복음의 꽃밭에는 한 겹의 꽃이 없다. 모두 여러 겹으로 되어 있다. 하나님의 돌보심은 꽃잎 안에 다시 꽃잎이 있듯이 축복 속에 축복이 있는 것과 같다."

『이스라엘이여 희망을 가져라』

NOTES

● 『천로역정』은 스위프트의 『걸리버 여행기』, 디포의 『로빈슨 크루소』 등과 함께 오래도록 세계의 남녀노소를 사로잡았다. 비슷한 내용의 최근 작품으로는 현대인 존이 구원을 찾아 떠난 여행을 그린 C. S. 루이스(Clive Staples Lewis, 1898~1963)의 『순례자의 퇴보』가 있다.

대니얼 디포(Daniel Defoe)

로빈슨 크루소
(Robinson Crusoe)

진취적인 용기와 독립심, 청교도주의 등 당시 영국 시민의 생활 태도가 반영되어 있으며, 그리스도교 우화소설로도 평가된다. 스위프트의 『걸리버 여행기』와 함께 중산층을 대변하는 18세기 영국의 대표적인 고전 소설로 꼽힌다.

INTRO

영국의 소설가 대니얼 디포(Daniel Defoe, 1660~1731)는 똑같이 청교도였던 밀턴보다 52년 늦게 같은 지역인 런던 세인트 자일스 크리플게이트 교구에서 태어났다. 국교國敎 소속이 아닌 학교에서 교육을 받았고, 청교도 목사가 되려고 한 적도 있으나 나중에 포기하고 20세 무렵부터 의류잡화상을 시작했다. 이때 프랑스와 에스파냐로 출장을 간 적도 있었다.

가톨릭 신자였던 제임스 2세가 명예혁명으로 추방된 뒤, 민권을 존중하며 청교도들에게 관대한 네덜란드의 오렌지 공 윌리엄 부부가 영국으로 와서 국민의 환영을 받으며 왕위에 올랐다. 그때 젊은 디포는 감격한 나머지 새 왕인 윌리엄의 군대에 지원해서 들어갔을 뿐 아니라, 정치 행위로서 국가 정책을 고려하고, 또 반대 당과의 정치적 투쟁을 염두에 두고 언론인으로 살겠다는 결심을 했다. 그는 '상비군 편성'을 역설하고 『국책론』을 써서 17세기 말에 새로운 문학의 시조가 되었다.

연극 「햄릿」과 베이컨의 신과학으로 막을 연 17세기는 밀턴의 시와 자유론으로 꽃을 피웠고, 드라이든●의 정치풍자시와 알기 쉬운 산문비평론을 거쳐 디포의 사회시평으로 막을 내렸다. 그리고 18세기는 디포의 시사적 글들과 산문소설로 막이 열렸다. 우선 시사풍자시인 『순종 영국인』(1701)은 그 무렵 런던에서만 8만 부가 순식간에 팔렸다. 그가 의지하고 있던 윌리엄 3세가 사망한 해에는 『비국교도를 없애는 지름길』(1702)을 출판해 벌금과 투옥이라는 필화를 겪었으며, 1704년 주간지 『리뷰』를 창간해 저널리즘 시대를 열었다. 이것만으로도 그는 5,000페이지에 달하는 분량의 글을 혼자서 쓴 셈이 된다. 디포는 친구인 정치가 로버트 할리의 추대를 받아 영국과 스코틀랜드의 합병을 위해 에든버러에서 전력을 기울이기도 했다. 또 그것이 이루어진 뒤에는 잉글랜드와 스코틀랜드 왕국의 '합병사'를 썼으며, 『빌 부인의 유령실화』(1706), 『가족의 지도자』(1715) 등을 펴냈다.

60세 가까이 되어 『로빈슨 크루소』(1719)가 인기를 끌자,● 『왕당기사의 기록』과 『해적 싱글턴』

(1720), 『몰 플랜더스』(1722), 『역병의 해 일지』(1722), 『잭 대령』(1722), 『록사나』(1724) 등의 장편 소설을 잇달아 집필했다. 그 밖에 『영국 주유기』(1724~1726), 『신항해 세계일주』(1724) 등도 썼다. 1731년 4월 26일, 무어필즈에 있는 집에서 71년의 생애를 마감했다.

한 사나이의 파란만장한 무인도 표류기

다음의 내용은 이 책의 안쪽 표지에 있는 긴 제목이다.

'요크 출생의 선원 로빈슨 크루소의 생애와 신기하고도 놀라운 모험, 난파선에서 혼자 살아남아 오리노코 강 하구와 가까운 미대륙 연해의 무인도에서 28년 동안 혼자 살다가 나중에 우연히 해적선에 의해 구출된 경험이자 상세한 기록, 본인이 씀.'

나는 로빈슨 크루트너라는 이름이었지만 지금은 크루소가 되었다. 1632년 영국의 요크에서 태어났다. 배 타는 것을 좋아해 부모의 반대를 무릅쓰고 바다로 나갔다가 난파당해 해적선에 잡혀 노예로 팔린 뒤 그곳에서 도망쳐 브라질로 가서 일했다.

1659년 9월 1일 기니로 가는 무역선에 탑승했는데, 서인도에서 좌초해 전원 조난을 당하고 나 혼자만 기절한 채 표류하다가 무인도에 도착해 정신이 들었다. 이는 같은 해 9월 말의 일이었다. 그곳을 절망의 섬이라고 이름 붙이고 이튿날부터 12일 동안 뗏목으로 배에 있던 일용품과 여러 도구들을 섬으로 나른 뒤 바다가 보이는 언덕의 샘물 근처에 집을 지었다. 기둥을 세워 매일 날짜를 새기고, 총으로 섬에 있는 짐승을 사냥하기도 하고, 농사와 목축에도 힘쓰고, 앵무새와 고양이 등을 상대로 성경을 읽어주면서 용기를 잃지 않고 20여 년을 보냈다.

어느 날 문득 해변에서 인간의 발자국을 하나 발견했을 때의 놀라움과 두려움, 의심하는 마음의 동요와 반성, 신앙으로 되찾은 평정. 나중에 그 해변에 다시 가 보니 인간의 뼈가 처참하게 널려 있었다. 23년이나 사람을 그리워하고 있었는데 지금은 사람이 무섭다.

그 뒤 식인종들이 다시 와서 원주민 포로를 죽이려고 할 때 총을 쏘아 그들을 내쫓은 다음 포로로 잡혔던 원주민을 살려 주었다. 그날이 금요일이어서 그에게 프라이데이라는 이름을 지어 주고, 내 집에 재우면서 25년 만에 (말은 통하지 않지만) 사람과 이야기를 나누었다.

둘이서 생활하게 된 지 얼마 지나지 않아 다시 온 식인종으로부터 선교사와 원주민을 구했는데, 원주민은 프라이데이의 아버지였다.

어느 날 드디어 기다리던 영국의 배가 상륙해 반란을 일으킨 선원들로부터 선장을 구해 주고, 섬에 온 지 26년째인 1686년 12월 19일에 섬을 떠났다. 이듬해 6월 11일 고국에 도착해 35년 만에 완전히 변해 버린 집으로 돌아왔다.

여기까지가 『로빈슨 크루소』의 내용이며, 그다음 속편에서 주인공은 조카와 프라이데이를 데리고 다시 바다로 나가 절망의 섬에서 프라이데이의 아버지를 재회했고, 다른 원주민들과 벌인 해전에서 프라이데이는 전사했다. 그 뒤 마다가스카르 섬에 홀로 남겨지기도 하고 갖가지 모험을 하면서 중국과 시베리아를 여행하기도 했다. 오랜 여행을 끝내고 1705년 1월 10일에 런던으로 돌아와 72세라는 나이를 생각해서 고향에서 여생을 보내기로 한다.

| 작품 속의 명문장 |

"나는 비참한 일을 당하기 위해 선택되어 전 세계로부터 격리되었다. 그러나 모든 선원 가운데 홀로 살아남았으니 나를 죽음에서 구해 준 신은 비참한 조건 속에서도 나를 살려 낼 수 있을 것이다."

* 디포는 외딴 섬에 표류했던 알렉산더 셀커크의 실화나 윌리엄 댐피어●의 『새로운 세계일주여행』 4권, 헨리 피트먼의 모험 여행기 등 많은 소재를 바탕으로 천재적 상상력과 정확한 날짜 및 수치에 토대를 둔 박진감 넘치는 글로 『로빈슨 크루소』를 썼다. 이 작품은 사회생활의 모순을 조화롭게 만든다는 인류의 높은 이상과 작가의 천재적 선견지명을 보여 준 걸작으로, 무신앙에서 신앙, 희망, 성실한 노동, 인종 차별 없는 사랑의 깨달음까지 지치지 않는 청교도 정신의 역사를 나타내고 있다고 할 수도 있다.

NOTES

● 드라이든(John Dryden, 1631~1700)은 영국의 시인이자 극작가·비평가로, 다양한 방면에서 문학적 업적을 이룩한 왕정복고기의 대표적인 작가이다. 정치적·사상적 변혁이 심한 시대를 헤쳐 가면서 다양한 실험을 시도했으며, 영국 고전주의 문학과 이론을 확립했다. 영국 비평의 아버지라 불리며, 대표작으로 『압살롬과 아히도벨』(1681), 『맥 플렉노』(1682) 등이 있다.

● 『로빈슨 크루소』는 1719년 4월 25일 런던의 테일러 서점에서 출간된 뒤 4개월 만에 4쇄를 찍을 정도로 폭발적인 인기를 끌었고, 독자들의 열화와 같은 성원으로 8월에 속편이 나왔다. 또한 이듬해 8월에 그와 연관된 종교적인 『정사록靜思錄』이 출간되었다.

● 원래 해적이었던 영국의 항해가 댐피어(William Dampier, 1651~1715)는 나중에 영국 해군부를 위해 태평양을 횡단해 오스트레일리아, 뉴기니, 뉴브리튼 섬을 탐험했다. 그가 발표한 『새로운 세계일주여행』은 대단히 과학적이어서 정확한 지리학적·기상학적 관찰을 담고 있다. 1702년에서 1707년에 걸쳐 세계일주를 하는 도중에 칠레 앞바다의 외딴 섬에서 로빈슨 크루소의 모델이 된 선원 셀커크를 구출했다고 전해진다.

조너선 스위프트(Jonathan Swift)

걸리버 여행기
(Gulliver's Travels)

다양한 인간 군상을 탐구한 영국 최고의 풍자 문학으로, 인간 증오의 정신과 비범한 착상으로 탄생시킨 작품이다. 흥미로운 항해담과 환상적인 이야기를 통해 부패와 탐욕과 폭력이 난무하는 문명사회를 비판하고 인간의 본성을 날카롭게 풍자하고 있다.

INTRO

영국의 소설가 조너선 스위프트(Jonathan Swift, 1667~1745)는 1667년 11월 30일 아일랜드의 더블린에서 태어났다. 그가 태어났을 때 이미 영국인 아버지는 사망한 뒤라서 극빈 상태였는데,● 다행히 큰아버지의 호의로 더블린의 트리니티 칼리지에 들어갈 수 있었다. 그러나 아무런 재능이 보이지 않았을 뿐 아니라 손을 쓸 수 없을 정도로 방종한 성격 탓에 학교를 겨우 졸업할 수 있었다.

그 뒤에 먼저 영국으로 돌아가 있던 어머니를 다시 만나 그녀의 도움으로 그 무렵의 일류 정치가이자 외교관이었던 윌리엄 템플 경의 비서가 되었다. 스텔라라고 불렸던 에스터 존슨(1681~1728), 곧 나중에 몰래 결혼한 이 여성과 처음 만난 것은 이 무렵의 일이었다.

다시 아일랜드로 건너가 벨파스트 근처에 있는 교회의 목사로 임명되었고, 또한 더블린의 세인트패트릭성당의 목사를 역임하기도 했다. 이 시기에 종종 런던으로 나가 애디슨●, 스틸●, 콩그리브●, 포프● 등의 문인 및 혁신당 지도자들과 친하게 지냈다. 그러다가 보수당으로 전환해 그 당의 가장 유력한 정치적 대변자가 되었다. 바네사라고 불린 에스터 배넘리(1688~1723)와의 교제가 깊어진 것도 이 시기였다.

이렇게 해서 그는 차츰 문단과 정계에서 두각을 드러내며 영국에서 영화를 누려 보려 했던 야망이 이루어지는 듯했다. 그러나 그 모든 꿈은 비참한 좌절로 끝났고, 그가 오른 자리는 세인트패트릭성당의 수석사제라는 직분에 지나지 않았다. 여기서 다시 완전히 입장을 바꾼 그는 영국으로부터 아일랜드의 자유와 독립을 쟁취해 내려는 투사가 되었고, 그 결과 아일랜드의 애국자라는 칭송을 받게 되었다.

이후 2명의 애인들도 먼저 세상을 떠났고, 메니에르 병●이 심화되어 말년에는 치매에 걸렸다가 1745년 10월 19일에 죽었다. 그의 유산은 정신병원을 건설하는 데 기부되었다.

난파당한 걸리버가 여러 나라를 표류하면서 겪는 기이한 체험

레뮤얼 걸리버는 노팅엄의 작은 농장에서 태어났다. 14세 때부터 영국과 네덜란드의 대학에서 공부했고, 나중에 외과 의사가 되어 배를 탔다. 두세 번 항해를 끝내고 런던에 주거를 정한 다음, 메리 버턴이라는 여성과 결혼을 하고 개업도 했다. 그러다가 다시 배를 타고 남대서양을 향해 출항하게 된다. 1699년 5월 4일의 일이다.

먼저 첫 번째 항해에서 배는 순다 열도의 남서쪽에서 난파해 릴리퍼트라는 섬에 도착한다. 그 곳은 키가 6인치도 안 되는 소인들이 사는 나라로, 모든 것이 그 크기에 맞추어져 있다. 그래서 영국인으로서는 체격이 표준에 속했던 걸리버도 그곳에서는 엄청나게 거대한 거인이 되어 아무리 큰 불이 나도 소변으로 끌 수 있을 정도였다.

다음 항해에서 도착한 곳은 브롭딩낵, 곧 거인들의 섬으로 그곳의 왕은 60피트도 더 되는 거인이다. 여기서는 걸리버가 소인이 되어 버렸다.

그리고 세 번째 항해에서는 해적의 습격을 받아 작은 보트로 표류하는 신세가 된다. 어느 날 섬 하나를 발견해 상륙했는데, 그곳은 하늘을 나는 섬으로 주민들이 모두 황당할 정도로 추상적인 사색에 빠져 있는 공상적인 사람들이다. 이 라퓨타 섬●을 기반으로 그는 여기저기 찾아가 본다. 러그낵이라는 나라에서는 스트럴드브럭이라고 불리는 죽지 않는 사람들을 만나는데, 아무리 죽으려 해도 죽지 못하는 기괴하고 불쌍한 모습을 보고 몹시 놀란다.

걸리버의 마지막 여행지는 후이넘 섬이었다. 그곳 주민들은 겉으로 보기에는 말의 모습과 비슷하지만 모두 높은 지성과 자제심과 예절을 갖추고 있는 매우 뛰어나고 아름다운 존재였다. 야후라고 불리는 인간과 똑같이 생긴 동물 때문에 모든 인간에 대해 심한 혐오감을 갖게 된 걸리버는 고향에 돌아간 뒤에도 자기 가족의 얼굴까지 보기가 싫어지고, 마구간에 들어가서 말들의 얼굴을 보아야만 안식을 찾을 수 있는 지경이 된다.

평범한 영국인 걸리버, 인간의 본성을 깨달아 가다

레뮤얼 걸리버는 관찰력이 뛰어나고 감수성이 예민한 부분은 있어도 전반적으로는 평균적이고 평범한 영국인이다. 하지만 그의 마음 속에는 인간의 기만과 영국 정치나 학계의 부패에 대한 분노와 비판이 불타고 있었다. 그런 점에서 그는 작가의 분신이라고 할 수 있다.

그 무렵에는 일반인들까지 항해에 관해 높은 열기를 보였고, 뛰어난 항해기도 잇달아 나오고 있었는데, 『로빈슨 크루소』도 그 가운데 하나였다. 그리고 로빈슨과 비슷한 걸리버도 1726년에 발표된 이 책 속에서 매우 상세한 사실주의 수법을 통해 모국과 해상에서 일어난 일과 섬에서의 사건을 실제로 있었던 것처럼 묘사한다. 그래서 독자는 그것이 틀림없는 현실이라고 믿는다. 이는 어느 정도까지는 틀림없는 사실이다. 왜냐하면 예를 들어 소인의 섬에 나오는 관료들이나 정치가들이 그저 공상의 산물이 아니라 한 사람, 한 사람이 실제로 존재하던 영국인을 빗댄 것이기 때문이다.●

걸리버는 말의 나라에서 영국으로 돌아와 처자가 있는 집에 귀가했을 때 벌써 인간들의 색과 형태, 그리고 냄새도 견디지 못했다. 곧, 일종의 극단적인 인간 혐오가 생긴 것이다. 사실 그것은 작가 자신의 빼놓을 수 없는 성격이었지만, 그 반면에 그에게는 인간의 적나라한 모습 그대로를 사랑하는 한없는 열정이 숨겨져 있었다.

말하자면 인간을 사랑하기 때문에 증오하고 있었던 것이다. 그 점은 스텔라나 바네사와의 관계를 통해 분명하게 밝혀진다. “나는 인류라고 하는 것을 미워한다. 그러나 나는 한 사람의 존, 한 사람의 토머스를 사랑한다”고 그는 말했다.

| 작품 속의 명문장 |

“우리에게는 사람을 미워하기에 충분한 종교는 있지만, 서로 사랑하게 만들기에 충분한 종교는 없다.”

* 이미 설명한 대로 스위프트는 성직자였고, 정치나 학문, 문학 등의 분야에서 이룬 많은 업적에도 불구하고 그는 죽을 때까지 성직에 몸담고 있었다. 그런 사람이 이런 말을 했던 것이다. 참으로 통렬한 역설이라 할 수 있다.

“최대의 발명은 나침반이나 화약, 인쇄술 사용처럼 무지한 시대에 생겨난 것이다.”

“현자는 좀더 젊게 살려는 바람을 절대로 갖지 않는다.”

“허영심이 강하다는 것은 자존심이라기보다는 오히려 자기 비하를 한다는 표시이다.”

* 비하 또는 겸손이라는 말은 좋은 뜻으로 해석하는 것이 일반적인데, 과연 그것이 옳을까? 자존심이 강하다고 하면 대개 허영이 심한 것으로 생각되기 쉬운데, 과연 그것이 옳을까? 위의 말은 『걸리버 여행기』에서 인간의 허영심을 신랄하게 비판한 작가의 말로서 참으로 깊은 뜻을 담고 있다.

NOTES

● "인생의 90%는 돈이다"라고 딱 잘라 말할 정도로 가난과 불운을 짊어졌던 스위프트는 부모의 결혼에 대해서조차 "참으로 생각 없는 결혼이었다. 아내는 지참금도 없었고, 남편은 생계를 이을 방도도 찾지 못한 채 급사해 버렸다"고 비판했다.

● 영국의 수필가이자 저널리스트인 애디슨(Joseph Addison, 1672~1719)은 옥스퍼드대학교를 졸업하고 시인으로 활동하다 정계에 진출했으며, 친구 스틸과 함께 에세이 신문 「스펙테이터」를 창간해 계몽적인 논설과 위트가 넘치는 에세이를 다수 발표했다.

● 스틸(Richard Steele, 1672~1729)은 영국의 언론인·정치가로, 중학 시절부터 애디슨과 친교를 맺은 사이였다. 스틸과 함께 「스펙테이터」를 창간했으며, 서민적 성격과 창조적 재능으로 영국 근대 문학에 지대한 영향을 끼쳤다.

● 영국의 극작가 콩그리브(William Congreve, 1670~1729)는 '풍속희극'의 대표자로 평가받고 있다. 처녀작 『늙은 독신자』(1693)로 명성을 얻었으며, 세련되고 이지적이며 재기 넘치는 작품을 많이 남겼다.

● 시인이자 비평가인 포프(Alexander Pope, 1688~1744)는 가톨릭 신자인 아버지의 영향으로 정규교육을 받지 못하고 독학으로 고전을 익혔다. 대표작 『우인열전』(1728)을 통해 문단의 타락과 학자의 위선을 비판한 것으로 유명하다.

● 메니에르 병은 내이內耳 속에 있는 림프액이 비정상적으로 많아져 예고 없는 현기증이 나타나고, 한쪽 귀가 막힌 듯한 느낌이 들거나 난청이 발생하게 되는 증후군이다.

● 미야자키 하야오宮崎駿의 「천공의 성 라퓨타」는 『걸리버 여행기』의 3부에 나오는 '하늘을 나는 섬나라 라퓨타'에서 모티프를 따온 것이며, 세계적인 포털 사이트 야후Yahoo는 4부에 등장하는 인간처럼 생긴 동물 야후에서 따온 이름이다.

● 18세기 영국은 스위프트의 붓과 장군 말버러 공작의 칼이 싸우는 시대였다. 그 무렵에 아름답고 총명하며 대담했던 말버러의 부인은 다음과 같이 말했다. "저는 남편을 가장 깊이 사랑합니다. 그리고 스위프트를 가장 심하게 두려워합니다."

제인 오스틴(Jane Austen)

오만과 편견
(Pride and Prejudice)

18세기 후반 영국 중류 계급의 결혼 문제를 둘러싼 이야기로, 결혼하기까지의 과정과 남녀 주인공의 심리적 갈등을 섬세하게 묘사하고 있는 작품이다. 예리한 인간 관찰에서 오는 등장인물들의 치밀한 성격 묘사와 탄탄한 구성, 재치 있는 유머가 돋보인다.

INTRO

영국의 소설가 제인 오스틴(Jane Austen, 1775~1817)은 1775년 햄프셔 주에 있는 스티븐턴의 부유한 목사 집안에서 태어났다. 어릴 때부터 영국을 비롯해 프랑스와 이탈리아 등의 문학을 즐겨 읽었는데, 특히 소설을 좋아했다.

15세 때 단편을 쓰기 시작했고, 21세 때에는 장편에 착수해 『이성과 감성』(1811), 『오만과 편견』(1813), 『맨스필드 파크』(1814), 『엠마』(1815) 등을 연이어 세상에 내놓았다.● 『노생거 수도원』과 『설득』은 그녀가 죽은 뒤인 1818년에 출판되었다. 시류에 초연해 평생 독신으로 살다가 1817년에 생애를 마쳤다.

작품들은 모두 지방 지주의 자제들의 혼인과 일상생활의 사소한 일들을 담담한 묘사로 그려낸 것인데, 작가가 가진 치밀한 관찰력과 유머는 작품 속의 작은 공동체를 세계의 무대로 넓혀 놓았고, 등장인물을 보편적인 인간상으로 만들어 놓았다.

편견과 오만으로 시작된 사랑의 전개와 결혼의 과정

하트퍼드셔의 작은 마을에 뿌리를 내린 베넷 가문에는 딸이 5명 있는데, 그 가운데 위의 2명이 결혼 적령기를 맞이했다. 그들은 바로 순진하고 마음씨가 착하며 만사에 겸손한 장녀 제인과, 관습에 얽매이지 않는 재기 발랄한 둘째 엘리자베스이다.

제인은 근처로 이사 온 젊은 신사 빙글리를 사랑하게 되지만, 조신하게 행동하며 애정을 숨기고 있다. 빙글리의 친구 다시는 쓸데없는 인사치레를 하지 않는 사람이라 성격연구가임을 자부하는 엘리자베스조차도 그를 신분을 내세우는 '오만'한 남자라고 생각한다.

다시는 자유롭고 활달한 엘리자베스를 사랑하게 되지만, 한편으로 그녀의 어머니인 베넷 부인과 3명의 여동생이 보이는 구차함을 참을 수가 없어 엘리자베스와 더 이상 가까워지기를 꺼린다. 결국 제인을 사랑하고 있으면서도 자신에 대한 그녀의 사랑을 확신할 수가 없어 불안해하던 빙글리와 함께 그 지역을 떠나고 만다.

다시는 그 뒤 신분의 차이와 저속한 가족들에 대한 혐오감에도 불구하고 엘리자베스에게 구혼하는데, 그가 '오만'하다는 '편견'을 갖고 있던 그녀는 그 구애를 거부한다. 그러나 경박하고 뻔뻔스러운 콜린스, 태도는 친절하지만 성실하지 못한 위컴과의 교제를 통해 남자의 첫인상이란 믿을 만한 것이 아니라는 사실을 깨닫는다.

또한 여러 가지 사건과 만남을 통해 다시가 사실은 관대하고 속이 깊은 인물임을 안 그녀는 '편견'을 버린다. 다시는 빙글리에 대한 제인의 사랑이 진실하다는 사실을 알고 두 사람의 결혼을 주선해 준다. 그리고 다시와 엘리자베스도 이해와 사랑과 존경을 통해 서로 맺어진다.

대조적인 성격의 두 자매

전형적인 미인형으로 성품이 조신한 제인을 정적인 미인이라고 한다면, 여주인공 엘리자베스는 재치와 가벼운 몸놀림, 초롱초롱한 '검은 눈동자'가 인상적인 동적인 미인이다. 온화함과 활발함, 단순함과 복잡함이 이 자매의 대조적인 성격이다.

이 두 자매는 각자가 선택하는 결혼 상대, 나아가서는 결혼에 이르는 경위까지 대조를 이룬다. 온화한 신사인 빙글리와 제인의 사랑은 도중에 중단되는 일이 있었지만 직선적으로 발전해 열매를 맺는다.

그에 비해 인격은 훌륭하지만 자기의 관점과 판단을 믿는 다시와 엘리자베스의 결혼은 갖가지 우여곡절을 거친 뒤에야 비로소 이루어진다.

직감에 의한 결혼이 전자의 경우이고, 자기와 타인에 대한 이해를 바탕으로 이루어지는 결혼이 후자의 경우이다.

| 작품 속의 명문장 |

"'상당한 재산을 가진 독신 남성이라면 틀림없이 아내를 찾고 있을 것이다' 라는 말은 보편적인 진리이다."

* 『오만과 편견』의 서두에 있는 문장. 오스틴이 쓴 소설의 주요한 드라마의 구성 요소인 '결혼' 을 단적으로 표현하고 있다.

NOTES

● 오스틴의 작품은 거의 대부분 가족이나 하인들은 물론, 다른 집안사람들까지 출입하는 거실에서 쓰였다고 한다. 그녀도 대부분의 여성들과 마찬가지로 버지니아 울프가 말하는 '자기만의 방' 을 가지고 있지 않던 여성이었다.

월터 스콧(Walter Scott)

아이반호
(Ivanhoe)

1819년에 발간된 역사소설로, 노르만 귀족들에 대한 앵글로색슨족의 반항과 기백을 그린 작품이다. 흑기사로 활약하는 사자왕 리처드 1세와 로빈후드 등의 등장인물을 통해 12세기 잉글랜드인들의 역사와 삶을 생생하게 보여 주고 있다.

INTRO

영국의 시인이자 소설가인 월터 스콧(Walter Scott, 1771~1832)은 1771년 8월 15일 스코틀랜드 에든버러에서 태어났다. 같은 이름을 가진 변호사 아버지와 어머니 앤 사이에 태어난 12명의 자식 가운데 아홉 번째로, 2세 때 소아마비에 걸려 평생 동안 오른쪽 다리를 쓰지 못했다.
그래머스쿨 4학년 때 요양을 위해 쉬던 중 셰익스피어, 스펜서●, 퍼시 민요집, 18세기 소설 등을 탐독했고, 12세 가을에 에든버러대학교의 고전과에 입학했다가 3년째에 병으로 중퇴했다. 병이 나은 다음에는 변호사인 아버지 밑에서 5년 동안 일하며 배우겠다는 계약서를 썼다.
아버지와의 계약 기간을 무사히 마친 뒤 21세 때 변호사 시험에 합격했다. 이어서 주지사 대리가 되었고, 이와 병행해 민사고등법원의 고급서기관으로 25년 동안 일했다. 그는 바쁜 와중에도 민요를 수집했고, 3대 서사시 외에 다수의 시를 발표했다. 그 뒤 장편소설을 20여 편 집필했으며, 드라이든 전집과 스위프트 전집 등을 편집·교정하기도 했다. 초기 작품으로는 『에든버러 평론』이 있고, 그 밖에 저널리즘 시평 등의 많은 작품이 있다.
전 유럽에 이름이 알려졌던 명물 살롱(고고박물관으로서도 유명하다)인 애버츠퍼드 저택을 경영한 것으로 유명하다. 좋은 남편이자 좋은 아버지, 좋은 친구, 좋은 시민, 그리고 고난에 처했을 때 금욕적인 용사였던 그는 마음이 넓고 명랑하며 마지막까지 노력하면서 살았던 성실한 인생의 표상이었다.
1832년 9월 21일 향년 61세로 사망했다.

앵글로색슨족과 노르만족 간의 대립을 배경으로 한 사랑과 무용담

앵글로색슨 왕국의 마지막 왕인 해럴드는 노르망디 공국 윌리엄 공작의 침공을 막다가 전사했고, 서민들은 정복자가 이끌고 들어온 노르만 귀족들에게 토지를 모두 빼앗긴 채 프랑스어와 프랑스 법을 따르도록 강요당한다. 색슨 민족의 혼을 가진 세드릭은 요크셔의 유력한 귀족으로, 색슨 왕족인 애설스탠과 로위너 공주를 결혼시켜 색슨 왕조를 다시 일으키려 한다.

공주는 서西색슨 왕의 혈통으로 세드릭의 후견을 받아 아름답게 성장한 뒤 세드릭의 아들인 윌프레드 아이반호와 서로 사랑하는 사이가 된다. 결국 아이반호는 그 일로 아버지 세드릭에게 쫓겨나 사자왕 리처드의 십자군에 참가하고, 귀국한 뒤에는 존 일파의 사제단 기사인 브리앙 드 부아길베르, 노르만 기사 등과 시합을 벌이게 된다. 이때 흑기사로 변장한 사자왕의 도움을 받아 로위너 공주에게 승리의 관을 받기까지 한다.

그러나 부상을 당해 요크의 유대인 부호 아이작의 저택에서 아름다운 딸 레베카의 헌신적인 간호를 받다가 세 사람이 모두 붙잡히고 만다.

그들은 존 일파의 사제단 기사가 소유한 터킬스턴 성에 감금되었는데, 그곳에는 세드릭과 로위너 공주, 그리고 애설스탠도 갇혀 있었다. 그때 흑기사가 록슬리(로빈후드) 일당과 색슨의 서민들을 이끌고 성을 공격해 모두를 구출해 내는데, 레베카만 사제단 기사에게 납치되어 마녀의 누명을 쓰고 처형될 위기에 처한다.

그때 대주교가 그녀의 생명을 살려 주며 그녀의 운명을 시합의 결과에 따라 판결하겠다고 한다. 아이반호는 그녀의 기사로 출전하고, 상대인 사제단 기사의 죽음으로 모든 일이 원만하게 해결된다.

이윽고 흑기사의 가면을 벗은 사자왕 리처드 1세에게 모두들 충성을

맹세하고, 아이반호는 로위너 공주와 결혼해 행복한 결말을 맞는다.●

잉글랜드의 과거가 투영된 역사적 인물의 등장

스콧의 소설은 『미들로디언의 중심부』(1818)처럼 성격을 중심으로 하는 것과 『웨이벌리』(1814)나 『옛 사람들』(1816) 등과 같이 집단 사이의 대결을 중심으로 하는 것이 있는데, 이 작품은 후자에 속한다.

앵글로색슨 서민들이 주인공이기 때문에 아이반호나 로위너 공주보다 록슬리, 곧 로빈후드와 그의 일당인 사제 터크, 그들의 친구인 '흑기사'(사자왕 리처드 1세), 세드릭의 어릿광대인 웜버와 돼지치기 거스, 유대인의 딸 레베카 등이 독자들의 마음을 더 친근하게 사로잡는다.

제후 및 귀족들과 친했던 스콧은 역사상의 왕과 여왕들을 그의 작품에 자주 등장시켰는데, 여기서도 왕의 동생 존(뒤에 마그나 카르타의 존 왕)이 록슬리와 휴버트에게 활쏘기 시합을 시키는 짧은 묘사로 존을 살아 있는 인물처럼 생생하게 그려 냈다.

NOTES

● 스펜서(Edmund Spenser, 1552?~1599)는 르네상스 시대의 정점을 이룬 영국의 시인이다. 미완성의 장편 우화시 『요정 여왕』은 불후의 명작으로 평가된다.

● 『아이반호』의 초판은 3권으로, 각 권이 10실링이었다. 1819년 12월 18일 컨스터블 서점에서 1만 2,000부가 출판되었는데, 순식간에 매진되어 그 무렵 출판계에 신기록을 세웠다.

에밀리 브론테(Emily Brontë)

폭풍의 언덕

(Wuthering Heights)

요크셔 지방의 황야를 무대로 격정적인 사랑과 증오를 다룬 작품이다. 사실주의와 낭만주의가 훌륭하게 융합되어 있으며, 선악이 공존하는 새로운 인물을 창조했다는 평을 받았다. 자연계와 초자연계가 융합된 영혼의 세계를 극한적 상황을 통해 묘사하고 있다.

INTRO

에밀리 브론테(Emily Brontë, 1818~1848)는 영국의 소설가이자 시인으로 샬럿 브론테●의 동생이다. 1818년에 요크셔 주의 목사 집안에서 태어나 3세 때 어머니를 여의고, 괴팍한 아버지와 큰어머니 밑에서 자랐다. 기숙학교에서 학생 또는 교사로 지낸 짧은 기간을 제외하고는 평생 동안 결혼도 하지 않은 채 황량한 들판에 둘러싸인 요크셔의 목사 사택에서 지냈다.

폐병에 걸렸으면서도 마지막까지 치료받기를 거부하다가 1848년 30세의 나이로 요절했다. 창백하고 비쩍 말랐으며 굳건한 의지와 엷은 빛깔의 아름다운 눈을 가졌던 이 여성이 남긴 작품은 『곤달 시집』(1938년에 처음으로 편집·간행되었다), 세 자매의 시를 모은 『커러, 엘리스, 액턴 벨의 시집』(1946)●, 그리고 소설 『폭풍의 언덕』(1847)●뿐이다.

『커러, 엘리스, 액턴 벨의 시집』에 수록된 에밀리의 시는 21편인데, 모두 그녀의 탁월한 재주와 신비적이고 고고한 성격, 상징으로서의 자연에 대한 사랑을 드러내고 있어 『폭풍의 언덕』을 이해하는 데 가장 좋은 자료라고 할 수 있다. 『폭풍의 언덕』은 그 긴밀한 구성과 밀도 높은 문체 때문에 '산문시'라고도 불린다.

또한 주인공 히스클리프가 가진 초인적인 강렬함과 이야기 전개의 치열함 때문에 '극적인 소설'이라고도 불린다. 그리고 작품 전체에 흘러넘치는 대담한 상상력은 선악을 초월한 시인 윌리엄 블레이크에 비유되기도 한다. 그러나 그런 면이 인정을 받게 된 것은 작가가 죽은 뒤 한참 지나서였다.

격렬한 애증을 둘러싼 3대에 걸친 복수극

폭풍의 언덕이라고 불리는 요크셔의 한 농장이 주무대이다. 이 농장의 주인인 언쇼 씨는 리버풀에서 고아 한 명을 집으로 데리고 돌아온다. 그는 그 아이에게 히스클리프라는 이름을 지어 주고 친자식인 힌들리, 캐서린과 함께 키운다. 힌들리는 처음부터 히스클리프를 적대시해 사사건건 그를 학대하지만, 캐서린과 히스클리프는 일종의 원초적인 정에 의해 맺어지게 된다. 언쇼 씨가 죽은 뒤 힌들리의 학대는 더욱 심해지지만 그것 때문에 두 사람을 이어 주는 끈끈한 정은 더욱 강해진다. 힌들리는 결혼해 헤어턴이라는 아들을 낳고, 그의 학대는 처자식에게까지 미친다.

캐서린은 우연한 기회에 지주인 린턴 가문의 생활과 접하게 되는데, 히스클리프를 사랑하면서도 힌들리가 지배하는 늪과 같은 생활에서 벗어나기 위해 그녀를 사랑하게 된 린턴 가문의 아들 에드거의 구혼을 받아들인다. 이 사실을 우연히 알게 된 히스클리프는 갑자기 자취를 감춘다. 캐서린은 필사적으로 그를 찾지만 끝내 찾지 못한 채 에드거와 결혼한다.

3년 뒤, 폭풍의 언덕으로 돌아온 히스클리프는 부유한 신사가 되어 있었다. 그러나 캐서린에 대한 사랑과 힌들리를 비롯한 모든 사람들에 대한 복수심에 사로잡혀 있다. 그는 힌들리를 자포자기한 상태로까지 몰고 간 뒤 도박판으로 꾀어서 재산을 빼앗고, 힌들리의 아들 헤어턴까지 학대해 자신이 받은 학대만큼 보복을 한다. 또 증오심 때문에 에드거의 여동생 이자벨라를 유혹해 아내로 삼고, 캐서린에게까지 접근해 에드거를 괴롭힌다. 캐서린은 히스클리프의 집착에 시달리다가 딸을 낳고 죽지만, 그녀에 대한 히스클리프의 애착은 조금도 사그라들지 않는다.

증오를 바탕으로 하는 히스클리프와의 생활을 견디지 못하게 된 이자

벨라는 집을 나가 아들 린턴을 낳고, 그 아들이 12세 때 그녀는 죽는다. 또 힌들리도 실의에 빠져 세상을 떠난다. 히스클리프는 린턴 가문의 재산을 손에 넣기 위해 자기 아들 린턴과 캐서린의 딸을 강제로 결혼시키는데, 린턴은 그 직후에 병으로 죽는다. 에드거도 살아갈 힘을 잃은 채 죽는다. 겨우 복수심을 가라앉힌 히스클리프는 캐서린의 환영을 보면서 죽는다. 이제 언쇼와 린턴 집안에 남아 있는 사람은 헤어턴, 그리고 어머니와 같은 이름을 가진 캐서린의 딸뿐이다. 두 사람 사이에는 어느 새 맑은 사랑이 싹트기 시작하고, 얼마 뒤 둘은 결혼한다. 이렇게 해서 3대에 걸친 폭풍의 언덕의 사랑과 복수 이야기는 막을 내린다.

'번개와 불꽃' 같은 영혼의 소유자 히스클리프

히스클리프는 집시와 같은 외모를 가진 잘생긴 남자이다. 그리고 그의 태도에는 약간 건방진 느낌은 있지만 비교적 신사의 풍모를 갖추고 있다. 다만 그 외모와 신사적인 행동 뒤에는 '번개와 불꽃' 같은 영혼이, 그리고 '예의도 교양도 없는 야만'이 숨어 있다. 그는 말하자면 무한하게 동적인 에너지의 화신이며 그런 의미에서 초인적이다. 따라서 그의 애증 또한 인간적인 스케일을 벗어난 것이다. 사랑은 죽은 연인의 무덤을 파헤쳐 그 시체를 끌어안을 정도로 강하고, 사랑하는 사람의 영혼과 하나가 되기 위해 죽음을 원할 정도로 치열하다. 그리고 증오도 두 집안을 완전히 파멸로 몰아넣을 정도로 강렬하다.

이런 히스클리프와 신비스러운 정으로 맺어진 캐서린 또한 인간적인 틀을 초월하는 존재이다. 히스클리프와 '같은 영혼', 히스클리프와 똑같이 '깊은 마음'을 가진 그녀는 약하고 차가운 '달빛과 서리'에 불과한 보통 남자로는 만족하지 못한다. '번개와 불꽃'의 영혼을 가진 히스클리프만이 그녀에게 완전한 충족을 줄 수 있는 것이다. '달빛과 서리'에 불과한 에드거를 선택해 버린 그녀의 과오는 비극적이지만, 그렇기 때문에 히스클리프와 캐서린의 사랑은 영원성을 획득하게 된다.

이야기의 배경이 된 장소인 요크셔의 무어(황야) 또한 두 사람의 운명적인 사랑과 잘 어울린다. 이 황야에 불어닥치는 북풍은 그곳에서 자라는 모든 나무들의 가지를 한 방향으로만 뻗게 할 정도로 강렬하고 냉엄한데, 그렇기 때문에 순수하고 청명하며 인위적인 것에 전혀 물들지 않았다. 폭풍의 언덕에 부는 바람은 말하자면 인간 역사 이전부터 불고 있던 보편적인 바람으로, 두 주인공의 사랑의 모습을 상징하는 것이다.

| 작품 속의 명문장 |

"넬리, 나는 히스클리프야. 그는 항상 내 마음속에 있거든. 하지만 기쁨으로 있는 것은 아니야. 왜냐하면 나 자신이 나에게 항상 기쁨일 수가 없는데, 그는 바로 나 자신이거든."

* 이는 캐서린의 말로, 그녀와 히스클리프의 깊은 심리적 유대를 극적으로 표현하고 있다.

"저 보잘것없는 남자가 온 힘을 다 기울여서 80년 동안 사랑한다 한들 나의 하루치 분량만큼도 사랑하지 못할 것이다."

* 이것은 에드거와 자신의 사랑을 비교한 히스클리프의 말로, 강력한 사랑을 단적으로 드러내고 있다.

NOTES

● 샬럿 브론테(Emily Brontë, 1816~1855)는 에밀리 브론테의 언니이다. 분방한 공상력과 상상력, 뛰어난 표현 기법으로 자매들과 함께 글을 썼다. 1847년 발표한 『제인 에어』로 큰 호평을 받았다.

● 브론테 집안은 가난했기 때문에 조금이라도 수입을 더 얻기 위해 에밀리가 언니 샬럿, 동생 앤과 함께 자비로 『커러, 엘리스, 액턴 벨의 시집』을 출판했는데, 겨우 2부밖에 팔리지 않았다.

● 『폭풍의 언덕』의 원제는 'Wuthering Heights'인데, 이 'Wuthering'이라는 말은 작품 속에 설명되어 있는 것처럼 폭풍이 불 때의 바람 소리를 나타내는 방언이다.

샬럿 브론테(Charlotte Brontë)

제인 에어

(Jane Eyre)

최초로 '정열'을 다루었다고 평가되는 로맨스 소설의 고전이자 1840년대 영국 소설을 대표하는 작품이다. 주위 사람들의 편견과 사회의 인습에 굴하지 않고 당당하게 자신의 삶을 쟁취하는 제인 에어를 통해 역경에 굴하지 않는 새로운 여성상을 창조했다.

INTRO

영국의 소설가 샬럿 브론테(Charlotte Brontë, 1816~1855)는 1816년 요크셔 주의 목사 집안에서 태어났다. 5세 때 어머니를 여읜 뒤 1825년에는 두 언니를 잃었고, 1848년부터 이듬해에 걸쳐 남동생인 브랜월, 여동생인 에밀리(『폭풍의 언덕』의 작가)와 앤이 잇달아 세상을 떠나는 등 항상 죽음의 그림자가 그녀를 따라다녔다. 그녀 자신도 1854년 6월에 아버지가 목사로 있는 교회의 부목사였던 니콜스와 결혼했으나 9개월 뒤에 갑자기 사망했다. 39세의 젊은 나이였다.

1842년에 교사 자격을 따기 위해 브뤼셀에 있는 학교에 입학해 그곳에서 지도를 받던 유부남 에제에게 특별한 감정을 품은 것이 어둡고 짧은 생애에서 찾아볼 수 있는 유일한 밝은 이야기이다. 1847년에 발표되어 인기를 끌었던 『제인 에어』(커러 벨이라는 필명으로 출판되었다●) 외에 처녀작인 『교수』(1857)와 『빌렛』(1853) 등에도 자신이 사모하던 은사에 대한 그리움이 제각기 다른 형태로 나타나 있다.

정열적인 한 여성이 찾는 진정한 사랑과 자유

태어난 지 얼마 되지 않아 부모를 여읜 제인 에어는 냉혹한 숙모 밑에서 어린 시절을 보낸 뒤 로드의 기숙 학교에 들어간다. 그러나 규칙으로 얽매인 그곳의 답답한 생활은 그녀를 괴롭힐 뿐이다. 입학 직후에 알게 된 헬렌이 그나마 마음의 위안이 되지만 그 소녀도 얼마 뒤에 병으로 죽고 만다. 이 학교에서 6년 동안 공부한 뒤, 2년 동안 교사로 일한 18세의 제인은 로체스터 가문에 가정 교사로 들어가게 된다.

이윽고 오만한 추남인 주인 로체스터를 사모하게 된 그녀는 신분 차이를 극복하고 결혼을 약속한다. 그런데 결혼식 당일 로체스터에게 미친 아내가 있고, 저택 안에 그녀를 숨기고 있었다는 사실이 밝혀지자 제인은 절망에 빠진다. 마음에 상처를 입고 로체스터의 집에서 도망쳐 나온 그녀는 길거리에서 쓰러지기 직전에 리버스 일가에게 구출되어 종교적인 정열에 불타는 목사 세인트 존으로부터 청혼을 받는다. 그러나 화재로 아내를 잃고, 신에게 감사하는 마음을 갖게 된 로체스터와 다시 맺어지면서 올바른 사랑의 모습을 모색하던 그녀의 정신적인 편력이 끝난다.

제인 에어 – 예속적인 삶으로부터의 해방을 추구

제인 에어는 '키가 작고 안색이 창백한 데다 못생기고 밉상스러운 얼굴'을 가진 가정 교사였으나 진정한 의미의 사랑과 자유를 추구하고 있었다. 이렇게 사랑과 자유를 추구하는 자세는 그녀가 '어째서 나는 이렇듯 괴롭게 살아야 하는가'라는 의문을 가진 어린 시절부터 일관되게 유지해 온 것이다. 로드 시절의 그녀가 자기 주변의 세계를 유배지로 생각하고, 가정 교사가 되어 이 세상의 건너편까지 꿰뚫어 볼 수 있는 눈을 갖고 싶어 한 것도 그런 욕구 때문이었다.

로체스터의 첩이 되는 것은 '어리석은 자가 낙원의 노예'가 되는 것이라고 느끼고, 세인트 존의 아내가 되는 것은 '마음과 머리가 속박되는 것'이므로 '누구에게도 예속되지 않은 감정'을 잃게 된다고 생각하는 제인의 자세는 주목할 만하다.

| 작품 속의 명문장 |

"여성도 남성과 똑같은 감정이 있으며, 남성과 마찬가지로 자신의 재능을 살려야 하고, 보람 있는 일터를 찾아야 한다. …… 종래의 습관이면 충분하다고 여겨지는 어떤 일들에 도전하고 배워 보려고 하는 여성을 비난하거나 비웃는 것은 경솔하기 짝이 없는 일이다."

『제인 에어』 제12장

* 이 여주인공의 말을 읽고 이 책이 여성해방운동 책이라고 단언하는 것은 위험하다. 그러나 사랑과 자유를 추구하는 새로운 여성상을 창조하기 위해 노력한 작가의 의지는 충분히 읽을 수 있다.

NOTES

● 『제인 에어』의 제2판에는 새커리의 헌사가 들어 있는데, 이 대작가에게는 로체스터의 미친 아내와 같은 상황에 처한 부인이 있었기 때문에, 필명을 사용한 작가가 새커리의 정부情婦가 아니냐는 소문이 있었다고 한다.

찰스 디킨스(Charles Dickens)

데이비드 코퍼필드

(David Copperfield)

1849~1850년에 발표한 작품으로, 디킨스의 삶이 그대로 투영되어 있는 자전적 소설이다. 영국의 빅토리아 시대를 배경으로 한 중산층의 생활과 도덕적 가치관, 비참한 하류 계층의 생활 등이 작가의 애정과 함께 잘 녹아 있다.

INTRO

영국의 소설가 찰스 디킨스(Charles Dickens, 1812~1870)는 1812년 포츠머스에서 태어났다. 형제가 많은 데다 가난했기 때문에 셰익스피어나 버나드 쇼●와 마찬가지로 정규 학교 교육은 받지 못했다. 그의 아버지 존은 그 지역의 해군 경리국에서 일하고 있었는데, 찰스가 9세 때 온 가족이 런던으로 이사했다. 아버지 존은 그가 모델이 되었던 『데이비드 코퍼필드』(1849~1850)의 미코바처럼 금전 감각이 희박해 많은 빚을 졌고, 끝내는 투옥까지 되었다. 그 때부터 찰스의 고생이 시작되었다. 그는 구두약 공장(작품에는 양조장으로 되어 있다)에서 비참한 생활을 하면서 어머니의 심부름으로 형무소에 있는 아버지의 옷가지를 나르곤 했다. 한창 놀고 싶은 나이에 그런 일을 하기란 쉽지 않았을 테지만 그런 생활도 2년 만에 끝나고, 그 뒤부터는 학교에 가기도 하고, 변호사 사무실에서 일하기도 했다.

찰스는 19세 때 어떤 신문의 통신기자가 되었는데, 이것이 그가 세상에 두각을 드러내는 계기가 되었다. 그 무렵 영국에는 아직 교통 기관이 갖추어져 있지 않았기 때문에 그는 승합마차를 타고 영국 각지를 돌아다녔다. 그는 어촌이나 한적한 농촌 마을까지 찾아가서 그곳에서 일어나는 재미있고 신기한 이야기를 찾아낸 다음 그만의 독특한 문체로 기사를 썼다. 그의 날카로운 눈으로 관찰한 세상사는 나중에 집필한 작품들 속에서 생생한 생명력을 갖고 다시 태어났다. 그가 문단의 주목을 받게 된 것은 1837년에 두 번째 작품인 『피크위크 클럽의 기록』(1837)을 출간한 다음부터이다. 주인공 피크위크를 통해 보여 준 작가의 훌륭한 유머 감각과 인생에 대한 통찰력이 비할 데 없이 뛰어났기 때문이다.

불우한 어린 시절을 보냈지만 그는 행복한 작가라고 할 수 있다. 말년에 아내와 이별하는 불행은 있었지만 작품을 하나씩 출간할 때마다 그의 명성은 높아졌고,● 경제적으로도 부유해져서 고향 근처에 커다란 저택을 세우고 그곳에 안주했다. 1870년 찰스가 자신의 집에서 화려한 일생을 끝냈을 때 영국의 아이들은 "찰스가 죽었으니 이제 크리스마스는 오지 않는 것이 아니냐"며 걱정했다고 한다. 초기 작품인 『크리스마스 캐럴』(1843)이 얼마나 널리, 또 깊게 대중의 마음을 사로잡고 있었는지 알 수 있게 하는 일화이다.

한 중산층 소년이 작가로 성공하기까지의 감동적인 이야기

데이비드는 주옥처럼 심성이 고운 아이이다. 아버지가 죽은 지 6개월 만에 태어난 유복자인 그는 온화한 성품의 어머니와 친절한 유모 페고티의 사랑 속에서 무럭무럭 순진하게 자란다. 그러나 얼마 뒤에 어머니는 머드스턴이라는 불한당과 재혼하고, 그때부터 그는 고생길을 걷기 시작한다. 먼저 세일럼하우스라는 학교로 보내지는데, 그곳에서 폭력적이고 굴욕적인 교육을 받는 사이에 그리운 어머니가 죽었다는 소식을 듣고 심한 충격을 받는다. 그 뒤 그는 머드스턴이 경영하는 템스 강 옆에 있는 양조장에서 일하게 된다. 그곳에서는 세 끼 식사도 제대로 주지 않아 음식 대신 물로 배를 채우는 일도 종종 있었다. 얌전하고 참을성이 많은 그도 더 이상 참지 못해 결국 그곳에서 도망칠 결심을 한다.

데이비드에게는 좀 괴팍하지만 정이 깊은 벳시라는 큰어머니가 있는데, 그녀는 도버에서 혼자 살고 있다. 그는 이 큰어머니를 찾아 도버로 향하는 비장한 여행을 시작한다. 마음씨 좋은 이 소년은 여행을 시작하면서 갈아입을 옷이 든 짐과 그의 전 재산인 1파운드의 돈을 도둑맞는다. 그는 도버를 향해 서둘러 가면서 낮에는 땀과 먼지투성이가 되고, 밤에는 풀을 베개 삼고 밤하늘을 지붕 삼아 잠을 잔다. 배고픔을 견디지 못해 빵 한 조각을 얻기 위해 입고 있던 윗도리를 팔아 버려야 할 지경이다. 괴로울 때는 어머니의 모습이 환영처럼 떠올랐지만 기특한 그는 어머니의 환영을 유일한 벗으로 삼아 갈 길을 서두른다.

감정을 겉으로 드러내지 않는 큰어머니는 그대로 소년을 받아들여서 캔터베리학교에 다니게 한다. 이 학교생활은 데이비드의 미래를 열어주는 데 큰 도움이 된다. 학교를 졸업하자 스펜로 앤드 조킨스 법률사무소의 서기로 일하게 되었고, 그 사이에 변호사의 딸인 도라와 결혼한다. 도라는 세상을 모르는 '철없는 아내'로 남편에게 순진한 사랑을 바치는 사랑스러운 여성이지만, 결혼한 지 얼마 되지 않아 세상을 떠난다. 이는 데이비드의 평생에 다시없는 슬픔이었지만, 그 무렵에는 그도 세상 이치를 아는 훌륭한 사회인이 되어 있었다. 그는 학교 시절에 큰어머니의 변호사인 위크필드 집안에 신세를 지고 있었을 때 알게 된 그 집 딸 아그네스와 결혼한다. 아그네스는 전처인 도라와는 달리 보기 드물게 총명한 여성으로, 집안을 잘 꾸려 나갈 뿐 아니라 남편에게 훌륭한 정신적 자극을 준다. 데이비드로서는 훌륭한 인생의 반려자를 얻은 셈이다. 그가 나중에 작가로 세상에 알려지게 된 것도 아그네스 덕분이라 할 수 있다.

데이비드 주변에는 많은 인물들이 있는데, 그중에서도 작가의 유머를 가장 잘 나타내고 있는 사람은 작가의 아버지가 모델이 된 미코바이다. 그는 데이비드가 양조장에서 일하고 있을 무렵의 하숙집 주인으로 정말 낙천적인 사람이다. 이렇다 할 수입은 없어도 좋아하는 술을 마시고 마음껏 즐기기 때문에 날이 갈수록 빚이 늘지만 그런 일에 전혀 개의치 않고 "살다 보면 어떻게 되겠지"라고 항상 허풍을 떤다. 이 인물은 많은 독자들의 사랑을 받아 나중에는 미코버리즘(낙천가)이라는 낱말이 일반적으로 통하게 되었다. 그는 "어떤 사람의 1년 수입이 20파운드라고 치자. 그 사람의 지출이 19파운드 19실링 6펜스라면 그 사람은 행복하지만, 지출이 20파운드 6펜스이면 그 사람은 불행하다"라고 데이비드에게 이야기한다. 방만하게 돈을 쓰는 그가 그럴듯하게 이런 소리를 하고 있으니 누구라도 웃지 않고는 배기지 못하는 것이다.●

데이비드 코퍼필드 – 생기 발랄한 작가의 분신

『데이비드 코퍼필드』에 대해 작가는 이런 말을 한 적이 있다.

"나는 나의 모든 작품들 가운데 이 작품을 가장 좋아한다. 나는 나의 공상에서 태어난 모든 자식들에 대해 사랑을 느끼는 아버지이지만, 세상의 많은 부모들과 마찬가지로 마음속으로 특별히 아끼는 자식이 한 명 있다. 그 이름은 데이비드 코퍼필드이다."

그리고 작가는 이 공상적인 작업을 끝낸 것은 기쁘지만 그와 동시에 사랑하는 자식과 이별할 생각을 하니 가슴이 아프다며 집필 뒤의 이별을 안타까워했다. 그러고 보면 데이비드는 작가의 분신답게 그 성격이 참으로 생기 발랄하다. 그는 의붓아버지에게 냉혹한 취급을 받지만, 좌절하지 않고 적극적으로 살아간다. 양조장에서 도망쳐 나와 큰어머니가 사는 곳을 향해 맨손으로 도버 가도를 달려가는 모습은 참으로 기특하고 가련하지만, 그의 신변에는 항상 밝은 빛이 비치고 있다. 그는 어른이 된 뒤에도 굳건한 의지를 잃지 않았다. 또한 세상의 권위나 불합리한 압력에 대해서는 굴복하지 않고 반발한다. 일반 사회에서 좀처럼 보기 힘든 훌륭한 인품의 소유자이다. 주인공 데이비드 코퍼필드가 작가뿐 아니라 많은 사람들에게 오래 사랑을 받는 것도 바로 그런 이유 때문이다.

NOTES

- 쇼(George Bernard Shaw, 1856~1950)는 영국의 극작가이자 소설가·비평가로, 영국의 근대극을 확립한 세계적인 작가이다. 1925년에 노벨문학상을 받았다.
- 생전과 사후를 가리지 않고 영국에서 디킨스의 인기는 타의 추종을 불허한다. 파티에서 "전 디킨스를 읽지 않습니다"라고 말하면 아예 대화에 끼워 주지도 않을 정도이다.
- 어느 날 디킨스가 어떤 소녀의 인형을 잘못해서 망가뜨렸는데, 그가 미안하다고 하며 새 인형을 사 주자 소녀의 어머니가 오히려 미안해하면서 답례로 책 한 권을 선물했다. 그때 디킨스가 받은 책은 놀랍게도 『데이비드 코퍼필드』였다고 한다.

찰스 디킨스(Charles Dickens)

두 도시 이야기
(A Tale of Two Cities)

프랑스혁명을 배경으로 런던과 파리를 무대로 쓴 역사소설. 역사적 사실에 관한 이해는 피상적이지만, 긴박했던 파리와 런던의 정경 묘사나 프랑스혁명기라는 어려운 시기를 헤쳐 나가는 인간의 심리를 정밀하게 그려 냈다는 데 의의가 있다.

사랑하는 여인의 남편 대신 단두대의 이슬로 사라진 남자의 사랑과 염원

『두 도시 이야기』(1859)●는 프랑스혁명을 배경으로 시드니 카턴이라는 변호사 주변에 있는 많은 인물들이 목숨을 걸고 행동하는 모습을 그려 낸 작품이다.

횡포가 심한 프랑스 후작 에브레몽드의 비밀을 알게 되었다는 이유로 의사인 마네트는 18년이라는 오랜 세월 동안 감옥에 갇혀 있다가 석방되어 아름다운 딸 뤼시와 함께 런던으로 건너가 평화로운 생활을 보내게 된다. 그런데 우연한 기회에 변호사 카턴이 뤼시에게 깊은 애정을 품게 된다. 그러나 카턴이 조사해 보니 뤼시는 프랑스의 망명 귀족으로 지금 영국에 있는 샤를 다르네와 약혼하기로 약속되어 있었다.

다르네는 에브레몽드 후작의 조카인데, 한창 불안한 파리의 사회 정세로 보아 귀족 출신이라는 사실이 알려지면 새로운 혁명 정부에 체포될 것이 뻔할 뿐 아니라 스스로도 프랑스 귀족의 횡포가 싫어서 영국으로 도망쳤던 것이다. 카턴은 원래 술을 좋아하는 게으른 남자였지만 한편으로는 의협심이 강한 인물이어서 뤼시를 좋아하는 자기 마음을 접고 상대방의 마음에 동감할 뿐 아니라 나아가 두 사람의 결혼을 축복해 준다.

한편, 예전에 마네트 의사에게 신세를 진 적이 있고, 지금은 술집을 경영하고 있는 드파르주 부부 가운데 특히 부인은 예전에 자기 집안이 에브레몽드 후작으로부터 모욕을 당한 적이 있어서 모든 귀족들을 극단적으로 싫어한다. 그녀는 주위에 있는 여성을 상대로 "자유, 평등, 박애"를 외치고 선두에 서서 혁명의 필요성을 강조하며 민중을 선동한다.

그러던 중 예전에 에브레몽드 후작 가문의 하인이었던 가벨과 그의 딸 마리가 억울하게 투옥된다. 이 일에 대해 다르네는 의분을 느끼고 망명자인 자신이 나서면 위험하다는 사실을 알면서도 두 사람을 구하기 위해 파리로 간다. 예상대로 그는 체포되어 재판에 회부된다. 마네트 의사의 유력한 증언 덕분에 한 번은 무죄 판결을 받지만, 귀족에 대해 깊은 한을 가진 드파르주 부인이 예전에 감옥에서 쓴 마네트 의사의 비밀문서를 내놓으며 다르네가 잔악한 에브레몽드 후작의 친척임을 증명하는 바람에 혁명 정부는 그에게 사형을 선고한다.

쉴 새 없이 수백 명의 목을 자르는 단두대의 소리는 참으로 소름 끼치는 것이었다. 남편을 잃게 된 뤼시의 심정은 처참했다. 유능하면서도 오랫동안 방탕한 생활을 계속해 온 카턴은 그런 생활을 청산하고 뤼시에 대한 사랑을 완성하기 위해 그녀가 사랑하는 남편 다르네의 목숨을 구하려고 다르네와 풍모가 비슷한 자신이 감옥으로 들어가 대신 처형된다.

시대가 낳은 다양한 인간 군상을 표현

대중적인 디킨스는 고상한 문장을 선호한 칼라일과는 성격이 맞지 않았지만, 그래도 칼라일●의 명저인 『프랑스혁명』(1837)에는 경의를 표하며 그것을 참고로 했다. 그러나 1859년에 나온 이 이야기는 단순히 프랑스혁명의 역사적인 기술이 아니라 그 어려운 시대를 헤쳐 나가는 인간의 심리를 정밀하게 그려 낸 것이다.

자신의 반평생을 돌아본 카턴이 다르네를 대신해서 단두대의 이슬로 사라지려 할 때는 참으로 깨끗한 예언자와 같은 그의 풍모를 느낄 수가 있다. '내가 지금 하는 일은 지금까지 해 온 어떤 일보다도 훌륭하다. 내가 지금 향하는 것은 지금까지 느낀 어떠한 것보다도 훨씬 좋은 안식이다'라고 그는 생각한다.

카턴에게 유머 감각이 없다고 하는 사람도 있다. 그러나 생각해 보면 국민 전체가 혁명이라는 흥분의 도가니 속에 휩싸여 있는데 유머가 생길 여지가 어디 있겠는가. 카턴은 그 시대가 낳은 특이한 성격의 인물이라고 할 수 있다.

NOTES

● 19세기 중반에 영국의 지방에 살던 한 독자는 연재 중이던 『두 도시 이야기』에 나오는 주인공들의 운명이 궁금해서, 런던으로부터 신문이 도착할 때까지 기다리다 못해 길거리로 뛰어나와서 신문을 받았다고 한다.

● 영국의 비평가이자 역사학자인 칼라일(Thomas Carlyle, 1795~1881)은 1837년 『프랑스혁명』을 출판해 명성을 확립했다. 칼라일은 이 책의 제1권 집필을 끝마친 뒤 경제학자인 존 스튜어트 밀에게 원고를 보냈으나 밀이 부주의로 이것을 불태워 버렸고, 망연자실한 칼라일은 한동안 아무 일도 못 하다가 다시 용기를 내어 이 책을 완성했다는 일화가 전해진다.

로버트 스티븐슨(Robert Louis Stevenson)

지킬 박사와 하이드 씨

(The Strange Case of Dr. Jekyll and Mr. Hyde)

인간의 이중 인격을 고발하고 현대인의 자아 분열을 암시한 작품이다. 선과 악, 인간과 신의 영역, 낭만주의와 리얼리즘 등의 대립이 지킬 박사와 하이드라는 두 자아의 대립으로 표현되고 있다.

INTRO

R. L. S.라는 약자로 영국 국민들의 사랑을 받고 있는 소설가이자 시인, 수필가인 로버트 루이스 스티븐슨(Robert Louis Stevenson, 1850~1894)은 1850년 스코틀랜드의 에든버러에 사는 유명한 토목 기사와 프랑스계 목사의 딸 사이에서 태어났다. 어린 시절부터 병약했던 그는 병상에서 유모한테 성경과 스코틀랜드의 역사 이야기를 들으며 자랐고, 나중에는 시와 문학서를 즐겨 읽으며 풍부한 상상력과 뛰어난 산문 기술을 익혔다. 그러나 아버지의 뜻에 따라 대학에 진학해 처음에는 공학을, 나중에는 법학을 공부해 변호사 자격을 취득했다. 이후 폐병으로 요양을 하게 되면서 창작에 전념했다.

1877년에 그는 두 아이를 데리고 남편과 별거하고 있던 연상의 미국 여성 패니 오즈번과 사랑에 빠졌고 병든 몸과 곤궁한 생활을 무릅쓰고 결혼에 이르렀다.● 모험소설로 유명한 『보물섬』(1883)은 패니가 데리고 온 아들 로이드에게 이야기해 주었던 아이디어를 바탕으로 만들어졌다. 1886년 며칠 만에 완성시킨 『지킬 박사와 하이드 씨』가 공전의 히트를 쳐서 스티븐슨의 이름이 문단에 우뚝 서게 되었다.

나중에 스티븐슨은 요양을 위해 가족을 데리고 사모아 제도 중의 하나인 우폴루 섬에 땅을 사서 이사했고, 그 뒤로는 영국으로 돌아오지 않았다.● 그는 '바일리마'라고 불렸던 이 미개한 섬에서 원주민들로부터 '추장'으로서 존경과 사랑을 받으며 6년간의 충실한 작가 생활을 보낸 뒤, 1894년 44세의 생애를 마감했다.

악을 해방시키는 약을 발명하고 이중적 생활을 하던 한 남자의 비극

1800년대 런던의 어느 번화가 뒷골목. 길을 가던 몸집이 자그마한 젊은 남자가 8, 9세의 소녀와 부딪쳐 소녀가 땅바닥에 넘어진다. 그러자 남자는 태연한 얼굴로 아이의 몸에 발을 얹더니 그 몸을 짓밟고 지나치려 한다. 이 광경을 본 사람들이 남자를 붙잡아서 다그쳤는데, 남자는 아무렇지도 않게 소녀의 가족에게 100파운드의 위자료를 지불하겠다고 한다. 한눈에 보아도 소름이 끼칠 정도로 징그러운 얼굴을 가진 에드워드 하이드라는 이 남자는 근처 골목 안쪽의 오래된 집으로 들어가더니 2, 3분 만에 유명한 의학자이자 왕립협회 회원인 헨리 지킬 박사가 서명한 수표로 위자료를 지불한다. 수표는 틀림없는 진짜였다.

이 이상한 이야기를 듣고 남모르게 가슴 아파한 사람은 다름 아닌 지킬 박사의 오랜 친구로 법률고문이기도 한 어터슨 박사이다. 지킬은 그 하이드라는 인물을 유산상속인으로 지정한 유언서를 어터슨의 반대에도 불구하고 그에게 맡겨 놓았던 것이다. 그는 지킬도 알고 있는 친구인 의학자 래니언 박사에게 의논해 보았지만 어떻게 할 방도가 없었다.

1년 뒤에 드디어 돌이킬 수 없는 비참한 사건이 일어났다. 안개가 낀 밤에 템스 강변에서 하이드가 우연히 만난 상원 의원 커루 경을 별것 아닌 말다툼 끝에 지팡이로 때려 숨지게 한 것이다. 현장에 남아 있던 지팡이는 지킬 박사의 것으로, 사건 직후에 지킬을 찾아간 어터슨은 자취를 감추겠다고 써 놓은 하이드의 편지를 그에게서 받는다. 그런데 필적 감정 전문가는 이 편지가 지킬의 필적임을 간파한다.

2개월 뒤 래니언 박사가 어터슨에게 유서를 남기고 병으로 사망한다. 봉투에는 특별히 '지킬이 사망하거나 실종될 때까지 개봉하지 말 것'이라고 쓰여 있었다. 얼마 뒤 지킬이 하이드의 손에 죽었다는 소식을 듣고 어터슨이 달려갔을 때 실험실에서 발견된 사람은 지킬의 옷을 입은 하이드의 시체로, 책상 위에는 하이드가 아니라 어터슨을 상속인으로 한다는 유언장과 자세한 '고백'이 담긴 편지가 있었다.

어터슨은 먼저 래니언의 유서를 읽었다. 커루의 살인 사건으로부터 2개월 뒤에 래니언은 지킬 박사로부터 자기 연구실의 특별한 서랍을 집으로 갖다 놓으라는 이상한 의뢰장을 받았다. 그날 밤 래니언의 집에 나타난 사람은 하이드였는데, 서랍 안에 있던 약을 조제해 복용하자 놀랍게도 순식간에 키가 커지고 얼굴 형태가 바뀌더니 자랑스러운 얼굴을 한 지킬 박사로 변한 것이다. 인격자라는 평판이 자자한 친구 지킬 박사가 바로 커루의 살인범이었다니! 이 충격은 래니언을 죽음으로 몰아갈 정도로 대단히 큰 것이었다.

지킬 박사의 고백서에는 청년 시절부터 관능적인 향락을 억제하지 못하고 살았던 이중 생활 때문에 괴로웠다는 내용과, 선과 악이라는 인간 본래의 이중적인 성격을 분리하려는 연구에 성공해 약의 힘으로 자기 안에 있는 악을 독립적인 인간으로 변신시킬 수 있게 되었다는 내용이 적혀 있었다. 그러나 언제부터인가 선악의 균형이 깨어져서 지킬은 약 없이도 하이드로 변하는 일이 많아졌고, 거꾸로 하이드가 지킬 박사로 돌아오려면 점점 더 많은 양의 약이 필요하게 되었으며, 게다가 이제는 그 약을 어디서도 조달할 수가 없게 되어서 자기에게는 파멸의 길밖에 남아 있지 않게 되었다고 적혀 있었다.

선과 악이 공존하는 평범한 남자, 지킬

근대 소설에서 이만큼 '부자연'스럽고 현실적으로 있을 수 없는 줄거리를 가진 소설은 찾아볼 수가 없다. 작품을 읽지도 않고 황당무계하고 말도 안 되는 교훈 이야기라고 경멸하는 사람도 많다. 또한 그런 사람들 중에는 영화에서 본 지식 때문인지 작가가 처음부터 지킬과 하이드가 동일 인물의 변형이라고 독자에게 이야기하고 있다고 믿고 있는 사람이 많다. 그런 의미에서 보면 사실 이 글을 읽은 다음에 작품을 읽으면 재미가 반 이하로 떨어져서 작가에게 미안하다는 생각이 든다. 그래서 앞에 나온 '작품의 줄거리'는 지킬과 하이드가 어떤 관계인지 궁금해서 견딜 수가 없는 한편, 걱정도 되는 어터슨의 입장에서 원작을 충실히 따라서 쓰려고 노력했다.

다음으로 '지킬과 하이드'를 개념으로 이해하고 있다고 생각하는 사람들은 지킬을 선인, 하이드를 악인으로 딱 갈라놓고 선인과 악인이 실내복과 외출복처럼 이리저리 변하고 전환하는 이야기라고 생각하고 있다. 이것도 작가가 불쌍하게 생각될 정도로 비속한 해석이다. 지킬 박사는 선인이 아니라 마음속에 악덕을 행하고 싶다는 충동을 가지고 있고, 종종 그런 충동에 지기도 하는 아주 평범한 남자이다. 그가 비범한 점은 이런 내적 이중성을 심각하게 고민하고 악을 행하려는 자기의 성향을 약의 힘으로 해방시키는 발명을 했다는 점이다. 그런데 이것은 죄의식을 인간에게 부여한 신의 뜻을 거역하는 행위였기 때문에 그는 벌을 받았다고 볼 수 있다.

한편, 약의 힘에 의해 순수한 악의 인격화로 창조된 하이드 씨가 일반적인 연극이나 통속소설에 나오는 악인과는 달리 수십 년 동안 지킬의 내부에서 압박되고 발육이 억제되었다는 점 때문에 오히려 젊고 약하며 신체가 발육부진이었다는 점이 재미있다.

근엄하고 정직하며 품행도 올바른 인물이 남몰래 아주 질이 나쁜 호색한 짓을 하거나 난폭하게 가족을 학대하는 경우에 종종 "그 인간은 사실 하이드야"라는 말을 쓰는데, 이것은 잘못된 표현이다. "그 인간은 사실 지킬 박사야"라고 해야 옳다.

NOTES

● 스티븐슨의 부인은 그보다 10세나 연상이었고, 튼튼한 몸을 가진 여성이었기 때문에 스위스로 함께 여행을 갔을 때 호텔 지배인이 그녀를 어머니로 착각하는 바람에 스티븐슨이 화를 내기도 했다.

● 스티븐슨이 방문했던 적도 바로 밑에 위치한 아페마마 섬의 왕은 왕관 대신 헬멧을 쓰고, 치마를 입고, 장화를 신고, 게다가 무슨 영문인지 난로를 창고에 가득 쌓아 놓고 있었다고 한다.

오스카 와일드(Oscar Wilde)

도리언 그레이의 초상
(The Picture of Dorian Gray)

인간이 지닌 본성과 쾌락의 문제를 파고든 와일드의 유일한 장편소설로, 19세기 후반 영국 사회의 병폐를 예리하게 드러내면서 인간의 이중성과 선과 악의 본질에 대해 문제를 제기하고 있다. 유미주의자인 작가의 인생관과 예술관, 도덕관이 잘 드러나 있는 작품이다.

INTRO

오스카 와일드(Oscar Wilde, 1854~1900)는 아일랜드의 시인·소설가·극작가로, 정식 이름은 오스카 핑걸 오플래허티 윌스 와일드Oscar Fingal O'Flahertie Wills Wilde이다. 1854년 10월 16일 더블린에서 태어났고 트리니티 칼리지와 옥스퍼드대학교를 우수한 성적으로 졸업했다.
1879년에 런던으로 가서 첫 번째 시집을 출판해 그 유미주의●와 특이한 복장 및 기행, 그리고 미국과 영국에서 한 문예 강연 등으로 명성을 얻었는데,● 그 명성은 차라리 악명이라고 부를 만한 것이었다.● 이 모든 것은 빅토리아 시대의 무겁고 답답한 권태와 악착 같은 실리주의에 대한 저항이었다.
1891년에 『도리언 그레이의 초상』을 발표했고, 제2의 동화집과 독창적인 예술 평론집에 이어 그 뒤 3년 동안 희곡 『살로메』(1893)와 네 편의 풍속 희극인 『윈더미어 부인의 부채』(1892), 『하찮은 여인』(1893), 『이상적인 남편』(1895), 『거짓에서 나온 성실』(1895)로 눈부신 성공을 거두었다.
1895년 이 영광의 절정에서 그는 앨프레드 더글러스, 곧 퀸즈베리 후작의 아름답고 방탕한 셋째 아들과의 동성애 사건으로 고소를 당했다. 만 2년간의 실형 판결을 받고 1897년 5월 19일에 석방된 그는 그날 밤 당장 프랑스로 건너가 『리딩 감옥의 노래』를 썼다.
그 뒤 프랑스와 이탈리아의 각지를 떠돌아다니다가 결국 3년 뒤인 11월 30일 파리에서 빈궁한 생활을 하다 비참하게 죽었다.

영원한 젊음과 미모를 꿈꾸는 청년의 죄와 벌

때는 19세기 말 장미 향기가 풍기는 초여름 어느 날이고, 장소는 런던의 배질 홀워드의 화실이다. 지금 그는 한 청년, 참으로 보기 드물 정도로 아름다운 외모를 가진 젊은이 도리언 그레이의 초상화를 마무리짓고 있다.

그것을 바라보면서 감탄의 표정을 짓는 사람은 그와 친한 귀족인 헨리 워튼 경이다. 그는 "미, 진정한 아름다움이라는 것은 지적인 표정이 시작될 때 끝나 버리는 것이지. 지성이란 그 자체가 과장의 한 형식이기 때문에 어떠한 얼굴의 상태이든 그것을 망가뜨리거든. 이 사람은 절대로 생각 같은 것은 하지 않을 거야. 분명 그럴 것이라고 생각해. 이 사람은 머리가 없는 아름다운 생물이니까"라고 말한다. 그때 그림의 주인공이 들어온다. 그리고 순식간에 헨리 경의 요상하고 악마적인 유미주의唯美主義 사상에 사로잡혀 자기가 어떻게 되든, 또는 무엇을 하든 언제까지나 젊고 아름답게 남고, 그 대신에 자신의 초상화가 늙고 추하게 변했으면 하고 바라게 된다.

도리언은 어느 허름한 소극장에서 본 여배우 시빌 베인에게 마음이 끌린다. 그러나 시빌이 무대 위의 줄리엣에서 현실의 줄리엣으로 변해 "아름다운 나의 왕자님"인 도리언을 열렬하게 사랑하게 되자 그녀의 연기는 치졸하게 바뀌어 버렸고, 그것을 보고 사랑에서 깨어난 도리언은 그녀에게 냉정하게 대한다. 그때 도리언은 자기 초상화에서 처음으로 변화를 발견한다. 자기의 잘못을 깨달은 그는 시빌과 결혼할 결심을 하지만, 시빌은 벌써 자살해 버린 뒤였다.

그 뒤 도리언은 방탕한 생활 속으로 빠져든다. 그는 수많은 여자들을 유혹하고, 지저분한 뒷골목을 드나들다가 나중에는 친구인 화학자와 시빌의 남동생, 그리고 홀워드까지 살해하는 죄를 범한다.

그는 어느덧 38세가 되었고, 어느 날 밤 그 저주스러운 초상화를 찢어 버리려고 그림에 칼을 꽂았다. 그러나 그것은 그 자신을 죽이는 칼이 된다. 늙고 초라하고 주름투성이의 얼굴로 변해 버린 그는 바닥에 쓰러진다. 그 앞에 더할 나위 없는 아름다움과 젊음으로 빛나는 그의 초상화가 벽에 걸려 있다.

도리언 – 작가가 가진 청춘의 이상적인 모습

에드거 앨런 포는 단편 『윌리엄 윌슨』(1839)을, 스티븐슨은 중편 『지킬 박사와 하이드 씨』(1886)를 썼다. 두 작품 모두 이중 인격 문제를 다룬 것이다. 『도리언 그레이의 초상』 역시 그런 종류의 작품이라고 할 수 있다. 다만 이는 한 사람과 그의 초상화와의 관계 속에서 이야기가 전개된다. 그런데 결국 자살이라는 결과로 끝난다는 점은 세 작품 모두 똑같다.

아마 도리언은 작가가 가진 청춘의 이상적인 모습이었을 것이다. 또는 이미 중년의 나이를 지난 와일드가 예전에 자기가 가지고 있던 젊음의 모습을 도리언에 비추고 있었을 수도 있다. 온갖 악행을 저지르면서도 여전히 스무 살 청춘의 무구한 아름다움을 유지하다니, 이보다 더한 기적이 어디 있겠는가? 그러나 그것은 어차피 죄와 불행을 낳는 기적에 지나지 않았다.

시빌의 동생은 자기와 상관이 없는 사람 때문에 잘못해서 죽임을 당했고, 우수한 젊은 화학자와 홀워드는 도리언 자신의 손에 의해 비명횡사하게 되었다. 그런 도리언도 순수한 시골 처녀 한 사람을 사랑하게 되고, 더구나 그는 자기 욕정을 억누르며 그녀를 도와준다. 그것은 반성과 사죄를 하기 위해서였을까? 결국 그는 허영심 때문에 그 처녀를 도와준 것이 아닐까? 어쩌면 그는 위선이 지나쳐 선량한 가면을 쓰고, 천박한 호기심을 위해 자기 부정을 시도해 본 것에 지나지 않는 것이 아닐까?

이러한 반성이야말로 사람을 새로운 삶으로 인도해 주는 길일 것이다. 그러나 도리언에게 그것은 깨끗한 새 출발을 향한 신호가 아니라 불쌍하고도 슬픈 종말을 알리는 종소리에 지나지 않았던 것이다.

| 작품 속의 명문장 |

"경험이란 각자가 자기 잘못에게 부여하는 이름이다."

* 와일드는 표어나 경구의 명인이다. 이 소설에도 곳곳에 그런 경구가 뿌려져 있어서 무엇을 골라야 할지 망설일 정도이다. 이것은 경험주의에 대해 아주 얄미울 정도로 적절하게 꼬집어 놓은 말이다.

"아무런 관심도 없는 상대방에게는 누구든 친절해질 수 있다."

"남자는 여자의 첫사랑이기를 바라고, 여자는 남자의 마지막 로맨스이기를 바란다."

"스캔들이란 도덕에 의해 꽁꽁 묶인 가십이다."

"사람은 일인칭으로 말할 때 가장 솔직하지 못하다. 그에게 '가면'을 주어 보라. 그러면 그는 진실을 말할 것이다."

* 이는 와일드가 셰익스피어의 희곡 만들기에 대해 쓴 평론 『가면의 진실』 속에 나오는 한 구절이다. 그는 예를 들어 인생 그 자체를 그저 리얼하게 있는 그대로 묘사

했다 하여 예술이 되는 것은 아니라고 믿었다. 예술이란 하나의 가면이고, 그 가면에 의해서만 진실이 밝혀지는 것이다.

NOTES

● 탐미주의耽美主義라고도 하는 유미주의(唯美主義, aestheticism)는 미의 창조를 예술의 목적으로 삼는 예술 사조를 말한다. 예술지상주의의 한 지류로서 19세기 후반에 대두된 이후, 프랑스의 보들레르에 의해 구현되었고, 영국에서는 와일드에 이르러 전성기를 이루었다.

● 세기말의 미학 운동을 보급하기 위해 직접 나선 미국 강연 여행에서 와일드의 인기는 절정에 달했다. 그가 가는 곳마다 여성들이 무리를 이루었고, 한때는 강연의 사례금만 가지고 외국에서 1년을 지낼 수 있을 정도였다고 한다.

● 와일드는 대개 정통파로부터 이단시되곤 했는데, 그에 대한 관심은 해가 갈수록 더해져서 예를 들어 1972년 한 해만 해도 그의 전기가 1권, 평론이 3권이나 잇달아 나왔다.

토머스 하디(Thomas Hardy)

테스

(Tess of the D'Urbervilles)

남성 이기주의와 사회적 인습에 희생당한 한 여인의 불행을 조명하고 있다. 천진한 시골 처녀가 도덕적 편견과 인습, 불가항력적인 운명에 지배당하고 파멸해 가는 과정을 담고 있다. 여성 옹호의 태도를 보여 준 작품이다.

INTRO

영국의 시인이자 소설가인 토머스 하디(Thomas Hardy, 1840~1928)는 1840년에 도체스터 근처의 작은 마을에서 건축사의 아들로 태어나 독서가인 어머니의 영향으로 어릴 때부터 책을 좋아하고 고독을 사랑했다. 목사가 되는 길을 포기하고 건축가의 제자로 들어갔지만, 새벽에는 라틴어와 그리스어 등의 공부와 시 쓰기를 거르지 않았다고 한다.

1871년에 『최후의 수단』을 쓴 이후로 잇달아 소설을 발표했는데, 익명으로 내놓았기 때문에 사람들은 작가가 조지 엘리엇이라고 생각하고 있었다. 1874년에 『광란의 무리를 떠나서』를 그 무렵 독서계를 지배하고 있던 가정 잡지에 싣게 되면서 글로 생활할 수 있게 되어 약혼 중이었던 에마 기퍼드와 결혼했다.

그 뒤에 고향으로 돌아가 '웨식스 소설'을 쓰기 시작했다.● 그러나 어둡고 심각한 작풍 때문에 인기를 얻지 못했고, 최고 걸작인 『테스』(1891)에 이르러서는 비난과 악평 때문에 소설을 그만둘 지경에 이르렀다.●

1895년 이후로는 주로 시를 썼는데, 시극 『패왕覇王』(1903~1908)과 시집으로 갖가지 영예를 얻어 행복한 말년을 보낸 뒤, 1928년에 '맥스 게이트'에서 88세의 나이로 사망했다. 후처인 플로렌스가 출간한 그의 전기는 대부분 하디가 직접 쓴 자서전이다.

운명에 희롱당하는 한 순박한 시골 처녀의 불행한 삶

영국 남부 지방에 위치한 '웨식스'의 작은 마을에 사는 가난하고 어리석은 행상 잭 더버필드의 맏딸 테스는 순수하고 아름다운 처녀이다. 아버지는 자기가 옛날에 기사였던 조상의 핏줄을 이어받은 더버빌 가문의 직계라는 것을 알고는 더욱 게을러져서 술에 빠지게 되었고, 자식이 많은 집안은 곤궁에 처해졌다.

테스는 근처에 사는 같은 조상의 성을 가진 가짜 친척의 저택으로 일하러 가게 된다. 그 집 아들인 알렉에게 유린당한 테스는 임신한 채 집으로 돌아오지만 태어난 갓난아기는 얼마 뒤에 죽는다.

다시 살아 보려고 농장에서 젖 짜는 일을 하다가 목가적 자연 속에서 목사의 아들인 엔젤 클레어를 만나 서로 사랑하는 사이가 된다. 그러나 결혼하던 날 밤에 과거의 불행한 일을 그에게 고백하자, 클레어는 그것을 받아들일 수 없어 그녀를 버리고 브라질로 떠난다.

테스는 고난에도 굴하지 않고 오로지 남편을 기다리며 열심히 살려고 하지만 불운이 겹친다. 남편에 대한 마지막 호소도 허망하게 끝나고, 아버지를 잃은 친정 식구들을 위해 하는 수 없이 알렉의 정부가 된다.

그러나 다시 돌아온 남편의 모습을 보게 된 테스는 발작적으로 알렉을 죽인 뒤 남편과 도망쳐서 사랑을 되찾고 처음으로 행복이 어떤 것인지 알게 된다. 하지만 살인을 한 그녀는 곧 체포되어 교수대에 오른다.

테스 – 사회 편견에 농락당하는 죄없고 청순한 여자의 전형

테스는 '활발하고 아름다운 여성스러움을 가지고 있으면서도 가끔씩 그 빰에서는 12세 소녀의 모습이 보이고, 눈동자 속에서는 9세의 어린아이 눈빛이 반짝이고 있는' 청순하고 티 없이 맑은 시골 처녀인데, 더할 수 없이 가혹한 운명에 희롱되다가 처음으로 자기가 운명에 도전한 것이 하필이면 살인이었다. 그녀는 자신의 사랑을 지키려다가 교수대의 이슬로 사라진다.

테스는 부조리한 운명에 농락당하다가 냉정한 사회의 질곡에 희생당하는 죄 없고 '청순 가련한 여자'의 전형이다.

| 작품 속의 명문장 |

"자연의 여신은, 눈을 뜨면 행복해질 수 있을 때 '보라!'고 말해 주는 경우가 거의 없고, 또 '어디에 있느냐?'는 외침에 대해서도 '여기 있다! '고 대답해 주는 일이 거의 없어 나중에는 그 숨바꼭질이 지겹고 진부한 것이 되어 버린다."

『테스』 제1편 제5장

* 아무리 인류가 발전하고 진보해도 운명의 장난으로부터 해방되지 못한다고 하는 작가의 인생관을 나타낸 말이다.

NOTES

● 『귀향』(1878), 『캐스터브리지의 시장』(1886), 『미천한 사람 주드』(1895)를 포함한 하디의 장편과 단편들은 거의 모두가 그가 태어나고 자란 웨식스 지방을 무대로 하고 있다. 그러나 지명은 모두 가공의 이름을 사용하고 있다.

● 어떤 사람이 하디에게 "당신의 작품 낭독회에서 청중이 시계를 보면 신경이 쓰입니까?" 하고 묻자, 그는 "전혀 그렇지 않습니다. 하지만 그 사람이 시계가 정말 움직이고 있는지 확인하려고 귀에 갖다 대기 시작하면 그때부터는 짜증이 납니다"라고 대답했다.

조지 버나드 쇼(George Bernard Shaw)

피그말리온
(Pygmalion)

1913년에 발표한 음성학에 관한 교훈극으로, 계급 제도에 따른 폐해를 그리고 있다. 기지 넘치는 대사와 희극적인 상황을 통해 교훈을 전하고 있으며, 말의 억양에 의해 개인의 사회적 위치가 결정되는 과정을 통해 영국의 계급 사회를 풍자하고 있다.

INTRO

아일랜드 태생의 영국 극작가이자 비평가, 소설가이기도 한 조지 버나드 쇼(George Bernard Shaw, 1856~1950)는 1856년 아일랜드의 수도 더블린에서 태어나 1876년에 런던으로 건너갔다. 음악과 미술, 문학에 대해 폭넓은 지식을 가지고 있었고, 1884년에는 사회주의 단체인 페이비언협회의 설립에 참여한 뒤 정치나 사회 문제에 대한 저술과 강연을 많이 했다. 『여성을 위한 사회주의와 자본주의 입문』(1928)은 지금도 여전히 읽히고 있는 명저이다.
극작가로서 『워렌 부인의 직업』(1893), 『캔디다』(1894), 『인간과 초인』(1903), 『성녀 조앤』(1923) 등을 발표했는데, 자신의 사회관과 역사관을 예리한 아이러니, 또는 유머와 기지가 넘치는 대사로 감싸서 희곡으로 전개했다. 1925년에 노벨문학상을 받았고, 1950년 하트퍼드셔에 있는 자택에서 사망했다.

언어학자인 히긴스가 꽃 파는 소녀를 훈련시키는 실험 과정과 그 결과

그리스 전설에 나오는 피그말리온은 키프로스의 왕인 동시에 조각가이기도 하다. 그는 자신이 만든 처녀의 동상 갈라테이아를 사랑해 미의 여신 아프로디테(비너스)에게 소원을 빌었다. 그 소원을 듣고 아프로디테가 숨결을 불어넣자 갈라테이아는 생명을 얻었고, 피그말리온은 소원대로 그녀와 결혼했다.

버나드 쇼의 피그말리온은 음성학 교수인 헨리 히긴스●이고, 갈라테이아는 런던 빈민가의 가난한 꽃 파는 처녀 엘리자●이다. 히긴스는 친구인 언어학자 피커링 대령에게 엘리자처럼 표준어를 제대로 쓸 수 없는 무식한 여자라도 교육만 잘하면 제대로 된 레이디로 만들 수 있다고 하며 그 가능성의 여부에 대해 내기를 하자고 한다. 히긴스는 엘리자에게 정확한 발음과 말하는 법을 열심히 가르치고, 예의범절 등도 익히게 하여 드디어 6개월 뒤에는 사교계에서 공작부인이라 해도 통할 정도의 레이디로 만든다.

그러나 그리스 전설과는 달리 히긴스와 엘리자는 결혼하지 않는다. 히긴스는 자기 중심적으로만 생활하고, 엘리자를 자신이 하는 실험의 대상, 또는 실험의 성과로만 생각한다. 말하자면 상류 계급에 속한 지식인의 위선적인 모습이다. 한편 엘리자는 교육을 받은 덕분에 자기 스스로 생각하고 판단하며 행동하는 인격에 눈을 뜨게 된다. 그리하여 그녀는 자신을 인간으로 취급하지 않는 히긴스를 거부하고 지성도 생활 능력도 없지만 진심으로 자신을 사랑해 주는 청년 프레디와 결혼한다.●

모국어 사랑이 결핍된 영국인들에게 가하는 일침

쇼의 희곡이 지닌 특징 가운데 하나는 긴 서문이 있고, 그 서문에서 훌륭한 문장으로 작품의 의도를 직접적 또는 간접적으로 해설한다는 점이다.

『피그말리온』의 서문에서는 "영국인들은 자신의 모국어를 소중히 다루려고 하지 않는다. 이렇게 손을 쓸 수 없는 상태를 개혁하는 데 필요한 것은 힘과 정열이 넘치는 사람이다. 그래서 이 연극에서는 그런 인물을 주인공으로 만들었다"고 했다.

| 작품 속의 명문장 |

"난 꽃을 팔았지만 이 몸을 팔지는 않았어요. 하지만 레이디로 만들어 놓으신 지금, 난 이제 몸을 팔 수밖에 없게 되었지요. 날 그냥 그대로 그곳에 가만 두지 그랬어요?"

* 제4막에서 엘리자가 히긴스에게 한 말인데, 여기에는 사회주의자인 쇼가 상류 사회를 꼬집는 통렬한 비판이 담겨 있다.

NOTES

● 쇼는 이 책의 서문에서, 헨리 히긴스는 영국의 음성학자이자 언어학자인 헨리 스위트(Henry Sweet, 1845~1912)를 모델로 했다고 밝혔다. 헨리 스위트는 과학적 영어학의 기초를 구축한 영어학자이기도 하다.

● 연극에서 엘리자 역을 맡았고, 쇼와 염문이 있었던 여배우 패트릭 캠벨이 "당신의 머리와 저의 미모를 가진 아이가 태어나면 얼마나 멋질까요?" 하고 말하자 쇼는 "그 반대가 되면 어떻게 하겠소?"라고 대답했다고 한다.

● 『피그말리온』은 '마이 페어 레이디'라는 제목의 뮤지컬로 만들어져 큰 인기를 얻었는데, 뮤지컬에서는 히긴스와 엘리자가 마지막에 맺어지는 것으로 되어 있다.

데이비드 허버트 로렌스(David Herbert Lawrence)

아들과 연인

(Sons and Lovers)

로렌스의 심리적 깊이가 섬세하게 드러나 있는 자전적 소설이다. 영국 노동자 계급의 가족 풍경과 어머니, 아버지, 첫사랑 등과의 미묘한 인간 관계를 다양하게 묘사하는 데 성공한 작품으로, 로렌스에게 작가로서의 명성을 가져다준 대표작 가운데 하나이다.

INTRO

데이비드 허버트 로렌스(David Herbert Lawrence, 1885~1930)는 영국의 소설가·시인·수필가이다. 1885년 '산업주의와 낡은 농업 국가적 영국이 기묘하게 교차된' 노팅엄셔의 이스트우드에서 '자기 이름도 제대로 쓸 줄 모르는' 광부 아버지와 독서를 좋아하고 표준 영어로 말하며 믿음이 깊은 교사 출신의 어머니 사이에서 태어났다. 부모의 계급과 교육의 차이에 따른 대립은 이후 로렌스에게 숙명적인 영향을 미치게 된다.

병약하고 섬세한 감수성을 가졌으며 여자아이들하고만 놀며 자란 소년에게 어머니의 영향은 절대적이어서 노팅엄고등학교를 장학생으로 졸업한 뒤 사무직 일을 하기도 하고, 교사가 되는 길로 나아가는 등 '신사'가 되기 위한 노력은 모두 어머니의 꿈을 이루어 주기 위해서였다. 헉스 농장의 제시 체임버스와의 연애도 이상하게 일그러졌지만, '어머니로부터 생명과 따뜻함과 제작의 힘을 얻고', 제시로부터 '흰빛처럼 격렬하게 타오르는' 의식을 얻어 작가의 길로 들어섰다.

1912년 위클리 교수의 아내였던 프리다●를 만나 사랑에 빠져 함께 도망친 로렌스는 『아들과 연인』(1913)을 '같이 살고 같이 괴로워하며' 집필하면서 비로소 어머니의 속박으로부터 해방되어 작가로서의 성숙기를 맞이했다. 1914년부터 1918년까지 제1차 세계대전의 악몽 속에서 절망과 싸우며 '종교적 경험의 심연을 통해' 써낸 『무지개』(1915)와 『사랑하는 여인들』(1920)은 로렌스를 20세기 최고의 작가 가운데 한 사람으로 만들어 준 대표작이 되었다.

그 사이에 '영국에 미래는 없다'고 생각하게 된 그는 '라나님'이라고 부른 이상적 공동체를 건설할 계획을 세운 뒤 전쟁이 끝난 이듬해에 영국을 떠나 오스트레일리아를 거쳐 미국, 멕시코까지 '어두운 숲'을 찾아 방랑하는 여행을 했다. 그 이후로 두세 번의 짧은 방문을 제외하고는 고국에 돌아오지 않았으며, 말년의 작품들은 남부 유럽에서 집필했다.

그는 44세의 나이로 1930년 프랑스의 방스에서 생을 마감했다.

광부의 아들 폴 모렐, 그의 청춘과 고뇌

잉글랜드 중부에 있는 마을 베스트우드는 17세기 이후로 아름다운 녹색 자연으로 둘러싸인 한가로운 탄광촌이었다. 그런데 19세기 중반에 대자본이 들어오자 탄광이 근대화되면서 개발 규모가 한꺼번에 커졌고, 광부용 집단 주택들이 줄지어 들어서게 되었다. 월터 모렐은 이 탄광의 광부이다. 그러나 그의 아내 거트루드는 기사의 딸로 교양이 있는 여자이다.

남자는 교양을 갖춘 상류풍 숙녀에게, 여자는 지적인 속박을 모르는 생명력 넘치는 남자에게 끌려 두 사람은 결혼했는데 그런 환상은 순식간에 깨어지고 부부는 싸움을 되풀이하게 된다. 잇달아 태어나는 아이들의 장래에 대해서도 남편은 아들들이 광부가 되는 것이 당연하다고 생각하는 데 비해 아내는 지적인 직업을 갖게 하려고 한다. 아내는 남편을 포기하고 아들들에게 기대를 걸게 된다.

그러나 큰아들 윌리엄은 일을 하기 위해 런던으로 나갔다가 약혼녀를 데리고 의기양양하게 돌아오더니 얼마 뒤에 폐렴과 단독丹毒으로 죽어 버린다. 그 뒤 작은아들 폴이 어머니의 애정을 한 몸에 받게 된다.

폴도 어머니를 사랑하고, 주정뱅이 아버지를 증오한다. 아버지는 근대화된 산업 사회에서 낙오한 패배자였던 것이다. 폴은 노팅엄에 있는 회사에서 일하고, 그림 전람회에서 입상까지 하여 어머니의 기대에 보답한다. 그런 폴이 근처에 있는 농장주의 딸 미리엄을 사랑하게 된다. 하지만 미리엄은 낭만적인 데다 폴의 교양에만 끌린 것이어서 정신적인 사랑에 머물고, 폴은 그런 사랑에 짜증이 난다. 더구나 자기와 똑같은 감정을 이 처녀에게서 발견한 어머니가 방해하는 바람에 두 사람의 사랑은 좌절한다.

폴은 직공이었던 남편과 별거한 뒤 여권 운동에 참여하고 있는 연상의 여인 클라라 도스를 사랑하게 된다. 그러나 폴에게는 미리엄에 대한 미련이, 그리고 클라라에게는 남편에 대한 미련이 남아 있기 때문에 이 사랑도 결실을 맺지 못한다.

폴이 25세가 되었을 때 그의 어머니가 죽자 그는 완전히 고독해진다. 아버지와도 따로 산다. 결국 그 고독 속에서 그는 어머니에 대한 미련을 떨쳐 버리고 자립의 길을 걷기 시작한다.

모렐 부인의 아들이자 정신적 연인, 폴

주인공 폴 모렐은 무엇보다도 상처받기 쉬운 섬세한 감수성을 가진 남자이다. '어둠 속에서 새하얗게 별의 파편과도 같은 꽃잎을 뿌리고 있는' 장미를 보면서도 감동을 느끼는 그는 편협하고 난폭한 아버지를 두려워하고 증오하는 한편, 지적인 어머니를 깊이 사랑한다. 남편에 대해 절망감을 느끼고 있는 어머니에게 폴은 아들인 동시에 애인이다. 이런 특이한 사랑 때문에 폴은 "난 어머니가 있는 한 결혼하지 않을 거야"라고 외친다.

"신은 사물에 대해서 잘 모르는 거야. 신 자신이 사물이니까. 신은 영혼 같은 것을 그다지 의식하고 있지 않아"라고 말하는 폴은 의식을 초월한 직접적인 경험의 세계와 그런 자유를 동경하고 있다. 그래서 그는 미리엄뿐 아니라 어머니로부터도 압력을 느낀다. 이렇게 어머니를 사랑하고 아버지를 미워하고 있는 그는 사실 오히려 아버지로부터 소박한 경험의 자유와 그것을 향한 생명력을 물려받은 아들이다. 인간을 속박하는 지성과 의식을 파헤친 이 소설은 폴이 어머니라는 형태로 나타난 그

힘을 뿌리치고, 비슷한 유형에 속하는 애인과의 갈등을 극복함으로써 끝내는 해방의 길로 나아가는 역사인 것이다.

| 작품 속의 명문장 |

"새는 가고 싶은 곳으로 가려고 하며 날고 있을 뿐, 하늘을 나는 것이 영원으로 이어진다고 생각해서 날고 있는 것이 아니다."

* 무슨 일이든 종교적이어야 하고, 어떠한 사물에서든 하나님을 찾아야 한다고 생각하는 미리엄에게 폴이 한 말. 그는 이런 의식보다 더욱 깊고 근본적인 차원에서 사람과 사람이 맺어지기를 바라고 있다.

NOTES

● 로렌스의 아내 프리다는 노팅엄의 유니버시티 칼리지 영어학 교수이자 로렌스의 은사였던 어니스트 위클리의 아내였다. 또한 버트런드 러셀의 집에서 케인스를 만난 로렌스는 이 지성인들과 거의 말을 하지 않았다고 한다.

서머싯 몸(William Somerset Maugham)

인간의 굴레
(Of Human Bondage)

열등감과 고뇌를 안고 살아가는 주인공 필립(젊은 날의 서머싯 몸)이 그 삶의 굴레를 벗고 자유로운 인간으로 발전하는 과정을 진지하고 섬세하게 묘사한 작품으로, 자전적 색채가 짙은 서머싯 몸의 대표작이다.

INTRO

윌리엄 서머싯 몸(William Somerset Maugham, 1874~1965)은 영국의 소설가로, 1874년 1월 25일 프랑스 파리에서 태어났다. 8세 때 어머니를 여의고, 10세 때 아버지까지 여의게 되어 아버지의 동생(소설에서는 형이다)인 헨리 맥도널드가 목사로 있는 사택에서 고독한 소년 시절을 보냈다. 이때의 상황은 『인간의 굴레』(1915) 속에 상세하게 그려져 있다. 청년이 되어 세인트 토머스의 학교에 진학했고, 재학 중에 쓴 소설 『램버스의 라이자』(1897)가 비평가들에게 인정을 받아 작가 생활을 시작했다.

그로부터 10년 동안 별다른 성공을 하지 못하고 평범한 작가 활동을 하다가 1908년에 우연하게 희곡 『프레더릭 부인』으로 크게 성공해 인기 작가로서 명성과 부를 한꺼번에 거머쥐었다. 그러나 마음속에 오랜 세월 동안 갇혀 있던 기억들을 쏟아내지 않으면 도저히 살아갈 수 없을 것 같다는 생각에 사로잡혀 왔던 그는 2년간에 걸쳐 『인간의 굴레』를 집필해 1915년에 발표했다.

그 뒤에 폴 고갱의 생애에서 힌트를 얻어 집필한 것이 『달과 6펜스』로 1919년에 발표되었다. 그 밖에도 많은 명작을 남겼는데, 그중에서도 손꼽히는 것은 『과자와 맥주』(1930)●, 『면도날』(1944)이다. 1948년에 마지막 소설인 『카탈리나』를 발표했고, 여행기와 수상집 등 뛰어난 작품을 발표하다가 1965년 12월 16일 프랑스 남부의 니스에서 91세의 나이로 생을 마감했다.●

고뇌를 짊어진 한 젊은이가 인생과 사회에 눈떠 가는 이야기

이 작품은 다음 문구로 시작된다.

'회색빛 아침이 밝았다. 구름이 무겁게 드리워져 있었고, 무척 쌀쌀한 것이 곧 눈이 내릴 듯했다. 아이의 침실에 유모가 들어와서 창문의 커튼을 열었다.'

이 아이의 이름은 필립 케리로, 이 작품의 주인공이다.

유모가 아직 잠에서 덜 깬 아이를 일으켜 어머니의 침실로 데리고 가면 어머니는 아직도 반쯤 잠에 취한 아이를 죽기 전에 마지막으로 쓰다듬는다. 이윽고 어머니는 죽는다. 아이는 이미 세상을 떠난 아버지의 형이자 목사인 큰아버지 집으로 들어간다. 이후 필립은 터캔버리의 킹스 스쿨 예비학교를 거쳐 킹스 스쿨로 진학한다. 킹스 스쿨에 입학한 필립을 기다리고 있던 것은 악동들의 짓궂은 장난이었다. 필립은 태어날 때부터 신체적 결함을 가지고 있었다. 아이들은 육체에 결함이 있는 친구에 대해 동정하기는커녕 잔인하게도 오히려 그 결함을 더 공격한다. 소년 필립은 그래서 슬프고 고독한 소년 시절을 보낸다. 학교 친구들한테 학대를 당하는 데 그치지 않고 나아가 교사들로부터도 냉대를 당한다.

이윽고 킹스 스쿨을 졸업한 필립의 장래에 대해 큰아버지를 비롯한 여러 사람들이 궁리한 결과 신사가 되기 위한 경력을 쌓아야 한다면서 옥스퍼드대학교로 진학시키려 한다. 그러나 큰아버지의 경력을 따라 성직자가 되는 것을 원하지 않던 그는 독일로 유학을 떠나 하이델베르크에서 영국인인 헤이워드라는 인물을 만나 큰 영향을 받는다. 독일에서 돌아온 필립은 공인회계사 사무소에서 일하다가 그림에 흥미를 느껴서 다른 사람들의 반대를 무릅쓰고 파리로 가서 그림 공부를 시작한다. 그곳에서 그는 많은 예술가 지망생들을 만나고, 보헤미안 같은 생활을 한다. 그러던 중 크론쇼라는 색다른 사람을 만나 그의 인생관에서 깊은 영향을 받는다. 특히 "인생이란 페르시아 융단 같은 것이어서 아무런 의미도 없다"고 하는 말을 듣고 깊은 감명을 받는다.

영국으로 돌아간 뒤 필립은 의학 학교로 진학하게 된다. 그때 우연한 호기심에서 식당 종업원으로 일하던 로저 밀드레드라는 천박한 여자를 알게 된 필립은 자기도 모르는 사이에 번뇌의 깊은 구렁텅이로 빠져든다. 여자 때문에 경제적으로도 곤궁해진 그는 학업을 중간에서 포기할 지경에 이른다. 심신이 완전히 망가진 필립은 싸구려 소설을 쓰면서, 가난하지만 행복하게 살고 있는 네스빗 노라라는 연상의 여인을 만나 따뜻한 우정을 느낀다. 한편 남자에게 버림받고 아이까지 임신한 밀드레드는 다시 필립에게로 돌아와 그의 주변을 맴돈다. 참담한 생활이 계속되었지만 밀드레드의 자기 파괴적 행동으로 필립은 겨우 이 악녀에 의한 재난에서 벗어나게 된다. 마침 큰아버지가 죽어서 조금이나마 유산이 들어오자 필립은 중단하고 있던 학업을 계속할 수 있게 된다. 환자일 때 알게 된 애설니 일가와의 친분을 다지고, 딸 샐리에게 조용한 애정을 느끼게 된 필립은 딸과 둘이서 평범하게 살아갈 결심을 한다.

필립은 무수하게 발생한 무의미한 인생의 사건들을 가능한 한 아름답게 위장하려고 했다. 그러나 생각해 보면 가장 단순한 모양, 곧 사람이 태어나 마침내 죽는다는 것 또한 완벽한 위장이라는 사실을 직접 보았다. 행복에 몸을 맡기는 것은 어쩌면 패배를 받아들이는 일일지도 모른다. 그러나 그것이야말로 어떤 승리보다 훨씬 훌륭한 패배인 것이다.

필립 케리 – 스스로의 카타르시스를 위한 작가의 분신

필립 케리는 다리가 불편한 사람으로 등장한다. 그런데 현실의 주인공

(작가)은 말을 더듬는 언어장애인이었다. 언어 장애를 신체 장애로 바꾸었던 것이다. 작가는 말을 더듬는 것 때문에 남 앞에서 마음껏 말을 할 수 없었고, 따라서 내성적인 채로 다른 사람과의 교제를 피하며 항상 자기 마음을 억누른 채 지내야 했다. 그의 여성 혐오도 이런 육체적 결함 때문에 생긴 것이다.● 필립이 밀드레드에게 집착한 것은 일종의 자살 행위이다. 그의 육체적 장애는 그 자신을 자살로 몰아가는 대신에 나타난 형벌이다. 그는 자기에게 이런 형벌을 부여함으로써 괴로움에서 도망치려 했던 것이다.

이 같은 상황은 괴로움 속에서 몰래 위안을 찾고 있었던 인간 몸의 성격을 나타내 주는 부분이다. 이런 특징은 『인간의 굴레』 이외의 작품 속에서도 일관되게 찾아볼 수 있다.

| 작품 속의 명문장 |

"돈은 육감 같은 것이어서 그것이 없으면 다른 감각을 제대로 이용할 수가 없게 된다."

『인간의 굴레』

NOTES

● 몸이 자기 작품들 가운데 가장 좋아한 것은 『과자와 맥주』였다. 이 작품은 발표되기 2년 전에 사망한 문호 토머스 하디를 모델로 한 이야기라고 광고되었고, 그것이 이 작품을 유명하게 만들었다. 그러나 그 광고는 사실이 아니었다.

● 몸의 작품들 가운데 명예 훼손으로 고소된 실명 소설이 있다. 바로 『채색된 베일』이라는 작품이다. 이 작품은 홍콩을 무대로 했고, 더구나 처음에 등장인물들을 실명으로 등장시켰기 때문에 고소를 당했던 것이다. 몸은 이들에게 손해 배상을 하고 해결했다.

● 여성을 극단적으로 싫어했던 몸은 동성애적인 경향이 강했다고 한다. 실제로 『면도날』이라는 작품의 서문에서 우연히 만난 청년을 묘사하는 문장 등에 그런 경향이 뚜렷하게 엿보인다.

서머싯 몸(William Somerset Maugham)

달과 6펜스
(The Moon and Sixpence)

특이한 천재 화가 폴 고갱의 생애에서 모티프를 얻어 쓰인 이야기로, 영원과 무한을 동경하는 한 화가의 일대기를 그린 탐미주의 계열의 작품이다. 특이한 인간형을 창조하고 예술가의 삶에 관한 한 전형을 제시했다는 점에서 높이 평가받고 있다.

달빛 세계에 이끌려 6펜스의 세계를 탈출하는 화가 이야기

주인공 찰스 스트릭런드는 영국인이다. 이 작품의 화자話者가 스트릭런드의 아내와 아는 사이였기 때문에 갑자기 가출한 스트릭런드를 영국으로 다시 데리고 오기 위해 파리로 가는 장면에서 이 작품은 시작된다. 파리로 가서 스트릭런드를 찾아 그가 가출한 이유를 물어본 화자는 깜짝 놀란다. 스트릭런드의 아내가 상상하고 있던 것처럼 그는 젊은 여자와 함께 파리로 도망친 것이 아니었기 때문이다. 이유인즉 그림을 그리고 싶어서 17년이나 같이 산 아내와 두 아이들까지 다 버리고 가출했다는 것이다.

화자의 생각으로 스트릭런드는 이미 청춘을 지난 인간이었고, 사회적으로도 괜찮은 지위와 아내, 그리고 두 자녀까지 둔 주식 중개인이었다. 화자는 이제부터 노력해서 화가가 되기에는 너무 늦었다고 생각한다는 말을 스트릭런드에게 전한다. 이에 스트릭런드는 "내가 말하고 있지 않소. 그림을 그리지 않고는 견딜 수가 없단 말이오. 나 스스로도 도저히 어쩔 수가 없소. 물에 빠진 사람은 수영을 잘하건 못하건 허우적거리며 헤엄을 칠 수밖에 없소. 그렇게 하지 않으면 그대로 물에 빠져 죽을 수밖에 없기 때문이오"라고 말하고, 화자는 그의 가슴속에서 타고 있는 불꽃같이 치열한 힘을 느낀다. 아마 압도될 정도로 강한 힘이 그 자신의 의지로도 어쩔 수 없을 정도의 강렬함으로 그를 사로잡고 있으리라고 생각한다. 말 그대로 악마에게 사로잡혀 있는 상태이고, 당장이라도 그를 반으로 갈라놓지 않을까 걱정될 정도이다. 화자는 목적을 이루지 못한 채 런던으로 돌아간다.

그 뒤 5년 정도 지나서 화자는 파리에서 스트릭런드의 지인으로 네덜란드인 화가 디르크 스트루브라는 인물을 찾아간다. 그리고 스트루브가 스트릭런드를 알고 있다는 인연으로 스트릭런드와도 알고 지내게 된다. 스트루브는 스트릭런드의 천재성을 누구보다도 빨리 알아차린 사람인데, 그는 바보 같을 정도로 마음씨가 좋아 스트릭런드에게 온갖 친절을 베푼다. 스트릭런드가 열병으로 괴로워할 때 스트루브는 아내 블랑슈의 반대를 무릅쓰고 자기 집으로 데리고 와서 간호한다. 소름이 끼칠 정도로 스트릭런드를 싫어하던 블랑슈도 하는 수 없이 그를 간호하게 된다. 그 과정에서 스트릭런드는 블랑슈에 대해 연정을 느끼게 되고, 결국에는 스트루브로부터 블랑슈를 가로챈다. 블랑슈는 얼마 뒤에 스트릭런드의 이기주의와 매정함을 원망하며 음독 자살을 한다. 스트루브는 아내의 죽음에 절망해 고향인 네덜란드로 돌아간다.

스트릭런드는 그 뒤에 자기 영혼의 고향을 발견한 사람처럼 남태평양의 타히티 섬에 동화되어 원주민 여자인 아타를 아내로 삼아 예술에 몰두한다. 그는 불가사의한 아름다운 벽화를 남기고 마지막에는 나병에 걸려 죽는다.●

이기주의자 스트릭런드를 통한 예술지상주의의 구현

스트릭런드는 일종의 괴물이자 이기주의자의 전형이다. 친구의 친절을 무시하고, 친구의 아내를 가로채서 은혜를 원수로 갚았으면서도 전혀 미안해하거나 부끄러워하지 않는다. 그 전에도 17년 동안이나 같이 산 아내와 그 아내를 통해 낳은 두 자식들까지 버리고도 아무런 양심의 가책을 느끼지 않는다. 이런 인간이 실제로 존재할 수 있을까 하고 의심하게 될 정도로 잔인하다. 그러나 한편으로 악마에게 홀린 것처럼 예술에 몰두하는 모습은 비장하고 처절하다. 예술지상주의의 구현이라고 할 수 있는 인물임과 동시에 철저하게 자기 중심적 인간이기도 하다.

| 작품 속의 명문장 |

"괴로움은 인간의 품성을 높여 주지 않고, 반대로 인간을 천박하고 집착이 강하게 만든다."

"여자는 자기를 사랑하지만, 자기가 사랑하지는 않는 남자에 대해 잔인하다."

NOTES

● 이 소설의 제목인 '달과 6펜스'에서 달은 이상 또는 상상의 세계나 주인공 스트릭런드의 예술에 대한 광적인 열정을 말하며, 6펜스는 주인공이 버린 일상 세계의 생활이나 돈과 물질의 세계를 말한다. 6펜스는 영국의 은화 가운데 최저액을 표시하는 금전의 단위이다.

제임스 조이스(James Augustine Aloysius Joyce)

율리시스

(Ulysses)

1922년 검열을 피해 파리에서 간행된 이 작품은 평범한 남자의 일상적 하루를 서유럽 영웅의 여정과 대비해 묘사하고 있다. 의식의 흐름과 내면적 독백, 대담한 구조 등 기존의 소설 형식을 근본적으로 뒤엎은 획기적인 작품으로 주목받았다.

INTRO

아일랜드의 소설가이자 시인인 제임스 오거스틴 앨로이시어스 조이스(James Augustine Aloysius Joyce, 1882~1941)는 1882년 2월 2일 더블린의 중류 가정에서 태어났다. 아버지는 음악과 술을 즐기며 말솜씨가 뛰어난 사람이었고, 어머니는 경건한 가톨릭 신자였다. 엄격한 예수회 계열의 학교 교육을 받은 조이스는 대학을 졸업한 뒤 한동안 파리에서 보헤미안 생활을 하다가 어머니의 병환으로 귀국하게 되었다. 초등학교 임시 교사를 하고 있던 1904년 6월에 그는 노라 바너클이라는 시골 처녀를 알게 되었고, 그해 10월에 두 사람은 유럽으로 도망쳤다.● 이후 영어 교사로 겨우 생계를 이으면서 창작에 몰두했으나, 1920년 에즈라 파운드●의 권유에 따라 파리로 이사했다. 제2차 세계대전이 발발한 이듬해 취리히로 피난한 조이스는 1941년 1월 13일 그곳에서 급사했다. 그의 나이 58세였다.

조이스의 작가 경력은 대략 세 가지 시기로 분류된다. 초기의 조이스는 시와 평론, 소설 등 문학의 각 분야에서 가능성을 모색하다가 1907년에 시집 『실내악』을 발표했고, 1914년에는 단편집 『더블린 사람들』을 간행했다. 제2기에 조이스의 재능은 아름답게 꽃피었다. 1916년 『젊은 예술가의 초상』, 1918년에 희곡 『추방인들』이 출판되었고, 1922년에 기념비적 작품인 『율리시스』가 간행된 뒤 작가로서의 지위가 굳건해졌다.●

제3기에 해당되는 1923년부터 그가 사망할 때까지의 17년 동안은 '진행 중인 작품'이라는 임시 제목 아래 단편적으로 발표를 계속한 『피네간의 경야經夜』(1939 간행)의 완성을 위해 모든 힘을 기울였다. 인류 역사를 하룻밤 꿈으로 응축하겠다는 이 야심적인 대작은 거기에 나오는 어려운 꿈의 언어 때문에 현재에 이르러서도 여전히 많은 수수께끼를 안고 있는 작품이다.

평범한 하루 동안에 벌어진 세 인물의 일상사

'율리시스'●라는 제목처럼 조이스는 구성상의 틀로 그리스 고전과의 대응 관계를 설정해 '신화적 방법'을 완성했다. 두 작품의 등장인물도 서로 대조를 이루고 있다.

더블린 시내를 돌아다니는 중년의 광고 영업 사원 레오폴드 블룸은 지중해를 편력하는 신화 속의 영웅 율리시스에 대응하고 있고, 그의 정숙하지 못한 아내 몰리는 정숙한 페넬로페이아에 대응한다. 또한 문학청년 스티븐 디달로스는 아버지를 찾아 헤매는 텔레마코스, 그리고 몰리의 애인 블레이지스 보일런은 유혹자 안티노오스와 겹쳐진다. 이런 대응 속에서 블룸이 정신적인 아들을 찾아 헤매는 것과 스티븐 디달로스가 정신적인 아버지를 찾아 떠도는 것이 엇갈리며, 아버지와 아들의 문제, 추방과 회귀 등과 같은 주제가 부각된다.

총 3부로 나누어져 있는데, 제1부의 3개 에피소드, 제2부의 12개 에피소드, 제3부의 3개 에피소드를 합해 총 18개 에피소드로 이루어져 있다.

제1부 서두는 더블린 교외의 마텔로 탑에서 스티븐이 아침을 먹는 장면이다. 그는 초등학교에서 역사 수업을 하고 해변을 산책하면서 생각에 빠진다. 제2부도 블룸 부부의 아침 식사로 시작된다. 블룸은 시내에 있는 목욕탕에 갔다가 아는 사람의 장례식에 참석하고, 광고 일로 신문사를 찾아간 다음, 점심을 먹고, 도서관에서 무엇인가를 찾아본 뒤, 호텔 바에서 여자 친구에게 편지를 쓰고, 다른 술집에서는 말싸움에 휘말리며, 해변에서 장난을 치는 소녀를 보며 자위를 하고, 아는 사람을 찾아간 산부인과에서 스티븐을 만난다. 두 사람은 홍등가로 가서 여자를 산다. 제3부는 이 두 사람이 블룸의 집으로 귀가하며 서로 헤어지는 장면이 묘사되고, 침대 안에서 이루어지는 몰리의 독백으로 끝난다.

이야기의 줄거리 그 자체는 그다지 중요하지 않다. 조이스는 '문체의 마술사'라고 불리는데, 그의 문체는 대상의 본질에 따라 결정된다. 이 작품에서 볼 수 있는 다양한 문체를 동원한 표현 방식은 대상을 완벽하게 나타내려 하는 의지의 산물이다. 그는 인생의 여러 모양의 총체를 언어로 고정화시켜 실재하는 사실의 핵심에 다가가려 했다. 그는 각 에피소드마다 문체를 변화시켰고, 의식의 흐름을 따라가는 내적 독백을 비롯한 다채로운 어투로 1904년 6월 16일● 의 더블린을 남김없이 그려 냈던 것이다.

더블린을 통해 현대 세계의 총체를 제시

헝가리계 유대인의 혈통을 이어받은 38세의 광고 영업 사원 블룸은 '떠도는 유대인'이고 '편력하는 오디세우스'의 현대판이다. 10년 전에 생후 11일째의 첫아들을 잃은 그는 잃어버린 아들을 22세의 스티븐 속에서 발견한다. 고향의 상실, 그리고 아버지와 아들의 문제라고 하는 이 작품의 주제는 블룸을 통해 실체화된다.

더블린 시내를 방황하는 그는 항상 아내 몰리의 정사를 상상하며 괴로워하는데, 그 자신도 헨리 플라워라는 가짜 이름으로 다른 여성과 몰래 펜팔을 즐기고 있다. 이 '평범한 관능을 가진 사내' 블룸이 작품 속에서 보여 주는 대단한 존재감과 두껍고 무거운 느낌 때문에 『율리시스』는 관념적인 문학상의 실험에 그치지 않고 생명력과 매력이 넘치는 희극적 작품이 될 수 있었던 것이다. 블룸을 중심으로 스티븐과 몰리가 이른바 삼위일체가 되어 인간 존재의 모든 양상을 드러내고 있다.

관점을 바꾸면 『율리시스』의 진정한 주인공은 더블린 그 자체라고 할 수 있다. 더블린을 한 개의 유기체로 간주한다면, 이 작품의 등장인물들은 그 몸속을 흐르는 혈액으로 기능하고 있으며, 조이스는 '블룸즈 데이'의 더블린을 묘사하는 것으로 현대 세계의 총체를 제시하려고 시도한 것이다. 이 점에서 한발 더 나아가 생각하면, 더블린 시와 그곳을 흐르는 리피 강을 작품 배경으로 하여 한 쌍의 남녀 주인공이 등장하는 『피네건의 경야』가 탄생한 것은 필연적인 결과라고 할 수 있다.

| 작품 속의 명문장 |

"교양 있는 팔방미인 같은 인간이야, 블룸이라는 사내는."

* 『율리시스』 집필 중에 조이스는 오디세우스를 팔방미인 같은 성격을 가졌다고 평하며, 이렇게 다면적인 인간을 그린 사람은 호메로스밖에 없다고 친구에게 말했다.

"나는 정말 많은 수수께끼와 뜻풀이를 섞어 놓았기 때문에 교수들은 내 의도를 파악하려고 앞으로 몇 세기 동안이나 머리를 쥐어짜게 될 것입니다."

* 『율리시스』가 간행되기 전해에 그 일부를 프랑스어로 번역하려고 하던 청년이 조이스에게 조언을 구했을 때 그는 장난기 어린 말투로 이렇게 대답했다.

NOTES

● 1906년 9월에 조이스가 로마에서 동생에게 보낸 편지에, 더블린에 사는 유대인으로 부정한 아내를 가진 헌터라는 사내를 주인공으로 하는 단편 '율리시스'의 아이디어를 써 보낸 적이 있다. 이것이 나중에 『율리시스』라는 장편으로 발전한 것이다.

● 파운드(Ezra Loomis Pound, 1885~1972)는 예이츠·엘리엇과 함께 20세기의 대표적인 시인이자 비평가로 평가되는 미국의 시인이다. 1909년 영국으로 건너가 예이츠와 친교를 맺고 흄을 중심으로 하는 젊은 시인 그룹에 참가해 이미지즘 단시短詩 운동을 전개했다. 엘리엇과 조이스를 세상에 소개했다.

● 『율리시스』는 『리틀 리뷰』 지에 연재되었는데, 1921년 외설 문서로 발매가 금지되었고, 1922년 파리에서 출판된 뒤에도 미국에서는 1933년까지, 영국에서는 1936년까지 간행되지 않았다.

● 호메로스의 작품으로 알려진 그리스의 서사시 『오디세이아』의 주인공 오디세우스의 라틴 이름은 울릭세스로, 영어 식으로 읽으면 율리시스가 된다.

● 1904년 6월 16일은 조이스가 그의 아내 노라와 처음 사랑에 빠진 날이기도 하다. 뒤에 조이스의 팬들은 6월 16일을 이 소설의 주인공 이름을 따서 '블룸즈 데이'라고 정해 기념하고 있다.

에드워드 모건 포스터(Edward Morgan Forster)

인도로 가는 길
(A Passage to India)

민족 간의 융합, 남자와 여자, 부모와 자식 간의 관계 등 현대적인 문제들을 깊이 있게 다루면서 동양의 신비적인 사상에 대한 관심을 깊게 표명하고 있다. 금세기 영국 소설의 대표적인 작품이자 작가가 가진 평생의 테마를 총결산한 작품이다.

INTRO

영국의 소설가 에드워드 모건 포스터(Edward Morgan Forster, 1879~1970)는 1879년 유명한 건축가의 아들로 런던에서 태어났다. 그는 작품의 수가 적어서인지 그다지 이름이 잘 알려져 있지 않지만 『인도로 가는 길』(1924)●, 『하워즈 엔드』(1910)●, 『천사가 두려워하는 곳에』(1905) 등의 소설과 평론집 『소설의 제상諸相』(1927) 등을 남겼다. 1970년에 사망했다.

문학사에 자리잡고 있는 그의 평가는 안정되어 있는데, 통설에 따르면 어떠한 대의명분이나 주의 주장보다도 구체적인 인간과 인간의 관계를 중시했고, 화려한 것을 좋아하지 않았으며, 관용의 정신을 역설했다고 한다. 또 신들의 웃음으로 가득 찬 그리스를 사랑했고, 베토벤과 바그너를 이해했으며, 단테와 오스틴을 열애했던 사람으로 온건하지만 강인한 휴머니스트였으며, 소설가로서는 근대 리얼리즘의 위대한 전통을 따른 영국 산문 정신의 정통적인 후계자라는 것이다.

그러나 통설은 어디까지나 통설일 뿐이다. 특히 『인도로 가는 길』을 숙독하고 음미하던 독자들은 차츰 이런 통설에 반항하고 싶은 생각이 들 것이다. 왜냐하면 두 번의 인도 여행을 토대로 구상된 이 소설은 서유럽의 전통적인 플롯과 스토리의 배후에 무엇인가 다른 메시지를 가지고 있음을 어렴풋이 느끼게 하기 때문이다. 그것은 물론 교훈 등과 같이 뻔한 것이 아니다. 보다 적극적인 독자의 개입과 상상력이 있어야만 비로소 보이는 종류의 메시지이다.

어떤 논자는 그것을 '내포된 이야기'라고 부르는데, 그것보다는 포스터 자신이 『소설의 제상』 속에서 프루스트를 논할 때 사용한 '리듬'이라는 낱말이 더 적절할 것 같다. 포스터의 이 소설에서는 다리가 긴 한 마리의 작은 벌이 미묘한 '리듬'을 만들어 내는 담당자이다. 그리고 이 가련한 생물이 날아다닌 궤적이 아무래도 인간의 보편적인 영혼의 심연까지 거슬러 올라간다는 사실을 깨달았을 때 독자는 일종의 감동을 느끼게 될 것이다. 따라서 만약 포스터가 두 번에 걸친 인도 여행의 체험에 의해 '계시' 또는 '종교적 전향'을 경험했다면, 그 체험

이전에 쓰인 포스터의 작품들이 발전한 형태로 『인도로 가는 길』을 읽어서는 안 된다고 할 수 있다.

불미스러운 사건을 둘러싼 사람들의 심리와 시인의 대립 묘사

대영제국 통치하의 인도에 있는 가공의 도시 찬드라포르에 한 사건이 발생한다. 인도인 의사인 아지즈가 이 마을에 있는 영국인 판사의 약혼녀인 애들러를 동굴 견학을 내세워 모욕하려 했다는 것이다. 의사는 체포되어 당장 재판에 회부된다. 그러나 이 사건이 지배 민족과 피지배 민족 사이에 일어난 것이어서 그때까지 사람들의 마음속에 숨겨져 있었던 감정들이 한꺼번에 뿜어져 나온다. 결국 일이 개별적인 한 사건의 틀을 벗어나 민족적 대립의 격화라는 양상을 띨 정도가 된다. 그 사이에 아지즈의 무죄를 믿고 동분서주하는 친구로 대학장인 필딩의 초조감, 또한 판사의 어머니이면서 아지즈의 가장 큰 이해자이기도 한 무어 부인의 이상한 냉랭함, 그리고 힌두교적 세계관에 서서 사건을 달관하는 고드볼 교수의 독특함, 이 마을에 많이 거주하고 있는 다른 영국인들과 인도인들이 제각기 지니고 있는 생각과 일거수일투족이 중후하고 반성적인 산문을 통해 적확하고 선명하게 그려진다.

사건 그 자체는 고소를 했던 당사자인 애들러의 뜻하지 않은 고소 취하(모든 일은 자기가 동굴 안에서 본 '환각'에 지나지 않았다고 그녀는 말한다)로 해결된다. 그러나 줄거리상의 이 허망한 해결은 '사건'을 더욱 깊은 곳에서 고찰하려고 하는 작가의 주도면밀한 전략이라고 해야 할 것이다.

민족의 차이와 정치적 이해관계를 초월한 우정이 이민족과 이문화 사이에서 정말로 이루어질 수 있는가? 남자와 여자, 부모와 자식의 진정한 관계라는 것이 도대체 무엇일까? 이 소설은 작가가 가진 평생의 테마를 총결산한 작품이라는 이름에 걸맞게 위와 같은 가장 현대적인 문제들을 깊이 있게 다루고 있다.

사건 자체의 발단이 된 수수께끼 동굴 마라바르

이 소설은 등장인물이 독자의 감정 이입을 용납하지 않는다. 곧, 공감을 하기에는 아무래도 인물들의 성격이 마음에 들지 않는다는 점 때문에 종종 비판의 대상이 되었다. 아지즈는 정열적이지만 경박하고, 필딩은 진지한 휴머니스트이지만 속물이며, 무어 부인은 경건하고 따뜻한 마음씨를 가진 크리스천이지만 어리석을 정도로 감상적이다. 이런 식으로 희극도 아닌데 주요 인물들에게 '위엄'이 모자라는 경향이 있다는 것이다.

그러나 주인공이 인간이어야 한다는 '정석'을 고수할 필요는 없다. 『인도로 가는 길』의 진정한 주인공은 인간이 아니라 사건 그 자체의 발단이 된 수수께끼의 동굴 마라바르이다. 도대체 특징이라고 부를 만한 장식 하나 없는 이 동굴들은 모두 그저 돔형으로 된 안쪽 벽이 거울처럼 반질반질하게 연마되어 있을 뿐이다. 예를 들어 그 안에 들어가서 성냥을 켜면 돌로 된 거울은 또 하나의 불꽃을 비출 것이다. 그러나 2개의 불은 결코 하나로 융합되지 않는다. 한쪽이 항상 돌 안쪽에 갇힌 허상에 지나지 않기 때문이다. 또한 동굴 안에서 누군가가 인간의 사랑과 선의에 대해 이야기한다고 치자. 하지만 그 말은 이상한 반향을 불러와서 마지막에는 '오우 보움'이라는 뜻도 없는 조소적인 중얼거림으로 끝나버린다. 무어 부인의 인상에 따르면 그 반향음은 마치 한 마리의 거대한 뱀이 똬리를 튼 모습을 연상시킨다. 그 속으로 들어간 인간의 정신과 의식의 상태에 따라 동굴은 마치 측량할 수 없는 수수께끼를 가지고 있는 예언자라도 되는 것처럼 일종의 '신의 계시'를 내린다. 그리고 '신의 계시'가

항상 그렇듯 '해석'은 각자가 시도해야 한다.

이 소설이 걸작이라는 평을 받으면서도 비평가들에게 여전히 하나의 '도전'이 되고 있는 까닭은 마라바르 동굴 속에서 일어난 일의 진상이 도대체 무엇이었는지 끝내 수수께끼로 남아 있기 때문이다. 작가 자신도 어느 친구의 질문에 "동굴의 그 사건에 대해서는 나도 '진상'을 모른다"고 대답했다고 하는데, 농담으로 한 말치고는 너무나 암시적인 말이다.

| 작품 속의 명문장 |

"민주주의에 만세 이창二唱."

* 이 말은 '나는 신조라는 것을 믿지 않는다'는 말로 시작되는 에세이 「나의 신조」 속에서 사용되었고, 나중에 농담을 좋아하는 친구가 에세이집의 제목으로 쓰는 것이 어떠냐고 제안해 그대로 차용한 것이다. 포스터에 따르면 민주주의는 "다양성을 인정하는 것이기 때문에" 먼저 첫 번째 만세를 부를 가치가 있고, "비판을 받아들이는 것이기 때문에" 두 번째 만세를 부를 가치가 있다. 그러나 그것은 "만세 이창이면 충분하지 삼창까지 할 이유는 없다"는 것이다. 추상적이고 의미를 잃기 쉬운 다양한 신조와 이념, 그리고 슬로건과 구호의 홍수에 거역해 그 실질적이고 구체적인 효용만을 엄밀하게 선택하려고 한 포스터의 뜻이 이 각성된 말 속에 분명하게 드러나 있다.

NOTES

- 『인도로 가는 길』은 출판 무렵부터 대단한 평판을 얻었을 뿐 아니라 팔리기도 많이 팔렸는데, 그 중에는 제목 때문에 앞으로 식민지 인도로 건너갈 사람들이 일종의 가이드북인 줄 알고 착각해서 산 경우가 많았다고 한다.
- "그저 연결시킬 뿐……"이라는 말은 『하워즈 엔드』의 첫머리에 나오는 말로, 빅토리아 왕조 시대 이후 현대인의 삶이 모두 제각기 해체되어 버렸다는 인식을 가지고 있던 포스터가 제시한 '문제의식의 소재를 나타내는 표현'으로 유명하다.

버지니아 울프(Virginia Woolf)

댈러웨이 부인
(Mrs. Dalloway)

1923년 6월의 어느 하루를 배경으로 댈러웨이 부인의 의식을 따라 스토리가 전개된다. 의식의 흐름 기법과 작가만의 '터널식 작법'을 통해 내면세계의 리얼리티를 서정적이고도 섬세한 감성으로 예리하게 그려 내고 있다.

INTRO

영국의 소설가 버지니아 울프(Virginia Woolf, 1882~1941)는 1882년에 런던에서 태어났다. 아버지는 유명한 문예비평가이자 철학자인 레슬리 스티븐●이다. 그녀의 문학 활동은 1904년 『가디언』 지에 실은 서평으로 시작되었고, 3년 뒤에는 소설을 쓰기 시작해 1915년에 『출항』이라는 제목으로 출간되었다. 이미 1912년에 오빠의 친구인 레너드 울프와 결혼한 상태였는데, 의사의 충고로 출산을 단념하고 문필 생활에 전념했다. 장편으로는 『밤과 낮』(1919), 『제이콥의 방』(1922), 『댈러웨이 부인』(1925), 『등대로』(1927), 『파도』(1931), 『세월』(1937), 『막간』(유작, 1941) 등이 있으며, 그 밖에 많은 단편과 수필, 평론을 남겼다.
창작에 대한 집념과 함께 평생 동안 그녀를 따라다닌 것은 정신 질환이었다. 1895년 어머니의 죽음으로 발병했다가 회복되었으나 아버지가 죽은 뒤에 재발해 그 이후 1941년 3월 28일 우즈 강에 투신 자살을 할 때까지 헌신적인 남편의 보살핌 속에서 병마와 싸우면서 작가 생활을 했다.●

댈러웨이 부인과 셉티머스의 이중적인 이야기

하원 의원의 아내인 51세의 댈러웨이 부인은 웨스트민스터에 있는 집에서 나와 오늘 밤에 열리는 파티를 위해 본드가街의 꽃집으로 꽃을 사러 간다. 화창하게 개인 6월의 어느 날 오전 10시, 상쾌한 바깥바람은 그녀가 처녀 시절에 갔던 해변의 여름날을 연상시킨다. 그 여름에 그녀는 남편 리처드를 처음 만났고, 또한 서로 깊이 사랑하고 있던 피터 월시와 헤어졌다.

감수성이 예민하고 신경질적인 피터에 비해 느긋한 성품을 지닌 리처드와의 결혼 생활은 행복했지만, 그녀는 아직도 '피터와 결혼하지 않은 것이 올바른 일이었을까' 하고 자문을 하곤 한다. 소설은 그녀와 남편, 피터, 그녀의 외동딸 엘리자베스와 그 가정 교사 등의 의식의 흐름을 따라 전개되어 가다가 파티가 끝날 무렵인 같은 날 한밤중에 끝난다.

이런 주된 줄거리와 병행해 30세의 회사원인 셉티머스 워렌 스미스를 중심으로 하는 보조 줄거리가 있다. 셉티머스는 제1차 세계대전 때문에 탄환충격신경증을 앓게 된 희생자로, 상류 사교계에서 사는 댈러웨이 부인과는 아무런 연관이 없다.

그러나 그의 망상과 죽음, 불쌍한 아내의 생활은 주된 줄거리와 교묘하게 결부되어 있다. 이는 먼저 같은 런던을 무대로 하고 있다는 점, 그리고 그가 낮에 진찰을 받은 유명한 정신과 의사가 부인의 파티에 참석해 그의 갑작스러운 자살에 대해 이야기하고, 그 소식이 부인의 마음에 깊은 감명을 주는 것 등이다.

곧, 이 소설의 주제는 의회의 큰 시계(빅 벤)가 들리는 곳에 거주하며, 시간의 제약 속에서 생활하는 여주인공이 그녀의 분신인 셉티머스에 대한 공감을 통해 시간과 죽음의 속박으로부터 해방된다는 것이라고 볼 수 있다.

조이스의 『율리시스』가 나온 지 얼마 뒤에 쓰인 『댈러웨이 부인』은 작가가 처녀작 이래로 끊임없이 바라던 '침묵(의식의 흐름)의 소설'을 훌륭하게 성취해 그녀의 '터널식 작법'을 확립한 걸작이다. 조이스 등과 함께 그때까지 영국 소설의 중심을 이루고 있던 이야기의 요소를 옆으로 제쳐

두고 새로운 분야를 개척한 1920년대의 대표적 작품이라고 할 수 있다.

자기 정체성의 위기와 공허감을 느끼는 50대 여성

댈러웨이 부인은 금발에 가냘픈 몸매, 자그마한 얼굴을 가진 재색을 겸비한 여성이다. 겉으로 보기에 그녀는 아주 화려한 생활을 하고 있는데, 반면에 내성적이고 감수성이 예민해 인생의 한 장면, 한 장면을 더없이 사랑하고 소중하게 아낀다. 사랑하기 때문에 그녀의 민감한 마음은 매 순간마다 두려움에 떨며 "설사 하루가 된다 해도 살아간다는 것은 참으로, 참으로 위험하다는 느낌"을 항상 갖고 있다.

에드윈 뮤어(영국의 시인·비평가)는 『댈러웨이 부인』을 새로운 타입의 캐릭터 소설이라고 평했는데, 여주인공의 미묘한 마음이 잘 묘사되어 있고, 복잡하고 생기가 넘치는 인물상으로 구축되어 있다는 점을 볼 때 댈러웨이 부인은 『등대로』의 램지 부인과 더불어 소설 속에 살고 있는 불후의 여주인공이라고 할 수 있다.

NOTES

● 스티븐(Leslie Stephen, 1832~1904)은 케임브리지대학교를 졸업하고 성직에 종사하다 종교에 회의를 느껴 문학으로 전향한 영국의 문학자이자 철학자이다. 『영국인명사전』의 초대 편집장을 지냈다.

● 버지니아 울프는 대학 교육을 받지 않았으나 책으로 가득한 아버지의 서재를 드나들면서 많은 서적을 접했고, 또한 그리스어까지 공부했으며, 케임브리지대학교에서 공부하던 오빠나 동생의 친구들을 포함한 각 방면의 수재들과 교제하며 지적인 소양을 쌓았다.

올더스 레너드 헉슬리(Aldous Leonard Huxley)

연애대위법

(Point Counter Point)

1928년 간행된 작품으로 헉슬리의 대표작이다. 제1차 세계대전 뒤인 1920년대에 무의미한 논쟁만 펼치고 있는 지식인 계급의 정신 상태를 풍자하고 인생의 다양성을 표현하기 위한 방법으로 음악의 대위법을 응용하고 있다.

INTRO

영국의 소설가이자 평론가인 올더스 레너드 헉슬리(Aldous Leonard Huxley, 1894~1963)는 유명한 생물학자인 토머스 H. 헉슬리의 손자로, 19세기 영국의 학술 명문가에서 1894년에 태어났다.● 소년 시절에는 의사가 되려는 꿈을 품고 공부했으나 16세 때 눈병으로 두 눈이 실명할 위기에 처했다가 초인적인 훈련으로 시력을 회복한 뒤 의학을 단념하고 옥스퍼드대학교 베일리얼 칼리지에서 문학을 공부했다.

대학에 입학하고 나서 1년 뒤에 제1차 세계대전이 발발했고, 전쟁을 계기로 『크롬 옐로』(1921)와 『멋진 신세계』(1932)에서 볼 수 있는 풍자와 평화주의를 키우게 되었다. 특히 1915년에 D. H. 로렌스를 만나고 난 뒤로는 로렌스의 제자라고 불릴 정도로 그로부터 결정적인 영향을 받았다.●

그 밖에 신비한 경지를 경험하기 위해 직접 메스칼린 등의 약물을 마시는 실험을 시도한 시기도 있었지만, 말년에는 전체적으로 종교적인 색채가 깊어졌다. 1963년에 사망했다.

대위법을 통해 인간의 복잡한 삶의 방법에 접근

제목에 나오는 대위법이란 원래 음악 용어로, 2개 이상의 독립된 멜로디를 동시에 연주함으로써 전체적으로 하나의 조화로운 음악적 표현 효과를 높이는 방법을 가리키는 말이다. 대위법을 소설에 끌어들인 헉슬리의 의도는 어떤 인물과 함께 사건이 발생하고 전개되다가 정점에 달한 뒤에 끝난다는 종래의 줄거리로는 현대를 사는 인간의 복잡한 삶의 방법에 접근할 수 없다는 주장에서였다.

이런 주장은 '필립 퀄스의 노트에서'라는 제목을 가진 본문 제22장에 구체적으로 나와 있는 것처럼 다른 사항을 동시에 진행시켜서 주제를 교차시키고, 소설에 소설가를 등장시켜서 미학을 논하게 한다는 이른바 사상소설을 지향하면서, 한편으로 사상이나 소설론을, 다른 쪽으로는 7쌍 정도의 남녀가 보여 주는 애욕의 그림을 마치 씨줄과 날줄처럼 교차시키는 시도 속에 살아 있다. 따라서 이 실험적 사상소설을 지탱하고 있는 것은 줄거리가 아닌 주제이다.

소설 전체의 밑바닥을 일관되게 흐르는 주제는, 예를 들면 옥스퍼드 출신의 지식인 월터 비들레이크와 자신을 학대하던 남편에게서 도망쳐 지금은 임신까지 하고 있는 마조리의 동거 생활, 그리고 월터와 창녀 같은 미망인 루시와의 애욕 관계 등에 나타나 있는 것처럼 현대에서의 사랑의 불모성이라고 할 수 있다.

하지만 그 밖에도 신을 찾으며 음악의 절대성을 믿다가 나중에 자살과도 같은 죽음을 맞이하는 스팬드럴의 주제, 사는 것보다 '삶의 사상'을 우선시하는 소설가 필립의 주제, 육체와 머리를 분열시킨 죄로 기독교와 플라톤을 고발하며 다시 완전한 조화를 추구해야 한다고 주장하는 화가 램피언의 주제가 교차한다.

램피언을 제외하고 모두 궁지에 몰려 버린 인물들 속에서 진정한 기독교인이라고 믿어 의심치 않는 버랩만이 마음놓고 놀 수 있게 된 여자 친구 비어트리스와 함께 욕실에서 서로 물을 끼얹으며 장난을 친다는 아이러니컬한 묘사로 소설은 끝이 난다.

다섯 가족의 퇴폐한 생활을 묘사

주요 인물들 가운데 소설가로 지적인 회의주의자인 필립은 헉슬리 자신을, 화가인 램피언 부부는 D. H. 로렌스와 그의 아내 프리다를, 버랩은 J. M. 머리를 모델로 하고 있다는 것은 널리 알려진 사실이다.

램피언만을 전인적인 삶을 살고 있는 것으로 묘사하면서 부정하지 않는 것을 보면 헉슬리가 얼마나 로렌스를 존경하고 있었는지 미루어 짐작할 수 있다.

| 작품 속의 명문장 |

"머리로 이해하고 있는 지식의 세계와 현실적으로 세상을 사는 것 사이에는 얼마나 큰 차이가 있는지 모른다."

『연애대위법』 제26장

* 소설가인 필립의 말이지만, 현실 생활 속에서 사상을 실천하는 것에 관한 어려움을 헉슬리 자신이 스스로 고백한 말이라 생각하고 읽으면 참으로 흥미롭게 들린다.

NOTES

● 헉슬리의 아버지는 교육자였고, 할아버지는 저명한 생물학자 T. H. 헉슬리이며, 시인이자 문예비평가인 M. 아놀드와 소설가 햄프리 워드 부인은 그의 외척이었고, 생물학자 J. S. 헉슬리는 그의 형이었다.

● 미국 캘리포니아에 있는 헉슬리의 저택에는 작가 C. 이셔우드와 영화배우인 그레타 가르보, 채플린 등 다양한 계층의 사람들이 출입했는데, 이를 통해 헉슬리의 폭넓은 교제 범위와 다채로운 재능을 짐작해 볼 수 있다.

데이비드 허버트 로렌스(David Herbert Lawrence)

채털리 부인의 사랑

(Lady Chatterley's Lover)

1928년에 완성된 작품이다. 콘스턴스 채털리 경에 대한 묘사를 통해 상류 계급에 대한 적의를 표현하고 있으며, 채털리 부인과 멜로즈의 사랑을 통해 성적인 결합을 바탕으로 한 인간관계의 부활을 강조하고 있다.

콘스턴스 채털리 남작부인과 산지기 멜로즈의 진실한 사랑 이야기

중부 잉글랜드의 더비셔 언덕에 테버셜 탄광과 가난한 집들을 한눈에 내려다볼 수 있는 고풍스러운 래그비 저택이 서 있다. 클리퍼드 채털리 남작의 저택이다.

그는 1917년 유럽의 자유주의적인 예술적 분위기 속에서 교육을 받은 콘스턴스 리드와 결혼하고 한 달간 신혼여행을 다녀온 뒤에 전쟁터로 돌아갔는데, 그로부터 6개월 뒤에 중상을 입어 본국으로 송환된다. 2년 동안 투병 생활을 한 보람도 없이 영원히 하반신을 쓸 수 없는 몸이 된 클리퍼드는 절망 속에서 집으로 돌아온다. 그때 클리퍼드는 29세, 아내 콘스턴스(코니)는 23세였다.

휠체어를 타고 다니는 인생은 클리퍼드를 관념적인 남자로 만들었다. 2월 어느 날, 서리가 내린 아침에 저택 안의 숲 속으로 산책을 갔을 때 코니의 당혹스러움에는 아랑곳하지 않고 코니가 다른 남자의 아이를 낳는다면 그 아이를 자기 후계자로 삼겠다고 진지한 얼굴로 말했을 정도이다. 코니는 그런 클리퍼드와의 정신 생활 속에서 아내로서 할 수 있는 모든 정성을 기울이지만, 그녀의 생명력은 점점 쇠퇴해 간다. 코니가 지나치게 힘들어하는 것을 보다 못한 언니 힐다가 클리퍼드의 뒤치다꺼리를 위해 간호사를 고용하자고 클리퍼드에게 제안해 억지로 승낙을 얻어낸다. 그때서야 코니는 비로소 남편의 뒤치다꺼리에서 해방된다.

어느 날 저녁, 평소처럼 숲 속의 공터로 나간 코니는 잠잘 준비를 하려고 꿩의 새끼를 우리 안에 넣고 있는 산지기 멜로즈를 만난다. 코니는 우리 앞에 쭈그리고 앉아 새끼를 만져 보려고 손을 내밀었다가 어미가 쪼는 바람에 깜짝 놀라 손을 움츠린다. 산지기는 웃으며 새끼를 꺼내서 그녀에게 내민다. 코니는 자신의 손안에 있는 새끼의 가녀린 생명의 떨림이 느껴지자, 그 사랑스러움에 눈물이 흘러나오는 것을 억제하지 못한다.

아내가 다른 남자와 도망친 괴로운 경험 때문에 여자는 물론 속세와 모든 접촉을 끊고 4년 동안 숲 속에 틀어박혀 살던 멜로즈는 그 모습을 보고 이미 사라져 버렸다고 생각했던 불꽃이 몸속에서 타오르는 것을 느끼고 코니를 오두막 안으로 데리고 들어간다. 코니도 부드러운 불꽃으로 변해 버린 멜로즈의 진심이 담긴 사랑의 손이 자기 몸을 훑자, 그에게 몸을 맡기고 그의 모든 것을 받아들인다.

그렇게 멜로즈와 여러 번 밀회를 하던 중 코니는 자기 배 속에 새로운 생명이 자라고 있음을 느끼고, 불모의 겨울과도 같은 클리퍼드와의 정신 생활과 결별한 뒤 멜로즈와의 새로운 생활을 시작하기 위해 일시적으로 베네치아로 간다. 멜로즈의 아이를 가진 채 헤어져 살고 있는 코니에게, 지금은 휴식을 해야 하는 겨울이지만 몸을 정결하게 하여 새로운 생명이 탄생하는 봄을 기다리자고 멜로즈가 편지를 보낸다.●

본래 '다정함'이라는 제목 아래 쓰인 로렌스의 마지막 장편소설은 '생명력이 넘치는 강인한 육체와 함께 어딘가 시골풍의 느낌이 나는' 도시 처녀 코니가 클리퍼드와의 정신적인 생활에서 생명력의 야성미를 잃었다가, 나중에 '따뜻하고 섬세하며 다정한 마음'을 지니고 자연 속에서 살아가는 산지기 멜로즈를 만나 진정한 여자, 진정한 모성으로 깨어나게 되는 삶의 편력을 다룬 이야기이다.

새로운 삶을 찾아 세계를 여행한 로렌스라는 방황하는 정신이 다정함의 화신이 되어 마지막으로 당도한 곳이 위대한 남성과 모성으로 변한 멜로즈와 코니가 노니는 잉글랜드의 숲이었다면, 이 숲은 인간이 돌아가고 싶어 하는 에덴 동산에 비유할 수가 있고, 진정한 배우자를 만나 인간의 삶을 구가하는 멜로즈와 코니의 모습은 바로 아담과 이브라고 할 수 있다.

| 작품 속의 명문장 |

"현대는 본질적으로 비극적인 시대이다."

소설의 서두에 나오는 말

* 현대에 대한 불안과 절망, 현대를 살아가는 것에 필요한 굳은 결의를 나타낸 이 말은 고뇌하는 현대에 대해 로렌스가 마지막으로 해 준 말이라고 볼 수도 있다.

NOTES

● 성교 장면을 과감하게 묘사한 이 책은 미국·일본 등 여러 나라에서 완역본이 출간될 때마다 외설 시비로 몸살을 앓았다. 영국에서도 예외가 아니었다. 그러나 당연한 일이지만 E. M. 포스터 등 당대의 뛰어난 작가와 평론가들의 옹호를 받아 재판에서는 무죄가 선고되었다. 로렌스는 『채털리 부인의 사랑』에 대한 비난에 답하기 위해 항의문 '호색문학과 외설'을 썼는데, 그 속에서 그는 '자유란 사회적인 세계의 거대한 허위에서 자기 자신을 해방시키는 것이다'라고 했다.

아치볼드 조지프 크로닌(Archibald Joseph Cronin)

성채
(The Citadel)

1937년에 발표한 이 작품은 종교의 의미와 삶에 대한 의문을 깊이 탐구한 크로닌의 자전적 소설이다. 의료계의 고질적 문제점과 휴머니즘에 입각한 의사 정신을 피력하고 있어 독자들에게 무한한 공감과 감동을 불러일으킨다.

INTRO

영국의 소설가이면서 의사였던 아치볼드 조지프 크로닌(Archibald Joseph Cronin, 1896~1981)은 1896년 스코틀랜드 덤바턴셔의 시골 마을 카드로스에서 태어났다. 가난한 집안 환경 때문에 고학을 해서 글래스고대학교 의과대학에 진학했다. 재학 중에 제1차 세계대전이 발발하자 해군에 입대했다가 제대한 뒤 다시 같은 대학에서 공부해 우수한 성적으로 졸업했다.
그 이후 인도 항로의 선박과 병원, 탄광 등지에서 의사로 일하면서 열심히 공부를 계속해 의학박사, 영국의학회 회원, 공중위생보건의 자격을 취득했다.
이윽고 런던으로 나가 병원을 개업했는데, 과로 때문에 십이지장궤양에 걸려 고향으로 돌아가 요양하던 중 창작을 해 보자는 마음이 생겨 3개월 만에 써낸 것이 처녀작인 『모자장수의 성』(1931)이었다. 남자의 허영과 아내의 인내, 사랑과 미움의 갈등 등을 그린 이 작품은 순식간에 21개 국어로 번역되어 300만 부 이상 팔리는 베스트셀러가 되었다.
그때까지 파란만장했던 그의 반생에 대해서는 자서전 『인생의 도상에서』(1971)에 자세히 기록되어 있다. 그 이후로 『성채』(1937), 『천국의 열쇠』(1941), 『성장해 가는 나이』(1944) 『별이 내려다본다』(1971) 등 명작으로 꼽히는 작품들을 계속해서 발표했다.

청년 의사 맨슨, 절망과 고뇌 끝에 자신의 참모습을 되찾다

학교를 갓 졸업한 청년 의사 앤드루 맨슨은 큰 꿈과 희망을 품고 웨일스 남부의 탄광촌에 있는 의원의 대리 의사로 부임한다. 이렇게 내디딘 인생의 첫발부터 그는 사회의 모순과 지저분한 인간의 마음, 무기력, 탐욕에 대해 어떤 때는 분개하고, 어떤 때는 실망하면서도 인간에 대한 사랑과 정의감에 불탄 나머지 과감하게 이런 것들에 맞서 하나씩 극복해 간다. 그것이 맨슨을 성장시키고 인간적으로 성숙하게 만든다. 그 모습은 그야말로 맨손으로 바빌론의 성채를 공략하려고 진격하는 전사와도 같다.

격무를 틈타서 열심히 공부해 박사학위를 딴 그는 굳은 결심을 하고 런던으로 나가 병원을 개업한다. 그것은 그가 상상도 하지 못했던 큰 성공을 안겨 주지만, 상류 사회와 접하며 얻은 지위와 명성과 부는 그의 눈을 멀게 한다.

그러던 중 한 환자의 죽음을 계기로 맨슨은 제정신을 차리게 되지만, 그에게 남겨진 것은 공허한 생활과, 이해심이 깊었던 아내와의 사이에 흐르기 시작한 냉랭한 관계뿐이다.

그러나 그에게는 그래도 세상의 속된 것들을 떨쳐 버리고 새로운 생활을 과감히 시작할 만큼의 용기가 남아 있었다. 그런데 겨우 희망을 발견하는 찰나에 맨슨을 기다리고 있던 것은 아내 크리스틴의 뜻하지 않은 죽음이었고, 설상가상으로 의사 자격을 박탈당하는 위기가 그를 덮친다.

사회의 추악한 면과 대결하는 진정한 휴머니스트

『성채』의 주인공 앤드루 맨슨은 작가 크로닌의 분신이라고 할 수 있다. 치열한 의욕과 스코틀랜드인 특유의 끈기, 그리고 맨슨의 사상이나 체험들은 모두 크로닌이 의사로서 걸어왔던 길이자 그가 이상으로 생각했던 삶의 방법 그 자체이다.

의사라는 직업을 통해 맨슨은 인간 사회의 암이라고 할 수 있는 추악한 면과 과감하게 대결한다. 한때는 그 자신도 성공해 출세욕과 금전욕에 사로잡히지만, 어떤 사건을 계기로 예전의 이상을 되찾아 휴머니스트 의사로 재출발하려 한다.

| 작품 속의 명문장 |

"생각나지 않아요? 인생은 미지의 것에 대한 공격이자 치열한 돌격전이라고 자주 말하곤 했잖아요. 정상에 있는 것은 알고 있지만 눈에 보이지 않는 성채를 어떤 일이 있어도 쟁취해야 한다며 당신은 의욕을 불태웠죠."

* 이것은 맨슨이 성공에 눈이 멀어 악마에게 영혼을 팔아 버렸다는 것을 알아차린 아내 크리스틴이 남편을 반성시키고 다시 휴머니스트 의사로 돌아가게 하기 위해 예전에 남편이 스스로 한 말을 인용해 자기도 모르게 외친 말이다.

조지 오웰(George Orwell)

동물농장

(Animal Farm)

'옛날 이야기'라는 부제가 달린 이 소설을 통해 오웰은 1917년 2월혁명부터 1943년 테헤란 회담에 이르기까지의 소련 역사를 충실하게 재현하면서 독재자 스탈린의 정치적 폭력성을 우화체의 문장으로 통렬하게 풍자하고 있다.

INTRO

영국의 작가 조지 오웰(George Orwell, 1903~1950)의 본명은 에릭 아서 블레어Eric Arthur Blair이다. 1903년에 아버지의 부임지였던 인도에서 태어났다. 1907년에 귀국해 명문 이튼 고등학교를 나왔으나 대학에 진학하지 않고 경찰관으로 미얀마에 부임했다. 그러나 대영제국주의의 첨병이라 할 수 있는 식민지 경찰관이라는 직업이 참을 수 없이 싫어서 1927년에 귀국해 작가의 길을 걷기 시작했다.

이윽고 사회주의자가 되어 에스파냐 내전에서는 트로츠키 계열의 POUM(마르크스주의 통일노동당) 부대에 가담해 싸우다가 목에 총알이 관통하는 부상을 입었다.

또한 소련의 후원을 받은 공산당이 다른 당파에 대해 심한 탄압을 가하는 것을 직접 목격한 뒤로 평생 동안 반공산주의자, 반전체주의자가 되었다. 『동물농장』(1944)●에 이어서 발표한 또 하나의 반전체주의 미래 소설 『1984년』(1949)이 있는데, 그는 이 소설을 쓴 이듬해인 1950년에 숙환인 결핵으로 사망했다.

인간의 폭압에 반기를 들고 평등한 세상을 꿈꾸다

존스 씨의 '장원 농장'에서 사육되고 있던 많은 동물들은 돼지인 '늙은 소령'의 유언에 따라 반란을 일으켜 인간들의 착취가 없는, 모든 동물이 평등한 이상 사회를 건설한다. 그들의 앞길에는 많은 난관이 기다리고 있었지만, 이제 '동물농장'의 주인공이 된 동물들은 희망을 가슴에 안고 열심히 일한다.

그들의 리더는 수퇘지인 스노볼과 나폴레옹인데, 이론가인 스노볼은 풍차를 건설해 농장을 기계화할 계획을 추진한다. 그러나 음모가인 나폴레옹은 그를 추방하고, 그의 편에 가담했던 동물들도 잇달아 처형한 뒤 독재자로 군림한다.

건설된 풍차는 한 번은 폭풍에 쓰러졌고, 그다음에는 농장을 되찾으려 한 존스 등에 의해 폭파되었지만 동물들은 물러서지 않는다. 그 중에서도 눈부신 활약을 하는 동물이 말馬인 복서이다. 우직할 정도로 성실하게 일만 하던 복서는 결국 과로로 쓰러진다. 그러자 지체 없이 인간에게 팔려 마을의 도살장으로 보내진다.

몇 년 뒤 풍차가 완성되고 생산도 향상되었지만, 돼지 이외의 동물들의 생활은 좀처럼 나아지지 않는다. 혁명 초기에 제정된 7대 강령도 수정된다.

예전에 외쳤던 "두 다리 짐승은 적이고, 네 다리 짐승은 아군이다"라는 구호를 잊어버린 것처럼 근처에 있는 농장주들과 거래를 시작한 돼지들은 어느 날 밤 그들을 초대해 밤새도록 파티를 연다. 두 다리로 서서 인간들과 건배를 나누는 그 모습을 보면 이제는 누가 인간이고 누가 돼지인지 구분이 가지 않는다.

'나폴레옹'을 통해 스탈린의 독재를 비판

이 소설은 전체주의 국가가 성립되는 과정과 독재자의 정치적 폭력성을 우화체로 쓴 풍자소설로, 스탈린이 집권하고 있던 소련의 시대적 상황을 모델로 하고 있다.

이론가이자 웅변가인 스노볼은 트로츠키를, 말이 없고 음모를 잘 꾸미는 나폴레옹은 스탈린을 나타낸 것이라는 점은 확연하다. 그리고 '늙은 소령'은 아마 레닌을 모델로 한 것이라 생각된다.

오웰이 얼마나 스탈린을 증오하고 있었는지는 그의 일기 한 구절에 보이는 '침을 뱉어도 시원치 않은 살인마'라는 문구만 보아도 충분히 알 수 있다.

| 작품 속의 명문장 |

"모든 동물은 평등하다. 그러나 어떤 종류의 동물은 다른 동물보다 '더욱 평등'하다."

* 동물들의 혁명이 성공한 뒤 돼지들은 곳간의 벽에 7대 강령을 적었는데, 그들이 독재권을 잡으면서 그 내용들이 차례차례 수정되었다. 나아가 7대 강령도 처음에는 전반부뿐이다가 어느새 후반부가 덧붙여지게 되었다.

NOTES

● 이 소설은 1944년 2월에 완성되었는데, 그 무렵 소련은 영국의 동맹국이었기 때문에 외무부의 간섭 등을 무시할 수 없어 출판을 맡아 주는 곳이 없었다. 그래서 전쟁이 끝난 1945년 8월이 되어서야 겨우 출판되었다. 그러나 미소 냉전 시대로 접어들자 순식간에 세계적인 베스트셀러가 되었다.

존 로널드 톨킨(Jonh Ronald Tolkien)

반지의 제왕

(The Lord of the Rings)

20세기 판타지 문학의 금자탑. 『반지원정대』(제1부), 『두 개의 탑』(제2부), 『왕의 귀환』(제3부)으로 구성되어 있으며, 1954년(1부·2부)부터 1955년(3부)에 걸쳐 완성되었다. 치밀한 소설적 상상력으로 현대 영문학사에 큰 궤적을 남긴 20세기 판타지 문학의 금자탑이다.

INTRO

존 로널드 톨킨(Jonh Ronald Tolkien, 1892~1973)은 영국의 소설가이자 중세학자로, 1892년 남아프리카공화국의 블룸폰테인에서 태어났다. 그의 본직은 옥스퍼드대학교의 문헌학 교수였는데, 비슷한 취미를 가진 동료들(C. S. 루이스●, J. 웨인●, C. 윌리엄스● 등이 있었다)의 격려를 받아 『반지의 제왕』을 완성했다고 한다. 다른 작품으로는 아동문학의 걸작인 『호비트의 모험』(1937)이 있다. 1973년에 81세의 나이로 사망했다.

신화적인 전쟁과 프로도의 영웅담

먼 옛날 모르도르에 사는 사우론이라는 이름의 사악한 왕이 인간과 엘프를 상대로 한 싸움에서 손가락이 잘리는 바람에 반지를 잃어버렸다. 그 반지에는 무서운 마력이 담겨 있었고, 왕 자신의 강대한 힘의 원천이기도 했다. 그래서 그는 그때의 타격으로 인해 쇠퇴했던 자신의 세력이 서서히 회복된 것을 기회로 반지의 행방을 찾기 위해 안달이 나 있었다. 그리고 간신히 그것이 호비트족의 일원인 프로도의 수중에 있음을 알고 '검은 기사'라고 불리는 부하들에게 명하여 탈취하려고 한다.

프로도는 자기가 가지고 있는 반지에 숨어 있는 주술呪術을 친구이자 마법사인 간달프로부터 듣고는 전율했다. 첫 번째 주술은 그 반지를 낀 자는 모습이 보이지 않게 되는 것이었다. 주술의 무서운 점은 그 효과를 알고 남용하는 사이에 어느새 정말로 모습이 '희미해진다'는 것이다.

그러나 더욱 무서운 것은 두 번째 주술로, 반지가 그 소유자를 '스스로' 결정할 수가 있다는 것이다. 곧, 프로도가 반지를 가지고 있는 것이 아니라 오히려 그 반대인 것이다. 따라서 그것이 예전에 사우론의 손에서 벗어난 것도 반지 자신의 '의지'에 의한 것이었다.

다시 반지로부터 소유당하기 위해서 왕은 미친 듯이 추격해 온다. 만약 반지가 왕의 손가락으로 돌아가게 되면 사악한 의지가 무적의 힘을 얻게 되어 온 땅을 지배하게 된다. 소유하고 있기만 해도 위험한 이 반지는 어떠한 고열에도 녹지 않기 때문에 더욱 위험하다.

대책은 단 한 가지뿐이다. 반지가 만들어진 원래의 특수한 불 속으로 다시 한 번 그것을 던져 넣는 것이다. 그러나 그 장소는 모르도르, 곧 다름 아닌 사우론 왕의 영토에 있다. 이렇게 해서 프로도와 그 일행은 공포와 험난함이 기다리는 무서운 적의 영토 한가운데로 들어가게 된다.

'이야기'에 대한 인류의 원초적 갈망에 충실히 대응

『반지의 제왕』 3부작은 원서로 약 50만 어휘를 넘어설 만큼 장대하고 규모가 큰 이야기이다. 그것은 20세기 판타지 문학의 금자탑일 뿐 아니라 판타지 문학의 전통 그 자체의 자기 증명이자 이야기 문학의 한없는 매력을 독자의 마음에 되살려 주었다는 점에서 그야말로 현대 문학사상 특기할 만한 작품이다. 흔히 영국의 판타지 문학을 이야기할 때 스펜서의 『요정 여왕』●을 최고라고 여겨 왔는데, 『반지의 제왕』의 작가는 스펜서와는 명확하게 다른 주장을 가지고 있었다. 그것은 판타지의 매력이 이야기 그 자체 속에 있어야 한다는 점이다. 결코 교훈을 전하기 위한 수단이어서는 안 된다는 것이다.

톨킨의 이야기가 방대한 양에도 불구하고 압도적인 성공을 거둔 것은 '이야기'에 대한 인류의 원초적 갈망에 가장 충실하게 대응하려고 했기 때문이다. 고대 서사시나 전설은 있을 수 없는 일을 확신에 찬 말투로 이야기하는 것이 일반적인데, 톨킨은 그런 가공의 세계가 지닌 힘을 고대적 말투의 단순한 모방에서 끌어내지 않고 페어리 랜드(요정 나라) 창조자로서 자신만이 지닌 이야기에 대한 끝없는 열의와 창작에 대한 솔직한 기쁨을 통해 이야기를 서술해 나가고 있다.

NOTES

● 루이스(Clive Staples Lewis, 1898~1963)는 영국의 신학자이자 문인으로, 중세와 르네상스 문학에 조예가 깊었다. 주요 저서로는 『16세기의 영문학』(1954)이 있다.

● 웨인(John Wain, 1925~1994)은 영국의 소설가·시인·비평가로, '성난 젊은이들' 가운데 한 작가이다. 장편소설 『급히 내려오다』(1953)로 작가의 위치를 확립했다.

● 윌리엄스(Charles Williams, 1886~1945)는 영국의 문학가로, 신학적 관심에서 비롯한 시·평론·소설 등을 많이 저술했다.

● 르네상스 시대의 정점을 이룬 영국의 시인 스펜서(Edmund Spenser, 1552?~1599)의 서사시인 『요정 여왕』은 요정 여왕을 모시는 기사 12인의 모험담을 다룬 작품이다. 12권을 집필할 예정했으나 미완으로 끝났다.

미국 문학

미국 문학이 소재에만 한정되지 않고 사상이나 기법 등과 같은 면에서도 영국 문학으로부터 완전히 독립한 때는 산문체 기법을 사용한 휘트먼의 『풀잎』 무렵부터라고 할 수 있다. 이후 『주홍글씨』의 호손, 『백경』의 멜빌, 『허클베리 핀의 모험』의 마크 트웨인, 『어느 부인의 초상』의 제임스 등의 거물들이 등장해, 선과 악의 인간적 가치가 대결하는 미국 문학의 위대한 전통을 만들어 냈다.

미국 문학의 흐름

류구치 나오타로 | 미국 문학가

영국 문학의 모방

1976년에 미국에서는 건국 200주년을 기념하는 축제가 열렸다. 1776년에 독립선언을 한 뒤로 만 200년이 지났기 때문이다. 이와 같이 나라가 정치적으로 독립한 지 겨우 200년 남짓밖에 되지 않았으므로 미국 문학이 홀로 서기까지 독립 뒤 다시 수십 년의 세월을 필요로 했던 것은 당연한 일이다. 일설에 따르면 에머슨이 『미국의 학자』를 발표해 미국인들의 정신적 독립을 선언한 1837년이 미국 문학이 시작된 해라고 한다.

물론 식민지 시대에서 18세기 종반에 걸쳐 문학 작품에 가까운 것이 없지는 않았다. 신세계가 어떠한 곳이고, 그곳에 어떤 사람들이 살고 있는지에 관한 것들을 구舊세계에 보고하는 서간문학을 비롯해 종교와 철학, 정치에 대한 논설풍의 작품이 많았다. 그러다가 19세기에 접어들자 『스케치북』의 어빙, 『모히칸족의 최후』의 쿠퍼 등 주목할 만한 작가들이 나타나기 시작했다. 그러나 쿠퍼가 'Scotch & Water'(위스키에 물을 탄 것)에 불과하다는 평을 듣게 된 것을 보아도 그 무렵의 미국 문학은 영국 문학을 모방한 데 지나지 않았다.

영국 문학으로부터의 독립

미국 문학이 소재에만 한정되지 않고 사상이나 기법 등과 같은 면에서도 영국 문학으로부터 완전히 독립한 때는 산문체의 기법을 사용한 휘트먼의 『풀잎』 무렵부터일 것이다. 소설 부문에서는 『주홍글씨』의 호손, 『백경』의 멜빌, 『허클베리 핀의 모험』의 마크 트웨인, 『어느 부인의 초상』의 제임스 등 쟁쟁한 거물들이 등장했다. 그러다가 호손과 멜빌, 제임스 등은 20세기의 포크너(『음향과 분노』)로 이어져 선과 악의 인간적 가치가 대결하는 미국 문학의 위대한 전통을 만들어 내는 데 성공했다.

19세기 말엽이 되자 미국 문학의 또 다른 큰 흐름이라고 할 수 있는 리얼리즘 운동이 시작되었다. 그로부터 노리스와 크레인, 드라이저, 앤더슨, 루이스, 패럴, 스타인벡, 더스패서스, 헤밍웨이, 오츠 등과 같은 작가들이 서로 다른 개성적인 색채를 지닌 채 커다란 리얼리즘 조류를 형성했고, 그 가운데 몇 사람은 세계적인 작가로 높이 평가되기에 이르렀다.

아메리칸 리얼리즘의 한 분파로 지적하고 싶은 것은 사회성이 짙은 리얼리즘의 조류로, 스타인벡의 『분노의 포도』, 싱클레어의 『정글』, 패럴의 『스터즈 로니건』, 콜드웰의 『토바코 로드』와 『신의 작은 땅』, 라이트의 『미국의 아들』 등이 이에 속한다. 그러나 이러한 작품들은 프롤레타리아 문학과의 경계선에 서 있다고 볼 수도 있다.

예술지상주의 문학

미국 문학의 주류에서는 벗어났지만 일종의 예술지상주의 선상에 있는 독특한 문학도 빼놓을 수 없다. 멀리는 에드거 앨런 포, 가깝게는 피츠제럴드와 포터, 매컬러스, 커포티, 업다이크 등으로, 이 분야의 작가들이 대개 남부 출신이라는 점도 흥미롭다.

최근에는 엘리슨과 볼드윈, 『뿌리』의 알렉스 헤일리 등과 같은 흑인 작가들이 주목을 받았고, 한편으로 메일러와 샐린저, 맬러머드 등의 유대계 작가들도 눈부신 활약을 하고 있다.

블랙 유머 문학도 바스와 헬러, 핀천, 바셀미 등의 인재들을 배출했고, 판타지의 새로운 일파에서도 커포티와 호크스, 브로티건 등이 눈에 띈다.

미국 연극에서는 오닐을 비롯해 윌리엄스, 아서 밀러, 올비 등이 세계적인 주목을 받고 있다.

워싱턴 어빙(Washington Irving)

스케치북
(The Sketch Book)

작가가 영국에서 상사 주재원으로 재직하면서 집필한 작품으로, 사색적인 문체와 스케치의 기법을 섞어서 쓴 미국 최초의 단편집이다. 영국의 전통과 미국의 전설 등에서 소재를 택하고 있으며, 현실의 위화감과 과거에 대한 향수가 배어 있는 작품이 많다.

INTRO

미국의 소설가 워싱턴 어빙(Washington Irving, 1783~1859)은 미국이 독립전쟁에서 승리를 거둔 1783년 뉴욕에서 태어났다. 워싱턴이라는 이름은 그 무렵 국민적 영웅으로 사람들의 경애를 한 몸에 받고 있던 워싱턴 장군을 따라 붙인 것이라고 한다. 부유한 상인 집안에서 자라난 그는 가업에 종사하는 한편, 문학적 재능을 살려 형과 함께 잡지를 발간하기도 했다. 그러다가 1809년에 풍자적이고 해학적인 『뉴욕의 역사』를 발표해 작가로 인정받게 되었다.
1815년에 영국으로 건너갔다가 얼마 뒤 일가가 경영하던 회사가 파산하는 바람에 글로 생계를 이어 가야 할 지경에 빠졌다. 이렇게 해서 태어난 작품이 『스케치북』(1819~1820)인데, 그는 이 작품으로 국제적인 명성을 얻은 최초의 미국 문학가가 되었다. 그 밖의 주요 작품으로는 『알람브라 궁전』(1832), 『콜럼버스』(1828), 『조지 워싱턴전』(1855~1859) 등이 있다. 1859년에 사망했다.

34편의 이야기가 수록된 작품집

『스케치북』은 어빙이 영국에 체류하던 중에 쓴 수필과 기행문, 이야기 등 34편의 단편들을 모은 책이다. 영국에 있을 때 쓴 작품들이기 때문에 유럽, 특히 영국의 풍속과 습관을 다룬 이야기도 섞여 있다. 주로 미국에 관한 이야기나 보다 보편적인 인생의 화제를 채택했으며, 그런 소재들을 경쾌하며 때로는 애수를 자아내는 문장으로 잘 묘사해 놓았다. 여

기서는 「립 밴 윙클Rip van Winkle」의 내용을 소개한다.●

립 밴 윙클은 네덜란드계 미국인으로 식민지 시대에 뉴욕의 작은 마을에서 살고 있었다. 어느 가을날 립은 사냥총을 들고 그의 유일한 벗인 애견 울프와 함께 캐츠킬 산맥의 깊숙한 곳으로 들어갔다. 그는 그곳에서 옛날 네덜란드풍의 복장을 한 기묘한 사람들이 운동 경기를 하면서 놀고 있는 것을 발견했다. 립은 그들의 경기를 바라보면서 그곳에 있던 술을 마셨는데, 술기운이 돌자마자 심하게 졸려서 그대로 푹 잠들어 버렸다.

이튿날 눈을 뜨자 주위에 사람이 아무도 없었고, 울프의 모습도 보이지 않았다. 이상하게 생각하면서 마을로 돌아온 립은 마을의 모습이 완전히 변해 있는 것을 보고 깜짝 놀란다. 게다가 얼굴을 아는 사람이 하나도 없었고, 자기 집에는 잔소리가 심한 아내도 없었다. 예전에 있던 조지 3세의 초상화조차 워싱턴 장군이라고 쓰인 남자의 그림으로 바뀌어 있었다.

이윽고 그 자리에 모여든 사람들과 이상한 문답을 주고받은 뒤에야 립은 시대가 완전히 변해 버렸음을 알게 되었다. 그가 산에서 잠들어 있는 동안에 세대가 교체되었고, 그 사이에 미국은 독립전쟁을 거쳐 합중국으로 바뀌어 있었던 것이다. 립이 딱 하룻밤이라고 생각했던 시간이 사실은 20년의 세월이었다.●

립 밴 윙클 – 아내에게 들볶이기 일쑤인 마음씨 착한 인물

소박하고 마음씨 좋은 남자로 게으름뱅이라고 할 수는 없지만, 무슨 일이든 도무지 돈이 되는 일을 하기 싫어하는 인물이 이 작품의 주인공 립 밴 윙클이다. 밖에서는 마을 아낙네들에게 매우 인기가 좋지만 집에서는 마누라에게 꼼짝 못하는 남편의 전형이다.

이 작품에는 너무나도 실리적으로 변한 현대 남성들, 그리고 미국적인 가정에 대한 비판이 담겨져 있다.

| 작품 속의 명문장 |

"나의 조국에는 젊고 파릇파릇한 희망이 넘쳐 나고 있다. 한편 유럽에는 오랜 세월에 걸쳐서 축적된 보물들이 넘쳐 나고 있다."

* 여기서 말하는 보물이란 문화적 유산으로, 교양 있는 미국인들이 유럽에 대해 지니고 있는 시각을 잘 나타낸 말이다.

NOTES

● 1819년에서 1820년에 걸쳐 출판된 『스케치북』에는 이 밖에도 「슬리피 할로의 전설」, 「유령 신랑」, 「웨스트민스터 사원」 등의 유명한 작품이 다수 수록되어 있다.

● 「립 밴 윙클」 이야기는 너무도 유명해서, '립 밴 윙클 효과'라는 말이 생겼을 정도이다. 립 밴 윙클 효과란 마치 립 밴 윙클이 산속에서 20년 동안 자고 일어나 동네에 내려와 보니 세상이 완전히 바뀌었다는 것처럼, 광속에 가까운 속도로 우주 여행을 하고 온 귀환자가 맞게 될 비극적인 상황을 일컫는 말이다.

에드거 앨런 포(Edgar Allan Poe)

검은 고양이 / 어셔가家의 몰락

(The Black Cat / The Fall of the House of Usher)

병적인 범죄 심리와 공포를 검은 고양이로 상징한 『검은 고양이』와, 비현실적인 공포감을 주는 배경 묘사와 주인공들의 불안한 심리 묘사가 돋보이는 『어셔가의 몰락』은 죽음·공포·괴기 등을 창조해 특이한 낭만적 작풍을 선보인 포의 대표작이다.

INTRO

미국의 시인이자 소설가·비평가인 에드거 앨런 포(Edgar Allan Poe, 1809~1849)는 1809년에 떠돌이 배우의 아들로 보스턴에서 태어났으나 아버지는 행방불명되었고, 어머니는 2세 때 사망해서 존 앨런 집안의 양자가 되었다. 영국에서 교육을 받은 뒤 버지니아대학교에 들어갔다가 도박 빚 때문에 정학 처분을 받았다. 그 뒤 군대에 들어가 사관학교까지 진학했으나 양아버지의 재혼으로 앨런 집안과 인연이 끊긴 뒤 작가 활동을 시작해 시와 단편소설, 시론, 비평 등을 썼다.

추리소설의 시조로서도 유명한 포는 『황금벌레』(1843), 『도난당한 편지』(1845), 『모르그가의 살인사건』(1841) 등의 명작을 발표했으며, 또한 『갈까마귀』(1845)로 시인으로서도 불후의 명성을 얻게 되었다. 1849년에 사망했다.

『검은 고양이』 – 강박 관념과 공포에 의한 살인

유약한 마음씨의 소유자로, 동물을 좋아하는 나는 플루토라는 검은 고양이를 기르고 있었다. 그런데 내가 술독에 빠져 망가지기 시작하면서부터 그 검은 고양이가 점점 보기 싫어져서 어느 날 술 취한 김에 한쪽 눈을 도려내 버렸다.

얼마 있다가 이번에는 그 고양이를 나무에 목매달아 죽여 버렸다. 그런데 그날 밤 우리 집이 화재로 송두리째 타 버렸고, 타고 남은 벽에는 새끼줄에 목이 매인 고양이의 모습이 새겨져 있었다.

그 뒤에 나는 술집에서 가슴에 흰 테두리가 있는 어떤 검은 고양이를 발견하고는 다시 집으로 데려와 기르기 시작했다. 그런데 그 흰 테두리가 어느새 전에 키우던 고양이를 죽일 때 썼던 새끼줄로 보이기 시작했다. 공포와 증오심 때문에 고양이를 죽이려고 도끼를 쳐들었다가 아내가 말리자 이성을 잃고 그 도끼로 아내를 죽여 버렸다.

범행을 숨기기 위해 아내의 시체를 지하실의 벽에 세운 채 벽돌을 쌓고 회칠을 한 다음 막아 버렸다. 두 번에 걸친 경찰의 가택 수사가 실패로 끝난 것을 보고 긴장이 풀린 내가 주의를 환기시키려고 나가려는 경관을 붙들고 내벽을 두드리며 자랑했을 때 그곳에서 이상한 울음소리가 들려왔다. 뒤이어 경찰이 벽을 부수자 시체 위에 외눈의 그 검은 고양이가 앉아 있었다.

『어셔가의 몰락』 – 괴기스럽고 음울한 공포

오래된 집안인 어셔가의 주인 로데릭과 그의 쌍둥이 여동생 매덜린은 이 집안에 유일하게 남아 있는 사람들이다. 더구나 로데릭은 원인을 알 수 없는 정신병에 걸려 있고, 매덜린은 여생이 얼마 남지 않은 발작성 질환을 앓고 있다.

그러던 참에 로데릭의 어렸을 적 친구가 로데릭의 편지를 받고 찾아오는데, 그는 어셔가의 건물을 보자마자 우울하고 불길한 느낌에 휩싸였고, 그 기분은 병고에 시달리는 남매를 보자 더욱 섬뜩해졌다.

로데릭과 그의 친구는 독서와 음악으로 무료함을 달래려 한다. 그러던 중 로데릭의 친구는 어느 날 밤에 매덜린이 죽었다는 소식을 듣는다.

지하에 있는 무덤에 매덜린의 시신을 안치한 뒤 일주일가량 지났을 무렵에 두 사람은 비바람이 거세게 몰아치는 소리를 들으며 책을 읽고 있었다. 그때 갑자기 문이 열리고 흰옷에 피를 뚝뚝 흘리며 나타난 매덜린이 오빠 로데릭의 몸 위로 쓰러지자 남매는 그대로 죽어 버린다.

극도의 공포에 휩싸인 채 서둘러 어셔가의 저택에서 뛰쳐나간 친구가 뒤를 돌아보자, 때마침 밤하늘에 떠오른 새빨간 보름달 빛을 배경으로 그 큰 저택이 순식간에 붕괴해 깊은 늪 속으로 소리 없이 가라앉아 버린다.

| 작품 속의 명문장 |

"광기야말로 최고의 지혜가 아닌가……. 대낮에 꿈을 꾸는 자는 밤에만 꿈을 꾸는 자가 볼 수 없는 많은 것을 알 수 있다."

『엘레오노라』

* 괴기한 꿈을 만들어 내는 원천인 광기와, 그 광기의 구조와 산물을 낱낱이 분석하지 않고는 배기지 못하는 합리적 지성의 공존이 포를 근대 문학의 특이한 교조적 존재로 만들었다.

NOTES

● 포가 사촌인 버지니아 클렘과 비밀 결혼을 한 때는 포가 26세이고 신부가 겨우 13세가 되었을 무렵인데, 포가 성불능이었기 때문에 이 부부 사이에는 일반적으로 말하는 부부 생활이 없었다고 주장하는 학자도 있다.

너대니얼 호손(Nathaniel Hawthorne)

주홍글씨
(The Scarlet Letter)

19세기 미국 문학의 걸작으로 손꼽히는 호손의 첫 장편소설인 이 작품은 미국 이민 초기인 17세기의 보스턴을 배경으로 어둡고 준엄한 청교도 사회를 그리고 있다. 인간의 자유를 억압하는 사회(특히 종교)의 폭력을 짜임새 있는 구성으로 형상화한 작품이다.

INTRO

미국의 소설가 너대니얼 호손(Nathaniel Hawthorne, 1804~1864)은 1804년 7월 4일 '세일럼의 마녀'로 유명한 매사추세츠 주의 세일럼에서 태어났다. 아버지는 상선 선장으로 그가 3세 때 사망해 누나, 여동생과 함께 외가에서 자랐다.

아버지 쪽의 조상 가운데 이교도 박해자인 윌리엄과 1692년의 마녀 재판에서 예심 판사를 맡았던 존 등이 있었기 때문에 호손은 수필 『세관』에서 '그들은 소설가가 어떻게 하나님의 영광을 찬미하겠는가, 차라리 타락한 떠돌이 배우가 더 낫겠다고 이야기하고 있을 것이다'라고 썼다. 외가인 매닝 집안도 뉴잉글랜드의 명가로, 호손은 아버지 쪽으로부터는 고독이라는 유전 인자를, 어머니 쪽으로부터는 섬세한 감수성을 이어받았다.

메인 주의 보든대학교에서 별 볼 일 없는 4년을 보냈는데, 평생의 친구 가운데 하나로 나중에 대통령이 된 프랭클린 피어스가 있었다. 호손은 정치를 싫어하는 문학 청년으로 대단한 미남이었다고 한다. 졸업한 뒤 고향으로 돌아가 처녀작인 『팬쇼』(1828)를 발표했으나 주목받지 못했다. 그 뒤 잡지 편집과 동화 집필 등 12년 동안 힘든 문학 수행을 하면서 주옥 같은 단편소설을 하나씩 탄생시켰고, 이 가운데 『두 번 들려준 이야기』(1837)라는 작품을 통해 작가로 인정받았다. 이때가 33세 무렵이었는데, "아무리 마지못해 하는 일일지라도, 나는 내 우물 안에서 나와 이제는 문사임을 자처할 수밖에 없었다"고 나중에 그때의 일을 회상하며 적었다.

1842년에 소피아 피바디와 결혼했다. 두 사람은 행복한 결혼 생활을 시작했지만 형편이 좋지는 않았다. 두 부부의 생활고를 보다 못한 친구들의 주선으로 세일럼의 세관원으로 3년 동안 일하게 되었다. 1849년에 해고 통지서●를 가지고 돌아온 남편에게 소피아는 "어머, 이제는 제대로 책을 쓰실 수가 있겠네요"라고 말하며 위로했다. 물꼬가 터진 것처럼 가을부터 집필을 시작한 이후 이듬해인 1850년 3월에 『주홍글씨』를 발표해 명성을 얻게 되었다. 1851

년에 『일곱 박공의 집』, 1852년에는 그가 1841년에 브룩 농장에서 열린 이상주의자들의 실험 마을에 참가했던 체험을 토대로 한 『블라이스데일 로맨스』를 발표했으며, 단편집 등도 잇달아 간행했다.

1853년에 영사로 임명되어 영국으로 건너가 리버풀에 4년 동안 체류했다. 그 뒤 영국과 프랑스, 이탈리아를 여행했고, 1857~1858년에는 이탈리아에 머물렀으며, 그곳에서 쓰기 시작한 『대리석 목신상』을 귀국한 뒤에 발표했다(1860). 1864년 5월 19일에 여행지인 플리머스에서 59세의 나이로 사망했다.

청교도 사회에서 간통한 여자가 걷는 길

식민지가 된 지 얼마 안 된 보스턴의 형무소에서 한 여인이 시장에 있는 교수대로 끌려 나가 사람들 앞에 섰다. 생후 3개월이 된 아기를 안고 있던 그녀의 가슴에는 간통녀를 나타내는 '주홍글씨' A(Adultery)라는 표식이 있다.● 이 여인의 이름은 헤스터 프린으로, 나이 많은 의사와 결혼하고 남편보다 먼저 미국으로 건너와 살고 있었다.

총독과 늙은 목사, 젊은 성직자 아서 딤스데일의 추궁에도 불구하고 그녀는 간통의 상대가 누구인지 끝까지 밝히지 않는다. 군중 속에 있던 의사 로저 칠링워스는 당장 헤스터를 만나 자기가 뒤늦게 미국으로 따라온 그녀의 정식 남편이라는 사실을 비밀로 하라고 한다.

헤스터는 교외에 있는 초가집에 살면서 웨딩드레스를 제외한 옷을 만드는 삯바느질로 생계를 잇는다. 3세가 된 펄(「마태오의 복음서」에 나오는 '아주 값비싼 진주'에서 따온 이름)은 친구도 없이 자유분방하게 자라난다.

옥스퍼드 출신의 준수한 외모를 가진 목사 딤스데일은 스스로를 채찍질하고, 금식하고, 철야를 하는 등 격심한 수행을 한다. 지나친 수행으로 인해 살아 있는 사람으로 보이지 않을 만큼 쇠약해져 건강 상담을 맡은 칠링워스와 공동생활을 하게 된다. 딤스데일의 설교는 신도들에게 절대적인 인기를 끌지만, 칠링워스는 어느 날 마음의 병을 고백하려 하지 않는 그의 가슴에서 주홍글씨의 문신을 목격한다.

7년이 지났다. 어느 5월의 한밤중에 딤스데일은 밤일을 하고 돌아오는 헤스터 모녀를 불러 세워 세 사람이 손을 잡고 교수대에 서자고 말한다. 그의 고뇌를 알게 된 헤스터는 전남편에게 그를 용서해 달라고 애원하지만, 복수의 화신이 된 남편이 거절하자 숲에서 목사를 만나 칠링워스가 전남편임을 밝힌다.

새 총독의 부임을 축하하기 위해 떠들썩해진 마을. 악대의 선도로 귀빈 행렬이 지나가고, 이어서 딤스데일 목사의 연설이 흘러나온다. 목회를 마친 뒤 목사는 헤스터 모녀를 불러 함께 교수대에 서서 청중 앞에서 가슴을 열고 자신이 헤스터와 간통한 장본인임을 밝힌 다음 그대로 죽는다.

후일담으로 칠링워스도 1년 이내에 죽고, 펄은 외국에서 결혼하고, 고향에서 평생을 보내다 죽은 헤스터는 딤스데일 목사의 무덤에 합장된다.

『주홍글씨』는 서문 '세관'에서 이야기의 근거가 세일럼의 세관원 조너선 퓨의 고문서에 따른다고 되어 있고, 조연에도 실재 인물을 배치했다. 곧, 『주홍글씨』는 17세기 중반에 보스턴에서 일어난 실존 인물의 이야기를 다룬 모양을 취하고 있다. 그러나 『주홍글씨』는 '현실 세계와 가공의 나라 어딘가에 사실과 공상이 만나는 중립적인 영역'('세관')을 그려 내려 한 뛰어난 미국적 소설임이 분명하다. 이 같은 미국 불륜소설의 전통은 『주홍글씨』로부터 시작해 업다이크의 패러디 작품인 『한 달간의 휴일』(1975)에 이르는 과정을 통해 확립되었다고 할 수 있다.

헤스터 – 미국 대지에 뿌리내린 강한 여성의 원형

헤스터 프린은 '키가 크고 더할 나위 없이 우아한 용모'를 가진 여성으로, '풍성한 검은 머리에 넓은 이마와 크고 검은 눈동자'가 인상적이다. 삯바느질을 할 때에도 '풍만하고 우아한 오리엔트인의 특징, 곧 호화롭고 아름다운 것을 좋아하는 본성'을 발휘한다. 그리고 가슴의 주홍글씨가 그녀에게 자신감을 불어넣어서 차츰 다른 사람의 숨겨진 죄를 느끼고 알아내는 능력까지 갖게 된다.

그녀는 이제 자유사상가로 활동하면서 고민하는 사람에게 물심양면으로 도움의 손길을 내밀고, 공동 사회의 모범적인 여성으로 추앙된다. '여자의 강인함'을 갖게 된 헤스터의 주홍글씨 A는 '유능한(Able)'의 A라고까지 해석되기에 이른다.

이야기 속의 남성이 정신(heart)을 상징하는 딤스데일과 지성(mind)을 상징하는 칠링워스로 분열해 처음부터 끝까지 서로를 없애려 하는 것과는 대조적으로 헤스터 프린은 미국 대지에 뿌리내린 강한 여성의 원형이 되었다. 『주홍글씨』가 단순히 남녀의 삼각관계를 다룬 이야기를 초월하고 있다는 평가를 받는 것은 바로 이런 이유에서이다.

| 작품 속의 명문장 |

'어두운 필연.'

『주홍글씨』 제14장

* 칠링워스가 헤스터에게 한 말로, 인간의 힘으로는 숙명을 어쩔 수가 없다는 뜻이 담겨 있다. 호손뿐 아니라 미국 문학의 주류에 살아 있는 칼뱅주의 사상이기도 하다.

"악이 인간의 본성이다. 악이 유일한 행복이어야 한다."

『젊은 굿맨 브라운』

* 심야의 숲에서 열린 마녀 집회에 참가해 악마로부터 이런 말을 듣게 된 브라운은

철저한 인간 혐오에 빠진다.

"그는 단호하게 '아니다!'라고 말한다."

멜빌이 호손에게 보낸 편지에서

* 여기에서 '그'는 호손이다. 멜빌은 미국 문학에서 굴지의 명작으로 꼽는 『백경』(1851)을 "그 천재에 대한 나의 찬미의 표시"라고 하며 호손에게 바칠 정도로 그에게 심취해 있었다.

NOTES

● 1848년 휘그당에서 당선된 테일러 대통령은 반대 당에 소속된 공직자들을 추방하지 않겠다는 공약을 내세웠다. 이 문제로 호손은 그 무렵 유명인이 되었고, 세관원 자리에서 해고된 대신 『주홍글씨』 초판 2,500부가 6개월 만에 매진되었다.

● 간통에 대한 처벌은 채찍질을 당하면서 마을의 거리를 걸어다니는 것이었다. 호손가의 시조인 윌리엄은 헤스터라는 여성이 처벌을 당할 때 입회한 바 있다. 1694년부터 플리머스에서는 A라는 글씨를 가슴에 새기는 것으로 바뀌었다.

허먼 멜빌(Herman Melville)

백경 부제 「고래」 (Moby Dick)

미국의 상징주의 문학 사상 최고의 걸작으로 꼽히는 작품이다. 고래와 인간의 목숨을 건 싸움을 아름다운 서사시적 산문으로 그리고 있는 해양소설로, 선원들의 다양한 삶의 모습을 통해 우주와 인생에 대한 진정한 의미를 깨달을 수 있다.

INTRO

미국의 소설가 허먼 멜빌(Herman Melville, 1819~1891)은 1819년 스코틀랜드계의 부유한 무역업자의 아들로 뉴욕에서 태어났다. 그는 부족한 것 없는 행복한 소년 시절을 보냈지만, 13세 때 아버지가 사업에 실패하고 죽자 가족들이 막대한 빚을 짊어지게 되었다. 이 때문에 멜빌은 학교를 중단하고 은행이나 상점에서 잔심부름을 하거나 농장 일 등을 하며 전전했다.

멜빌은 19세 때 리버풀 항로를 오가는 선박의 승무원으로 일했는데, 이때의 체험이 나중에 『레드번』(1849)에 나타난다. 이어서 1841년에는 포경선 애큐시넷 호를 타고 남태평양으로 출항했다. 이윽고 멜빌은 타이피족의 섬에서 동료 청년 한 사람과 같이 식인종으로 보이는 원주인의 포로가 되었으나, 그들은 멜빌을 극진히 대접했다. 그는 이 체험을 토대로 『타이피족』(1846)을 썼다. 이어서 멜빌은 오스트레일리아의 포경선 루시앤 호에 탔는데, 이 경험에서 『오무』의 소재를 얻었다. 1843년 그는 다시 포경선에 올랐고, 이것이 『마디』(1849)의 소재가 되었다. 같은 해 미 해군 프리깃 함 유나이티드 스테이츠 호를 탔던 경험이 『하얀 재킷』(1850)이라는 작품으로 탄생했다.

1844년에 보스턴에서 하선한 멜빌은 집으로 돌아가 『타이피족』, 『오무』(1847)를 썼고, 엘리자베스 쇼라는 여성과 결혼해 뉴욕으로 이사했다. 『마디』, 『레드번』은 그곳에서 출판되었고, 1849년에 『하얀 재킷』의 원고를 들고 런던으로 향했다. 이듬해 피츠필드 근처에 농장을 사서 그곳으로 이사한 뒤 『백경』을 썼다. 이 작품은 1851년에 출판되었는데, 평판은 그다지 좋지 않아 극히 일부 사람들에 의해 작품의 역량을 인정받았다.●

그러나 그는 좌절하지 않고 이듬해 『피에르』를 출판했다. 그 뒤 10년 동안 『이즈레이얼 포터』(1855)를 비롯한 작품들을 발표하기도 하고 유럽과 성지를 여행하기도 했는데, 그때 리버풀에서 호손을 만났다. 귀국한 뒤에는 각지로 강연 여행을 하기도 했다.

1863년에는 뉴욕으로 돌아가 20년 동안 세관원으로 일했다.● 그의 이름은 세상에서 잊혔지만, 그 사이에 시집 등을 발표하기도 했는데, 미발표 원고 중에는 2권의 여행기와 명작 『빌리 버드』(1924, 사후 출간) 등이 포함되어 있었다. 1891년에 사망했다. 1919년 탄생 100주년이 지나 R. M. 위버의 작품 『허먼 멜빌』로 그의 명성이 부활하게 되었고, 20세기가 되자 미국 문학의 최고 작가 가운데 한 사람으로 꼽히게 되었다.

광활한 바다에서 벌어지는 고래와 인간의 숨 막히는 싸움

이 작품의 화자話者인 이슈멜은 작가인 멜빌 자신이라고도 여겨지고 있다. 이슈멜이란 아브라함이 하녀를 통해 낳은 아들로, 나중에 집에서 쫓겨나 황야를 떠도는 집 없는 자의 이름이다. 그는 젊었을 때의 멜빌과 마찬가지로 육지 생활에 불만을 품고 포경의 세계로 향한다. 어떤 여관에서 야만인 퀴퀘그와 같은 방에서 자게 되는데, 온몸에 문신을 한 이 이상한 인물에게서 그는 그리스도교 신자에게서는 좀처럼 발견할 수 없는 진정한 인간애를 느낀다. 그들은 포경선 피쿼드 호를 타고 크리스마스 당일에 운명적인 항해를 시작하게 된다. 그런데 그 전에 광인 일라이저로부터 파멸적인 운명에 대한 경고를 받는다.

피쿼드 호의 선장 에이헙은 배가 열대 지방 가까이 이른 뒤에야 갑판에 모습을 나타냈는데, 그의 한쪽 다리는 고래의 뼈로 만든 의족이었다. 음침한 얼굴을 한 에이헙은 승무원들에게 그의 한쪽 다리를 빼앗은 흰 고래(백경)에 대한 증오를 불어넣으며 다양한 수단으로 그들의 영혼을 지배한다. 에이헙은 처음으로 백경을 발견한 자에게 줄 상금으로 더블룬 금화(옛 에스파냐 금화)를 메인마스트(함선의 가장 큰 돛대)에 못 박는다. 그는 태양을 질투해 그에 대한 도전의 표시로 사분의四分儀●를 바닥에 내팽개쳐서 부수고, 배의 위치를 확인하고 진로를 결정하는 자기만의 방법을 고안해 절대적인 권력을 행사한다.

일등 선원이자 경건한 그리스도교 신자인 스타벅이 백경 추적을 그만두자고 하지만, 에이헙은 그 말을 물리치고 불쌍한 흑인 하인 피프의 부탁에도 귀를 기울이지 않는다. 드디어 백경이 모습을 나타낸다. 에이헙은 자신의 분신이라고 할 수 있는 악마적인 페댈러에게 작살을 주어 쏘라고 하며 백경을 쫓는다.

사흘간에 걸친 백경과의 사투는 에이헙뿐 아니라 피쿼드 호에 탄 승무원 전체의 파멸로 끝을 맺는다. 결국 이슈멜 혼자만 살아남아 이 이야기를 전하는 것이다.

호손·바이런·칼라일로부터의 영향

이야기는 19세기 중반에 미국의 주요 산업이었던 포경업에 대한 공상과 리얼리즘이 뒤섞여 있다. 화자인 이슈멜의 관점에서 본 선장 에이헙은 미친 사람이다. 역시 다른 승무원들도 백경을 끝까지 뒤쫓으려는 집념에 사로잡힌 에이헙의 결의에 완전히 휘말려 버린다.

포경선의 승무원들은 세계 여러 민족으로 구성되어 있다. 작가는 고래와 포경에 대한 지식을 이야기 속에 섞어 놓았는데, 이것이 작품에 현실감을 더해 주고 있다.

1850년 멜빌은 영국에서 귀국한 뒤 포경에 대한 이야기를 많이 집필했는데, 그것은 오늘날 볼 수 있는 『백경』이 아니었다. 그는 19세기에는 셰익스피어와 같은 문호가 극작가가 아니라 소설가로 출현할 것이라고 생각했다. 그는 악이 인간의 외적 환경보다는 그 마음속에 존재한다는 생각을 나타낸 너대니얼 호손의 상징 표현에서 심오한 도덕적 진리를 발견했다. 멜빌은 호손을 모범으로 하여 셰익스피어 비극의 영향 아래 포경에 대한 이야기를 다시 썼다.

그리하여 에이헙 선장은 운명과 악에 도전했다가 끝내 스스로 멸망하기는 하되 결코 패배하지 않는 전통적인 영웅으로 그려지는데, 이는 근본적으로 낭만적인 바이런●풍의 결말이다. 이와 더불어 멜빌이 영향을 받은 것은 칼라일의 『의상 철학』이다. 곧, '눈에 보이는 모든 것은 어떤 정신적 실재의 상징이자 그 실재를 구현한 것'이라는 생각이다.

이슈멜 – 멜빌의 인생관을 상징

이 명작에 반영되어 있는 셰익스피어적인 특징 가운데 하나는 극적인 애매함을 갖고 있어 각양각색의 해석이 가능하다는 점이다. 한편 백경을 원시적인 자연의 힘 또는 인간의 운명적인 힘을 상징한다고 생각하고 그것을 주인공으로 보는 사람도 있다. 또 에이헙을 주인공으로 보는 사람은 어떤 막연한 악이나 인류의 난관에 대해 용감하게 도전하는 인간 정신에 대한 이야기로 이 작품을 받아들인다. 이런 사람들은 이 작품 속에서 세계에 대한 멜빌의 반항 정신을 보는 것이다.

하지만 나중에 비평가들은 멜빌 속에서 위대한 시인의 상상력을 발견하고, 그 시인이 작품 속에서 창조해 낸 신화를 보았다. 결과적으로 비평의 중점은 이슈멜에게로 옮겨진다. 에이헙은 다시 프로메테우스나 사탄 또는 파우스트와 같은 신화 속의 존재가 되고, 바다 밑바닥에서 구제된 화자 이슈멜은 멜빌의 인생관의 상징이 되는 것이다.

| 작품 속의 명문장 |

"가령 바람 밑이 안전한 장소라 해도 그곳에 틀어박혀 있어야 하는 불명예를 안기보다는 저 미쳐 날뛰는 넓은 바닷속으로 뛰어들겠다."

* 제23장 '바람 밑의 해안'에 나오는 문구. 이 짧은 문장으로 멜빌은 작가로서 살아

갈 결심을 나타냈다.

"예지가 비애와 통하는 경우가 있다. 그런데 그 비애가 광기와 통하는 수도 있는 것이다."

* 제96장 '주유 가마'에 나오는 이슈멜의 말. R. M. 위버는 "『백경』은 멜빌이 솔로몬과 그리스도에게서 배운, 예지와 비애 그리고 우리들의 비겁함이 광기라고 부르는 것을 기반으로 쓰였다"라고 말했다.

NOTES

● 『백경』은 멜빌이 발표한 아홉 편의 소설 중에서는 결코 성공작이라고 할 수 없었다. 그래서 초판만 출판되고 작가가 죽을 무렵에는 완전히 잊혀 있었는데, 20세기에 들어와 미국 소설의 걸작으로 널리 인정받게 되었다.

● 미국 문학사에서 19세기는 시인과 소설가를 많이 배출한 황금기라고 할 수 있지만 작가들의 생활은 곤궁했다. 그래서 에머슨은 강연과 저술을 계속했고, 호손은 세관원이었다가 나중에 영사가 되었으며, 멜빌은 마지막 20년 동안 뉴욕의 세관원으로 일해야 했다.

● 상한의象限儀라고도 한다. 18세기까지 쓰였던 천체 고도 측정기로, 부채 모양으로 되어 있으며 90도의 눈금이 새겨져 있다.

● 영국의 낭만파 시인 바이런(George Gordon Byron, 1788~1824)의 작품에 흐르는 비통한 서정과 습속에 대한 반골, 날카로운 풍자, 근대적인 내적 고뇌 등은 전 유럽을 풍미했고, 이후의 작가들에게 큰 영향을 미쳤다.

해리엇 비처 스토(Harriet Beecher Stowe)

톰 아저씨의 오두막
(Uncle Tom's Cabin)

노예 제도의 잔인함을 목격하고 인도주의적인 입장에서 발표한 이 작품은 선과 악을 극명하게 대조하면서 노예 제도에 대해 격렬히 비판하고 있다. 그 무렵 미국 내에서 커다란 반응을 일으킨 동시에 남북전쟁을 발발하게 한 소설로 유명하다.

INTRO

미국의 소설가 해리엇 비처 스토(Harriet Beecher Stowe, 1811~1896)는 1811년 코네티컷 주 리치필드의 엄격한 목사 집안에서 태어났다. 1832년에 가족과 함께 오하이오 주의 신시내티로 이사했고, 1836년에 캘빈 엘리스 스토라고 하는 열정적인 신학자와 결혼한 뒤 잇달아 아이를 낳아 육아로 바쁜 날들을 보냈다.
그러는 한편 노예 제도의 잔인함을 상세하게 관찰할 기회를 얻게 되었는데, 그것이 『톰 아저씨의 오두막』(1852)을 집필하는 동기가 되었다.● 이 작품이 너무나도 유명해졌기 때문에 그녀가 이 밖에도 많은 소설과 글들을 발표했다는 사실은 별로 알려지지 않았다. 1896년에 사망했다. 최근에 그녀의 문학 활동을 전체적으로 재평가하려는 움직임이 활발해지고 있다.

흑인 노예인 톰 아저씨의 고난과 사랑 이야기

19세기 초 켄터키 주의 셸비 농장에서는 흑인 노예들이 온정이 넘치는 주인 일가 밑에서 행복한 생활을 하고 있었다. 그러나 셸비 일가가 농장 경영에 실패를 거듭하면서 흑인 노예들의 운명도 변하기 시작했다.

이렇게 해서 19세기 소설의 정석대로 이야기의 기점은 하나이지만, 거기에서 나누어진 두 인물의 그룹(이 경우는 물론 흑인 노예들)이 한쪽은 자유로운 북쪽으로, 또 한쪽은 포악한 남쪽으로 가서 각각 모험과 고난을 거듭하는 모습이 번갈아 가며 묘사된다. 그리고 한쪽과 새롭게 만난 인물이 묘한 인연으로 다른 쪽 그룹과 연결되어 비극과 대단원을 동시에 맞이하는 구조로 이루어져 있다.

총 45장 가운데 북쪽인 캐나다로 탈출하는 조지 해리스와 엘리자에 관한 내용이 10장, 남쪽인 루이지애나 주의 뉴올리언스로 팔려 가는 톰 아저씨에 관한 내용이 27장을 차지하는데, 중점은 아무래도 톰 아저씨의 고난과 사랑 이야기에 있다고 할 수 있다.

톰 아저씨는 마지막에 악마의 화신과도 같은 노예상 사이몬 레그리에게 학대를 받아 채찍질을 당하며 죽게 된다. 루이지애나에서 만난 새로운 주인 세인트 클레어의 저택에서 보낸 평화로운 생활, 특히 주인의 딸인 에반젤린에 대한 톰 아저씨의 헌신적인 애정은 이 작품에 나오는 다양한 이야기들 가운데 엘리자 일행의 필사적인 북부 탈출에 관한 부분과 함께 가장 유명한 장면으로 꼽힌다.

이 소설이 간행되었을 때 "세계 소설사 가운데 가장 센세이셔널한 사건"이라는 평을 받으며 세계 각국으로 소개된 일은 잘 알려져 있다.

비굴한 흑인 노예 또는 검은 그리스도

톰 아저씨는 19세기 미국의 전형적인 흑인 노예를 상징하는 말이 되었다. 그리고 '톰 아저씨 같은'이라고 하면 백인에게 비굴하게 아부하는 흑인의 태도를 나타내는 말로 쓰이고 있다. 또한 톰의 철저한 수동적 삶과 죽음이 강한 지배욕을 가진 백인들에게는 귀하게 여겨지지만, 강렬한 정신의 개혁주의자들에게는 주인의 발밑에 엎드려 사는 비굴한 삶으로 간주되었다. 그래서 '톰 아저씨 연극' 또는 '톰 쇼'라는 말이 감상적이고 경멸할 만한 연극의 대명사로 쓰이고 있다.

반면에 톰 아저씨의 그러한 삶에서 검은 그리스도의 모습을 볼 수 있는 것 또한 사실이어서 증오를 초월한 사랑의 공동체적 원점이 바로 톰이라고 하는 사람들도 적지 않다.

| 작품 속의 명문장 |

"이 작품은 신이 쓰신 것이고, 나는 신의 말씀을 글로 옮긴 것에 지나지 않는다."

NOTES

● 링컨 대통령은 남북전쟁이 한창일 때 워싱턴에서 스토를 만나게 되었는데, 그때 그가 "아아, 바로 당신이 이 큰 전쟁을 일으킨 여성이셨군요"라고 했다는 유명한 이야기가 있다.

헨리 제임스(Henry James)

데이지 밀러

(Daisy Miller)

작가의 소설 가운데 가장 유명한 작품으로, 미국과 유럽의 문화적인 갈등 양상을 작가 특유의 섬세한 심리 묘사로 파헤쳐 갔다. 유럽 사회의 인습에 도전하며 자아를 실현하려고 했던 데이지는 미국적 특성을 대표하고 있다.

INTRO

미국의 소설가 헨리 제임스(Henry James, 1843~1916)는 1843년 뉴욕에서 태어났다. 할아버지는 프로테스탄트의 아일랜드 이민자로, 은행업과 제염업을 통해 막대한 부를 이룩했다. 어린 시절부터 아버지를 따라 미국과 유럽을 여러 차례 왕래하다 죽기 한 해 전인 1915년에 영국으로 귀화했다.

1862년 하버드대학교 법학부에 입학했다가 이듬해 자퇴하고 작가가 될 결심을 했다. 데뷔작은 1864년 『콘티넨털 먼슬리』 지에 발표한 익명의 단편 『잘못의 비극』이다. 그 뒤 약 10년간의 습작 시절을 거쳐 1875년에 본격적인 장편 『로더릭 허드슨』을 간행했다.

1878년에는 『데이지 밀러』를 발표해 유명한 작가가 되었다. 그의 작품 세계는 유럽으로 건너가 생활하는 미국인들의 모습을 그린 것이 대부분으로, 『데이지 밀러』와 『국제 에피소드』(1879) 등에서 볼 수 있듯이 이른바 '국제적 배경'의 이야기를 다루어 성공했다는 평가를 받고 있다. 헨리와 한 살 차이가 나는 형 윌리엄●은 뛰어난 심리학자인데, 헨리는 형의 유명한 '의식의 흐름'이라는 이론을 소설 속에서 표현해 냈다.

1890년대에는 극작에 힘을 쏟았지만 평이 좋지 않아 단념했다. 1900년대에 들어서 그의 3대 소설이라고 불리는 『비둘기의 날개』, 『사자使者들』, 『황금의 잔』을 잇달아 발표했다. 이 시기를 문학사에서는 헨리 제임스의 전성기라고 부른다.

1904년에는 20년 만에 유럽에서 미국으로 귀국해 1907년부터 1909년에 걸쳐 '뉴욕판'이라고 불리는 전 24권의 자선自選 전집을 간행했다. 1916년 뇌졸중과 폐렴의 발작으로 런던에서 사망했다.

19세기 영미 문학에서 20세기 영미 문학으로 넘어가는 가교 역할을 한 작가라는 것이 그에 대한 일반적인 평가인데, 50년에 걸친 작가 활동 중에 21편의 장편과 100편이 넘는 중편·단편, 희곡, 작가론과 문예평론 등의 수많은 작품을 남겼다. 연애다운 연애도 하지 않고 평생

독신으로 살았던 제임스는 결국 일생을 작품을 쓰는 것과 맞바꾸었다고 할 수 있다.●

천진한 아가씨 데이지 밀러의 이야기

제네바에서 자란 미국인 프레더릭 윈터본은 27세가 되는 여름에 스위스의 관광지 브베의 호텔로 숙모를 찾아갔다가 그곳에서 아름다운 미국 처녀인 애니 밀러(애칭 데이지)를 만난다. 윈터본은 천진하다고도 할 수 있고 경박하다고도 할 수 있는 데이지에게 완전히 빠져 버렸다.

이듬해 겨울, 로마에 있는 숙모를 찾아간 그는 데이지와 다시 만나는데, 그녀가 이탈리아 건달인 조바넬리와 사귀고 있다는 좋지 않은 소문을 듣는다. 윈터본의 우려와 설득을 도무지 받아들이지 않는 데이지는 결국 로마의 미국인 사회로부터 따돌림을 당하고 만다.

윈터본은 어느 봄날 밤, 콜로세움의 달빛 아래서 조바넬리와 나란히 앉아 있는 데이지를 보다가 역시 그녀는 경박한 여자였다고 생각한다. 그러나 한밤중의 콜로세움이 말라리아 모기의 소굴이라는 사실도 모르는 데이지의 어리석음에 놀란 그는 그녀를 숙소로 데리고 간다. 그 직후에 열병에 걸린 데이지는 끝내 죽는다.

장례식 날 윈터본은 조바넬리로부터 데이지가 결백하다는 소리를 듣게 된다. 그는 자유분방해 보이는 겉모습 속에 숨어 있던 데이지의 순진함을 알아차리지 못했던 것이다.

윈터본 – 유럽 사회에 대한 콤플렉스를 지닌 미국인

이 소설은 헨리 제임스의 가장 유명한 작품이자 그가 작가로서 세간의 명성을 얻게 된 최초의 작품이다. 주인공 윈터본은 유럽 사회에 대해 벗어날 수 없는 콤플렉스를 가진 미국인의 한 사람으로 그려져 있고, 그

콤플렉스 때문에 자유분방하게 사는 데이지의 순진함을 있는 그대로 이해할 수가 없다.

헨리 제임스가 작품의 테마로 자주 사용하는 '겉모습과 마음속의 진실'을 그려 낸 작품으로, 리얼하고 섬세한 윈터본의 의식에 대한 묘사를 통해 이야기의 비극성이 부각되고 있다.

| 작품 속의 명문장 |

"인생이 인간의 상상력에 스스로를 투영하는 힘을 잃지 않는 한 그 인생을 가장 잘 발산시킬 수 있는 것이 소설이다. …… 세계가 공허하게 되지 않는 한 거울(소설) 속에는 항상 영상이 있다."

＊『소설의 기교』에서 인용한 부분으로, '소설의 존재 이유는 인생을 묘사하는 데 있다'고 하는 제임스의 사상을 표현해 주는 말이다.

NOTES

● 헨리 제임스의 형인 윌리엄 제임스(William James, 1842~1910)는 미국의 심리학자이자 철학자이다. 하버드대학교를 졸업하고 심리학 교수를 거쳐 철학 교수를 역임했다. 『심리학 원리』(1890), 『프래그머티즘』(1907), 『근본적 경험론』(1912) 등의 저서가 있다.

● 헨리 제임스는 조이스와 프루스트에게 결정적인 영향을 주었고, 콘래드를 거쳐 사르트르까지도 그를 중요한 작가라고 평했다. 1940년 이후에는 그에 관해 '유럽과 미국에서 20세기의 소설에 대해 이야기할 때 빼놓을 수 없는 존재'라는 평가가 내려지고 있다.

마크 트웨인(Mark Twain)

허클베리 핀의 모험

(The Adventures of Huckleberry Finn)

『톰 소여의 모험』(1876)의 속편이지만 내용 면에서 훨씬 우수한 이 작품은 주인공 허클베리 핀의 모험을 통해 그 무렵 미국 사회의 인습과 위선을 풍자하면서 인종 문제를 비판하고 있다. '미국 근대 문학의 뿌리'라고 일컬어지는 굴지의 걸작이다.

INTRO

미국의 소설가 마크 트웨인(Mark Twain, 1835~1910)의 본명은 새뮤얼 랭혼 클레멘스**Samuel Langhorne Clemens**이다. 마크 트웨인이라는 필명은 미시시피 강을 운항하는 증기선의 안전 항행 수역인 '수심 두 길(약 3.7m)'을 뜻한다.

1835년 11월 30일에 미주리 주의 한적한 마을인 플로리다에서 태어났다. 그때는 75년 주기를 가진 핼리 혜성이 나타난 해인데, 우연하게도 1910년 그가 죽기 전날에 마크 트웨인의 소원대로 이 행성이 다시 돌아왔다.

마크의 일가는 그가 태어난 뒤에 같은 주의 미시시피 강변 마을인 해니벌로 이사했고, 증기선이 오가는 이곳이 트웨인이 탄생시킨 명작의 배경이 되었다. 그는 생활이 곤궁해 떠돌이 인쇄공으로 각지를 전전했으며, 1859년에 어릴 때부터 동경하던 증기선의 수로안내인이 되었으나 남북전쟁으로 직장을 잃고 네바다 주의 장관이 된 형을 따라 임지로 동행했다. 『고난을 넘어』(1872)는 이 여행의 '허풍스러운' 모험담이다.

트웨인은 그곳에서 광부로 일한 다음 버지니아의 신문사 통신원이 되어 재미있는 이야기를 쓴 것이 작가로서의 출발점이 되었다.

이후 샌프란시스코로 옮긴 뒤 단편 『캘리베러스의 명물 도약 개구리』(1865)를 써서 유머 작가로서 명성을 얻었고, 유럽 관광단에 참가해 『철부지의 해외여행기』(1869)로 이국 문화를 풍자했다. 배에서 알게 된 청년의 누나인 올리비아와 사랑에 빠져 결혼했다.●

신혼부부는 버펄로로 이사해 신문 사업에 손을 댔으나 실패했다. 이후 몇 번 영국으로 건너가 강연 활동을 했는데, 이것이 성공해 1874년에 하트퍼에 새 저택을 지을 수 있었다. 이 곳에서 20년 가까이 지내는 동안 『톰 소여의 모험』(1876), 『왕자와 거지』(1881), 『미시시피 강의 생활』(1883), 『허클베리 핀의 모험』(1884) 등 잇달아 걸작을 탄생시켰다.

문학적 성공과는 반대로 출판 사업의 실패와 관계한 출판사의 파산 등으로 경제적 손실을 입게 된 그는 빚을 갚기 위해 세계 일주 강연 여행을 했다. 덕분에 빚도 갚고 경제적으로 다시 일어섰지만 큰딸이 병으로 사망했고, 뉴욕으로 돌아온 지 얼마 안 되어 아내도 잃었다. 이 같은 일들은 말년의 염세적인 인생관에 더욱 깊은 그늘을 드리웠다. 1908년에 코네티컷 주의 저택으로 이사해 옛 영광을 다시 찾는 듯했지만 셋째 딸마저 병으로 사망했다. 얼마 뒤 트웨인도 가족의 뒤를 따랐다. 이 대작가의 말년을 위로해 준 것은 당구와 담배와 역사와 과학책이었다.

허클베리 핀과 흑인 소년 짐의 모험

작고 가난한 마을인 세인트피터즈버그에 때아닌 대소동이 일어났다. 그 이유는 톰 소여와 허클베리 핀•이라는 두 소년이 모험을 하면서 맥두걸 동굴에서 흉악한 살인범 인디언 조가 숨겨 두었던 거금을 발견했기 때문이다. 흉악한 조는 동굴에 거금을 숨겨두고 출구를 찾지 못해 그 안에서 굶어 죽었던 것이다.

톰과 헉은 단번에 부자가 되었고, 부랑아였던 헉은 더글러스 부인의 집에 양자로 들어가 엄격한 교육을 받게 된다. 이는 야생의 자연아 헉에게 견딜 수 없는 고문이었다.

그때 1년 이상이나 나타나지 않아 강에 빠져 죽었으리라고 생각했던 술주정뱅이 아버지가 나타났다. 이 무뢰한 아버지는 헉의 돈을 노리고 자꾸 돈을 뜯어내려고 하다가 나중에는 술에 취해서 소동을 일으키는 바람에 헉의 돈을 맡은 판사와 마을 사람들 모두 큰 곤욕을 치른다. 결국 헉은 아버지에 의해 강 상류에 있는 일리노이 주 쪽으로 끌려가 낡은 오두막집에 갇혀 버린다.

때마침 미시시피 강이 범람하는 시기가 되어 도망칠 수 있는 절호의 기회가 찾아온다. 그래서 헉은 강도에게 죽임을 당한 것처럼 꾸며 강 중간에 있는 잭슨 섬으로 도망친다. 그런데 놀랍게도 그곳에는 더글러스 부인의 여동생 집에서 일하던 흑인 노예 짐이 도망쳐 와 숨어 있었다. 짐을 뒤쫓아 오는 사람들이 잭슨 섬으로 들이닥치자 헉과 짐은 자유를 찾아 뗏목을 타고 강을 따라 내려간다.

도중에 기선과 충돌하기도 하고, 짐과 헤어지고, 총격전 소동이 벌어지기도 하고, 짐과 다시 만나는 등 잇달아 사건에 휘말린다. 또한 뗏목을 태워 준 젊은 '공작'과 늙은 '임금님'의 속임수에 넘어가 이용당하기도 한다. 이어 상륙한 마을에서 엉터리 설교를 해서 돈을 끌어모으기도 하고, 가짜 연극으로 큰돈을 벌기도 하고, 죽은 사람의 집에 형제라고 하면서 들어가 재산을 횡령하려 하기도 한다. 그러다가 겨우 강으로 도망쳐 뗏목으로 돌아가 보니 짐의 모습이 보이지 않았다. '임금님'이 농장주인 펠프스 집안에 팔아 버렸던 것이다.

그런데 그 펠프스 집안은 톰 소여의 숙모네 집이었다. 헉은 때마침 숙모네 집을 방문한 톰과 짜고 짐의 구출 작전을 대대적으로 펼친다. 그러나 짐을 데리고 도망치던 중 톰이 다리에 총을 맞아 큰 부상을 입는다. 다시 뗏목으로 돌아가기는 했지만, 톰의 상처를 의사에게 보여 준 것 때문에 짐이 다시 붙잡히게 된다.

그때 톰의 큰어머니 폴리가 도착해 더글러스 부인의 여동생이 죽었다는 것과, 그 유언으로 짐은 이제 자유의 몸이 되었다는 이야기를 해 준다. 헉의 아버지도 홍수로 죽어서 헉도 자유롭게 되었다. 소설은 '이번에는 폴리 큰어머니가 헉을 데리고 가서 지식과 예절을 가르치려 하는데, 더글러스 부인의 집에서 이미 진절머리 나는 경험을 했던 헉은 절대로 그러지 않을 것이다'라는 구절로 끝을 맺는다.

허클베리 핀 – 미국 서부 자유인의 전형

헉은 마을의 부랑아인 데다 주정뱅이의 아들이어서 마을에 있는 다른 아이들의 어머니로부터 눈엣가시 같은 취급을 받는다. 게으르고 무법자이고 천박한, 말하자면 나쁜 아이의 대명사 같은 사내아이였기 때문이다.

그런데 13세의 같은 또래 아이들로부터는 숭배의 대상이다. 하찮은 위선을 강요당하고 있는 좋은 집안의 아이들은 집도 없고, 잔소리할 부모도 없이 하고 싶은 대로 하면서 사는 헉이 부럽기만 하다. 학교에 가지도 않고, 목욕도 하지 않고, 제대로 된 음식도 먹지 못하지만 헉의 마음은 깨끗하다. 아무에게서도 자유를 속박받지 않고 독립해 생활하고 있기 때문에 헉은 마음이 흔들리는 일이 없이 행복하다.

헉에게는 재치가 있고, 양심이 있고, 동정심이 있다. 하는 일마다 모두 천박하고 거칠어서 어쩔 수 없는 악동이라고 불리는 그의 행동 이면에는 정직하고 자연스럽게 살아가는 정의감이 있다. 그래서 헉의 생활은 그 자체가 가짜 신사 숙녀들의 그럴듯한 위선적인 생활과 인습 및 기성 도덕에 대한 비판과 풍자가 되는 것이다. 이런 헉이야말로 본질적으로 미국 소년의 전형이라 할 수 있다.

이 작품 초반에 마크 트웨인은 '이 이야기에서 동기를 찾으려는 사람은 기소되고, 교훈을 찾으려는 사람은 추방되고, 줄거리를 찾으려는 사람은 총살될 것이다'라고 써 놓았다. 이 말은 물질에 치중한 벼락 부자 세계의 타락을 그린 『황금만능시대』에 대한 비판과 풍자에서 만들어진 유머이다. 이 작품은 '미시시피 강에서의 모험을 그린 오디세이아'라고 불리며, 헤밍웨이도 이 소설을 "미국 근대 문학의 뿌리"라고 평했다.

| 작품 속의 명문장 |

"우리는 평생 합중국의 대통령이 되기보다는 1년이라도 좋으니 무법자가 되

고 싶다."

『톰 소여의 모험』 제8장 끝 부분

* 톰은 때때로 인생이 괴롭다고 생각하며 죽음을 생각하기도 한다. 그러나 톰은 한편으로 '해적이 된다면 더욱 좋다. 그것이 안 된다면 숲의 무법자 로빈후드가 되고 싶다. 그러나 이제 그런 무법자 같은 사람은 존재하지 않는다. 무법자가 사라진 이후 근대 문명은 그것을 메우기 위해 무엇을 했단 말인가?'라고 생각한다. 이것이 톰의 슬픔이며, 나아가 정의의 무법자를 순수한 소년들의 모습 속에 되살린 작가가 세상을 향해 외치는 말이다.

NOTES

● 마크 트웨인의 아내 올리비아는 병을 앓고 있기는 했어도 그에게는 34년간에 걸친 좋은 배우자이자 조언자였기 때문에 아내가 있는 곳은 어디나 낙원이었다.

● 주인공 헉에게는 실재 모델이 있었다. 톰 블랑켄십이라는 소년으로, 나중에 그는 좋은 시민으로 자라나 치안판사가 되어 사람들로부터 존경을 받았다.

잭 런던(Jack London)

야성의 절규
(The Call of the Wild)

알래스카의 대자연을 배경으로 야성의 삶과 모험을 그리고 있다. 런던에게 소설가로서의 명성을 안겨 준 작품으로, 환경이 생물에 미치는 불가항력이나 야생과 폭력의 세계를 뛰어난 문체로 표현하고 있다. 모험과 영웅주의가 독자들을 사로잡는다.

INTRO

미국의 소설가 잭 런던(Jack London, 1876~1916)의 본명은 존 그리피스 체이니John Griffith Chaney로, 1876년 샌프란시스코 만에 인접한 빈민가에서 사생아로 태어났다.● 11세 때부터 신문 배달, 얼음 운반, 볼링장의 핀 보이, 요트 보이 등 여러 가지 일을 하면서 집안을 이끌었다.

그가 처음으로 선원이 된 것은 1893년에 태평양 북서부 수역으로 조업을 나가는 선박에 올랐을 때부터이다. 그 뒤 꿈에 그리던 배 '스나크 호'를 만들어 세계 일주 항해를 하려 했으나 하와이와 남태평양 제도의 항해에 그쳤다. 덕분에 『스나크의 순항』(1911), 『남태평양 이야기』(1911) 등을 쓸 수 있었고, 자전적 작품인 『마틴 이든』(1909)도 그 항해 중에 완성했다. 『바다 늑대』(1904)와 같은 해양 문학의 걸작도 그러한 바다 체험을 통해 탄생되었다.

1897년 클론다이크 지방에 골드러시가 시작되자, 모험을 좋아하던 런던도 그곳으로 가서 1년가량 사금 탐험을 하면서 지내다가 한 줌의 금도 얻지 못한 채 돌아왔다. 그러나 북쪽 나라의 체험이 작품으로 결실을 맺는 커다란 수확이 있었다. 『야성의 절규』(1903), 『흰 엄니』(1906) 등은 그를 단번에 인기 작가의 반열에 올려놓았는데, 말년에는 극도의 우울증에 시달렸다.

1916년 진통제인 모르핀을 다량으로 복용해 목숨을 잃었다. 그의 죽음이 자살인지 사고인지는 정확히 밝혀지지 않았다.

문명에 길들여진 개가 알래스카로 팔려 가면서 겪는 모험

개를 주인공으로 한 동물 문학의 걸작이다. 개의 이름은 벅으로, 크기와 체중은 아비 개인 세인트버나드 종으로부터 물려받았고, 멋진 외모는 어미 개인 셰퍼드 종으로부터 물려받았다.

벅은 캘리포니아 주 샌프란시스코 남쪽의 산타클라라 밸리에 있는 밀러 판사의 대저택에 살고 있다. 곧, 문명사회에서 인간의 좋은 벗으로서 평화로운 생활을 보내고 있다. 그런데 1897년에 캐나다 북서부의 클론다이크 지방에서 금광이 발견되어 전 세계 사람들이 그곳으로 쇄도하는 골드러시를 맞이하면서 체력이 좋은 개에 대한 수요가 갑자기 늘어났다. 눈이 오는 나라에서는 교통 수단으로 개가 끄는 썰매를 사용해야 했기 때문이다. 판사의 저택에 있는 정원사가 도박에 필요한 돈을 만들기 위해 벅을 훔쳐 내서 업자에게 팔아넘겼다.

그때까지 얌전했던 벅도 업자 가운데 한 사람인 '붉은 스웨터 남자'에게 막대기로 맞은 것을 시작으로, 캐나다 정부의 속달 편지를 배달하는 썰매를 끌면서 동료인 에스키모 개와 싸우는 상황을 겪는 동안 차츰 야수로 변해 간다.

그러다가 벅은 사금砂金 탐험을 하려고 하는 존 손턴 일행의 손에 넘어가 오지의 삼림 지대로 들어간다. 그곳에서 늑대에 가까운 야생 동물이 되어 버린 벅은 자신의 조상인 늑대의 울음소리를 듣고 신비한 매력을 느껴 드디어 늑대의 무리 속으로 들어가 우두머리가 된다. '야성의 절규'에 따른 것이다.

점차 야성에 눈떠 가는 개, 벅

따뜻한 남쪽 나라에서 인간에게 사랑을 받으며 자라난 벅에게는 커다란 몸집도 강인한 힘도 별로 쓸모가 없었다. 그러나 북쪽 나라의 험난한 대자연 속에서 인간이 휘두르는 무시무시한 막대기와 동료 개가 드러내는 날카로운 송곳니에 익숙해지는 사이에 생존권은 스스로 쟁취해야 한다는 사실을 알게 되어 점차 개에서 늑대로 변해 간다.

후반에 동물은 훈련시키기보다 사랑해야 한다고 생각하는 손턴과 만나면서 새롭게 쌓여 가는 인간과 개의 우정을 감동적으로 그리고 있다.

| 작품 속의 명문장 |

"사냥을 당하는 자의 인내력, 그것은 사냥을 하는 자의 인내력보다 약하다."

NOTES

1 샌프란시스코 건너편 기슭인 오클랜드는 잭 런던에게 인연이 깊은 곳으로, 오늘날 '잭 런던 스퀘어'라는 광장이 만들어져 있고, 런던이 들렀던 술집도 기념관처럼 그대로 남아 있다.

오 헨리(O Henry)

마지막 잎새
(The Last Leaf)

꺼져 가는 생명의 불꽃을 살리기 위한 무명 화가의 숭고한 예술혼이 아름답게 그려진 이 작품은 헨리의 단편 가운데 가장 유명하다. 사람 사이의 인정과 애환, 시련에 맞서는 굳센 의지 등을 통해 삶에 대한 희망을 다루고 있다.

INTRO

미국의 단편소설 작가 오 헨리(O Henry, 1862~1910)의 본명은 윌리엄 시드니 포터William Sydney Porter로, 1862년 노스캐롤라이나에서 태어났다. 15세 때 약국에서 일하기 시작한 것을 비롯해 다양한 직업을 전전했다.

그러던 그가 '미국의 모파상'이라고까지 불리게 된 것은 은행 출납계에 있을 때 공금을 횡령했다는 혐의로 3년 3개월 동안 형무소 생활을 했던 경험 덕분일 것이다. 옥중에서 십몇 편의 단편을 쓰고 1901년에 출옥했는데, 이듬해 뉴욕으로 나가 잇달아 작품을 발표해 인기 작가가 되었다.

『경찰관과 찬송가』, 『현자의 선물』, 『마지막 잎새』 등의 걸작을 포함한 약 280편의 단편소설을 남기고 1910년에 47세의 나이로 사망했다.●

죽음으로 사랑을 실천한 한 무명 화가의 이야기

뉴욕의 그리니치빌리지에 무명 화가들이 모여들어 '예술가촌'이 형성되었을 무렵의 일이다. 수와 존시는 3층짜리 건물의 꼭대기 층에 공동 화실을 가지고 있다. 존시는 폐병으로 앓아누워 있는데, 앙상한 담쟁이 덩굴의 줄기가 중간 정도까지 올라온 건물을 보면서 수를 세고 있다. 그녀는 살아갈 기력을 잃은 채, 차가운 가을바람에 시달리다가 이제는 5개

밖에 남지 않은 담쟁이덩굴의 잎이 다 떨어질 때 자기 생명도 끝난다는 망상에 사로잡혀 있다.

살고 싶다는 마음을 스스로 갖지 않는 한 살아날 가망이 거의 없다는 의사의 말을 들은 수는 크게 슬퍼한다. 그녀는 그들의 방 아래층에 살면서 이 두 젊은 화가를 지키는 수호자임을 자처하고 있는 베어먼 노인에게 존시의 망상에 대해 이야기한다. 노인은 걸작을 그리는 꿈을 포기하지 않고 있기는 하지만 가능성이 없는 예술의 패배자로, 성질이 강해 남의 약한 모습을 심하게 비웃는 버릇이 있었다. 수의 이야기를 들은 노인은 눈물을 흘리면서도 존시의 망상에 경멸과 조소를 퍼붓는다.

그런데 그날은 눈이 섞인 비가 밤낮으로 계속 내렸다. 이튿날 아침 창문을 열자 놀랍게도 마지막 잎새가 아직도 지지 않고 벽돌로 쌓아 올린 벽에 달라붙어 있었다. 그 나뭇잎은 다시 차가운 비와 북풍이 부는 밤이 지나도 떨어지지 않았다. 이는 베어먼 노인이 벽을 캔버스 삼아 그린 최고 걸작이었던 것이다.

차가운 비를 맞으며 사나운 바람 속에서 붓을 놀렸던 베어먼 노인은 폐렴으로 이틀 뒤에 죽는다. 존시의 목숨 대신…….

베어먼 – 예술의 수호신

베어먼은 '작은 도깨비 같은 몸에다 반수신半獸神의 얼굴에 미켈란젤로가 그린 모세상의 곱슬거리는 수염을 늘어뜨린' 60세가 넘은 노인이다. 그는 걸작을 그리겠다는 꿈을 포기하지 않고 40년이나 버텼지만, 그 꿈을 실현할 가능성이 결코 없는 수많은 예술의 패배자 가운데 하나로, 언뜻 예술의 신에게 바쳐진 제물의 한 사람처럼 그려지고 있다.

그러나 그는 화려한 예술의 꽃밭 뒤쪽에서 붉은 벽돌에 달라붙어 항상 높은 곳을 향해 올라가려고 하는 강인한 한 그루의 담쟁이덩굴이기도 하다. 곧, 그야말로 '예술가촌'에 계속 살아 있으면서 예술의 저변과 예술의 미래를 지탱하는 예술의 수호신이라고 할 수 있다.

| 작품 속의 명문장 |

"현자의 선물."

작품 『현자의 선물』의 제목

* 사랑하는 사람을 위해 자신을 버리는 정신으로 주거나 교환하는 선물. 물질을 초월한 상태의 지고지순한 사랑을 확인할 수 있는 선물을 가리키는 말이다.

NOTES

● 오 헨리의 문학적 공적을 기념하기 위해 설립된 오 헨리상은 미국의 단편소설가들에게 최고로 명예로운 상이며, 동시에 신인 등용문 가운데 하나이다.

유진 오닐(Eugene O'Neill)

느릅나무 밑의 욕망

(Desire Under the Elms)

1950년대 뉴잉글랜드의 농장을 배경으로 해결될 수 없는 인간의 무한한 소유욕을 극화하고 있는 자연주의의 대표적 작품이다. 그리스 극의 골격을 채용하고 있으며, 그 무렵 미국인들의 개척 정신과 모성 콤플렉스가 밑바탕을 이루고 있다.

INTRO

미국의 극작가 유진 오닐(Eugene O'Neill, 1888~1953)은 1888년에 뉴욕 시의 한 호텔 방에서 인기 배우였던 아버지 제임스와 상당히 부유한 집안의 딸인 어머니 사이에서 태어났다. 부모의 결혼은 그다지 행복하지 못했다. 오닐이 죽은 뒤에 발표된 『밤으로의 긴 여로』(1956)는 자신의 지옥 같았던 자전적 요소를 보편적인 문제로 깊이 탐구한 최고 걸작이다.●

1920년에 『지평선 너머』로 브로드웨이에 진출했고, 그로부터 '현대 미국 연극의 아버지'라고 불릴 만한 본격적인 활약이 시작되었다. 작품으로는 1924년 초연된 『느릅나무 밑의 욕망』 외에 『안나 크리스티』(1921), 『기묘한 막간극』(1928), 『상복喪服이 어울리는 엘렉트라』(1931), 『얼음장수 오다』(1946) 등이 있다.

1936년에 노벨문학상을 받았고, 1953년에 사망했다.

아버지와 아들, 젊은 계모 사이의 농장 상속을 둘러싼 비극

때는 1850년, 장소는 뉴잉글랜드에 있는 농부 에프라임 캐벗의 집이다. 전처들이 낳은 2명의 아들들은 캐벗이 세 번째 아내 아비를 데리고 오자, 농장 상속에 대한 희망을 버리고 서부에 있는 금광으로 떠난다.

죽은 두 번째 아내가 데리고 온 아들인 에벤은 이 농장이 원래 어머니의 것이었으므로 당연히 자기에게 상속권이 있다고 믿고 있다.

그런데 그는 아비에게 농장을 빼앗기지 않을까 하는 의혹과 함께 그녀에게 강하게 끌리고 있음을 느낀다. 아비도 전남편과 아이가 먼저 죽는 바람에 하는 수 없이 이곳으로 왔을 뿐이어서 젊고 잘생긴 에벤을 사랑하게 된다.

에벤 – 물욕과 정욕 사이에서 고민하는 인간상

느릅나무가 상징적으로 작품 전체를 뒤덮고 있는 이 미국 최초의 본격적인 비극에서는 물욕과 정욕이 뒤엉키는 것에서부터 모든 갈등이 생겨난다. 그리고 이 두 가지 욕망 때문에 깊이 고민하는 사람이 에벤이다.

모성애를 풍기는 아비의 유혹에 현혹된 뒤에, 그것이 후계자인 아이를 만들기 위한 책략이었다고 오해한 에벤의 말이 아비로 하여금 '이 아이만 없어지면' 하는 생각을 갖게 한다. 예로부터 많은 명작이 묘사하고 있는 것처럼 이 비극의 경우에도 그 밑바닥에는 인간에게 공통적으로 존재하는 어쩔 수 없는 업業이 숨어 있는 것이다.

| 작품 속의 명문장 |

"어떻게 과거를 잊을 수 있겠어요? 과거란 현재를 가리키는 것이잖아요. 그리고 미래도 마찬가지이죠. 우리는 거짓말을 해서 과거로부터 도망치려고 해요. 하지만 소용없어요. 인생이 그것을 용납하지 않으니까요."

『밤으로의 긴 여로』 제2막 제2장에 나오는 메리의 대사

NOTES

● 『밤으로의 긴 여로』는 자전적 요소가 강해서 오닐은 자신이 죽은 뒤에도 25년 동안 발표하지 않도록 규제하고 있었는데, 『얼음장수 오다』의 재연을 성공시킨 연출가의 수완을 인정한 미망인 칼로타가 남편이 죽은 지 3년 만에 상연 허가를 내주었다.

시어도어 드라이저(Theodore Dreiser)

아메리카의 비극

(An American Tragedy)

자본주의 상승기의 미국 사회에서 물질 문명을 유일한 가치로 추구하는 사회와 그 안에서 환경과 본능에 지배되어 인간성을 상실해 가는 현대인을 그린 자연주의의 대표작이다. 비인간적인 개인을 양산하는 미국의 사회 자체에 비극이 있음을 설파하고 있다.

INTRO

미국의 소설가 시어도어 드라이저(Theodore Dreiser, 1871~1945)는 1871년 인디애나 주의 테러호트라는 마을에서 독일계 이민자의 아들로 태어났다. 엄격하고 편협한 가톨릭 교도인 아버지에 대한 반발이 인습적 종교에 대한 반항적 자세를 형성하게 했다. 그의 소년 시절은 끊임없이 가난과 굶주림에 시달린 음습한 환경으로 점철되어 부의 매력과 마력에 대해 복잡한 의식이 자라나게 되었다.

1887년 16세 때 시카고로 나가 여러 직장을 전전하다가 1889년에 인디애나대학교에 입학했지만 1년 만에 그만두고, 그 뒤에는 저널리스트로 활약했다.

이윽고 창작의 길로 들어서서 장편 『시스터 캐리』(1900)를 썼다. 이 작품은 지금은 자연주의의 걸작으로 문학사에 그 이름이 기록되어 있지만, 그 무렵에는 선정적인 내용 때문에 출판이 힘들었고, 1900년에 출판된 뒤에도 묵살되는 비운을 맞았다. 그러나 사회와 인생의 진실을 있는 그대로 묘사하려고 한 그의 자세는 19세기 이후 미국 문학의 '기품 있는 전통'을 흔들어 차세대로 향하는 길을 열었다. 우여곡절을 거쳐 1925년에 나온 것이 대표작인 『아메리카의 비극』이었다. 1945년 12월 28일에 74세의 나이로 할리우드에서 사망했다.

그 밖의 작품으로는 '욕망 3부작'이라고 불리는 『자본가』(1912), 『거인』(1924), 『금욕주의자』(1947)가 있고, 『제니 게르하르트』(1911), 『천재』(1915), 『성채』(1946) 등의 소설과 단편집·자서전·평론집 등이 있다.●

물질적 성공에 대한 욕망으로 비극을 맞는 한 청년의 이야기

가난하고 광신적인 전도사의 아들로 태어난 클라이드 그리피스는 미국 중서부에 위치한 캔자스시티의 화려한 도시 한구석에서 비참하고 굴욕적인 소년 시절을 보내고 있었다. 16세가 되어 호텔 보이로 일하게 된 클라이드는 물질적이고 향락적인 생활의 맛을 알게 된다. 그러던 어느 날 드라이브에서 돌아오는 길에 그는 소녀 한 사람을 차로 치어 죽인다. 망연자실한 그는 그 자리에서 도망쳐 행방을 감춘다.

그로부터 3년 뒤 시카고에 머물고 있던 클라이드는 뉴욕의 라이커거스에서 커다란 셔츠 공장을 경영하는 백부 새뮤얼 그리피스를 만나 그의 공장에서 일하게 된다. 그리고 같은 직장에서 일하는 로버타 올던이라는 가난한 여공을 알게 되어 사랑에 빠진다. 그로부터 얼마 뒤 클라이드는 우연한 기회로 알게 된 상류 사회의 아름다운 처녀 손드라 핀칠리와 친해져서 로버타의 존재가 거추장스러워지는데, 마침 그때 로버타가 임신해 버린다.

결혼을 강요하는 로버타, 그리고 부와 지위와 아름다움을 모두 갖춘 손드라 사이에서 딜레마에 빠진 클라이드는 로버타를 살해하기로 하고 그녀를 빅 비턴 호수로 데리고 가서 같이 보트를 탄다. 그러나 마음이 약한 클라이드는 계획을 실행하지 못한 채 고민한다. 괴로워하는 그를 보며 걱정한 로버타가 옆으로 다가오려고 상체를 일으킨 순간, 머리가 혼란스러웠던 클라이드는 그녀로부터 멀어지려고 팔을 내밀다가 손에 들고 있던 카메라로 로버타의 얼굴을 내리친다. 로버타는 옆으로 쓰러지고 보트는 크게 흔들린다. 당황한 그가 일어서서 그녀를 구하려고 하는 차에 보트가 뒤집혀 버린다. 살려 달라고 하는 로버타를 버려둔 채 이것은 '우연한 사고다'라고 마음속으로 되뇌며 클라이드는 기슭을 향해 헤엄쳐 간다. 그런데 이 로버타 익사 사건이 계획적인 살인 사건으로 취급되고 클라이드는 흉악범으로 체포된다. 정치적 야심을 가지고 있던 담당 지방 검사는 이 사건을 정치적으로 이용해 보수적인 대중의 지지를 얻는다. 변호사들의 노력도 수포로 돌아가고 클라이드는 사형을 선고받는다. 어머니와 목사의 종교적인 위로에서도 구원을 찾지 못한 채 그는 전기의자에 앉는다.

이 작품은 기회와 성공의 나라 미국에서 짧고 비극적인 생애를 마치는 청년 클라이드 그리피스를 통해 현대 물질 사회의 기만과 모순을 날카롭게 그려 낸 것이다. 주인공은 가난한 처지 속에서 '미국의 꿈'을 추구했지만, 그 앞에는 거대한 계급적, 인습적 벽이 가로막고 있었고, 그것들이 결국 그를 감옥의 벽 속으로 압살시켜 버리고 만다.

또 클라이드의 감정과 경험은 법률이나 도덕의 절대적 규범으로는 도저히 재판할 수 없을 정도로 복잡하고 애매한 것이다. 인생의 불가사의함에 대해 어느 누구의 이해나 도움도 얻지 못한 채 처형되는 클라이드의 운명은 욕망의 소용돌이 속에 갇혀 버린 현대인의 깊은 비극을 절실하게 표현하고 있다.●

현대 사회의 균열 속에서 태어나고 파멸한 청년, 클라이드

클라이드 그리피스에게는 아버지로부터 물려받은 감정적인 성격과 공상을 자주 하는 버릇이 있었으며, 신경질적이고 예민한 부분이 있었다. 한편 실제로 생활 능력이 없는 부모로 인해 비참한 소년 시절을 지내야 했기 때문에 세속적이고 물질적인 생활에 대한 강한 동경이 가슴을 채우고 있다. 이와 같이 유전이나 환경에 의한 자연주의적 결정론이라는 입장에서 클라이드의 성격은 신중하게 설정되어 있다.

소년 시절에 겪은 다양한 결핍은 그를 '정신적·도덕적 비겁자'로 만들었고, 그러한 그의 성격이 도저히 손이 닿지 않던 기회가 찾아오자 갑자기 '너무나 민감하고, 사정에 어둡고, 몽상적인 마음'을 동요시켜 비극을 일으키게 했다고 할 수 있다.

그의 정신에 두뇌의 명석함이 모자라고, 발전 가능성이 없었다고는 하나 가난한 '로버타에 대한 동정'과 부유한 '손드라에 대한 동경'이라는 두 가지 감정으로 대립하며 분열하는 클라이드의 모습이야말로 미국 사회가 만들어 낸 청년의 초상이라고 할 수 있다. 현대 사회의 균열 속에서 태어나 별똥별처럼 사라져 간 클라이드 그리피스는 '미국의 꿈'에 현혹되다가 그에 배신당해 파멸해 버린 청년의 모습으로 길이 전해질 것이다.

| 작품 속의 명문장 |

"이 우주 전체에 몰아치는 여러 힘들 속에서 무지한 인간은 바람 속의 종잇조각에 지나지 않는다."

『시스터 캐리』 제8장

* 대우주에 존재하는 작은 존재로서 운명에 휘둘리는 인간의 모습을 표현한 이 말은 드라이저가 자신의 인생에서 얻은 실감이었다.

"아무도 그(클라이드 그리피스)의 인간적인 ── 너무도 인간적이어서 아마 잘못되어 있는지 모르지만 ── 욕망을 이해하고 인정해 주지 않는단 말인가. 그와 마찬가지로 ── 많은 사람들이 ── 괴롭힘을 당하고 있는 욕망을."

『아메리카의 비극』 제3부 제34장

* 욕망에 사로잡혀서 그로부터 도망칠 방법조차 찾을 수 없는 인간의 여러 모습에 깊은 관심을 가졌던 드라이저의 심정이 솔직하게 드러나 있는 말이다.

NOTES

● 드라이저의 누나들은 잇달아 이성과 스캔들을 일으켜서 이런 문제에 대한 그의 관심이 더욱 깊어졌다. 그녀들은 『시스터 캐리』, 『제니 게르하르트』, 『아메리카의 비극』 등의 작품에 등장하는 여주인공들의 모델이다.

● 『아메리카의 비극』은 1906년에 체스터 질렛이라는 청년이 그레이스 브라운이라는 처녀를 살해하고 2년 뒤에 사형에 처해진 사건을 모델로 하고 있는데, 드라이저의 자전적 요소도 상당 부분 투영되어 있다고 할 수 있다.

프랜시스 스콧 피츠제럴드(Francis Scott Fitzgerald)

위대한 개츠비
(The Great Gatsby)

제1차 세계대전 직후인 1920년대의 미국을 배경으로 하여 황폐한 현대 물질 문명 속에서 '아메리칸 드림'이 어떻게 무너져 가는가를 묘사하고 있다. 그 무렵 뉴욕의 유산 계급에 관한 퇴폐상을 비판한 20세기 미국 문학의 대표작이다.

INTRO

미국의 소설가 프랜시스 스콧 피츠제럴드(Francis Scott Fitzgerald, 1896~1940)는 1896년 중서부에 위치한 미네소타 주에서 귀족적이던 아버지와 시골 출신 어머니 사이에 외아들로 태어났다. 아버지는 가구 상인이었는데, 그가 태어난 직후에 도산했다. 집안이 가난했지만 부자들이 모이는 프린스턴대학교에 들어가 풋볼 선수가 될 것을 꿈꾸었고, 이 무렵부터 문학에 뜻을 두게 되었다. 제1차 세계대전 때 미국이 참전하자 지원병으로 군대에 입대했다. 제대한 뒤 앨라배마 주에서 젤다 세어를 만나 연애 끝에 결혼했다.

이후 새로운 세대의 선언이라고도 할 만한 최초의 자전적 장편인 『낙원의 이쪽』(1920)으로 단번에 문단의 주목을 받게 되었다.

그는 화려함을 좋아해 매일 밤 파티를 열었고, 그 비용 때문에 청탁이 들어오는 대로 단편을 썼다. 이 시기의 작품들은 『말괄량이와 철인哲人』(1920), 『재즈 시대의 이야기』(1922), 『저 슬픈 젊은이들』(1926) 등에 수록되었다. 장편으로는 『낙원의 이쪽』 등이 있는데, 최고의 작품은 1925년의 『위대한 개츠비』로, 순수한 사랑과 돈의 힘을 얻었다가 몰락한 남자의 꿈과 좌절을 통해 그가 살았던 시대의 풍속과 정신을 사실적으로 그려 냈다.

1940년에 심장마비로 사망했다.

입신출세를 꿈꾸는 순박한 야심가 개츠비의 이야기

닉은 중서부에서 뉴욕으로 와서 교외에 있는 작은 집을 빌렸는데, 그 옆에는 제이 개츠비의 호화로운 대저택이 있다. 큰 부자인 개츠비는 그

저택에서 밤마다 성대한 파티를 열었다. 그가 그렇게 하는 것은 예전의 가난한 시절에 데이지와 사랑을 하고 있었는데, 그가 제1차 세계대전 때 유럽으로 싸우러 간 틈에 그녀가 톰이라는 큰 부자와 결혼했기 때문이다. 개츠비는 단순한 남자여서 돈이 데이지의 마음을 사로잡은 것이라고 생각하고 모든 수단을 써서 부자가 되었고, 일부러 데이지의 저택과 가까운 곳에 있는 대저택을 샀다. 그리고 이와 같이 매일 밤 파티를 열어 어떻게든 그녀의 관심과 사랑을 되찾으려 하고 있었던 것이다. 물론 그는 그때까지 독신이었다.

우연히 데이지의 8촌 조카였던 옆집 사람 닉의 주선으로 개츠비는 데이지와 다시 만난다. 단순한 개츠비는 그녀를 만났을 때 그녀의 태도를 보고는 사랑을 되찾았다고 믿어 버린다. 그러나 어느 무더운 여름날 다 같이 뉴욕으로 갔다가 돌아오는 길에 데이지가 운전하던 개츠비의 차가 톰의 정부情婦를 치어 죽인다. 개츠비가 그렇게 한 것이라고 오해한 톰은 개츠비를 죽음으로 몰아넣는다. 데이지는 그의 장례식 때 모습조차 보이지 않고 남편과 함께 여행을 떠나 버린다. 닉은 이러한 동부의 현실이 싫어져서 중서부에 있는 고향으로 돌아간다.

첫사랑을 위해 모든 것을 바친 남자, 개츠비

제이 개츠비는 가장 미국인다운 인물이라고 할 수 있다. 가난했지만 열심히 일해서 큰 부자가 된 그는 낭만적이고 섬세하며 마음이 너그럽다. 예전에 애인이었던 여자가 자기를 버리고 다른 남자와 결혼해 버리자, '그것은 다만 돈이 그녀의 눈을 가려서 그런 것이다. 나에 대한 그녀의 사랑은 지금도 변치 않았다'고 혼자 믿고 있다.

옆집에 사는 닉이 "그녀에게 너무 많은 것을 바라지 마십시오. 과거는 되돌릴 수 없습니다"라고 말해도 개츠비는 "아니, 되돌릴 수 있습니다. 내가 모든 것을 전과 똑같이 만들어 놓겠습니다"라고 단호하게 말한다. 그러다가 마지막에 데이지에게 배신당한다.

| 작품 속의 명문장 |

"부자에 대해서 한마디 하겠다. 그들은 당신들이나 나와는 다르다. 그들은 자신들이 우리보다 뛰어난 인간이라고 진심으로 믿고 있다."

단편 『부자 청년』

토머스 울프(Thomas Wolfe)

천사여 고향을 보라

(Look Homeward, Angel)

작자 자신을 모델로 하는 주인공 유진 건트의 성장기가 담겨 있는 소설로, 작자의 출세작이기도 하다. 인생을 긍정적으로 바라보던 1930년대 미국 문학의 선구적인 작품이며, 브로드웨이에서 연극으로 공연되기도 했다.

INTRO

이 소설의 서문에서 '진지한 소설은 모두 자서전적이다'라고 주장하고 있듯이 토머스 울프(Thomas Wolfe, 1900~1938)의 생애는 일단 자신의 작품과 평행을 이루고 있다. 1900년 10월 3일에 애슈빌(작품에서는 앨터몬트)에서 태어났다. 주립대학교를 나와 하버드대학원 베이커 교수의 연극교실로 진학했다. 두 번째 작품인 『시간과 강에 대하여』(1935)는 이 무렵부터 시작된 대륙의 편력을 다루고 있다. 극작가가 되겠다는 야심이 깨지자 1930년까지 뉴욕대학교에서 영어 강사로 일하면서 그 사이에 무대장치가인 앨린 번스타인과의 사랑이 깊어졌다. 그녀에 대한 것은 사후 출판된 『거미줄과 바위』(1935), 『그대 다시는 고향에 가지 못하리』(1940)에 나온다. 집필 때문에 몇 차례 유럽을 여행한 뒤, 편집자 퍼킨스의 힘을 얻어 『천사여 고향을 보라』(1929)를 출판했다. 1930년에 다시 대륙으로 가서 단편을 쓰는 한편, 방대한 장편 초고인 『시간과 강』을 썼다.
1938년 9월 15일 폐렴으로 38세의 짧은 삶을 마감했다.

하버드대학교에 입학하기까지 유진 건트의 성장 기록

제목은 밀턴의 시 「리시다스」에서 인용했다. 주인공 유진 건트는 1900년 노스캐롤라이나의 앨터몬트에서 9남매 중 막내로 태어났다. 아버지는 주정뱅이 석공이었고, 어머니는 어둡고 인색한 여자였다. 불건전한 가정 속에서 고독을 맛보며 자랐고, 어려서부터 일에 매달려야 했지만 학업 성적은 우수해 고전 문학을 애독했으며, 15세가 되자 주립대학교에 진학했다. 아버지는 법률을 공부하게 하여 정치적 야심을 이루려고 했으나, 유진은 문학을 하며 학내 잡지의 제작에 참여했다. 때때로 거리에서 여자를 사기도 하고, 약혼자가 있는 소녀에게 실연을 당하기도 한다.

마침 제1차 세계대전이 일어나 미국이 참전하게 되자, 대학 선배들은 영광을 꿈꾸며 싸움터로 나간다. 나이가 모자라 참전할 수 없었던 유진은 불안과 초조감에 시달리다가 실연한 상대의 고향까지 쫓아가 적은 임금을 받으며 일하기도 하고, 버지니아 항구에서 타락한 생활에 젖어 지내기도 하다가 가을 학기에 대학교로 돌아온다.

도시는 전쟁 소식 때문에 떠들썩하지만, 사이가 좋았던 형이 갑작스럽게 병으로 죽고, 미국은 전쟁에서 승리한다. 얼마 뒤 유진은 대학교를 졸업한다. 졸업식에는 암에 걸려 야윈 아버지와 건축업 등으로 경제적인 힘을 얻게 된 어머니가 참석한다. 유진은 어머니에게 부탁해 하버드대학원의 1년 치 학비를 얻는다. 그것은 가정과 고향 앨터몬트로부터 영원히 떨어져서 자유로워지는 것을 뜻했다. 도시가 내려다보이는 언덕에 서서 유진은 발밑에 있는 도시가 아니라 저 멀리 우뚝 솟아 있는 산들을 본다. 그것은 불행한 소년 시절과의 영원한 작별이었다.

작가 토머스 울프의 분신, 유진 건트

유진 건트(사후 출판된 두 작품에서는 조지 웨버)는 2미터에 가까운 꺽다리였는데, 그처럼 큰 키는 어머니가 사는 방법과 더불어 그의 두 가지 콤플렉스이다. 불안하고 괴롭게 지낸 소년 시절과 작가로서의 불안, 연애의 좌절, 동경했던 독일이 나치의 손에 물들어 버린 실망감, 미국과 민주주의의 진정한 발견, 미국의 완성을 예견하기에 이르기까지 자기 발견을 거듭하면서 자신의 감각으로 느낀 미국의 얼굴을 소설로 나타내는 일에 생명을 불태웠던 작가와 똑같은 모습의 생애이다.

| 작품 속의 명문장 |

"쓰면서 살았고, 살면서 썼다."

『그대 다시는 고향에 가지 못하리』 속의 '아름다운 메두사를 찾아서'

* 무엇인가에 홀린 사람처럼 글을 쓰는 울프의 모습을 단적으로 나타내는 말이다. 브루클린에서 지낸 4년간, 무덤처럼 어두운 지하실에서 울프는 오로지 산처럼 쌓인 원고를 끝도 없이 쓰고 있었던 것이다.●

NOTES

● 그는 창작의 광기에 사로잡혀 하루에 14시간씩 1만 단어에 이르는 분량의 원고를 집필했다. 방 안이 온통 원고로 가득했고, 60개비의 담배, 20잔의 커피, 두 접시의 비프스테이크, 산책, 불면증, 피로에 둘러싸인 채 원고를 쓰는 것이 울프의 집필 방식이었다. 그는 아무것도 들어 있지 않은 냉장고를 책상 대신으로 썼다고 한다.

윌리엄 포크너(William Faulkner)

음향과 분노
(The Sound and the Fury)

남부 사회에 속하는 지주 계급의 퇴폐와 붕괴를 연대기 방식으로 그려낸 작품이다. 조이스풍의 '의식의 흐름'과 프로이트 심리학을 사용한 독창적이고도 실험적인 창작 기법이 돋보이는 포크너 최고의 걸작이다.

INTRO

미국의 소설가 윌리엄 포크너(William Faulkner, 1897~1962)는 1897년 미시시피 주의 뉴올버니에서 태어났다. 5세 때 미시시피대학교가 있는 옥스퍼드 마을로 이사해 생애의 대부분을 그곳에서 지냈다.

그는 이 도시와 그 주변을 배경으로 한 가공의 나라 요크나파토파 카운티를 만들어 그곳을 무대로 하여 『8월의 빛』(1932), 『압살롬, 압살롬』(1936) 등 많은 작품을 썼다. 그는 각 작품에 발자크와 같은 '동일 인물 재등장' 기법을 사용해 작품들이 서로 유기적인 관련을 갖게 했다. 다른 장소를 무대로 한 작품도 있지만, 그의 문학의 주체는 어디까지나 '요크나파토파 전설'이라고 불리는 작품군이다.●

그는 남부의 과거가 가진 무거운 짐을 짊어지고 인류 불멸의 신념을 끝까지 견지한 기독교적인 작가였다. 1962년에 사망했다.●

남부의 명문 귀족 콤프슨가의 몰락

포크너의 네 번째 소설로, 남부를 무대로 하여 명문 콤프슨가家의 몰락을 그리고 있다. 4부로 나누어져 있는데, 그 가운데 3부는 콤프슨가 형제들의 의식을 통해 이야기가 전개되고, 마지막 4부는 작가의 객관적인 묘사로 이루어졌다.

제1부에는 1928년 4월 7일(토요일, 부활절 전날)이라는 날짜가 적혀 있

다. 이 1부는 집안의 세 번째 아들인 벤지를 통해 전개되는 '백치가 말하는 이야기'이다. 그의 의식은 감각적·평면적이어서 시간은 혼란스럽지만 과거 30년간의 콤프슨가의 역사를 전하고 있다.

제2부에는 앞선 1부의 18년 전인 1910년 6월 2일이라는 날짜가 적혀 있는데, 하버드대학교 학생인 장남 퀜틴이 자살하기까지의 의식의 흐름이 적혀 있다. 그는 여동생 캐디의 방종과 결혼 때문에 정신 착란을 일으킨 상태이다. 아버지의 니힐리즘도 그의 심리에 중대한 영향을 미친 것으로 보인다. 그는 여동생 캐디에게 근친상간적인 감정을 가지고 있는데, 그것은 관념적인 것에 지나지 않는다. 여기에는 혼란스러운 그의 의식에 관한 심층 심리까지 그려져 있다.

제3부에는 1928년 4월 6일(금요일, 고난 주간)이라는 날짜가 적혀져 있으며, 아이러니컬하게도 작가가 유일하게 제정신이라고 말하는 차남 제이슨의 의식이 전개되고 있다. 탐욕스럽고 냉혹한 그는 캐디가 친정에 맡겨둔 딸 퀜틴에게 보내오는 돈을 횡령하는데, 퀜틴이 다시 그 돈을 빼돌려 서커스단의 남자와 가출한다. 그는 미친 사람처럼 그들의 뒤를 쫓았지만 수포로 돌아간다(마지막 제4부에서 나온다).

마지막 제4부는 1928년 4월 8일(일요일, 부활절 당일)로, 흑인 유모인 딜시를 중심으로 한 객관적 묘사이다. 그녀는 작가가 찬미하는 미덕을 구현한 인물로, 그녀가 보여 주는 인내와 애정은 자기 중심적인 콤프슨가 사람들과 뚜렷한 대조를 이룬다.

독창적인 창작 기법 구사

『사토리스』(1929)의 출판이 난항을 거듭하자, 포크너는 앞으로 자기 작품이 출판되지 못할 것이라고 낙담했는데, 오히려 그 때 그는 커다란 해방감을 맛보았다. 그는 출판사와 연결된 문을 닫아걸고 자기 자신을 위한 창작의 세계에 몰두했다.

그렇게 해서 쓰인 『음향과 분노』는 조이스풍의 '의식의 흐름'과 프로이트 심리학을 사용하는 등 그 무렵으로서는 매우 독창적인 창작 기법을 구사해 비평가들 사이에서 논란을 불러일으켰으나, 오늘날에는 그의 소설 가운데 1, 2위를 다투는 걸작으로 간주되고 있다.

캐디를 위한 소설

작가는 이 이야기가 캐디를 위해 쓰인 것이라고 했는데, 그 이유는 그녀의 풍부한 애정 때문일 것이다. 이 작품에서는 다른 인물을 통해 그녀에 대한 이야기가 나오지만, 그것은 작가가 그녀를 강렬하게 표현하기 위해 시도한 방법이었다.

| 작품 속의 명문장 |

"나는 처음과 마지막을 보았다."

＊ 콤프슨가의 흑인 유모 딜시의 말. 그녀는 많은 미덕을 가지고 있으며, 그녀의 존재가 구원을 암시하고 있다.

NOTES

● 포크너는 여러 작품을 통해서 미국의 남부 사회가 변천해 가는 모습을 연대기적으로 묘사했다. 이를 위해 '요크나파토파'라는 가공의 지역을 설정하고 그곳을 무대로 해서 19세기 초부터 1940년대에 걸친 시대적 변천과 부도덕한 남부의 사회상을 고발했다.

● 어린 포크너에게 영향을 준 사람은 작가인 증조부 윌리엄 클라크 포크너였다. 그리고 그의 재능을 알아보고 세상 밖으로 이끌어 낸 인물은 필 스톤과 소설가 셔우드 앤더슨이었다.

어니스트 헤밍웨이(Ernest Hemingway)

무기여 잘 있거라

(A Farewell to Arms)

제1차 세계대전을 배경으로 전쟁의 참혹한 비극과 죽음, 인간의 따뜻하고도 애절한 사랑 이야기가 담긴 전쟁 문학의 걸작이다. 퓰리처상과 노벨문학상을 수상했으며, 작가 특유의 비정하고 허무주의적인 색채가 잘 드러나 있다.

INTRO

미국의 소설가 어니스트 헤밍웨이(Ernest Hemingway, 1899~1961)는 1899년 7월 21일 일리노이 주의 오크파크에서 산부인과 의사의 큰아들로 태어났다. 대학에 진학하지 않고 캔자스시티에서 발행되던 『스타』 지의 기자를 시작으로 글 쓰는 생활을 시작해 토론토의 『스타』 지 특파원으로 파리를 중심으로 하는 유럽의 '잃어버린 세대**lost generation**'● 시대를 체험했다. 그 시대를 생명력 있는 글로 옮겨 놓은 『해는 또다시 떠오른다』(1926)를 출세작으로 하여 『무기여 잘 있거라』(1929), 『누구를 위하여 종은 울리나』(1940), 『노인과 바다』(1952) 등의 걸작을 잇달아 발표했는데, 이는 파리 시절에 미국의 선배 작가인 에즈라 파운드, 거트루드 스타인● 등으로부터 작가 수업을 받았기 때문이라고 할 수 있다.

헤밍웨이 문학의 중요한 주제는 '죽음과의 대결'이라고 할 수 있다. 제1차 세계대전 때 북부 이탈리아 전선에서 부상병 수송 차량의 운전사로 종군하다가 다리에 중상을 입었을 때 죽음과 직면한 이래 죽음에 대한 공포는 평생 동안 그를 사로잡았다. 『무기여 잘 있거라』는 그때의 체험이 소재가 되었는데, 캐서린과의 연애도 작가가 밀라노 병원에서 실제로 경험한 간호사와의 사랑이 토대가 되었다.

1930년대에는 투우를 다룬 『오후의 죽음』(1932)과 아프리카 사파리에서의 체험을 기록한 『아프리카의 푸른 산들』(1935) 등의 논픽션을 집필했고, 제2차 세계대전 때는 다시 종군기자로 참전해 병사들로부터 '아빠'라는 애칭으로 불렸다. 전쟁 뒤에 쓴 『노인과 바다』는 노벨문학상 수상(1954)의 직접적인 계기가 되었다.

이 작가의 특색인 하드보일드 스타일이 가장 잘 나타나 있는 것은 단편 작품인데, 특히 걸작이라고 할 수 있는 것은 「두 개의 심장을 가진 큰 강」, 「흰 코끼리 같은 언덕」, 「깨끗하고 밝은 장소」, 「살인자」 등이고, 약간 긴 것으로는 「킬리만자로의 눈」, 「프랜시스 매컴버의 짧고 행복한 생애」 등을 꼽을 수 있다.

1961년 7월 2일 아이다호 주 케첨의 산장에서 쌍발 사냥총을 스스로 입에 문 채 화려하고 파란만장했던 생애를 마감했다.

미국인 군의관과 영국인 종군 간호사 간의 사랑

미국인 프레더릭 헨리는 제1차 세계대전 때 이탈리아 북동부 전선에서 부상병 운반 부대의 중위로 일하고 있었다. 오스트리아군의 공격이 개시되기 직전에 헨리 중위가 휴가를 마치고 전선으로 돌아오자 친구인 이탈리아군의 리날디 중위가 영국의 종군 간호사인 캐서린 버클리를 소개해 주었다. 그녀는 매우 아름다운 여성이었지만 고지식한 사람이었다.

이렇게 시작된 두 사람의 관계는 우정에서 사랑으로 차츰 변해 갔다. 이윽고 헨리 중위가 다리에 중상을 입어 밀라노의 병원으로 후송되자 그곳으로 캐서린도 전임되어 온다. 두 사람의 관계는 더욱 가까워졌고, 중위는 진심으로 그녀를 사랑하게 되었음을 느낀다. 그러나 어느 비 오는 날 밤에 그녀는 자기들 가운데 어느 한쪽이 언젠가 빗속에 죽어 있는 것이 눈에 보이는 듯하다는 불길한 예언을 한다.● 이윽고 캐서린은 임신 3개월이라고 고백하고, 이미 회복된 헨리는 다시 전선으로 파견된다.

독일로부터 지원군이 도착하자 오스트리아군은 당장 기세등등해졌고, 이탈리아군은 비참하게 패배해 후퇴할 수밖에 없게 된다. 탈리아멘토 강에 다다랐을 때 이탈리아 병사는 아군 부대에 의해 잇달아 사살된다. 헨리 중위는 탈주를 결심하고 강 속으로 몸을 던져 피신한다. 그는 밀라노로 가는 기차를 타고 병원을 찾아갔으나 캐서린은 동료 간호사인 헬렌 퍼거슨과 함께 마조레 호반의 스트레사로 휴가 여행을 가고 없었다.

헨리는 스트레사로 가서 전부터 잘 알고 있었던 호텔에 묵으며 캐서린을 찾아낸다. 그리고 북부 이탈리아에서 가장 아름다운 호숫가의 호화로운 방에서 두 사람의 사랑은 아름답게 불타오른다. 그러다가 두 사람은 헨리를 체포하기 위해 헌병이 올 것이라는 정보를 받고 스위스로 건너가 레만 호의 기슭에 있는 몽트뢰에 작은 집을 마련한다. 그러나 난산으로 제왕절개를 하게 된 캐서린은 과다 출혈로 죽고 아기마저 사산된다. 침대에 누운 캐서린의 시신에 이별을 고한 헨리가 호텔을 나서자 캐서린의 예언대로 밖에는 비가 내리고 있다.●

죽음과의 대결

헤밍웨이의 대표적인 작품은 모두 전쟁과 관련이 있다. 특히 『무기여 잘 있거라』와 『누구를 위하여 종은 울리나』라는 두 작품은 국가 대 국가의 전쟁, 또는 내란이라는 차이는 있어도 전쟁이 작품 배경이기 때문에 양쪽 모두 전쟁문학으로 분류해도 이상하지 않을 정도이다. 그렇다고 해서 작가가 호전적이라고 단정할 수는 없다. 『무기여 잘 있거라』에 나오는 헨리 중위는 전쟁의 '참가자'가 아니라 '방관자'이다. 그렇기 때문에 쉽게 싸움터를 포기할 수 있었을 것이다. 중위가 전쟁 중에 목숨을 바친 것은 사랑이었으므로 '죽음'의 전쟁보다는 '삶'의 연애에 몸은 던졌다고 할 수 있다.

다만 흥미로운 점은 주인공의 사랑이 전쟁(죽음)이나 병원, 헌병 등과 같은 것을 배경으로 했을 때 한층 더 뜨겁게 불타오른다는 점을 작가가 강조하고 싶어 한다는 것이다. 이를 가장 잘 증명하고 있는 것은 『누구를 위하여 종은 울리나』이다.

그리고 또 한 가지 주의할 점은 캐서린이 출산을 하면서 모자가 함께 죽는다는 것이다. 헤밍웨이의 주인공은 헨리 중위와 로버트 조든(『누구를 위하여 종은 울리나』의 주인공)처럼 사랑에 대해서는 승리를 하지만, 자기나 상대방이 목숨을 잃거나 치명적인 상처를 입는다는 특징이 있다. 결국 어떠한 행복도 결국 불행으로 끝난다. 작가는 행복에 대해 적어도 그렇게 생각하고 있는 듯하다.

| 작품 속의 명문장 |

"만약 두 사람이 서로를 사랑하면 해피 엔딩은 있을 수 없다."

『오후의 죽음』

* 어느 한쪽이 먼저 죽는 것이 일반적이고, 애정도 영원히 처음 그대로의 형태로 계속되지는 않기 때문이다.

"나는 여러 여자들과 함께 있을 때 혼자였다. 내가 가장 고독해질 수 있는 것은 바로 그런 때이다."

『무기여 잘 있거라』

* 심오하고 흥미 있는 연애철학이라 할 수 있다.

NOTES

● 제1차 세계대전 뒤 환멸을 느낀 미국의 지식 계급과 예술파 청년들을 '잃어버린 세대' 곧 '로스트제너레이션**Lost Generation**'이라고 일컫는다. 헤밍웨이가『해는 또다시 떠오른다』의 서문에서 "당신들은 모두 잃어버린 세대의 사람들입니다"라는 스타인의 말을 인용하면서 유명해졌다. 헤밍웨이 외에 피츠제럴드, 더스패서스, 포크너 등의 작가가 대표적이다.

● 미국의 시인이자 소설가인 스타인(Gertrude Stein, 1874~1946)은 1903년 이후 프랑스에 정착해 살면서 파리에 문학 살롱을 열었는데, 여기에는 헤밍웨이와 파운드, 조이스 등의 작가들이 출입했다. 특히 스타인의 소설은 헤밍웨이에게 큰 영향을 미쳤다.

●『무기여 잘 있거라』에서 비가 불행이나 죽음의 상징처럼 사용되고 있다는 사람도 있는데, 격렬한 사랑이 실내에서 전개되고 있을 때 밖에서 비가 내리는 장면도 있다.

● 헤밍웨이는 이 소설의 마지막 구절을 39번이나 퇴고했다고 한다.

펄 벅(Pearl Sydenstricker Buck)

대지
(The Good Earth)

중국인의 삶과 농민들의 순박한 모습을 감동적으로 그려 낸 걸작으로, 중화민국이 출범할 무렵의 혼란한 시대를 배경으로 중국의 빈농인 왕룽 일가의 변천을 그린 작품이다. 강인한 중국 민중과 근대 중국의 주요 문제에 대한 작가의 깊은 이해를 엿볼 수 있다.

INTRO

미국의 소설가 펄 사이든스트리커 벅(Pearl Sydenstricker Buck, 1892~1973)은 1892년 6월 26일 웨스트버지니아 주의 힐즈버러에서 태어났다. 태어난 지 4개월 만에 선교사였던 아버지 앤드루를 따라 중국으로 건너갔기 때문에 그녀는 중국의 환경과 사고방식 속에서 자랐다. 어렸을 때 같이 살았던 유모로부터 중국에 관한 이야기를 듣고 감동했고, 성장하면서 중국 서적을 많이 읽었다. 1910년에 버지니아 주의 랜돌프메이컨여자대학교에 입학하기 위해 부모와 함께 미국으로 돌아왔는데, 그것은 그녀에게 마치 미국으로 유학을 온 것과 같은 느낌이었다. 1914년 대학을 졸업한 그녀는 다시 선교사가 되어 중국으로 돌아갔다.

1917년 그녀는 중국의 농업 경제를 전공한 선교사 존 로싱 벅과 결혼해 중국 북부에서 5년 정도 산 다음 난징南京으로 돌아갔다. 그녀는 교회 선교사로 일하는 한편, 난징대학교에서 영문학을 강의했다. 이 무렵부터 그녀의 문필 생활이 시작되어 1925년 남편과 함께 잠시 머물기 위해 미국으로 돌아오는 배 안에서 나중에 '동풍·서풍'(1930)이라는 제목으로 출판한 처녀작을 썼다. 얼마 뒤 다시 중국으로 돌아간 그녀는 1933년까지 중국에서 살았다.

그녀의 왕성한 작가 활동은 1930년 무렵부터 시작되었다. 난징에서 쓴 『대지』가 1931년에 출판되자마자 큰 화제를 불러일으켜 다음 해 퓰리처상과 미국 문예 아카데미 하우얼스상을 받았고, 1932년에는 속편인 『아들들』, 1935년에는 완결편인 『분열된 집안』을 출판했다.●

1933년 선교사를 그만두었고, 얼마 뒤에 이혼했다. 그리고 1935년에 존데이출판사 사장인 리처드 월쉬와 재혼한 뒤 본격적인 작가 활동을 시작했다. 1936년에 출판한 『어머니』는 의화단 사건을 배경으로 폭도의 습격에 맞서 용기를 가지고 대처한 어머니의 모습을 경애의 정이 넘치는 필치로 그려 내어 독자들에게 큰 감동을 주었다.

1938년 12월 10일 그녀는 『대지』로 노벨문학상을 받았다. 이때 주최 측으로부터 "중국의 농민 생활에 대한 진실로 풍부하고도 획기적인 묘사와 자전적 요소가 어우러진 걸작"이라는 평을 받았다. 이해 출판된 작품이 『자랑스러운 마음』(1938)으로, 미국으로 돌아온 지 4년 뒤의 일이다.

그녀는 이후 집필 생활을 통해 소설과 수필, 평론, 아동물을 포함해 약 60종의 책을 출판했고, 한편으로는 인종을 초월한 사회 사업과 평화 활동도 계속했다. 그러나 작가 활동 중에 그녀가 소재로 삼은 것은 압도적으로 중국과 관련된 것이 많았다. 그 예로 『다른 신들』(1940), 『여자의 집』(1946), 『신의 사람들』(1951), 『여제』(1956) 등을 들 수 있다. 1973년 3월 6일에 사망했다.

재산을 모아 대지주가 된 왕룽과 그 일가의 역사

시대적으로 1930년대의 중국은 새로운 숨결을 내쉬며 다시 태어나려고 하던 동란기이다. 이야기는 안후이성安徽省의 가난한 농민 왕룽王龍이 아내를 얻는 날로부터 시작된다. 아내는 큰 부잣집인 황가黃家의 하녀(어렸을 때 산둥성山東省의 빈농이었던 아버지가 이 집안에 하녀로 판 딸로, 이들을 야터우라고 한다)였다. 말이 없고 건강한 그녀는 왕룽의 자식을 잇달아 낳는다. 부부는 아침부터 밤까지 밭에서 일한다. 늙은 아버지는 잔소리가 심하고 인색한 사람이지만, 왕룽은 아버지를 잘 모신다.

얼마 뒤 흉년이 들어 먹을 것이 없어진 일가는 생전 처음으로 기차라는 것을 타고 난민들과 함께 남쪽에 있는 장쑤성江蘇省의 도시로 간다. 그곳에서 왕룽은 인력거꾼이 되고, 아내 아란은 거지 생활을 하다가 커다란 저택의 담벼락에 기대듯이 판잣집을 세우고 살게 된다.

이듬해 봄에 폭동이 일어나 혼란의 와중에 왕룽과 아란은 집주인으로부터 큰돈을 얻어 그것을 가지고 고향으로 돌아간다. 이윽고 황가가 몰락하자 왕룽은 그 땅과 저택을 손에 넣어 대지주가 된다.

왕룽은 우연한 일로 알게 된 성안의 찻집 여자 롄화蓮華에게 반해 그녀를 첩으로 들인 뒤 환락에 빠진다. 그러나 토지에 대한 집착은 여전히 강하고, 돈을 불리는 것도 잊지 않는다. 세 아들들은 각각 교육을 받아 큰아들은 귀족 취미를 갖게 되고, 둘째 아들은 축재에 능하며, 셋째 아들은 집을 뛰쳐나가 군벌의 우두머리가 된다. 아들들은 점점 자라면서 아버지의 토지를 팔 궁리를 하는데, 이 사실을 안 왕룽은 불같이 화를 내며 토지를 없애는 것은 일가의 몰락, 곧 죽음을 뜻한다고 소리친다. 그 사이에 게으름뱅이 숙부 일가가 들어와 집안의 골칫거리가 된다. 이윽고 숙부 부부가 죽고, 그들의 불량한 아들도 어디론가 떠나 버린 뒤, 왕룽의 아버지도 죽는다. 왕룽은 하녀로 부리고 있던 소녀 리화梨花를 애첩으로 삼는다.

왕룽이 대지주가 되기 전부터 충실한 하인으로 일해 왔던 사람은 옆집의 진金이었다. 진은 왕룽을 대신해 토지를 관리한다. 이윽고 아란과 진도 죽고, 이제는 늙어 버린 대지주 왕룽의 고독한 모습이 곧 찾아올 죽음의 운명을 암시하며 이 이야기에 강렬한 인상을 남긴다. 왕룽이 죽을 때까지 집착한 것은 모든 것을 낳고 자라게 하는 대지였다.

『대지』의 속편인 『아들들』에서는 집을 뛰쳐나간 셋째 아들 왕후王虎 장군이 빈민을 위해 혁명군에 가담해 8,000명이나 되는 부하를 거느린 군벌의 우두머리가 되지만, 많은 부하들을 먹여 살리기 위해 하는 수 없이 인민들로부터 세금을 거두면서 그 모순에 괴로워한다. 또한 이 작품에 나오는 군벌끼리의 싸움은 피비린내가 나는 처참한 것으로 묘사된다.

속편 3부인 『분열된 집안』은 왕후 장군의 외아들에 대한 이야기이다. 아들 위안元은 새로운 시대를 맞이하려는 중국에서 미국 유학을 통해 얻은 새로운 지식을 기반으로 농업 개혁 등을 시도한다. 그러나 여기에서도 신세대와 구세대의 복잡한 모순에 부닥치고, 국민당 정권에 실망해 공산당 지구로 떠나는 친구들의 모습을 보며 갈등한다. 그러나 마지막에는 할아버지 왕룽이 가난한 농민 생활을 했던 낡은 집에 애인과 함께 남아 대지에 대한 한없는 애착을 느낀다. 따라서 이는 모두 중국의 국토인 대지를 무대로 전개된 장대한 이야기라 할 수 있다.

강인한 잡초와도 같은 중국 농민의 모습

격동하는 중국의 역사 속에서 작가의 마음을 사로잡았던 것은 역사의 변천에 휘둘리지 않고 중국의 광대한 국토에서 태어나 그곳에서 살다가 죽는 강인한 잡초와도 같은 중국 농민의 모습이었다. 토지에 대한 농민의 집착이 얼마나 강한 것인지 작가는 잘 알고 있었다.

『대지』 속에서 작가는 토지에 뿌리를 내리고 살아가려는 중국 농민과 기계에 기대어 살아가려는 미국 국민의 차이점을 나타내려고 한 듯하다. 작가 펄 벅은 기계는 결코 인간에게 마음의 평화를 주지 않는다고 생각했다. 그녀는 오랜 중국 생활을 통해 농민들이 힘든 생활을 하면서도 기본적으로 그 밑바탕은 선량하다는 사실을 잘 알고 있었던 것이다.

| 작품 속의 명문장 |

"중국의 소설은 결코 소설가의 소설이 아니다. 그것은 민중의 입으로 전해 내려오는 이야기가 낳은 것이다."

NOTES

● 『대지』는 200자 원고지로 약 5,400장이나 되는 대하소설로, 시간적으로는 3대, 지역적으로는 중국 대륙의 북부에서 중부에 걸친, 말 그대로 '대지'를 다룬 대작이다.

마거릿 미첼(Margaret Mitchell)

바람과 함께 사라지다

(Gone With the Wind)

남북전쟁과 전후의 재건을 배경으로 미국 남부의 귀족 사회가 붕괴해 가는 과정을 묘사한 작품이다. 기구한 운명을 지녔지만 강인한 주인공 스칼렛을 중심축으로 다양한 인물들의 사랑과 삶을 그리고 있다. 1937년 마거릿 미첼은 이 작품으로 퓰리처상을 수상했다.

INTRO

미국의 소설가 마거릿 미첼(Margaret Mitchell, 1900~1949)은 1900년 조지아 주의 애틀랜타에서 태어났다. 아버지와 오빠가 모두 변호사였고, 애틀랜타에서 100년 이상 뿌리박고 살아온 집안 출신이었다. 어렸을 때부터 글재주가 뛰어나 10세 때 쓴 소설이나 희곡은 사람들을 놀라게 할 정도였다. 워싱턴신학교를 졸업한 뒤 매사추세츠 주의 스미스 칼리지에 입학했으나, 이듬해 어머니의 죽음 때문에 애틀랜타로 돌아왔다.

1922년 22세에 베리언 K. 업쇼와 결혼했다가 얼마 뒤에 별거하게 되었다. 그해 『애틀랜타 저널』에 입사해 약 5년 동안 인터뷰 기사 등을 담당했고, 이때의 경험이 나중에 이 대작을 성공시킨 토대가 되었다. 1924년에 업쇼와 이혼하고, 이듬해인 1925년에 존 로버트 마시와 재혼했다. 1926년 다리에 부상을 입어 회사를 그만두고 남편의 권유로 10년 동안 조사하고 집필한 『바람과 함께 사라지다』를 1936년에 완성했다.●

『바람과 함께 사라지다』는 무명작가가 처음으로 출판한 소설이었으나 출판과 동시에 폭발적인 인기를 얻어 베스트셀러가 되었고, 1년 뒤에는 150만 부가 모두 매진되었다고 한다.● 그 뒤 수년 동안에 세계 30개 국어로 번역되어 1977년까지 2,000만 부 이상이 팔렸다고 한다. 1937년에 퓰리처상을 수상했고, 1939년에는 영화로 만들어져 같은 해 아카데미상 10개 부문을 휩쓸었다.

1949년 8월 16일 자동차 사고로 사망했는데, 남편은 그녀의 뜻에 따라 다른 모든 원고를 세상에 내놓지 않고 파기했다고 한다.

이 작품과 자주 비교되는 것이 새커리의 『허영의 시장』인데, 미첼은 뒤에 "『허영의 시장』을 읽은 다음 그 작품에 크게 매혹되기는 했지만, 베키 샤프와 스칼렛 오하라는 서로 비교할 대상이 아니다"라고 말했다. 참고로 '바람과 함께 사라지다'라는 제목은 영국의 19세기 낭만파 시인인 어니스트 다우슨(1867~1900)의 「키나라」라는 시에서 따온 것이다.

아름답고 강인한 여성 스칼렛의 사랑과 생활의 고투

'스칼렛 오하라는 미인은 아니지만 청년들이 그녀의 매력에 사로잡히면 그런 사실조차 깨닫지 못한다'는 문장으로 시작되는 이 소설의 주인공 스칼렛은 조지아 주의 애틀랜타에 있는 타라라고 불리는 큰 농장에서 태어나 자랐다. 아버지는 아일랜드인이고, 어머니는 프랑스계 귀족 출신이었다. 이야기는 남북전쟁 직전부터 시작된다.

16세가 된 스칼렛은 근처에 사는 청년들의 사랑을 한 몸에 받고 있었지만, 그녀가 사랑하고 있는 사람은 교양 있는 애슐리였다. 그래서 오로지 그가 청혼할 날만을 기다리고 있었는데, 애슐리도 스칼렛에게 호의를 갖고 있기는 했지만 결혼 상대로는 그녀의 사촌인 멜라니를 선택한다.

그 사실을 안 스칼렛은 화가 나서 애슐리에 대한 보복으로 그의 여동생과 결혼하기로 되어 있던 멜라니의 오빠 찰스와 결혼해 버린다. 찰스는 전쟁터에 나가 얼마 뒤에 전사하고 스칼렛은 아들을 낳는다. 남편이 죽은 뒤에도 항상 애슐리만을 사모하던 그녀는 아들과 유모를 데리고 애슐리의 숙모 집으로 들어가 산다.

남부군의 패색이 짙어질 무렵 애슐리도 전쟁터로 징집되어 간다. 크리스마스 휴가 때 돌아온 그에게 스칼렛은 자기 사랑이 변치 않았다고 고백한다. 그녀의 정열에 압도될 듯하던 애슐리는 "가족을 부탁한다"고 말하고는 전쟁터로 돌아간다.

마침내 애틀랜타도 북부군에게 포위되고, 스칼렛은 불에 타 쓰러져 가는 마을에서 레트 버틀러의 도움을 받아 산후 조리를 하던 멜라니와 아들, 유모와 함께 마차를 타고 타라로 도망친다. 타라는 불타지 않았지만 어머니는 병사했고, 아버지는 폐인이 되다시피 한 상태였다. 스칼렛은 가족들을 먹여 살리기 위해 필사적으로 일한다. 한편 전쟁에서 남부군이 항복하자 남부는 괴로운 재건 시대를 맞이한다.

스칼렛은 돈을 위해 여동생의 약혼자였던 프랭크 케네디라는 목재상과 재혼했는데, 그 뒤 사업이 실패하고 프랭크마저 죽고 만다. 그 뒤 그녀는 레트와 세 번째 결혼을 한다. 레트는 처음부터 그녀에게 끌렸고, 그녀를 사랑하고 있지만 항상 애슐리의 역할을 대신하고 있을 뿐이라는 사실을 자각하고 있다.

멜라니가 죽기 전에 레트를 소중히 하라는 유언을 남기자, 스칼렛도 애슐리에 대한 사랑이 환상에 불과하다는 사실을 깨닫고 레트의 가슴에 안기려고 한다. 그러나 그때 그는 이미 사랑이 식은 상태여서 그녀로부터 떠날 결심을 하고 있다. 동시에 두 사람을 잃게 된 스칼렛은 그래도 결코 패배를 인정하지 않고 "내일 레트를 다시 찾겠어"라고 결심을 한다.

스칼렛 – 삶에 대한 강한 의지를 지닌 매력적인 여인

총 947페이지에 63장으로 이루어진 이 방대한 소설은 미국의 남북전쟁(1861~1865)을 배경으로 하여, 남자 3명과 맞먹는 강인한 의지를 가지고 전쟁 중과 전후 시대를 살아간 스칼렛 오하라의 파란만장한 사랑 이야기를 그리고 있다.

스칼렛은 아버지에게 물려받은 격렬하고 완고한 성격을 가진 여성으로, 어릴 때부터 좋아하던 애슐리에 대한 사랑을 관철하려고 '스칼렛의 애슐리'라는 환상을 만들어 버린다. 그것이 환상이었다는 사실은 이야기의 마지막 장에서 명백해진다. 당연히 자기와 결혼할 것이라고 생각하고 있던 애슐리가 멜라니와 결혼한다는 사실을 안 16세의 스칼렛은 오로지 애슐리의 마음을 혼란스럽게 만들어 자기를 돌아보게 하고 싶어서 서둘러 멜라니의 오빠와 결혼해 버린다. 하지만 금세 미망인이 되어 버린다. 그녀는 넘치는 매력과 강한 자존심, 오만한 자세로 인해 애슐리라는 한 남성에게 온 마음을 바치고 있었으면서도 잇달아 약혼자가 있는 남성을 빼앗아 버렸고, 또 한때는 돈을 위해 결혼하기도 했다.

16세에 사랑에 눈뜬 스칼렛은 28세가 되어서야 진정한 사랑을 깨닫는다. 물론 그것을 가르쳐 준 사람은 레트 버틀러이다. 그는 전쟁을 돈 버는 기회로 받아들이며 장사에 몰두한 덕분에 큰돈을 벌었다. 스칼렛은 그런 레트를 경멸하면서도 가끔씩 그를 이용했다. 야성적으로 보이는 레트에게는 깊은 통찰력이 있어 스칼렛의 마음을 모두 꿰뚫어 보고 있었을 뿐 아니라 그녀가 인생과 벌이고 있는 싸움을 대신 싸워 주고 싶다는 생각까지 할 정도였다.

"당신은 당신을 사랑하고 있는 사람들에 대해 무척 잔인했소, 스칼렛. 당신은 그 사람들의 사랑을 빼앗아서 마치 채찍처럼 그것을 그 사람들의 머리 위에서 휘둘렀으니까."

오랫동안 그녀의 마음이 자기 쪽으로 돌아오기를 기다리며 모든 것을 견디고 용서해 온 레트의 비통한 말이다. 주요 등장인물들에게는 대조적인 성격이 주어졌는데, 스칼렛과 레트 버틀러에게는 시대를 초월해 독자들을 매료하는 힘이 있다.

| 작품 속의 명문장 |

"지금은 그만 생각하자. 내일 다시 생각하자."

* 절망의 구렁텅이에 빠질 때마다 스칼렛이 외는 주문과도 같은 말.

"나는 결코 깨진 파편을 참을성 있게 주워 모아서 접착제로 붙이고, 그렇게 붙이기만 하면 새것과 다름없다고 생각하는 인간이 아니오."

* 스칼렛에게 헌신적인 사랑을 바치던 레트가 사랑이 식어서 그녀에게서 떠나려고 할 때 한 말.

"당신에게는 사자와 같은 마음이 있지만, 상상력은 전혀 없습니다. 그런 당신이 부러울 따름입니다."

* 서툰 솜씨로 장작을 패고 있는 애슐리에게 스칼렛이 다가갔을 때, 용감하게 현실에 맞서고 있는 그녀를 평가한 애슐리의 말.

NOTES

● 『바람과 함께 사라지다』는 작가 자신의 말에 의하면 처음에 마지막 장을 쓰고, 각 장을 순서 없이 이리저리 쓰다가 마지막에 1장을 써서 전편을 완성했다고 한다.

● 원고를 편집자에게 건네준 다음 미첼은 마음이 바뀌어서 '원고 반환 바람'이라고 전보를 쳤다. 맥밀런사는 정중하게 그 부탁을 거절했다.

존 스타인벡(John Steinbeck)

분노의 포도
(The Grapes of Wrath)

1940년 퓰리처상을 수상한 이 작품은 자본주의 사회의 모순과 결함을 고발한 장편소설이다. 1930년대 미국 사회를 배경으로, 대공황과 기계화에 밀려 땅을 빼앗긴 한 농부 일가가 고난과 맞서는 모습을 감동적으로 그리면서 사회적 모순을 고발했다.

INTRO

미국의 소설가 존 스타인벡(John Steinbeck, 1902~1968)은 1902년 캘리포니아 주의 몬터레이 군 설리너스에서 독일계 미국인인 아버지와 아일랜드계 미국인인 어머니 사이에서 태어났다. 스타인벡은 초등학교 교사였던 어머니의 영향으로 많은 책을 접했으며, 고향 설리너스의 풍요로운 자연 속에서 감수성이 풍부한 소년으로 자라났다.

1920년에 스탠퍼드대학교에 입학했고, 결국 학위는 따지 못했지만 학내 기관지에 단편과 시를 발표했다. 이 무렵에 작가가 될 결심을 한 것으로 보인다.

습작 시절을 지나 『토르티야 대지』(1935), 『의심스러운 싸움』(1936), 『쥐와 인간에 대하여』(1937) 등과 같은 작품으로 착실하게 성장해 1939년에 발표한 『분노의 포도』로 작가로서의 지위를 굳건히 다졌다. 1929년에 시작된 경제 공황을 거친 미국의 1930년대는 불황이 심각해 실업자가 수없이 발생했고, 사람들은 가난에 허덕이고 있었다. 이 '위기의 시대'에 자연주의 문학이 전성기를 맞이하고 있었는데, 『분노의 포도』는 그 정점에 선 작품으로 격찬을 받았다.●

1952년에는 또 하나의 대작인 『에덴의 동쪽』(1952)이 출판되었다. 이 작품은 『구약성서』의 「창세기」에 나오는 카인과 아벨의 형제 살인을 바탕으로 하여 인간의 사랑과 윤리를 탐구해 나간 필생의 야심작이었다. 1962년에 노벨문학상을 수상했고, 1968년 12월 20일에 사망했다.

일자리를 찾아 떠도는 조드 일가의 가난과 분노

오랜 가뭄이 오클라호마 주 일대를 덮쳐서 흙먼지가 대기에 가득하고, '모래바람'이 경작지를 황폐화시켰다. 생활할 양식과 삶의 터전을 잃고 지주와 은행의 빚 독촉에 시달리던 농부들은 풍요로운 캘리포니아를 향해 하이웨이 66번을 타고 서쪽으로 향했다. 수십만 명에 이르는 이들 가난한 이주민들을 일컫는 별명이 경멸하는 뜻이 담긴 '오키Okie'였다.

이 무렵 우발적인 살인을 저질러 감옥에 들어가 있던 톰 조드가 가석방되어 출소한다. 그리고 집으로 향하던 도중 산에서 명상 생활을 하고 있던 설교사 짐 케이시를 만난다. 두 사람이 톰의 집에 당도하자 거기서도 일가가 모두 캘리포니아로 이주하려는 참이어서 두 사람은 그 행렬에 끼게 된다. 이렇게 해서 많은 희생을 동반한 고난의 여행이 시작된다.

그러나 희망의 땅 캘리포니아의 현실은 완전히 기대에 어긋난 것이었다. 이주민들이 그 땅에서 직면한 현실은 굶주림과 질병과 학대였다.

조드 일가는 실업자 수용 부락에 짐을 푸는데, 여기서 위압적인 보안관과 싸움이 일어나 케이시는 혼자서 그 책임을 지고 체포된다. 또 이 일을 계기로 케이시는 박해받고 있는 노동자들이 일으킨 투쟁의 지도자가 된다. 그 뒤에도 조드 일가는 직업을 찾아 괴로운 방랑을 계속하지만, 톰이 케이시를 다시 만났을 때 케이시가 경비원에게 맞아 죽는 것을 직접 목격한다. 톰은 그 경비원이 손에 들고 있던 막대기를 빼앗아 그를 때리는 바람에 또다시 쫓기는 신세가 된다. 결국 톰은 케이시의 뜻을 이어받아 노동자들을 위해 싸울 결심을 하고 그것을 사랑하는 어머니에게 말한다.

인간의 위대함과 사랑을 설파

제목인 '분노의 포도'는 줄리아 워드 하우의 시 「공화국 군가」에 나오는 구절, 곧 '사람들의 영혼 속에 분노의 포도가 넘쳐흐르고 송이송이 열매를 맺는다'에서 따온 것이다. 구성은 『구약성서』의 「출애굽기」에 대비해 이주민을 고대 이스라엘 민족에 비유하고 있다.

이 작품에 묘사된 불우한 이주민의 실태는 폭로주의적으로 받아들여져 충격적인 반응을 일으켰다. 그러나 이 작품에서 다룬 '풍요 속의 빈곤'이라는 문제는 보다 보편적이고 고차원적인 인간 저항이나 사회 저항으로까지 승화되어 있다고 할 수 있다. 더 나아가 스타인벡의 구상은 훨씬 큰 것으로, 조드 일가(소우주)의 수난의 여행을 통해 인류 전체(대우주)의 실상을 그려 내려는 것이었다. 그 주제는 현실적이고 역동적인 이야기를 통해 극적으로 전개되는 인간 사랑이고, 인류 전체를 연결하는 영혼의 존재이며, 그것을 깨닫고 실천할 수 있는 인간의 위대함과 존엄성이다.

짐 케이시 – 미국의 정신적 전통을 대표

이름이 그리스도와 똑같은 이니셜을 가진 짐 케이시는 행동의 궤적이나 사랑을 외치는 복음 등에서 그리스도와 공통된 부분이 많으며, 이 작품에서도 그리스도와 같은 역할을 하고 있다. 그러나 짐 케이시는 지극히 인간적이고 복잡한 면을 지니고 있다. 그는 인간적인 번뇌로 괴로워하고, 그것을 피하기 위해 산으로 들어가 묵상 생활을 한다. 그리고 자연과 일체가 되는 경지에 도달하고, 그것을 통해 '인간 전체가 커다란 하나의 영혼을 가지고 있다'는 계시를 받아 그 영혼의 신성함에 각성하는 것이다.

또한 그는 '가슴이 찢어질 정도'로 처절하게 인간을 사랑하고, 진심으로 '인간의 행복을 원하고 있다.' 중요한 점은 그의 복음이 명상 생활에서 이주민의 생활 속에 몸을 던지는 것으로 성취된다는 것이다. 이렇게 다양한 그의 모습에는 그리스도가 외친 사랑의 복음과 에머슨●의 위대한 영혼, 휘트먼●의 민주 정신, 윌리엄 제임스의 실용주의 등과 같은 미국의 전통적 정신이 살아 숨 쉬고 있다.

톰 조드는 짐 케이시의 계승자이자 사도라고 할 수 있는데, 그 또한 고난에 찬 이주 생활을 통해 다양한 것을 배우고, 그것을 바탕으로 무한한 인간의 사랑을 실현하기 위해 발걸음을 내딛게 된다. 그리고 톰의 어머니가 조드 일가의 단결을 씩씩하게 지켜내는 모습은 잊지 못할 인상을 남긴다. 가족의 수호신으로 '고통과 고뇌를 극복해 가는' 그녀의 모습은 한없는 강인함과 애정을 품은 영원한 어머니의 모습으로 그려져 있다.

| 작품 속의 명문장 |

"나(버턴)는 일의 전체적인 모습을 보고 싶어. 될 수 있는 대로 전체에 가까운 모습 말이야. '선'이니 '악'이니 하는 눈가리개를 달아서 내 시야를 제한하고 싶지는 않단 말이야."

『의심스러운 싸움』 제8장

* 선입견이나 편견 없이 현실의 모든 현상을 흡수하고 음미해 소화하려는 스타인벡의 작가로서의 자세를 나타낸 말이다.

"나(조지프)는 대지이다. 그리고 비이다. 얼마 뒤면 나에게서 풀이 자라날 것이다."

『알려지지 않은 신에게』 제25장

* 스타인벡의 신비주의적이라고도 할 수 있는 자연관의 일부를 여실하게 나타내고 있다. 그에게 자연과 인간의 일체감은 심미적인 면과 동시에 은유성을 띠고 있는 경우가 많다.

NOTES

● 『분노의 포도』는 30장으로 이루어져 있는데, 그 가운데 16장은 '중간 장'으로 사회적 배경이 객관적으로 묘사되어 있다. 이 '중간 장'과 조드 일가의 이야기가 번갈아 나오면서 유기적이고 상승적인 효과를 내고 있다. 『분노의 포도』는 출판되자마자 경이적인 베스트셀러가 되어 출판 이듬해인 1940년에는 퓰리처상을 받았다. 그리고 얼마 뒤에 존 포드 감독에 의해 만들어진 영화가 같은 해인 1940년에 공개되어 이 또한 높은 평가를 받았다.

● 미국의 사상가이자 시인인 에머슨(Ralph Waldo Emerson, 1803~1882)의 저서로는 『자연론』(1836), 『대표적 위인론』(1850) 등이 있다. 목사가 되었으나 사상적 입장 때문에 사임하고, 유럽으로 건너가 칸트 철학을 접했다. 급진적 사상가로 인정받았으며, 시인으로서는 철학적인 시에 능했다.

● 미국의 시인 휘트먼(Walt Whitman, 1819~1892)은 비난에도 불구하고 강한 자아의식과 평등주의·민주주의·동포애 등을 대담하게 노래해 미국의 시단에 새로운 전통을 수립했다.

헨리 밀러(Henry Miller)

남회귀선
(Tropic of Capricorn)

『북회귀선』과 함께 20세기 세계 문학의 고전으로 꼽히는 이 작품은 첫사랑과 연애, 정사 등 미국에서 헨리 밀러가 겪은 자신의 젊은 시절을 그리고 있다. 현대인의 불안한 의식을 성 문제로 접근해 가는 헨리 밀러 특유의 작풍을 엿볼 수 있다.

INTRO

미국의 소설가 헨리 밀러(Henry Miller, 1891~1980)는 1891년 독일계 이민의 자손으로 태어나 브루클린에서 자랐다. 1907년 뉴욕시립대학교에 들어가 일찌감치 퇴학한 뒤 여러 직업을 전전했다. 1920년에 웨스턴유니언사의 고용 주임이 되었고, 3년 뒤에 브로드웨이의 댄스홀에서 준 이디스 스미스(작품 속의 마라)를 알게 되어 이듬해 첫 번째 아내인 비어트리스와 이혼하고 준과 결혼했다. 이후 준의 벌이로 밀러는 창작 활동에 전념할 수 있게 되었다.
1930년부터 그는 파리에 자리를 잡았다. 그곳에서 작가로서 겨우 독립해 『북회귀선』(1934), 『음울한 봄』(1936), 『남회귀선』(1939) 등과 같이 뛰어난 자전적 소설을 잇달아 출판했다(준과는 1934년에 이혼했다). 그는 1940년 이후로 미국에 살면서 그리스 기행문인 『마루시의 거상巨像』(1941), 미국의 문명을 비판한 『냉방이 된 악몽』(1945), 그리고 『섹서스』(1949), 『플렉서스』(1953), 『넥서스』(1960) 등의 대작을 발표했고, 수채화 화집도 몇 권 출간했다.●

진실에 이르는 길을 찾고자 소설 쓰기에 전념하는 작가의 이야기

브루클린의 가난한 양장점 주인의 아들로 태어나 어머니의 사랑을 한 번도 받지 못하고 자란 '나' 헨리 밀러는 짝사랑으로 끝난 첫사랑 이후로 씻을 수 없는 고독을 느끼고 있다. 그래서 연상의 여인과 정사를 벌이거나 결혼 생활을 하면서도 허무함을 떨쳐 낼 수 없다.

30세에 가까운 그는 뉴욕 시의 코스모데모닉전보회사의 배달원 담당

매니저로 열심히 일하고 있는데, 회사는 현대 미국의 혼돈 그 자체이고, 매일 마주 대하는 노동자들은 기계 문명이 가져온 부패와 광기에 찌들어 버린 사람들뿐이다. 그는 그 가운데 12명의 남자에 관한 소설을 쓰는 것에서만 보람을 찾는다.

밀러는 예술가가 되기 위해서는 일단 자기를 철저하게 짓밟고 정신적으로 되살아나야 한다고 자각한다. 그 무렵 그는 마라라는 신비한 아름다움을 가진 직업 댄서를 만나 섹스와 사랑이 작렬하는 합일 체험을 통해 자신의 사회적 속박을 완전히 끊어 버리고 자유롭게 살아갈 용기를 발견한다. 하지만 마라의 신비스러운 베일 밑에는 허영심 많고 허풍이 심한 여자의 모습밖에 없다는 사실을 깨닫게 되자 두 사람 사이는 파국을 맞는다. 밀러는 그녀와의 '순수한 교합'을 통해 발견한 '삶의 리듬'을 자기 실현의 중요한 바탕으로 삼아 홀로 내일을 향해 나아가려고 한다.

오로지 '진정한 자기 발견'에서만 희망을 찾는 아나키스트

이 작품의 주인공 밀러는 현대 문명에는 전혀 변혁의 희망이 없다고 단정 짓는 아나키스트이다. 그러면서도 단 한 가지의 모험에 대해서만 가능성을 믿고 있는 남자이다.

그것은 '자기 내면을 훑어 내는 것', 곧 진정한 자기 발견과 개성의 형성이다. 그것을 그는 성의 세계에 대한 탐구뿐 아니라 다다이즘이나 쉬르레알리슴이 가진 방법, 곧 상징 언어에 의해 자기의 내면사를 신화화하는 것에까지 이르게 하려고 필사적인 노력을 계속한다.

| 작품 속의 명문장 |

"일단 죽어 없어지면 설사 혼돈 속에 있었다고 해도 모든 것이 절대적인 확실

성을 가지고 나타나게 마련이다."

『남회귀선』 서두의 글

* 인간 존재의 근원을 바라보고 그 리듬에 따라 살아가려면 현대 사회의 타성에 지배되고 있는 낡은 자아를 완전히 죽일 만한 용기가 필요하다는 밀러의 변함없는 신념을 암시하는 말이다.

NOTES

● 『북회귀선』과 『남회귀선』, 『섹서스』 등은 프랑스에서 출판되었는데, 그 대담하고 솔직한 성 묘사 때문에 미국에서 오랫동안 수입을 금지했고, 1961년에 미국판 출판이 가능하게 된 뒤로도 밀러를 포르노 소설가로 보는 사람들이 많았다.

어니스트 헤밍웨이(Ernest Hemingway)

누구를 위하여 종은 울리나

(For Whom the Bell Tolls)

전쟁이라는 상황 속에서 겪는 인간의 고뇌와 조국에 대한 충성심, 사랑의 소중함 등을 내용으로 하고 있다. 개인과 인류와의 관계, 자유의 위기와 전 세계 자유와의 관계 등 인간에게 참된 가치란 무엇인가를 일깨워 주는 헤밍웨이의 대표작이다.

폭파 임무를 수행하는 조든의 3일 동안의 경험

1937년 5월 말 토요일 오후로부터 다음 주 화요일 낮까지 짧은 기간에 일어난 일이다. 에스파냐 내전 때 민주주의 방위를 위해 정부군을 지원하려고 파견된 미국 청년 로버트 조든은 정부군이 공격을 개시한 직후에 혁명군의 지배하에 있는 철교를 폭파하기 위해 조사차 나온다.

이 산속에는 공화국에 충성을 맹세한 몇 팀의 게릴라 부대가 머물고 있다. 두 사람은 그 지도자 가운데 하나인 파블로를 만나 그의 동지들이 있는 동굴로 안내되어 그곳에서 술과 음식을 대접받는다. 조든은 그 자리에서 마리아라는 아름다운 에스파냐 아가씨를 만나 열정적인 사랑에 빠진다.

이틀째인 일요일에 조든은 다른 게릴라 부대의 대장인 엘 소르드에게 지원을 요청하러 간다. 사흘째 아침에 엘 소르드의 게릴라 부대는 적의 기병대 습격을 받아 전멸한다.

드디어 마지막 날, 계획했던 대로 본대의 폭격 개시와 함께 파블로는 혁명군 주둔소를 덮치고, 조든은 마리아 일행과 다이너마이트로 다리를 폭파한다. 계획은 성공한다. 그러나 조든이 타고 있던 말이 적의 총탄에 맞아 쓰러지는 바람에 말에서 떨어져 왼쪽 팔을 움직일 수 없게 된다. 그는 다가오는 적에게 총을 겨눈다.

민주주의에 대한 확고한 신념의 소유자, 로버트 조든

로버트 조든은 전형적인 미국 청년이다. 그는 몬태나대학교에서 에스파냐어 강사로 일하고 있던 젊은이인데, 파시즘과 싸우기 위해 1936년부터 1년 간 휴가를 얻어 에스파냐 내전에 참전해 정부군에 가담한 것이다. 그는 민주주의를 믿어 의심치 않는다. 그가 사랑한 마리아는 19세의 에스파냐 아가씨이다. 예쁜 얼굴에 새하얀 이, 갈색 피부와 머리카락이 인상적이다. 그리고 정열적인 여자이다. 그녀와 조든의 불타는 듯한 연애는 아름답고 낭만으로 그려져 있다.

| 작품 속의 명문장 |

"나는 믿음을 위해 1년 동안 싸워 왔다. 우리가 여기서 이기면 언제까지나 이길 수 있을 것이다. 이 세상은 훌륭한 것이며, 그것을 위해 싸울 만한 가치를 가지고 있다."

* 조든의 독백으로, 미국의 신념을 말해 주는 대사이다.

테네시 윌리엄스(Tennessee Williams)

욕망이라는 이름의 전차

(A Streetcar Named Desire)

윌리엄스의 3막 희곡인 이 작품은 욕망과 허위로 가득 찬 한 여인의 내면이 붕괴되어 가는 과정을 중심으로, 인간의 사랑과 갈등, 고뇌, 욕망, 양면성 등의 내면적 속성을 감성적인 문체로 냉혹하게 묘사하고 있다. 퓰리처상을 수상했다.

INTRO

미국의 극작가 테네시 윌리엄스(Tennessee Williams, 1911~1983)의 본명은 토머스 러니어 윌리엄스Thomas Lanier Williams이다. 1911년 미시시피 주의 콜럼버스에서 태어나 고생을 거듭한 끝에 1938년에 아이오와대학교를 졸업했다. 최초의 단막극 『천사의 싸움』(1940)은 평이 시원치 않았으나, 이후 생계를 이으며 할리우드에서 쓴 극본 『유리 동물원』(1944)은 1944년의 시카고 시연試演에서 갈채를 받았고, 이듬해인 1945년 브로드웨이 상연에서도 호평을 받았다. 이후 그는 아서 밀러●와 나란히 전후의 양대 미국 극작가로서 확고한 지위를 얻게 되었다. 1947년에 간행된 『욕망이라는 이름의 전차』(1947)에 이어서 『여름과 연기』(1948), 『뜨거운 양철 지붕 위의 고양이』(1955), 『지난여름 갑자기』(1958), 『이과나의 밤』(1962) 등과 같은 화제작을 잇달아 발표했다. 그의 작품은 은유적인 상징에 지나치게 의존하는 면이 있어 독선적이며, 종종 같은 주제를 반복하는 경향이 있었다.●

몰락한 여인 블랜치의 인생 역정

뒤부아 가문의 자매는 몰락한 남부의 대농장주 집안의 마지막 구성원이다. 동생 스텔라는 난폭한 노동자 스탠리 코발스키와 결혼했다. 남편이 동료들과 포커를 치고 있는 동안 그녀는 남편에게 부림을 당하지만 잘 참고 있다. 남편과의 강렬한 성생활에 만족하고 있기 때문이다.

뉴올리언스에 있는 그녀의 집에 스텔라의 언니 블랜치가 '욕망'이라는 이름의 전차를 타고 '묘지'라고 쓰인 곳에서 갈아타 '극락'이라는 곳에서 내려서 찾아온다. 그녀는 교사 일을 한동안 휴직하고 왔다고 하지만, 사실은 창녀 같은 생활을 하고 있던 예전의 마을에서 쫓겨난 것이다.

블랜치는 세련된 남부 여성의 독특한 몸놀림으로 스탠리의 포커 동료인 미치를 유혹하려 하고, 미치도 거기에 이끌려 청혼한다. 그러나 스탠리가 그녀의 과거를 폭로하는 바람에 그 시도도 실패해 버린다.

블랜치는 차츰 신경이 소모되어서 이상한 옷을 입고, 몽상에 잠기게 된다. 스텔라를 산부인과로 보내고 돌아온 스탠리는 블랜치에 대한 반발이 성욕의 형태로 폭발해 그녀를 강제로 겁탈해 버린다. 그로부터 몇 주일 뒤 완전히 정신이 돌아 버린 블랜치는 의사와 간호사에게 인도되어 정신병원에 수용된다.

과거의 영광과 현재의 욕망 사이에서 파괴되어 가는 블랜치

블랜치는 단순히 연극계뿐 아니라 미국 문학 전체를 통틀어 가장 인상적인 여주인공의 한 사람이다. 블랜치는 미국 남부의 전통적 가치관을 버리지 않으면서도 욕망을 이기지 못해 현실 도피적으로 살아간다. 사라져 가는 과거의 영광에 매달리는 자기기만은 스스로가 그 영광을 가장 강하게 믿고 있기 때문에 일어난다.

'허망한 마음을 채우려면 제가 모르는 분들에게 다정함을 바라는 것 외에 다른 방법이 없었다'고 하는 그녀의 삶에 대해 관객은 반감에 그치지 않고 나아가 동정하는 마음까지 품게 된다. 그것은 아마도 남성들조차 블랜치 안에서 자신의 모습을 찾을 수 있기 때문일 것이다.

| 작품 속의 명문장 |

"여러분, 저는 분명 마술의 기법을 쓰고 있습니다. 그러나 저는 보통 마술사와는 정반대의 방법을 씁니다. 보통 같으면 진짜라고 생각하게 한 다음 착각을 일으키도록 만들겠지만, 저의 경우는 착각이 아닐까 하고 의심하는 분들에게 진짜를 보여 드리는 것입니다."

『유리 동물원』 제1장에 나오는 톰의 대사

* 윌리엄스의 작품 제작 방법을 해명하는 열쇠가 되는 말이다.

NOTES

● 『세일즈맨의 죽음』으로 유명한 밀러(Arthur Miller, 1915 2005)는 전후 미국 연극계의 제1인자라고 일컬어진다.

● 윌리엄스가 1975년에 발표한 『회상록』은 자신의 동성애 경향에 대해서도 적나라하게 이야기하고 있어 윌리엄스 연구 자료로 도움이 될 뿐 아니라 읽을거리로도 매우 흥미로운 글이다.

노먼 메일러(Norman Mailer)

나자裸者와 사자死者 (The Naked and the Dead)

제2차 세계대전 때 가공의 섬을 배경으로 이 섬을 사수하려는 일본군과 상륙을 감행하는 미군의 사투를 묘사하고 있다. 미군 내부의 적나라한 갈등과 증오, 병사의 죽음과 허무함 등을 그려 많은 독자들에게 충격을 안겨 준 사상소설이다.

INTRO

미국의 소설가 노먼 메일러(Norman Mailer, 1923~)는 1923년 뉴저지 주의 롱브랜치에서 태어났다. 러시아 리투아니아계 유대인이다. 1943년에 하버드대학교(항공공학 전공)를 졸업한 뒤 징병되어 1945년 레이테, 루손 등의 전쟁터를 돌아다녔고, 그때의 체험이 『나자와 사자』에 반영되었다. 1948년 5월에 『나자와 사자』가 출판되자 세계적인 반향을 불러일으켰다. 전쟁 뒤에는 점령군으로 일본에 주둔했다.
제대한 뒤 『바바리 해변』(1951), 『사슴 공원』(1955), 『미국의 꿈』(1965)을 발표해 주목받았다. 성의 실존주의를 주장해 1960년대의 시대 정신을 대표했으며, 베트남 반전운동에 참가해 1967년 10월 21일에 체포되었는데, 이 체험을 『밤의 군대들』(1968)이라는 작품으로 발표해 퓰리처상을 받았다.
그 뒤 아폴로 11호를 취재한 『달에서의 화재에 대하여』(1970), 테크놀로지에 지배되는 여성을 비판한 『성性의 포로』(1971) 등 문명을 비평하는 작품을 발표했다.

필리핀 제도의 작은 섬 아노포페이에서 벌어진 진공 작전

무대는 필리핀 제도의 작은 섬이며, 내용은 가공의 섬인 아노포페이 섬에서 벌어진 진공 작전이다.

일본군 잔병을 섬멸하기 위해 커밍스 장군의 지휘하에 진격한 미국은 이른 새벽에 섬으로 상륙한다. 죽음의 공포에 사로잡힌 일부 병사들은 전쟁을 증오하고, 병사 마티니즈는 예전에 일본 병사를 죽인 뒤 그 시체에서 금니까지 빼내는 광경을 보며 자신들이 군부라는 권력 기구의 노예라는 사실에 절망을 느낀다.

하버드대학교 출신의 헌 소위는 커밍스 장군의 권력 지향에 반항하며 자유주의 사상을 표명하고, 그 결과 지배욕에 불타는 크로프트 중사와 행동을 함께하다가 전사한다. 크로프트는 부하 갤러거에게 로스를 죽이라고 명령함으로써 자신의 지배욕을 과시한다. 이렇게 해서 군대 내부의 비인간적인 행위가 환상처럼 교차한다. 그러나 윌슨이 중상을 입고, 그의 목숨을 구하려고 하는 아군 병사들의 순수한 행위를 통해 삶의 위대함을 찬미하는 부분도 있다. 결국 수백 명의 일본군은 전사하고, 섬은 미군에 의해 지배된다.

이 작품은 군부라는 권력 기구의 실상에 대한 폭로임과 동시에 전쟁터라는 극한 상태에 놓인 적나라한 인간의 삶과 죽음, 절망과 비참 등을 그려 내어 세계에 충격을 준 사상소설이다.

전쟁의 희생물이 된 다양한 인간 군상

커밍스 장군은 '역사적으로 말하면 이 전쟁은 미국의 잠재적인 에너지를 운동 에너지로 전환하는 것이다'라고 생각하며 전쟁을 정당화하려고 한다. 한편 헌 소위는 '서로 다를 바 없는 제국주의와 제국주의의 전쟁'이라고 규정한다. 헌은 커밍스의 주장이 "허망한 감상"이라고 비판하지만 싸움터 속에서 출구를 찾지 못한다.

커밍스는 "미래의 도덕은 권력의 도덕이다. 거기에 적응하지 못하는 인간은 도태된다. 권력은 위에서 아래로 흐른다"고 단언한다. 헌이나 로스가 죽는 것은 이러한 권력 지향에 패배했기 때문이다. 크로프트는 '죽음은 자연의 이치'라고 생각하며 냉혹한 만족감을 느낀다. 전우들에 의해 들것에 실려 가는 도중에 죽은 윌슨이 "절대 죽을 수 없어"라고 한 말을 통해 전쟁 그 자체의 잔학성을 묘사하고 있다.

| 작품 속의 명문장 |

"마스터베이션은 자유가 박탈된 상태라는 하나의 표현이다."

『성性의 포로』

* 메일러는 사랑에 의한 남녀 간의 결합을 최고라고 인정하고, 그 이외의 것은 성적 억압에서 생겨난 악이라고 규정했다. 이 말은 여성 운동에 대한 통렬한 반격이기도 했다.●

NOTES

● 여성해방운동의 원전이라고 일컬어지는 『성의 정치학』을 쓴 케이트 밀렛은 메일러에 대해 "그는 이제 한 사람의 문학가에 그치지 않고 나아가 하나의 문화 현상이 되고 있다"고 비꼬듯이 말했다.

아서 밀러(Arthur Miller)

세일즈맨의 죽음

(Death of a Salesman)

현대의 산업 사회에서 좌절하거나 패배해 가는 미국의 한 세일즈맨을 통해 인간 소외 현상과 산업 사회의 비정함을 고발하고 있다. 미국 연극사에 한 획을 그은 명작으로, 세계 여러 나라에서 공연되면서 작가로서 지위를 확고히 다졌다.

INTRO

전후 미국 연극계의 제1인자인 아서 밀러(Arthur Miller, 1915~2005)는 1915년 유대계 이민자의 아들로 뉴욕에서 태어났다. 1929년의 공황으로 집안이 도산하는 바람에 트럭 운전사 등을 하면서 학비를 모아 1938년에 미시간대학교를 졸업했다. 그 뒤 갖가지 노동을 하면서 라디오 드라마와 영화 시나리오를 썼다.
전쟁을 배경으로 부자의 단절을 그려 낸 『나의 모든 아들들』(1947)로 인정을 받았고, 『세일즈맨의 죽음』●(1949)으로 뉴욕드라마비평가협회상과 퓰리처상을 받았다. 마녀 사냥을 소재로 한 『세일럼의 마녀들』(1953)과 관련된 일로 1956년에 하원에 소환되었다가 증언을 거부해 의회모욕죄로 고소당했으나, 1958년에 무죄를 선고받았다. 1956년에 마릴린 먼로와 결혼해 1961년에 그녀를 위해 영화 시나리오를 쓰기도 했으나 같은 해 이혼했다. 『몰락 이후』(1964)는 먼로와의 생활을 포함한 자전적 희곡이다.

자기 정체성을 상실한 현대인의 삶

윌리 로먼은 63세의 늙은 세일즈맨이다. 그는 남들에게 호감을 주며 열심히 일하기만 하면 언젠가 세일즈맨으로 성공해 자기 사업체도 갖고 전화 하나로 전국적인 거래를 할 수 있게 될 것이라고 믿고 있다. 그는 그것이 미국에서 이룰 수 있는 꿈이라고 생각한다. 곧, 모든 사람들이 자유와 행복을 추구할 권리를 가지고 있으며, 무한한 성공 가능성을 갖고 있다고 믿는 것이다. 그에게는 가정적이고 착한 아내 린다가 있다. 대출을 받아 집 한 채도 샀다. 몇십 년이 지나면 그 집은 자기 소유가 될 것이다. 게다가 그에게는 미래의 희망을 걸 수 있는 두 아들이 있다. 가정은 항상 밝은 웃음과 희망으로 가득 차 있다.

그러나 로먼의 이런 꿈은 나이가 들면서 점점 무너져 간다. 세일즈맨이 받는 수당은 점점 줄어들기만 하고, 더구나 30년 이상 근무한 회사에서 느닷없이 해고된다. 희망을 걸었던 아들들도 잘못된 길로 빠져 버린다. 기대를 배신당한 슬픔과 피로, 늙은 육체에서 오는 절망감, 잃어버린 인생에 대한 회한은 그를 광기로 몰고 간다. 그의 머리 속에서는 좋은 시대였던 과거의 환영과 현재의 힘든 생활이 왔다 갔다 하며 불안하게 흔들리고 있다. 그러다가 마지막에 그는 한밤중에 자동차를 난폭하게 몰아 스스로 생명을 끊는다. 그의 죽음으로 나온 보험금은 집값의 마지막 대출금을 갚을 만한 액수에 지나지 않았다.

'자기 자신을 파는' 세일즈맨, 윌리 로먼

윌리 로먼은 세일즈맨이다. 막이 열리면 그는 견본이 든 무거운 가방을 양손에 들고 집으로 돌아온다. 그의 어깨에서는 생활의 피로가 배어 나오는 듯하다. 그러나 그 가방 안에 있는 내용물이 무엇인지 희곡에는 나오지 않는다. 이는 의미심장한 부분으로, 윌리가 팔고 있는 것이 스타킹이나 액세서리 등과 같은 특정한 상품이 아니라 자기 자신이었다는 작가의 의도가 담겨 있다.

곧, 윌리는 자기 자신을 조금씩 떼어서 팔다가 사라져 버린 것이다. '자기 자신을 판다'는 것은 비단 세일즈맨에만 한정되는 것이 아니라 현대 사회를 살아가는 우리 모두가 의식하지 못한 채 기계적으로 되풀이하고 있는 일이다. 그래서 한낱 평범한 시민인 윌리의 죽음이 현대인의 비극적인 삶에 대한 하나의 계시가 되는 것이다.

| 작품 속의 명문장 |

"아버지가 위대하신 분이라고 하지는 않겠다. 윌리 로먼은 큰돈을 번 적도 없고, 신문에 이름이 난 적도 없다. 하지만 네 아버지는 사람이다. 그러니까 잘 보살펴야지. 늙은 개처럼 길거리에서 죽게 할 수는 없잖니."

린다가 둘째 아들에게 하는 말

* 남편에 대한 깊은 이해와 애정을 나타내고 있다.

NOTES

● 미국의 유명한 여성 프로듀서 셰릴 크로퍼드는 연출가 엘리아 카잔으로부터 『세일즈맨의 죽음』을 받았을 때 "이렇게 불쌍한 노인을 다룬 어두운 연극은 인기를 모을 수 없다"고 거부했다가 나중에 크게 후회했다고 한다.

제롬 데이비드 샐린저(Jerome David Salinger)

호밀밭의 파수꾼
(The Catcher in the Rye)

1951년에 발표된 작가의 자전적인 성장소설. 문제아인 한 소년이 성인으로 성장하는 과정에서 겪는 혼란을 그리고 있다. 소년이 허위와 위선으로 가득 찬 세상에 눈떠 가는 과정이 단순하면서도 사실적인 문체로 묘사되어 있다.

INTRO

미국의 소설가 제롬 데이비드 샐린저(Jerome David Salinger, 1919~2010)는 1919년 뉴욕에서 태어났다. 유명한 명문 사립학교인 맥버니고등학교에서 퇴학당한 뒤 밸리포지육군사관학교로 전학해 창작을 시작했다.
1940년에 처녀작인 『젊은이들』로 문단에 등장했고, 1951년에 발표한 장편 『호밀밭의 파수꾼』은 베스트셀러가 되어 여러 나라에서 번역되었다. 포크너는 "현대 문학의 최고 걸작"이라고까지 칭찬했으며, 샐린저는 이 작품으로 단번에 인기 작가가 되었다. 그 이후 예술적 완성도가 높은 작품인 『아홉 편의 이야기』(1953), 댈러스 집안에 관한 일련의 이야기인 『프래니와 주이』(1961), 『목수들이여, 서까래를 높이 올려라』(1963), 『시모어 : 서장』(1963)을 발표했다.
작품이 적은 이 작가는 뉴햄프셔의 코니시에 있는 집에 살면서, 저널리스트의 취재도 모두 거절하고 아내와도 이혼한 채, 속세를 떠난 은자처럼 칩거하면서 글래스가家의 연대기를 집필하고 있었으나, 2010년 노환으로 세상을 떠났다.●

제적당한 콜필드가 집으로 돌아가기까지의 기록

16세의 주인공 홀든 콜필드는 크리스마스가 다가온 어느 날, 세 번째로 전학한 고등학교에서 제적당하게 되어 집이 있는 뉴욕으로 돌아간다. 그러나 부모를 볼 낯이 없어 '지저분하고 엉터리인 세상'에 절망하면서도 '사람이 그리운' 마음에 다른 사람과의 유대 관계를 찾아 2박 3일 동안 방황한다.

명문 사립 학교의 교육 속에는 홀든이 자각하고 반항하게 되는 현대 사회의 허위와 허식, 무신경, 약육강식, 비겁함 등이 숨어 있고, 이것이 그를 부적응자로 내몰았던 원흉이기도 하다. 방랑하던 중에 고독한 나머지 그가 가까이 다가갔던 사람들도 결국은 돈만 밝히는 매춘부나 마약 밀매업자, 유명인만 쫓아다니는 사무직 여성, 본질을 간파하지 못하는 여자 친구, 도무지 믿음이 가지 않는 교사 등과 같은 인물들뿐이어서 고독감과 염세관만 더 깊어지게 만든다.

그래도 수녀와 아이, 얼어붙은 연못의 오리 등 무력한 것에 대한 애정은 잊지 않고 있다. 때묻지 않은 세계에 대한 동경을 꿈꾸게 한 것은 오히려 인간을 불신하게 만드는 원인인 '언어'의 포기였다. 이렇게 해서 가출을 결행하고 먼 땅에서 아무하고도 말을 하지 않고 살려는 결심을 했다가 어린 여동생 피비의 애정에서 구원을 찾아 가출을 포기한다.

홀든 콜필드 – 호밀밭 아이들의 파수꾼이 되고 싶은 순수한 영혼

홀든의 머리카락 가운데 반이 백발이라는 유머러스한 묘사는 그 자체로 훌륭한 상징이 되고 있다. 아이에서 어른으로 가는 불안정한 시기에 접어든 감성은 자기 모순을 가지고 있기 때문이다. 홀든은 담배를 연달아 피우고 나이를 속여 술을 마시는 등 어른의 모습을 흉내 내기도 하고, 잡지를 사러 가다가 "오페라를 보러 가는 길이야" 하고 허풍을 떨기도 하며, 경멸하고 있던 영화의 주인공이 된 양 호들갑을 떨어 보기도 한다.

그러나 부유한 변호사를 아버지로 둔 도시 아이의 엘리트 의식이 자기도 모르게 나타나는 치기 어린 구석도 가지고 있다. 또 진실한 것과 순수하고 때묻지 않은 것에 대한 강한 바람, 허위에 대한 미움이 공존하고 있다는 점이 홀든의 매력이다.

약간 특이한 이 작품의 제목은 스코틀랜드 민요인 「호밀밭에서 만난다면」을 일부 바꾼 것으로, 호밀밭에서 정신없이 놀다가 낭떠러지로 떨어질 뻔한 아이들을 붙잡아 주고 싶다는 홀든의 구세주적인 꿈의 표명이다.

| 작품 속의 명문장 |

"시모어의 뚱뚱한 여자라는 사람이 누구인지 알고 있니? 그건 그리스도를 말하는 거야. 그리스도 그분 말이야."

『프래니와 주이』

* 아름다운 여대생 프래니는 인간의 이기적인 마음에 염증을 느껴 자기 마음을 닫아건다. 이 괴로움에서 구해 준 것이 오빠 주이의 이 말이었다. 주이는 '모든 사람이 그리스도'라는 범신론적 인생관을 통해 여동생으로 하여금 인간에 대한 사랑을 회복하게 했던 것이다.

NOTES

● 샐린저는 자신의 정체를 남들 앞에 드러내는 것을 매우 싫어해 좀처럼 밖으로 나가지 않았다. 능력 있는 취재 기자라 해도 담장 밖에서 안을 들여다보는 것이 고작이었다고 한다.

트루먼 커포티(Truman Capote)

티파니에서 아침을 (Breakfast at Tiffany)

뉴욕의 상류 사회에 진입하기를 바라는 밑바닥 인생의 삶과 애정을 여유 있는 문장으로 그려 낸 작품이다. 보호 본능을 자아내는 홀리의 불안정한 삶의 방식과 그녀를 좋아하는 무명작가의 소극적인 연애 감정이 잔잔한 문체를 통해 매력적으로 묘사되고 있다.

INTRO

미국의 소설가 트루먼 커포티(Truman Capote, 1924~1984)는 미국 남부 중에서도 라틴 문화의 중심지인 뉴올리언스에서 태어났다. 소년 시절을 앨라배마 주에서 보내고, 나중에 뉴욕으로 이사해 죽을 때까지 그곳에 머물렀다.

10세 전후부터 작품을 쓰기 시작해 17세 때는 세 편의 단편이 3종류의 잡지에 발표되어 『미리엄』 등으로 오 헨리상을 두 번이나 수상했다. 출세작은 23세에 발표한 『먼 소리, 먼 방』(1948)인데, 그 뒤에 『풀잎 하프』(1951), 『티파니에서 아침을』(1958)이라는 두 편의 중편을 발표하고는 침묵을 지켰다. 그러다가 긴 공백을 깨고 1966년에 '논픽션 소설'이라고 부르는 대작 『냉혈한』(1966)을 출판했다.

플레이걸 홀리의 꿈과 사랑 그리고 방랑

여주인공인 홀리 골라이틀리는 맨해튼 동쪽 70번지 아파트에 사는 20세의 플레이걸로 독특한 아름다움을 가지고 있다. 그녀를 둘러싼 많은 남성들 중에는 영화인이나 백만장자, 브라질 외교관 등 다양한 사람들이 있다. 그런데 원래 새장 안에 갇히는 것을 원하지 않는 야성적인 여자 홀리는 특정한 사람에게 얽매여 있지도 않고, 주소도 갖지 않은 채 명함의 주소 칸에는 '여행 중'이라고 인쇄해 놓았다.

작품의 시대적 배경은 1940년대 초반으로, 미국 사회는 공산주의에 대한 막연한 불안감이 팽배해 있었다. 그녀는 다이아몬드 같은 것은 딱 질색이었지만, 티파니 다이아몬드로 유명한 5번가의 보석점에는 자주 들른다. 자본주의를 상징하는 그곳의 중후하고 안정된 분위기 속에 서 있으면 '막연한 불안감'으로부터 해방될 수 있기 때문이다. 그녀는 이런 곳에 살면서 '아침 식사'를 할 수 있었으면 좋겠다는 생각을 한다.

같은 아파트에 무명작가인 '나'가 살고 있는데, '나'는 홀리에게 호감을 갖게 된다. 어느 날 두 사람이 센트럴 파크에서 승마를 즐기고 있을 때 말이 날뛰기 시작해 5번가로 뛰쳐나갔다가 경찰에 의해 겨우 진압된다. 그런데 홀리가 마약을 사용하고 있었다는 사실이 드러나 마약 밀수를 하는 폭력단과의 관련성을 의심받는 바람에 큰 스캔들이 일어난다.

또 그녀는 매주 목요일에 싱싱 교도소에 수용되어 있는 폭력단 간부를 방문하고 그 대가로 주 100달러의 보수를 받고 있었다는 사실이 밝혀진다. 이 스캔들 때문에 결혼 상대로 생각하고 있었던 브라질 외교관 호세가 그녀로부터 도망쳐 버린다. 가석방 중이었던 홀리는 호세를 찾아 브라질까지 쫓아가지만, 그에게 처자가 있다는 사실을 알게 된다.

에드워드 올비(Edward Albee)

누가 버지니아 울프를 두려워하랴?

(Who's Afraid of Virginia Woolf?)

1962년에 공연된 올비의 첫 장편 희곡으로, 이상주의를 상실한 부부의 불안함에서 비롯된 인간의 허위와 마성을 묘사하고 있다. '누가 버지니아 울프를 두려워하랴'의 의미는 '누가 환각 없는 삶을 두려워하랴'라는 것이다.

INTRO

미국의 극작가이자 연극 연출가인 에드워드 올비(Edward Albee, 1928~)는 1928년 수도 워싱턴에서 태어났다. 트리니티 칼리지를 중퇴한 뒤 여러 가지 직업을 전전하다가 처음에는 소설과 시를 썼으나 나중에 극작에 전념해 1958년 단막극인 『동물원 이야기』를 완성했다. 그러나 그 무렵 뉴욕의 프로듀서들 가운데 이것을 상연해 주는 사람이 없어 1959년에 베를린에서 처음으로 상연되었다. 그것이 인기를 얻어 오프 브로드웨이에서도 1960년에 상연되었고, 이렇게 하여 미국의 극작가 올비가 탄생하게 되었다.

1962년에 브로드웨이에서 상연한 3막 희곡 『누가 버지니아 울프를 두려워하랴?』로 그의 명성이 더욱 높아졌고, 1966년의 『미묘한 균형』으로 퓰리처상을 받았다. 그 밖에 『꼬마 앨리스』(1965), 『바다 경치』(1975) 등의 작품이 있다.

한 중년 부부가 신임 교수 부부를 맞이한 한밤중에 일어난 일

이것은 뉴잉글랜드의 어느 지방 대학의 역사학 조교수인 조지와 그 대학 총장의 딸로 연상의 아내인 마사가 일으킨 부부간의 마찰에 관한 이야기이다.

한밤중에 파티에서 돌아온 마사가 손님들을 끌고 와서 술을 더 마신 사실을 안 조지는 기분이 상해 손님 앞인데도 불구하고 평소처럼 마사와 언쟁을 시작한다. 초대받은 닉과 허니라는 신임 교수 부부는 처음에 당혹해하며 그것을 바라보고만 있다. 그러다가 밤이 깊어지고 술기운이 돌면서 점점 그 싸움에 휘말려 간다.

조지가 말리는데도 불구하고 이윽고 마사는 자기들에게 아들이 있다는 거짓말을 한다. 이 아들이 두 사람이 함께 생활해 가는 데 버팀목이 되고 있다는 것이다. 그것을 계기로 상대방을 비난하는 말투가 더욱 심해지자, 마사는 자기에게는 여기 있는 젊은 닉을 유혹할 정도의 매력이 있다고 하면서 자랑한다. 조지가 무관심을 가장하자 마사는 진짜로 닉을 침대로 유혹한다. 그러나 관계는 미수에 그친다.

마사의 이 행위에 대한 보복으로 조지는 아들의 죽음을 알리는 전보를 보내는 수단을 쓴다. 그 소식을 들은 마사는 진심으로 낙담하고, 어째서 그런 짓을 했느냐고 조지를 다그친다. 그 모습을 본 닉은 아들이 실제로 존재하지 않고, 이 부부를 연결하는 가공의 존재였다는 것을 알게 된다.

닉 부부는 자신들의 생활에 무언가 결여된 것이 있음을 새롭게 인식한 뒤 돌아가고, 마사와 조지는 그 전보 덕분에 짐을 벗은 듯한 기분이 든다. 두 사람은 자신들이 만들어 낸 환상을 없애 버리고 이제는 실재하지 않는 것의 도움을 빌리지 않으면서 새롭게 다시 출발해야겠다고 생각한다.

남녀 관계의 의미를 탐구하고 인간성의 나약함을 지적

이 연극의 처음 두 막에서는 마사가 조지를 혼내 주는 역할을 맡고 있는 것처럼 보인다. 그러나 작품의 역점이 부부가 서로의 약점을 지적하고 기만을 폭로하는 것으로 남녀 관계의 의미를 탐구하고, 인간성의 나약함을 지적하는 데 있다고 생각하면 이 부부가 함께 주인공임을 알게 된다. 이 작품 속에서 부부의 관계나 모습은 결코 예외적으로 이상한 것들이 아니라 일반적인 남성과 여성, 또는 인간과 인간의 관계를 하나의 국면으로 절단해 본 것에 지나지 않는다.

| 작품 속의 명문장 |

"이 동물원에 있는 우리는 모두가 철창으로 나누어져 있습니다. 대부분의 동물들은 다른 동물들과 떨어져 있고, 인간들은 모든 동물들과 반드시 격리되어 있지요. 하지만 동물원이라는 것은 대개 그렇게 되어 있게 마련이지요."

『동물원 이야기』에서 제리가 한 말

* 이 동물원에서 우리 안에 들어 있는 것이 동물일까, 아니면 인간일까?

제임스 볼드윈(James Arthur Baldwin)

또 하나의 나라

(Another Country)

유럽에서의 생활을 바탕으로 현대인이 직면한 위기적 운명을 표현한 작품으로, 현대 사회에 존재하는 사랑의 불모와 커뮤니케이션의 방법을 잃어버린 인간상을 그리면서 삶의 논리를 성性 안에서 찾으려 했다.

INTRO

제임스 아서 볼드윈(James Arthur Baldwin, 1924~1987)은 미국의 평론가이자 소설가·극작가로, 1924년 9형제의 장남으로 뉴욕의 할렘에서 태어났다. 18세 때 가출해 뉴저지에서 일하다가 종교에 대한 의문점을 첫 장편인 『산에 올라 외치라』(1953)를 통해 그려 냈다. 1946년 22세 때 백인 사회의 압력을 견디지 못해 프랑스로 망명했다가 어느 날 갑자기 자신이 미국인임을 깨닫고 미국으로 돌아왔다.

그 이후 소설 『조반니의 방』(1956), 『또 하나의 나라』(1955), 평론 『다음번에는 불』(1963), 『기차가 떠난 지 얼마나 되었는지 말해 주시오』(1968) 등을 출판했다. 이후 차츰 명성이 높아지고 인권 투쟁에도 적극적으로 앞장서면서 소설가로서뿐 아니라 흑인 대중의 대변자가 되어 일선에서 활약했다. 1987년에 사망했다.

현대인의 공허한 사랑을 동성애를 통해 묘파

흑인 재즈 음악가인 루퍼스는 남부 출신의 처녀 레오나를 자기 사람으로 만들었다. 그러나 그것은 "나한테 섹스는 어떤 것이나 그저 섹스"일 뿐이고, 레오나를 우연히 만났기 때문에 하룻밤을 즐길 상대라고 생각해 관계를 가진 것에 지나지 않았다. 그가 원한 것은 섹스이지 사람이 아니었기 때문에, 동거를 하던 두 사람은 얼마 뒤에 당연히 헤어질 수밖에 없었다.

루퍼스는 백인 배우 에릭과 동성애 관계를 가졌다. 세상 사람들의 눈으로 보면 불결하기 짝이 없는 일이겠지만 헤어질 수가 없었다. 또한 그는 아일랜드계 이탈리아인인 비발도와도 동성애로 고민하게 되었다. 비발도는 레오나를 버리고 에릭을 사랑하게 된 매정함을 지적하며 루퍼스를 비난했다.

그러나 루퍼스는 상대방에게 굴욕감을 주는 형태로 레오나의 육체를 희롱하고, 조금도 만족감을 갖지 못한 채 타락해 갔으며, 바에서 위로를 찾으려 했지만 그것도 실패로 끝났다. 그는 자기도 모르는 법칙에 의해 지배받고 있었으며, 이제는 광기와 죽음밖에 남아 있지 않았다. 그는 자기가 지고 있는 '성'의 무거운 짐을 견디지 못해 허드슨 강에 몸을 던진다.

루퍼스의 친구로, 서로 동성애 관계를 가진 비발도도 '성' 때문에 고민하는 남자였다. 그는 루퍼스의 여동생인 아이다를 사랑하게 되어 동거를 시작했다. 그런데 아이다는 가수가 되고 싶어서 연예계의 보스인 엘리스에게 다가가다가 결국 비발도를 버리고 엘리스 곁으로 가 버렸다.

다른 한편 비발도의 친구이자 루퍼스의 친구이기도 했던 캐스는 남편인 리처드와 서로 상대방에게 상처를 주면서도 사랑하고 있었다. 행복한 생활이 언제까지나 계속될 것처럼 생각되었다. 리처드는 소설가가 되었고 아이도 생겼지만, 캐스는 단조로운 일상에 염증을 느껴 에릭과의 정사에 빠졌다. 리처드는 그 사실을 알아차리고 캐스를 비난했다.

캐스의 상대인 에릭 또한 불모의 사랑으로 고민하는 남자이다. 그는 이브와 동성애를 즐기고 있었는데, 그때 나타난 사람이 캐스였다. 에릭은 현재를 손에 넣으면 미래 또한 잡을 수 있을 것 같아 캐스와의 정사에 빠졌지만, 두 사람의 관계는 욕구 불만인 사람들끼리 나누는 달콤한 섹스 놀음에 지나지 않았다.

리처드 바크(Richard Bach)

갈매기의 꿈

(Jonathan Livingston Seagull)

1970년 미국에서 발표된 우화소설로, 갈매기의 본질적인 삶에 대해 끊임없이 사색하며 비행에 대한 꿈과 신념을 실현하고자 끝없이 노력하는 갈매기 조너선의 일생이 그려져 있다. 삶의 진리와 자기 완성의 소중함을 일깨워 주는 작품이다.

INTRO

미국의 소설가 리처드 바크(Richard Bach, 1936~)는 1936년 미국 일리노이 주에서 태어났다. 그 뒤 캘리포니아 주로 옮겨 롱비치스테이트칼리지(지금의 캘리포니아주립대학교)에 입학했다가 퇴학하고 미국 공군에 입대해 1957년 항공기 조종사 자격을 획득했다.
1958년부터 자유기고가로 비행기 잡지 편집에 관여했고, 베를린 위기 때는 공군으로 재소집되어 프랑스에서 1년 동안 복무했다. 이후 민간 항공기의 파일럿으로도 활동했다.
처녀작은 1963년에 출판된 『스트레인저 투 더 그라운드Stranger to the Ground』이다. 1966년에 출판된 두 번째 작품 『바이플레인Biplane』은 앞의 작품과 함께 미국도서협회가 선정한 '젊은이를 위한 양서 25권'에 선정되었다. 1970년에 발표한 『갈매기의 꿈』으로 세계적인 베스트셀러 작가의 명단에 올랐다. 이 밖에 『환상』●, 『우연은 없다』 등의 많은 작품이 있다.

멋진 비행을 꿈꾸는 조너선 리빙스턴의 성장 이야기

무수한 갈매기 떼가 살아가기 위해 먹이를 찾아 부산스럽게 날아다니는 아침에 갈매기 조너선 리빙스턴만은 혼자서 그런 소란스러움에서 벗어나 저공 활공 연습에 여념이 없다. 그에게 중요한 것은 먹는 것보다도 나는 일 그 자체였고, 그는 무엇보다도 나는 것이 좋았다.

이 작품의 서두 부분에서 이미 독자는 조너선이 동료들로부터 떨어져 나갈 것이라는 점을 상상할 수 있을 것이다. 이단자는 배제되어야 한다. 그것이 사회를 원활하게 움직이는 철칙이자 집단의 규칙이다. 개인의 목적이나 지향은 아무리 숭고한 것이라도 그것이 사회나 집단의 이해관계와 맞아떨어져야만 받아들여진다.

사실 그가 시속 342킬로미터라는 극한의 속도에 달하거나 공중회전과 거꾸로 떨어지기 등의 고등 비행 기술을 발견하고, 그것으로 삶의 목적과 무지로부터의 탈출, 자유와 지성을 얻을 수 있었다 해도 동료 갈매기들은 그를 인정하려 하지 않는다. 아무리 그가 다른 갈매기들에게 자기가 발견한 것을 이야기하고 무한한 지평이 열려 있다는 사실을 이해시키려 해도 그것이 집단 규범에 따른 것이 아닌 한 그의 행위는 무책임하고 동포의 존엄성과 전통을 더럽히는 행동이라는 지탄을 받을 수밖에 없다. 이제 그는 추방될 수밖에 없는 것이다.

동료들에게서 추방당한 그는 고독해도 힘들어하지는 않는다. 그는 자신의 정신력을 컨트롤해서 다양한 비행 방법과 먹이 찾는 기술을 익혀 갈매기의 일생을 지배하는 지루함과 공포, 분노를 마음에서 씻어 내는 방법을 배운다.

어느 날 그는 두 마리의 갈매기를 만난다. 그들의 인도를 받아 또 하나의 세계로 떠나는 조너선. 그곳에는 그와 같은 생각을 가진 갈매기들이 있었다. 교관 설리번과 그 집단의 원로인 창 밑에서 새로운 비행 연습에 매달리는 조너선. 그 비행이란 시간과 공간을 초월해 언제든 자기가 원하는 장소로 날아갈 수 있는 비행, 곧 완전한 경지에 이르는 비행이었다.

이윽고 최고의 비행술을 습득한 조너선에게 "좀더 남을 사랑하는 법을 배워야 한다"는 말을 남기고 모습을 감추는 창. 이제 조너선에게 자신의 사랑을 증명하는 방법이란 자기를 추방한 그 갈매기 떼 속으로 돌아가 자기의 한계를 넘어서려고 노력하는 갈매기, 비행의 참된 뜻을 알려고 고심하는 갈매기에게 자기가 발견한 진실을 나누어 주는 일이었다.

무리로 돌아간 조너선 앞에 예전의 자신을 떠올리게 하는 젊은 갈매기 플레처가 나타난다. 헨리와 마틴, 찰스, 커크 등 그 밖의 많은 갈매기들도 있었다. 그들을 향해 조너선은 "갈매기에게는 나는 것이 정당한 일이며, 자유는 갈매기의 본성 그 자체이다. 그 자유를 방해하는 것은 의식이건 미신이건, 또는 그 어떠한 형태의 제약이건 버려야 한다"고 주장한다.

그는 자신의 뒤를 이을 갈매기로 플레처를 지명하고 "눈에 보이는 것은 모두 가짜다. 네 마음의 눈으로 보아라. 그리고 그 눈을 통해 이미 자기가 알고 있는 진실을 찾는 것이다. 그러면 어떻게 날아야 할지 발견할 수 있을 것이다"라는 말을 남기고 사라진다.

『갈매기의 꿈』에 대한 일반적 견해와 이견

이 작품을 조너선 리빙스턴의 성장 이야기●로 읽는 것이 가장 일반적인 해석이라고 할 수 있다. 사회와 집단에 섞이지 못하는 자가 그곳에서 일단은 탈락하지만, 이윽고 이해심을 가진 어른이나 동료를 얻어 많은 것을 배우고 다시 집단으로 돌아간다. 더구나 그때 주인공은 다음 세대의 좋은 이해자이자 지도자가 되어 돌아간다는 이야기이다.

독자들 가운데에서는 조너선의 모습에서 샐린저의 『호밀밭의 파수꾼』에 나오는 주인공 홀든을 떠올리면서 읽는 사람이 있을 수도 있다. 또한 조너선의 비행에 독자 자신과 비행사의 자격을 가진 저자, 리처드 바크의 비행 체험을 대입해 볼 수도 있다.

그러나 조너선에게는, 그리고 그를 통해 빠져들게 되는 이 작품의 이면에는 분명히 또 하나의 이야기가 숨겨져 있다. 그것은 마약에 의한 해탈 체험이나 참선과 밀교 등 실천동양사상에 의한 개인을 초월한 의식 체험이다. 이 책은 일종의 컬트 서적이라고도 할 수 있다. 컬트라고 하는 근거는 1970년 출판된 이 책을 처음에는 미국 서해안의 히피족들이 몰래 돌려보았고, 그 뒤에야 일반인들도 읽게 되었다는 현상만 보아도 분명하다.

그런 점을 감안해 이 책을 읽어 보면 참으로 수없는 '비행'에 대한 표현이 나와 있음을 알 수 있다. 상승과 하강에 따른 속도감, 제대로 날지 못했을 때의 실망, 한계 돌파, 다양한 비행 기술, 천국으로 착각할 만한 새로운 단계로의 이행, 지고의 행복한 상태, 완전한 경지, 녹색 하늘과 태양으로 바뀌는 쌍둥이별, 컨트롤 문제, 생각과 육체의 얽매임에서 해방되는 것, 가장 높이 나는 갈매기가 가장 멀리 본다는 말 등 이것이 마약 체험이 아니면 무엇이란 말인가?

게다가 조너선을 인도하는 창은 분명히 동양인의 이름이다. 여기서 1960년대에서 1970년대에 걸쳐 미국 서해안을 중심으로 일어났던 참선과 밀교 수련의 붐을 이끈 동양인 도사의 존재를 볼 수도 있다.

작가 자신은 이 책에서 소개한 지고의 행복한 상태를 실제 비행을 하며 체득했을지도 모르지만, 뉴에이지 운동이 한창이던 그 무렵 미국 서해안의 젊은이들은 틀림없이 이를 마약 체험이나 영적 수련을 통해 얻는 탈아脫我 체험으로 받아들였을 것이다.

| 작품 속의 명문장 |

"모든 갈매기에게 중요한 것은 나는 일이 아니라 먹는 일이었다. 그러나 이 괴

짜 갈매기 조너선 리빙스턴에게 중요한 일은 먹는 일보다 나는 일 그 자체였다."

＊ 비행에 대한 지향이 그대로 동료나 집단과의 갈등 요인으로 표현되어 있다. 그래서 그는 추방당할 수밖에 없었던 것이다.

"천국이란 장소가 아니다. 시간도 아니다. 천국이란 바로 완전한 경지를 뜻한다. …… 완전한 속도란, 잘 들어라, 그것은 바로 거기에 있다고 하는 것이다."

＊ 조너선을 인도하는 창의 가르침. 데카르트식 서양 철학의 기계론적 합리주의로는 알아들을 수 없는 동양적 사고가 엿보이는 말이다.

"우리는 이 세계에서 배운 것을 통해 다음 세계를 선택한다. 우리가 이 세계에서 아무것도 배우지 못하면 다음 세계도 이 세계와 같을 것이다."

"가장 높이 나는 새가 가장 멀리 본다."

＊ 유명한 문장으로, 당장 눈 앞의 일에만 매달리지 말고 높고 깊은 생각으로 먼 앞날을 내다보며 살아가라는 교훈이 담긴 말이다.

NOTES

● 『환상』은 구세주가 비행기를 타고 날아와 미국의 시골 마을에 가슴이 훈훈해지는 기적을 일으킨 뒤 다시 떠난다는 이야기이다. 『갈매기의 꿈』이 자기를 추구하는 성장 이야기라고 한다면 『환상』은 자비와 구제의 이야기라고 할 수 있다.

● 미국 문학의 계보 가운데 성장소설**growing up novels**이라는 것이 있다. 이는 유럽의 교양소설과는 성격을 약간 달리하는 것으로, 주인공이 사회의 희생자나 반역자가 되는 경우가 많다.

알렉스 헤일리(Alex Haley)

뿌리

(Roots)

7대에 걸친 노예의 삶 끝에 자유를 찾는 인간 승리의 역사를 감동적인 필치로 그려 내고 있다. 작가는 미국 아프리카인들의 잃어버린 역사를 재구성하고 상징적인 역사를 전하기 위해 이 작품을 썼다고 한다. 흑인들이 일궈 낸 미국 역사의 감춰진 단면을 드러낸 수작이다.

INTRO

알렉스 헤일리(Alex Haley, 1921~1992)는 미국의 작가이자 저널리스트로, 1921년 뉴욕 주의 이타카 시에서 태어났다. 17세 때 대학을 중퇴했고, 그 이후 20년간 연안경비대에서 복무했다. 퇴임한 뒤에 프리랜서 기자로 여러 잡지에 기고했고, 1966년에는 『맬컴X』를 출판했으며, 1974년에 『뿌리』 일부를 『리더스 다이제스트』 지에 발표해 주목을 받기 시작했다.
동시에 저자는 우연히 집안의 내력에 관심을 갖고 조상을 찾기 시작해 10여 년의 세월을 거쳐 아프리카 서부의 작은 마을까지 가게 되었다. 그런데 거기에서 그 마을의 무녀를 통해 그의 탐색이 옳았다는 게 증명되고, 그의 놀라운 추리와 집념이 저자 자신의 입을 통해 여기저기서 이야기된다. 이런 것들이 건국 200주년과 새로운 대통령의 선출, 전환기에 다다른 인종 문제 등의 사회 현상과 겹쳐져 공전의 베스트셀러가 되었다.
또한 이 작품이 간행된 뒤에 한두 번 표절 시비가 발생했는데, 기술적인 면에 한해서 본다면, 예를 들어 표절이라고 고소한 사람들 가운데 하나인 마거릿 워커●의 『주빌리』 쪽이 비슷한 소재를 다루었으면서도 이 작품보다 문학적으로는 뛰어난 것으로 보인다. 그러나 양질의 대중소설이라는 점에서는 이 작품이 월등히 뛰어나며, 문화적인 의의도 크다. 그래서 퓰리처상 특별상 등 기타 상을 받았다고 할 수 있다.

아프리카에서 노예로 끌려온 쿤타 킨테와 그 자손의 삶

1750년의 이른 봄, 서부 아프리카 감비아의 쥐프레라는 작은 만딩카족 부락에 쿤타 킨테라는 남자아이가 태어난다. 그곳은 원시적인 생활을 하고 있기는 해도 회교의 계율을 중심으로 한 평화롭고 아름다운 삶과 문화가 있었다. 그러나 고립된 듯 살아가던 그 조용한 부락도 쿤타 킨테가 17세 때 노예 상선에 납치되어 미국으로 보내진 이후로 하는 수 없이 미국과 관계를 맺게 된다.

미국으로 수송된 쿤타 킨테는 다른 아프리카 흑인들과 마찬가지로 백인에게 노예로 팔렸고, 그때부터 미국 흑인으로서 고난에 겨운 삶을 시작하게 된다. 이 작품은 그 이야기가 6세대에 걸쳐 파란만장하게 펼쳐지다가 마지막에 7대째 자손인 저자에까지 이르게 된다.

양질의 대중소설

결국 아프리카 부분을 제외하면 우리가 이미 잘 알고 있는 흑인 노예 이야기가 이 작품의 대부분을 차지하고 있다고 할 수 있다. 다만 그 이야기는 몇 번을 들어도 재미있고, 게다가 저자가 십수 년에 걸쳐 수집하고 조사한 자료들은 작품의 리얼리티를 생생하게 살려 낼 뿐 아니라, 뛰어난 대중소설로 사랑받는 토대를 이루고 있다.

물론 『뉴욕 타임스』 등이 그 실증적인 부분을 중시하다 못해 '중요한 흑인의 역사'로 논픽션처럼 취급한 점은 이해할 수 없는 부분이다.● 또한 일부 언론이 '미국의 작가 알렉스 헤일리가 약 200년, 6세대를 거슬러 올라가 아프리카에서 조상을 찾아낸 감동의 다큐멘터리'라든지, 조상을 찾아 나선 '대하 논픽션'이라고 한 것도 사실과는 맞지 않다. 조상을 찾는 것이 이 작품의 주제는 아니기 때문이다.

조상을 찾아 나서는 과정이 들어 있는 것은 마지막의 얼마 안 되는 부분에 지나지 않으며, 조상을 찾게 된 상세한 과정은 다음 작품에서 이야기하겠다고 저자 자신도 말한 바 있다.

흑인의 자존심과 자유에의 정열을 지닌 쿤타 킨테

쿤타 킨테는 아버지로부터 만딩카족 용사의 자존심을 이어받은 불굴의 사나이이다. 그는 갖가지 고난에도 굴하지 않고 자유를 향해 타오르는 듯한 정열의 불을 딸에서 손자, 그 이후의 자손들에게 계속 전해 끝내 해방을 쟁취한다.

이러한 면에서 그는 '엉클 톰'과는 대척점을 이루는 인물 유형으로, 미국 역사의 한 부분을 이루고 있는 흑인의 존재와 자유를 향한 의지를 대변하고 있다.

NOTES

- 워커(Margaret Walker, 1915~1998)는 『주빌리』(1966)와 『For My People』이라는 작품으로 잘 알려진 시인이자 소설가·수필가이다.
- 저자인 알렉스 헤일리는 "『뿌리』가 허구**fiction**인가, 사실**fact**인가" 라는 질문을 기자들에게 받았을 때, "팩션**faction**"이라고 대답했다고 한다.

앨리스 워커(Alice Walker)

컬러 퍼플
(The Color Purple)

흑인 여성 셀리의 질곡 같은 삶을 통해 흑인 사회가 안고 있는 문제를 객관적으로 드러내고 있다. "하나님도 백인이고 남자냐"고 하는 그녀의 말은 워커가 작품을 통해 이야기하고자 한 여성 차별과 인종 차별의 문제를 여실히 드러내고 있다.

INTRO

미국의 소설가이자 시인인 앨리스 워커(Alice Walker, 1944~)는 1944년 미국 남부의 조지아 주에서 면화 노동자인 아버지와 남의 집에서 부엌일을 하는 어머니 사이에서 8남매의 막내로 태어났다. 학업 성적이 우수해 장학금을 받고 전문대학을 거쳐 대학교에 진학했고, 공민권 운동에 참여했다.●

공민권 운동과 흑인 역사에 관한 연구를 시작하는 한편, 시집과 소설을 발표했고, 『그레인지 코플런드의 세 번째 인생』, 『메리디안』 등의 간행에 이어 1982년에 『컬러 퍼플』을 발표했다. 이듬해 이 작품으로 퓰리처상과 전미도서상을 함께 수상해 화제를 불러일으켰다.

우머니스트(분리주의가 아니라 평등을 존중하는 흑인과 유색 인종 페미니스트) 소설 옹호론을 전개했고, 랭스턴 휴스나 조라 닐 허스턴의 전기를 발표하는 등 흑인 작가의 재평가를 위해 노력하고 있다. 샌프란시스코 교외에서 딸과 함께 살고 있다.

검은 여인 셀리의 기구한 인생 역정

미국 남부에 사는 20세의 흑인 처녀 셀리는 무책임한 아버지 때문에 어린 자식이 있는 미스터에게 시집을 가게 된다(사실 그는 셀리의 여동생인 네티와 결혼하고 싶어 했다). 셀리는 그곳에서 남편으로부터 노동과 성적 욕구를 해소하기 위한 도구로 취급받는다. 이 작품의 전반부에서는 그런 셀리의 독백이 하나님에게 보내는 편지의 형태로 전개된다. 날마다 되풀이되는 폭력과 억압과 차별이 따르는 흑인 사회의 여성 멸시. 그러나 작가 워커는 흑인 대 백인이라는 대립 구조나 흑인에 의한 백인 사회의 일방적인 고발이라는 단순한 표현을 쓰지 않고 흑인 사회가 안고 있는 문제를 셀리와 그녀를 둘러싼 인물들의 일상생활을 상세하게 묘사함으로써 객관적으로 드러낸다.

셀리가 유일하게 사랑한 여동생 네티는 선교 활동 속에서 자신의 재능을 꽃피운다. 태어난 고향을 떠나고 미국을 떠난 그녀는 흑인의 발상지라고 할 수 있는 땅(곧, 인류의 발상지라고도 할 수 있다)인 아프리카 대륙으로 건너간다.

후반부에서는 네티가 셀리에게 보낸 편지(미스터 때문에 그 편지가 셀리에게 전달되지는 않지만), 또는 셀리가 네티에게 보내는 편지의 형식으로 흑인으로서 있는 그대로의 자신을 개방하고 자유로워지는 것, 신의 존재, 성의 바람직한 형태, 사랑과 행복 등에 관한 내용이 이야기된다.

자신의 존재성을 얻기 위해 싸우는 여성들

주인공 셀리와 네티, 셔그 아베리, 소피아 등 이 작품에 등장하는 흑인 여성들은 가난으로 인한 후진적인 세계와 인종 억압 및 남성에 의한 여성 억압이라는 이중적 억압 세계로부터 빠져나와, 살아 있는 인간으로서 자신의 존재성을 얻기 위해 싸우는 여성들로 그려져 있다. 그러나 그 싸움은 위에서부터 강요되는 교조주의나 폭력을 근거로 하는 힘에 의한 싸움이 아니다. 오히려 신화나 서사시에 가까운 종교적이고도 정신적인 감정에 그 기반을 두고 있다.

때문에 인간과 사회 전반에 걸친 보다 보편적인 문제로 대두되어 동성애를 포함한 페미니즘과 개발로 상징되는 남북 문제(빈부의 문제 ; 역주), 개인과 집단의 독립과 자유 등 폭넓은 시야를 획득한 것이다.

| 작품 속의 명문장 |

"신은 그 자체야. 지금 있는 모든 것이고, 지금까지 있던 모든 것, 앞으로 있을 모든 것이지. 그걸 느낄 수 있을 때, 그걸 느낄 수 있어 기쁠 때가 바로 그걸 발견한 때라고 보면 돼."

* 작품 속에서 셀리와 셔그가 나눈 대화. 신에 대한 언급이 많은 작품인데, 그중에서도 가장 뛰어난 것은 신을 백인으로 의식하고 있던 자신의 잘못을 셀리 스스로 깨닫는 장면이다.

NOTES

● 미국 흑인 작가의 문학의 경우 예전에는 볼드윈 등의 작품에서 볼 수 있는 것처럼 백인 사회를 상대로 자신들의 존재를 추구하는 스타일이었는데, 공민권 운동 이후로는 흑인 자신 및 흑인들 간의 자립과 휴머니티의 추구로 바뀌어 새로운 테마를 전개해 나가고 있다.

찰스 부코스키(Charles Bukowski)

빌어먹을 소년시대
(Ham on Rye)

대공황 이후인 1930년대에 로스앤젤레스에서 소년기를 보낸 주인공 헨리 치나스키의 성장 이야기를 다루고 있다. 작가의 자전적인 소설이기는 하지만 주인공의 성장 과정을 냉정할 정도로 객관적으로 묘사하고 있다.

INTRO

미국의 시인이자 소설가인 찰스 부코스키(Charles Bukowski, 1920~1994)는 1920년 독일의 안더나흐에서 미국 공군 병사였던 아버지와 독일인 어머니 사이에 태어나 3세 때 미국으로 이주했다. 제2차 세계대전 중에는 미국 각지를 방랑했고, 이후 우편배달부 일을 비롯한 많은 직업을 전전하면서 소설과 시를 썼다. 1944년 첫 번째 소설을 잡지에 발표했고, 1960년에는 첫 번째 시집을 간행했다. 1969년 로스앤젤레스의 「언더그라운드」 신문에 연재한 칼럼을 모은 『한 늙고 추한 남자에 대한 기록』으로 주목을 받았다. 그 이후 소설과 시집 등 약 50권에 이르는 작품을 발표했다.
1970년에는 그때까지 10년 이상 일했던 우체국을 그만두고 창작 활동에 전념하기 시작했다. 이듬해 우체국에 근무했던 경험을 바탕으로 19일 만에 완성한 첫 장편소설 『우체국』(1971)을 발표했다. 영화로 만들어진 작품도 많아 미키 루크와 페이 더너웨이가 출연한 「바플라이」(1987)에서는 직접 각본을 쓰기도 했다. 1994년 건강에 관해 평소에 우려했던 과음에 의한 간경변이 아니라 백혈병으로 사망했다.●

아이일 수도 어른일 수도 없었던 소년의 이야기

예를 들면 초등 학교에서.

"학교에 친구라고는 한 사람도 없었고, 있었으면 하는 생각도 들지 않았다. 혼자 있는 편이 속 편했다. 벤치에 앉아서 다른 아이들이 노는 모습을 보고 있었다. 모두들 바보 같다는 생각이 들었다."

예를 들면 중학생 때.

"나는 창문 그늘에 숨어서 소리를 조금도 내지 않으려고 조심하면서 필로치 부인의 다리를 가만히 쳐다보았다. 그날 나는 국어 수업에서 글래디스 선생님의 다리를 보았고, 앤더슨 부인의 다리를 보면서 자위도 했는데, 아직도 즐거움이 남아 있다. 치맛자락이 점점 더 위쪽으로 올라가는 것으로 보아 필로치 부인은 남편을 유혹하고 있는 것이 분명했다. 그녀가 신문을 들추어서 재빨리 다리를 다시 꼬자, 치마가 들추어지며 순백의 허벅지가 드러났다. 버터나 우유 그 자체! 이 세상의 것이라고는 도저히 믿어지지 않았다!"

이와 같은 소년 시절을 보낸 사람이 성장하면 아마 작가 부코스키와 같이 될 것이다.

이 작품은 버로스●, 볼스●와 나란히 20세기 후반에 미국 문학의 이색적인 존재로 각광을 받고 있는 '무서운 노인들', 이른바 3B의 또 한 사람인 찰스 부코스키에 의해 쓰인 자서전 그 자체라고도 할 수 있는 장편소설이다.

배경이 되는 시대는 1920년대부터 1940년대 초반까지이다. 독일에서 미국으로 건너온 유년기부터 칼리지를 중퇴하는 청년기까지를 그리고 있다. 대공황 이후 미국이 가장 가난했던 1930년대에 로스앤젤레스에서 소년기를 보낸 주인공 헨리 치나스키는 당연히 또 하나의 부코스키이다.

언더그라운드의 거인이라고 불리며 단편과 칼럼, 장편을 가리지 않고 스웨어 워드(이른바 욕지거리)의 연발을 특징으로 하는 부코스키이지만, 직접 그런 종류의 말이 작품에 나오는 경우는 드물다(물론 다른 작품과 비교했을 때의 이야기이지만). 오히려 담담한 느낌조차 들 정도이다.

다만 그 내용은 제목만 보아도 알 수 있듯이 상당히 하드하고 펑크한 일들로 이루어져 있다. 면도날을 가는 가죽 띠로 치나스키의 엉덩이를 심하게 때리는 아버지, 그런 아버지가 옳다고 하는 어머니, 손을 쓸 수가 없는 악동들, 정신적·육체적인 체벌을 밥 먹듯이 하는 교사, 영문을 모르는 어른들……. 그러한 상황 속에서 어른이 되기에는 너무 이르고, 아이로 있기에는 너무 늦은 주인공 치나스키는 모든 사물에 위화감을 느끼면서 살아갈 수밖에 없다.

자칫 잘못하면 유아 학대가 될 수도 있는 소재이지만 그렇게 되지 않은 것은 부코스키의 지극히 객관성 있는 문장 덕분일 것이다. 이 작가의 최대 특징은 '자신까지도 남의 눈으로 보는' 냉정한 객관성을 갖추고 있다는 점이 아닐까 싶다. 자신의 모자란 부분을 줄줄이 엮어 놓아도 그것이 단순한 체험의 나열에 그치지 않는 것이 부코스키의 대단함이자 작가로서의 역량이다.

부코스키의 자전적 성장소설

이 작품은 주목되는 장면들만 이어지는 밀도 높은 작품인데, 그 가운데 치나스키(곧 부코스키를 뜻한다)가 성장하는 모습을 한 군데만 발췌하겠다. 종기 치료 때문에 휴학했던 고등학교로 다시 돌아간 치나스키가 독백을 하는 장면이다.

"나는 내 앞에 펼쳐져 있는 길을 둘러볼 수가 있었다. 나는 가난하고, 앞으로도 가난을 벗어나지 못할 것이다. 하지만 그렇다고 특별히 돈을 가지고 싶은 것은 아니다. 내가 무엇을 찾고 있는지 알 수 없었다. 아니, 알고 있었다. 나는 어딘가 숨어 있을 수 있는 장소, 아무것도 하지 않아도 되는 장소를 찾고 있었다. 그럴듯한 사람이 되려고 힘을 쓰는 일 따위는 전혀 하지 않았다. 그런 것을 생각하면 속이 메스꺼워질 뿐이다. 변호사나 시의원, 기사 등 그런 종류의 인간이 되는 일은 나로서는 완전히 무리라는 생각이 들었다. 결혼해서 자식을 낳고 가정이라는 제도의 함정에 빠진다. 매일 어디론가 일을 하기 위해 나갔다가 집으로 돌아온다. 불가능한 이야기이다. 이런저런 단순한 일들을 되풀이하며 가족끼리 가는 피크닉이나 크리스마스, 독립기념일, 노동절, 어버이날 등을 기다린다……. 사람들은 그런 일을 견뎌 내기 위해서 이 세상에 태어났다가 이윽고 죽는 것일까? 그렇다면 나는 접시닦이라도 하면서 혼자 사는 코딱지만 한 방으로 돌아와 술에 취해서 잠드는 편이 낫다."

| 작품 속의 명문장 |

"그렇다. 모두들 바라고 있는 것은 거짓말이다. 감쪽같은 거짓말. 그것을 모두 원하고 있다. 모두 금세 속아 넘어가는 바보들이다. 나는 잘 지낼 수 있을 것 같았다."

* 치나스키는 초등학교 5학년이다. 후버 대통령의 로스앤젤레스 방문 모습이 작문의 과제인데, 치나스키는 보러 가지도 않은 채 작문을 완성한다. 그리고 그것이 우수한 작문이라는 칭찬을 받으며 교실에서 낭독된다. 허구에 대한 각성이었다!

"나는 인간을 싫어하는 것도 여자를 혐오하는 것도 아니지만, 혼자 있는 것이 좋았다. 작은 장소에 혼자 앉아 담배를 피우기도 하고, 술을 마시고 있으면 마음이 편했다. 나 스스로와는 항상 즐겁게 사귈 수가 있었다."

* 집을 나와 혼자 생활하기 시작한 치나스키. 고독이라는 것이 조금도 불행하지 않다. 고독을 즐기지 못하는 자에게 자립은 있을 수 없다.

NOTES

● 부코스키 작품의 번역가는 각국에 수없이 많지만, 역자의 번역 스타일을 이 정도까지 예상하며 문장을 쓰는 작가는 보기 드물다고 한다. 번역자를 의식하며 읽는 것도 부코스키 작품에 걸맞는 독서 방법일 것이다.

● 미국의 소설가 버로스(William Seward Burroughs, 1914~1997)는 하버드대학교를 졸업하고 유럽 각지를 여행한 뒤 여러 직업을 전전하다 작가 생활을 시작했다. 마약 중독의 체험을 바탕으로 한 『회복되지 못한 마약중독자의 고백』(1953), 『벌거벗은 점심』(1959 파리, 1962 미국) 등의 작품이 유명하다.

● 볼스(Paul Bowles, 1910~1999)는 미국의 소설가이자 작곡가로, 뉴욕에서 태어났다. 10세 때 처음 작곡을 했으며, 18세 때에는 그의 산문시가 조이스의 작품과 함께 문학지에 게재되었다. 28세에 소설가인 제인과 결혼하면서부터 소설 집필을 시작했다. 『극지極地의 하늘』(1949), 『비야 내려라』(1952) 등의 작품이 있으며, 1970년대부터 1980년대 사이에는 '세간에서 잊힌 전설의 작가'였으나, 1989년에 『극지의 하늘』이 영화화되면서 재평가를 받았다.

토머스 해리스(Thomas Harris)

한니발
(Hannibal)

살인 사건을 둘러싸고 한니발과 스탈링이 벌이는 치열한 두뇌 싸움을 그린 '한니발 3부작'의 마지막 작품. 한니발의 엽기적인 살인 행각은 강하고 특이한 자극을 원하는 미국 현대 사회의 한 측면을 반영하고 있다고 할 수 있다.

INTRO

미국의 소설가 토머스 해리스(Thomas Harris, 1940~)는 1940년에 테네시 주의 잭슨에서 태어났다. 소년 시절을 미시시피 주에서 지낸 다음 텍사스 주의 베일러대학교에 진학해 영문학을 전공하면서 「뉴스 트리뷴」의 신문 기자 아르바이트를 했다.
창작에 흥미를 갖기 시작한 시기는 대학 시절로, 이때 『트루』와 『아거시』 등과 같은 대중 오락 잡지에 스릴러 단편을 투고했다. 1964년에 베일러대학교를 졸업하고 유럽을 여행한 다음 AP통신사 뉴욕 지국에서 근무했다.
1968년부터 1974년까지 주로 범죄 사건의 취재기자로 활약했고, 1975년에 『블랙 선데이』로 데뷔했다. 이 장편은 슈퍼볼 경기에 모인 8만 명의 관객을 살육하려는 폭탄 테러리스트를 그린 서스펜스 액션으로, 1977년에 존 프랑켄하이머 감독이 영화로 만들었다.
그 뒤 1981년에 '한니발 3부작'의 제1탄 『레드 드래곤』을 발표했다. 이 작품은 1986년에 마이클 맨 감독이 '맨 헌터'라는 제목의 영화로 만들었다. 1988년에 간행된 속편 『양들의 침묵』은 세계적인 베스트셀러가 되었고, 이 작품을 바탕으로 하여 조너선 뎀 감독이 만든 영화 「양들의 침묵」은 1991년도 아카데미상 5개 부문을 수상했다. 덕분에 겨우 세 편의 작품으로 해리스는 미국 미스터리계의 거장이 되었다. '겨우 세 편'이라고는 해도 집필하는데 걸린 기간은 13년에 이른다.
네 번째 작품이자 '한니발 3부작'의 마지막 작품인 『한니발』은 전작 『양들의 침묵』 이후 11년의 세월이 지난 뒤에야 겨우 발표되었다. 물론 이 화제작도 리들리 스콧 감독에 의해 영화로 만들어져 기록적인 흥행 성적을 올렸다.
24년 동안 네 편의 작품을 발표했으니 대중오락작가로서는 지극히 작품 수가 적은 작가이다. 또한 매스컴뿐 아니라 남들 앞에 나서는 것을 극단적으로 싫어해 인터뷰나 강연, 사인회에 나타나는 일이 없어 그의 사생활은 베일에 싸여 있다.

연쇄살인범 한니발 렉터 박사를 둘러싼 심리극

FBI 훈련생인 클라리스 스탈링은 전前 정신병리학자이자 희대의 연쇄살인범인 한니발 렉터 박사의 협력을 받아 여성의 살가죽을 벗기는 엽기 살인마인 버팔로 빌의 정체를 밝혀내고 사건을 해결했다. 그것이 10년 전의 일이다. 이제 클라리스도 32세의 베테랑 수사관이 되었다. 그러나 약관 22세, 여성이라는 불리한 조건을 딛고 버팔로 빌 사건으로 공적을 올린 덕분에 출세하게 된 클라리스에 대해 FBI 내부에서는 처음부터 반발이 심했다. 그런 그녀에게 흉악한 여성 마약 밀매범 이벨다를 체포하라는 임무가 주어진다. 그 결과 사람이 많은 시장에서 총격전을 벌이게 되고, 동료가 마약범의 총을 맞고 쓰러진다. 하는 수 없이 클라리스는 아기를 안고 있는 이벨다를 사살한다. 그런 모습이 뉴스에 방영되고 신문에 보도되는 바람에 그녀는 매스컴과 FBI 내부로부터 동시에 심한 비난을 받게 된다.

그때 궁지에 몰린 클라리스를 주목하는 인물이 있었다. 대大부호인 메이슨 버저였다. 그는 한니발 박사의 피해자 가운데 유일한 생존자였다. 얼굴 가죽이 벗겨진 채 전신마비가 된 몸으로 살아가야 하는 메이슨은 이제 한니발 박사에 대한 복수의 화신이 되어 버렸다. 그러나 한니발 박사는 10년 전에 정신이상 범죄자를 수용하는 병원에서 탈출해 행방불명된 상태이다. 그래서 예전에 한니발 박사와 대면했던 적이 있고, 나아가 특별한 관계를 가졌던 클라리스를 이용하려고 획책한 것이다.

그 무렵 한니발 박사는 이탈리아의 피렌체에 잠복해 이름을 펠 박사라고 바꾸고 카포니 궁에서 사서로 일하고 있었다. 그러나 도망자 생활을 하는 동안에도 그는 클라리스의 동향에 대해 불가사의한 관심을 가지고 있었다. 그는 클라리스가 FBI 안에서 궁지에 몰려 있다는 것을 알고 편지를 보낸다. 한편, 펠 박사의 전임 사서가 이상하게 실종된 사건을 수사하고 있던 피렌체의 형사 파치는 펠 박사가 중요 국제지명수배자인 한니발이 아닐까 하는 의심을 품는다. 그러나 파치는 그 사실을 FBI에 알리지 않고 인터넷상으로 상금을 걸고 있던 메이슨의 조직과 연락을 취한다. 이렇게 해서 파치를 앞세운 메이슨의 보복 팀이 한니발 박사의 포획 작전을 개시한다. 그러나 자기에게 다가온 위기를 재빨리 알아차린 한니발 박사는 먼저 파치를 잔인한 방법으로 살해하고 보복 팀도 물리쳐 버린다.

이제 피렌체에 머물지 못하게 된 한니발 박사는 미국으로 돌아가 클라리스와 접촉한다. 그러나 그 직후에 메이슨의 부하에게 잡혀 버린다. 한니발 박사가 메이슨의 저택에 유괴되어 있을 것이라고 추측한 클라리스는 그의 신병을 구출하려고 혼자 메이슨의 저택으로 들어간다. 그 곳에서 그녀가 본 광경은 식인 돼지의 먹이가 될 위기에 처한 한니발 박사였다…….

천재적이고 엽기적인 살인마, 한니발

식인종(카니발)이라는 별명을 가진 한니발 렉터는 의학박사 학위를 가지고 있는 엽기적인 살인마이다. 더불어 그는 천재적인 두뇌와 풍부한 교양, 그리고 세련된 취미와 기호를 가진 사람으로 알려져 있다. 덕분에 종래의 그저 잔인하기만 한 연속살인범(실재 인물이나 허구의 인물을 모두 포함)과는 구분되는, 1990년 미국이 창조한 팝 아이콘의 하나가 되었다. 그가 처음으로 등장하는 작품은 『레드 드래곤』이다. 연쇄살인범 달라하이드와 FBI 수사관 그레이엄의 사투를 그린 이 작품에서 이미 정신병원에 감금되어 있던 한니발 박사는 FBI 행동과학반의 프로파일링에 협력하는 역할을 한다. 그러나 협력하는 척하면서 잠재의식 속에서는 살인마 달라하이드와 수사관 그레이엄을 조종하고 있다는 점이 중요하다.

이 작품에 이은 『양들의 침묵』에서도 그는 여전히 철창 안쪽에서 미모의 FBI 훈련생 클라리스에게 협력하는 역할을 하는데, 전작에서보다 정신적 흡혈귀로서의 모습이 더욱 부각되며 보다 특이한 캐릭터로 나타난다.

『한니발』에서는 지금까지 베일에 싸여 있던 한니발 박사의 소년 시절에 관한 내용이 나온다. 그에 의하면 놀랍게도 그가 가장 사랑하던 여동생이 제2차 세계대전 때 독일군에게 먹혔던 것이다! 아무래도 이것이 식인 박사의 정신적인 상처로 작용하는 모양이다.

그가 클라리스 스탈링에게 흥미를 계속 가지는 것은 그녀 속에서 처참하게 죽임을 당한 여동생의 모습을 발견했기 때문이다. 그것은 다시 말해 여동생을 통해 어머니에게서 받지 못한 애정을 성취하는 일이다. 한편, 클라리스도 어린 나이에 여읜 사랑하는 아버지의 모습을 한니발 박사에게서 찾고 있다. 이런 이유로 『한니발』은 독자의 기대를 배신하고, 찬반양론 소동까지 불러일으킨 황당한 결말을 낳고 있다.

| 작품 속의 명문장 |

"자신의 절실한 기도가 일부밖에 실현되지 않았던 시점 이후로 한니발 렉터는 신의 의도에 대해 생각을 해 본 적이 한 번도 없었다. 예외가 있다고 한다면 신에 의한 살육에 비하면 자기가 한 살육 정도는 아무것도 아니라고 깨달았을 때 정도이다. 참으로 신은 비교할 수 없을 정도로 아이러니하고, 측량할 수 없을 정도로 변덕스러운 악의를 가진 존재라고 할 수 있다."

본문 제3부 '새로운 세계로'의 48장

독일 문학

북방 특유의 관념적 몽롱함을 배경으로 하는 독일 문학은 프랑스 문학의 에스프리(기지), 영국 문학의 유머, 러시아 문학의 카오스(혼돈)와 비교했을 때 어딘지 끝을 알 수 없는 늪으로 끌려들어 가는 듯한 '깊이'를 특색으로 하고 있다.
따라서 통속적인 것에서 벗어나 조용하게 생각을 담는 지적 엘리트에게 매우 영양분이 풍부한 양식을 제공하는 작품들이 탄생하게 되었다.

독일 문학의 흐름

아키야마 히데오 | 독일 문학가

'관념적이고 감각적인' 깊이

독일은 칸트에서 하이데거에 이르는 철학자와 모차르트에서 바그너에 이르는 음악가를 낳은 철학과 음악의 나라로, 관념적이면서도 감각적이라는 모순이 서로 융합하고 있다는 점을 가장 큰 특색으로 꼽을 수 있다.

문학 분야에서도 '안개의 아들'이라는 의미의 영웅서사시 『니벨룽겐의 노래』를 비롯해 헤세의 『안개 속에서』라는 아름다운 시에서 볼 수 있듯이, 유럽의 북방에 위치해 길고 매서운 겨울을 등잔 밑에서 보내야 했던 독일인들은 자연히 정신적인 면이 풍부해지게 되었던 것으로 생각된다. 그렇기 때문에 하이데거도 '유상과 무상이 서로 통한다'는 로고스를 설명하면서 우리 인간의 존재에 대해 '안개처럼 다가오는 무無'라는 멋진 표현을 생각해 냈을 것이다.

이러한 북방 특유의 관념적 몽롱함을 배경으로 하는 독일 문학은 프랑스 문학의 에스프리(기지), 영국 문학의 유머, 러시아 문학의 카오스(혼돈)와 비교했을 때 어딘지 끝을 알 수 없는 늪으로 끌려들어 가는 듯한 '깊이'를 특색으로 하고 있다. 따라서 통속적인 것에서 벗어나 조용하게 생각을 담는 지적 엘리트에게 매우 영양분이 풍부한 양식을 제공하는 작품들이 탄생하게 되었다.

다양한 경향과 소재를 다룬 독일 문학

독일 문학이라는 호칭은 사실 정확하지 않다. 예를 들면 켈러나 프리슈를 대표적으로 거론한 스위스 문학과 슈니츨러나 무질, 브로흐로 대변되는 오스트리아 문학은 물론이고 릴케나 카프카와 같은 체코 출신의 문학가도 있으며, 샤미소나 레마르크와 같은 프랑스 계열의 작가도 있고, 토마스 만 등의 예에서 볼 수 있듯이 미국으로 망명한 작가도 여러 명이나 있기 때문이다.

또한 소재의 면에서도 동양에 관계되는 작품으로 괴테의 『중국·독일의 계절과 시간』이나 『신神과 인도의 무희』 등을 비롯해 헤세의 『싯다르타』, 인도 전설을 소재로 채택하고 있는 토마스 만의 『뒤바뀐 머리』 등을 꼽을 수 있다.

이렇게 온갖 꽃들이 만발해 있는 꽃밭 가운데에서 겨우 29개의 국화만을 골랐을 뿐이어서 어쩌면 영국이나 프랑스 문학의 현란한 장미꽃에 미치지 못할까 걱정될 뿐이다. 한편, 노벨문학상을 수상한 작가에 대해서는, 오늘날에는 전혀 읽히지 않는 파울 하이제나 슈피텔러, 그리고 안타깝게도 무시할 수밖에 없었던 유대인 작가 넬리 작스를 제외하고는 하우프트만과 토마스 만, 헤세, 뵐 등을 대부분 망라할 수 있었다.

여기에 이름이 나와 있는 작가들 중에는 괴테와 토마스 만, 헤세 등과 같이 80세 이후까지 건장했던 사람들도 있지만, 노발리스나 뷔히너처럼 요절한 시인과 클라이스트처럼 자살한 작가, 횔덜린처럼 광인이 된 시인 등도 있어 그들의 개인사를 조사해 보면 여러 가지 흥미 있는 문제를 발견할 수 있을 것이다. 또한 이들의 직업도 흥미로운데, 예를 들어 뫼리케는 목사였고, 슈니츨러와 카로사 등은 의사였다.

이 가운데 독일 문학을 대표할 만한 기둥을 3개만 꼽으라고 한다면 괴테와 니체, 토마스 만 정도가 타당할 것이다. 이렇게 대단한 문호들 가운데 니체가 이 책에서 빠져 있는 것은 애석하기 짝이 없지만, 그의 작품에 대한 자세한 해설은 다른 서적에 맡기기로 한다.

요한 볼프강 폰 괴테(Johann Wolfgang von Goethe)

젊은 베르테르의 슬픔

(Die Leiden des jungen Werthers)

천재적 감성을 지닌 청년이 약혼자가 있는 로테라는 여인을 사랑하게 되면서 생기는 심리적 갈등과 의식의 상태를 서간체 형식의 산문으로 써 내려간 작품으로, 괴테의 실제 경험을 바탕으로 하고 있다. 형식과 법칙에서 벗어난 작가의 자유분방함이 반영되어 있다.

INTRO

독일의 시인이자 소설가·극작가인 요한 볼프강 폰 괴테(Johann Wolfgang von Goethe, 1749~1832)는 1749년 8월 28일 마인 강변에 위치한 프랑크푸르트암마인의 부유한 가정에서 태어났다.

그가 '베르테르 체험'이라고 불리는 사랑, 곧 케스트너라는 약혼자가 있는 가정적인 여성 샤를로테 부프와의 괴로운 연애를 경험한 것은 1772년 5월 4일부터 같은 해 9월 11일까지 베츨라르에 체류하고 있을 때였다. 이 경험과 케스트너의 친구 예루잘렘의 자살 사건을 토대로 그가 『젊은 베르테르의 슬픔』을 집필해 발표한 것은 1774년 9월이었다.●

'베르테르의 시인'으로 단번에 유명해진 괴테는 1775년 11월 초에 바이마르로 이사했는데, 그곳에서도 7세 연상의 유부녀 샤를로테 폰 슈타인 부인과 깊은 연애에 빠져 바이마르 전기 10년 동안 지속적인 '베르테르 체험'을 맛보게 되었다. 궁중시인 타소의 사랑과 고뇌를 그린 희곡 『토르쿠아토 타소』는 그런 뜻에서 '승화된 베르테르'라고 불리고 있다. 그러나 괴테는 그 뒤에도 몇 번이나 '베르테르 체험'을 경험하고 그 정신적 갈등을 시적으로 승화해 내는 것으로 고뇌를 극복했다. 특히 1809년에 발표한 장편소설 『친화력』에는 그 체험과 반성이 가장 농후하게 반영되어 있다.

그의 마지막 '베르테르 체험'은 1822년 여름 73세의 늙은 시인이 17세의 소녀 울리케 폰 레베초에게 느낀 열렬한 애정이었다. 1832년에 사망할 때까지 이 시인은 평생 동안 베르테르와 같은 위기에 놓여 있었던 것이다.

약혼자가 있는 여인을 사랑하게 된 청년 베르테르의 이야기

연애소설로 너무나도 유명한 『젊은 베르테르의 슬픔』은 베르테르의 편지와 자필 메모, 그의 이야기를 잘 알고 있는 사람들의 보고 등을 모아 묶은 형식으로 되어 있다.

그것은 작품 서두에 나온 짧은 문장과 제2권의 12월 6일 자 편지 이후에 삽입된 '편집자가 독자에게'라는 이야기 부분에 명시되어 있다.

편집자에 따르면, 독자는 베르테르의 정신과 성격에 대해서는 예찬과 사랑을, 그의 운명에 대해서는 눈물을 금치 못함과 동시에, 단 하나의 행위라도 보통 사람과는 다른 사람들 사이에서 일어난 경우 그 진정한 동기를 발견하기가 매우 힘들다고 씌어 있다. 이렇게 작품의 형식과 관점이 암시되어 있듯이 주인공인 베르테르의 사상과 감정, 운명은 그 자체가 지극히 주관적이면서 작가 괴테에 의해 뚜렷하게 객관적으로 묘사되어 있다.

제1권에서 마음씨 착하고 교양 있는 청년 베르테르가 어느 작은 시골 마을에 나타난 것은 봄이 한창일 때이다. 그는 부유한 시민계급 출신으로 아버지의 유산을 받아 아무런 부족함이 없이 생활할 수 있다. 게다가 얼마 뒤에 이 마을 교외에 사는 법관 S의 딸로, 8명의 동생들을 어머니 대신 보살피는 아름다운 로테를 만나 청춘의 정열이 불타오르는 듯한 느낌을 경험한다. 고양된 자연 감정과 연애 감정이 그의 마음속에서 하나로 융합되는 이 시기는 생기가 넘치는 여름이다.

그러나 그녀의 약혼자인 알베르트가 여행에서 돌아왔을 때 베르테르의 감정은 그늘지기 시작했고, 가을에 접어들며 점점 생기를 잃어 간다.

제2권에서 베르테르는 머나먼 타국의 공사관公使館에서 마음 내키지 않는 서기관 일을 하고 있다. 사랑하는 로테로부터 떨어져 지내야 하는 겨울은 정신적으로 황량한 시기이다. 그런 겨울이 한창일 때 알베르트와 로테가 아무에게도 알리지 않고 결혼식을 올린 일과, 그가 귀족 사교계에서 신분 차별 때문에 굴욕적인 취급을 당한 일은 그에게 결정적으로 정신적 타격을 준다.

이듬해 봄이 되자 그는 내면의 치유를 위해 자기가 태어난 고향을 찾아갔다가 여름에 다시 로테 곁으로 돌아간다. 그러나 그때 이미 베르테르의 운명은 서서히 추락하기 시작한다. 1772년 9월 4일 자에 그가 "그렇다, 그런 것이다. 자연이 가을로 접어들듯 나의 마음속도, 나의 주위도 가을이 되는 것이다"라고 쓴 것처럼 서서히 그늘이 다가온다.

베르테르가 자살을 결심하기까지의 내면적 과정은 로테를 알고 난 뒤 두 번째로 맞는 겨울의 심상 풍경으로 그려져 있다. 그는 로테에 대한 가망이 없는 사랑과 귀족 사회에 대한 분노의 정에 휩쓸려서 더 이상 마음을 자제할 수 없게 된다.

12월 21일, 그는 로테의 뜻을 어기고 알베르트가 없을 때 그녀를 찾아간다. 당장이라도 꺼질 듯한 불이 한순간 밝게 타오르는 것처럼 오시안의 시를 낭독해 주자 그녀는 크게 감격하고, 그는 그런 그녀를 자기도 모르게 힘껏 포옹한다. 그리고 이튿날 그는 여행을 간다면서 알베르트에게 권총을 빌려 한밤중에 자살한다. 그의 장례식에는 당연히 한 사람의 성직자도 동행하지 않았다.

베르테르 – 순수하고 다감한 청춘의 상징

푸른 망토에 노란 조끼와 바지라는 베르테르의 이미지는 순수하고 다감한 청춘의 상징으로 일반 독자들의 뇌리에 새겨져 있다. 작가 자신도 "모든 청년이 이렇게 사랑하기를 바라고, 모든 소녀는 이렇게 사랑받기를 바란다"고 한 적이 있었다.

그러나 젊은 괴테의 기본적인 구상에 따르면 『젊은 베르테르의 슬픔』은 단순한 연애소설이 아니었다. '깊고 순수한 감정과 진실한 통찰력을 가지고 있지만 열광적인 몽상에 마음을 빼앗겨 사색에 잠긴 나머지 의기를 상실하고, 마지막에는 끝도 없는 사랑이 낳은 불행한 정열로 인해 정신착란을 일으켜 머리에 총알을 쏴 버리는' 상황을 통해 한 청년의 자아가 붕괴되는 과정을 보여 주려고 했던 것이다.

다만 문제는 선천적으로 뛰어난 자질을 부여받은 청년이 왜 능력에 걸맞은 의미 있는 생활을 할 수 없었는가 하는 점이다. 여기에 대해 그 무렵 독일의 사회 제도가 시민계급 출신의 청년들에게 활동할 수 있는 공간을 충분히 제공하지 못해 그들을 종종 절망의 구렁텅이에 빠뜨리곤 했다는 점이 지적된다.

그러나 그렇다고 해도 같은 시민계급 출신인 알베르트가 유능한 관리로 활동하고, 로테도 마지막에 베르테르의 정열을 거부했음을 감안한다면 베르테르의 성격이나 사고방식 그 자체에 자살의 궁극적인 원인이 숨어 있다고 여겨진다.

| 작품 속의 명문장 |

"이 세상에서 '이것이냐 저것이냐'로 해결되는 일은 극히 드물다. 감정과 행위의 움직임에는 매부리코와 들창코의 차이 정도로 미묘한 어감의 차이가 있다."

제1권 8월 8일

* '이것이냐 저것이냐'는 나중에 '죽음에 이르는 병'과 함께 키르케고르가 저술한 책의 제목이 된 것으로 생각된다.

"그대는 우리가 '죽음에 이르는 병'이라고 부르는 것을 알고 있을 것이다. 그것으로 인해 인간성이 크게 손상되고, 갖가지 힘이 침식되며, 인간성의 작용이 사라져 다시는 회복되지 못하고, 아무리 행운의 격변이 일어나도 더 이상 생활의 궤도를 원래대로 돌이킬 수가 없는 것이다."

* 알베르트와 벌인 자살 논쟁에서 베르테르가 인간성의 필연적인 한계를 주장하는 부분. 베르테르가 말하는 인간성이란 인간의 정신적인 측면에 한정되지 않고 자연적, 신체적인 측면까지도 포함하고 있다.

NOTES

● 나중에 영웅이 된 나폴레옹도 청년 시절에 괴테의 『젊은 베르테르의 슬픔』을 매우 애독(일설에 따르면 일곱 번이나 읽었다고 한다)해 이를 본보기로 소설까지 썼는데 실패작이었다고 한다.

고트홀트 에프라임 레싱(Gotthold Ephraim Lessing)

현자 나탄
(Nathan der Weise)

『데카메론』의 「3개의 반지」를 원용한 5막 희곡으로, 유대교·이슬람교·그리스도교에 우열은 있을 수 없다는 저자의 종교관을 주장한 철학적 작품이다. 관용의 윤리라는 계몽주의 사상을 구현하고 있으며, 유럽 휴머니즘의 선구적 작품으로 꼽힌다.

INTRO

독일의 극작가이자 비평가·계몽사상가인 고트홀트 에프라임 레싱(Gotthold Ephraim Lessing, 1729~1781)은 1729년 목사의 아들로 카멘츠에서 태어났다. 말년의 10년 동안 볼펜뷔펠 도서관에서 얼마 안 되는 보수를 받으며 사서직으로 일한 뒤 1781년 브라운슈바이크에서 사망했다. 초기의 시를 제외하면 문학 작품은 희곡에 한정되어 시민 비극인 『사라 삼프손 양孃』(1755), 희극 『미나 폰 바른헬름』(1767), 비극 『에밀리아 갈로티』(1772), 극시 『현자 나탄』(1779) 등이 있다. 비평 영역에서는 '라오콘 군상'을 토대로 조형 예술과 문학의 차이를 논한 『라오콘』(1766)과 『함부르크 연극론』(1767~1769)이 특히 유명하다. 사망하기 직전의 2년간은 함부르크의 목사 괴체와 열띤 신학 논쟁을 벌였다. 『현자 나탄』은 당국으로부터 논쟁문의 집필을 금지당한 레싱이 전에 쓰던 방법인 희곡이라는 형태로 자신의 종교적 의견을 토로한 것이다.●

종교 간의 사랑과 이해를 구하는 이야기

12세기 말의 예루살렘에 사람들로부터 '현자 나탄(유대교를 대표)'이라고 불리는 부유한 유대인 상인이 있었다. 어느 날 술탄 살라딘(이슬람교를 대표)의 부름을 받고 찾아간 그는 유대교와 이슬람교, 그리스도교 가운데 어느 것이 진정한 종교인지 가르쳐 달라는 부탁을 받는다. 나탄은 어찌할 바를 모르다가 순간적으로 세 반지 이야기를 떠올리고 그 이야기를 통해 위기를 모면한다.

그 이야기란 가보로 내려오던 반지를 세 아들 가운데 누구에게 물려주어야 할지 고민하던 상인이 진짜와 똑같이 생긴 2개의 가짜 반지를 만들어 당면한 문제를 해결하는 데에서 시작한다. 그런데 아버지가 죽은 뒤 형제들 사이에 누가 진짜 반지의 소유주인가를 놓고 싸움이 일어난다. 세 사람의 이야기를 들은 재판관은 "어느 반지가 진짜인지 아무도 판단하지 못하는 이상, 각자 자기 반지가 진짜라고 믿으면 된다. 그리고 진짜 반지가 지니고 있다는 힘, 곧 신과 인간에게 사랑을 받게 된다는 힘이 자신에게 나타나도록 각자 노력하도록 하라"고 판결을 내렸다는 것이다. 술탄은 나탄의 이 이야기에 진심으로 감탄하고 나탄을 협박해 돈을 빼앗으려 했던 자신의 마음을 부끄럽게 여긴다. 그리고 술탄의 은사로 간신히 목숨을 건졌던 성당 기사(그리스도교를 대표)와 나탄의 양녀 레하가 친남매이고, 더구나 이 두 사람이 술탄과 그의 여동생인 시타의 조카들이었다는 사실이 판명됨에 따라 종교적인 관용을 주제로 하는 이 5막의 극시는 해피 엔딩으로 끝난다.

계몽주의적 사고가 만들어 낸 인물, 나탄

나탄은 그리스도교 신자들에 의해 아내와 7명의 아들들이 학살당한 뒤, 사흘 밤낮을 신에게 항의하고 전 세계를 저주하며 죽을 때까지 그리스도교 신자들을 증오하리라고 결심한 유대인이다. 그런데 점차 이성이 돌아와 모든 것이 신의 뜻이었다고 받아들이던 차에 그리스도교 신자인 친구로부터 갓 태어난 여자아이 레하를 맡게 되자, 죽은 7명의 아들 대신이라고 생각하며 양육한다.

그는 자기는 태생에 따라 유대교 신자가 되었지만, 남도 자기와 마찬가지로 태생에 따라 그리스도교 신자가 되거나 이슬람교 신자가 될 수 있는 권리를 가지고 있다고 생각하는 관대한 마음을 가진 사람이다.

| 작품 속의 명문장 |

"그리스도교 신자이건, 유대인이건, 인간이기 전에 먼저 그리스도교 신자이고 유대인이었던 것일까요?"

『현자 나탄』 제2막 5장

* 유대인에 대한 편견을 버리지 못해, 자신이 불 속에서 구해 낸 레하의 아버지 나탄이 감사를 표하는 마음을 순수하게 받아들이려 하지 않던 성당 기사도 나탄의 이 말에 자신의 편협함을 깨닫고 친구로서 나탄에게 손을 내민다.

NOTES

● 레싱의 관심은 오로지 인간으로만 한정되어 있어 자연에는 시선조차 주지 않았다. 그 예로 "해마다 봄이 되면 파란 싹이 튼다는 것은 지루하다. 가끔은 새롭게 새빨간 싹이 터도 좋지 않을까?"라고 했다는 말이 전해질 정도이다.

군도 群盜 부제「압제에 저항하여」 (Die Räuber)

5막 15장으로 이루어진 이 희곡은 인습과 자유에 관한 문제를 열정적으로 표현한 점에서 슈투름 운트 드랑●의 대표작 가운데 하나로 꼽힌다. 실러의 처녀작으로, 그 무렵 독일의 폭정에 대한 반항을 표현한 일종의 사회극이라고 할 수 있다.

INTRO

독일의 시인이자 극작가인 프리드리히 폰 실러(Friedrich von Schiller, 1759~1805)는 뷔르템베르크의 마르바흐에서 군의관의 아들로 1759년에 태어났다. 그 뒤 전제 군주였던 카를 오이겐 공公의 명령으로 장교 양성을 위해 신설된 카를사관학교에서 비인간적인 교육을 받고 견습 군의관이 되었다. 이때부터 시와 희곡을 쓰기 시작한 그는 처녀작인 『군도』(1781)가 대성공을 거두자 오이겐 공의 노여움을 사 1781년에 임지였던 슈투트가르트에서 도망치게 되었고, 이후 친구의 도움으로 각지를 전전하면서 시민 비극 『간계와 사랑』(1784) 등을 집필했다. 그 뒤 역사와 미학에 관한 연구를 시작해 질풍노도시대와는 거리를 둔 사극 『돈 카를로스』(1787)를 완성했다.

1787년에 괴테의 추천으로 예나대학교의 역사학 교수 자리를 얻어 『30년전쟁의 역사』(1791~1793)와 같은 대작을 완성했다.● 1794년 우연한 기회로 괴테와 급속도로 친해져 다시 극작에 대한 의욕을 갖게 되었다. 바이마르로 이주한 뒤로는 괴테가 감독하는 극장을 위해 『발렌슈타인』(1799) 3부작, 『마리아 슈투아르트』(1800), 『오를레앙의 처녀』(1801), 『메시나의 신부』(1803), 『빌헬름 텔』(1804) 등의 대작을 잇달아 발표했으나, 폐병이 악화되어 야심작 『데메트리우스』를 완성하지 못한 채 1805년에 세상을 떠났다.

이상주의자였던 실러의 비극은 파멸하는 주인공을 정신적인 승리자로 만드는 도덕적인 자유 정신으로 관철되어 있다. 그는 또한 고대의 운명극과 근대의 성격극을 종합하고, 거기에 독일의 인간적인 고전극을 확립했다.●

형제간의 불화와 반목

프랑켄 지방의 영주 막시밀리안 백작의 큰아들 카를이 라이프치히대학교에서 유학하는 사이에 천성이 악한 그의 아우 프란츠가 아버지를 속이고 형을 후계자 자리에서 몰아낸다. 아버지의 편지를 받은 카를이 절망하고 있는 동안 세상의 부정에 분개하고 있던 동료 대학생들이 세상을 뜯어고치기 위해 도적단을 결성하고, 카를을 두목으로 추대할 것을 결의한다. 한편 고향에 있는 프란츠는 형이 죽었다고 속이고 비탄과 후회에 빠져 쇠약해진 아버지를 탑에 유폐한 뒤, 카를의 약혼자로 성에 남아 있던 아말리아에게 청혼했다가 거절당한다.

보헤미아의 숲을 근거지로 한 카를의 도적단은 세상을 떠들썩하게 한다. 그러나 부하들 가운데 의적이라는 본래의 목적을 벗어나 약탈과 폭행을 일삼는 자가 나타나자 그 모순 때문에 카를은 괴로워한다. 드디어 진압군에게 포위된 카를이 포위망을 뚫고 도나우 강변에 도달했을 때, 그는 고향이 그리워져서 프랑켄으로 갔다가 우연히 탑에서 굶주려 죽기 직전인 아버지를 발견한다. 복수를 위해 카를은 부하들과 함께 성으로 쳐들어가지만 프란츠는 잡히기 전에 죽어 버린다(체포되어 탑에 갇힌다는 이야기도 있다).

아말리아와 새로운 생활을 시작하려 한 카를은 생사를 함께하자고 맹세한 부하들로부터 변절했다는 비난을 받는다. 아말리아의 부탁으로 카를은 직접 그녀를 찔러 죽인다. 그러나 그는 다시 도적단으로 돌아가지 않고 파괴한 질서를 스스로 보상하기 위해 자수를 결심한다.

독일의 봉건적 사회에 대한 항의

'압제에 저항하여'라는 부제에 나타나 있듯이 이 희곡에는 전제 군주들이 다스리는 작은 나라들로 분단된 봉건적인 독일의 질식할 듯한 상황에 대한 작가 실러의 청년다운 격렬한 항의가 나타나 있다. 1781년 이 작품이 만하임에서 초연되었을 때 객석에서는 '미친 듯한' 소란이 일어났다고 한다. 그 내용 때문에 혁명적인 풍조가 강한 시기에 종종 상연되는 희곡인데, 주인공 카를이 마지막에 자신이 무법 행위로 법을 고치려 했던 점을 반성하고 상처받은 질서를 바로 세우려 한다는 점이 주목할 만하다.

NOTES

● '질풍노도운동'으로 번역되는 슈투름 운트 드랑**Sturm und Drang**은 1770년에서 1780년에 걸쳐 독일에서 일어난 문학 운동을 일컫는다. 이들은 주로 계몽주의 사조에 반항하면서 감정의 해방과 독창성·천재성을 부르짖었다. 대표적인 작가로는 괴테와 실러, 클링거, 바그너, 뮐러 등을 들 수 있고, 대표적인 작품으로는 괴테의 『젊은 베르테르의 슬픔』, 실러의 『군도』 등이 꼽힌다.

● 『30년전쟁의 역사』는 실러가 예나대학교의 역사학 객원교수로 취임할 때, 그 기념으로 강연한 내용을 엮은 것이다.

● 실러의 작품은 금언과 격언의 보고寶庫라고 할 수 있다. 나치 시절에는 『돈 카를로스』의 포자 후작이 "사상의 자유를 주십시오"라고 말하는 부분에서 관객들이 우레와 같은 박수를 보냈다고 한다.

노발리스(Novalis)

하인리히 폰 오프터딩겐

(Heinrich von Ofterdingen)

독일 낭만주의의 대표적 작품이자 미지의 것에 대한 그리움을 그려낸 노발리스의 대표작으로, 1802년에 미완의 상태로 간행되었다. 작품에 등장하는 '푸른 꽃'은 낭만적 동경을 상징하며, 이 작품을 통해 작가는 낭만주의 시 정신을 체현하고 있다.

INTRO

노발리스(Novalis, 1772~1801)는 독일의 시인·소설가로, 본명은 프리드리히 폰 하르덴베르크 Friedrich von Hardenberg이다. 1772년 독일 중부에 위치한 튀링겐 지방의 오래된 귀족 집안에서 태어나 경건주의의 엄격한 가정에서 자라났다. 대학에서 철학과 법학을 공부하다가 나중에 자연과학을 공부하고, 1796년 바이센펠스에서 작센 정부 제염소의 회계 감사관으로 일했다.

1794년에 12세의 소녀 조피 폰 퀸을 만나 이듬해 약혼했으나 1797년에 그녀가 세상을 떠났다. 그는 의지의 힘으로 애인의 뒤를 따르려고 했으나, 사후 56일째 저녁에 조피의 무덤 앞에서 "무덤은 먼지 구름이 되고, 그 사이로 사랑하는 여인의 깨끗한 얼굴을 보았다"고 회상했다. 이렇게 해서 『밤의 찬가』(1800)가 탄생했다.

노발리스는 폐결핵을 앓다가 1801년에 29세의 젊은 나이로 요절했다. 그의 작품으로는 단편집 『꽃가루』(1798), 『신앙과 사랑』(1798), 평론집 『그리스도교 세계: 유럽』 외에 많은 시와 단문 형식의 사상 문집 등이 있다.

푸른 꽃을 동경해 길을 떠난 주인공이 시인으로 성장하는 과정

작품명인 '하인리히 폰 오프터딩겐'은 주인공의 이름이다. 이 이름은 13세기 초의 전설적인 시인의 이름인데, 소설은 전설과는 아무런 관계가 없다. 이 소설에 나오는 '푸른 꽃'은 낭만파의 무한한 동경의 대상을 상징하며, 낭만주의의 상징으로 세계의 문학에 널리 알려져 있다.●

하인리히는 꿈에서 푸른 꽃을 보았다. 가까이 다가가자 꽃은 모습이 바뀌어 그 속에서 상냥한 얼굴이 떠오른다. 얼마 뒤 그는 어머니의 고향인 아우크스부르크로 여행을 떠난다. 그것은 먼 나라로 가는 여행이자 동시에 고향을 찾아가는 여행이기도 하다. 그는 도중에 여러 사람들로부터 신비한 이야기를 듣고 자연과 역사에 대한 고찰을 배운다. 동굴에 사는 은둔자 곁에서 본 책의 삽화에는 놀랍게도 그 자신의 과거뿐 아니라 시인이 된 미래의 모습까지 그려져 있었다.

아우크스부르크에 있는 할아버지 집에서 그는 시인 클링소르로부터 시의 본질에 대한 가르침을 받는다.● 그는 그의 딸 마틸데와 금세 친해지고, 꿈에서 본 푸른 꽃 속에 떠오른 얼굴이 마틸데였음을 깨닫는다. 그러나 다시 본 꿈속에서 푸른 강물이 그녀를 삼켰고, 그 꿈은 이윽고 현실이 되어 마틸데는 죽는다. 결국 그 죽음은 그를 시인으로 만든 결정적인 체험이기도 하다. 저세상은 현세와 이어진다. 꿈이 현실이 된 것처럼 지금은 일상적인 사물이 신비한 것으로 보인다. 그는 순례자가 된다. 이렇게 해서 윤회를 거듭해 현세와 내세의 경계가 사라진 신비적이고 동화적인 세계에서 작가의 글이 단절되고, 작품은 미완으로 끝난다.

푸른 꽃 – '시', '사랑', '신과 사람과 자연의 조화'를 상징

주인공은 하인리히이지만 이야기 전체가 마법과 같은 분위기에 휘감

겨 있어 주인공의 외모나 행동 등에 관한 묘사는 전혀 나타나지 않는다. 오히려 주인공의 심정이나 동경이 주인공이라고 할 수 있을 정도이다. 하인리히는 천성적 시인으로 꿈에서 본 푸른 꽃을 끝없이 동경하는데, 이 푸른 꽃은 '시'나 '사랑' 또는 '신과 사람과 자연의 조화와 결합'의 상징이다. 그 푸른 꽃은 마틸데가 되므로 그녀에 대한 사랑은 그러한 것들에 대한 뜨거운 사랑을 뜻하는 것이다.

| 작품 속의 명문장 |

"사건이란 결말이 난 것처럼 보일 때 사실은 겨우 시작되었을 뿐인 경우가 종종 있다."

『하인리히 폰 오프터딩겐』 제5장

* 전쟁이 끝나고 이제부터 즐겁게 살아야겠다는 부푼 기대를 안고 집으로 돌아온 호엔촐레른 백작(은둔자)이 아이들과 사랑하는 아내를 잃었을 때 뜻하지 않게 신의 계시를 받게 된 일을 회상하며 하는 말이다.

NOTES

● 『하인리히 폰 오프터딩겐』은 국내에서 '푸른 꽃'이라는 제목으로 더 유명하다.

● 시인 클링소르(전설에서는 하인리히를 구해 준 마법사)는 괴테를 모델로 했다고 한다. 노발리스는 괴테의 사상과 작품에 감탄했으나 그의 산문성에 불만을 가지고 있었다. 그는 괴테를 의식하며 그를 능가하려고 『하인리히 폰 오프터딩겐』을 썼다.

요한 볼프강 폰 괴테(Johann Wolfgang von Goethe)

파우스트

(Faust)

괴테가 1790년부터 1831년에 걸쳐 쓴 희곡으로, 괴테의 전 생애를 통해 성찰되고 완성된, 독일 문학의 기둥이 된 작품이다. 신과 악마 사이의 쟁점이 한 인간을 통해 전개되어 가는 과정이 깊이 있게 묘사되어 있다.

INTRO

『초고 파우스트』의 집필은 괴테가 바이마르로 이주한 1775년 전후에 걸쳐 이루어졌다. 그러나 이 초고를 읽은 사람은 젊은 괴테의 친한 친구들로 한정되어 있었다. 그 사이에 '갓난아이 살해'라는 소재를 동료 시인인 H. L. 바그너●가 도용해 희곡화한 일이 있었고, 스승인 헤르더●에게 파우스트 전설을 다룬 작품을 쓰고 있다는 사실을 감춘 일도 있었다.

1786년 9월에 이탈리아로 여행을 떠난 괴테는 로마에서 다른 미완성 작품들과 함께 『파우스트』를 완성하려고 노력했으나 고전을 겪고 귀국한 뒤인 1790년 1월에 그것을 『단편 파우스트』로 인쇄해 버렸다. 그 뒤 이 단편의 완성을 재촉한 사람은 괴테가 1794년부터 1805년까지 친구로 지냈던 시인 실러였다. 이렇게 하여 현재의 형태를 지닌 『파우스트』 제1부가 실러의 사후인 1808년에 발표되기에 이르렀다. 참고로 그해 10월에 괴테는 에르푸르트와 바이마르에서 나폴레옹을 세 번이나 만났다.●

『파우스트』 제2부는 1800년 무렵에 이미 구상되어 있었는데, 실제로 집필에 들어간 시기는 1825년부터 1831년에 걸친 기간이었다. 1826년에 처음으로 제3막이 완성되었을 때 괴테는 기쁨에 사로잡힌 나머지 그것에 '고전적·낭만적 몽환경'이라는 제목을 붙여 이듬해 당장 마지막 전집의 제4권에 발표했다. 그러나 제2부 전체가 완성되었을 때 그는 초고를 엄중하게 봉인한 뒤 더 이상 그것에 손을 대려고 하지 않았다. 『파우스트』 제2부가 발표된 것은 그가 죽은 뒤인 1832년 가을이었다.

악마에게 영혼을 판 파우스트의 방황과 구원

16세기 독일의 파우스트 전설을 토대로 한 괴테의 비극 『파우스트』의 세계로 들어가기 위해서는 먼저 '헌사', '무대에서의 전희', '천상의 서곡'이라는 3개의 시적인 문을 지나가야 한다. 이 가운데 희곡의 줄거리와 떨어질 수 없게 연결되어 있는 것은 '천상의 서곡'뿐인데, 앞의 두 가지도 이 작품의 성립과 받아들이는 방법에 대한 작가의 감회와 바람을 나타낸 것으로, 『파우스트』를 이해하는 데 꼭 필요하다.

작품 전체는 2개의 부분으로 이루어져 있는데, 제1부는 천장은 높지만 좁고 답답한 고딕풍의 서재와 성문 앞, 아우어바흐의 지하 술집, 마녀의 주방, 길가, 마르테의 집과 정원, 그레트헨의 방, 우물가, 브로켄 산 위의 발푸르기스의 밤, 사원, 들판, 감옥이라는 작은 세계가 무대가 된다.

제2부는 제1부와 전혀 대조적인 서막 '아름다운 지방'으로 시작되며, 이 가운데 제1막은 황제의 성, 제2막은 고대 그리스에 펼쳐진 파르살루스의 들, 제3막은 중세 게르만풍의 성채, 제4막은 알프스를 연상시키는 고산 지대, 제5막은 널따란 개척지라는 큰 세계를 무대로 전개된다.

이처럼 뚜렷하게 서로 다른 두 가지 세계에 등장하는 주인공 파우스트는 제1부에서는 개성적으로, 제2부에서는 유형적으로 묘사되어 있다. 어느 쪽이든 그는 어린 시절의 열렬한 신앙을 잃은 뒤 스스로의 이성으로 '세계를 구석구석까지 다스리고 있는 존재'를 알려고 하는 연금술사적인 늙은 학자이다. 그는 또한 인식과 행위의 불일치에 고민하는 근대인의 전형으로서 순수한 인식을 얻지 못하는 것에 절망해 일단은 죽음을 결심한다. 그러나 부활절 종소리로 되살아난 어린 시절의 추억 때문에 그는 자살하려던 생각을 버린다. 그리고 그는 억제할 수 없는 삶의 충동에 사로잡혀 악마 메피스토와 계약을 맺고 학자로서 얻을 수 없었던 인식을 체험적 행위로 얻으려 한다.

그러나 파우스트는 그것 때문에 필연적으로 죄를 짓는 자가 된다. 왜냐하면 그는 제1부의 '마녀의 부엌'에서 젊어진 다음 순수하고 때묻지 않은 그레트헨을 유혹해 그녀로 하여금 어머니를 독살하게 만들었을 뿐 아니라 갓난아기를 죽이는 죄까지 범하게 하고, 파우스트 자신은 그녀의 오빠 발렌틴을 결투에서 찔러 죽이기 때문이다.

제2부에서도 파우스트는 교황을 속여 손에 넣은 해안가 습지대를 간척하기 위해 온갖 부정한 수단을 쓰고, 마지막에 늙은 부부 필레몬과 바우키스의 보기 싫은 판잣집을 불태워서 두 사람을 타 죽게 만든다.

지상에서 이러한 삶을 산 파우스트도 결국 제2부 종막의 '산 위' 장면에서는 그를 위해 변명해 주는 그레트헨의 영혼과 천사들에게 인도되어 신비로운 모습으로 성모 마리아 곁으로 승천한다. 그것은 차원적으로 '천상의 서곡'에 나오는 구세주의 영역과 대응하고 있다. 그러나 파우스트의 구원은 그리스도교의 구원 관념과는 본질적으로 다르며, 그의 구원은 괴테의 세계관이나 자연철학과 관련지어서 생각해야만 올바르게 이해할 수 있다.

파우스트 – 인식과 행위의 불일치에 고민하는 근대인의 전형

파우스트의 성격과 삶은 일반적으로 '파우스트적'이라는 형용사로 요약되어 '파우스트적 노력', '파우스트적 충동', '파우스트적 인간', '파우스트적 신앙' 등 여러 가지 형태로 표현된다. 그리고 격렬한 인식의 욕구와 행위의 욕구를 가진 파우스트는 유럽적 인간의 원형이라고 여겨지고 있다. 물론 『파우스트』라는 작품 속에는 주인공의 이와 같은 충동적 삶을 표현하는 말이 적지 않다.

예를 들면 제2부 제5막 '한밤중' 장면에서 '걱정'에 사로잡힌 늙은 파우스트는 자신의 생애를 돌아보며 "나는 그저 정신없이 이 세상을 달려왔다"고 말한다. 그러나 제1부 '숲과 동굴'의 장면에서 그는 "나는 도망자가 아닌가? 노숙자가 아닌가? 목적도 안식도 모르는 짐승이어서 바위에서 바위로 떨어져 내리는 폭포처럼 욕망에 사로잡혀 미친 듯이 날뛰면서 나락의 밑바닥으로 떨어지는 것이 아닐까?" 하고 반성한다.

『파우스트』라는 작품을 엄밀하게 분석한다면 괴테가 '파우스트적'인 삶을 긍정하거나 인정한다고는 말할 수 없을 것이다.

| 작품 속의 명문장 |

"인간은 노력하는 한 방황하게 되어 있다."

"좋은 사람은 설사 어두운 충동에 사로잡히는 일이 있어도 올바른 길을 잊지 않는다."

『파우스트』 천상의 서곡'

* 뛰어난 자연적 소질을 가진 인간은 내적인 충동에 따라 살아가는 한 설사 암중모색하는 일이 있어도 언젠가 반드시 진정한 자기를 실현할 수 있다는 말이다.

"영원한 여성이 우리를 이끌고 올라간다."

『파우스트』 전체를 맺는 말

* 괴테에게 신은 사랑이고, 사랑은 또한 신이다. 이 신적인 사랑을 수많은 여성들을 통해 깊이 체험한 시인의 마지막 말이다.

NOTES

● 질풍노도운동의 대표적인 작가 바그너(Heinrich Leopold Wagner, 1747~1779)는 슈트라스부르크대학교 시절에 괴테와 알게 되었다. 1776년 익명으로 『아이 살해자』를 발표했으며, 이 작품은 같은 해 프레스부르크에서 상연되었다.

● 독일의 철학자이자 비평가인 헤르더(Johann Gottfried von Herder, 1744~1803)는 『최근의 독일 문학 : 단편들』(1767)에서 그 무렵의 독일 문학에 대해 고전 문학의 모방을 넘어 창조성을 발휘할 수 있는 지침을 제시하고 천재의 각성을 촉구했다. 이러한 그의 사상은 괴테에게 큰 영향을 주어 질풍노도운동의 계기를 마련했다.

● 1808년 10월에 에르푸르트에서 괴테를 만난 황제 나폴레옹이 "『젊은 베르테르의 슬픔』을 몇 번이나 읽었는데 결말이 도무지 마음에 들지 않는다"고 말하자, 괴테는 "폐하께서 소설에 결말이 있는 것을 좋아하실 줄은 몰랐습니다"라고 대답했다고 한다.

하인리히 폰 클라이스트(Heinrich von Kleist)

깨어진 항아리

(Der zerbrochene Krug)

네덜란드의 농촌을 무대로 한 클라이스트의 1막 희극인 이 작품은 독일 고전의 3대 희극 가운데 하나로 꼽히는 걸작이다. 자신이 연루된 사건의 재판을 맡게 된 주인공이 자신의 범행을 은폐하고 벗어나려 하는 모습이 익살스럽고 유쾌하게 묘사되어 있다.

INTRO

하인리히 폰 클라이스트(Heinrich von Kleist, 1777~1811)는 독일의 극작가이자 소설가이다. 프러시아의 귀족 출신으로, 집안의 법도에 따라 군인이 되었으나, 뜻을 바꾸어 대학에 진학한 뒤 베를린에서 견습 관리가 되었다.

그러나 칸트의 '사물 자체는 불가지하다'는 철학에 절망해 이복누이와 파리로 여행을 갔다가 1802년에 스위스에서 소박한 전원 생활을 하려는 결심을 했는데, 그것 때문에 약혼자와도 결별했다. 『깨어진 항아리』(1812)는 이 시기의 작품이다.

1807년 베를린으로 돌아오는 도중에 나폴레옹 점령군에게 스파이 혐의로 체포되었다가 6개월 뒤에 겨우 석방되었다. 이후 드레스덴으로 이사해 문예지 『푀부스』를 발간했고, 아마존 여왕의 슬픈 사랑을 그린 비극 『펜테질레아』(1808)●, 그와는 대조적으로 헌신적인 소녀를 그린 동화극 『하일브론의 캐트헨』(1810)을 완성했다.

1810년 베를린으로 돌아가 석간 신문을 간행해 밀도 높은 단편소설과 『인형극에 대하여』와 같이 뛰어난 에세이를 발표했다. 1811년 불치병에 걸린 유부녀 헨리에테 포겔과 함께 베를린 근처에 있는 반제의 호숫가에서 권총으로 자살했다.

깨어진 항아리를 중심으로 전개되는 법정 다툼

네덜란드의 어느 한적한 시골 마을. 촌장과 재판장을 겸하고 있는 아담은 대머리에 잔뜩 부은 발을 가진 추남인데, 오늘 아침에는 두 번 다시 보기 싫은 상처투성이 꼴을 하고 있다. 그는 출근한 서기 리히트에게 어젯밤에 방에서 넘어져서 생긴 상처라고 변명한다. 리히트로부터 "오늘 법률 고문관이 시찰하러 올 모양이다"라는 소식을 들은 아담은 엉터리로 보아 왔던 집무를 어떻게 얼버무릴까 당황하고 있는데, 그때 고문관이 도착한다. 더구나 하필이면 재판 개정일이어서 고소인들이 들이닥치는 바람에 고문관 앞에서 재판을 열게 될 판국이다.

이때 고소하러 온 마르테 아줌마를 보고 촌장은 더욱 놀란다. 사실은 마르테의 딸 에페에게 눈독을 들인 그가, 자기 말에 응해 주기만 하면 동인도로 가는 군대에 징집되기로 되어 있는 그녀의 약혼자 루프레히트의 병역을 면제해 주겠다고 협박하고 있던 중이었기 때문이다. 거기에다 어젯밤에도 에페의 침실에 들어가 있었는데, 질투에 미친 루프레히트의 습격을 받고 도망치다가 잘못해서 그녀 집안의 가보인 항아리를 깼던 것이다. 사실을 모르는 마르테는 루프레히트가 항아리를 깼다고 고소를 했던 것이다.

루프레히트는 에페의 정조를 의심하고 있지만, 그녀에게는 사실을 털어놓을 수 없는 사정이 있다. 아담은 그 상황을 이용해 에페의 입을 막으면서 끝도 없는 거짓말을 늘어놓아 그를 수상히 여기는 고문관의 눈을 속이려고 한다. 어젯밤에 도망칠 때 떨어뜨린 가발이 법정에 증거물로 제시되어 자기 죄가 발각되려 하자, 그는 억지로 루프레히트를 범인으로 만들려고 한다. 이에 참을 수 없게 된 에페는 모든 것을 고백하고, 아담은 허겁지겁 법정에서 도망쳐 버린다.

『오이디푸스 왕』과 같은 분석적 기법 사용

이 걸작은 클라이스트가 친구와 어느 동판화를 소재로 한 작품을 만들기로 내기하는 와중에 생겨났다. 개막 전의 사건이 극이 진행되는 가운데 폭로되어 가는 식으로, 『오이디푸스 왕』과 같은 분석적 수법을 사용한 희극이다. 작가 생전에 괴테가 바이마르에서 상연했는데 불행히도 잘못된 연출 기법 때문에 실패했다.

아담은 폴스타프●와도 비교할 수 있는 특이한 개성의 소유자라 할 수 있다. 이 연극에 나오는 오해는 자칫 잘못하면 비극이 될 수도 있는데, 작가는 그런 오해가 풀리는 것을 통해 무언의 신뢰와 이해의 힘을 강조하려고 한 것으로 보인다.

| 작품 속의 명문장 |

"불멸이여, 지금이야말로 그대는 나의 것이다."

『프리드리히 폰 홈부르크 왕자』 제5막

NOTES

● 『펜테질레아』는 클라이스트가 심혈을 기울인 작품으로, 여주인공이 염력念力으로 목숨을 끊는 장면을 쓴 뒤 친구에게 "그녀는 죽었다!"고 말하며 눈물을 흘렸다고 한다.

● 폴스타프는 셰익스피어의 희곡인 『헨리 4세』와 『윈저의 명랑한 아낙네들』에 등장하는 인물이다. 몸집이 크고 뚱뚱한 늙은 기사로 허풍쟁이에다 겁이 많고 기지가 풍부하며, 거짓말을 태연스럽게 하고 주색을 좋아하는 희극적 인물이다.

아델베르트 폰 샤미소(Adelbert von Chamisso)

페터 슐레밀의 놀라운 이야기

(Peter Schlemihls wundersame Geschichte)

독일 낭만주의 시대의 환상적이며 동화적인 작품으로, 1814년에 발표되었다. 악마와의 거래를 소재로 했다는 점에서 괴테의 『파우스트』와 비교된다. 끝까지 영혼을 포기하지 않는 주인공의 모습에서 인간의 욕망과 자유 의지, 진정한 삶의 가치 등을 깨달을 수 있다.

INTRO

프랑스 태생의 독일 시인 아델베르트 폰 샤미소(Adelbert von Chamisso, 1781~1838)는 식물학자이기도 하다. 1781년 샹파뉴에서 귀족의 아들로 태어났는데, 일가는 프랑스혁명 때 전 재산을 몰수당하고 네덜란드를 비롯한 각지를 전전하다가 6년 뒤 베를린에 정착했다. 샤미소는 프로이센 왕비의 시종을 거쳐서 사관이 되었는데, 다국적 외인 군단이었던 군대의 무미건조한 생활에서 벗어나기 위해 처음에는 프랑스어로, 1803년부터는 독일어로 시를 쓰기 시작했다.

프랑스프로이센전쟁 때 숭배하는 나폴레옹의 군대에 붙잡혀 아슬아슬하게 사형을 면한 다음 퇴역해 슈타엘 부인과 함께 살다가 베를린으로 돌아가 본초학本草學을 배웠다. 그 사이에 『페터 슐레밀의 놀라운 이야기』(1814)를 썼고, 그 뒤 3년 동안 러시아 과학탐험대에 참가해 『로만 조프 탐험대와 함께 한 세계여행』(1821)을 간행했다. 1838년에 사망했는데, 죽은 지 2년 뒤에 슈만이 그의 작품을 토대로 『여인의 사랑과 생애』를 작곡했다.

그림자를 팔아 '행복의 가죽 주머니'를 얻은 남자

청년 페터 슐레밀은 일자리를 얻으려고 소개받은 부호를 찾아갔다가 뜻하지 않게 가든 파티에 참석하게 된다. 그곳에는 비쩍 마른 몸에 회색 옷을 입은 남자가 있었다. 사람들의 눈에 잘 띄지 않는 그는 필요하면 주머니에서 지갑을 비롯해 말 3마리에 이르기까지 마음대로 끄집어 내는 놀라운 능력을 보여 주었다. 어안이 벙벙해서 자리를 빠져나온 슐레밀은 그를 기다리고 있던 회색 옷의 남자로부터 정중한 인사를 받고는 금화를 끝도 없이 꺼낼 수 있는 '행복의 가죽 주머니'를 받는 대신 자기 그림자를 팔아 버린다.

그런데 슐레밀은 돈이 넘쳐 나게 많아도 그림자가 없다는 것이 알려지면서 어디서든지 외면당하게 된다. 이후 충직한 하인 벤델만 믿고 지내는 우울한 생활이 이어진다. 서로 사랑하게 된 삼림감독관의 딸 미나와의 결혼도 성사 직전에 그림자가 없다는 것 때문에 파국을 맞는다. 1년 뒤 다시 나타난 회색 옷의 남자는 그림자를 돌려줄 테니 그 대신 죽은 뒤에 영혼을 내놓으라고 한다. 하인이 납치되고, 자기보다 먼저 영혼을 팔았던 부호의 비참한 지경을 알게 된 슐레밀은 '행복의 가죽 주머니'를 버리고 악마와 인연을 끊는다.

마지막 돈으로 그가 산 낡은 신발은 우연하게도 한 발짝에 7마일을 가는 마법의 장화였다. 그는 이제 사람이 사는 세상에 머무는 것을 단념하고 빠른 발을 이용해 인류에게 도움을 주려는 목적으로 세계를 돌아다니며 미지의 자연 연구에 몸을 바친다.●

'그림자'를 둘러싼 여러 가지 해석

'페터'는 어디서나 들을 수 있는 평범한 이름이지만, 그에 비해 '슐레밀'에는 신비한 영혼의 울림 같은 게 느껴진다. 작가의 설명으로는 히브리어로 '신에게 사랑받은 남자'라는 뜻을 가진 말인데, 작품에서는 '어설프거나 운이 없는 인간'을 가리킨다. 이 '그림자를 잃은 남자'는 누구나 가지고 있는 돈에 대한 욕심이 낳은 더할 나위 없이 불행한 인간의 모습이라고 할 수 있다.

그런데 이 작품은 발표되었을 무렵부터 '그림자'를 둘러싼 해석 논쟁이 대단했다. 그 가운데 '싸우는 두 조국 사이에서 괴로워하는 작가의 모습'을 상징한다는 해석이 대세였다고 한다. 태어날 때부터 당연히 몸에 붙어 있는 존재가 그림자나 조국이기 때문이다. 물론 '처음에 지은 죄 때문에 사회에서 추방되었고, 그 대가로 평소에 애호하고 있던 자연 연구를 하게 되었다'(제10장)는 작가의 고백을 토대로 토마스 만처럼 일상적인 인간 관계나 시민적 억압이라는 그림자로부터 벗어난 낭만파적 예술가의 고독이라고 보는 관점도 흥미롭다고 할 수 있다.

| 작품 속의 명문장 |

"어머니가 된 사람만이 무엇을 사랑이라 부르고, 행복이 어떤 것인지 알고 있다."

『여인의 사랑과 생애』

"외톨이. 짧고 뱉기 쉬운 말. 하지만 그것을 견디는 것은 얼마나 어렵고 힘든 일인가."

『시집』

NOTES

● 이 이야기는 착상이 독특하고 읽기 편하기 때문에 큰 인기를 얻어 각국의 언어로 번역되었다. 그 뒤에도 각종 후일담이나 변종이 쓰였는데, 호프만은 거울 속의 모습을 잃어버린 남자 이야기를 썼고, 그것이 파울 베게너가 1913년 발표한 영화 「프라하의 학생**Der Student von Prag**」의 아이디어가 되었다.

고트프리트 켈러(Gottfried Keller)

녹색의 하인리히

(Der grüne Heinrich)

괴테의 『빌헬름 마이스터』의 계통을 잇는 성장소설이자 교양소설이다. 투철한 사실주의와 뛰어난 구상력, 충실한 인간상 등으로 특징지을 수 있는 19세기 독일 소설의 중요한 작품 가운데 하나로, 독일 교양소설●의 최후를 장식했다는 평을 듣고 있다.

INTRO

고트프리트 켈러(Gottfried Keller, 1819~1890)는 독일 태생의 스위스 시인이자 소설가로, 1819년 취리히에서 태어났다. 1842년에 고향으로 돌아가 그림을 단념하고 글을 쓰기 시작할 때까지 연애 사건을 빼놓고는 『녹색의 하인리히』(1854~1855)의 주인공 하인리히와 거의 같은 행적을 따랐다.
1850년부터 5년 동안 극작을 위해 베를린에 머물다가 실패했는데, 그 사이에 과거의 자신을 청산하고 경제적 어려움에서 벗어나기 위해 『녹색의 하인리히』를 썼다. 1855년 취리히로 돌아가 집필에 전념했고, 1861년부터 15년 동안은 상급직 서기관으로 일하며 직무를 성실하게 수행했다.
그 사이에 「마을의 로메오와 율리아」를 포함한 단편집 『젤트빌라의 사람들』(제1부 1856, 제2부 1873~1874) 등을 발표했다. 퇴직한 뒤에 출세작을 전면적으로 개작해 일인칭 문체로 바꾸었다. 그는 스위스의 건강한 시민성을 옹호하고 촉진한 작가라는 평가를 받았다. 그의 작품은 유머와 인간미를 담고 있는데, 그가 몇 차례 사랑에 빠지기는 했지만 대부분이 짝사랑이었고, 유일하게 했던 약혼도 상대방의 자살로 끝나는 등 문필가로서 누린 명성이나 영예와는 달리 실제 상황은 고독하고 적막했던 것으로 알려져 있다. 1890년에 사망했다.

그림을 공부하는 한 청년의 좌절과 성장

하인리히 레는 직공이면서 독일에서 자유 사상을 배워 온 건축사의 아들로, 스위스의 소도시에서 태어나 5세 때 아버지를 여읜다. 이후 어머니와 둘이서 가난한 생활을 하며 꿈과 현실 사이를 오락가락하는 소년으로 자란다. 그렇게 공상하는 버릇 때문에 그는 14세 때 학교에서 일어난 소동의 주모자로 몰려 퇴학당한다. 외가가 있는 시골로 간 그는 독학을 하는 사이에 그림에 눈을 떠 풍경화가가 되려고 한다. 그러나 이상과 현실을 몇 번이나 넘나드는 사이에 그가 가진 독창성을 지향하는 버릇이 자연으로 돌아가려는 마음을 방해한다. 이런 그의 성격은 같은 나이의 청순한 소녀 안나와 22세에 미망인이 된 관능적인 유디트에 대한 사랑의 방황 속에도 여실히 나타난다.

안나가 18년의 짧은 생을 마감하고, 유디트도 미국으로 떠나자 그는 예술의 도시 뮌헨에서 본격적으로 그림에 전념할 결심을 한다. 하지만 그가 얻은 것은 명성이 아니라 빈곤과 실망이었다. 쫓기듯이 고향으로 오는 도중에 뜻하지 않은 행운으로 큰돈을 얻어서 돌아와 보니 어머니는 7년의 궁핍한 생활 끝에 막 숨을 거둔 뒤였다. 자기에게 죄가 있다고 느낀 하인리히는 초췌해져서 며칠 뒤에 죽는다.

이 비참한 결말은 22년 뒤 작가의 개작●을 통해 다시 쓰였다. 개작된 작품에서는 하인리히가 어머니의 임종을 보는 것으로 바뀐다. 이윽고 슬픔을 떨치고 다시 일어난 그는 공직자가 되어 그를 잊지 못해 귀국한 유디트의 격려를 받으면서 조용히 그 임무를 수행한다.

내향적이고 폐쇄적인 성격의 하인리히

하인리히는 12세가 될 때까지 아버지가 남긴 옷들을 수선해서 입고 다녔는데, 그 옷이 거의가 다 녹색이었다. 그래서 '녹색의 하인리히'라는 별명이 붙게 되었다. 그는 남보다 훨씬 감수성이 강하고 내향적인 성격으로, 남들에 비해 좀 색다른 사람이었다. 눈앞에 보이는 것을 믿기보다는 자기 마음의 관점을 중시하고, 내향적이고 폐쇄적인 것 같으면서도 과감한 행동을 하는 등 그의 언행은 조화를 이루지 못한다.

청년기에 들어선 뒤에도 그는 실생활이 어떤 것인지 파악하지 못한다. '자연을 피하고 상상력으로 만든 세계로 자기 주변을 둘러싸는' 버릇은 여전해서 남들 눈에는 거만해 보이기까지 한다. 작가 자신은 주인공이 예술을 버리고 기성 사회로 돌아오는 것으로 그의 존재를 현실 속에 녹아들게 했으나, 나중에 토마스 만이 그리는 예술가의 앰비밸런스● 문제가 하인리히 속에는 불완전하지만 숨어 있었던 것으로 보인다.

| 작품 속의 명문장 |

"일을 해서 손에 들어오는 이익은 비난의 여지가 없이 모두 양심적인 것이다. 그것으로 사들이는 물건은 모두 자기가 만들고 키운 것과 마찬가지이다. 빵이나 포도주도 그렇고, 옷이나 장식도 마찬가지이다."

『녹색의 하인리히』 제4권 제4장

NOTES

● 교양소설(教養小說, Bildungsroman)이란 주인공이 그 시대의 환경 속에서 유년 시절부터 청년 시절에 이르기까지 자기를 발견하고 정신적으로 성장해 나가는 과정을 묘사한 소설을 말한다. 성장소설 또는 발전소설이라고도 하며, 독일 문학의 본질적인 성격 가운데 하나이다. 노발리스의 『하인리히 폰 오프터딩겐』, 켈러의 『녹색의 하인리히』, 토마스 만의 『마의 산』 등의 소설이 이에 속한다.

● 나중에 교양소설의 걸작이라고 불리게 된 『녹색의 하인리히』 초판은 1,000부였는데, 20년이 지나도 팔다 남은 것이 100부 이상이나 있어, 그것이 개작을 하게 된 동기가 되었다고 한다. 개작은 1880년에 이루어졌다.

● 양가성**兩價性**이라고도 하는 앰비밸런스**ambivalence**란 같은 대상에 대한 상반된 감정을 뜻한다. 특히 사랑과 미움이 공존하고 있는 상태를 말한다.

게오르크 뷔히너(Georg Büchner)

보이체크

(Woyzeck)

저자 사후인 1879년에 출판된 미완의 소설인 이 작품은 응축된 문체와 현실적이면서도 상징적인 말, 풍부한 이미지, 역동적인 구성 등의 현대적인 요소로 20세기에 들어서면서 크게 주목받았다. 이후 자연주의와 표현주의 등에 영향을 미쳤다.

INTRO

독일의 극작가 게오르크 뷔히너(Georg Büchner, 1813~1837)는 1813년에 헤세다름슈타트 근처의 고델라우에서 의사의 아들로 태어나 자연과학을 공부했다. 반동기에 처한 독일의 상황 속에서 혁명 운동에 가세해 1834년 기센에 비밀결사 '인권협회'를 설립하고, 초등학교 교장인 바이디츠히와 함께 농민들을 선동하는 정치 문서 「헤센의 급사」를 만들었다. 그러나 밀고 때문에 동지들이 체포되었고, 뷔히너도 망명 비용을 마련하기 위해 희곡 『당통의 죽음』(1835)을 5주 만에 완성해서 작가 구츠코에게 보냈다.

1835년에 슈트라스부르크로 탈출해 스피노자 철학과 해부학 연구에 열성을 기울이는 한편, 희곡 『레온체와 레나』(1850), 근대소설의 효시라고 일컬어지는 『렌츠』, 『보이체크』(1879)를 집필했다. 1837년 2월에 장티푸스를 앓다가 약혼자가 지켜보는 가운데 23년 4개월이라는 짧은 생애를 마감했다.

부정을 저지른 내연녀를 살해한 보이체크의 이야기

하급 병사인 프란츠 보이체크는 내연의 아내 마리와 아이 하나가 있다. 그런데 그는 가난해서 정식으로 결혼식을 올리지 못하고 있을 뿐 아니라 얼마 안 되는 보수 때문에 의사가 하는 연구의 피실험체 노릇까지 하고 있다. 상관인 대위는 그에게 얼굴의 면도를 맡기면서 내연 관계는 도덕적이지 못하다고 그를 훈계한다.

그의 유일한 삶의 보람인 마리는 생활의 허망함 때문에 바람둥이 장교한테 몸을 맡겨 버린다. 가끔씩 환각에 사로잡히게 된 프란츠는 마리의 부정을 암시받고 절망에 빠졌을 뿐 아니라 바로 그 장교로부터 군대 안에서 학대를 당한다.

'원죄처럼 아름다운' 마리가 장교와 춤추는 것을 목격한 그는 저 여자를 죽이라는 내면의 목소리를 듣고 칼을 구해 그녀를 늪지로 데리고 나간 뒤 붉은 달 밑에서 살해한다. 그러나 술집에서 피가 묻어 있던 손을 지적당하자 살인에 썼던 흉기를 처리하기 위해 연못 속으로 들어간다.

가장 현대적인 19세기 희곡

이 책 속에서는 그가 자살해서 죽은 것처럼 암시되어 있지만 작품 자체가 미완성이기 때문에 분명하지 않다. 검시하는 장면이 나오는 단편도 있고, 실록에 가까운 재판 장면이 계획되어 있었던 것으로 보이기도 한다.

뷔히너는 우연히 1822년에 참수당한 살인범 보이체크의 정신 감정 기록을 읽고 흥미를 느껴 독자적인 입장에서 극화를 시도했는데, 배열도 분명하지 않은 많은 장면들이 단편적으로 남아 있을 뿐이다.●

이 작품은 작가가 죽은 뒤 반세기가 지나고 나서야 간행되었는데, 응축된 문체와 현실적이면서도 상징적인 말, 풍부한 이미지, 짧은 장면이 비약하면서 이어지는 역동적인 구성으로 20세기에 들어서면서 크게 주목받았다. 19세기 희곡으로서는 가장 현대적으로 자연주의와 표현주의에 서로 다른 영향을 미쳤다.

제4계급 출신의 비극의 주인공

보이체크는 비극의 주인공으로서 최초로 등장하는 제4계급 출신이다. 자연주의자는 그를 환경에 희생되는 불쌍한 피조물로 간주했지만, 이는 병리학적으로 그의 행동을 규정짓는 관점과 마찬가지로 일면적이다. 물론 자신의 주장을 갖지 않는 과묵한 보이체크는 이해할 수 없는 자신의 상황을 필사적으로 모색하는 인물로 묘사된다. 마리의 간통은 그에게 숙명적이고 실존적인 영감이었다.

| 작품 속의 명문장 |

"인간은 누구나 깊은 심연이다. 그 속을 들여다보면 어지러워진다."

『보이체크』

* 마리의 눈에서 진실을 읽어 내려고 하며 보이체크가 한 말.

NOTES

● 『보이체크』는 배열을 알 수 없는 많은 장면들이 단편 그대로 남겨진 작품인데, 지금 공연되고 있는 오페라 대본인 『보이체크』는 그것을 일단 고정화한 것으로, 무대에서는 해석에 따라 배열이 달라지기도 한다.

아르투어 슈니츨러(Arthur Schnitzler)

사랑놀이

(Liebelei)

신분의 차이와 결투, 타산적 사고 등 거짓된 인습에 의해 파멸하는 사랑을 그리고 있다. 슈니츨러는 젊은이들의 경솔한 연애를 비판하기보다 자기 사랑에 충실한 크리스티네의 삶의 방식을 긍정하고 있다. 저자가 처음으로 성공을 거둔 사회심리극이다.

INTRO

오스트리아의 물리학자이자 극작가인 아르투어 슈니츨러(Arthur Schnitzler, 1862~1931)는 1862년 빈에서 유대인 혈통인 의학부 교수의 아들로 태어났다. 정신의학을 공부했으나, 1893년에 발표한 첫 희곡 『아나톨』로 작가로서 인정을 받게 되었다.

『아나톨』은 가벼운 우울증 환자로 일컬어지는 주인공과 그를 둘러싼 7명의 여성들에 관한 에피소드를 다룬 일곱 편의 단막물로, 섬세한 심리 묘사와 정사를 우아하게 묘사한 작품이다.

2년 뒤에 초연된 『사랑놀이』(1895)는 큰 성공을 거두었지만, 신분과 나이가 다른 남녀 10명을 두 번씩 등장시킨 에로스적인 극 『회전목마』(1900)는 오래도록 상연이 금지되었다.

자연주의 이후 세기말의 빈에 등장한 '젊은 빈파'의 문학은 표면 묘사에서 내면의 심리 묘사로 향하는 경향을 나타내고 있었는데, 특히 슈니츨러는 최초의 내면 독백체 소설인 『구스틀 소위』(1901)를 썼고,● 거기에 최면술이나 암시 등에도 흥미를 나타냈으며, 프로이트의 심층 심리에도 관심을 가졌다. 삶의 충동으로서의 성애와 함께 죽음도 그의 관심사였는데, 소설 『죽음』(1895)이나 희곡 『베아트리체의 베일』(1901), 『생의 외침』(1906) 등에 그러한 주제가 보인다.

평생 빈을 떠나지 않았던 슈니츨러는 유대인 혈통 때문에 갖가지 어려움을 겪었다. 특히 유대계 의사를 배척하는 내용을 다룬 『베른하르디 교수』(1912)에서 그러한 단면을 엿볼 수 있다. 말년의 작품에서는 원숙미가 드러나는데, 마지막 작품인 『어둠 속으로의 도피』(1931)에서는 짙은 염세주의가 그림자를 드리우고 있다.

순정적인 아가씨와 불성실한 청년 사이의 사랑과 파국

유부녀와의 연애로 고민하고 있는 빈의 부잣집 청년 프리츠를 찾아온 친구 테오도어는 그의 기분을 환기시키기 위해 자신의 정사 상대인 미치와 그녀의 친구인 극장 음악가의 딸 크리스티네를 초대한다. 두 쌍은 각각 즐거운 한때를 보낸다. 그런데 그 파티 중간에 프리츠와 관계를 맺었던 여자의 남편이 찾아온다. 두 사람의 간통을 알아차린 이 신사는 결투를 신청하러 왔던 것이다.

2막과 3막은 검소하지만 깔끔한 크리스티네의 방이 무대이다. 순진한 그녀는 한계를 알고 있으면서도 프리츠를 사랑하는 행복에 취해 있다. 처음에는 그저 연애나 즐겨 볼 생각이었던 프리츠도 그녀의 순정에 끌려서 진짜 행복은 이런 것이 아닐까 하고 생각할 정도로 진지한 사랑을 하게 된다. 하지만 결투를 피할 수는 없다.

그는 크리스티네에게 이별을 고하러 왔다가 "여행을 떠난다"며 거짓말을 하고 떠난다. 프리츠는 결투에서 죽는다. 그것이 다른 여자 때문이었다는 사실을 안 크리스티네는 엄청난 충격을 받아 미친 듯이 밖으로 뛰어나간다. 아마도 어딘가에서 투신해 애인의 뒤를 따를 것이라는 결말을 암시하면서…….

크리스티네 – '청순한 아가씨'의 전형

크리스티네를 통해 작가는 빈의 '청순한 아가씨'(쥐세스 메델)의 전형을 만들었다는 평가를 받았다. 그녀의 죽음을 암시하는 마지막 부분은 관객으로 하여금 눈물을 자아내게 하는데, 그녀가 그대로 타락해 버릴 가능성도 없지는 않다. 작가가 만든 여주인공 몇 명이 이와 같은 불행으로 인해 타락의 길을 걷게 되었기 때문이다. 그런 작품의 예를 들자면 1928

년에 발표된 소설 『테레제, 어떤 여자의 일생』을 들 수 있는데, 이 작품의 주인공인 테레제는 애욕 때문에 타락하다가 결국 자식의 손에 죽게 된다.

| 작품 속의 명문장 |

"인간의 마음은 넓은 나라이다."

『넓은 나라』 제3막

* 제1차 세계대전 직전에 빈에서 볼 수 있는 상류 계급의 결혼 문제를 다룬 이 작품은 인간의 마음이 다양한 모순을 포용할 수 있다는 것을 말해 주고 있다.

NOTES

● 슈니츨러가 당한 차별적인 피해는 다양했다. 걸작 『구스틀 소위』는 군인의 명예를 해치는 소설로 간주되어 제국육군명예사문위원회가 해명에 응하지 않는 슈니츨러에게 1901년 6월 '군의장교 자격 박탈'이라는 처분을 내렸다.

헤르만 헤세(Hermann Hesse)

수레바퀴 밑에서
(Unterm Rad)

천부적인 소질을 지닌 한 소년이 비인간적인 어른들의 세계에서 상처를 입고 좌절해 가다 결국 삶의 수레바퀴 밑에서 자신을 지키지 못하고 인생을 마감하게 되는 과정을 묘사하고 있다. 작가 자신의 체험이 짙게 배어 있는 수작이다.

INTRO

독일의 소설가이자 시인인 헤르만 헤세(Hermann Hesse, 1877~1962)는 1877년 남부 독일의 슈바벤에 위치한 작은 마을 칼프에서 태어났다. 아버지는 목사였고 외할아버지 군데르트는 유명한 신학자이자 인도학자였다. 그는 외할아버지의 영향을 많이 받으면서 자랐다.
13세 때 '시인이 되거나 그렇지 않으면 아무것도 되지 않겠다'는 결심을 하고 모처럼 진학한 마울브론신학교에서 탈출해● 아웃사이더로서의 면모를 발휘했고, 15세 때 자살 기도를 했다가 미수에 그쳤다. 그 뒤로 고향의 페로트 시계 공장에서 탑 시계의 톱니바퀴를 닦으면서 겨우 정신적인 안정을 얻게 되었고, 이후 9년 동안 서점에서 일하며 글쓰기에 힘을 기울였다.
베를린의 피셔사社의 권유로 집필한 장편 『페터 카멘친트』(1904)로 문단에 데뷔했고, 학교 소설 『수레바퀴 밑에서』(1906)는 베스트셀러가 되었으며, 익명으로 발표한 『데미안』(1919)은 폰타네상을 수상하는 등 한꺼번에 영예를 안게 되었다. 반면, 가정적으로는 불행해서 46세 때 첫 부인이었던 마리아와 이혼했고, 50세에 두 번째 아내인 루트 벵거와도 이혼했으며, 나중에 신경쇠약에 걸려 치료까지 받았다.
1914년 제1차 세계대전이 발발하자 반전 논문을 발표했고,● 그것 때문에 언론으로부터 매국노로 외면당했다. 1939년에는 나치에 의해 '바람직하지 않은 작가'라는 낙인이 찍혀 종이 배급이 끊기는 수모도 당했으나 그런 압력에 굴하지 않고 창작 활동을 계속했다.
54세에 세 번째 부인 니논 돌빈과 결혼해 스위스 몬타뇰라에 정착한 뒤 약 10년이 걸린 대작 『유리알 유희』(1943)를 완성시켰다. 1946년에 노벨문학상을 수상했고, 85세가 된 1962년에 뇌출혈로 사망했다. 루가노 호반에 있는 성 아본디오 교회 묘지에 안장되었다.

한 소년의 내면적 성장과 좌절

때는 세기의 전환기인 1900년 무렵이고, 장소는 남부 독일 슈바르츠발트('검은 숲'이라는 뜻)의 작은 마을이다. 이곳에 사는 평범한 소년 한스 기벤라트는 엄청난 양의 공부에 시달리고 있었다. 왜냐하면 재능이 풍부한 이 소년을 엘리트 코스로 내보내겠다는 것이 그의 아버지를 비롯한 (어머니는 몇 년 전에 사망했다) 마을 목사와 교사들의 희망이었기 때문이다. 그 첫 번째 관문인 슈투트가르트에서 실시된 시험에 그는 보기 좋게 합격한다. 드디어 마울브론 신학교에 갈 수 있게 된 것이다.

그러나 신학교 입학을 위한 준비 때문에 좋아하는 물놀이나 낚시의 즐거움마저 빼앗긴 소년은 고독에 휩싸여 점점 말라 갔고, 가끔씩 두통까지 생기게 되었다.

마울브론 신학교에는 기숙 제도가 있었기 때문에 한스는 헬라스라고 불리는 방에서 9명의 동료들과 함께 생활하게 된다. 그곳에서 일등을 노리는 모범생 한스와 시인 기질을 가졌으며 권위에 반항적인 헤르만 하일너는 어쩌다가 친밀한 우정을 나누게 된다.

그런데 하일너가 학교에서 탈출을 기도하다가 결국 퇴학 처분을 받자 한스는 고립되었고, 더구나 학업 성적도 점차 떨어지는 데다 신경 질환까지 앓게 되어 고향으로 돌아갈 수밖에 없게 된다. 학교는 어느새 중도 퇴학이 되어 버린다.

집으로 돌아간 한스는 사과로 술을 빚는 동안 에마라는 여성에 대해 환상적인 사랑을 느끼게 되는데, 그 사랑은 결국 그녀에게 희롱당한 채로 끝나 버린다. 그리고 아버지의 재촉으로 고향 마을의 친구 아우구스트가 일하고 있는 기계 공장에 취직을 한다. 그러다가 어느 일요일에 아우구스트 등과 함께 근교로 하이킹을 하러 간 한스는 술을 많이 마시고는 자기도 모르게 강물에 휩쓸려 들어가 익사한다. 그것이 자살이었는지 아니면 사고였는지는 아무도 모르는 채 소설은 끝난다.

'수레바퀴'에 대해

헤세가 이 소설에 대해 "이 책에는 실제로 경험한 학대받은 생활의 단편이 숨겨져 있다"고 고백하고 있는 것처럼 이 작품은 자전소설이다. 헤르만 하일너(H)와 한스(H)의 일인 이역으로 작가 자신(헤르만 헤세 ; H. H.)이 여기에 등장하고 있는 셈이다.

『수레바퀴 밑에서』라는 제목은 "힘을 빼면 안 됩니다. 안 그러면 수레바퀴 밑에 깔려 죽게 되니까요"라며 친절한 체하는 신학교 교장의 말에서 따온 것이다.

처음 연애의 감정을 느낀 에마와의 사랑에서도 에마가 공세로 나오면 '수레바퀴에 닿은 달팽이처럼 더듬이를 끌어들이고 껍데기 안으로 숨어드는' 순진한 주인공이 180도로 바뀌어서 마을 공장에서 일하게 되고, '죽고 싶을 정도로 비참한 기분으로 하루 종일 시계를 흘끔거리면서 자포자기해서 작은 톱니를 마구 휘젓는데, 이 톱니 또한 하나의 수레바퀴라고 생각할 수 있다. 이렇게 해서 한스는 학교와 사회라는 '수레바퀴 밑에서 죽음의 그림자 속으로 질질 끌려들어' 간다.

순수한 마음으로 이 소설을 읽는 사람이라면 누구나 이 가련한 소년의 운명 앞에서 눈물을 흘리지 않을 수 없을 것이다.

헤세가 즐겨 선택한 '익사'라는 소재

이 소설은 주인공의 익사로 끝난다. 헤세는 익사라는 소재를 즐겨 썼는데, 『수레바퀴 밑에서』도 헬라스에서 함께 생활했던 힌딩거가 마울브론 신학교의 연못에 빠져 죽었을 뿐 아니라, 『클링조어의 마지막 여름』의 주인공이 '이태백'(리타이보)이라고 자기 이름을 말하는 것도 물에 비친 달 그림자를 잡으려다가 익사한 이 주선酒仙 시인으로부터 따온 것이다. 또 『클라인과 바그너』의 주인공이 물에서 죽는 장면과 『유리알 유희』의 주인공 크네히트의 자살이라고 생각되는 익사 등 헤세의 작품 속에 등장하는 익사 장면은 수도 없이 꼽을 수 있다. 아마도 작가는 '물에 몸을 던져서 저항하지 않고 밑바닥까지 떨어지도록 가만히 있는' 상태에서 삶의 끝에 이르는 이미지를 그리고 싶었는지도 모르겠다.

사실은 『수레바퀴 밑에서』의 주인공은 목을 매서 자살하려고 하다가 미수에 그친다. 한스가 신학교 선생님들에게까지 외면당한 제5장 제1절에서는 익사를 비유적인 의미로 사용하고 있다.

곧 '가녀린 소년이 어찌할 바를 몰라 하며 짓는 미소의 그늘 속에 파멸해 가는 한 영혼이 물에 빠지지 않으려고 덜덜 떨면서 절망적으로 주위를 둘러보고 있는 모습'을 아무도 보지 않았다고 피를 토하는 듯한 처절함으로 울부짖고 있다.

| 작품 속의 명문장 |

"태어날 때부터 나는 어린 양과 같아서 비눗방울처럼 떠다니기 쉬웠지만 규율에 대해서는 어떤 종류의 것이건, 특히 소년 시절에는 항상 반항적인 태도를 취했다. '너는 무엇을 해야 한다'는 말을 듣기만 해도 나의 마음은 완전히 그것을 외면하려 했고, 성격도 점점 더 고집스러워졌다. 이런 특성이 나의 학교 시절에 얼마나 큰 불리함으로 작용했는지는 상상하기 어렵지 않을 것이다."

『약전略傳』

"내가 사랑하는 유일한 덕목의 이름은 '제멋대로'이다. 제멋대로인 자가 복종하는 것은 신성한 자기 속에 있는 유일하고 무조건적인 규칙, 곧 자기가 가진 그대로의 마음이다."

1919년의 수필 『제멋대로』

＊ 이러한 일관성이 헤세 문학의 진수를 나타내 주고 있다.

"실제로 내가 살아보려고 시도한 방법은 저절로 내 안에서 나왔을 뿐이다. 어째서 그것이 그렇게까지 힘들었을까?"

소설 『데미안』의 신조

＊ 자신의 길을 걷던 헤세에게 갖가지 고난이 닥쳐왔지만, 그 고난에 굴하지 않고 스스로 헤쳐 나간 뒤에 느끼는 작가의 감회이다.

NOTES

● 헤세가 학업 도중에 도망친 마울브론 신학교에서는 졸업생의 3분의 1이 신학을 공부하기 위해 튀빙겐 대학교로 진학한다. 이곳에서 공부한 학생으로는 천문학자인 케플러와 시인 횔덜린 등이 있다.

● 제1차 세계대전에서 문화인들이 전쟁에 협력한 것을 비판한 헤세의 평론 『오, 친구여, 그 행동을 그만두게』는 대단한 반향을 불러일으켰는데, 그 제목은 베토벤의 제9교향곡에 나오는 마지막 대합창의 도입부에서 따온 것이다.

라이너 마리아 릴케(Rainer Maria Rilke)

말테의 수기

(Die Aufzeichnungen des Malte Laurids Brigge)

1910년 발표한 작품으로, 일관된 줄거리 없이 관찰과 성찰, 추억 등에 의존한 산문시 같은 단편이 몇 가지 주제로 엮어져 있는 조각 퍼즐 같은 구성으로 이루어져 있다. 19세기의 사실주의에서 벗어나 새로운 현실성을 추구하는 20세기 소설의 선구가 된 작품이다.

INTRO

독일의 시인 라이너 마리아 릴케(Rainer Maria Rilke, 1875~1926)는 1875년 체코(그 무렵에는 보헤미아)의 수도인 프라하에서 태어났다. 아버지는 장교로 복무하다가 철도 회사 직원으로 전직한 평범하고 성실한 사람이었고, 어머니는 허영심이 강한 사람으로, 릴케보다 먼저 태어났다가 요절한 딸 대신 르네(릴케의 아명)에게 여장을 시키는 식의 희귀한 성격을 가지고 있었다. 11세 때 아버지의 희망에 따라 장크트푈텐의 육군유년학교에 입학했는데, 그것은 시인에게 도스토옙스키의 『죽음의 집의 기록』(1861~1862)과도 같은 공포의 체험이었다.●

16세에 메리슈 바이스키르헨에 있는 육군사관학교를 자퇴했다. 같은 해 린츠의 경영학원에 입학했다가 이듬해 자퇴했다. 22세에 뮌헨대학교를 졸업하고 루 안드레아스 잘로메●를 알게 되었다. 잘로메는 자신의 『인생의 회고』에서 "나는 그 사람, 릴케의 아내였다"라고 고백하고 있다. 그녀와 함께 두 번에 걸쳐 러시아 여행을 할 때 톨스토이를 찾아갔다. 26세 때 로댕 문하의 조각가 클라라 베스토프와 결혼해 북부 독일의 디트마르센 평원에 있는 보르프스베데 마을에서 살았다. 그러나 경제적 궁핍 때문에 이듬해 가정생활을 청산하고 『오귀스트 로댕』을 집필하기 위해 부부가 따로따로 파리로 나와 각자의 길로 정진하기 위한 별거 생활을 했다.

30~31세에 로댕의 집에서 비서로 일하면서 살았다. 34세 때 시인의 후원자가 된 탁시스 후작부인을 알게 되었고, 그 뒤 아드리아 해안의 두이노에 있는 그녀의 별장 손님이 되어 대표작 『두이노의 비가悲歌』(1912~1922)의 영감을 얻었다. 말년에는 병으로 자주 드러누웠는데, 발레리와 지드, 에드몽 자루, 샤를 빌드라크● 등 많은 프랑스의 문인들과 친분을 나눌 수 있었다. 릴케는 1926년 스위스의 발몽요양소에서 백혈병으로 죽은 뒤, 뮈조에서 멀지 않은 라롱의 교회 묘지에 묻혔다.●

덴마크의 젊은 시인 말테가 파리의 고립된 생활 속에서 쓴 수기

이 작품(초판)은 65개의 문단으로 이루어져 있는데, 말하자면 조각 퍼즐과 같은 구성으로 참신한 느낌을 주고 있다. 그 소재는 크게 나누어 주인공의 파리에서의 생활과 어린 시절의 추억, 풍부한 독서의 추억이라는 3개의 부분으로 이루어져 있다.

다감한 28세의 청년 말테는 덴마크의 고향을 떠나 '살기 위해' 파리로 간다. 이제는 부모도 없는 천애 고아이다. 그의 눈에 비치는 것은 모두 서글픈 인생의 이면과 패배한 자들의 모습이다. 속을 드러낸 채 무너진 집의 벽과 병원, 장님 야채 장수, 여자 거지, 거리에서 본 기괴한 무도병舞蹈病 환자, 우유 가게에서 만난 빈사 상태의 남자, 말테의 아파트 옆방에 사는 신경쇠약에 걸린 의학생 등등. 그런 존재들을 알 수 있다는 것은 결국 그들이 모두 자신의 마음에 비친 풍경이라는 것을 의미한다.

하지만 그는 시인이었다. 그는 지금 '보는 것을 배우고 있다', '아무리 추악한 현실이라도, 현실을 위해서라면 모든 꿈을 저버리고 돌아보지 않을 각오가 되어 있다'고 생각하며 싸구려 하숙집에서 생활하고 있다.

원래 말테는 덴마크의 명문 출신이다. 친할아버지인 크리스토프 데틀레브 브리게는 울스고르 마을의 광대한 영토를 가진 시종관이었고, 아버지는 사냥 담당관이었다. 소년 말테는 푹신푹신한 카펫 때문에 발소리가 나지 않는 호화로운 저택에서 자랐다. 그러나 종종 열병에 걸려 환각을 보는 허약한 아이였다. 어느 겨울의 저녁때 떨어진 빨간 연필을 주우려고 책상 밑에 쭈그린 말테를 향해 불현듯 맞은편 벽에서 비쩍 마른 큰 손이 스윽 나타나는 환영을 경험하기도 했다.

그런 소질은 성인이 된 뒤에도 그대로 남아 있어 의사가 전기 요법을 권할 정도로 파리의 말테는 갖가지 불안에 시달린다. 그러나 센 강변을 어슬렁거릴 때는 헌책방 주인이 되고 싶다고 생각하기도 하고, 국립도서관에서 프랑시스 잠을 읽을 때는 인적 없는 산골에 별장을 갖고 싶어지기도 하며, 클뤼니박물관에서는 '여인과 유니콘'의 조각을 앞에 두고 예전에 연모한 젊은 숙모 아벨로네를 떠올리기도 한다.

말테는 특이한 연애관을 가지고 있다. 그의 생각에 따르면 세속적인 의미에서 사랑을 단념해야만 그 사랑을 지속시킬 수 있다고 한다. 그는 베니스에서 본 덴마크인 가수의 모습에서 아벨로네를 떠올리는데, 그 가수가 부른 노래 가운데 "한 번도 너를 붙잡지 않았기 때문에 나는 너를 이렇게 확실하게 가지고 있다"는 내용은 그야말로 아벨로네에 대한 말테의 태도를 나타내고 있다.

『말테의 수기』의 마지막 문단은 '탕아의 전설'이다. 말테의 표현에 따르면 이는 '사랑받기를 원치 않았던 남자의 이야기', 곧 세속적인 사랑을 단절하고 오로지 신의 사랑만을 추구했던 남자의 이야기라고 한다. "그는 참으로 사랑하기 힘든 존재였다. 그리고 단 한 존재만이 사랑하는 힘을 가지고 있다고 느끼고 있었다. 그러나 그 존재는 사랑하려고 하지 않았다"라는 문구로 이 수기는 끝이 난다.

인간·인생·행복에 대한 물음

1927년 잡지 『누벨 르뷔 프랑세즈』(NRF : 신프랑스평론)에 발표된 '어느 여자 친구'에게 보내는 프랑스어 편지에서 릴케는 이렇게 쓰고 있다.

"이 책(『말테의 수기』)이 인생에서 행복이 불가능하다는 증명으로 끝나는 것으로 생각되고 있지만, 이것은 그런 흐름을 역행해서 읽어야 합니다. 설사 그 속에 쓰디쓴 비난이 있다고 해도 그것은 결코 인생을 향한 것이 아닙니다. 오히려 그 반대로 우리는 힘이 부족하고 주의력이 산만해서 우리에게 주어진 이 세상의 무수한 부富를 거의 모두 다 잃어버리고 있다는 사실을 확인하려고 한 것입니다."

| 작품 속의 명문장 |

"젊었을 때에는 시 같은 것은 써 봤자 소용이 없다. 사실은 기다려야 한다. 한 평생에 걸쳐서, 더구나 가능하면 늙을 때까지 긴 평생에 걸쳐서 의미와 달콤함을 모아야 한다. 그리고 그렇게 한 뒤에야 10줄 정도의 좋은 시를 쓸 수 있을지도 모른다. 시는 감정이 아니라 바로 체험이니까."

"추억을 가진 것만으로는 충분하지 않다. 추억이 많을 때는 그것을 잊을 수 있어야 한다. 다시 그것이 되살아오는 것을 기다릴 수 있을 정도의 커다란 인내가 필요한 것이다."

『말테의 수기』

NOTES

● 릴케의 어머니는 그를 여자아이처럼 키웠는데, 부모가 이혼한 뒤에는 완전히 바뀌어서 군인을 좋아하는 아버지 때문에 억지로 육군유년학교에서 사관학교로 진학했다가 도중에 자퇴했다.

● 안드레아스 잘로메(Lou Andreas-Salomé, 1861~1937)는 독일의 작가이자 정신분석학자이다. 니체의 구혼을 거절하고 동양학자 F. C. 안드레아스와 결혼했다. 릴케보다 14세 연상이었던 그녀는 릴케의 가장 좋은 인생의 친구이자 연인이었고, 프로이트의 제자이기도 했다. 소설과 수필, 심리학 논문 등을 썼다.

● 빌드라크(Charles Vildrac, 1882~1971)는 로맹, 뒤아멜과 친교를 맺고 위나니미슴(일체주의) 운동의 리더격인 시인으로 작품 활동을 시작해 제1차 세계대전 뒤에는 극작가로 활동했다. 『미셸 오클레르』(1921), 『절망자의 노래』(1914~1920) 등의 대표작이 있다.

● 백혈병으로 죽은 릴케의 묘비에는 자작시에서 따온 '오 장미, 순수한 모순의 꽃이여. 꽃잎과 꽃잎이 몇 겹으로 겹쳐져 눈꺼풀과 같구나. 이제는 누구의 꿈도 아닌 굳은 잠을 꼭 끌어안고 있다. 그 가련함이여' 라는 문구가 새겨져 있다.

프란츠 카프카(Franz Kafka)

변신

(Die Verwandlung)

벌레를 통해 상호 간의 소통과 이해가 단절된 인간의 고독과 실존의 허무를 암시한 작품이다. 현대 문명 속에서 소외된 인간의 모습을 형상화한 표현주의적 소설로, 실존의 문제를 다루고 있다는 점에서 실존주의 소설로 분류되기도 한다.

INTRO

프란츠 카프카(Franz Kafka, 1883~1924)는 체코슬로바키아 태생의 독일 소설가이다. 1883년에 체코(그 무렵에는 오스트리아헝가리제국의 영토인 보헤미아)의 수도 프라하에서 유대인 상인의 큰아들으로 태어났다. 프라하대학교에서 법학을 공부한 뒤 25세 때 '보헤미아왕국 노동자 상해보험회사'의 직원이 되었고, 일상의 여가를 '쓰는 일'에 바쳤다. 1917년 34세 때 폐결핵 진단을 받고 투병 생활을 하다가 1924년에 빈 교외에 있는 요양소에서 40년 11개월의 짧은 생애를 마쳤다.

카프카는 독일어를 잘하는 유대인이었다. 그가 학생이었던 1900년에는 프라하의 인구 45만 명 가운데 상류 계급을 차지하는 독일어 인구는 겨우 3만 4,000명이었다. 그러나 한편으로 독일어 어휘가 풍부하지 않고 문법적으로도 잘못된 곳이 많은데, 그가 이른바 조서調書 스타일의 즉물적 문체를 사용하게 된 것은 일반 대중과 동떨어져 지냈던 생활 환경 때문이다.

인간 카프카가 심한 오이디푸스 콤플렉스에 시달리고 있었다는 것은 그가 36세 때 쓴 놀라운 수기 『아버지에게 보내는 편지』(1918)에 분명히 나타나 있다. 그것은 부모와 자식 관계라기보다는 차라리 폭군과 노예 관계에 가까웠다. 단편 『사형판결』은 결혼 문제를 중심으로 아버지와 아들의 의견이 대립되다가 결국 아버지로부터 익사하라는 말을 들은 아들이 자살하는 이야기인데, 이처럼 자기 단죄로 끝나는 작품이 많다는 점이 카프카 문학의 특징이다. 작가로서도 '자기를 지우는' 것을 바라고 있었다는 사실은 학생 시절의 친구 막스 브로트에게 자기가 쓴 글을 태워 달라고 유언했던 것을 통해서도 알 수 있다. 그러나 브로트가 작가의 뜻을 거스르고 편집·출판한 장편 『성城』(1926)과 『심판』(1925)이 세계적인 반향을 불러일으키게 되자, 카프카는 다양한 각도에서 조명을 받는 인기 작가가 되었다.●

벌레로 변한 인간의 고독과 소외

"어느 날 아침에 그레고르 잠자가 이상한 기분으로 잠에서 깨어났을 때 침대 속에서 자신이 한 마리의 기괴한 벌레로 변신해 있는 것을 발견했다." 이것이 이 소설의 첫머리이다.

잠자는 경영대학을 졸업한 뒤 군대 생활도 끝내고 아버지가 5년 전에 파산한 이후로 세일즈맨이 되어 부모와 17세가 되는 여동생 그레테를 부양하고 있는 일가의 기둥이다. 그런 그가 큰 독충으로 변신하게 된 불가사의한 재난 때문에 출근도 하지 못한 채 자기의 몸 하나도 자유롭게 움직이지 못하고 있다. 게다가 많은 다리는 제멋대로 움직이는 판이다.

7시가 지나자 가게에서 지배인이 찾아와 어째서 무단으로 결근을 하느냐며 가족들과 실랑이를 시작한다. 잠자는 방문 너머로 변명을 시작하는데, 지배인은 "짐승의 소리"라며 겁을 먹고는 그냥 도망친다.

거실에 얼굴을 내민 잠자의 모습을 보고 어머니는 그 자리에 주저앉아 버리고, 아버지는 증오에 찬 표정으로 주먹을 쥐더니 잠자를 원래의 방 안으로 밀어 넣으려고 한다. 이 와중에 잠자는 다리 하나에 상처를 입었고, 흰색으로 칠을 해 놓은 방문에 지저분한 반점을 남겼다.

이런 이변이 일어난 이후로 가족에게는 여러 가지 변화가 생겼다. 하녀가 그날 중으로 그만두고 나간 것 외에도 아버지가 어딘가의 은행으로 허드렛일을 하러 나가게 되었고, 어머니는 부업으로 하던 바느질을 더욱 열심히 하게 되었으며, 여동생도 점원이 되었는데 좀더 좋은 직장을 얻으려고 밤에는 속기술과 프랑스어를 열심히 배우고 있다. 잠자는 바이올린을 좋아하는 이 여동생을 특히 귀여워하고 있어서 음악 학교에 다니게 해 주겠다고 크리스마스이브에 말해 주려 했었는데, 이제 와서는 그것도 허망한 이야기가 되어 버린 셈이다. 게다가 살림에 보태려고 한 방에 하숙생을 3명이나 두는 바람에 잠자의 방은 어느새 창고처럼 변해 버린다. 그보다 먼저 잠자는 아버지가 던진 사과로 중상을 입고, 그 뒤로는 왠지 식욕도 없어져 점점 쇠약해지다가 3월 말이 가까워진 무렵에 드디어 '죽어 나자빠진' 모습으로 가정부에 의해 발견된다.

"자, 이제는 하나님께 감사할 수 있겠군"이라고 아버지가 말했고, 가족 3명은 전철을 타고 교외로 산책하러 간다.

카프카 자신을 암시하고 있는 주인공 잠자

이 소설의 주인공은 '잠자Samsa'라고 불리는데, 이것은 모음과 자음의 조합을 보면 '카프카Kafka' 자신을 암시하고 있다고 볼 수 있다. 더구나 체코어로 '잠자'는 '나는 고독하다'는 의미가 된다. 가정적으로 카프카가 소외되어 있었다는 것은 그의 작품 『아버지에게 보내는 편지』에 극명하게 묘사되어 있다.

인간이 등신대의 벌레로 변신한다는 이변을 알려 주는 서두의 한 문장에는 동기가 전혀 들어 있지 않은데, 이 같은 상황은 예를 들어 장편 『심판』에서 요제프 K가 갑자기 이유도 없이 어느 날 아침에 체포된다는 설정과 매우 비슷하다. 작가는 이 같은 설정을 통해 갑작스러움에 의한 충격을 노리고 있다. 그러나 '벌레'나 '독충'이라고 번역되는 'Ungeziefer'라는 단어에는 '기생충'이라는 뜻도 있으므로, 카프카가 경제적으로 독립할 수가 없어 아버지의 도움을 받으며 살고 있던 사람이라는 점을 염두에 두고 『아버지에게 보내는 편지』를 읽으면 여러 가지 시사하는 바를 알 수 있을 것이다. 곧, 기사들끼리의 싸움에서는 쌍방이 모두 홀로 서 있는 데 반해 '독충들의 싸움에서는 찌르는 데 그치지 않고 자신의 생명을 유지하기 위해 상대방의 피를 빤다'고 쓰여 있으며, 또한 간신히 글을 써서 독립한 자신에 관해 '꼬리는 발에 밟혀서 하는 수 없이 상체로 몸을 움직이며 옆으로 기어가는 벌레를 연상시키는 부분이 있다'라고 써놓기도 했다.

또한 소설 『시골의 결혼 준비』에서 "나는 침대에서 자고 있을 때 커다란 갑충이나 풍뎅이의 모습을 하고 있는 것이 아닐까 하고 생각한다"고 서술한 부분도 참고가 될 것이다.

| 작품 속의 명문장 |

"황천강을 건너는 나의 배는 진로를 잘못 잡았다. …… 내 배에는 방향을 조종하는 키가 없다."

단편 『사냥꾼 그라쿠스』

* '그라쿠스'는 까마귀를 뜻한다. 카프카가 자기 인식을 나타낸 단편 『사냥꾼 그라쿠스』는 슈바르츠발트('검은 숲'이라는 뜻)에서 추락해 죽었는데도 저승으로 건너가는 배가 길을 잘못 들어서 저승으로 가지 못하는 '영원한 유대인'을 그린 작품이다.

"잘못해서 울린 한밤중의 벨에 한번 따르면 다시는 돌이킬 수가 없다."

단편 『시골 의사』

* 어느 겨울밤에 있었던 사건을 시골 의사가 회상하는 소설로, "늙은 나는 현세의 마차를 타고 초超현세의 말들에 이끌려 계속 떠돌아다니고 있다"는 표현을 통해 끝없이 방황하는 '영원한 유대인'을 주제로 삼고 있다.

NOTES

● 카프카는 프라하의 중앙우체국에 편지(일설에는 전보)를 부치러 갔을 때 많은 직원들이 하나같이 책상에 앉아 사무를 보고 있는 광경에서 이상한 압박감과 불안감을 느껴 일도 처리하지 못한 채 서둘러 밖으로 도망쳐 나왔다고 한다.

토마스 만(Thomas Mann)

마의 산
(Der Zauberberg)

죽음에서 삶으로의 인도주의를 추구하는 교양소설. 제1차 세계대전 전의 내면적 모순 시대를 반영하고 새로운 사회적 휴머니즘으로 발전해 가는 역사적 징후를 성찰하면서 그것을 인간 교양의 발전과 연계시키고 있는 작품이다.

INTRO

20세기 독일을 대표하는 작가 토마스 만(Thomas Mann, 1875~1955)은 1875년에 뤼베크의 큰 상인 가문에서 태어났으나, 16세에 아버지를 여의고 사업체는 해체되었다. 형 하인리히●도 작가였다.
토마스 만은 18세가 된 해부터 작품을 발표하기 시작했고, 25세 때 『부덴브로크가家』(1901)를 발표해 유럽 여러 나라에 이름이 알려지게 되었다. 그 뒤 1929년에 노벨문학상을 수상한 이 장편소설은 자기 집안의 족보를 거슬러 올라가서 19세기의 한자동맹● 도시의 시민사회를 변천에 따라 살펴본 작품이다.
독일의 시민사회와 예술의 존재 방식을 자신의 문제로 추구하는 것이 이 작가의 평생 과제가 되었다. 『토니오 크뢰거』(1903), 『베네치아에서의 죽음』(1911) 등의 작품에서는 니체와 괴테를 정신적인 아버지로 삼아 시민과 예술가를 하나로 연결해 융화하려는 노력을 계속했고, 『마의 산』(1924)에서는 자기와 서유럽 세계의 근원을 추구했다.●
창작을 시작한 이후로 출판될 때까지 18년이 걸린 『요셉과 그의 형제들』(1926)에서는 인류사의 원천까지 거슬러 올라가 과거의 샘물에 몸을 담그고, 그곳에서 처음으로 자기 인식의 극복과 창조를 이루려는 시도를 했다. '언제나 자기 이야기를 하면 그것이 보편적인 삶을 이야기하는 것이 된다'고 생각하는 이 작가는 같은 시기, 곧 바이마르공화국 시대에 미국으로 망명했고, 전후를 맞이한 시대에 독일과 인류의 양심의 목소리를 계속 대변하다가 나중에는 자기와 독일을 동일시하는 자신감을 얻기에 이르렀다.
아이러니와 유머, 패러디와 자기 인용을 곳곳에 삽입한 소설의 구조는 전후의 장편소설인 『파우스투스 박사』(1947), 『선택받은 사람』(1951) 등에서 정점에 이르러 세계 문학에 '이야기'의 부활을 가져다주었다. 그는 1906년 이후로 구상을 하고 집필을 계속한 『사기꾼 펠릭스 크룰의 고백』 제1부를 완성시킨 뒤, 1955년 취리히에서 안경을 찾다가 숨졌다.

세상과 떨어진 요양소에서 겪는 한스의 정신적 성장

제1차 세계대전이 시작되기 7년 전, 한스 카스토르프는 스위스의 다보스에 있는 국제요양소 '베르크호프'로 폐병을 앓고 있는 사촌 요아힘 침센을 문병하러 간다. 산 위에 자리한 이 요양소에 떠도는 자포자기한 듯한 분위기는 산 아래 세계의 일상적인 것과 전혀 다르다. '마의 산', 곧 생과 사의 중간에 존재하는 이 폐쇄된 세계는 바그너와 니체에게 촉발되어 20세기 초반에 제창된 가능성과 인식의 세계를 대표한다. 이 세계는 또한 제1차 세계대전 전의 서유럽 사회를 대표하는 갖가지 사상을 순수하게 배양하는 곳이기도 하다.

카스토르프는 이곳에서 특이한 인물들을 여러 명 만난다. 서유럽의 낙관적 진보주의를 받드는 인문주의자인 '문명의 문사' 세템브리니는 스스로 계몽적·도덕적 스승임을 자처한다. 이와 달리 금욕적 예수회 신부인 나프타는 죽음의 독재와 공산주의적 신의 도래를 외친다. 또한 원초적 사랑을 가르치는 러시아 부인 쇼샤, 본능적 감정에 따라 사는 걸물 페퍼코른을 만나고, 정신분석에 심령술까지 접하게 된다. 이처럼 '마의 산'에서 만난 다양한 인물을 통해 주인공은 정신적인 성장을 이룬다.

'마의 산'에서의 시간은 지상과 다른 기준으로 흐르고 있기 때문에 처음에 7일 동안 체류할 예정이었던 것이 어느새 7년에 이르게 된다. 때마침 지상 세계에서 제1차 세계대전이 발발하자, 젊은 엔지니어 카스토르프는 생에 대한 사랑을 이루기 위해 산을 내려가 싸움터로 간다.

제1차 세계대전을 거친 뒤, 다시 정치적 대논문인 『어느 비정치적 인간의 고찰』(1918)과 병행해 기록해 놓은 부분이 있는 이 장편소설은 독일 문학 가운데 가장 전통적인 '교양소설'의 하나로 꼽히고 있다. 그러나 그것은 단순히 주인공 한스 카스토르프의 정신적 발전을 좇는 것이 아니다. 『어느 비정치적 인간의 고찰』이 독일 시민사회가 붕괴될 위기를 앞에 두고 자신의 정신적 기반을 확인하고 옹호하기 위해 쓰인 것처럼 이 소설은 독일 시민사회의 질적 전환과 새로운 사회적 휴머니즘을 향한 성장을 예고하는 것이다.

이 소설에는 또 하나의 시간이라는 주인공이 있다. 시간은 이 소설의 주요 테마인 동시에 형식을 구성하고 있는데, 이는 나중에 『요셉과 그의 형제들』과 『파우스투스 박사』에서 완성되는 '시간소설'을 내용과 형식에서 앞서 가는 작품이다.

한스 카스토르프 – 인간과 인간성을 추구

한스 카스토르프는 북부 독일에 위치한 함부르크에서 부유한 상인의 아들로 태어나 일찍이 부모를 여의고 할아버지 밑에서 자란다. 그의 마음속에는 끊임없이 19세기의 시민적 윤리관을 가지고 살아간 할아버지의 모습이 살아 있어, 그의 사고와 판단을 지탱해 주고 있다. 저자의 정신적 기반을 이루고 있는, 곧 한자동맹으로 형성된 '도시적 시민사회'의 정신적 토대를 구축하려는 주인공은 23세에 '마의 산'을 경험하게 된다. 그는 '마의 산'에서 질병이라는 생과 사의 중간 존재가 낳은 창조적 산물인 왕성한 지식욕과 순수한 의심을 무기로 하여 다양한 사상을 접하고 갖가지 경험을 쌓으면서 인간과 인간성의 본질을 추구한다. 설산雪山에서 조난당했다가 구사일생으로 살아난 경험은 죽음이 존재를 낳게 하는 힘인 동시에 파괴하고 해체하는 힘이기도 하다는 사실을 가르쳐 준다. 그리하여 '죽음에 대한 공감'에서 탈피해 사랑으로 생에 대한 봉사를 해야 한다는 사실을 깨닫게 된다.

어떠한 사상에도 극단적으로 기울지 않고 항상 인식의 모험을 쌓아

가면서 대립을 초월하는 것과 선의와 사랑을 견지하기 위해서는 죽음에 사상을 맡겨서는 안 된다는 사실을 깨달은 한스 카스토르프에게는 19세기적 휴머니즘을 신봉하는 세템브리니와 죽음의 신봉자인 나프타의 대립과 결투도 이미 과거의 유물에 지나지 않는다. 할아버지의 모습과 엄숙한 프러시아적 삶의 구현자인 침센도 지금은 없고, 다른 서유럽 사상의 구현자들도 이제는 자신의 역할을 마치고 무대에서 떠났으며, 남아 있는 한스 카스토르프도 중세 이후로 내려온 직인들의 전통을 칭송한 「보리수」 노래에 마음이 동화되어 조국을 위해 싸움터로 나간다.

하지만 그의 모습이 전쟁 속에서 쓰러졌는지, 아니면 아직까지도 생을 얻고 있는지에 관해 작가는 아무런 언급도 하지 않았다. 다만 한스 카스토르프를 통해 정신적 기반을 확인한 독일 시민사회가 전후 시대라는 새로운 방향으로 나아가기 시작한 것이다.

| 작품 속의 명문장 |

"생명을 아는 자는 죽음을 안다. 그러나 그것이 전부가 아니다. 문제가 시작되었을 뿐이다. 교육적으로 생각한다면 거기에 또 다른 절반의 의미를 덧붙여야 한다."

"저 두 사람의 교육자가 하는 논쟁이나 대립 같은 것은 문제를 뒤섞는 것에 지나지 않는다. 저 사람들이 말하는 귀족성의 문제와 고귀함, 죽음과 삶, 질병과 건강, 정신과 자연 등의 문제가 과연 모순적으로 대립하고 있는 것일까? 그런 것이 문제가 될까? 아니다. 고귀함도 문제가 되지 않는다. 죽음의 방일放逸은 삶 속에 있으며, 그것이 없으면 삶은 삶이 아니다. 신의 의로움을 행하는 사람들의 입장은 바로 중간에 있는 것이다."

"인간만이 고귀한 것일 뿐 대립이 고귀한 것은 아니다. 인간은 대립 위에 선 자이므로 대립물은 인간을 통해서만 존재하게 되는 것이다. 따라서 인간이 더 고귀하다. 죽음보다도 고귀하다. 죽음과 맞바꾸기에는 너무 귀하다. 이것이 인간이 가진 지知의 자유이다."

* 한스 카스토르프가 설산雪山에서 조난당했을 때 생각한 말.

NOTES

● 토마스 만의 형 하인리히 만(Heinrich Mann, 1871~1950) 역시 작가였는데, 초기에는 신낭만주의와 신보수주의를 주창하다가 점차 사회 비판적 경향의 소설을 발표했다. 『운라트 교수』(1905), 『충복』(1918) 등의 대표작이 있다.

● 12, 13세기경 유럽에는 한자**Hansa**라고 불리는 무역 상인 단체가 있었는데, 14세기 중반에 이르러 이들 사이에서 도시동맹이 결성되기 시작했다. 이렇게 14세기 중반 북해·발트해 연안의 독일 여러 도시가 뤼베크를 중심으로 상업적인 목적 아래 결성한 동맹을 한자동맹이라고 한다.

● 1912년에 만의 부인은 6개월가량 다보스에서 요양 생활을 했고, 같은 해 5~6월에 만은 부인의 문병을 갔다가 4일 동안 요양소에서 머물렀는데, 이때의 경험이 장편 『마의 산』을 만들어 내는 계기가 되었다. 『마의 산』 집필은 1913년 7월에 시작된 뒤 제1차 세계대전을 거쳐 1924년 9월 28일 완성될 때까지 11년이 소요되었다. 초판(총 2권)은 같은 해 11월에 1만 부가 출판되어 순식간에 매진되었다.

베르톨트 브레히트(Bertolt Brecht)

서푼짜리 오페라

(Die Dreigroschenoper)

브레히트 서사극의 출발점이 된 작품으로, 시민사회의 은폐된 부패상을 공공연하게 비판하고 있다. 곧, 서민적인 생활 묘사와 정치적 풍자, 가곡 등에 의해 극을 진행하면서 시민사회의 외형적인 질서가 사실은 '강도의 질서'임을 풍자하고 있다.

INTRO

독일의 극작가이자 시인인 베르톨트 브레히트(Bertolt Brecht, 1898~1956)는 1898년 독일의 아우크스부르크에서 제지 공장 지배인의 아들로 태어났다. 일찍부터 창작을 시작했고, 제1차 세계대전 말기에는 위생병으로 참전해 전쟁의 비참함을 경험했다.

초기 작품에는 표현주의적인 이미지나 비전이 풍부한 동시에 냉정하게 각성된 태도를 잃지 않고 있다. 첫 희곡인 『바알 신』(1919)은 비사회적인 시인을 다루고 있다. 혁명에 등을 돌리는 귀환병을 다룬 『밤의 북소리』(1922)로 1922년에 클라이스트상을 수상했고, 그 뒤로 『도시의 정글』(1923), 『남자는 남자다』(1927) 등 기성 연극을 밑바닥부터 부정하는 듯한 작품으로 주목을 받았다.

1920년대 중반에 뮌헨에서 베를린으로 이사한 브레히트는 초기의 무정부주의적인 입장에서 벗어나 차츰 마르크스주의의 영향을 받게 되었다. 특히 그 영향이 강하게 나타난 것은 금욕적이고 소박한 양식으로 세계의 변혁을 그리려 했던 일련의 교육 연극의 시도에서였다. 연극에서 감정적인 것을 제거하고, 연극을 인식을 위한 토론의 장으로 만들려는 의도는 종래의 오페라를 부정하는 『서푼짜리 오페라』(1928)●나 『마하고니시市의 흥망』(1929) 등의 시도에서도 분명하게 나타난다. 종래의 연극이 가진 틀로는 담을 수 없는 대상을 다루기 위한 서사적 연극의 제창과 선입견을 버리고 주위의 익숙한 대상을 새로운 관점으로 다시 보는 소외효과● 기법의 도입은 연극에 새로운 가능성을 열어 줄 것으로 예상되었는데, 그것이 실현된 것은 전쟁이 끝난 뒤부터였다.

『어머니』(1930)와 『도살장의 성聖 요한나』(1932)의 상연이 더 이상 불가능해지고, 나치가 정권을 탈취하게 되자, 브레히트는 1933년에 스위스로 망명해 파리를 거쳐 덴마크에 자리를 잡았다. 그곳에서 반反 파시즘 운동에 가담하면서 전술상 종래의 연극 기법으로도 상연이 가능한 『카라르 부인의 소총』(1939)과 『제3제국의 공포와 빈곤』(1938)을 썼고, 그것을 모두 종합해 그 위에 그 자신의 연극 체계를 완성시켜 갔다.

제2차 세계대전이 발발하자 브레히트는 스웨덴과 핀란드 등지로 나치의 손길을 피해 다녔고, 1941년에 겨우 시베리아를 경유해 미국 캘리포니아로 안전하게 망명했다. 이 유랑 생활 속에서 그의 대표작인 『억척어멈과 그 자식들』(1939), 『갈릴레이의 생애』(1943)●, 『푼틸라씨와 하인 마티』(1941) 등이 완성되었다.

그의 연극은 과거 정치극의 좁은 도식성을 초월하여 모순에 찬 현상을 제시하면서 관객들에게 발견과 인식의 즐거움을 가르쳐 주는 획기적인 이성의 연극이라고 할 수 있다. 말년에는 자기 연극이 형식 면에서만 흥미의 대상이 되고 있다는 오해를 받기가 싫어서 사실주의와 변증법이 바탕이 되었음을 주장했다. 1956년 8월 심근경색으로 인해 자신의 뜻을 모두 이루지 못한 채 급사했다.

암흑가의 왕과 도둑단의 괴수를 통해 모순적인 사회를 풍자

무대는 런던의 뒷골목인 소호구이다. 거리의 광대들이 사람들 속에서 살인에 관한 이야기를 노래하고, 이를 통해 도적 메키 메서의 갖가지 악행이 소개된다. 이 메키에게 호감을 가지고 있는 여성이 있었는데, 그녀의 이름은 폴리였다. 폴리의 아버지 피첨은 거지를 근대 기업화해 런던 전 지구의 거지들에게 분장을 위한 옷이나 도구를 빌려 주고 받는 돈으로 부유하게 살고 있는 암흑가의 왕이다. 그러나 그는 자기가 곱게 기른 딸과 메키의 결혼을 승낙하지 않는다.

도둑단의 괴수 메키도 사실 자기 스스로는 손을 대지 않고 졸개들에게 돈을 뜯어내어 불로소득으로 이익을 올리는 남자이다. 그는 사람이 없는 마구간으로 들어가 졸개들의 축복과 그들이 선물로 내놓은 장물들에 둘러싸인 채 폴리와 재빨리 결혼식을 올려 버린다. 그 자리에 있던 손님 중에는 런던의 경시총감인 타이거 브라운도 있었다. 식민지 군대 시절 메키의 전우였던 그는 지금도 이 도둑단의 괴수와 둘도 없는 친구로 지내며 서로에게 유리한 거래를 하고 있다.

달콤한 신혼 첫날밤을 지낸 뒤 폴리는 집으로 돌아가 부모에게 메키와 결혼했음을 선언한다. 화가 난 피첨은 경찰에게 메키를 체포해 달라고 한다. 브라운으로부터 그 정보를 받은 메키는 잠시 런던에서 모습을 감추기로 하고, 폴리에게 도둑단의 지휘를 맡긴 뒤 사라진다. 그러나 목요일마다 매춘 업소를 찾아가는 습관을 버리지 못하는 바람에 피첨의 아내에게 매수된 창녀이자 자신의 옛 정부인 제니에게 배신당해 체포된다. 브라운은 '친구'를 체포해야 하는 처지에 놓이게 된 것을 괴롭게 생각하지만, 자기 딸인 루시까지 메키를 사모하고 있다는 사실은 알지 못한다. 루시는 메키가 갇혀 있는 감옥 앞에서 면회하러 온 폴리와 사랑싸움을 하게 되고, 결국 메키는 루시를 이용해 탈옥하는 데 성공한다.

브라운이 한시름 놓고 있는 차에 피첨이 찾아와 메키를 다시 체포하지 않으면 눈앞에 닥친 여왕 대관식 때 거지들을 선동해 데모를 일으켜서 식전을 망쳐 놓겠다고 협박한다. 브라운은 다시 메키를 체포해 대관식이 시작되기 전에 그를 교수형에 처해야 하는 처지가 된다.

메키의 두 번째 탈옥 시도가 실패로 끝나고, 드디어 그가 참관자들에게 이별을 고한 뒤 처형대로 올라가려고 하는 순간, 극의 흐름이 황당하게 반전되어 해피 엔딩으로 끝난다. 오페라에서는 현실적으로 있을 수 없는 구원이 찾아온다고 하는 이유로 브라운이 여왕의 사자가 되어 백마를 타고 등장해 메키를 석방하는 데 그치지 않고 귀족으로 봉한 뒤 연금까지 하사하는 결말로 끝난다.

브레히트의 작품 가운데 가장 유명한 이 작품은 극장주의 의뢰로 2세기 전에 발표되었던 영국의 『거지 오페라』(존 게이 작)를 모방해 단기간에 쓰인 것인데, 1928년에 초연될 무렵부터 쿠르트 바일●의 훌륭한 작곡에 힘입어 폭발적인 인기를 끌었다. 작품 속에 나오는 「모리타트」와 「솔로몬 송」, 「해적 제니」 등의 많은 노래들은 독립적인 음악성을 갖추고 있어 때로는 연극의 흐름을 중단하고 행하는 극의 해설, 이른바 소외효과를 노리는 기능도 가지고 있다.

| 작품 속의 명문장 |

"우선은 먹여 달라, 도덕은 그다음 문제이다."

『서푼짜리 오페라』 제2막의 마지막 대사

* 이 도발적인 말은 인간의 도덕성 그 자체를 부정하고 있는 것이 아니라 부정한 사회 기구 속에서 도덕에 관해 운운하는 모순을 풍자하고 있다.

"영웅을 필요로 하는 나라는 불행하다."

『갈릴레이의 생애』 제10장과 '망명자의 대화'

* 지동설을 취소한 갈릴레이가 저항의 영웅이 되지 못한 자신을 변호하는 대사. 이상적인 사회라면 영웅은 불필요하다는 브레히트의 바람과도 통하는 말이다.

NOTES

● 브레히트는 초기에는 비용이나 랭보에게 영향을 받아 이미지가 풍부한 시를 썼다. 『서푼짜리 오페라』에 나오는 노래 가운데 몇 곡은 비용의 표절이라는 비난을 받았는데, 그 일에 관해 그는 "나는 문화적인 것의 소유권에 대해서는 깐깐하지 않은 남자다"라는 뻔뻔스러운 발언을 했다.

● 연극에서 친숙한 주변을 생소하게 보이게 함으로써 극 중의 등장인물과 관객의 감정적인 교류를 방지하는 브레히트의 서사 기법을 소외효과疏外效果라고 한다. 관객이 무대의 사건에 대해 연구하고 비판하는 태도를 갖게 하는 효과가 있다.

● 망명하여 살아남은 브레히트는 그의 작품에 나오는 갈릴레이와 마찬가지로 '교활한' 부분을 가지고 있었다. 그러나 수단으로서 항상 그런 점을 긍정한 것은 아니며, 인간을 그런 모순된 모습으로 바라보는 것 자체가 브레히트 작품의 특색이기도 하다.

● 독일 출생의 미국 작곡가인 쿠르트 바일(Kurt Weill, 1900~1950)은 베를린국립음악학교에서 공부했다. 1926년 오페라 「투사」의 음악을 통해 작곡가로 주목을 받았고, 「서푼짜리 오페라」를 작곡해 성공을 거두었다.

한스 카로사(Hans Carossa)

달콤한 환상의 시절
(Das Jahr der schonen Tauschungen)

이 작품은 『어린 시절』, 『청춘의 변모』와 함께 작가의 자전소설 3부작이라고 일컬어지고 있다. 순박한 젊은이가 대도시 뮌헨에서 대학 생활을 하며 겪는 학문의 경이로움과 함께 여러 여인들과의 사랑, 좌절 등의 정신적 성장 과정을 그리고 있다.

INTRO

독일의 소설가이자 시인·의사인 한스 카로사(Hans Carossa, 1878~1956)는 1878년 바이에른의 퇼츠에서 의사의 아들로 태어났다. 뮌헨대학교 등에서 의학을 공부하고 24세 때 개업 의사가 되었다. 그 이후로 평생 동안 의사 직업을 버리지 않고, 여가 시간을 이용해 조금씩 작품을 썼다.

『의사 뷔르거의 최후』(1913)로 인정을 받았고, 제1차 세계대전 때 군의관으로 종군하면서 착상을 얻은 자전소설 『어린 시절』(1922)과 세계대전의 종군 기록인 『루마니아인의 일기』(1924)가 높은 평가를 받았다.

그는 괴테를 스승으로 삼았고, 특정한 유파에는 속하지 않았으며, 자기 생활만을 소재로 하여 절도 있고 수준 높은 작품을 썼다. 나치 시절에 진정으로 창조적인 사람이라면 아무도 되고 싶어 하지 않았던 유럽저작가연맹의 회장 자리를 떠맡게 되었는데, 권력에 영합하는 일 없이 항상 고매한 정신을 유지하며 암흑 시대를 성실하게 살아갔다.

그 밖의 작품으로는 『청춘의 변모』(1928), 『의사 기온』(1931), 『지도指導와 신종信從』(1933), 『성년의 비밀』(1936), 『달콤한 환상의 시절』(1941)●, 『시집』(1948), 『변덕스러운 세계』(1951), 『젊은 의사의 나날』(1955) 등이 있다.

순박한 청년의 1년간의 대학 생활

이 작품은 작가의 자전소설인 『어린 시절』과 『청춘의 변모』에 이어지는 3부작 가운데 하나이다. 중등 교육 기관인 김나지움을 졸업한 카로 사는 장차 의사가 될 결심을 하고 1897년 10월부터 뮌헨대학교의 의학부에서 공부한다. 이 작품에는 그때부터 이듬해 여름까지 약 1년간의 대학생활이 13장에 걸쳐 묘사되어 있다.

지방 도시에서 처음으로 대도시에 발을 들여놓은 다감한 청년에게는 보는 것과 듣는 것이 모두 신선하고 자극적이다. 먼저 뮌헨에 도착했을 때의 인상과 의사라는 직업을 선택한 것에 대한 기쁨, 광명을 비춰 준 대학의 강의 모습, 문예 잡지 『게젤샤프트』나 선배 프로메테우스 씨를 통해 알게 된 새로운 문학의 압도적인 인상 등이 감격적으로 묘사된다.

또한 프랑스인이라고 자칭하는 묘한 매력이 넘치는 여성 알딘과의 만남과 그녀를 향한 위험한 연애 감정, 밝고 청순한 첫사랑 아말리에와의 재회와 그녀에 대한 죄의식이 뒤섞인 복잡한 연애 감정 등 두 가지의 대조적인 이성 경험 고백이 있는데, 이는 이 작품에서 매우 중요한 부분을 차지하고 있다.

마지막으로 주인공은 도보 여행으로 향토의 여류 시인 에메렌츠 마이어를 방문한다. 작품 전체의 약 3분의 1을 차지하는 이 마지막 장에서는 바이에른 숲의 풍경과 마을 사람들과의 만남이 아름답게 그려져 있다.

작가 자신이 투영된 주인공

이 작품의 주인공은 만 18세부터 만 19세에 걸친 카로사 자신이다. 성실하고 학구적인 의사 아버지와 경건한 가톨릭 신자로 예술을 사랑하고 선의善意 그 자체와 같은 어머니 사이에서 태어난 카로사는 천성적으로 명랑하고 성실하며 겸손하고 마음이 넓다.

젊은 주인공은 모든 사물에 흥미를 느끼고, 때로는 지나치게 숭배하거나 열광한 나머지 깊이 빠져들어 위험에 처하는 일도 있지만, 항상 그 위험을 극복하고 보다 높고, 보다 아름다운 것을 그 경험에서 얻으며 성장해 간다.

| 작품 속의 명문장 |

"뱀의 입에서 빛을 빼앗아라!"

『루마니아인의 일기』의 신조

* 암흑과 사악함, 위험한 것 속에서 내면적으로 그것을 극복하고, 그로써 빛을 붙잡으려는 결의를 나타낸 말로, 카로사의 사상과 신념을 가장 간결하게 표현한 말이다.

NOTES

● 『달콤한 환상의 시절』은 히틀러가 '승리를 완성하는 해'라고 약속한 1941년에 발표되었기 때문에 이 책의 제목이 히틀러의 말을 비꼬는 것일 수도 있다는 의혹이 제기되어 나치 고관들 사이에서 문제가 되었다고 한다.

에리히 레마르크(Erich Maria Remarque)

개선문

(Arc de Triomphe)

제2차 세계대전 직전의 프랑스 파리의 거대한 개선문을 배경으로 불안과 절망에 사로잡힌 망명자들의 삶을 휴머니즘에 입각해 묘사하고 있다. 전쟁의 암울함과 주인공들의 비극적인 사랑이 작가의 반전 사상을 고스란히 드러내고 있다.

INTRO

독일의 소설가 에리히 마리아 레마르크(Erich Maria Remarque, 1898~1970)는 1898년 오스나브뤼크에서 태어났다. 제1차 세계대전 때 지원해서 학도병으로 출전했다가 부상을 입고 돌아왔다. 전후에 몇 가지 직업을 전전하다가 스포츠 기자가 되었다. 1929년에 발표한 『서부전선 이상없다』는 1년 반 사이에 25개 국어로 번역되어 350만 부가 넘게 팔리는 공전의 베스트셀러가 되어 그를 세계적인 인기 작가로 만들어 주었다.

1932년 나치가 정권을 잡자 그는 반전주의자로 탄압을 받았고, 1938년에는 국적이 박탈되었으며, 그의 여동생은 강제수용소에서 학살되었다. 신변의 위협을 느낀 그는 1939년에 미국으로 망명해 1947년에는 미국 시민권을 얻었다. 제2차 세계대전 뒤에 미국에서 발표한 다섯 번째 작품인 『개선문』(1946)은 다시 세계적인 베스트셀러가 되었다.● 그 밖의 주요 작품으로는 『너의 이웃을 사랑하라』(1940), 『생명의 불꽃』(1952), 『사랑할 때와 죽을 때』(1954) 등이 있다. 1970년에 사망했다.

불안과 복수, 비극적 사랑으로 얼룩진 한 망명자의 삶

제2차 세계대전 전야의 파리에는 여권도 없이 다른 나라에서 도망쳐 온 불법 입국자들이 남의 이목을 피해 가며 불안한 생활을 하고 있다. 주인공 라비크도 그 가운데 한 사람으로, 나치의 강제수용소에서 탈출해 불법 입국한 독일인 외과 의사였는데, 지금은 무능한 병원장에게 고용되어 무면허 수술을 하며 생계를 이어 가고 있다. 그의 삶의 목표는 자기를 체포해서 고문한 데다 애인까지 학살한 게슈타포 하케에게 복수하는 것이다.

어느 날 밤에 그는 센 강에 투신 자살하려던 여배우 조앙을 살려 준다. 두 사람은 사랑하게 되지만, 라비크는 남들의 눈을 피해야 하는 처지와 과거에 받은 상처 때문에 조앙의 순수한 사랑에 응해 줄 수가 없다. 두 사람은 희망이 없는 상태에서 격렬한 사랑으로 심신을 불태운다. 어느 날 남을 도와준 것 때문에 불법 입국이 발각되어 라비크는 조앙에게 말할 틈도 없이 국외로 추방된다.

두 달 만에 파리로 돌아온 라비크는 드디어 자신의 원수인 하케를 붙잡을 기회를 얻어 그를 불로뉴 숲으로 유인한 뒤 살해한다. 한편, 라비크가 없는 사이에 고독을 견디지 못해 젊은 배우와 동거하고 있던 조앙은 그 남자가 라비크를 질투하면서 쏜 총에 맞는다.

조앙을 수술한 라비크는 그녀가 살 수 없음을 알고 빈사 상태의 그녀에게 그제서야 진실한 사랑을 고백한다. 때마침 선전 포고를 했다는 소식이 들려온다. 그리고 그날 라비크가 묵고 있는 호텔로 경찰들이 들이닥치고, 그는 불법 입국자들과 함께 어디론가 끌려가 버린다.

복수를 위해 사는 남자, 라비크

40세가 넘은 우수한 독일인 외과 의사로, 게슈타포에 대한 복수를 유일한 삶의 목표로 삼고 있는 라비크는 낮에는 무면허로 수술을 하거나 창녀들을 검진하고, 밤에는 술집에서 칼바도스를 들이키는 희망 없는 생활을 보내고 있다. 이러한 처지에 빠져 있는 동안 어느새 그는 회의적인 찰나주의자가 되어 버렸다.

그는 마음 깊숙한 곳에서는 조앙을 사랑하고 있으면서도 항상 그녀를 냉정하게 뿌리치고 그녀로부터 도망치려고만 한다. 조앙은 그런 라비크에게 더욱 끌려 미친 듯이 그를 사랑하면서 그 뒤를 쫓아다닌다. 사랑과 복수를 위해 사는 행동파 사나이 라비크에게는 여성의 마음을 사로잡는 매력이 있었던 것이다.

| 작품 속의 명문장 |

"나는 복수를 하고 사랑을 했다. 이것으로 충분하다. 모두 다는 아니지만 인간으로서 더 이상 바랄 수 없을 정도이다."

『개선문』 제31장

* 이것은 최악의 처지 속에서 있는 힘껏 살아오다가 드디어 마음의 동요가 가라앉고, 무언가 깨끗하게 정리되었다고 느낄 때 주인공 라비크(곧, 작가)가 진심으로 내뱉은 감회의 말일 것이다.

NOTES

● 『개선문』이 200만 부 이상 팔린 덕에 주인공 라비크와 조앙이 즐겨 마셨던 칼바도스(사과주로 된 브랜디)도 세계적으로 유행했다. 샤를 부아예와 잉그리드 베리만이 주연한 영화도 유명하다.

권터 그라스(Günter Grass)

양철북

(Die Blechtrommel)

독일의 전후 문학을 대표하는 이 작품은 정신병원에 갇힌 오스카의 회상으로 전개된다. 전쟁과 종교, 섹스 등을 통해 인간 군상의 모습을 담아내고 있으며, 오스카의 삶은 나치즘의 등장과 패망이라는 독일의 역사를 상징하고 있다.

INTRO

권터 그라스(Günter Grass, 1927~)는 독일 단치히(지금의 폴란드 그단스크) 태생의 시인이자 소설가이다. 제2차 세계대전 말기에 소집되어 포로가 되었다. 전후에 조각가를 지망해 뒤셀도르프와 베를린에서 공부했고, 1956년부터는 파리에서 생활하며 그림을 그리는 한편, 시와 소설을 쓰기 시작했다. 1958년에 47그룹● 문학상을 받은 『양철북』으로 성공한 뒤, 서베를린에 정착해 전쟁 중과 전후를 다룬 소설 『고양이와 쥐』(1961), 『개 같은 시절』(1963) 등을 발표했다. 그러다가 차츰 정치에 관여하기 시작해 독일사회민주당SPD의 정권 획득을 위해 힘을 기울였다.

극작가로서 몇 편의 부조리극을 쓴 뒤에 정치적 주제를 담은 작품을 발표했다. 그러나 그라스의 대표적 작품으로는 그를 성공으로 이끌었던 『양철북』을 꼽을 수 있으며, 이 작품으로 1965년에 뷔히너상을 받았고, 1999년에는 노벨문학상을 수상했다.●

격동기 독일을 살아가는 난쟁이 오스카의 삶

1924년 단치히에서 태어난 오스카 마체라트는 3세 때 성장이 멈추어 94센티미터밖에 자라지 않은 난쟁이의 시각으로 제2차 세계대전 뒤까지 격동기 속의 세계를 바라보았다. 3세 때 받은 양철북으로 그는 과거의 사건을 기억해 낼 수 있다. 지금 정신병원에 있는 그는 1950년대까지의 과거를 회상록처럼 집필한다. 수배자였던 할아버지를 넓은 스커트 밑에 숨겨 주었던 일 때문에 어머니를 낳게 된 농부 할머니의 일부터 이야기가 시작된다.

그의 어머니는 잡화상과 결혼했는데, 폴란드인인 얀 브론스키와도 관계가 있었고, 그것을 목격한 오스카는 얀이 자기 친아버지가 아닐까 하고 추측한다. 학교를 싫어한 오스카는 빵집 아줌마에게서 『빌헬름 마이스터』와 『라스푸틴전』을 이용해 읽고 쓰는 교육을 받는다. 육체적으로는 성장이 멈추었지만, 유리를 깨뜨리는 목소리를 가지고 있으며 성적으로 조숙한 그는 여러 가지 성적 경험을 갖는다. 성인의 외모가 주어지지 않았기 때문에 인간 취급을 받지 못하는 그는 의식적이거나 무의식적으로 많은 사람들을 죽여 버린다. 어머니의 죽음에 대해서도 책임이 있고, 나치가 폴란드를 침략하던 날에 얀을 사지로 가게 했던 것도 오스카이다.

제2차 세계대전의 발발은 작은 도시에 사는 사람들의 운명까지도 여러 형태로 바꾸어 놓는다. 오스카는 양철북으로 나치 군악대의 리듬을 흐트러뜨려 재즈로 만드는 식의 위험한 장난을 하지만, 난쟁이 전선위문극단에 들어가 대서양 기슭의 방위전을 경험하기도 한다. 전쟁이 끝나 죽음에서 벗어난 그는 고향에서 나치 당원이었던 호적상의 아버지가 소련 병사들에게 사살된 뒤 계모인 마리아와 함께 서독의 뒤셀도르프로 이사한다.

석공이나 화가의 모델을 하면서 생활하는 사이에 어느 레스토랑에서 연주를 한 것이 계기가 되어 재즈 연주자로 성공한다. 그는 옆방에 사는 간호사 도로테아의 옷 냄새를 맡고는 그녀를 좋아하게 되고, 어느 날 그녀를 덮쳤지만 실패한다. 나중에 그녀의 시체가 발견되어서 오스카가 범인으로 지목되었는데, 무능력자로 판명돼 정신병원에서 감호를 받는 몸이 된다. 2년 뒤에 진짜 범인이 발견되어 재심과 석방의 가능성이 생긴 오스카의 30번째 생일에 예수의 수난을 암시하는 글로 이야기는 끝을 맺는다.

독일 역사에 대한 적나라한 진실을 폭로

교양(발전)소설과 악한소설(惡漢小說 ; 피카레스크 로망)을 밑바탕으로 하여 성장하지 않는 주인공의 관점에서 격동하는 반세기 역사의 파노라마를 그려 놓고 있다. 이 시각은 사회의 모든 터부를 무시하는 자유로운 발언을 가능하게 했다. 죽음이나 섹스에 대한 대담하고 그로테스크한 묘사나 신을 모독하는 듯한 사건은 단순히 도발을 하기 위해서가 아니라 적나라한 진실을 드러내기 위해서이다. 또한 이 작품은 전쟁 중과 전후의 독일인들이 보여 준 정치적인 무책임성에 대해서도 통렬하게 비판하고 있다.

| 작품 속의 명문장 |

"이 세상에는 아무리 신성하다 해도 가만히 두고 볼 수 없는 일이 있다."

『양철북』

NOTES

● 47그룹은 제2차 세계대전 뒤 새로운 독일 문학을 창조하자는 시인·소설가·비평가들의 모임을 일컫는다.

● 그라스는 요리에 일가견이 있어 『양철북』에서는 음식을 만드는 흑인 가정부를 등장시켰고, 어떤 부조리극에는 '악한 요리사'라는 제목을 붙이기도 했다. 또한『넙치』에는 주제와 병행해 역사적으로 등장했던 다양한 요리법이 나온다.

하인리히 뵐(Heinrich Böll)

카타리나 블룸의 잃어버린 명예

(Die verlorene Ehre der Katharina Blum)

한 기자의 죽음으로 시작되는 이 소설은 한 평범한 여인이 살인이라는 극단적인 행위를 저지를 수밖에 없었던 상황을 묘사하고 있다. 자본주의 사회에서 일어나는 대중 언론지의 폭력적인 보도 태도를 비난하고 있는 작품이다.

INTRO

독일의 소설가 하인리히 뵐(Heinrich Böll, 1917~1985)은 1917년 말 쾰른에서 태어나 고등학교를 졸업하고 서점에서 일하다가 얼마 뒤 군대에 소집되어 패전할 때까지 6년 동안 군대 생활을 했다. 전후의 힘든 생활 속에서 창작을 시작해 이름도 없는 서민의 입장에서 바라본 전쟁의 실체를 그렸다. 주택난에 의한 부부 해체의 위기를 그려 전후 사회가 겪는 질병을 날카롭게 파헤친 장편 『그리고 아무 말도 하지 않았다』(1953)로 이름이 알려졌다.

그 뒤 『9시 반의 당구』(1959), 『어느 어릿광대의 견해』(1963), 『여인과 군상』(1971) 등의 문제작을 잇달아 발표하는 한편, 정치 문제와 사회 문제에 대해서도 적극적인 발언을 했다. 사회적 약자에 대한 공감과 서민적 정의감을 기조로 하는 그의 작품들은 러시아와 북유럽의 여러 나라에서도 많이 읽히고 있다. 그는 1971년에 국제펜클럽 회장으로 취임했고, 1972년에는 노벨문학상을 받았다.●

평범한 여인의 삶을 파멸로 몰아간 언론에 대한 고발

1974년 2월 하순, 라인 지방의 어느 마을에서 살인 사건이 일어났다. 27세의 카타리나 블룸이 아는 사람의 집에서 열릴 예정이었던 파티에 참가하기 위해 집을 나선 때는 수요일 밤 7시 무렵이었다. 그로부터 나

흘이 지난 일요일의 거의 같은 시각에 그녀는 경찰에 자수했다. 그녀는 그날 12시 무렵에 자택에서 신문 기자를 사살했다고 말한다. 그로부터 7시간 동안 아무리 노력해도 후회하는 마음이 일어나지 않았다는 것이다. 역경을 딛고 자라면서 좌절하지 않고 스스로 운명을 개척해 이제 겨우 가정부로서 자립할 길을 찾아낸 지 얼마 안 되는 청순한 젊은 처녀를 이러한 행위로 몰고 간 것은 무엇인가? 이 작품의 서술은 경찰의 조서와 검사나 변호인으로부터의 정보, 친척과 지인들의 증언을 비교하고 고려해 사건의 경위를 밝힌다는 형식으로 전개된다.

카타리나는 파티에서 알게 된 젊은이와 사랑에 빠져서 그를 집으로 데리고 간다. 이 남자는 은행 강도 용의자로 경찰이 미행하고 있는 인물이다. 이튿날 아침, 경찰들이 그녀의 집으로 쳐들어왔을 때 남자의 모습은 이미 사라지고 없었다. 경찰에 연행된 그녀는 젊은이가 도망친 진상에 대해서 완강하게 침묵을 지킨다.

스캔들을 주로 폭로하는 싸구려 신문이 이 사건을 알게 되자 집요하게 그녀의 사생활을 파헤치고, 악랄한 취재로 병상에 있는 어머니를 죽음으로 몰고, 허와 실을 뒤섞은 보도를 통해 위험한 사상을 가진 지하조직을 도와주는 정부情婦라는 식으로 그녀의 모습을 날조한다. 독자들의 저속한 호기심을 겨냥한 그 반동적인 캠페인은 그녀의 생활을 파멸로 몰아넣고, 그녀의 고용주인 변호사 부부까지도 궁지에 빠뜨렸다. 발포發砲라는 물리적인 폭력은 이렇게 궁지에 몰린 약자에게 유일하게 남겨진 저항 수단이었던 것이다.

사회적인 약자, 카타리나

카타리나 블룸은 사회의 밑바닥 출신으로 불리한 환경에 굴하지 않는 강인함과 총명함을 갖추었고, 사회적 편견에 물들지 않은 소박하고 순수한 마음의 소유자이다. 연약한 그녀를 궁지로 몰아넣는 이른바 나쁜 주인공은 '신문'이다. 이 신문의 모델이 서독 최대의 발행 부수를 자랑하는 선정적 반공 신문인 「빌트」라는 사실은 작가도 감추려 하지 않는다. 남자들로부터의 '애정'과 '치근거림'을 모두 동일시하는 세상에 대해 양자의 구별을 끝까지 요구하는 카타리나. 그리고 음탕한 뜻에서 "한 방 하자"며 다가오는 기자에게 "좋아요"라고 대답한 카타리나는 말 그대로 권총을 한 방 발사한 것이다.

| 작품 속의 명문장 |

"우리는 폐허의 문학이라고 일컬어지는 것을 부끄러워할 필요가 없다."

* 전쟁에서 돌아온 젊은 작가들이 전시와 전후의 어두운 세상이나 국면만을 묘사하는 것에 관해 비난의 뜻으로 '폐허의 문학'이라는 호칭이 사용되기 시작했을 때, 여기에 반발해 자신들의 눈에 보이는 현실이 폐허라면 그 폐허를 냉철하게 바라보고 그리는 것이야말로 작가의 본분이라고 주장했던 내용 가운데 일부분이다.

NOTES

● 1951년에 뵐은 처음으로 참가한 47그룹의 모임에서 작품을 낭독해 상금 1,000마르크를 받았다. 그러기 얼마 전부터 실직 상태였던 그는 자기와 마지막까지 경합했던 작가에게 100마르크를 빌려 준 뒤 곧장 우체국으로 달려가 나머지를 가족들에게 송금했다고 한다.

베른하르트 슐링크(Bernhard Schlink)

책 읽어 주는 남자

(Der Vorleser)

독일의 제3제국이 붕괴된 뒤에 생겨난 세대인 미하엘과 나치즘을 용인한 그들의 부모 세대인 한나의 사랑을 테마로 독일 현대사의 상처를 다루고 있는 소설이다. 한나에 대한 미하엘의 사랑은 그 무렵 독일인이 지닌 운명을 상징하고 있다.

INTRO

독일의 작가 베른하르트 슐링크(Bernhard Schlink, 1944~)는 1944년에 태어났다. 전통을 자랑하는 훔볼트대학교의 법대 교수로 재직했으며, 베를린에 법률사무소를 열고 있다. 1993년에 처녀작인 『젤프의 법』으로 독일 미스터리 대상을 수상했다. 그때까지 3권의 미스터리를 출판한 그는 『책 읽어 주는 남자』(1995)로 확고한 작가의 지위를 확립했다. 이 작품은 20개 이상의 언어로 번역되어 미국에서만 200만 부 이상 팔리는 베스트셀러가 되었다. "귄터 그라스의 『양철북』 이후 독일 문학으로는 최대의 세계적 성공을 거둔 작품"으로 절찬을 받고 있다.

15세 소년과 36세 여인의 사랑

15세의 소년 미하엘과 36세의 여성 한나. 부모와 자식이라고 해도 이상하지 않을 나이 차이를 가진 두 사람이 특별한 관계를 맺는다. 연애 감정이나 성행위가 특별하다는 것이 아니다. 그런 행위를 초월해 의미심장한 관계, 곧 책 읽어 주는 사람과 그것을 듣는 사람으로서의 관계가 특별한 것이다. 성행위를 하기 전에 미하엘은 한나에게 책을 읽어 준다. 레싱이나 실러의 비극, 『오디세이아』 등 닥치는 대로. "먼저 내게 책을 읽어줘야 해"라는 그녀의 진지한 말에 두 사람의 만남이 시작된다. "책 읽어 주기, 샤워하기, 사랑 행위, 그러고 나서 잠시 같이 누워 있기 …… 이것이 우리 만남의 의식儀式이 되었다"고 미하엘은 말한다.

그러다가 한나가 갑자기 자취를 감춘다. 그녀를 찾아 미하엘은 온 사방을 돌아다니지만 이윽고 그녀가 없는 오후를 보내는 데에도 익숙해졌고, 6개월 뒤에는 가족과 함께 다른 동네로 이사하게 된다. "한나를 잊어버린 것은 아니지만 추억은 점차 멀어져 갔다. 기차가 달려갈 때 마을 풍경이 점점 멀어지는 것처럼."

한나와의 재회는 법정에서 이루어졌다. 미하엘은 성장해 법대 학생이 되어 있었다. 그가 학교에서 받은 연구 주제는 진행 중인 강제수용소를 둘러싼 재판을 방청하고, 그것을 평가하는 것이었다. 한나는 피고인의 한 사람으로 예전에 사랑을 나누던 소년에게 등을 돌리고 앉아 있었다.

"그녀의 이름이 호명되고 그녀가 자리에서 일어나 앞으로 나갔을 때에야 나는 겨우 알아차렸다. 물론 그것은 들어 본 적이 있는 이름이었다."

그녀는 아우슈비츠와 크라쿠프 근교의 작은 수용소에서 일하던 여자 간수 가운데 한 명이었다. "나는 하루도 빠짐없이 공판을 보러 가게 되었다." 그 과정에서 "딱 한 번 한나는 방청객들을 올려다보고 내 쪽을 바라보았다." 그리고 "한나에게 공판은 최악의 결과가 되었다."

그러나 미하엘은 이 공판을 통해 한나의 결정적인 비밀을 이해했다. 한나는 글을 읽거나 쓸 줄 모르는 문맹이었던 것이다. 그녀가 남에게 책을 읽어 달라고 한 것도, 함께 떠난 여행에서 소년이 방에 남겨 둔 메모를 보지 못했다고 끝까지 우긴 것도 모두 문맹 때문이었다. 그녀가 지멘스사의 직공이었다가 나치 친위대에 들어간 것도, 전차 회사의 검표원에서 운전사로 승진하는 일을 거절한 것도 모두 승진에 따라 파생하는 서류 작업을 하고 싶지 않아서였다. 한나의 비밀을 알아차린 사람은 미하엘뿐이었다. 판사도, 그녀의 변호사도 알아차리지 못했다. 더구나 당사자인 한나는 그 사실을 절대로 밝히려 하지 않았다. 결국 무기 징역이라는 판결이 내려진다.

미하엘은 다시 한나의 책 읽어 주는 남자가 된다. 감옥에 수감된 한나에게 책을 낭독한 소리를 카세트테이프에 담아 계속해서 보내 준다. 호메로스와 슈니츨러, 체호프, 켈러, 폰타네, 하이네, 뫼리케, 카프카……. 복역 8년째부터 사면이 결정된 18년째까지 10년 동안 이 낭독이 계속된다.

복역 중에 한나는 읽기와 쓰기를 배운다. 자연의 흐름을 한나가 보내는 편지를 통해 알게 되는 미하엘. 사면되어 출소하게 된 당일 새벽에 한나는 목을 매어 죽는다.

전쟁 이전의 세대와 이후의 세대

단 하나의 경험이 그 뒤의 삶의 방식을 결정해 버린다. 15세의 소년 미하엘에게는 그것이 마침 사랑이었다. 21세라는 나이 차이에 이미 극적인 성격이 내재되어 있지만, 상대 여성인 한나의 과거가 밝혀지면서 그 드라마의 그림자는 깊이를 더해 간다. 문맹, 유대인 강제수용소의 여자 간수, 독방 생활과 자살. 미하엘은 그런 그림자에서 벗어나지 못한다.

미하엘을 유형화하면 독일의 제3제국이 붕괴된 뒤에 생겨난 세대라고 할 수 있다. 그들에게 부모 세대는(한나도 그 세대에 포함된다) 결과적으로 나치즘을 용인해 버렸다는 집단 책임을 져야 할 세대에 속한다. 더구나 유대인 강제수용소의 간수였다는 한나의 과거는 1960년대 상황에서는 집단 책임을 넘어 개인 책임으로 단죄되어야 한다고 여겨졌다. 그렇기 때문에 "한나에 대한 사랑으로 인해 생기는 괴로움이 어느 정도 우리 세대의 운명이기도 하고, 독일의 운명을 상징"하는 일이기도 한 것이다.

이 이야기의 그림자는 독일 그 자체의 그림자일지도 모른다. 이 책이 독일에서 출판된 것은 1995년이었다. 베를린 장벽이 붕괴된 직후 동베를린과의 만남이 작가 슐링크에게 이 이야기에 대한 구상을 주었다고 한다. 동베를린 시내는 작가가 소년 시절을 보낸 1950년대의 하이델베르크처럼 회색이었다고 한다. 역사란 변하면서도 변하지 않는 것인지도 모른다.

| 작품 속의 명문장 |

"저는…… 제가 하고 싶은 말은…… 당신이라면 어떻게 했겠습니까?" 그것은 한나가 던진 진지한 질문이었다. 그녀는 달리 어떻게 했어야 할지, 무엇을 할지, 무엇을 할 수 있었을지 몰랐다. 그래서 모든 것을 알고 있는 것처럼 보이는 판사에게 당신이었다면 어떻게 했겠느냐고 물었던 것이다.

* 공판 과정에서 판사의 질문에 대해 한나가 대답한 말. 무엇인가 해야 했다면 구체적으로 무엇을 했어야 하는지 알고 싶어 하는 한나에 대해 판사는 "이 세상에는 관여해서는 안 되는 일이 있으며, 목숨이 위험하지 않는 한 멀리해야 할 일도 있는 것입니다"라고 추상적인 대답만 했을 뿐이다.

"하지만 죽은 사람들은 그것을 할 수 있어. 죽은 사람들은 이해해 주었어. 현장에 꼭 있어야 할 필요는 없지만 만약 현장에 있었다면 더 잘 이해해 주지. 형무소에서는 죽은 사람들이 나를 많이 찾아왔어. 내가 원하든 원치 않든 매일 밤 나에게 왔지."

* 18년 동안 복역 중인 한나가 한 일은 아마 죽은 사람들과의 대화였을 것이다. 그녀는 자기가 한 일의 의미를 죽은 사람들과의 대화를 통해 배운다. 죽은 사람들 외에는 아무도 자기를 이해해 주지 않는다는 체념과 함께 형무소에서 읽기와 쓰기를 배운 한나는 나치 관계의 재판을 다룬 책들을 많이 읽는다. 미하엘의 낭독을 들으면서 한나는 죽은 자들을 위해 책을 읽어 준다.

5장 러시아 문학

러시아 문학의 경우, 예술성이라는 관점에서 '문학'이라고 불릴 만한 가치가 있는 작품이 탄생한 것은 19세기에 들어선 이후였다. 하지만 그로부터 겨우 한 세기 사이에 러시아 문학은 세계 최고의 수준까지 다다랐다.

러시아 문학의 흐름

하라 다쿠야 | 러시아 문학가

근대 문학의 확립

우리가 러시아 문학이라고 할 경우, 대부분 19세기 러시아 문학을 가리킨다고 할 수 있다. 물론 19세기 이전에도 러시아에는 민간의 구비 전설에 바탕을 둔 빌리나(영웅 서사시)와 12세기 말에 쓰였다고 알려진 『이고르 원정기』, 교회 문학 등이 존재하고 있었는데, 예술성이라는 관점에서 '문학'이라고 불릴 만한 가치가 있는 작품이 탄생한 것은 19세기에 들어선 이후였다. 그러나 그로부터 겨우 한 세기 사이에 러시아 문학은 세계 최고의 수준까지 다다랐다.

17세기부터 18세기에 걸쳐서 표트르 대제가 유럽 문명을 적극적으로 도입했고, 그의 뜻을 이어받은 예카테리나 2세가 유럽에서 계몽 사상을 도입함으로써 그때까지 동방의 후진국이었던 러시아는 오랜 전통의 서유럽 사상과 자유의 개념을 한꺼번에 받아들였다. 그리고 러시아의 민족적 토양에 서유럽 문명이라는 비료를 뿌려 단숨에 화려하고 아름다운 꽃을 피우며 국민문학의 길을 열어 놓은 사람이 시인 푸시킨이었다. 그는 러시아의 근대문장어近代文章語를 완성해 러시아어의 아름다움을 완전히 살린 서정시, 이른바 '쓸모없는 자' 타입의 원형을 제시한 운문소설 『예브게니 오네긴』 등으로 러시아의 근대 문학을 확립했다.

그의 전통을 이어서 러시아 문학을 세계적인 수준으로 높인 사람이 레르몬토프와 고골이라고 할 수 있다. 전자는 『악마』, 『므치리』 등의 시와 소설 『우리 시대의 영웅』으로 러시아 문학의 디오니소스적인 전통의 원류가 되었고, 후자는 『코』, 『외투』로 그로테스크한 세계를, 『검찰관』, 『죽은 혼』으로 비판적 리얼리즘을 러시아 문학에 탄생시켰다.

서유럽파와 슬라브파의 대립

19세기 러시아는 차르의 전제와 농노제 사회였다. 그래서 나로드(민중)의 해방과 자유라는 것이 모든 지식인들에게 주어진 과제가 되었다. 그리고 그 위에서 유럽 문명에 어떻게 대처할 것이냐가 긴급한 문제로 대두되었던 것이다. 1830~1850년대의 지식인을 양분한 '슬라브파'와 '서유럽파'의 대립은 한편으로는 게르첸과 벨린스키, 피사레프, 체르니셰프스키 등으로 대표되는 혁명 사상의 계보를 만들어 냄과 동시에 다른 한편으로는 호먀코프와 악사코프 등의 종교적 메시아 사상의 토양이 되어 러시아 문학의 독특한 성격을 만들어 내는 결과를 낳았다. 러시아가 서유럽 문명을 적극적으로 받아들여 독자적인 문화를 만들어야 한다는 서유럽파와 서유럽은 이미 멸망의 길을 걷기 시작했으므로 러시아는 끝까지 독자적인 길을 개척해 나가야 한다고 주장하는 슬라브파의 대립은 어떤 의미에서는 오늘날까지도 뿌리 깊게 남아 있다고 할 수 있는데, 이를 19세기 러시아 문학의 기본적인 특징으로 볼 수 있다.

서유럽파의 입장을 관철하면서 『루딘』, 『아버지와 아들』, 『귀족의 보금자리』 등으로 인텔리겐치아의 사명을 추구한 투르게네프, 『죄와 벌』, 『백치』, 『카라마조프가의 형제들』 등으로 전인류적인 권력과 자유의 문제를 파고든 도스토옙스키, 『전쟁과 평화』, 『안나 카레니나』, 『부활』 등으로 근대 문명을 거부하고 그리스도교 아나키즘을 주장한 톨스토이 등에 의해 구축된 황금 시대는 그야말로 근대 문학의 전성 시대라고 부를 수 있는 시기였다.

사회 변혁을 추구하는 움직임은 1870년대의 나로드니키 운동으로 하나의 정점에 달하게 되는데, 이 운동이 좌절된 뒤에 반동과 소극주의 속에서 다시 인류의 미래를 생각하려 한 작가가 『맹인 악사』의 코롤렌코, 『세 자매』, 『벚꽃 동산』 등의 희곡과 『귀여운 여인』, 『개를 데리고 있는 부인』 등의 소설로 알려진 체호프, 민중이 쓰는 말(구어)을 도입해 『마법에 걸린 유랑자』, 『성직자들』로 '이야기'의 전통을 계승한 레스코프, 『붉은 꽃』, 『4일간』의 가르신 등이다. 또한 20세기 초엽의 러시아 상징주의는 갖가지 뛰어난 시를 만들어 냈다. 러시아 문학의 전통은 혁명 뒤에도 고리키와 안드레예프 등으로 이어지면서 인류의 운명을 걱정하는 경향과 함께 그 뒤로도 여전히 그 맥을 이어 가고 있다.

알렉산드르 푸시킨(Aleksander Sergeevich Pushkin)

예브게니 오네긴

(Evgenii Onegin)

8장으로 이루어진 운문체 소설. 재능을 지녔으면서도 현실에서는 무기력한 오네긴과, 소박하면서도 정열을 지닌 타티야나의 불행한 사랑을 중심으로 전개되는 이야기 속에는 1820년대 전반 러시아의 생활이 사실적으로 묘사되어 있다.

INTRO

제정 러시아의 시인이자 소설가인 알렉산드르 세르게예비치 푸시킨(Aleksander Sergeevich Pushkin, 1799~1837)은 1799년 모스크바의 명문 귀족 가문에서 태어났는데, 혈통에 아프리카의 피가 섞여 있었다. 귀족 가문에서 자란 그는 어릴 때부터 프랑스어로 말하고 쓰는 법을 배워 라신과 볼테르, 루소의 저서와 그리스와 로마의 고전 등을 즐겨 읽었고, 12세의 나이에 차르스코예셀로의 학습원에 입학해 서양식 교육을 받았다.

1817년 6년간의 학교생활을 마치고 외무부에서 일하기 시작했다. 상류 사회의 환락을 탐닉하는 한편, 시작에 몰두해 그 무렵 문단의 거물인 카람진●, 주코프스키● 등에게 재능을 높이 평가받았다.

1820년 자유주의적 분위기로 가득 찬 격렬한 정치시가 알렉산드르 1세의 노여움을 사서 남부 러시아로 추방되었다. 그 뒤 크림 반도와 카프카스, 키시뇨프, 오데사 등지를 전전하다가 1824년에 미하일로프스코예에 도착해 그곳에서 러시아 민중들과 직접 접촉하며 깊은 공감을 느꼈다. 이 시기에 바이런에 대한 열기가 식고 셰익스피어에 대한 심취가 시작되어 『보리스 고두노프』(1825)를 완성했다.

이듬해인 1825년에 농노제 폐지와 공화제 실현 등의 요구를 내건 데카브리스트 봉기●가 일어나 학습원 시절의 학우들 가운데 많은 사람들이 이에 참가했다. 주모자가 처형된 뒤 당국의 명령에 따라 모스크바로 출두해 그 곳에서 니콜라이 1세로부터 직접 심문을 받고 추방 처분에서 벗어났으나, 그 뒤로 더욱 엄격한 감시를 받게 되었다.

1829년 무도회에서 나탈리야 곤차로바(그 무렵 16세)를 보고 첫눈에 반해 청혼한 뒤, 이듬해인 1830년에 약혼했다. 영지 조사를 위해 볼디노를 방문했다가 콜레라의 만연으로 움직이지 못해 3개월간 장기 체류를 하게 되었다. 그 기간 중에 '볼디노의 가을'이라 불리는 뛰어난 상상력의 개화開花를 경험해 8년 동안이나 쓰고 있었던 『예브게니 오네긴』(1823~1830)을 완성했고●, 『목석 같은 손님』(1830), 『인색한 기사』(1830), 『고故 I. P. 벨킨의 이야기』(1830) 등을 집필했다.
1831년에 결혼했으나, 사교계의 스타가 된 아내 나탈리야의 심한 낭비벽과 시종으로 신분이 격하된 것 등으로 경제적, 정신적으로 곤경에 처했다. 궁정 내부에서 고립되면서 『청동靑銅 기사』(1833), 『스페이드의 여왕』(1834), 『대위의 딸』(1836) 등 말년의 걸작들을 완성했다. 푸시킨의 모든 작품에는 농노제에 묶여 있던 러시아 현실이 생생하게 묘사되어 있다.
1837년에 예전부터 염문설이 나돌던 나탈리야와 청년 근위사관 단테스의 통정 사실이 드러나자 2월 8일 상트페테르부르크 교외에서 결투를 하다가 복부에 치명상을 입고 이틀 뒤에 37세로 생을 마감했다.●

오네긴과 타티야나의 엇갈리는 사랑

백부의 죽음으로 많은 유산을 손에 넣게 된 오네긴은 사교계에서 물러나 자기 영토에서 밭과 농장을 관리하게 되었다. 새로운 생활을 할 수 있게 되어 진심으로 기뻐하기는 했으나 사흘째부터는 자기도 모르게 하품이 나올 것같이 따분한 일상이 지속된다. 자연의 아름다움 같은 것으로는 마음이 즐거워지지 않는다.

그런 오네긴의 즐거움이라고는 얼마 전에 옆의 영토에 자리잡은 젊은 지주 렌스키를 만나 토론을 벌이는 것뿐이다. 두 사람은 '심심풀이'를 통해 친구가 된 것이다. 렌스키는 독일로 유학해 '괴팅겐 정신'을 배워 온 사람으로 높은 이상을 가진 시인인데, 라리나 가문의 차녀 올가를 열렬히 사랑하고 있다.

어느 날 오네긴은 렌스키와 함께 라리나 집안을 찾아가 올가와 그의 언니 타티야나를 소개받았다. 타티야나는 남의 주목을 받을 만큼 아름답지는 않았지만 낭만적인 꿈을 가슴속에 품고 있는 소박한 시골 아가씨였다. 그녀는 순식간에 오네긴의 세련된 매력에 빠져 절절한 마음을 편지에 담아 전한다.

그러나 젊은 나이에 사교계의 총아가 되어 방탕한 생활을 경험한 오네긴은 타티야나의 소녀다운 꿈과 순진함에 감동을 하면서도 진지하게 상대할 기분이 나지 않는다. 그는 타티야나의 실망을 무시하면서 "젊은 아가씨들은 그 경솔한 꿈을 잇달아 바꾸게 마련이지요"라는 설교 같은 말을 내뱉고 인생의 꿈에서 깨어난 사람처럼 행세한다.

얼마 뒤 라리나 가문에서는 타티야나의 성년을 축하하는 무도회가 열렸다. 표정이 어두운 타티야나를 보고 오네긴은 연민의 정을 느낀다. 그러나 이내 순간적으로 마음에 변덕이 일어나 올가와 춤을 추게 된다. 그런데 이러한 그의 행동이 렌스키에게 질투와 분노를 불러일으킨다. 이튿날 아침, 오네긴에게 렌스키의 결투장이 전해진다. 그러나 결투는 렌스키의 죽음으로 끝난다.

올가의 행복을 짓밟고, 타티야나를 비탄의 구렁텅이로 몰아넣은 뒤 상트페테르부르크로 떠난 오네긴은 그로부터 몇 년 동안 방랑 생활을 하다가 이윽고 다시 자기 집으로 돌아온다. 그는 그레민 공작의 저택에서 열린 무도회에 갔다가 그곳에서 만난 젊고 아름다운 공작부인이 예전에 자신을 사모한 적이 있던 타티야나임을 알고 마음의 동요를 느낀다. 여왕과 같은 의연한 아름다움에 감탄했던 것이다.

오네긴은 괴로운 마음을 몇 번이고 그녀에게 편지로 고백한다. 그러나 타티야나는 이제 예전의 꿈 많고 순진했던 소녀가 아니었다. 그녀는 오네긴에게 심하게 끌리면서도 남편에 대한 정조를 지키기 위해 그의 사랑을 뿌리친다.

오네긴 – '쓸모없는 사람'의 원형

오네긴은 넘쳐 나는 재능을 가지고 있으면서도 현실에서는 아무것도 이루지 못하고 붕괴되어 가는 19세기 러시아 지식인의 전형적인 모습이라고 할 수 있다. 그는 상류 사회의 환락에 빠져 세상의 모든 것에 권태를 느끼는데, 이런 인간상은 1825년의 데카브리스트 봉기 이후 니콜라이 1세의 엄한 탄압 정치 밑에서 뚜렷하게 늘어난 지식인의 유형이다. 푸시킨은 이러한 지식인들의 무기력한 모습에 날카로운 비판을 퍼붓는 한편 깊은 동정도 금치 못했던 것으로 보인다.

오네긴은 또한 『지혜의 슬픔』(그리보예도프)●의 챠츠키와 함께 나중에 러시아 문학에 나타나는 '쓸모없는 사람'의 원형이 되었다. 『우리 시대의 영웅』(레르몬토프)●의 페초린, 『귀족의 보금자리』(투르게네프)●의 라브레츠키 등은 모두 오네긴의 그림자를 등에 지고 있다.

한편 타티야나는 서유럽 문화가 몸에 밴 지식인의 무력한 모습과 매우 대조적으로 그려지고 있다. 그녀는 예전에 여린 소녀의 마음으로 사랑했던 오네긴으로부터 사랑의 고백을 받고 심하게 동요되지만 본능적으로 그 사랑의 불모함을 읽어 냈기 때문이다. 풍요로운 러시아의 자연에서 자라난 타티야나는 러시아 민중의 소박하고 힘찬 정신을 가지고 있는 이상적인 여성의 모습이다.

| 작품 속의 명문장 |

"늘씬하게 뻗은 다리를 가진 여자는 러시아 전체를 다 뒤져 본다 해도 세 사람 정도를 찾을까 말까 할 것이다. 아아, 나는 오랫동안 저 두 다리를 잊지 못하고 있다……. 아아, 다리여, 다리여. 너는 어디에 있단 말이냐."

『예브게니 오게닌』 제1장

"우리가 여자를 사랑하지 않으면 않을수록 더욱 쉽게 여자들의 마음에 들게

되고, 나아가 유혹의 덫에 걸린 여자를 더욱 확실하게 파멸시킬 수가 있다."

『예브게니 오게닌』 제4장

"술잔에 가득 찬 술을 바닥까지 모두 마시지 않고 인생의 축일과 이별을 고한 사람은 행복하다."

『예브게니 오게닌』 마지막 장

NOTES

● 귀족적 감상주의의 대표자인 카람진(Nikolai Mikhailovich Karamzin, 1766~1826)은 제정 러시아의 역사가이자 소설가이다. 서유럽의 사회와 문화를 러시아에 소개해 기행문학을 유행시켰으며, 『불쌍한 리자』(1792)로 러시아 문학의 대표적 감상주의 작가가 되었다.

● 주콥스키(Vasilii Adreevich Zhukovskii, 1783~1852)는 제정 러시아의 전기 낭만파를 대표하는 최초의 시인이다. 번역가로도 활동했으며, 블로크 등의 후기 상징파 시인들에게 많은 영향을 미쳤다. 대표작으로 『저녁때』(1806), 『바다』(1822) 등이 있다.

● 1825년 12월 러시아 최초로 근대적 혁명을 꾀한 혁명가들을 데카브리스트**Dekabrist**라고 한다. 데카브리스트란 러시아어로 12월을 뜻하며, 이들의 봉기는 결국 실패로 끝났으나 이후 러시아 사회에 많은 영향을 끼쳤다.

● 『예브게니 오네긴』은 푸시킨이 8년간의 세월에 걸쳐 완성한 운문체 소설로, 문예평론가 벨린스키가 '러시아 생활의 백과사전'이라고 불렀을 만큼 이야기 사이사이에 그 무렵 러시아인들의 생활상이 생생하게 그려져 있다.

● 푸시킨이 결투로 사망한 데에는 모스크바의 꽃이라고 칭송된 나탈리야의 미모에 눈이 먼 니콜라이 1세의 영향력도 뒤에서 작용했다는 설이 있다. 또한 푸시킨을 죽인 단테스는 그 뒤부터 지금까지 러시아인들 사이에서 짐승과 같은 취급을 받게 되었다.

● 러시아 극작가 그리보에도프(Aleksandr Sergeevich Griboedov, 1795~1829)의 『지혜의 슬픔』은 챠츠키를 주인공으로 하여 상류 귀족 계급에게 신랄한 비판과 풍자를 가한 4막의 희극이다.

● 『우리 시대의 영웅』은 제정 러시아의 시인이자 소설가인 레르몬토프(Mikhail Yur'evich Lermontov, 1814~1841)의 다섯 편의 단편으로 구성되어 있는 연작 소설이다. 이 소설에서 페초린은 잉여인간으로서의 성격을 지닌 비극적 인간으로 등장한다.

● 『귀족의 보금자리』는 소설가 투르게네프(Ivan Sergeevich Turgenev, 1818~1883)의 장편소설로, 의지력이 약하고 현실 적응력이 부족한 라브레츠키의 비극적 운명을 그리고 있다.

니콜라이 고골(Nikolai Vasilievich Gogol')

검찰관

(Revizor)

1836년에 초연된 사회풍자극으로 그 무렵 찬반의 격렬한 반응을 불러일으켰다. 허풍스러운 건달 흘레스타코프와 그 주변의 시장과 관리들이 벌이는 희극적인 상황을 통해 러시아 지방 관리의 악덕을 비판하고 있다.

INTRO

제정 러시아의 소설가 니콜라이 바실리예비치 고골(Nikolai Vasilievich Gogol', 1809~1852)은 1809년 우크라이나에서 소지주의 아들로 태어났다. 아버지는 연극을 좋아해 극작가와 감독, 배우를 겸할 정도로 재능이 풍부한 사람이었고, 어머니는 신앙심이 깊고 공상을 좋아하는 여성이어서 고골은 아버지로부터는 문학적인 재능을, 어머니로부터는 신앙심을 이어받았다. 그는 소년 시절을 전설이나 민화, 춤, 재미있는 유머, 아름다운 남국의 자연 등에 둘러싸여 지냈다.

13세 때 집을 떠나 고등학교에 입학했는데, 그때 이미 문학과 연극에서 재능을 보여 스스로 만든 희곡으로 연극을 하기도 하고 회람 잡지를 발행하기도 했다.

18세 때 아버지를 여의고 자립의 길을 찾아 상트페테르부르크로 상경했으나 회색 안개가 짙게 깔린 수도는 오갈 데 없는 시골 청년에게 냉랭할 뿐이었다. 그는 직업 배우를 하려 했으나 실패했고, 관리가 되었지만 비굴한 공무원 근성의 비참함에 실망해 퇴직했다.

마음을 고향 우크라이나의 하늘에 둔 채 민간 전승을 토대로 한 단편집 『디칸키 근교 야화夜話』(1831~1832)를 써서 푸시킨의 극찬을 받았다.● 이에 힘을 얻어 우크라이나를 제재로 삼은 낭만주의적인 문집 『미르고로트』(1835), 『아라베스키』(1835)를 발표해 벨린스키의 인정을 받았다. 이 속에 있던 두 작품인 『옛 세계의 지주들』, 『이반 이바노비치와 니키포로비치가 싸운 이야기』에서는 사실주의로 이행하는 과정을 엿볼 수 있다.

1836년 러시아의 일그러진 실상을 통렬하게 비판한 사회풍자극 『검찰관』●을 발표한 뒤 반동파의 맹렬한 비난을 받아 이탈리아로 피신했고, 그 곳에서 장편 『죽은 혼』의 집필에 착수해 1842년에 발표했다. 이 무렵부터 악惡만을 들추어내는 자신의 재능에 회의를 품기 시작하면서, 자기 내부의 문학과 종교의 분열로 고뇌하게 되었고, 정신적인 안정을 잃기 시작했다. 또한 이 시기에 농노제를 옹호한 내용이 포함된 『친구와의 왕복서한 발췌문』(1846)을 써서 벨린스키 등으로부터 신랄한 비판을 받기도 했다.
이후 문학으로 복귀하려는 노력을 보이기도 했으나, 1852년 드디어 문학이라는 악마의 유혹에 진 자신을 저주하며 『죽은 혼』 제2부를 불 속에 던져 넣은 뒤 미쳐서 죽었다.●

건달을 검찰관으로 오인한 지방 도시 사람들이 벌이는 소동

19세기 러시아 문학의 주류인 비판적 리얼리즘의 원류가 된 사회풍자극의 걸작이다. 장편 『죽은 혼』과 마찬가지로 소재는 푸시킨에게서 얻은 것이다.●

이 희극은 러시아의 어느 작은 지방 도시에서 일어난 사건을 다루고 있다. 그 도시는 난폭하고 뇌물을 좋아하는 시장과 악당이면서 멍청한 관리들이 지배하고 있어 뿌리까지 썩어 있다. 수도에서 검찰관이 행정 시찰을 위해 비밀리에 파견된다는 소문 때문에 야단법석을 피우고 있을 때 홀레스타코프라는 보통 사람이 아닌 듯한 분위기의 낯선 젊은이가 이 도시의 유일한 여관에 투숙하고 있었는데, 아무래도 행동거지가 예사롭지 않다는 소식이 들려온다.

사실 이 남자는 수도에서 도박과 방탕한 생활로 재산을 모두 날린 뒤 관리를 그만두고 고향으로 돌아가던 청년에 지나지 않았다. 그러나 모든 사람들이 이 남자야말로 암행을 하는 검찰관이 틀림없다고 믿는다. 시장은 곧바로 자기 집에서 멋진 환영회를 열고, 이 청년에게 뇌물을 안기며 극진하게 대접한다. 청년은 바람기를 일으켜서 시장의 딸에게 결혼을 신청하기도 한다. 시장은 수도에서 입신출세할 길이 열렸다며 좋아서 어쩔 줄 모른다. 청년은 뜻하지 않은 선물과 돈으로 주머니가 두둑해지자 가짜라는 사실이 발각되기 전에 슬며시 도망친다.

이때 축하객으로 들끓고 있는 시장의 저택으로 우체국장이 한 통의 편지를 가지고 달려온다. 청년이 상트페테르부르크에 있는 친구에게 보낸 편지로, 그 속에는 자기를 검찰관이라고 착각한 바보들을 비웃는 내용과 관리들에게 제각기 모욕적인 별명까지 붙여 놓은 내용이 들어 있다. 시장과 관리들이 아연실색하고 있을 때 이번에는 진짜 검찰관이 도착했다는 소리가 들린다. 모든 사람들이 화석처럼 입을 꾹 다물고 있는 장면에서 막이 내린다.

자랑과 허풍을 일삼는 사나이

작가가 배우들에게 보낸 주의 사항에 '흘레스타코프는 23세의 약간 마른 청년. 약간 주책맞아 말하는 것이나 행동에 아무런 사려나 분별이 없다. 그는 단편적이고 허풍스러운 말을 거침없이 내뱉는다'고 적고 있다. 그는 자랑과 허영을 좋아하는 뼛속까지 경박한 청년으로, 자기를 장군이나 대작가 같은 중요한 인물이라고 떠벌리고, 스스로 자신의 멋진 말솜씨에 취해 버리는 남자이다. 허풍은 끝이 없지만 내용은 텅텅 비었다. 평범하지만 무섭도록 공허한 상징이다.

고골은 흘레스타코프를 하나의 유형으로 인정하며 "누구나 흘레스타코프다. 적어도 몇 분간, 나아가 아주 순간적으로. 한 번도 흘레스타코프가 되지 않기란 매우 힘들다. 말주변이 좋은 근위사관도, 정치가도, 또는 우리의 죄 많은 작가들조차도 가끔씩은 흘레스타코프가 된다"고 말했다.

러시아에서는 그 뒤로 '흘레스타코프시치나(흘레스타코프주의)'라는 말이 '자랑' 또는 '큰 허풍'의 동의어로 쓰이게 되었다.

| 작품 속의 명문장 |

"너 자신의 얼굴이 찌그러져 있는데 거울을 원망한들 무엇하겠느냐?"

"너희는 뭘 그리 웃고 있는가? 자기가 자기를 비웃고 있는 것 아닌가?"

마지막 장면에서 시장이 외치는 대사

* 오늘날의 연출에서는 이 대사를 관객을 향해 외치게 되는데, 그러면 한참 동안 웃고 있던 장내가 순식간에 조용해진다.

NOTES

● 『디칸키 근교 야화』와 『미르고로트』를 비롯한 고골의 초기 우크라이나 작품들은 공상과 현실이 뒤섞여 있으며, 푸시킨이 표현한 대로 청춘의 노래여서 읽는 이에게 한없는 꿈을 준다. 그 작품들이 같은 우크라이나 출신의 화가인 샤갈의 초기 작품의 주제가 되었다는 사실은 유명하다.

● 『검찰관』은 궁정에서 큰 힘을 가지고 있던 시인 주콥스키가 힘을 써서 겨우 상연될 수 있었는데, 너무도 색다른 것이어서 관객은 망연자실해 있다가 막이 내리고서야 극장 전체가 떠나갈 듯한 박수를 쳤다고 전해진다.

● 고골은 평생 동안 결혼도 하지 않고 집도 갖지 않은 채 방랑 생활을 한 사람이다. 병약하고 신경이 과민해서 동작이 불안정했고, 길게 늘어진 코와 뾰족한 턱, 창백한 얼굴, 가느다란 신체, 짧은 안짱다리, 여자처럼 높은 목소리 등으로 때로는 순교자 같기도 했으며, 때로는 어릿광대같이 보이기도 했다. 투르게네프는 "참으로 빈틈이 없고 병약하며 소름이 끼치는 존재이다"라고 평했다고 한다.

● 고골은 기묘한 천재여서 주제를 생각해 내기보다 주어진 주제를 요리하는 재주가 더 뛰어났다고 한다. 『죽은 혼』과 『검찰관』도 푸시킨이 '이건 고골한테 잘 맞겠다'는 생각이 들어 내준 주제였다고 한다.

니콜라이 고골(Nikolai Vasilievich Gogol')

죽은 혼 부제 「치치코프의 편력」
(Mertvye Dushi)

제2부까지 계획했으나 지금 완전하게 남아 있는 것은 제1부뿐이다. 사기꾼 치치코프를 통해 농노제의 모순과 병폐를 고발한 작품으로, 무지하고 탐욕스러우며 난폭하고 무기력한 인물 군상들을 묘사해 관료 사회를 신랄하게 비판하고 있다.

죽은 농노를 사들이는 사기꾼 치치코프의 이야기

1830년대 끝 무렵에 치치코프라는 남자를 태운 마차가 어느 지방 도시의 한 여관에 도착하면서부터 이야기가 시작된다. 그 무렵 러시아는 농노제 시대로 몇 년에 한 번씩 호적 조사가 이루어질 뿐이어서 그 사이에 농노가 죽게 되더라도 호적상으로 살아 있었기 때문에, 지주는 그 사람 몫의 인두세까지 내야 했다. 치치코프라는 천재적인 사기꾼이 우연한 계기로 이 사실에 주목해 지주들에게는 백해 무익한 죽은 농노들을 사 모아서 정부가 개척을 장려하고 있는 남쪽 황야 지대의 땅을 거의 무상으로 사들인 뒤, 그곳으로 서류상으로만 농노들을 이주시켜 유명 무실한 등기서를 작성하고, 이 농노가 딸린 토지를 담보로 국고에서 큰돈을 빌려 내려는 기상천외한 계획을 세웠던 것이다.

그는 먼저 여관에서 종업원으로부터 현縣의 지사와 부지사, 재판소장, 경찰서장, 전매인, 국영공장 감독관 등의 중요 인물들을 비롯해 근처의 유력한 지주들의 재산 상태에서부터 성격과 버릇에 이르기까지 자세히 파악했다. 또한 이 지방의 상태, 예를 들어 악성 열병이나 많은 사망자를 낸 유행성 역병, 천연두 등이 돌지 않았는가 하는 것을 꼬치꼬치 캐물었다. 그런 다음 중요 인물들을 차례로 방문해 안면을 터놓고, 만찬회 등에 참석해 몇 명의 지주들도 알아 놓았다. 이렇게 준비를 모두 갖춘 뒤에 그는 드디어 죽은 농노를 사들이는 방문 여행을 시작한다.

결국 독자들은 치치코프와 함께 트로이카를 타고 광대한 러시아를 돌아다니면서 죽은 농노라는 이상한 '상품'의 거래를 통해 폭로되는 인간들의 실상을 보게 된다. 사람은 좋지만 감상적이고 속은 텅 비어 있어, 말하자면 살아 있는 생활과 살아 있는 인간에 대해 죽음과도 같은 냉담함밖에 느끼지 못하는 마닐로프, 불평이 심하고 조금 모자란 듯하면서도 사물을 챙길 때는 꼬치꼬치 따지는 인색한 깍쟁이 코로보츠카, 도박광인 데다 난폭하고 허풍이 심하며 술집과 시장판의 영웅으로 정력을 쓸데없이 낭비하기만 하는 노즈드료프, 탐욕스럽고 거친 러시아적 타입의 소바케비치, 세계 문학사에서 인색한 남자의 으뜸으로 꼽히는 플리우슈킨 등 봉건 사회의 농노제로 일그러진 정신적 불구자들의 군상을 자세하게 보다 보면 처음에는 웃게 되고, 차츰 우울해지다가 나중에는 눈물을 흘리게 된다.

작가가 의도한 것은 러시아의 지옥편을 쓰는 것으로, 이 서사시는 '기묘한 관찰과 자유자재의 솜씨로 그려진 갖가지 부류의 사람들에 관한 풍속화의 일종'이라고 할 수 있다.●

벼락부자가 되기를 꿈꾸는 세련된 사기꾼

치치코프는 사기를 계획하지만 본질적으로 악당은 아니며 그저 욕심에 사로잡힌 남자에 지나지 않는다. 그는 소년 시절에 아버지로부터 "누가 뭐래도 돈이 세상에서 가장 믿음직스러운 것이다. 친구이니, 동료이니 하는 자들은 너를 속일 수도 있고, 네가 힘들 때 가장 먼저 배반하기도 하지만 돈만큼은 네가 어떤 재난에 처해 있어도 절대로 배신하지 않아. 돈만 있으면 무슨 일이든 할 수 있고, 어떤 억지도 부릴 수 있다"는 교훈을 얻었다.

그는 부의 추구에 관해 아무런 망설임도 없지만 동시에 기회가 찾아올 때까지는 놀라울 정도의 인내력을 발휘한다. 무슨 일이건 처신을 잘하고, 친절하고, 예의도 있는 것처럼 보이며, 남들의 비위를 잘 맞추는 태도나 눈치 빠른 행동, 어떤 말에도 적절하게 대응할 수 있는 말재주 등 어느 면을 보아도 그야말로 명망가의 전형이다. 그는 구구절절 뜬구름을 잡는 듯한 이야기를 하기도 하고, 품위 있는 말을 하기도 하며, 감상적인 말을 하기도 하는 등 아무리 지저분하고 추악한 것이라도 충분히 덮어씌울 수 있는 재주가 있다.

결국 그는 소피스트이자 아폴로지스트이며, 그의 특별한 재능은 착취 사회의 가장 비인간적인 사항에 그럴듯한 덮개를 덮어씌울 수 있다는 것이다. 벨린스키는 치치코프의 형상을 그 무렵 의회의 의원들과 결부시켜 "그들은 치치코프와 똑같은 사람들로, 그저 다른 점이라고는 입고 있는 옷뿐이다. 그들은 죽은 영혼을 사 모으지는 않는다. 그러나 자유로운 의회 선거에서 살아 있는 영혼을 몰래 사 모으고 있다"며 비난을 퍼부었다.

| 작품 속의 명문장 |

"그리고 흘깃 곁눈질을 하면 다른 민족이나 나라들은 허둥지둥 옆으로 비키며 이 트로이카에게 길을 양보하는 것이었다."

『죽은 혼』의 마지막 문구

* 질주하는 트로이카는 러시아이다. 이 말은 지금의 시대에도 통하는 바가 있어 흥미롭다.

"프랑스인들이 마흔이 되어도 열대여섯 살의 아이들과 같다고 해서 굳이 이쪽까지 그런 흉내를 낼 필요는 없지 않은가?"

『죽은 혼』

NOTES

● 이 작품의 제목이 되는 '죽은 혼'이란 '죽은 농노'를 뜻하는 동시에 정신적으로는 죽은 자와 다를 바가 없는 여러 가지 유형의 지주들을 가리킨다.

이반 투르게네프(Ivan Sergeevich Turgenev)

아버지와 아들

(Ottsy i deti)

기성의 모든 권위를 부정하는 행동적 지식인 바자로프와 귀족 취미의 파벨, 1840년대의 점진적 자유주의자인 니콜라이 등이 그려 내는 인물 간의 갈등을 통해 1860년대의 세대 간의 대립, 곧 아버지 세대와 아들 세대의 대립을 묘사하고 있다.

INTRO

제정 러시아의 소설가 이반 세르게예비치 투르게네프(Ivan Sergeevich Turgenev, 1818~1883)는 1818년 중부 러시아의 오룔에서 태어나 어머니의 영지였던 스파스코예에서 어린 시절을 보냈다. 아버지는 옛 귀족 집안의 가난한 후예로 외모가 뛰어난 사관이었고, 어머니는 농노를 5,000명이나 거느린 기가 센 여지주로 아버지보다 6세 연상이었는데, 이 부자연스러운 커플은 돈 때문에 결혼했다. 폭군과 같은 여자 지주와 학대받는 농노들의 비참한 모습은 투르게네프의 어린 마음에 깊은 상처를 남겼다. 아버지와 어머니의 모습은 『첫사랑』(1860), 『무무』 등의 작품에 묘사되어 있다.

그는 15세 때 모스크바대학교 문학부에 입학했다가 이듬해 상트페테르부르크대학교로 옮겼다. 농노제 폐지를 꿈꾸는 민주적 경향의 청년으로 문학 서클에 출입하며 바이런풍의 낭만주의적 시를 썼다. 졸업한 뒤에는 베를린대학교에 들어가 바쿠닌, 게르첸 등과 헤겔 철학에 빠져 서유럽 문화의 가치에 대해 눈을 뜨게 되었고, 서유럽파로서의 입장을 굳히게 되었다.

그는 벨린스키의 영향을 받아 러시아의 현실을 직시하는 사실주의적 경향을 강하게 띠게 되었으며, 『사냥꾼의 수기』(1847~1852)로 작가로서의 지위를 굳혔다. 그가 이 작품으로 농노 해방을 위해 싸우겠다고 했던 소년 시절의 맹세를 이루었다는 것은 유명한 이야기이다.

그는 1840년대 이후 러시아 지식인에 관한 의식의 흐름과 정신사를 쓰면서 그들의 사명을 역사에 정착시키는 것을 자기 문학의 사명으로 여기게 되었다. 첫 번째 장편인 『루딘』(1855)에서 1840년대 이상주의자들의 모습과 사명을 역사적인 배경 위에 그려 냈다. 1859년에 발표한 『귀족의 보금자리』에서는 멸망해 가는 귀족으로 하여금 자기 영지에서 보낸 생활에 대한 그리움을 만가를 통해 노래하게 함으로써 귀족의 역사적 사명에 종지부를 찍었다.

이어 『아버지와 아들』(1862)에서 1840년대 관념의 세대와 1860년대 하층 계급 출신의 행동하는 세대가 서로 충돌하는 것을 묘사해 러시아를 이끌어 가는 기수의 교대를 선포했다.● 농노 해방이 이루어지기 전 해에 발표한 『전야』(1860)에서는 새로운 러시아를 짊어질 의지와 행동을 갖춘 사람들의 출현을 예고했다. 또한 농노 해방이 이루어진 뒤로는 러시아의 혁신파와 중도파가 서로 뒤엉킨 사회 정세를 외국에서 바라보며 허망하고 무익한 놀음이라고 한탄한 『연기』(1867)와 나로드니키 운동●의 파멸을 그린 『처녀지』(1877)를 집필했다.

그는 25세 때 오페라 가수인 폴린 비아르도 부인을 알게 되었고, 그 이후로 나라를 버리고 항상 부인 주변에 머물면서 1883년에 65세의 생애를 파리 근교에 있던 부인의 별장에서 끝낼 때까지 기묘한 우정을 나누었다. 그러나 그는 평생 결혼하지 않았다.

나이가 들어 자기의 보금자리를 갖지 않고 영혼의 위기에 직면한 사람의 마음속에 솟아오르는 향수를 담은 시라고 할 수 있는 『산문시』(1882)는 그가 시인으로서 남긴 대표작이다.●

급진적인 청년 지식인 바자로프를 중심으로 한 세대 간의 대립

1857년 봄, 대학을 졸업한 아르카디가 친구 바자로프를 데리고 아버지 니콜라이의 농장으로 돌아온다. 도착한 다음 날부터 신세대와 구세대의 대립이 시작된다. 생산적인 일이라고는 아무것도 하지 않고 이상주의적 공론만 내세우며 무위도식하고 있는 귀족 취미의 파벨(니콜라이의 형)을 바자로프는 증오한다. 파벨은 그런 바자로프의 무례한 태도가 참을 수 없이 싫다.

니콜라이는 아들들 세대보다 자신이 뒤떨어져 있다는 사실에 한탄한다. 아르카디는 편견을 배척한 관대한 마음에 자기만족을 느끼면서 가정부 페니치카에 대한 아버지의 잘못을 용서한다. 페니치카와 하인들은 바자로프에게서 자신들과 같은 평민의 마음을 느끼고 그에게 호감을 갖는다. 파벨과 바자로프의 논쟁은 정치와 사상, 문화, 예술 등 모든 문제에 걸쳐 전개된다.

어느 날 바자로프와 아르카디는 근처의 도시로 나가 지사의 저택에서 열린 무도회에 참석해 미망인 오딘초바를 알게 된다. 연애를 어리석은 장난이라고 부정하는 바자로프도 그녀의 아름다움과 지성에 강하게 끌린 나머지 정열을 억제할 수 없어 드디어 사랑을 고백한다. 그녀도 마음이 많이 흔들렸지만, 현재의 평화를 지키려는 마음이 강해 바자로프의 품으로 뛰어드는 것을 망설인다.

마음에 상처를 입은 바자로프는 아르카디와 함께 그의 귀향을 기다리고 있는 늙은 부모의 곁으로 돌아간다. 그러나 부모의 맹목적인 사랑과 참견이 귀찮아져서 금세 또 실험 도구를 남겨 두고 온 아르카디의 집으로 도망친다. 그곳에서 그는 과학 실험에 열중하는데, 어느 날 사소한 일이 원인이 되어 파벨과 결투를 하게 되었고, 다시 늙은 부모의 집으로 돌아온다.

그는 늙은 아버지의 진료를 거들기도 하다가 어느 날 티푸스로 죽은 농민을 해부할 때 잘못해서 손가락에 상처를 입고 패혈증에 걸린다. 의사인 그는 자기 병세가 절망적이라는 사실을 깨닫는다. 죽을 때가 가까워진 어느 날 오딘초바가 의사와 함께 그의 병상으로 달려온다. 그는 죽음의 고통에 허덕이면서 희미해지는 의식으로 사랑을 고백하며 그 무의미함을 비웃고, 그리고 부모에게도 그동안 품어 왔던 자신의 깊은 애정을 표현하며 인간적인 사랑과 자기 신념 사이를 왔다 갔다 한다. 때로 의지의 힘을 다 쏟아 죽음까지도 부정하려고 한다. 그리고 마지막까지 죽음의 공포와 싸우다가 강한 사나이로 죽는다.

외로운 시골 묘지에 안치된 바자로프의 무덤 앞에 망연한 얼굴로 하염없이 앉아 있는 늙은 부모의 모습은 보는 이의 마음까지도 아프게 한다. 작가는 무덤 위에 피는 꽃은 자연의 위대한 평안과 영원의 화해를 나타내고 있는 것이라고 말하며 이야기를 마무리짓는다.

1860년대의 니힐리스트, 바자로프

아르카디가 바자로프는 니힐리스트라고 말하는 장면이 있는데, 이는 이 작품에서 처음으로 나타난 투르게네프의 신조어이다. 그는 의사를 지망하는 젊은 자연과학자로, 갖가지 감정적·지적 특징을 요약해서 투르게네프가 창조한 새로운 인물, 말하자면 가까운 미래에 나타날 인물이다.

사상의 완전한 독립과 자유를 위해 도덕과 사회, 예술에 담겨 있는 일체의 권위를 부정하고 이성과 논리와 유용성의 한계 안에 있는 것만을 인정하는 '생각하는 현실주의자'(비평가 피사레프가 붙인 이름)인 바자로프는 예술의 감상주의와 낭만주의, 이상주의, 신비주의 등 모든 주의主義를 부정한다. 심지어 신발 한 켤레가 셰익스피어보다 중요하고, 그가 하는 일이 실용적인 목적을 갖고 있기 때문에 신발 직공 한 사람이 라파엘로보다 중요하다고 단언하며, 푸시킨의 시까지도 게으른 자의 심심풀이라고 말해 버린다.

바자로프로 상징되는 1860년대의 니힐리스트는 과학을 신과 맞바꾼 무신론자이자 유물론자로, 그들이 외치는 니힐리즘은 혁명 이론의 허무주의와는 달리 주로 도덕적, 정치적, 개인적인 일체의 제약과 국가나 사회, 가정 등을 포함한 일체의 권위에 대한 개인의 반항이었다.

한편 비평가 피사레프는 바자로프에 대해 "페초린(레르몬토프의 『우리 시대의 영웅』의 주인공)에게는 의지가 있으나 지식이 없고, 루딘(투르게네프의 『루딘』의 주인공)에게는 지식이 있지만 의지가 없다. 하지만 바자로프에게는 의지도 있고 지식도 있다. 그의 사상과 행동은 하나로 융합되어 있다"고 지적했다.

| 작품 속의 명문장 |

"귀족주의와 자유주의, 진보, 원리! 어떻습니까, 이 외래의 …… 더구나 아무 짝에도 쓸모가 없는 말들의 범람! 거저 준다 해도 러시아인들에게 그런 것은 필요하지 않습니다."

바자로프의 말

NOTES

● 냉정한 방관자적 태도를 평생 동안 가지고 있었던 투르게네프가 러시아 문단을 가장 시끄럽게 만들었던 작가라고 한다면 좀 이상하게 들릴지도 모른다. 그중에서도 『아버지와 아들』은 그 무렵의 보수파와 진보파를 진정으로 양분해 버린 작품이다.

● 서유럽의 부르주아 체제를 보고 충격을 받은 러시아 젊은이들이 러시아 농촌의 부흥만이 러시아의 살길이라고 주장하면서 '브 나로드(인민 속으로)'라는 구호를 앞세우고 농민을 계몽하며 농노 제도를 타도하는 운동을 전개했다. 이를 나로드니키**Narodniki** 운동이라고 한다. 그러나 이 운동은 정부의 탄압과 농민들의 외면으로 실패했다.

● 투르게네프만큼 기묘한 교우 관계를 가진 작가도 보기 드물다. 그는 톨스토이와 결투 직전까지 간 적이 있었고, 도스토옙스키와 곤차로프, 게르첸 등과도 절교했다. 그런데 마지막에는 이 모든 사람들과 우정을 회복했다고 한다.

이반 투르게네프(Ivan Sergeevich Turgenev)

루딘
(Rudin)

현실의 변혁을 바라는 이상주의자이면서도 행동에서는 무력함을 나타내는 1840년대 지식인의 전형인 '잉여인간' 루딘의 비참한 운명이 그려져 있다. 루딘의 말과 행동의 불일치, 이상과 현실의 부조화는 현대인의 비극을 나타낸다고 할 수 있다.

인생의 패잔병, 젊은 지식인 루딘의 삶과 사랑

1840년대의 어느 해 여름, 전 정부 고관의 미망인이면서 모스크바 사교계에서 지식인으로 손꼽히는 여자 지주 다리야의 저택에서 만찬회가 열리고 있다. 그녀는 딸 나탈리야를 비롯한 가족과 함께 매년 여름을 이 영지에서 보내고 있다. 그리고 오늘은 상트페테르부르크에서 남작이 도착하기로 되어 있다. 경제학에 흥미를 가지고 있는 그는 오늘 자신의 논문을 보여 주기로 되어 있다. 만찬회에는 근처에 사는 여자 지주 알렉산드라와 그의 동생으로 나탈리야를 사랑하고 있는 세르게이, 독설가인 피가소프, 가정 교사 등이 모여 있다.

그때 남작의 소개장을 가진 루딘이라는 남자가 도착한다. 그는 먼저 피가소프를 상대로 개인주의에 대해 토론한다. 독일의 낭만파 철학에 바탕을 둔 그의 고매한 이상주의 앞에서 시골 논객의 비속한 사상 같은 것은 상대가 되지 않는다. 진리에 대한 사랑, 자유와 미, 자기희생 등에 대한 그의 영감 넘치는 웅변에 일동은 감탄을 금치 못한다. 다리야 부인은 루딘이 마음에 들어 자기 저택에 머물라고 한다. 그래서 루딘은 그 저택에 두 달 동안 머물게 되었고, 그것 때문에 이 평화로운 시골에 풍파가 생기게 된다.

다리야의 딸인 17세의 나탈리야는 말수는 적어도 사물을 깊이 파고들며 사색하는 여자였다. 그녀는 루딘이 주장하는 숭고한 이상에 매혹되어 점차 그에게 끌리게 된다. 그녀 앞에는 새로운 생활에 대한 꿈이 나타나고, 그 생활로 안내하는 사람이 바로 루딘이라고 생각하게 되었다. 루딘 또한 뜻하지 않게 가슴속에서 정열이 불타오른다. 그러던 어느 날 저녁에 두 사람은 서로에 대한 사랑을 고백한다. 그러나 다리야 부인이 반대하며 심하게 화를 내자 루딘은 당황한다. 나탈리야는 루딘을 위해서라면 자기 몸을 희생해도 된다고 생각하고 있지만, 루딘은 그저 어쩔 줄 몰라 할 뿐이다. 그가 주장하는 자기희생도, 연애의 자유도 그저 말뿐이었던 것이다. 그녀는 배신을 당했다고 생각하며 분한 마음을 금치 못한다. 루딘은 다시 정처 없이 방랑의 여행길에 오른다. 그리고 1848년 프랑스 혁명이 한창일 때 파리의 성 앙투안 성당 앞 바리케이드 위에서 외국의 내란에 휘말린 이름 없는 희생자가 되어 숨진다.●

1840년대 무력한 이상주의자의 전형

루딘에게는 젊은 날의 바쿠닌●이 지니고 있던 모습이 상당히 많이 투영되어 있다고 한다. "포코르스키(모델은 스탄케비치●)와 루딘은 이질적인 인간이었습니다. 루딘 쪽이 훨씬 화려하고, 떠들썩하고, 미사여구도 많았고, 아마 열광적인 부분도 많았을 것입니다. …… 포코르스키는 겉으로는 조용하고, 부드럽고, 약하게 보일 때도 있었지만, 누구도 모욕할 수 없을 만큼 의연한 부분이 있었습니다"로 시작되는 장면은 두 사람을 중심으로 한 청년들의 모임을 옛 친구인 레지뇨프가 회상하는 것인데, 모스크바대학교의 이상주의자 모임인 '스탄케비치 서클'에 대한 묘사로 귀중한 역사적 가치를 지닌 부분이다.

루딘은 이상에 대해 말하고, 현실의 변혁을 바라면서도 행동에서는 무력한 이른바 '쓸모없는 사람'의 전형이다. 그러나 작가는 옛 친구 레지뇨프의 입을 빌려 "그의 말은 실제로 모든 행위와 같은 효과를 갖는다"고 말했다. 열변으로 사회를 각성시키는 것이 루딘을 비롯한 그 일행의 역사적 사명이었던 것이다.

| 작품 속의 명문장 |

"떡갈나무의 낡은 잎사귀는 – 떡갈나무는 강한 나무이지만 – 새 잎의 싹이 올라와야 비로소 떨어진답니다."

루딘이 나탈리야에게 사랑을 고백할 때 한 말

"내일 한다, 내일 한다"고 사람들은 스스로를 위로한다. 그런데 이 '내일 한다'가 그를 무덤으로 이끄는 것이다.

『산문시』

NOTES

● 투르게네프의 작품에는 반드시 강한 여자와 약한 남자가 등장한다. 이는 그 자신이 평생 폭군적인 여자 지주였던 어머니와 가수 폴린 비아르도라는 두 사람, 곧 서로 다른 의미에서 제각기 강했던 두 여성에게 지배되었기 때문인지도 모른다.

● 바쿠닌(Mikhail Aleksandrovich Bakunin, 1814~1876)은 제정 러시아의 혁명가이자 급진적인 무정부주의자이다. 바쿠닌의 무정부주의는 에스파냐·이탈리아·러시아의 혁명 운동에 큰 영향을 미쳤다.

● 스탄케비치(Nikolai Vladimirovich Stankevich, 1813~1840)는 제정 러시아의 철학자이자 시인으로, 19세기 초기에 사상 운동의 지도자로서 큰 영향력을 발휘했다.

이반 알렉산드로비치 곤차로프(Ivan Aleksandrovich Goncharov)

오블로모프

(Oblomov)

19세기 러시아 문학을 대표하는 작품이다. 중류 계층의 지주 귀족인 오블로모프라는 게으른 인물을 설정해 한 개인이 농노 제도 아래 점차 인간성을 상실해 가는 과정을 사실적으로 섬세하게 묘사하고 있다.

INTRO

제정 러시아 소설가 이반 알렉산드로비치 곤차로프(Ivan Aleksandrovich Goncharov, 1812~1891)는 1812년 6월 6일 볼가 강 연안에 위치한 심비르스크(지금의 울리야노프스크)의 부유한 상인 집안에서 태어났다. 모스크바대학교 문학부를 졸업한 뒤 심비르스크 지사의 비서관이 되었다가 얼마 뒤 상트페테르부르크로 나가 재무부 관리가 되었다. 그 뒤 검열관과 관보 편집인 등을 거치면서 30년 동안 관리 생활을 했다.

1853년에는 푸탸틴 제독의 비서관으로 전함 팔라다호를 타고 세계를 순항했으며, 그 경험을 기록한 여행기 『프리깃함 팔라다호』를 1858년에 발표했다. 초기의 단편 외에 장편으로는 『평범한 이야기』(1847), 『오블로모프』(1859), 『단애斷崖』(1869)의 세 작품밖에 남아 있지 않지만, 『오블로모프』 한 편으로 세계적인 문호의 대열에 끼게 되었다. 1891년 9월 15일에 상트페테르부르크에서 사망했다.

오블로모프의 나태하고 무능한 삶

어느 날 아침 일리야 일리치 오블로모프는 러시아의 수도 상트페테르부르크의 고로호바야가에 있는 월세방에서 침대에 누워 있다. 32, 33세 가량의 평범한 남자로, 이상주의자이고 몽상가이며 선량한 영혼을 가진 사람이다. 상트페테르부르크대학교를 졸업하고 관청에서 일한 적도 있지만, 지금은 50세가 넘은 하인의 시중을 받으며 무위도식하는 생활을 하고 있다. 350명이나 되는 농노가 있는 영지에서 어느 정도의 수익이 나오는지도 모르고, 집세를 내라는 독촉을 받는 것 때문에 괴로워하면서도 침대에 드러누운 채 혼자 고심하고 있을 뿐이다.

소년 시절부터 친하게 지낸 친구 슈톨츠는 오블로모프를 게으른 생활에서 벗어나게 하기 위해 지적이고 아름다운 아가씨 올가를 소개한다. 올가는 그를 다시 일어나게 하려 한다. 둘 사이에 사랑이 싹트지만 막상 결혼할 단계가 되어 영지 정리 등 귀찮은 일들을 처리해야 하자 그는 올가로부터 멀어진다. 그 뒤로도 안일한 생활을 보낸 오블로모프는 운동 부족 때문에 심장병으로 죽는다.

게으르고 약하나 순수한 영혼을 지닌 지식인

이 소설의 출판은 하나의 사회적 사건이 되었다. 같은 시대에 활동했던 크로포트킨의 말에 따르면 "투르게네프의 새로운 작품을 능가하는 대사건이었다. 정상적인 교육을 받은 적이 있는 러시아인들은 모두가 『오블로모프』를 읽고, '오블로모프주의'에 대해 자신들의 생각을 밝히며 논쟁했다. 누구나 자신과 공통되는 기질을 오블로모프에게서 발견했고, 자기 핏줄 속에서 오블로모프의 병을 느꼈다"고 했다.●

오블로모프는 하루 종일 침대에서 뒹구는 게으름뱅이이고 의지도 약한 사람이지만, 동시에 매우 민감하고 순수한 영혼을 가진 사람이다. 결혼할 때가 되자 꾀병을 부리기도 하고 부교浮橋가 올라가 있다는 것 등을 구실로 여자로부터 도망치며 "당신의 눈앞에 있는 자는 당신이 기다리고 있던 그 사람이 아닙니다. 나중에 당신의 진짜 짝이 나타나면 그때 깨닫게 될 것입니다"라는 변명을 하기도 한다.

| 작품 속의 명문장 |

"오블로모프는 자기 마음대로 행동하는 능력을 태어날 때부터 전혀 갖추지 못한 인간이 아니다. 그 나태함과 무관심은 교육과 환경의 결과이다. 여기서 문제가 되는 것은 오블로모프라는 개인이 아니라 오블로모프주의이다."

도브롤류보브의 『오블로모프주의란 무엇인가』(1859)

* 비평가 도브롤류보브는 오네긴(푸시킨의 『예브게니 오네긴』의 주인공), 페초린(레르몬토프의 『우리 시대의 영웅』의 주인공), 루딘(투르게네프의 『루딘』의 주인공) 등의 계열로 이어지는 '쓸모없는 사람'으로서 오블로모프적 인물의 성격을 사회적인 관점에서 살펴보았다.

NOTES

● 주인공의 게으른 생활 태도는 러시아의 국민성을 폭로한 것으로도 유명해 '오블로모프의 기질'이라는 말이 러시아인들에게 '무위도식'의 대명사가 되기도 했다.

표도르 도스토옙스키(Fyodor Mikhailovich Dostoevskii)

죄와 벌

(Prestuplenie i nakazanie)

1860년대 러시아 사회의 사상적 혼란기에 방황하는 청년들을 대표하는 라스콜리니코프를 통해 추상적 이론이 인간에게 가한 학대와 그것에 대한 인간성의 보복을 그려 내고 있다. 인간성과 종교적 심리의 소중함을 일깨워 주는 작품이다.

INTRO

제정 러시아의 소설가 표도르 미하일로비치 도스토옙스키(Fyodor Mikhailovich Dostoevskii, 1821~1881)는 톨스토이와 함께 19세기 러시아 문학을 대표하는 세계적인 문호이다.

1821년 모스크바의 어느 빈민 병원에서 일하는 의사의 둘째 아들로 태어났다. 아버지는 이름만 귀족이었고, 어머니는 상인 집안 출신이어서 오히려 가부장제가 엄격한 상인 계급과 같은 생활 환경이었다. 16세 때 상트페테르부르크의 공병사관학교에 입학했고, 졸업한 뒤에는 육군 중위로 공병국에서 일하다가 1년도 안 되어 퇴직했고, 이후로 문필 활동에 전념했다.

1846년에 처녀작인 『가난한 사람들』(1846)로 문단에 데뷔했는데, 그때의 성공은 보기 드물 정도로 화려한 것이었다. 자연파를 이끄는 비평가인 벨린스키는 '사실주의적 휴머니즘'의 걸작이라고 극찬했고, 이로 인해 그는 인기 작가가 되었다. 그러나 그에 이은 『이중인격』(1846) 등 10여 편의 단편들은 낭만주의로 기울어진 경향을 보여 벨린스키의 날카로운 비판을 받았고, 이후 자연파 그룹에서 떨어져 나와 공상사회주의자 서클에 접근했다. 그리고 1849년 봄, 혁명사상가 페트라셰프스키 사건에 연루되어 체포되었고, 이후 10년 동안 시베리아에서 유형 생활을 했다.

시베리아 감옥 안에서 죄수들의 증오와 적의에 둘러싸여 지내면서 서서히 그의 내부에서 전환이 이루어졌다. 민중으로부터 떨어진 공상사회주의에서 민중과의 연계를 기반으로 한 토양주의로 신념이 바뀌어 갔던 것이다. 출옥한 뒤 군대에 근무하면서 첫 번째 아내인 마리아와 결혼했으나, 병약한 아내와의 결혼 생활이 그에게 가져다준 것은 괴로움과 아내가 데리고 온 자식에 대한 부담뿐이었다. 1859년 말에 그는 상트페테르부르크로 돌아갔다.

농노 해방을 앞에 두고 사회적 분위기가 고양된 시기에 그는 형과 함께 잡지를 창간해 시베리아 감옥의 실상과 죄수들의 생활을 리얼하게 묘사한 장편 『죽음의 집의 기록』(1861~1862), 장편 『학대받은 사람들』(1861)을 발표함으로써 10년간의 공백을 훌륭하게 극복했다.

1864년은 아내의 죽음과 형의 죽음, 잡지 경영의 실패 등 불행이 잇달아 일어난 해로, 그 뒤 몇 년 동안 막대한 빚을 짊어진 채 채권자들의 위협과 도박 실패, 해외 도피 등 파란만장한 생활이 계속되었다.● 그 사이에 그는 『죄와 벌』(1866), 『백치』(1868), 『악령』(1871~1872) 등 3대 장편을 완성해서 고난 속에서 걸작이 나온다는 사실을 보여 주었다.
마지막 10년간은 비교적 안정되고 행복한 시기로 경제적으로도 안정되었고, 속기사였던 두 번째 아내의 도움을 받아 『미성년』(1875), 『카라마조프가의 형제들』(1879~1880)의 두 장편과 시사 평론, 문예 평론, 회상 등을 포함한 개인 잡지 『작가 일기』를 펴내는 등 작품 활동을 꾸준히 했다. 모스크바의 푸시킨상像 제막식 행사에서 행한 그의 강연은 청중들로부터 열광적인 환영을 받았다. 그로부터 6개월 뒤인 1881년에 세상을 떠났다.

빗나간 신념으로 살인을 저지른 한 청년의 후회와 갈등

가난 때문에 대학을 중퇴한 청년 라스콜리니코프는 작고 지저분한 방에 틀어박혀서 기묘한 이론을 만들어 낸다. 인류는 범인凡人과 비범인非凡人의 두 부류로 크게 나뉘는데, 범인은 법률을 따르는 대중이고, 비범인은 법률을 만드는 선택된 소수로 개혁을 위해서는 장애물을 넘어설 권리를 갖고 있다는 것이다. 이 이론에 따라 그는 '경제적으로 인류의 행복에 공헌한다면 '이蝨' 같은 노파를 죽이는 것 정도는 별것 아니다. 나에게는 그럴 권리가 있다'고 생각한다.

그러나 이론만으로는 살인이 이루어지지 않는다. 여기에 우연이라는 요소가 가미된다. 심한 노이로제와 생활고, 여동생의 약혼(오빠를 위한 희생)을 알리는 어머니의 편지, 주정뱅이 마르멜라도프와의 만남, 세상의 부정에 시달린 불쌍한 민중의 상징과도 같은 그 가족의 이야기, 술집에서 듣게 된 학생과 사관의 대화(이는 그의 생각과 완전히 같은 내용의 이야기였다), 길가에서 우연히 주워들은 노파의 여동생과 행상의 대화(그는 내일 밤 7시에 노파가 혼자 있게 된다는 것을 알았다) 등의 우연들이 겹쳐지면서 마치 눈에 보이지 않는 운명의 실이 그를 실제 행동으로 이끄는 것처럼 보인다.

그는 우연히 아무런 문제 없이 범죄를 결행하고, 약간의 금품을 훔칠 수 있었다. 그러나 그 순간부터 이미 그의 이론이 무너지는 과정이 시작된다. 그것은 두 측면의 싸움이 기둥이 되는데, 그 가운데 하나는 예심판사 포르피리와의 지적 결투이고, 긴박한 대결이 세 번 이루어진다.

포르피리는 여러 가지 심리적 증거로 미루어 라스콜리니코프가 범인임을 확신하고 있지만 뚜렷한 물증이 없다. 라스콜리니코프는 도전적인 태도를 유지하면서 상대방의 속내를 알아내려고 한다. 마지막으로 포르피리는 체포하겠다는 뜻을 내비치면서 자수를 권하지만, 라스콜리니코프는 그렇게 할 수 없다. 그것은 개혁자가 현행 질서에 항복하는 것이고, 자기 사상의 파탄을 뜻하기 때문이다.

그러나 이 지적 결투로 라스콜리니코프의 신념에 동요가 생긴다. 그것을 더욱 부추긴 사람이 스비드리가일로프이다. 자기 욕망을 위해 도덕을 무시하는 절망적인 니힐리스트의 모습에서 라스콜리니코프는 자기 이론의 추악한 그림자를 보았던 것이다.

또 하나의 기둥은 소냐와의 대결이다. 범행 직후에 라스콜리니코프는 이제 완전히 고독한 사람이 되었음을 깨닫는다. 인간은 완전한 고독 속에서는 살아갈 수가 없다. 이것이 그를 괴롭힌다. 촛불이 하나 밝혀져 있을 뿐인 어두컴컴한 방 안에서 '나사로의 부활'을 읽는 창녀, 그 목소리를 듣고 있는 살인자.

이것은 이 작품의 상징적인 장면이다. 라스콜리니코프는 소냐 앞에 무릎을 꿇고 그 발에 키스를 한 다음 "당신에게 키스를 한 것이 아니라 인류의 고뇌에 키스를 했다"고 말한다. 소냐는 사랑과 자기희생으로 라스콜리니코프를 구해 자기가 가진 신앙의 길로 이끌려고 한다. 라스콜리니코프는 자신의 신념을 버리지 않으려 하지만, 소냐에게 거부당하는 것은 영원한 고독을 뜻하기 때문에 갈등한다. 그는 결국 소냐의 사랑에 굴복해 자수한다.

그리고 시베리아에서 죄수들로부터 소외당하고, 그 죄수들이 소냐를 사모하고 존경하는 것을 보는 사이에 드디어 자기 사상의 패배를 인정하고 소냐의 진실에 굴복하게 된다.●

그리스도적 사랑의 화신, 소냐

창작 노트에 소냐의 말로 "저는 죽은 나사로였습니다. 그런데 그리스도께서 저를 되살려 주셨던 것입니다"라는 글이 있다. 이는 소냐의 비밀을 푸는 열쇠이다. 한 번은 죽었다. 곧 자기 의지대로 자신을 죽였지만 그리스도에 의해 다시 생명이 주어졌다. 사랑에 의한 구원을 널리 퍼뜨리는 일이 소냐가 살 길이자 그녀의 사명이 되었던 것이다. 그녀는 물론 의식하고 있지 않지만 그것은 종국적으로는 부와 권력이 없고 사랑과 형제애로 이루어진 이상적인 사회로 이어진다.

라스콜리니코프는 살인에 의해 부와 권력을 잡으려 했다. 그러나 그 또한 부와 권력 자체가 목적이 아니라 새로운 예루살렘, 곧 지상의 이상향을 건설하기 위한 수단에 지나지 않는다.

그는 '나사로의 부활'을 낭독할 때 보여 준 소냐의 태도에서 그 비밀을 간파했다. 그래서 그는 보고 있는 방향은 다르지만 도달하는 곳도 하나이고 목적도 같다고 말했던 것이다. 이때부터 두 사람의 사랑이 두 가지 진실의 결투라는 형태를 취하게 된다.

| 작품 속의 명문장 |

"나는 인간을 죽인 것이 아니다. 주의主義를 죽인 것이다!"

라스콜리니코프의 자조 섞인 독백

NOTES

● 『죄와 벌』의 집필 기간 중에 쓴 도스토옙스키의 편지는 대부분 돈을 꾸어 달라는 부탁과 빚 상환을 연기하겠다는 내용, 원고료를 미리 달라고 비굴할 정도로 애원하는 편지들뿐이었다. 세계적인 명작이라고 불리는 작품 가운데 이 정도로 곤궁과 정신적 압박 속에서 쓰인 것이 또 어디 있을까?

● 작품의 무대가 된 센나야 광장(지금의 평화광장)이나 상트페테르부르크 뒷거리는 실제의 모습을 그대로 묘사한 것이다. 라스콜리니코프의 발자취를 따라 그가 살고 있던 집과 소냐의 집, 기타 모든 것이 결정되었고, 지금은 그것이 문학 산책의 코스가 되었다.

표도르 도스토옙스키(Fyodor Mikhailovich Dostoevskii)

카라마조프가의 형제들

(Brat'ya Karamazovy)

인간·사상·종교 등에 관한 도스토옙스키의 사상이 집약되어 있는 작품으로, 그리스도교와 무신론의 대결을 담고 있다. 뛰어난 심리 묘사와 신에 대한 대담한 저항, 도덕적이고 지적인 긴장감 등으로 인해 오늘날에도 많은 독자들을 사로잡고 있다.

카라마조프 가문의 부자간·형제간의 애욕과 갈등

이야기는 1860년대에 러시아의 지방 도시에 사는 벼락부자 카라마조프 가문의 사람들을 둘러싸고 전개된다.

아버지 표도르는 지주 귀족이라는 이름만 가졌을 뿐 거의 맨손으로 출발해 술집 경영과 고리대금업 등 악랄한 사업으로 재산을 이룩한 부자이다. 그는 억제하기 힘든 격렬한 정열을 가진 물욕과 음욕의 화신으로, 자신의 타락은 물론, 주위 사람들까지 타락시키는 냉소적인 독설가이며, "러시아는 돼지우리이다. 러시아 백성은 철저하게 때려야 말을 듣는다"고 큰소리치는 사람이다. 그는 지금 그루셴카에게 미쳐서 어떻게든 손에 넣어 보려고 갖은 수를 쓰고 있다.

전처의 아들인 큰아들 드미트리는 아버지로부터 카라마조프 집안의 억제하지 못하는 정열을 물려받았으나 동시에 러시아인다운 순수함을 가진 남자이다. 주색에 빠져 대책 없이 살고 있기는 하지만, 마음 깊숙한 곳에는 고결한 것에 대한 동경이 살아 있는 러시아적인 대범한 성격의 소유자이기도 하다. 그는 그루셴카의 육체적 아름다움에 반하게 되자 약혼자를 버리고, 아버지를 적대시하며 죽여 버리고 싶을 정도로 증오한다.

둘째 아들 이반은 이과理科 대학을 졸업한 24세의 총명한 청년인데, 아버지 표도르의 인간 멸시가 다른 형태로 그에게 투영되어 있다. 그는 신을 부정하면서 "신이 창조한 이 세상을 인정하지 않는 이상, 인간에게는 모든 일이 용서된다"고 하는 독자적인 이론을 만들어 낸 무신론자이자 허무주의자이다. 그에게도 역시 카라마조프가의 피가 흐르고 있다. 그것은 형 드미트리의 약혼녀 카테리나에 대한 미칠 듯한 사모의 정에서 나타난다. 드미트리가 육체적인 면에서라면, 이반은 이론적인 면에서 아버지를 증오하고 있다.

셋째 아들인 알료샤는 수도원에서 사랑의 가르침을 주장하는 조시마 장로에게 심취한 순진무구한 청년이다. 그는 모든 사람들로부터, 심지어는 아버지로부터도 사랑을 받고 있으며 천사라고 불리고 있다. 그러나 그의 내부에도 카라마조프가의 피가 흐르고 있다는 사실을 누구보다도 그 자신이 잘 알고 있다.

스메르댜코프는 표도르가 백치인 여자 거지에게 낳게 한 아들로 간질병을 앓고 있다. 하인으로서 겉으로는 성실하게 일하고 있지만, 천박하고 간계에 능하다. 차별 대우를 받고 있는 만큼 아버지 표도르를 증오하는 마음이 누구보다도 강하다.

이상이 카라마조프가의 가족인데, 여기에 카테리나와 그루셴카라는 두 여성이 끼어든다. 그루셴카는 표도르와 손을 잡고 악랄한 돈벌이에 한몫을 하고, 자기에게 열을 올리는 아버지와 아들을 적당히 희롱하면서 카테리나에게 악의에 찬 조소를 퍼붓는 악녀인데, 알료샤의 맑은 눈이 꿰뚫어 본 것처럼 마음 깊은 곳에는 순진하고 깨끗한 모습을 간직하고 있다. 이에 비해 카테리나는 매우 자존심이 강하고 오만한 여성이다.

이 두 여성을 둘러싸고 아버지와 아들, 형과 동생이 복잡하게 뒤엉킨 애욕의 싸움을 벌이는 가운데 아버지 표도르가 누군가에 의해 살해된다. 형제들은 모두 제각기 아버지의 살인에 대한 동기를 가지고 있는데, 스메르댜코프는 그때 간질병 발작이 일어났었다는 이유로 용의자에서 제외된다. 방탕한 생활 등 여러 가지 상황 증거로 인해 드미트리가 그루센카와 사랑을 이루려 하는 순간에 체포된다. 재판이 시작된다. 추리소설과 같이 흥미를 불러일으키는 긴박한 장면이 이어지는데, 사실은 신이 없으면 모든 일이 용서된다고 하는 이반의 이론에 부추김을 받아 스메르댜코프가 간질병을 알리바이로 하여 아버지를 살해했던 것이다. 판결이 내려지기 전날, 스메르댜코프는 이반을 찾아가 그 사실을 털어놓고 "당신이 죽인 것이다"라는 말을 남긴 뒤 자살한다.

이어 재판장에서 증인으로 나온 이반이 갑자기 "내가 그놈(스메르댜코프)을 부추겨서 죽이게 한 것입니다"라고 큰 소리로 외치고는 심한 광기의 발작을 일으킨 채 연행된다. 사랑하는 이반의 증언을 듣고 충격을 받은 카테리나는 드미트리를 희생시키고 이반을 구하기 위해 아버지를 죽인 죄를 증명할 만한 드미트리의 편지를 제출한다.

이에 그루센카는 "드미트리, 당신의 뱀이 당신을 파멸시킨 거야" 하고 분노에 몸을 떨면서 외친다. 그런 그루센카도 드미트리의 "용서해 줘"라는 말 한마디에 카테리나를 용서한다. 드미트리는 실제로 손을 대지는 않았어도 마음속으로 언제나 죽이겠다고 생각한 것은 실제로 죽인 것이나 마찬가지라고 하며 자기의 죄를 인정한다. 고뇌 속에서 그 죄를 청산하겠다는 결심을 하자 드미트리는 신기할 정도로 밝은 기분이 된다. 그리고 결국 20년 징역 판결을 받는다.

이것이 외면적인 줄거리이고, 작품의 내면적인 줄거리는 알료샤를 둘러싸고 조시마 장로와 이반 사이에서 전개되는 사상적 싸움과 그리스도교와 무신론의 대결이다.●

현대에서의 권력과 자유의 문제를 조명

이 소설의 영혼은 이반의 극시 「대심문관」에 있다고 일컬어진다. 주점에서 알료샤와 마주 앉은 이반이 이 극시를 읽는다.

15세기 가톨릭의 이단 심문이 가장 무시무시하게 일어났던 에스파냐 세비야 마을이 그 무대이다. 이단자들을 불태우는 광장에 그리스도가 모습을 나타낸다. 사람들은 곧바로 그가 그리스도라는 사실을 깨닫는다. 대심문관의 명령으로 그리스도는 체포되어 투옥된다. 그리고 그날 밤 감옥 속에서 대심문관이 그리스도와 대결한다.

예전에 그리스도는 황야에서 악마로부터 빵과 기적과 권위라는 세 가지 시험을 받았을 때 "사람은 빵으로만 사는 것이 아니다", "네 주 하나님을 시험하지 마라", "네 주를 경배하고 하나님만을 섬겨라"라고 대답해 이를 물리쳤다. 만약 그때 돌을 빵으로 바꾸었다면 모든 사람들이 그의 발 앞에 엎드렸을 것이고, 그는 세계를 통일할 수도 있었을 것이다. 그러나 그리스도는 인간의 자유를 빼앗지 않기 위해 그것을 거부했다. 이에 대심문관은 "인간은 자유라는 무거운 짐을 견딜 수 있는 존재가 아니다. 그들은 끊임없이 자신의 자유와 빵을 맞바꾸어 주는 상대를 찾아다니고, 그 발 앞에 엎드리기를 바라고 있는 것이다"라며 그리스도를 탄핵한다.

그리고 대심문관은 "그래서 우리는 그들을 자유의 무거운 짐에서 해방시키고 빵을 주었다. 이제 사람들은 자신의 자유를 포기하는 것으로써 자유로워지고, 기적과 신비와 권위라는 세 가지 힘 위에 지상의 왕국을 건설한 것이다"라고 말한다.

이 대심문관의 규탄에 대해 그리스도는 한 마디 대꾸도 하지 않는다. 시종 침묵을 지키고 있다. 그리고 마지막에 말없이 대심문관에게 입을 맞춘다. 이것은 무엇을 뜻하는가? 대심문관이 민중을 대신해서 스스로 짊어진 무거운 짐에 대해 입을 맞춘 것인가? 아마도 그리스도는 자신을 규탄하는 대심문관이 마음 깊숙한 곳에서는 그리스도가 옳다는 것을 믿고 있으면서도 현세에서 물질적인 행복을 민중에게 빨리 보증하려면 어디까지나 자신의 지배 논리를 관철시킬 수밖에 없다는 점을 자각하고 있음을 간파했던 것이다.●

| 작품 속의 명문장 |

"사회주의는 단순히 노동 문제에 그치지 않는 것으로 주로 무신론의 문제이다. 곧, 무신론에 현대적인 살을 붙인 문제이다. 지상에서 천국으로 올라가는 것이 아니라 지상으로 천국을 끌어내리기 위해, 그야말로 신을 배제하고 세워지려 하는 바벨탑의 문제인 것이다."

조시마 장로의 말

"홀리는 것은 사랑하는 것이 아니다. 홀리는 것은 증오하면서도 할 수 있다."

드미트리의 말

"겸허한 사랑은 엄청난 힘이다." 조시마 장로의 말

"인간이란 언제나 남에게 속기보다는 자기가 자기에게 거짓말을 하고 싶어 하게 마련입니다. 그리고 당연히 남의 거짓말보다는 자기 거짓말을 더 잘 믿지요."

『악령』의 선동가 표트르의 말

NOTES

● 이 작품의 내면적인 줄거리는 조시마 장로에 의한 그리스도의 가르침과 이반이 가진 무신론의 대결인데, 도스토옙스키를 지원하고 있던 종무원장 포베도노스체프는 조시마 쪽의 열세를 걱정했다. 작가의 진심 때문인지는 모르겠지만, 사실 이반의 주장 쪽에 더 논리적인 힘이 있다.

● 민중에게 자유라는 무거운 짐을 지웠다고 그리스도를 규탄하는 대심문관은 톨스토이를 염두에 두고 쓰였다고 전한다. 그렇다면 이것은 인류에게 인도주의를 주장한 톨스토이에 대한 도스토옙스키의 야유였을까? 이는 어디까지나 일설이지만 상당히 흥미롭다.

레프 니콜라예비치 톨스토이(Lev Nikolaevich Tolstoi)

전쟁과 평화
(Voina i mir)

나폴레옹의 모스크바 침입이라는 역사적 사건을 배경으로, 부패해 가는 귀족 사회와 그에 저항하는 청년 귀족의 번민과 깨달음을 그리고 있다. 그 무렵의 러시아 사회, 전쟁과 삶에 대한 사상적 문제 등이 섬세하게 묘사되어 있다.

INTRO

제정 러시아의 소설가이자 사상가인 레프 니콜라예비치 톨스토이(Lev Nikolaevich Tolstoi, 1828~1910)는 1828년에 명문 백작가에서 태어났다. 어렸을 때 아버지와 어머니, 할머니를 모두 여의고 친척들의 손에서 내성적인 소년으로 자랐다. 16세에 카잔대학교에 입학했으나 '대학은 학문의 무덤이다'라고 생각해 2년도 되기 전에 중퇴했다. 그리고 모스크바에서 200킬로미터가량 떨어진 남쪽의 영지 야스나야폴랴나로 돌아가 농지 개혁을 시도했으나 무참하게 실패해 자포자기한 상태에서 방탕한 생활을 했다. 그러나 1852년에 형 니콜라이를 따라 카프카스로 가서 웅대한 자연 속에서 생활하며 다시 일어섰다.

그곳에서 포병대 장교로 근무하는 한편 문학 활동을 시작해 처녀작인 『유년 시절』(1852)을 잡지 『소브레멘니크』(러시아어로 '동시대'라는 뜻)에 발표하는 것으로 작가 생활을 시작했다. 크림전쟁에서는 세바스토폴의 격전에 참가했고, 한편으로는 『소년 시절』(1854) 등 기타 작품을 잇달아 발표해 1855년에 상트페테르부르크로 귀환했을 때는 이미 주목받는 신진 작가가 되어 있었다.

군대에서 제대한 이듬해인 1857년에 떠난 최초의 유럽 여행에서 그는 단두대를 이용한 사형 집행을 보고 서유럽 문명에 깊이 절망했다. 귀국한 뒤에는 교육 활동도 활발하게 시작했다.

1862년 궁정 의사 베르스의 딸로 18세였던 소피아와 결혼하고 새로운 경지로 접어들어 대작인 『전쟁과 평화』(1864~1869), 『안나 카레니나』(1873~1876)를 완성했으나, 이 무렵부터 인생의 의미와 신의 존재에 대해 심각한 사상적 동요를 경험하게 되었고, 결국 종교에서 구원을 찾았다. 그리고 『참회록』(1882), 『나의 신앙』(1884) 등의 글로 근대 문명과 국가를 부정하고 자연으로 돌아가라고 주장하는 독자적인 아나키즘을 확립했다.

말년에 『이반 일리치의 죽음』(1886), 『크로이체르 소나타』(1890), 『부활』(1899) 등의 작품을 썼으나, 구도자로서의 자기 모순과 부인 소피아와의 가정적 갈등 때문에 괴로워하다가 1910년

10월 새벽에 가출하면서 방랑의 여행에 나섰다. 그러나 여행지에서 병을 얻어 그 해 11월 7일 랴잔의 한 외딴 마을인 아스타포보의 간이역(지금의 톨스토이 역)의 역장 관사에서 82세의 생애를 마감했다.

전쟁 속의 다양한 인간 군상을 묘사

1805년 나폴레옹의 지휘 아래 유럽을 석권한 프랑스군과 러시아 사이에 전쟁이 일어났다. 청년 공작 안드레이 볼콘스키는 영지 '민둥산'에 은둔하고 있는 아버지와 여동생 마리야에게 임신한 아내를 맡기고 쿠투조프 장군의 부관으로 전쟁터를 향해 출발한다. 이 전쟁은 그에게 빛나는 미래와 영광을 가져다줄 것이었다.

안드레이의 친구로 유학에서 돌아온 지 얼마 안 된 피에르는 모스크바에서 손꼽히는 재산가 베주코바 백작의 사생아인데, 백작이 죽은 뒤 그의 유언으로 전 재산을 상속받고 단번에 사교계의 중심인물이 되었다. 거기에 눈독을 들인 후견인 쿠라긴 공작은 아름답기는 하지만 품행에 문제가 많은 자신의 딸 엘렌을 그에게 시집보내려 하고, 그 계획은 성공을 거둔다.

그해 11월 안드레이는 아우스터리츠 전투에서 패배한 러시아군에서 홀로 군기를 손에 들고 적진에 쳐들어가 중상을 입는데, 그때 문득 머리 위에 펼쳐진 깊고 푸른 하늘을 바라보며 그 장엄함에 감동한다. 그리고 지금까지 자기가 가졌던 야심과 명예욕, 위대한 인물이라고 숭배하고 있던 나폴레옹 등 모든 것이 참으로 보잘것없고 사소한 것이라는 생각을 한다.

한편, 피에르는 결혼한 지 얼마 되지 않아 친구 돌로호프와 아내 엘렌 사이에 이상한 소문이 나돌자, 명예를 지키기 위해 결투를 신청해 상대방을 쓰러뜨린 뒤 아내와 별거한다. 그 이후로 그는 선악과 생사에 관한 문제를 놓고 고민하다가 프리메이슨의 지도자를 알게 되어 이후 새로운 신앙 생활을 시작한다.

전사했다고 생각했던 안드레이가 느닷없이 민둥산으로 돌아온 그날 밤, 아내 리사는 아들을 낳고 그대로 숨을 거둔다. 안드레이는 이제 자기 인생은 끝났다고 생각하고 영지에서 평생을 보낼 결심을 한다.

1807년 6월 러시아와 프랑스는 강화를 맺고 평화로운 생활이 시작된다.

1809년 봄, 안드레이는 귀족회의 일로 로스토프 백작의 집을 찾아갔다가 생명력이 넘치는 젊은 아가씨 나타샤에게 강하게 끌린다. 그해 말, 두 사람은 무도회에서 다시 만나 얼마 뒤에 사랑하는 사이가 되어 약혼하지만, 민둥산의 늙은 공작이 심하게 반대해 1년 동안 유예 기간을 두기로 하고 안드레이는 외유한다. 그러나 젊은 나타샤는 외로움을 견디지 못해 엘렌의 오빠 아나톨리의 유혹에 넘어가 도망칠 약속까지 하는 바람에 약혼이 파기된다.

1812년 다시 프랑스와 러시아 사이에 전쟁이 시작되고, 안드레이는 보로디노 전투에서 중상을 입는다. 러시아군은 철수를 계속하다가 드디어 모스크바까지 내주게 된다. 로스토프가에서는 가재도구를 싣기 위해 조달한 마차로 부상병을 수송하기로 결정하는데, 그때 나타샤가 그 속에서 빈사 상태인 안드레이를 발견하고 자신의 죄를 사과하며 필사적으로 간호한다. 그러나 그런 보람도 없이 안드레이는 숨진다.

피에르는 모스크바에 머물며 평민의 모습으로 분장하고 나폴레옹을 암살할 기회를 노리다가 프랑스군의 포로가 된다. 그의 아내 엘렌은 전쟁 중에도 음란한 행위를 계속하다가 낙태약을 잘못 먹고 고통 속에서 죽는다.

전쟁은 러시아의 승리로 끝나고, 모스크바에서 나타샤를 만난 피에르는 그녀를 깊이 사랑하고 있음을 깨닫고 결혼한다. 안드레이의 여동생 마리야도 나타샤의 오빠 니콜라이와 결혼해 각자 행복한 가정을 이룬다.●

나타샤를 통한 생명 긍정 사상의 구현

『전쟁과 평화』는 다원적인 소설이기 때문에 주인공을 특별히 지정할 수는 없지만, 작품의 중심이 되는 사람은 로스토프가의 딸 나타샤이다. 나타샤는 톨스토이가 이 작품 속에서 표현한 생명 긍정 사상의 구현이라고 할 수 있다. 그녀는 천진난만하고 조금의 거짓도 없으며 항상 자연스럽게 행동한다. 백작가의 딸로 곱게 자랐으면서도 사냥을 한 뒤 가난한 지주인 백부의 집에서 민요에 맞추어 춤을 추기도 하는 활달한 여성이다. 모든 러시아인들의 마음속에 있는 것을 그녀는 천부적으로 가지고 있는 것이다.

은둔 생활을 보낸 뒤 그녀를 알게 된 안드레이 공작이 '내 인생은 아직 끝나지 않았다'고 느끼고 '그녀를 떠올리기만 해도 인생 전체가 새로운 빛에 둘러싸인 듯하다'고 느낄 정도로 강하게 삶의 의지를 표현한 것도 그녀가 가진 발랄한 영혼의 힘 덕분이다. 나타샤는 순수한 러시아 여성이자 러시아 문학에 나오는 여성 중에서도 가장 생기 발랄하고 매력적인 사람이라 할 수 있다.●

| 작품 속의 명문장 |

"어째서 지금까지 이렇듯 높은 하늘이 눈에 들어오지 않았을까? 하지만 이제

야 이것을 알게 되어 나는 정말 행복하다. 맞다! 이 끝없는 하늘 말고는 모든 것이 허무하고, 모든 것이 기만이다. 이 하늘 말고는 아무것도, 아무것도 존재하지 않는 것이다……."

* 아우스터리츠 전투에서 중상을 입고 쓰러졌던 안드레이 볼콘스키가 의식을 되찾은 뒤 머리 위에 펼쳐진 푸른 하늘을 바라보며 마음속으로 되뇐 말. 안드레이는 영원을 상징하고 있는 푸른 하늘에 비해 이 지상의 영광이나 욕망 같은 것은 참으로 사소하다고 느끼는 순간 자신의 인생관에 커다란 변화가 일어나고 있음을 자각한다.

"모든 전투는 이를 계획했던 사람의 예상대로 벌어지지 않는다. 왜냐하면 무수한 자유로운 힘이 싸움의 방향에 영향을 미치기 때문이다. 다시 말해 생사 문제가 달린 전투 기간만큼 인간이 자유로운 때는 없기 때문이다. 이 방향은 절대 미리 알 수 없으며 어떤 하나의 힘이 나아가는 방향과 일치하지 않는다. 다양한 방향으로 향하는 많은 힘들이 어떤 물체에 동시에 작용한다면 그 물체가 움직이는 방향은 이 많은 힘 가운데 어느 것과도 일치할 수 없기 때문이다."

NOTES

● 이 소설의 제목은 처음에 '전쟁과 평화'가 아니라 '전쟁과 세계'(또는 '전쟁과 민중')이었다는 설이 있다. 미르**mir**라는 러시아어에는 '평화'와 '세계'라는 의미가 담겨 있기 때문이다.

● 톨스토이의 『전쟁과 평화』에 등장하는 인물은 559명에 이르러 세계 문학 가운데 등장인물이 가장 많은 소설로 꼽히고 있다.

레프 니콜라예비치 톨스토이(Lev Nikolaevich Tolstoi)

안나 카레니나

(Anna Karenina)

관능적인 사랑과 그리스도교적인 사랑을 대비해 묘사하면서 1870년대 러시아 귀족 사회의 양상과 여성의 애정 심리를 밀도 있게 그린 일종의 가정소설이자 사회소설이다. 톨스토이의 소설 가운데 예술적 완성도가 가장 높은 소설로 평가받고 있다.

미모의 귀족 부인 안나의 부정한 사랑

나이가 훨씬 많은 고관 카레닌과 결혼해 평화롭게 생활해 온 아름다운 안나는 오빠인 오블론스키와 그의 아내 돌리의 가정 파탄을 막기 위해 상트페테르부르크에서 모스크바로 왔다가 청년 장교 브론스키를 알게 된다. 브론스키는 돌리의 여동생 키티의 결혼 상대라고 주위 사람들이 생각하고 있는 청년이다. 우연히 오블론스키의 친구 레빈도 키티에게 청혼하기 위해 시골에서 상경했지만, 브론스키에게 마음이 끌린 키티는 레빈의 청혼을 거절한다. 그러나 그 브론스키는 안나를 보자마자 사랑의 포로가 되어 그녀를 따라 상트페테르부르크까지 가는 바람에 키티의 마음에 깊은 상처를 준다.

처음에는 자신을 억제하고 있던 안나도 점차 브론스키에 대한 사랑이 깊어지는 것을 느낀다. 결국 두 사람은 서로 사랑하게 되고, 그러다가 안나가 그의 아이를 임신한다. 브론스키는 당장 남편과 헤어지라고 하지만 안나는 외아들 세료자에 대한 연민 때문에 결심을 하지 못한다. 남편 카레닌과 함께 브론스키가 출전하는 경마를 보러 간 안나는 그가 장애 경주에서 낙마했을 때 너무 당황해 자신을 잃는다. 그러는 바람에 남편이 사태를 눈치채게 되었고, 돌아가는 길에 안나는 모든 것을 남편에게 고백한다.

실연으로 인해 상심한 키티는 건강이 나빠져 독일의 온천에서 요양한 뒤 다시 건강을 되찾아 러시아로 돌아온다. 한편 키티로부터 청혼을 거절당하고 시골로 돌아간 레빈은 농촌 경영에 열중하지만, 마음속의 빈틈은 메워지지 않는다. 농촌 사정을 시찰하기 위해 유럽으로 건너갔다가 돌아오는 길에 모스크바에 들른 그는 오블론스키의 집에서 키티를 다시 만나 그녀에 대한 사랑이 조금도 사그라들지 않았음을 자각한다. 키티도 그의 성실한 인품을 존경하며 예전의 무례를 사과한다. 두 사람은 급속도로 가까워져서 이윽고 주위 사람들의 축복을 받으며 결혼한다.

한편, 안나가 모든 일을 고백했음에도 불구하고 카레닌은 세상에 대한 체면 때문에 이혼하려고 하지 않는다. 이윽고 그녀는 딸을 낳는데 산후 조리에 문제가 생겨 중태에 빠진다. 그녀는 남편과 브론스키에게 화해해 달라고 부탁하고, 감동한 남편은 모든 것을 용서하겠다고 약속한다. 절망한 브론스키는 권총으로 자살하려고 하다가 실패해 목숨을 건진다. 그는 회복한 뒤에 전임하게 되어 안나에게 이별을 고하러 가지만, 두 사람은 만나자마자 자신들의 정열을 억누를 수가 없어 모든 것을 버리고 유럽으로 도망친다.

긴 유럽 여행을 마치고 러시아로 돌아온 두 사람은 사교계에서 배척을 당하자 도망치듯 브론스키의 영지로 들어가 시골 생활을 시작한다. 그러나 원래 활동적인 사람이었던 브론스키에게 시골에 틀어박힌 생활은 견딜 수 없이 힘든 것이어서 그는 점차 귀족회 일 등으로 나가는 일이 많아진다. 가정과 자식, 사회적인 지위를 모두 버리고 이제 브론스키만이 삶의 보람으로 남은 안나는 자꾸만 육체적인 쾌락에 몰두하면서 그를 자기 곁에 붙잡아 두려 한다. 그럴수록 안나의 사랑은 이기적으로 변하면서 지나칠 정도로 심한 질투를 품게 된다. 예전처럼 변함없이 안나를 사랑하던 브론스키도 그의 자유를 지나치게 속박하려는 그녀가 때로는 짐처럼 느껴진다. 그러다가 브론스키의 어머니가 그에게 제대로 된 생활을 하라면서 혼담을 진행시키고 있음을 알게 된 안나는 더 이상 살아갈 희망이 없다고 느껴 철도에 투신해 자살한다.

그녀의 자살로부터 두 달 뒤, 브론스키는 세르비아 독립전쟁에 참가하기 위해 자비로 의용군을 편성해 전쟁터로 향한다.●

안나 카레니나 – '생명의 불꽃'을 머금은 아름다운 여인

안나 카레니나는 세련된 미모의 여성으로 생기 발랄한 매력이 넘치는 사람이다. 브론스키가 역 앞에서 처음으로 안나를 만났을 때, 그녀의 시선에서 그는 강한 생명력을 느낀다. 톨스토이는 이렇게 묘사하고 있다.

"이 짧은 시선 속에서 벌써 브론스키는 그녀의 얼굴에서 춤추고 있는 억제된 생기를 간파했다. 그것은 밝게 빛나는 눈과 붉은 입술에서 피어나는 엷은 미소 사이를 오가며 장난스럽게 헤엄치고 있었다. 마치 넘쳐나는 무엇인가가 온몸에 가득 차서 그녀의 의지와는 상관없이 눈빛이나 미소 속에 나타나고 있는 듯했다. 그녀는 의식적으로 눈빛을 지웠지만, 그녀의 의지에 반해 그 빛은 알아차릴 듯 말 듯 한 미소 속에서 빛나고 있었다……."

안나가 가진 최대의 매력은 그야말로 끊임없이 '생명의 불꽃'을 속에서 불태우고 있는 듯한 젊은 생기에 있었던 것이다.

안나는 또한 지성과 교양이 풍부한 여성이기도 하다. 밤 기차 속에서도 그녀는 영국 소설을 어느새 자기가 작품의 여주인공이 된 것같이 열심히 읽는다. 남편과 자식을 버리고 브론스키와 도망친 뒤에도 소설도 좋고, 딱딱한 책도 좋고, 화제가 되고 있는 것이라면 아무것이나 닥치는 대로 열심히 읽었으며, 외국 신문이나 잡지에서 칭찬하고 있는 책은 모조리 독파한다. 더구나 그녀의 지적인 관심은 단순히 문학에만 한정되어 있지 않다. 브론스키가 관심을 보이는 분야는 서적이나 전문 잡지를 통해 모두 섭렵해 나중에는 브론스키가 그녀에게 조언을 구할 정도가 된다.

그러나 이렇게 대단한 그녀도 브론스키와 격렬한 사랑의 폭풍에 휘말리게 되자 한낱 '여자'가 되어 버린다. 그녀는 브론스키와 시골 생활을 하면서부터는 그토록 사랑하던 외아들 세료자에 대한 생각조차 전혀 하지 않게 된다.

원래 안나는 가정과의 연계가 매우 희박한 여성이다. 브론스키와 함께한 생활에서도 일상생활의 갖가지 면이나 식탁에서 필요한 모든 면에 세세하게 신경을 쓰는 사람은 안나가 아니라 브론스키이다. 그리고 브론스키와 맺어진 것도 정신적이거나 지적인 면보다는 '넘쳐 나는 무엇인가가 온몸에 가득 차서 그녀의 의지와는 상관없이' 그녀를 브론스키의 품으로 달려가게 했다고 할 수 있다.

| 작품 속의 명문장 |

"행복한 가정은 모두 비슷하게 닮았지만, 불행한 가정은 불행한 모습이 제각기 다르게 마련이다."

* 『안나 카레니나』에 나오는 서두의 문구로 매우 유명한 말이다.

"명마名馬는 낙인을 보면 알 수 있고, 사랑하는 사람은 눈을 보면 알 수 있다."

* 키티에게 청혼하기 위해 상경한 레빈에게 오블론스키가 했던 말.

NOTES

● 1872년 1월 톨스토이의 집 근처에 살던 지주 피피코프의 내연의 처가 남편과 가정 교사 사이를 질투해 철도로 뛰어들어 자살한 것이 『안나 카레니나』를 집필하게 된 동기의 하나라고 한다. 한편, 러시아 혁명의 지도자 레닌은 『안나 카레니나』를 표지가 너덜너덜해질 때까지 몇 번이고 되풀이해서 읽었다고 한다.

레프 니콜라예비치 톨스토이(Lev Nikolaevich Tolstoi)

부활
(Voskresenie)

『전쟁과 평화』, 『안나 카레니나』와 함께 톨스토이의 3대 작품에 속하는 소설로, 사회 조직과 법률의 허점을 날카롭게 비판하고 있다. 책의 제목인 '부활'은 한 인간의 정신적 부활이자 새로운 러시아의 탄생을 의미하기도 한다.

귀족 청년과 매춘부가 인간의 영혼으로 부활하는 과정

네흘류도프 공작은 어느 날 지방 법원의 배심원으로 법정에 나갔다. 재판은 살인 강도 사건으로, 어느 매춘부가 손님에게 독을 먹여 죽이고 돈과 반지를 훔쳤다는 것이다.

네흘류도프는 피고의 얼굴을 보고 있다가 카튜샤 마슬로바라는 이름을 듣고는 깜짝 놀란다. 그가 청년 시절에 고모의 집으로 놀러 갔을 때 그곳에 있던 아름답고 청순한 하녀를 유혹해 임신시킨 뒤 나중에 돈 몇 푼을 쥐여주고 버렸던 적이 있는데, 지금 눈앞에 있는 피고가 바로 그 하녀인 카튜샤였던 것이다. 그녀는 그 뒤에 타락해서 결국 매춘부가 되었다. 그녀는 사실 무죄였는데 법정 수속이 잘못되는 바람에 징역 4년형이 확정되어 시베리아로 유형을 가게 된다.

네흘류도프는 자기 때문에 한 여자가 파멸했다는 사실에 깊은 죄의식을 느끼고 어떻게 해서든 그녀를 구하려고 결심한다. 그는 형무소에 있는 그녀를 찾아가 용서를 구하고, 변호사를 찾기도 하고, 유력자에게 도움을 부탁하기도 하지만, 형을 바꿀 수가 없어 카튜샤는 죄수들과 함께 시베리아로 향한다. 네흘류도프도 귀족의 사치스러운 생활을 버리고 그녀를 따라간다.

카튜샤의 사건이 시베리아에서 판결 취소 명령을 받게 되자, 네흘류도프는 그 소식을 가지고 카튜샤를 찾아간다. 그는 이제 자유의 몸이 될 그녀와 정식으로 결혼할 생각이었다.

그러나 카튜샤는 정치범인 시몬손이라는 혁명가와 결혼하기로 결정한 뒤였고, 네흘류도프에게 허락을 구한다. 그녀도 마음속으로는 네흘류도프를 여전히 사랑하고 있고 그에게 감사하고 있지만, 그의 장래를 생각해 일부러 새로운 길을 선택한 것이다.

네흘류도프는 복잡한 마음으로 그녀를 축복한다. 그 뒤 그는 성경을 읽는다. 그리고 성경 속에 나타나 있는 무한한 사랑으로 진실을 찾아가면서 살아가야겠다고 결심한다.●

카튜샤, 순수한 영혼으로 다른 영혼을 구원하다

카튜샤 마슬로바는 떠돌이 집시와 여자 농노 사이에서 태어난 사생아이다. 3세 때 어머니가 죽자, 여자 지주의 집으로 가서 귀여움을 받으며 자랐다. 그녀는 저택에서 반은 하녀, 반은 양녀와 같은 존재였기 때문에 호칭도 여종들처럼 카티카라는 비칭卑稱이나 카튜니카라는 애칭이 아니라 그 중간인 카튜샤였던 것이다.

16세에 네흘류도프를 처음 만났을 때 카튜샤는 눈이 검고 생기 발랄한 순진한 소녀였다. 아니, 그로부터 3년 뒤에 그를 다시 만났을 때도 카튜샤는 전과 변함없이 귀여웠고, 약간 사팔뜨기 같은 눈으로 위를 올려다보는 모습도 똑같았다. 청순한 그녀는 순수한 마음으로 네흘류도프를 좋아하고 있었다. 그런 그녀의 사랑을 이용해 네흘류도프는 그녀의 정조를 빼앗고, 하룻밤 쾌락의 대상으로 삼은 다음 헌신짝처럼 버렸던 것이다.

그러나 매춘부로 타락한 뒤에도 카튜샤는 영혼의 밑바닥에 있는 가장 아름다운 것을 잃지 않았다. 그래서 그녀는 죄를 뉘우친 네흘류도프의 진실한 말에 마지막에는 성실하게 답하며 재기할 수 있었던 것이다. 그녀의 갱생으로 네흘류도프도 인간으로 다시 부활한다.

| 작품 속의 명문장 |

"인간이란 강과 같은 것이다. 어떠한 강이라도 물 그 자체는 마찬가지이고, 어디까지 가도 물이라는 점에는 변함이 없다. 그러나 각각의 강이 어떤 때는 좁게, 어떤 때는 빠르게, 어떤 때는 넓게 흐르는 경우도 있으며, 고요한 때도 있고, 때로는 깨끗하고, 때로는 차갑고, 어느 때는 탁해지고, 어느 때는 따뜻해지기도 한다. 인간도 이와 마찬가지이다."

NOTES

● 『부활』은 병역을 거부했다는 것 때문에 탄압을 받아 미국으로 이주하게 된 두호보르(Dukhobor ; 러시아정교회의 한 분파) 교도를 돕는 재원으로 쓰기 위해 톨스토이가 저작물에 대해 돈을 받지 않겠다는 맹세를 깨고 출판사에 판 소설이었다. 톨스토이는 작품 속에서 그리스정교를 비판한 것으로 1901년 종무부宗務部로부터 파문을 당했다.

안톤 체호프(Anton Pavlovich Chekhov)

벚꽃 동산

(Vishnyovyi sad)

농노 해방으로 인한 지주 계급의 몰락과 시민 부르주아 계급의 출현을 테마로 한 4막 희곡으로, '벚꽃 동산'을 둘러싼 여러 인물들을 통해 한 시대의 종언을 그려 내고 있다. 러시아의 근대 리얼리즘을 완성한 작품으로 평가받고 있다.

INTRO

제정 러시아의 소설가 안톤 파블로비치 체호프(Anton Pavlovich Chekhov, 1860~1904)는 1860년 남부 러시아의 항구 도시인 타간로크에서 잡화상의 셋째 아들로 태어났다. 16세 때 집이 파산해서 모스크바대학교 의학부에 입학하자마자 일가를 먹여 살리기 위해 유머 잡지에 콩트와 단편을 닥치는 대로 써서 실었다. 안토샤 체혼테 등의 이름으로 7년 동안 쓴 작품은 400편 이상이었고, 그의 이름도 차츰 알려졌다. 그러나 대중적인 명성에 만족하지 못한 데다 유명한 작가인 그리고로비치●에게 재능을 낭비하지 말라는 충고를 받은 일도 있어 본격적인 문학을 지향하게 되었다. 그 뒤로 『대초원』(1888), 『등불』(1888), 『지루한 이야기』(1889) 등으로 작가로서 확고한 위치를 확보했다.

또한 그는 문학의 새로운 영역에 도전하기 위해 대학을 졸업할 때부터 가지고 있던 지병인 결핵도 아랑곳하지 않고 1890년에 홀로 시베리아를 횡단해 사할린 섬으로 건너가 유배지에 있는 죄수들의 실정을 면밀히 조사했다. 이 여행은 방대한 르포인 『사할린 섬』(1895)으로 결실을 맺었고, 그 이후 그가 집필한 작품들에 사회적인 깊이와 폭을 더해 주는 경험이 되었다. 무리한 활동으로 인해 병이 악화되어 1898년에 얄타로 요양을 갔다. 그곳에서 『결투』(1892), 『흑의의 수도사』(1894), 『귀여운 여인』(1899), 『개를 데리고 있는 부인』(1899), 『골짜기에서』(1899) 등 주옥 같은 작품들을 집필해 단편소설의 일인자로서 세계적인 대작가의 지위를 구축했다.

그는 젊은 시절부터 단막극을 쓰곤 했는데, 말년에는 희곡에 힘을 쏟았다. 특히 『갈매기』(1896), 『바냐 아저씨』(1897), 『세 자매』(1901)와 『벚꽃 동산』(1903)은 체호프의 4대 희곡이라고 불리며 스타니슬라프스키가 이끄는 모스크바 예술극장의 주요한 상연물로서 연극사의 새로운 시대를 연 작품들이다.

다른 작가들과 달리 체호프에게는 화려한 연애 이야기가 거의 없는데, 1902년에 모스크바 예술극단의 주연 여배우였던 올가 크니퍼와 결혼했다. 그러나 지병인 결핵이 계속 악화되는 바람에 결혼한 지 2년 뒤인 1904년에 요양지였던 남부 독일의 온천지 바덴바덴에서 44세의 나이로 사망했다.●

빚더미에 앉은 귀족의 파산과 몰락

라네프스카야 부인은 남편과 사별하고 어린 아들까지 강물에 빠져 죽은 이후 모든 것을 내팽개치고 외국으로 도망쳐 기둥서방 같은 남자와 함께 파리 등지에서 타락한 생활을 해왔다. 그러나 있는 돈을 다 탕진하고 나자 그런 생활에도 지쳐서 자신을 찾아온 딸 아냐와 함께 그녀의 무능한 오빠 가예프가 사는 영토 '벚꽃 동산'으로 돌아온다. 하지만 조상 대대로 물려받아 백과사전에 실려 있을 정도로 유명한 이 땅도 빚 담보로 잡혀 있어 여름에는 경매로 팔릴 지경에 처해 있다.

부인을 경애하는 상인 로파힌은 옛날에 이 저택에서 일하던 농노의 자식이었는데 이제는 신흥 자산가로 변모했다. 그는 옛 주인 일가의 딱한 처지를 진심으로 걱정하며 이 벚꽃 동산을 없애고 별장지로 조성하라고 현실적인 제안을 한다. 별장지로 만들어 빌려 주면 아무리 적게 잡아도 연 2만 5,000루블의 수입이 들어오게 되므로 빚을 빨리 갚을 수 있다면서 그는 이 계획을 열심히 권한다. 그러나 라네프스카야도, 가예프도 그런 계획은 거들떠보려고도 하지 않은 채 예전 습관 그대로 시내에 있는 레스토랑에서 비싼 외식을 하기도 하고, 돈도 없는데 지나가는 사람에게 금화를 동냥해 주는 식의 낭비를 하며 그저 세월만 보내고 있다.

죽은 아들의 가정 교사였던 만년 대학생 트로피모프는 낡은 생활과 단숨에 결별하고 새로운 생활을 시작해야 한다고 역설한다. 젊은 아냐는 그런 그의 말에 진심으로 공감한다.

그러다가 8월이 되어 경매일이 되었다. 라네프스카야는 그런 날에도 유대인 악단을 불러 무도회를 연다. 가예프는 야로슬라브에 있는 할머니가 아냐에게 보내온 1만 5,000루불을 가지고 경매를 하러 간다. 가예프는 로파힌과 함께 집으로 돌아왔는데, 말을 꺼낼 힘도 없어 보인다. 경매 결과를 묻는 라네프스카야에게 로파힌이 취한 듯한 음성으로 대답한다.
"벚꽃 동산은 제가 샀습니다. 이제 벚꽃 동산은 제 것이 되었어요!"

예전에 농노의 아들이었던 사람이 이제는 이 광대한 땅을 자신의 소유로 만들었던 것이다. 라네프스카야는 비통한 울음을 터뜨린다.

일가가 제각기 떠날 날이 되었다. 라네프스카야는 다시 파리에서 기다리고 있는 남자에게 가고, 가예프는 은행에 취직했다. 양녀인 바랴는 다른 지주의 집에 가정부로 들어가게 되었다. 그러나 젊은 아냐는 아무런 미련 없이 낡은 집, 낡은 생활에 이별을 고하고 앞으로 공부해 여학교에 들어가겠다는 희망을 불태우고 있다. 새로운 생활 속으로 뛰어드는 것이다.

모든 사람들이 떠난 뒤 텅 빈 방에 남겨진 병든 하인 피에르는 벚나무를 찍어 넘어뜨리는 도끼 소리를 들으면서 힘없이 소파에 몸을 눕힌다.

과거에만 사로잡혀 있는 귀족

라네프스카야 부인은 매력적인 외모를 가지고 있으며 성격도 좋아 모든 사람들에게 호감을 주는 여인이다. 예전에 농노의 아들이었던 로파힌이 경매에 붙여진 벚꽃 동산을 진심으로 걱정하는 이유도 라네프스카야를 마음속으로 경애하고 있기 때문이다.

그녀는 감정의 기복이 매우 심해 웃음에서 눈물로, 심각한 표정에서 웃고 떠드는 모습으로 순식간에 바뀐다. 그녀의 오빠인 가예프의 말에 따르면, 라네프스카야에게는 "퇴폐적인 부분이 있는데, 그것이 사소한 몸짓 하나하나에서 느껴진다"고 한다. 그의 말처럼 라네프스카야는 귀족도 아닌 변호사와 결혼했다가 남편이 과음으로 죽자 금세 다른 남자와 친해져 벚꽃 동산을 버리고 외국으로 도망쳤다. 그 뒤로도 자기 뒤를 따라온 남자와 다시 사이가 좋아져서 마지막에는 파리의 싸구려 아파트 5층에서 타락한 생활을 하며 지냈다.

그녀는 과거 세계에 사는 여자여서 주위의 현실을 직시할 수가 없다. 그래서 1,000헥타르(약 300만 평)에 이르는 영토를 가졌으면서도 로파힌의 구체적이고 현실적인 계획에 귀기울일 생각조차 하지 않고 모든 것을 잃은 다음에야 다시 파리로 도망치듯 떠날 수밖에 없게 된다.

| 작품 속의 명문장 |

"인류는 자신의 힘을 더욱 완전한 것으로 만들면서 전진하고 있습니다. 지금 인류의 힘이 미치지 못하는 일도 언젠가는 이해할 수 있고 친숙한 일이 될 것입니다. 다만, 그렇게 되려면 일을 해야 합니다. 진실을 탐구하고 있는 인간을 전력을 다해 도와주어야 하는 것입니다."

『벚꽃 동산』 제2막에 나오는 트로피모프의 말

* 체호프가 인류의 밝은 미래를 믿고 있었던 것은 분명하다. 하지만 그는 입으로만 이상에 대해서 떠들어 대고 현실적으로는 손가락 하나 까닥하지 않는 인텔리들을 혐오했다. 그래서 그는 자기 눈으로 현실을 직시하고 자기 발로 걸어서, '빌려 온 것'이나 '남의 흉내'가 아닌 자기 인생을 걸어가라고 사람들에게 역설했던 것이다.

NOTES

● 러시아 최초의 농민소설을 쓴 그리고로비치(Dmitrii Vasil'evich Grigorovich, 1822~1899)는 투르게네프, 고골 등에게 큰 영향을 미쳤다. 그뿐 아니라 학교 후배인 도스토옙스키를 문단에 데뷔시키고 체호프를 발견함으로써 러시아 문학사에 지대한 공헌을 했다.

● 애처가였던 체호프는 여행지에서 아내 올가에게 보낸 편지가 도합 434통이나 되는데, 그는 그 속에서 아내를 '나의 뚱땡이', '나의 무좀', '나의 귀여운 코끝' 등 다양한 애칭으로 불렀다.

막심 고리키(Maksim Gor'kii)

밑바닥에서

(Na dne)

밑바닥 인생을 사는 사람들이 모여 생활하는 어둡고 캄캄한 지하실을 배경으로, 제정 말기의 러시아 사회를 헤쳐 가는 빈민들의 암울한 삶을 보여 주고 있다. 사회의 부정과 구조적 모순으로 생겨나는 희생자들을 옹호하고 인간과 인생의 의미를 일깨워 주는 수작이다.

INTRO

막심 고리키(Maksim Gor'kii, 1868~1936)는 제정 러시아의 소설가이자 극작가로서, 본명은 알렉세이 막시모비치 페슈코프Aleksei Maksimovich Peshkov이다.● 1868년 볼가 강 근처의 낡은 항구 마을 니주니노브고로트의 가구 직공 집안에서 태어났다. 4세 때 아버지를 여의고 어머니가 가출하는 바람에 외가에서 자랐다. 외할아버지가 파산하고 어머니가 사망하자 10세 때 학교를 중퇴하고 다양한 직업을 전전하면서 사회 밑바닥에서 사는 인간들의 삶을 면밀히 관찰하는 한편, 독서에 매진했다.

1884년 16세 때 대학 입학을 꿈꾸며 카잔으로 갔으나 꿈을 이루지 못하고 하역 인부 등의 막노동을 하면서 혁명적인 청년들의 학습 서클에 참가했다. 19세 때 권총 자살을 기도했다가 구사일생으로 살아났다. 그의 출생에서 이 시절까지의 생활은 나중에 자전 3부작인 『유년시대』, 『세상 속으로』, 『나의 대학들』에 나타나 있다.

1891년 방랑 여행을 떠나 카프카스의 티플리스(지금의 트빌리시)에서 '인민의 의지'파 혁명가인 코롤렌코●를 알게 되었고, 그의 권유로 처녀작인 단편 『마카르 추드라』(1892)를 썼다. 이때부터 창작 활동을 시작해 단편 『첼카슈』(1895)로 작가로서 자리매김했다. 1902년 러시아과학아카데미 명예회원으로 선발되었으나, 니콜라이 2세의 방해로 취소되었다. 여기에 항의해 작가인 체호프와 코롤렌코가 러시아과학아카데미 명예회원을 사임했다. 장편 『포마 고르데예프』(1899), 희곡 『밑바닥에서』(1902), 그리고 사회주의 리얼리즘의 선구적 작품으로 레닌의 절찬을 받은 장편 『어머니』(1906~1907) 등 많은 작품을 남겼다. 청년 시절부터 레닌과 친하게 지냈고 혁명 운동에 관여하기도 했으나, 볼셰비키당의 방식에 대해서는 복잡한 태도를 가지고 있었다. 그러나 1928년 망명에서 돌아온 이후로 1936년에 68세의 나이로 죽을 때까지 소비에트 문단의 거장으로 활약했다.

사회의 밑바닥에서 허덕이는 사람들의 생활상

이른 봄의 아침 햇살이 미치지 않는, 밑바닥 인생들이 모여 사는 동굴과도 같은 지하실. 왕년에 귀족이었던 까닭에 남작이라고 불리는 사내와 고기 만두를 파는 크바슈냐, 혼자 이곳에서 빠져나가려고 발버둥 치는 자물쇠 장수 클레슈치, 그의 아내로 폐병에 걸려 죽을 지경이 된 안나, 예전에는 전신 기사였지만 지금은 엉터리 도박사에다 전과자인 사틴, 모자 장수 부브노프, 알코올 중독에 걸린 배우, 도둑 페펠, 웃음을 팔며 사는 여자 나스탸, 구두 장수 알료샤, 짐꾼 조프 등이 서로 으르렁거리고 우글거리면서 살고 있다.

페펠이 훔쳐 온 물건을 파는 일까지 도와주는 욕심 많은 여인숙 주인 코스틸료프는 아름답고 젊은 아내를 찾으러 왔다가 페펠에게 내쫓긴다. 자기 애인인 페펠이 동생 나타샤에게 딴마음을 품고 있음을 안 바실리사는 숙부인 경찰 메드베데프에게 페펠을 감시하게 하는 한편, 여동생을 못 살게 군다. 그때 나타샤의 안내를 받고 순례자 루카가 등장한다(제1막).

그날 밤에 남작과 사틴이 타타르인 조프를 끌어들여 속임수 카드를 하고 있는 한편에서 루카는 안나에게 사후의 평안함에 대해 이야기해 주고, 시 구절이 생각나지 않는다고 애통해하는 배우에게는 무료로 알코올 중독을 고쳐 주는 병원이 있다고 말한다.

바실리사의 부추김 때문에 코스틸료프를 죽일 뻔한 페펠은 루카의 도움을 받고, 나타샤와 함께 '황금의 나라'인 시베리아로 가라는 권유를 받는다. 안나는 결국 숨을 거둔다. 그러나 아내의 죽음을 계기로 이 밑바닥 인생에서 탈출하려고 했던 클레슈치는 망연자실해서 멍하니 서 있을 뿐이다(제2막).

며칠 뒤 지하실 앞의 공터에서 사랑 이야기를 떠드는 나스탸에게 남작과 부브노프가 야유를 보낸다. “진실은 인간의 병 앞에서는 무력하다”며 루카 혼자서만 그녀에게 맞장구를 친다. “자기가 스스로를 존경할 수 있는 생활”을 해야겠다고 결심한 페펠이 나타샤에게 사랑을 고백한다.

옆에서 거들어 주는 루카의 말을 듣고 나타샤도 그 사랑을 받아들일 생각을 하는데, 그 대화를 엿듣고 있던 바실리사가 나타샤를 심하게 매질한다. 화가 난 페펠은 자기도 모르게 코스틸료프를 때려 죽인다(제3막).

눈이 내리는 날 밤의 지하실. 어느새 자취를 감춘 루카의 언동이 그곳 사람들의 마음에 미묘하게 작용하고 있다. 사틴이 인간을 찬미한다. 경찰에서 쫓겨난 메드베데프는 크바슈냐의 남편이 되었다. 부브노프가 가지고 온 술로 한창 잔치가 벌어지고 있을 때 남작이 뛰어 들어와 “배우가 목을 맸다!”고 알리자 모두들 한순간 조용해진다. 사틴이 “노래를 망쳤잖아” 하고 중얼거린다(제4막).

사회에서 소외된 인간 군상을 표현

『밑바닥에서』에는 특정한 주인공이 없다. 등장인물 모두가 주인공이다. 고리키가 처음 이 작품에 ‘태양 없이’라는 제목을 달고 모스크바 예술극장의 배우이자 연출가인 스타니슬라프스키에게 “주인공은 태양입니다”라고 했던 말도 주목된다.

고리키는 1932년에 “『밑바닥에서』는 『그들도 한때는 인간이었다』의 세계에 대한 거의 20년간에 걸친 나의 관찰을 총괄한 것이다”(논문 『희곡에 대하여』에서)라고 말한 바 있다. 순례자와 부랑자, 여인숙에 사는 사람들, 곧 룸펜프롤레타리아트(Lumpenproletariat;자본주의 사회의 최하층인 빈민층), 아웃 로(Out Law;무법자)들이 이 연극의 주요 등장인물들이지만, 고리키의 말을 빌리면 "갖가지 실패로 인해 절망하고, 모욕당하고, 멸시당한" 일부 인텔리겐치아(Intelligentsia ; 지적 노동에 종사하는 계층)도 등장한다. 그리고 거의 대부분의 등장인물에는 모델이 있다.

이 연극은 제정 말기 러시아 사회의 밑바닥을 있는 그대로 묘사하고 있지만, 단순한 풍속극이나 사실극이 아니다. 자유롭게 생각하고 속내를 토해 내는 사람들과 빠듯한 상황에 쫓기기 때문에 오히려 인간 존재의 '실존'이나 인간의 자유를 근원적으로 추구하는 사람들에 의해 전개되는 철학적인 대화 드라마라는 성격도 가진다. 루카가 떠드는 위안과 거짓의 철학은 상당한 설득력을 가지고 있는데, 이에 대립하는 것이 "거짓말은 노예와 주인의 종교이다"라고 하는 사틴의 입장이다. 작가인 고리키도 말년에 '직업적 위안자'인 루카를 부정했다.

| 작품 속의 명문장 |

"폭풍이다! 폭풍이 곧 다가온다!" / "폭풍이여! 더 세차게 몰아쳐라!"

『갈매기의 노래』(1901)

* '갈매기'는 러시아어로 '폭풍을 알리는 자'를 뜻한다. '폭풍'의 뜻을 알고 있던 차르 정부의 검열 당국은 이 작품을 실은 잡지사를 폐쇄했다. 그리고 4년 뒤인 1905년에 제1차 러시아혁명이 일어났다. '갈매기'는 '다가오는 혁명을 상징하는 폭풍'으로 쓰였고, 고리키는 '프롤레타리아의 열렬한 갈매기'라고 불리게 되었다.

"인간! 이건 정말 멋진 것이다! 이건 자랑스럽게 울린다! 인간! 그래서 인간을 존경해야 하는 것이다!"

『밑바닥에서』 제4막에 나오는 사틴의 대사

NOTES

● 막심 고리키라는 이름은 『마카르 추드라』를 발표했을 때 아버지의 이름인 막심(최대라는 뜻)에 고리키(힘들다, 쓰다라는 뜻의 형용사)를 붙여서 만든 필명으로 '최고의 고통'이라는 뜻을 가진 말이다.

● 제정 러시아의 소설가 코롤렌코(Vladimir Galaktionovich Korolenko, 1853~1921)는 사상적으로 후기의 나로드니키에 속하는 작가로, 역경을 딛고 미래를 개척해 가는 하층 계급의 삶을 그린 『마카르의 꿈』(1885), 『맹인 악사』(1886), 『숲이 술렁이다』(1868) 등의 작품을 남겼다. 문학사적으로는 러시아의 리얼리즘 문학의 전통을 체호프에서 고리키로 계승하는 중간자적 위치에 있다고 할 수 있다.

미하일 숄로호프(Mikhail Aleksandrovich Sholokhov)

고요한 돈 강
(Tikhii Don)

제1차 세계대전과 러시아혁명을 거치면서 러시아인의 일부를 구성하고 있던 코사크족들이 겪었던 삶을 그리고 있다. 그리고리 멜레호프라는 인물을 통해 그들의 생활과 계급 투쟁, 멸망 등 일련의 사건을 편견 없이 묘사하고 있다.

INTRO

소련의 소설가 미하일 알렉산드로비치 숄로호프(Mikhail Aleksandrovich Sholokhov, 1905~1984)는 돈 강 강변의 카자크 마을인 뵤셴스카야에서 1905년에 태어났다. 혁명과 내전 때문에 중학교 4학년까지밖에 다니지 못했지만, 1920년에 돈 지방에 소비에트 정권이 들어서자 식량조달위원회의 일원으로 책무가 무거운 일을 하게 되었다. 그 무렵 아직 내전의 여파가 돈 지방을 뒤흔들고 있었기 때문에 그도 몇 번 토벌대에 가담하는 한편, 문화 활동에 참가하면서 직접 단편을 쓰기 시작해 『검은 사마귀점』(1924)으로 문단에 데뷔했다.
그로부터 2년 동안 그는 『목동』, 『망아지』, 『남보랏빛 광야』 등 24편의 단편과 중편 『길』을 썼고, 이 작품들은 『돈 지방 이야기』(1925), 『남보랏빛 광야』(1926)에 수록되었다. 이 단편들은 모두 골육 상쟁의 혁명과 내전 무렵의 비극을 주제로 한 이야기들인데, 여기서 다루었던 작품 세계를 확대해 역사적인 긴 전망과 함께 돈 카자크●라는 특수한 계층의 운명에 의미를 두고 그 성격을 밝히려고 한 대하소설이 『고요한 돈 강』이다. 1928년에 제1부가 발표되고 1940년에 제4부가 완결된 이 작품은 소비에트 문학의 최고 걸작 가운데 하나로 평가되고 있다.
그는 다시 두 번째 장편인 『개척되는 처녀지』 제1부를 1932년에 발표했다. 1932년 이후로 줄곧 공산당원이었던 그는 종종 체제의 대변인과 같은 발언을 하여 자유파 문학자들로부터 비판을 받기도 했다. 1965년에 노벨문학상을 수상했다.

혁명으로 인한 코사크 청년의 방황과 비극적 사랑

돈 강 강변의 타타르인 부락에 사는 코사크 청년 그리고리 멜레호프는 옆집에 사는 아스타호프 집안의 유부녀 악시냐와 사랑에 빠졌다. 미친 듯한 두 사람의 사랑이 온 부락에 알려지자 그리고리의 아버지는 걱정이 되어 부유한 농부의 딸인 나탈랴를 며느리로 맞아들인다. 가족들은 소박한 나탈랴를 마음에 들어 하지만, 악시냐와의 격렬한 사랑을 잊지 못하는 그리고리는 다시 그녀를 만나기 시작한다. 화가 난 아버지와 충돌한 그리고리는 악시냐와 도망을 쳐서 리스트니츠키 장군의 집에서 일하게 된다. 나탈랴는 절망한 나머지 자살을 기도했다가 미수에 그치고, 그리고리는 징병되어 군대에 들어간다.

제1차 세계대전이 발발하고 그는 전선에서 용감하게 싸운다. 그가 없는 사이에 악시냐는 젊은 남자의 유혹에 넘어가 깊은 사이가 되고 만다. 부상을 당해 고향으로 돌아온 그리고리는 그 사실을 알고 불같이 화를 내며 나탈랴가 기다리는 아버지의 집으로 돌아간다. 그가 십자훈장을 받은 병사로서 싸움터로 다시 돌아간 뒤 아내는 쌍둥이를 낳는다. 혁명이 일어나 코사크들은 군대를 빠져나와 부락으로 돌아오지만, 그리고리는 적군赤軍에 참가해 장교가 되어 백군白軍과 싸운다. 그러나 다시 부상당해 고향으로 돌아온다.

내전의 폭풍은 차츰 돈 지방에까지 미치고, 코사크들은 적군으로부터 마을을 지키기 위해 일어난다. 자기 집에 있던 그리고리도 하는 수 없이 이에 참가한다. 이때부터 돈 지방에서는 피로 얼룩진 적군과 백군의 전투가 끈질기게 벌어지고, 그리고리의 운명은 그 틈새에서 광야의 바람처럼 이리저리 흔들린다.

동란의 마을에서 그는 악시냐를 만나 다시금 굳게 맺어진다. 이윽고 그는 반란군 사단장이 되어 적군과 싸우러 나서는데, 그의 아이를 임신한 아내 나탈랴가 남편이 악시냐에게 마음을 주었다는 사실을 알고 낙태를 하려다가 실패해 죽는다. 적군은 점차 돈 지방을 제압해 가고, 반란군에 가담하고 있던 그리고리는 악시냐를 데리고 피난민 무리에 섞여서 도망치다가 노보로시스크에서 궁지에 몰리자 항복하고 적군에서 일하게 된다.

피난하는 도중에 장티푸스에 걸려 타타르인의 부락으로 돌아가 있던 악시냐 곁으로 적군에서 제대한 그리고리가 돌아온다. 그러나 예전에 했던 반혁명 행위 때문에 체포될 위기에 처하자 하는 수 없이 도망쳐 비적단에 가담해 다시금 적군과 싸우게 된다.

하지만 비적단은 도의적으로도 피폐해진 상태였기 때문에 이를 견디지 못한 그리고리는 탈주해서 악시냐와 둘이서 새로운 땅을 찾아 도망치기로 한다. 두 사람은 밤의 어둠 속으로 말을 달려 도망치다가 적군에게 발각되어 일제 사격을 당하게 되고, 그때 악시냐가 목숨을 잃는다. 살아갈 희망을 잃은 그리고리는 각지를 방랑한 끝에 심신이 지칠 대로 지쳐 버린 상태가 되어 돈 지방으로 돌아간다. 동란 속에서 아버지와 어머니, 형과 형수, 아내, 딸까지 모두 죽고 그에게 남겨진 것은 이제 어린 아들뿐이었다.●

역사의 폭풍 속에 말려든 비극적 인간

그리고리 멜레호프는 혁명과 내전의 폭풍에 휘말려 끝내는 파멸에 이를 수밖에 없었던 비극적인 인물이다. 씩씩한 생명력과 강한 정의감을 가진 그는 마음먹은 일이 있으면 그것만을 향해 매진하는 인간이다. 옆집에 사는 유부녀 악시냐와의 사랑에서도 그는 자신의 감정을 제어하지 못하고 끝없이 빠져든다. 바람을 피우는 것에 대해서는 관대해도 가정을 버리는 일은 용납하지 않는 코사크 사회의 규칙을 거스르고 있다는 사실을 알고 있으면서도 그는 자기 감정에 충실하게 살려고 한다. 이런 성격이 혁명 속에서 점차 그를 비극으로 몰고 갔던 것이다.

봉건적인 코사크 사회의 인간이면서도 혁명과 함께 그가 적군에 가담한 것은 전쟁에 대한 소박한 부정과 정부에 대한 증오 때문이다. 그런 그가 적군의 전열에서 이탈한 가장 큰 이유는 적군 대장의 오만함에 대한 인간적인 반감과 포로인 백군 장교를 재판도 없이 학살한 것에 대한 분노, 그리고 인민의 편에 서야 할 적군 안에 있는 불량 분자들의 폭행과 약탈 행위를 목격한 뒤에 생긴 불신감이었다. 마찬가지 이유로 그리고리는 백군도 옳다고 인정할 수가 없었다. 적대하는 두 진영 사이에 서서 그 어느 쪽도 정의가 될 수 없다고 판단한 그는 어느새 운명이 희롱하는 대로 양쪽 진영 사이를 왔다 갔다 하게 된 것이다.

아내인 나탈랴와 두 자식을 나름대로 사랑하고 있었지만, 자신의 모든 것을 가족에게 걸 수가 없었다. 마지막까지 그가 자신의 모든 것을 걸었던 대상은 바로 악시냐였던 것이다.

| 작품 속의 명문장 |

"가축에게 짓밟힌 보리도 얼마 있으면 다시 일어선다. 이슬을 맞고 햇빛을 쬐면서 대지에 밟혔던 줄기가 일어난다. 처음에는 너무 무거운 짐을 진 사람처럼 축 처져 있지만 이윽고 똑바로 서서 고개를 든다. 태양은 다시 전과 같이 빛의 비를 뿌리고, 바람도 전처럼 살랑살랑 불어온다……."

『고요한 돈 강』

NOTES

● 카자크(Kazak ; 영어명 코사크)는 15세기 후반에서 16세기 전반에 러시아 중앙부에서 남방의 변경 지대로 이주해 자치적인 군사 공동체를 형성한 농민 집단을 일컫는다. 이 명칭은 '모험 또는 자유인'을 뜻하는 터키어에서 유래되었다.

● 솔제니친은 소련에서 추방된 뒤 『고요한 돈 강』은 내전에서 죽은 코사크 작가 크류코프의 작품이고 숄로호프는 그것을 훔친 것이라고 자료를 첨부해 발표함으로써 큰 반향을 불러일으켰다. 또한 『고요한 돈 강』을 발표했을 무렵에 25세가 되지 않았던 숄로호프는 세상에 이름이 별로 알려지지 않았기 때문에 세상 사람들은 "이것은 유명한 작가가 숄로호프라는 필명으로 쓴 작품이다"라고 믿고 있었다고 한다.

보리스 파스테르나크(Boris Leonidovich Pasternak)

닥터 지바고

(Doktor Zhivago)

러시아 혁명기를 헤쳐 나가는 지성인의 비극을 그리고 있는 파스테르나크의 유일한 장편이다. 혁명에 대한 냉소적이고도 비판적인 묘사와 사랑에 대한 서정적 접근을 통해 인간의 자유와 진정한 삶을 일깨워 준다.

INTRO

소련의 시인이자 소설가인 보리스 레오니도비치 파스테르나크(Boris Leonidovich Pasternak, 1890~1960)는 1890년에 고명한 화가인 아버지와 피아니스트인 어머니 사이에서 태어났다. 예술적 환경이 좋아 어릴 때부터 그림과 음악에 소질을 보였고, 소년 시절에는 스크랴빈을 사사해 음악을 공부했으나, 1909년에 음악가의 길을 단념하고 모스크바대학교에 입학해 철학을 공부했으며, 독일의 마르부르크대학교에서도 공부했다. 미래파 그룹에 들어가 처녀 시집 『구름 속의 쌍둥이』(1914), 『장벽을 넘어서』(1916) 등의 시집을 내어 상징주의를 초월한 시인으로 주목받다가 시집 『누이, 나의 삶』(1922)으로 명성을 얻었다. 독창적인 비유와 '연상'이라는 기법으로 20세기 러시아 시단에서 하나의 정점을 이루었다.
『1905년』(1926), 『슈미트 대위』(1927) 등의 서사시와 시집 『제2의 탄생』(1932)도 발표했는데, 1930년대에는 형식주의라는 비판을 받고 시를 발표하지 못해 시집 『한 번 열차에서』(1942)를 낼 때까지 침묵을 지키며 셰익스피어와 괴테를 번역했다. 1954년에 10년간의 역작인 『닥터 지바고』●를 완성했으나, 소련에서는 발표하지 못해 1957년에 이탈리아에서 출판했다. 이듬해 노벨문학상 수상자로 결정되었지만 소련 문학계에서 그에 대한 비판 캠페인이 벌어져 수상을 하지 못한 채 작가동맹에서도 제명되었다.● 그렇게 불우하게 살다 1960년에 사망했다. 산문으로는 단편 『리우베르스의 유년시절』(1922), 『자전적 에세이』(1958) 등이 있다.

격변기를 살다 간 주인공의 파란만장한 삶과 사랑

유리 지바고는 시베리아의 부유한 실업가 가정에서 태어났으나 아버지를 일찍 여의고 10세 때 어머니마저 세상을 떠나 가문이 몰락하게 된다. 고아가 된 지바고는 모스크바의 상류 계급 지식인의 가정에서 자라난다. 그때는 마침 혁명의 파도가 러시아를 휩쓸기 시작할 무렵으로 철도 노동자들의 데모가 시작되고, 1905년에는 모스크바의 프레스냐 지구에서 무장 봉기가 일어난다.

지바고는 의학을 공부하고 결혼한다. 제1차 세계대전이 시작되자 종군 의사가 되어 전쟁에 참가했다가 전선에서 부상을 당해 간호사로 일하고 있던 라라를 알게 된다. 라라에 대한 기억은 지바고의 마음속에 어렴풋이 남아 있다. 라라는 어린 시절에 지바고 가문을 파산시킨 변호사 코마로프스키에게 폭행을 당하고, 그 이후로도 계속 육체 관계가 있었는데, 한때 라라가 그를 총으로 쏘아 죽이려고 한 적도 있었다. 지금 라라는 코마로프스키와 헤어져 다른 남자와 결혼했지만 그 남편도 전쟁 통에 행방불명이 된 상태였다. 이윽고 지바고와 라라 사이에 숙명적인 사랑이 싹튼다.

얼마 뒤 전쟁은 혁명으로 이행되어 1917년에 일어난 러시아혁명은 전국으로 번져 간다. 지바고는 아내와 아이가 있는 모스크바로 3년 만에 돌아와 혁명 직후의 혼란스러운 모스크바 생활을 뒤로하고 가족과 함께 황폐한 러시아를 가로질러 우랄의 시골 마을로 피난한다. 그러나 그 땅에도 안식은 없었다. 시를 쓰고 싶어 한 지바고는 우연히 도서관이 있는 이웃 마을에서 라라와 재회하고 두 사람의 사랑은 다시 불타오른다. 그러나 한편으로 라라에 대한 정열이 지바고의 생활을 어긋나게 한다.

그는 아내 몰래 라라에게로 가던 도중에 빨치산의 포로가 되어 강제로 의사로 일하면서 시베리아 각지를 떠돌게 되고, 그의 아내와 아이는 난리를 피해 파리로 간다. 빨치산으로부터 도망친 지바고는 다시 라라의 곁으로 돌아와 애정이 넘치는 공동생활을 시작했으나 그것도 오래 계속되지 못했다. 혁명군의 지도자가 된 라라의 남편이 군법회의에 회부될 위기에 처해 탈주하다가 총살당했다는 사건이 알려지자 라라도 위험한 상황에 몰려 이르쿠츠크로 도망을 친다. 라라와 헤어져 외톨이가 된 지바고는 걸어서 모스크바로 돌아간 뒤 지병인 심장발작을 일으켜 죽는다.

사상적 충성보다 개인의 자유를 위해 산 지식인

『의사 지바고』는 역사의 거친 파도에 휩쓸려 이리저리 떠도는 지바고와 라라의 비극적인 사랑을 주제로 한 작품으로, 주인공인 지바고와 라라에게도 역사의 어두운 그림자가 드리워져 있다. 지바고는 고아가 되었지만 모스크바의 지식인 가정에서 자라나 상류 계급과 그 문화의 전형적인 구현자가 된다. 그래서 뛰어난 의사이면서도 감수성이 유연해 철학이나 문학을 연구하고, 이 장편의 마지막에 24편의 시가 발표되어 있는 것처럼 시를 쓰기도 한다. 그리고 시인의 눈으로 자연과 역사를 바라보는 관점이 이 작품을 이해하는 열쇠가 되기도 한다.

지바고는 자신을 혼돈 속으로 휘말려 들게 한 전쟁과 혁명을 하나의 운명으로 받아들이고 그 속에서 정신적 독립을 지키려 한다. 전쟁도 혁명도 그의 정신 속까지는 침투하지 못했기 때문에 처음에는 그런 변화에 대해 강한 거부감을 느끼지 않은 채 생활을 사랑하며 성실하게 살아간다. 그러나 혁명이 그의 정신에 철저한 복종을 요구했을 때 그는 자신의 자유를 선택하고 추구하게 된다. 그 자유를 확인할 수 있는 곳이 바로 라라와의 사랑이었다. 여기에는 파스테르나크 자신의 인생관과 아내 이외의 여성을 사랑한 경험 등이 반영되어 있다.

파스테르나크는 정치를 일시적인 외적 요인이라고 생각하고, 인간의 정신과 감정, 창조성을 본질적인 요인으로 간주해 이를 왜곡하고 파괴하는 정치적 힘에 대해서는 끊임없이 이의를 제기했다. 혁명의 폭력에 반대하며 "부드러움을 통해서만이 우리는 지고지순한 선에 이를 수 있다"고 했고, 마르크스주의를 "사실에서 멀리 떨어져 그 기반이 불확실한 자기중심적인 운동"이라고 했으며, 권력자는 "자기의 신화"를 주장하기 위해 "진실을 무시하는 데 전력을 다한다"고 단언한 지바고의 말은 파스테르나크의 견해이기도 하다.

불행한 소녀 시절을 거쳐 결혼한 뒤에도 행복하지 못했던 라라, 지바고에게는 "이름을 붙이거나 이러저러하다고 판단할 수 있는" 아름다움을 초월한 존재였던 라라와 지바고의 우연한 만남, 아름답지만 비극적인 사랑이 그려진 이 작품은 개인의 영혼과 자유의 존엄성을 역사의 법칙에 대비해서 묘사하고 있다. 그리고 라라의 형상은 푸시킨 이후로 전통이 되어 온 근대 러시아 문학의 여성상으로 이어지는 지극히 시적인 여성상의 하나로 남아 있다.

| 작품 속의 명문장 |

유명하게 되는 것은 추하고
세상의 평가는 인간을 높여 주지 않는다
문서의 산을 쌓기보다는
원고를 아껴라

창작이 지향하는 바는 몰아沒我이지
화제나 성공이 아니다
어쩌다 무지한 인간들의 입담에
오르내리게 되었을 때의 억울함이여

살아라, 거짓 이름을 버리고 어느 날엔가 우주의 사랑을 끌어들여
미래가 부르는 소리를 듣는다
그것을 위해서 살아라

사람들은 생생한 발자취를 따라
한 걸음씩 너의 길을 따라올 것이다
하지만 패배인가 아니면 승리인가
스스로 알려고는 하지 마라
그리고 자기도 물러서서는 안 된다
자기 개성을 끝까지 지키면서
그저 살아가라, 살아가라
살아가라, 마지막 그 순간까지

* 파스테르나크가 말년에 쓴 시의 한 구절로, 『닥터 지바고』의 주인공처럼 불우하고 험난한 시대를 살면서 시를 계속 써 온 작가가 마지막에 갖게 된 심경을 무엇보다 잘 나타내고 있다고 할 수 있다.

NOTES

● 책의 제목이기도 한 '지바고'는 '살아 있는, 생생한' 등의 뜻에서 파생된 말로, 러시아혁명 이전의 사회 체제가 아직 '살아 있음'을 의미하는 것으로 풀이되며, 이는 혁명 이후의 체제에 반대하는 작가의 뜻을 함축하고 있다고 볼 수 있다.

● 노벨문학상을 거부한 작가로는 사르트르가 유명한데, 파스테르나크의 경우는 그의 자유의사로 거부했다고 볼 수는 없다. 수상을 하게 되자 개인적으로는 기분 좋게 받아들였지만 비판 캠페인이 폭풍처럼 휘몰아치는 바람에 하는 수 없이 단념해야 했던 것이다.

알렉산드르 솔제니친(Aleksandr Isayevich Solzhenitsyn)

이반 데니소비치의 하루
(Odin Den' Ivana Denisovicha)

지극히 평범한 한 죄수의 수용소 생활을 유머러스하고 담담한 필치로 묘사함으로써 지배 권력에 희생당한 약자들을 대변한 작품이다. 비인간적인 수용소의 상황과 그 안에서 인간의 존엄성을 잃지 않으려는 인간의 노력이 담겨 있다.

INTRO

러시아의 작가 알렉산드르 이사예비치 솔제니친(Aleksandr Isayevich Solzhenitsyn, 1918~2008)은 1918년 카프카스의 키슬로보트스크에서 태어나 돈 강 기슭의 로스토프나도누에서 소년 시절을 보냈다. 그가 태어나기 6개월 전에 아버지가 독일 전선에서 전사했기 때문에 유복자로 태어나 홀어머니 밑에서 자랐다고 한다. 로스토프 대학교에서는 물리와 수학을 전공했고, 1941년에 소련과 독일이 전쟁을 시작하자 지원 입대해 포병 중대장으로 전선에서 활약했으며, 그 공적으로 두 번에 걸쳐 훈장을 받았다.

그러나 종전 직전에 근거 없는 정치적 고발을 당해 8년형을 선고받고 라게리(수용소)에 수용되었다. 솔제니친 자신의 말에 따르면 "스탈린을 비판했기 때문에" 체포되었다고 하는데, 문학 수업을 위해 쓰고 있던 일기와 친구들에게 보낸 편지가 당국의 비위를 거슬렀던 것으로 보인다. 1958년에 스탈린 비판이 시작되자 겨우 석방되었고, 이듬해인 1957년에 '범죄 사실 없음'으로 명예가 회복되었다. 자신의 라게리 경험과 그 배경에 있는 소련의 현대사에 대한 의미를 밝히는 것으로 그의 작가 생활이 시작되었다 해도 지나친 말이 아니다.

처녀작인 『이반 데니소비치의 하루』(1962) 이후로 사회주의 사회에 현존하는 모순과 비인간성을 적발한다는 러시아 문학의 전통을 이어받아 20세기 인간의 존재에 대한 근원적인 의문을 던지는 작품을 끈질기게 썼다.● 그러나 그것 때문에 소련 당국으로부터 탄압을 받아 『연옥 속에서』의 몰수와 『암병동』(1966~1967)의 출판 불허 등과 같은 수난이 시작되었다. 1967년에 제4회 소련작가동맹에 검열 제도의 폐지를 주장하는 공개장을 보냈으나 무시되었고, 그 일로 1969년에 작가동맹에서 제명되었다. 1970년에 노벨문학상을 수상했다.

1971년 『1914년 8월』이 파리에서 출판되었고, 1973년에 『수용소군도』의 원고가 국가보안위원회KGB에 압수되었는데, 같은 해 말에 이 작품의 제1권이 파리에서 출판되자 1974년 2월에 체포되어 시민권을 박탈당한 뒤 서독으로 국외추방 처분을 받았다. 추방된 뒤에도 『수용소군도』를 완성하고 스위스를 거쳐 미국으로 이주했다가 소비에트연방이 해체된 뒤인 1994년에 고향의 땅을 다시 밟았다.

이반 데니소비치 슈호프의 수용소에서의 하루

1951년 초, 이미 라게리 생활 8년째를 맞이한 이반 데니소비치 슈호프는 오전 5시에 평소처럼 기상 신호인 레일 두드리는 망치 소리에 눈을 뜬다. 기상 시간에서 점호까지의 1시간 반 동안은 자기 시간으로 쓸 수 있는데, 슈호프는 그 시간을 단 한 번도 낭비한 적이 없었다. 그러나 오늘만큼은 좀처럼 일어나려 하지 않았다. 어제부터 몸이 좋지 않았고 한기마저 느끼고 있었다. 그래도 그는 작업하러 나갈 수밖에 없는 상황이다.

사람이 가득 찬 식당에서 생선 가시와 썩기 직전의 양배추 잎이 둥둥 떠 있는 죽으로 아침을 먹는다. 550g의 빵을 둘로 나누어 그 가운데 한 쪽을 침대에 숨긴다. 극지의 얼어붙는 듯한 추위 속에서 점호를 하고 신체 검사를 받는다. 슈호프가 소속되어 있는 104반은 경찰견과 자동총으로 무장한 간수들이 지키는 가운데 작업장을 향해 천천히 행진한다. 대열에서 흩어지면 간수가 발포하게 되어 있다.

오늘의 작업은 두 달 동안이나 방치되어 있던 발전소의 벽과 지붕을 만드는 것이다. 반장은 죄수들을 제설, 기계와 물 그리고 모래와 시멘트의 운반, 벽돌 쌓기, 모르타르 만들기 등의 작업으로 나눈다. 점심시간에 슈호프는 작업장 요리사의 눈을 피해 죽을 2인분 가로채는 데 성공한다. 점호를 한 뒤 오후부터는 해가 질 때까지 벽돌 쌓기를 한다. 저녁 때는 밍밍하지만 뜨거운 수프를 한 국자 먹는다. 그리고 다시 점호와 신체 검사가 있다.

중노동과 자질구레한 일들로 분주했던 하루가 끝나고 침대에 몸을 눕

혔을 때 슈호프는 병이 나지도 않았고, 영창에 들어가지도 않았으며, 죽을 1인분 더 먹을 수 있었다는 것에 만족감을 느낀다. 이렇게 해서 "거의 행복하다고 할 정도의 하루"가 지났다. "이런 날이 3,653일 동안 계속되었다. 윤년이 끼어서 3일이라는 날짜가 더 붙었기 때문이다."

『이반 데니소비치의 하루』는 '조국에 대한 배신'이라는 죄목으로 라게리에 수용된 이반 데니소비치 슈호프의 하루를 아주 사소한 점까지 놓치지 않고 상세하게 그려 낸 작품이다. 이 작품은 스탈린 시대의 부정적인 면의 상징이었던 라게리에 수용되어 자유를 감금당했던 경험을 가진 작가 솔제니친의 처녀작으로, 1962년에 발표된 뒤 '해빙'으로 개화한 소비에트 문학의 정점을 보여 주는 작품이라는 평가를 받으면서 곧바로 세계 각국어로 번역되어 베스트셀러가 되었다.

지극히 평범한 농민 출신의 죄수

이반 데니소비치 슈호프는 다른 죄수와 다른 점이 전혀 없는 평균적인 러시아 농민이다. 그는 소박하지만 천성적으로 빈틈이 없고 실리적인 정신을 가진 부지런한 사람이어서 강제 노동이라 할지라도 성실하게 일에 몰두한다. 전쟁 중에 슈호프는 독일군의 포로가 되었다. 그 뒤 탈주에 성공해 아군 전선에 겨우 다다랐으나 적을 위해 스파이 활동을 했다는 죄목으로 체포되어 라게리에 보내졌던 것이다. 처자도 있었지만, 그는 반항도 하지 않고 자신의 운명을 받아들여 그날그날을 살아남는 데서 행복을 찾는다.

이와 같은 타입은 투르게네프에서 톨스토이에 이르는 러시아 문학에서 사랑받아 온 농민, 곧 소박한 영혼의 소유자들과 같은 계열에 속한다. 그리고 가혹한 조건 속에서도 끈질기게 살아남으려는 슈호프를 담담하게 유머러스한 문체로 표현한 작가의 관점과 방법이 이 작품의 성공을 지탱해 주는 요소이다. 작가는 라게리의 하루라는 지옥과도 같은 비일상적인 공간을 통해 평범한 일상의 진실을 독자들에게 전하고 있는 것이다.

주인공뿐만 아니라 이 라게리에 수용되어 노동에 종사하고 있는 죄수들은 모두 사소한 죄목으로 고발되었거나 권력에 희생된 자들인데, 희망을 빼앗긴 이름 없는 민중들의 생명력과 소외된 에너지가 작품 속에 충만해 러시아 문학의 전통이 부활했음을 느끼게 해 준다.

| 작품 속의 명문장 |

"여기에는 말이야, 모든 사람의 규칙이라고 해 봐야 황야밖에 없어. 하지만 여기서도 제대로 살아가는 인간은 있지. 바로 라게리에서 몸을 망치는 놈, 구석구석 식기를 핥아 먹는 놈, 의무실을 들락거리는 놈, 그리고 뒷구멍으로 동료들을 밀고하는 놈이지."

『이반 데니소비치의 하루』

NOTES

● 솔제니친이 『이반 데니소비치의 하루』를 완성한 뒤 몇 군데의 잡지사와 출판사에 들러 보았으나, 원고를 실어 주겠다는 곳이 아무 데도 없었다. 라게리가 주제가 되었다는 것만으로도 발표가 불가능하다고 생각했기 때문이다. 『이반 데니소비치의 하루』의 잡지 게재에 대한 최종적인 결단은 당중앙위원회에서 내리게 되었다. 그곳에서도 찬반양론으로 나뉘었는데, 그 무렵 총리였던 흐루시초프의 결단으로 출판이 가능하게 되었다고 한다.

알렉산드르 솔제니친(Aleksandr Isayevich Solzhenitsyn)

암병동

(Rakovyi korpus)

이 작품은 암병동을 무대로 다채로운 인물들을 등장시키면서 스탈린주의가 인간의 의식에 남기고 간 상흔과 사회주의의 왜곡, 자유의 억압, 인간 모멸 등을 대담하게 파헤친 장편이다. 1967년에 완성되었으나 소련에서는 오랫동안 출판이 금지되었다.

암병동에 수용된 다양한 환자들의 이야기

스탈린의 죽음과 베리야의 처형, 말렌코프의 해임을 거쳐 스탈린 시대로부터 해빙기로 전환해 가는 1955년, 산업관리국에 근무하는 관리 루사노프는 악성 종양 때문에 중앙아시아에 있는 타슈켄트의 암병동에 입원한다. 그가 들어간 큰 병실에는 다양한 인생을 살아온 젊거나 늙은 환자들이 많이 있다. 강가르트와 돈초바라는 두 여의사를 중심으로 간호사들은 헌신적으로 환자들을 돌본다. 그러나 절대 안전하고 확실한 치료법은 없다.

어느 비 오는 날에 라게리(수용소)에서 돌아온 코스토글로토프가 입원한다. 어떻게 해서든 수술이나 의미를 알 수 없는 치료를 피하려고 하는 코스토글로토프는 예전에 추방 생활을 보냈던 '아름다운 땅' 우시 테레크에서 다시 생활하게 될 날을 꿈꾸면서 입원 생활을 한다. 그러면서 간호사 조야와의 사랑을 경험하고 여의사 강가르트를 동경하는 마음을 품는다.

암병동에 수용되어 죽음의 공포에 떨면서도 삶에 집착하는 환자들은 한계가 있는 생에 직면해 어떻게 살아야 할지 진지하게 고민하기도 하고, 자포자기해 눈앞의 향락을 추구하기도 한다. 회복할 가망이 없어 퇴원을 강요받는 환자, 가슴을 절단하는 수술을 받아야 한다는 말에 절망하는 아름다운 소녀……. 그러나 코스토글로토프에게 암병동은 라게리보다 자유로운 장소였다.

예전에 숙청에 협력했던 루사노프는 숙청된 사람들의 명예가 회복될 것이라는 말에 두려워 떨고 있다. 코스토글로토프와 루사노프는 격렬한 토론을 벌이기도 한다. 이윽고 루사노프는 그의 무죄를 주장하는 딸의 말에 힘을 얻어 퇴원한다. 코스토글로토프도 그에 이어서 퇴원한다.

그때 자신도 암에 걸린 여의사 강가르트는 자기 집에 머물라고 권한다. 그러나 코스토글로토프는 역에서 그녀에게 이별과 감사의 편지를 부친 뒤 우시 테레크로 향하는 장거리 열차에 올라탄다.●

암병동 – 소비에트 사회의 축소판

『암병동』에는 암에 걸려 타슈켄트의 병원에 입원했던 작가 솔제니친의 자전적인 부분도 포함되어 있는데, 두 사람의 대립하는 인간이 주인공으로 등장하고 있다. 곧, 오랫동안 라게리에 수용됨으로써 유형流刑의 고통을 경험한 코스토글로토프와, 입신출세의 길을 걸어온 당 관료로 죽음에 직면해서도 지위나 특권이 의미를 갖고 있다고 믿어 의심치 않는 루사노프이다. '인간의 얼굴을 가진 사회주의'에 공감하며 도덕적으로 건전한 사회에 대한 희망을 품는 코스토글로토프와, 밀고와 숙청은 필요악이며 그에 가담한 것은 자기 혼자만이 아니라고 배짱을 부리는 루사노프의 대립 속에 소련 사회가 앓고 있던 환부가 집약적으로 상징되어 있다.

| 작품 속의 명문장 |

"진실로 향하는 길을 가로막는 것은 아무도 할 수 없는 일이고, 이 행동을 위해서 나는 죽음까지도 받아들일 각오가 되어 있다. 그러나저러나 작가가 살아 있는 한 그의 펜을 멈추게 해서는 안 된다는 교훈을 지금까지 우리는 몇 번이고 되풀이해서 배워 오지 않았던가? 그와 같은 행위가 …… 우리 역사에 아름다움을 준 일 같은 것은 지금껏 한 번도 없었다."

'소련작가동맹 제4회 대회 앞으로 보낸 편지'에서

* 검열에 의해 문학 표현의 자유를 빼앗고 있는 소련 당국에 대해 솔제니친이 검열 폐지와 『암병동』의 판금 조치를 포함해 자신에게 가해진 압박을 호소한 1967년의 공개장이다.

NOTES

● 『암병동』은 솔제니친 자신이 1950년대 말에 카자흐스탄으로 강제 추방당해 입원해 있으면서, 말기라고 진단받았던 암을 성공적으로 치료한 과정을 바탕으로 쓰인 작품이다.

6장 세계 각국의 문학

그리스 · 이탈리아 · 에스파냐 · 북유럽 · 동유럽 · 아시아와 아프리카의 문학이 세계 문학사에서 차지하는 비중이 점점 높아지고 있다. 특히 이들 언어권의 문학 작품이 세계 문학에서 주류로 여겨지는 프랑스 · 영국 · 미국 · 독일 · 러시아 문학에 미친 영향은 결코 작다고 할 수 없다. 이 장에서는 세계 각국의 문학을 총괄한다.

세계 각국 문학의 흐름

『절대지식 세계문학』 편집부

그리스 문학

그리스 문학은 서사시와 서정시, 희곡, 산문 등 모든 영역에 걸쳐 걸작을 남겨 세계 문학의 모체가 되었다. 『일리아스』와 『오디세이아』라는 기원전 8세기의 양대 서사시는 그리스 문학의 벽두를 장식하는 작품이다. 수 세기에 걸친 영웅에 관한 전승이 천재 시인 호메로스의 손을 거쳐 최고 걸작으로 태어났다.

국가적인 종교 행사와 깊은 관련을 맺고 아테네와 성쇠를 함께한 그리스의 비극은 아이스킬로스와 소포클레스, 에우리피데스 등 이른바 3대 비극 시인에 의해 최고의 경지에 달했다. 또한 희극에서는 아리스토파네스 등이 정치 풍자와 인간 세계의 희화화 등을 통해 독자적 세계를 전개했다.

헬레니즘 시대를 맞아 그리스 세계는 비약적으로 확대되었고, 이것을 나중에 로마인들이 이어받았다. 그리고 그 과정 속에서 그리스 문학의 여러 형식은 기독교와 더불어 근대 유럽 문학의 먼 조상이 되었다.

이탈리아 문학

전통적인 라틴어에 비해 속어라고 할 수 있는 이탈리아어로 이루어진 새로운 문학은 13세기에 시작되었다. 이 문학의 중심은 북부의 자유도시 국가, 특히 피렌체로 넘어가 단테를 통해 이탈리아 문학 사상 그 유례가 없는 아름다움으로 개화했다. 그의 『신곡』은 문학과 예술에 그치지 않고 종교와 정치 등 인류의 문화 전반에 이르기까지 하나의 계시를 던져주는 것이었다.

단테에 이어 페트라르카와 보카치오라는 양대 거장이 등장해 이 새로운 이탈리아 문학을 확고 부동한 것으로 만들었다. 보카치오의 『데카메론』은 『신곡』과 대비되는 '인곡人曲'이라고 평가되는데, 그것은 새로운 문학의 힘으로 중세를 이긴 근대 민중의 함성 소리라고 할 수 있다.

그 뒤 18세기 말부터 19세기 초에 걸쳐 이탈리아 낭만주의가 발흥했고, 그 속에서 만초니의 명작 『약혼자』가 나왔으며, 이때 처음으로 소설이 이탈리아 문학사에서 시민권을 얻을 수 있었다.

에스파냐 문학

이탈리아에서 일어난 르네상스는 이윽고 에스파냐에도 근대 정신의 숨결을 불어넣었다. 이 같은 영향으로 에스파냐 문학은 16세기 중반부터 17세기에 걸쳐 '황금기'라고 불리는 공전의 전성기를 맞았는데, 세르반테스의 불후의 명작 『돈 키호테』는 그 집대성이라 할 수 있다.

북유럽 문학

한편, 북유럽에는 '싸우는 고독한 거인'과도 같은 문학자들이 있었다. 이들은 북유럽의 근대 문학에서 리얼리즘 정신이 주요 경향을 이루었던 19세기 후반에 특히 이색적인 빛을 발하고 있는데, 그 대표적인 작가로 노르웨이의 입센과 비에른손, 스웨덴의 스트린드베리 등을 꼽을 수 있다. 입센의 『인형의 집』이 발표되었을 때는 곧바로 여성 해방에 관한 책이라며 박수 갈채를 보내는 사람과 그것을 비난하는 사람들 사이에 맹렬한 논쟁이 일어나면서 한세상을 풍미했다.

동유럽 문학

폴란드와 체코슬로바키아 등 동유럽 여러 나라는 열강의 간섭에 허덕이며 비운의 역사를 되풀이해 왔다. 그 과정 속에서 시엔키에비치는 독립을 잃은 폴란드의 동포들을 격려하기 위해 『쿠오바디스』를 썼고, 체코슬로바키아의 하셰크는 제1차 세계대전의 체험을 바탕으로 『세계대전 중 용감한 병사 슈베이크의 운명』을 발표해 체코 문학을 세계에 널리 알렸다.

아시아와 아프리카의 문학

세계 문학에서는 그리스도교 문화가 그 중심을 이루기 쉬운데, 『라마야나』와 『천일야화』는 특별한 의미를 가지고 있다. 곧, 『라마야나』는 동남아시아 여러 나라의 문학과 예술 분야에, 그리고 『천일야화』는 중세 이슬람 세계에 많은 영향을 미치고 있다는 점에서 주목할 만하다.

호메로스(Homeros)

일리아스 / 오디세이아

(Ilias/Odysseia)

고대 그리스의 국민적 서사시 『일리아스』와 『오디세이아』는 수많은 영웅 서사시 가운데 가장 뛰어난 문학성을 자랑하는 호메로스의 작품이다. 그 무렵은 물론, 근세에까지 문학·교육·사상 등 다양한 방면으로 영향을 미치고 있다.

INTRO

고대 그리스의 시인 호메로스(Homeros, ?~?)의 실존에 대한 확증은 없다. 게다가 『일리아스』와 『오디세이아』가 동일한 작가의 작품인지도 알 수가 없다. 오늘날에는 두 작품의 작가가 서로 다른 사람이며 『일리아스』는 기원전 8세기 중반, 『오디세이아』는 그로부터 반세기 정도 지난 뒤에 만들어졌다는 견해가 유력한데, 이 또한 확실하지는 않다.

그리스 영웅서사시의 원형이 이미 미케네 시대(BC 1600~BC 1200 무렵, 이른바 '영웅 시대')에 존재했다는 사실은 의심할 여지가 없는데, 그것이 몇 세기에 걸쳐 전승되고 있는 사이에 작시 기법이 차츰 세련되고 시의 규모도 커졌다. 전승을 주로 이어 온 사람들은 아오이도스라고 불리는 음유 시인들로, 단순히 완성된 시를 낭송하는 것이 아니라 낭송할 때마다 자기 나름대로 더하고 빼면서 일종의 창작을 했을 것으로 짐작된다. 그런 오랜 전통을 바탕으로 기원전 8세기에 『일리아스』 또는 『오디세이아』를 거의 오늘날 우리가 읽는 형태로 완성시킨 사람이 호메로스라고 불리는 천재 시인이었다고 생각하면 될 것이다.

호메로스의 전기라고 불리는 것이 고대로부터 몇 편 전해지고 있는데, 물론 역사적 인물의 전기와는 양상이 다르다. 그 가운데 역사가 헤로도토스의 작품으로 전하는 것이 가장 긴 장편으로, 이것도 호메로스를 주인공으로 한 민화식의 설화라고 볼 수 있는 이야기이다. 그러나 이 작품에는 각지를 돌아다니면서 자기가 지은 시를 낭송해 근근이 먹고사는 고독한 음유 시인의 모습이 매우 사실적으로 그려져 있어 고대의 아오이도스의 실정을 짐작하게 해 준다. 그 밖에 '호메로스와 헤시오도스의 경쟁'이라는 제목이 붙은 작가 미상의 이야기도 전해지고 있는데, 이는 고대 서사시의 양대 유파 가운데 대표적인 시인인 두 사람이 노래를 겨루어 헤시오도스가 승리를 한다는 줄거리로, 이 또한 고대 음유 시인들이 살아가던 생활의 단편을 보여 주는 흥미로운 이야기이다.●

『일리아스』

시의 서두에 나오는 것처럼 이 작품의 주제는 '아킬레우스의 분노'이다. 얼마 뒤면 트로이 성에 대한 공격이 시작된 지 10년째를 맞이하게 되는 9년째 끝 무렵에 그리스군의 총사령관 아가멤논은 총애하는 첩 크리세이스를 떠나보내야 했던 것에 대한 보복으로 아킬레우스의 첩 브리세이스를 빼앗는다. 이에 자존심이 상한 아킬레우스는 더 이상 싸움터에 나가지 않겠다고 공언한다.

그의 어머니인 바다의 님프 테티스는 자기 아들의 명예를 회복해 달라고 제우스에게 애원하고, 아킬레우스의 승리를 위해 그리스군에게 불리한 전황이 되도록 획책한다. 곤경에 처한 아가멤논은 아킬레우스에게 화해를 청하지만, 아킬레우스는 이를 거부한다. 전황이 더욱 심각해지자 아킬레우스의 전우 파트로클로스가 더 이상 보고 있을 수만은 없다면서 아킬레우스의 무기를 빌려 그 대신 싸움터로 나가 용감하게 싸우다가 결국 트로이의 으뜸가는 용장인 헥토르에게 살해되고 무기도 빼앗긴다.

이렇게 되자 아킬레우스도 자기가 끝까지 고집을 부린 것이 친구의 죽음을 불러왔다고 후회하며 아가멤논과 화해한 뒤 어머니의 배려로 새로 준비된 갑옷과 무기로 무장하고 싸움터로 나가 헥토르를 죽여 친구의 원수를 갚는다. 헥토르를 잃은 트로이의 운명은 완전히 기운다. 트로이의 늙은 왕 프리아모스는 아킬레우스의 진영을 찾아와 아들의 시신을 인수하고 돌아가 장례를 치른다. 그 장례식 장면으로 『일리아스』는 끝난다.●

그리스 제일의 두 영웅

『일리아스』의 주인공은 말할 것도 없이 아킬레우스인데, 그리스

제일의 영웅이라고는 하나 아직 소년다운 순수함을 간직하고 있는 다감한 청년으로 그려져 있다. 친구 파트로클로스에 대한 깊은 우정은 말할 나위도 없지만 굴욕과 공포를 견디면서도 아들 헥토르의 시신을 찾으러 온 트로이 왕 프리아모스에게서 자신의 나이 든 아버지의 모습을 떠올리고 연민의 정을 금치 못하는 순진한 젊은이다운 면모도 엿볼 수 있다.

아킬레우스 못지않게 중요한 역할을 하는 사람이 트로이의 장수 헥토르이다. 그는 지혜와 용기를 겸비했으며 더구나 인정까지 넘치는 이상적인 영웅이다. 모든 사람들의 미움을 받는 헬레네에 대한 배려도 각별했지만, 남편으로서 그리고 아버지로서 보인 헥토르의 깊은 애정은 제6권의 후반에 나타나는 아내 안드로마케와 아들 아스티아낙스와 이별하는 장면에서 독자들에게 깊은 감동을 불러일으킨다. 이 부분이 예부터 즐겨 암송되는 명장면으로 꼽히는 것도 충분히 납득할 수 있다.

『오디세이아』

트로이를 함락한 뒤 고국으로 돌아간 그리스의 여러 장수들은 각기 다양한 고난을 겪는데, 그 가운데 오디세우스의 운명이 가장 가혹해 귀국할 때까지 10년간에 걸쳐 각지를 떠돌아다닌다. 이야기는 오디세우스가 그런 방랑을 끝낼 무렵에 님프 칼립소의 섬에 체류하고 있던 시점에서부터 시작된다.

『일리아스』는 이야기가 직선적으로 진행하는 데 비해 『오디세이아』는 두 가지 상황이 복선 구조로 병행해서 진행된다. 곧, 오디세우스의 표류와 함께 고국 이타카에서 끈질긴 구혼자들에게 시달리는 그의 아내 페넬로페와 아들 텔레마코스의 고난이 이어지다가 오디세우스가 이타카로 귀환하면서 두 가지 이야기는 하나로 합쳐져 부자가 힘을 합해 악인들을 무찌르는 것으로 끝을 맺는다.

제2권에서 제4권까지는 아버지의 소식을 묻는 텔레마코스를 주인공으로 하는 서술로 한 덩어리를 이루고, 제9권에서 제12권까지는 파이아케스인들의 섬에서 오디세우스 자신이 이야기하는 다양한 모험들로 이루어진 환상적인 설화들이 가득하다.

지혜로운 오디세우스를 묘사

『오디세이아』는 그 이름이 나타내는 대로 오디세우스를 주인공으로 한다. 격정에 사로잡히기 쉬운 순수한 청년 아킬레우스에 비해 이미 중년인 그는 침착하고 사려가 깊어 어떠한 위기와 고난도 능히 헤쳐나가는 뛰어난 지혜를 가진 영웅으로 묘사된다. 그 역시 아킬레우스와 함께 고대 그리스인들이 이상적으로 여겼던 인물이다. 특히 고국 이타카로 귀환한 뒤 그가 아들 텔레마코스와 2명의 충실한 하인들만 데리고 아내에게도 정체를 밝히지 않은 채 어떤 식으로 흉악한 악인들을 무찌르는가와 그의 특성인 지혜와 용기가 어떤 형태로 발휘되는가가 『오디세이아』의 후반을 이끌어 가는 초점이라 할 수 있다.

텔레마코스도 복선으로 진행되는 전반부에서 아버지와 함께 주인공으로 활약한다. 아버지의 귀국을 앞두고 그때까지 거의 무력한 소년이었던 그가 급속도로 성장해 어머니를 감싸면서 기특하게도 악인들의 음모에 맞선다. 이윽고 귀국한 아버지와 힘을 합해 악인들을 징벌하게 되는데, 그의 인간적인 성장도 『오디세이아』의 주요한 주제라고 할 수 있다.

오디세우스는 그리스 비극 등에서는 오히려 간계가 뛰어난 사람처럼 다루어지는 일이 많다. 그러나 지혜로운 사람에서 음모를 꾀하는 사람으로 변하는 것은 보는 관점에 따라 충분히 있을 수 있는 일이다.

| 작품 속의 명문장 |

"이윽고 언젠가는 성스러운 일리오스(트로이)가 멸망하는 날이 찾아올 것이다."

『일리아스』 제4권 164, 제6권 448

* 제4권에서는 아가멤논의 말로 나오고, 제6권에서는 헥토르의 말로 나타나는데, 헥토르의 입에서 나왔다는 쪽이 비극적인 울림을 가지고 있어 더욱 적절할 것이다. 이 밖에 이 문구에 얽힌 일화로는 나중에 로마 장군 소小 스키피오가 카르타고의 폐허를 앞에 두고 깊은 감회에 젖어 로마에도 언젠가는 이런 운명의 날이 찾아올 것이라고 말했다는 내용이 전해진다.

NOTES

● 『일리아스』는 트로이 전쟁이 계속된 10년이라는 세월 가운데 겨우 51일간의 일에 초점을 맞춘 이야기이고, 『오디세이아』도 역시 10년이라는 긴 세월의 표류와 귀국 전후의 마지막 41일간에 초점을 맞춘 이야기이다.

● 알렉산더 대왕이 『일리아스』를 침대 머리맡에 두고 읽었다는 이야기는 유명하다. 스승 아리스토텔레스의 영향도 있지만, 이 젊은 영웅이 아킬레우스에게서 자신의 분신을 찾았다는 점은 쉽게 이해할 수 있는 부분이다.

아이소포스(Aesopos)

이솝 우화
(Aesop Fables)

학대받던 민중의 문학이라고 할 수 있는 이 작품은 동물에 빗대어 인간 생활의 다양한 모습을 그려 내고 있으며, 각종 처세술과 유머가 풍부하게 녹아 있다. 르네상스 시대에 와서 높은 평가를 받아 세계적인 문학으로 자리매김했다.

INTRO

아이소포스(Aesopos, BC 620~BC 560)는 그리스의 우화 작가로, 이솝Aesop은 그의 영어명이다. 아이소포스라는 노예가 기원전 6세기에 생존해 우화를 만들었고, 노예라는 신분에서 해방된 뒤에 비명횡사를 했다는 것은 사실로 보이나, 이집트의 여신 이시스의 숭배와 그리스의 현자 이야기, 바빌로니아의 『아히카르 이야기』 등의 영향을 받아 생긴 것으로 보이는 『아이소포스전』이라는 책은 거의 옛날이야기나 설화에 속하는 것으로 믿을 만한 것이 아니다. 그 책에 의하면 아이소포스는 외모가 아주 흉측하고 벙어리였는데, 입을 열고 나서부터는 그 뛰어난 기지로 주인을 골탕먹이기도 하고, 도와주기도 했다고 한다. 또 자유로운 몸이 된 뒤에는 리디아 왕이나 바빌로니아 왕 밑에서 일하기도 하고, 적국에서 낸 갖가지 수수께끼를 풀어서 현자로 칭송을 받기도 했다고 한다. 그 가운데 술에 취한 주인이 큰 바다를 송두리째 마셔 버리겠다고 내기를 하여 위기에 처했을 때 바다를 마시겠으니 강물이 흘러 들어오는 것을 막아 달라고 하라고 주인에게 귀띔해 주었다는 이야기는 유명하다.

풍자적인 그리스의 우화집

『이솝 우화』 또는 『아이소포스풍 우화집』이라고 불리는 작품은 정해진 형태가 있는 것은 아니다. 아이소포스라고 하는 인물이 기원전 6세기에 그리스에 실재했고, 사람들에게 재미있는 우화를 들려주었다는 것은 사실이겠지만, 그 이전에도 이와 비슷한 동물 우화가 존재하고 있었고,

책을 남기지 않은 소크라테스도 별로 재미있지 않은 아이소포스풍의 우화를 만들었다가 죽음을 기다리는 옥중에서 그것을 시로 개작했다는 이야기도 전해지고 있다. 그러다가 기원전 300년 무렵 아이소포스의 이름으로 수집되고 편찬된 것이 제대로 격식을 갖춘 최초의 작품이며, 그 이후 라틴어를 비롯한 각국의 언어로 번역되는 과정에서 깎이거나 덧붙여지면서 지금의 이솝 이야기가 만들어지게 되었다.

아이소포스가 노예였다는 점 때문에 이 우화집도 일하는 사람의 처세술을 알려 주는 것으로 간주되기 쉽고, '분수를 알아라, 욕심부리지 마라, 악이 벌을 받지 않는다 해도 하는 수 없다' 등과 같은 처세훈을 다룬 이야기가 많다.●

하지만 그런 점에 집착한 나머지 인간이라는 존재로부터 끊임없이 발생하는 유머를 알아차리지 못한다면 그것도 딱한 일이다. 인간의 삶 속에 다양한 형태로 존재하는 선악설과 나쁜 본성은 결코 고쳐지지 않는다는 사상을 가진 민중이 아이소포스의 말투를 빌려 이야기한 것이 이 우화집이라고 볼 수 있다. 그 예로 다음과 같은 내용을 들 수 있다.

『이솝 우화』에 실린 유명한 우화들

염소가 나귀의 먹이가 더 좋은 것을 질투하다가 나귀에게 너는 너무 일을 많이 했으니 상처를 만들어서 좀 쉬라고 충고했는데, 나귀의 상처를 고치려면 염소의 생간이 필요하다는 말을 듣고 주인이 염소를 죽여 버렸다.

반백의 머리를 가진 초로의 남자가 2명의 애인을 두고 있었다. 늙은 여자는 남자의 검은 머리가 부끄러워 그것을 뽑았고, 젊은 여자는 남자의 흰머리를 뽑아 결국 남자는 대머리가 되어 버렸다.

여주인이 아직 날이 밝지도 않았는데 닭의 울음소리만 나면 하인을 깨워서 부려먹었다. 하인이 좀 늦게까지 자려고 닭의 목을 비틀어 죽였더니 시간을 알 수 없게 된 여주인은 더 일찍 하인을 깨우게 되었다.

눈병을 치료하는 의사가 노파의 집에 왕진하러 갔다 올 때마다 가구를 훔쳐 가지고 돌아왔다. 눈병이 고쳐져 의사가 치료비를 청구하자, 노파는 전에는 보이던 가구들이 지금은 보이지 않으니 눈이 더 나빠진 것이라며 치료비를 낼 수 없다고 말했다.

움직이지 못하게 된 늙은 사자가 동굴 안에 누워서 병문안을 오는 동물들을 차례차례 잡아먹었다. 여우는 그 동굴로 들어간 발자국은 많은데 나온 발자국이 없는 것을 보고 사자가 아무리 꾀어도 들어가지 않았다.

대머리 기수가 가발을 쓰고 말을 달리던 중에 가발이 벗겨져 날아가 버리자 이렇게 말했다. "저 머리카락은 원래 주인의 머리를 저버렸을 정도니 나한테서 도망쳤다 한들 이상할 것이 하나도 없다."

NOTES

● 『이솝 우화』 속에 '싸우는 아들들'에 관한 이야기가 나온다. 어느 날 아들들이 아무리 타일러도 싸움을 그치지 않자 아버지가 장작더미를 가져오게 하여 한꺼번에 부러뜨려 보라고 했을 때에는 부러지지 않았는데 하나씩 부러뜨리라고 하자 쉽게 부러졌다.

에우리피데스(Euripides)

메데이아
(Mēdeia)

인간의 내면을 묘사하고 비극을 초래하게 된 갈등에 초점이 맞추어진 그리스 비극의 걸작으로 일컬어지는 작품이다. 작가는 무섭고 악랄한 마녀로만 여겨지던 메데이아의 심리를 동정적인 시선으로 묘사하고 있다.

INTRO

고대 그리스의 3대 비극 시인 가운데 한 사람인 에우리피데스(Euripides, BC 484?~BC 406)는 기원전 484년 무렵에 아테네에서 태어났다. 아버지는 므네사르코스, 어머니는 클레이토이다. 한 희극 작가는 그의 어머니가 야채 장수였다고 놀렸지만 사실은 명문 출신이었다. 그는 두 번 결혼했는데 상대가 모두 음란한 여성이었고, 그의 작품 속에 여성을 조롱하고 매도하는 말이 많아 여자를 싫어한 사람이라는 평가를 받고 있지만, 실제로는 여성 심리에 대해 뛰어난 통찰력을 가진 작가였다.
비사교적이어서 살라미스 섬의 동굴에서 고독하게 책들에 둘러싸인 채 집필에 열중했다고 한다. 현존하는 작품은 19편으로, 이 가운데 『히폴리토스』(BC 428), 『트로이의 여인들』(BC 415), 『헬레네』(BC 412), 『주신 바코스의 시녀들』(BC 405), 『페니키아의 여인』 등이 유명하다. 현실과 인간에 대한 확실한 인식을 바탕으로 일상적 인간관계를 대담하게 신화 속에 도입해 일종의 심리적 사실주의를 확립했다. 니체는 그를 '비극적 죽음'의 하수인이라고 불렀다. 기원전 406년에 사망했다.●

남편에게 버림받은 메데이아의 비애와 분노

무대는 코린토스이다. 의지할 데 없는 타향에서 두 아이의 어머니인 메데이아는 이제 그 나라의 공주와 혼인이 결정된 남편 이아손에게 버림받게 되었다. 예전에 그녀는 흑해의 동해안에 있는 고향 콜키스에서 그리스의 영웅들을 이끌고 금으로 된 양가죽을 찾아 아르고호를 타고 원정 온 이아손을 보고 첫눈에 반했다. 그녀는 아버지를 배신하고 동생을 죽이면서까지 그를 도와 도망을 쳤고, 이아손과 함께 그의 고향으로 갔으나 그곳도 안주의 땅이 되지 못해 겨우 이 코린토스에서 도망자의 신분이 되어 살아가고 있었다. 그런데 이제 눈앞에 사랑의 파국이 다가온 것이다. 때마침 찾아온 옛 친구인 아테네 왕에게 부탁해 피신할 장소를 마련한 그녀는 배신당한 사랑과 상처받은 자존심 때문에 증오에 사로잡혀 복수를 결심한다.

그녀는 먼저 독약을 바른 아름다운 예복과 황금으로 된 관을 신부에게 줄 선물이라며 아이들에게 들려 보낸다. 독약에 중독된 데다 황금 왕관에서 타오른 불길로 인해 화염에 휩싸인 신부는 자신을 살리려고 달려든 부왕과 함께 참혹한 죽음을 맞는다.

이어서 메데이아는 자기 자식들도 죽이려고 하다가 사랑스럽게 미소 짓는 아이들의 반짝이는 눈을 보고 마음이 바뀌어 모성애와 복수 사이에서 갈등한다. 그러나 결국 분노를 이기지 못하고 칼로 아이들을 살해한다. 급보를 듣고 이아손이 뒤늦게 달려와 용서를 빌며 땅바닥에 엎드려 울부짖지만, 용이 이끄는 마차를 타고 아이들의 시신을 팔에 안은 채 복수의 기쁨에 취해 괴물처럼 웃는 메데이아는 그를 비웃으면서 허공으로 사라진다.

마녀 메데이아의 극단적인 성격을 부각

내연의 남편에게 버림받고 복수를 위해 자기 자식까지 죽인 여자라고 하면 지극히 현대적인 인상을 주는데, 벌써 기원전 5세기에 그렇게 격렬하고 복잡한 심리와 감정으로 우리를 놀라게 하는 여성이 창조되었다.

그것이 메데이아이다.

전설에 따르면 메데이아는 '태양신'의 핏줄을 이어받아 마술의 능력을 갖추었던 여성인데, 극 중의 그녀는 '극단적인 성격'으로 '적에게는 가차 없고 친한 사람에게는 온 마음을 다 바치는' 평범한 여성이다. 또한 "아이를 낳는 것에 비하면 두 번이고 세 번이고 전쟁에 나가는 편이 낫다"며 남녀 불평등과 여자의 불리한 입장을 논리적으로 지적하고, 냉정하게 면밀한 복수 계획을 세우는 총명한 지성을 갖추고 있다.

드라마의 클라이맥스에서 그녀가 아이들을 끌어안으면서 "보드라운 살결, 아아 달콤한 숨결! …… 내가 얼마나 잔인한 짓을 하려고 하는지 알고 있다. 하지만 이 끓어오르는 분노가 그런 생각보다도 더 강한 것이다"라고 말할 때 인간의 자기 의식이나 사려를 넘어 버리는 부조리한 정열의 힘에 우리는 압도되어 버린다.

| 작품 속의 명문장 |

"여자 같은 것은 이 세상에 아예 존재하지 말고 어디 다른 곳에서 아이들이 생기면 좋을 텐데. 그러면 인간에게 재앙이 아예 없어질 것을."

『메데이아』

NOTES

● 에우리피데스가 쓴 『주신 바코스의 시녀들』에서 주인공 펜테우스를 미친 여자들이 찢어 죽이는데, 에우리피데스 자신도 마케도니아에서 한밤중에 미소년의 집으로 가던 중 여자들에게 습격당해 그렇게 죽었다고 한다.

소포클레스(Sophocles)

오이디푸스 왕

(Oidipūs Tyrannos)

『콜로노스의 오이디푸스』, 『안티고네』와 함께 소포클레스의 3대 비극이라고 일컬어지는 이 작품은 고대 그리스의 독특한 세계관과 문화의 산물이다. 저주받은 한 인물의 운명을 추적하면서 인간의 힘을 초월한 운명에 대해 이야기하고 있다.

INTRO

소포클레스(Sophocles, BC 496?~BC 406)는 고대 그리스의 3대 비극 시인 가운데 한 사람으로, 기원전 496년경에 아테네에서 태어났다.

소년 시절에는 음악을 공부해 살라미스 해전의 전승을 기념하는 축하연 때 합창대를 이끌고 노래와 춤을 선보였다. 또한 자기 작품에 나오는 신화적 시인 타미리스 역으로 출연해 하프를 켜는 모습은 벽화로까지 그려졌다고 한다.

공적 생활 경력도 화려해 재무관과 장군, 제관 등의 요직을 역임했다. 123편의 극을 썼고, 비극 경연 대회에서도 24번이나 우승했으며, 2등 이하가 된 적은 한 번도 없었다.

현존하는 작품은 일곱 편으로, 『안티고네』, 『엘렉트라』, 그의 '스완 송**Swan Song**'이자 『오이디푸스 왕』의 속편이라 할 수 있는 『콜로노스의 오이디푸스』가 유명하다. 입이 험한 희극 작가 아리스토파네스●까지도 소포클레스의 조화롭고 고결한 인품에는 찬사를 아끼지 않았다.

보수주의자였던 그의 작품에는 항상 조화와 질서가 중심이 되었는데, 그러면서도 그는 사상가나 지식인이기에 앞서 탁월한 드라마 작가였다. 기원전 406년에 사망했다.

아버지를 죽이고 어머니를 왕비로 삼은 오이디푸스 왕의 비극

무대는 돌림병에 시달리는 테베이다. 예전에 스핑크스의 수수께끼를 풀어 이 나라를 고난에서 해방시킨 뒤 왕이 된 오이디푸스●가 시민들의 탄원에 귀를 기울이고 있다.

그는 이전에 '아버지를 죽이고 어머니와 관계를 가져서 아이를 낳는다'는 신탁을 받아 그 불안 때문에 고향인 코린토스를 떠났는데, 방랑하던 도중에 포키스의 삼거리에서 초로의 남자를 죽인 적이 있었다. 그런데 지금 왕비의 동생 크레온이 가지고 온 신탁에 의하면, 돌림병의 원인은 선왕 라이오스를 살해한 일로 인해 피가 더러워져서 그런 것이며, 구제책은 범인을 추방하거나 피로 보상하는 길뿐이라는 것이었다.

범인 수색에 나선 왕은 먼저 맹인 예언자인 테이레시아스를 부른다. 침묵을 지키던 예언자는 왕의 모욕에 화가 나서 왕 자신이 범인이고, 어머니를 아내로 삼아 아이를 가진 사람으로 나중에는 맹인이 되어 방랑할 운명을 가졌다고 암시적인 말로 이야기한다.

이 말이 크레온의 음모에 의한 것이라고 생각한 왕이 크레온과 격론을 벌이는데 왕비 이오카스테가 중재하러 들어와 왕을 진정시키려는 목적으로 자신들이 받은 신탁('라이오스 왕은 자기 자식에게 죽임을 당한다')이 실현되지 않았다는 것(곧, 아이는 산속에 버렸고, 왕은 여행 도중에 산적들에게 습격당해 살해되었다는 것)을 이야기하는데, 오이디푸스는 짐작 가는 일이 있어 불안해진다.

때마침 코린토스에서 온 사자의 말에 의해 오이디푸스가 키타이론의 산속에서 라이오스 왕의 양치기로부터 이 사자의 손에 넘겨진 아이였다는 사실이 판명된다. 진상을 알아차리고 수색을 중지해 달라는 왕비의 말을, 왕의 천한 신분이 드러날까 두려워하는 여자의 마음에서 나온 것이라 여긴 왕은 유일한 증인인 늙은 양치기를 불러 끝까지 진실을 캐낸다.

결국 모든 것이 사실이었음을 깨달은 왕은 저택 안에서 이미 자살해 버린 어머니이자 아내이기도 한 이오카스테의 옷에 달린 금 브로치로 자신의 두 눈을 몇 번이고 찌른다.●

운명 앞에 굴복하는 인간의 나약함

"인간 가운데 가장 뛰어난 자이고 스스로 은혜를 많이 받은 운명의 소유자임을 믿는다"고 공언하는 오이디푸스도 기구한 운명의 함정에서 끝내 도망치지 못한다.

파멸에도 아랑곳하지 않고 나라를 구하려는 선의에 찬 열의와, '아무리 천한 출생이었다 해도 내 진짜 신분을 끝까지 찾아내겠다'고 하는 엄청난 집념 때문에 비참한 자기 발견을 하게 된 그는 맹목적으로 살아왔으면서도 스스로는 그 사실을 깨닫지 못했다. 더구나 무엇인가를 상대로 용감하게 싸우려고 하는 인간의 영광과 비참함을 모두 구현한 인물이라 할 수 있다.

| 작품 속의 명문장 |

"이제까지 꿈속에서라도 어머니와 관계한 인간은 많습니다."

『오이디푸스 왕』 982행

* 프로이트 이론을 2000년 이상 앞선 유명한 문구이다.

NOTES

● 고대 그리스의 희극 시인인 아리스토파네스(Aristophanes, BC 445?~BC 385?)는 철학과 소피스트, 교육, 전쟁 등의 문제를 풍자하는 작품을 많이 남겼다. 그는 특유의 끝없는 상상력과 달콤한 서정성, 웃음의 요소 등을 통해 고대 그리스 희극의 대표자로 평가받고 있다.

● 오이디푸스라는 이름은 부모가 그를 산속에 버릴 때 양 발목의 복숭아뼈에 구멍을 내어 묶었기 때문에 발이 부었다는 뜻에서 유래된 것으로, '붓다'라는 뜻의 오이데인**oidein**과 '발'이라는 뜻의 푸스**pous**가 합쳐진 말이다.

● 『오이디푸스 왕』은 아리스토텔레스가 비극을 정의할 때 전형적인 비극의 모델로 언급한 작품이다. 곧, 아리스토텔레스에 따르면 우리보다 도덕적·사회적으로 탁월한 사람이 몰락하는 과정을 지켜보면서 관객들은 공포와 연민을 경험하게 되며, 아울러 카타르시스를 느끼게 된다는 것이다.

발미키(Vālmīki)

라마야나

(Rāmāyaṇa)

후세의 문학과 종교, 사상에 큰 영향을 미친 『라마야나』는 『마하바라타』와 쌍벽을 이루는 인도의 대서사시로, 성스러운 사랑 이야기와 함께 인생의 규범과 철학, 수행의 방법, 사색적 사유 등의 내용을 세련된 문체로 그려 내고 있다.

INTRO

대서사시 『라마야나』는 기원전 3세기경에 활동했던 인도의 시성詩聖 발미키(Vālmīki), ?~?)가 쓴 작품으로 전해지고 있는데, 오래전부터 전승되던 라마에 관한 이야기를 발미키가 하나로 정리해 편찬한 것으로 보이며, 그 연대는 기원전 수세기 무렵으로 추정된다.

발미키는 전에 야만족들 사이에서 거친 생활을 하다가 나라다 신선에 의해 그 재능을 인정받고 치트라쿠타 숲에서 고행 연마에 정진했다. 그때 우연히 라마와 시타가 코살라 왕국에서 추방된 뒤 이 숲에 이르러 그때까지의 경위를 그에게 이야기했다. 나중에 시타는 라마로부터 정절을 의심받고 다시 이 숲으로 들어와 라바와 쿠사라는 두 아이를 낳았고, 발미키는 이 두 아이들에게 라마 왕의 생애에 대해 이야기해 주었는데, 그것이 이 『라마야나』이다.

현재 전하는 『라마야나』는 일곱 편 2만 4,000개의 산스크리트 시구로 이루어진 장대한 작품으로, 원형은 제2~6편이고, 제1편과 제7편은 2세기 무렵에 덧붙여진 것으로 보인다.●

라마의 모험을 그린 대서사시

그 옛날 갠지스 강 북쪽 기슭에 있던 코살라 왕국은 다사라타 왕의 치하에서 번영을 누리고 있었다. 왕에게는 3명의 왕비가 있었는데, 왕비 카우살랴는 라마 왕자를, 왕비 카이케이는 바라타 왕자를, 왕비 수미트라는 사트루그나와 락슈마나라는 쌍둥이 왕자를 낳았다. 다사라타 왕이 나이가 들자 큰아들인 라마를 태자로 정하고 태자로 등극하는 의식을 거행하게 되었다. 수도 아요디아는 아름답게 장식되고, 이웃 나라의 왕들도 의식에 참석하기 위해 모여들었다. 그런데 의식의 전날 밤, 총애하던 왕비 카이케이가 왕과 한 약속을 앞세워 자신의 아들 바라타를 태자로 삼고 라마를 14년간 내쫓으라고 왕에게 다그치자, 라마는 태자비 시타와 동생 락슈마나를 데리고 수도를 떠났다. 부왕의 죽음과 함께 바라타는 형 라마를 왕으로 맞아들이려 하나 라마가 부왕의 뜻을 지켜 이를 받아들이지 않자 형을 대신해 정무를 보게 되었다.

숲 속에 은둔한 라마는 숲의 정적을 어지럽히는 악마를 혼내 주는데, 마왕 라바나가 이를 못마땅하게 여겨 태자비 시타를 납치한 뒤 랑카(지금의 스리랑카)의 성에 감금했다. 라마는 락슈마나와 함께 시타를 찾는 여행길에 올랐다가 도중에 원숭이 왕을 살려 주어 그들의 도움을 받게 되었다. 원숭이 장군 하누만은 시타를 찾는 일에 동참하고, 라마와 원숭이 군대는 바다를 건너 랑카로 쳐들어가 격전 끝에 마족魔族을 궤멸하고 시타를 구출했다.

시타는 정절을 의심받지만 불의 신에 의해 깨끗함이 증명되어 라마와 함께 수도로 개선했다. 그러나 시타는 국민들 사이에 의심하는 사람이 아직도 있음을 한탄하며 몸의 결백을 증명하기 위해 숲으로 물러나 땅속으로 사라졌다.

왕족의 이상적인 인격을 상징하는 라마

라마는 인도인들에게 이상적인 남성이다. 코살라 왕국의 왕자로 태어난 그는 학문이 깊고 덕이 많았으며 특히 활 솜씨가 뛰어났다. 궁궐 안의 갈등은 아마도 역사적 사실을 전하는 것이겠지만, 나중에 덧붙여진 제1편과 제7편의 라마는 비슈누●의 일곱 번째 화신으로 간주되었고, 그 결과 후세의 힌두교에서는 라마를 신으로 숭배하게 되었다.● 이 대서사시에는 주인공 라마 외에 정절의 화신인 태자비 시타, 용감한 원숭이족 하누만, 흉악한 마왕 라바나가 등장해 활약한다.

| 작품 속의 명문장 |

"대지에 산이 우뚝 서고 강물이 흐르는 한 라마의 시는 이 세상에 오래도록 남아 있을 것이다."

* 창조신 브라마는 시인 발미키에게 라마 왕의 행적을 시로 써서 찬미하라고 하면서 이렇게 약속했다고 한다.

NOTES

- '라마야나'는 '라마가 나아간 길'을 뜻한다.
- 비슈누**Visnu**는 힌두교에서 브라만·시바와 더불어 3대 신으로 꼽히는 천신**天神**으로 우주의 질서를 관장하며, 도덕률의 원상 복구자로 숭배된다.
- 라마는 모든 인도인들이 경애하는 인물이기 때문에 인도인들은 앵무새에게 말을 가르칠 때 "라므, 라므"라고 말하게 한다.

작자 미상

천일야화

원제 ; 알프 라일라 와 라일라Alf laylah wa laylah (Arabian Nights)

『아라비안 나이트』라고도 한다. 인도와 이란·이라크·시리아·아라비아·이집트 등의 갖가지 설화가 포함된 180여 편의 이야기로 이루어져 있으며, 사랑과 범죄, 역사에 관한 이야기와 여행기, 교훈담, 우화 등을 그 내용으로 하고 있다.

INTRO

『천일야화』는 중세 페르시아에 전해 오던 『하자르 아프사나크』(1,000가지 이야기라는 뜻)를 토대로 만들어졌다고 하며, 인도 페르시아 계열의 이야기는 이슬람교 이전의 모습을 나타내고 있는 데 비해, 이집트 계열이나 십자군 시대를 다룬 것은 상당히 후대의 모습을 그리고 있어 최종적으로는 14~15세기에 이집트에서 정리된 것으로 보인다. 이와 같이 상당히 오랜 시간에 걸쳐 다양한 이야기를 포함하고 있는데, 주된 무대는 이슬람교의 영향 아래 놓여 있는 이라크(바그다드를 중심으로 한다)와 이집트(카이로를 중심으로 한다)이며, 『아부 알하산과 여자 노예 타와두드』처럼 이슬람교의 영향이 강한 것도 포함되어 있다(이는 교양이 풍부한 타와두드가 이슬람의 여러 지식을 늘어놓는 이야기).
많은 모험 이야기에는 큰 바다를 건너 먼 나라로 가는 항해가나 상인들이 종종 등장하고, 먼 나라에서 가지고 돌아오는 진귀한 물건들이 나와서 동서 간의 왕래가 왕성했음도 보여 주고 있다. 『천일야화』는 중세 이슬람 세계를 아는 데 매우 귀중한 기록이다. 이런 매력적인 이야기 모음이 유럽에 알려지게 된 것은 프랑스인 앙투안 갈랑이 18세기 초에 이 이야기의 일부를 번역해 출간하면서부터이다. 그 무렵 동방 세계에 눈을 돌리기 시작한 유럽 사람들은 이 환상적인 이야기를 매우 흥미롭게 받아들였다. 그 뒤 레인의 영어 번역과 바일의 독일어 번역, 페인의 영어 번역으로 이어졌고, 19세기 후반이 되자 유명한 버턴의 영역판이 나왔다.

페르시아 왕 샤리아르와 대신의 딸 샤흐라자드의 스토리

아랍어 원제인 '알프 라일라 와 라일라'는 이야기의 처음과 마지막에 놓인 '이야기 틀' 속에 낀 형태로, 180편이나 되는 장편과 단편이 1001일

밤(원어로 알프 라일라 와 라일라) 사이에 이야기된다는 데에서 유래되었다. 어째서 1001이라는 숫자가 선택되었는가 하는 점은 분명하지 않지만, 터키어로 1001은 '많다'를 뜻하므로 그 영향이 있다는 설도 있다. '이야기틀'의 줄거리는 다음과 같다.

중세 페르시아의 샤리아르 왕은, 사마르칸트의 왕인 동생 샤자만이 보고 싶어서 자신의 수도로 초청했다. 동생은 형이 살고 있는 수도를 향해 출발했다가 잊어버린 물건이 생각나서 궁전으로 되돌아갔다. 그리고 자기 아내가 흑인 노예와 불륜을 저지르고 있는 장면을 목격하고 두 사람을 죽인 뒤 형에게로 갔다. 그러나 마음이 즐겁지 않아 형이 사냥하러 가자고 하는 것을 거절하고 궁전에 남아 있었다.

그런데 형의 부인도 흑인 노예와 불륜을 저지르고 있는 모습을 창문을 통해 보고는 이런 일이 자기 혼자한테만 일어나는 것이 아님을 깨닫고 활기를 되찾았다. 사냥에서 돌아온 형은 동생이 힘을 되찾은 것을 보고 그 이유를 물었다. 그러고는 동생이 말한 대로 일단 궁전에서 나갔다가 되돌아와 왕비가 간통하고 있는 모습을 보았다.

그 뒤에 두 사람은 세상이 모두 이런 것일까 싶어 여행을 떠나 마신魔神이 데리고 있던 미녀로부터 유혹을 당한다(그녀는 마신이 잠든 사이에 570명의 남자와 간통했다고 자랑한다). 이 모습을 본 샤리아르 왕은 동생을 데리고 궁전으로 돌아가 부정을 저지른 왕비와 그 상대, 이를 흉내 내고 있던 남녀 신하들을 모조리 죽였다.

이렇게 해서 여자들에 대한 불신을 갖게 된 왕은 매일 한 사람씩 처녀를 데리고 오게 하여 같이 자고는 죽여 버렸다. 마지막으로 대신의 두 딸인 샤흐라자드와 둔야자드밖에 남지 않게 되었는데, 동생 샤흐라자드가 재미있는 이야기를 시작하는 바람에 왕은 그 이야기를 도중에서 그만두게 하기가 아까워 드디어 1001일 밤 동안 그 이야기를 듣는다. 그 뒤로 여자들에 대한 증오심이 사라진 왕은 샤흐라자드를 왕비로 맞아들여 행복한 결말을 맺는다(그 사이에 왕자가 3명이나 태어났다고 하는 판본도 있다).

그런데 이 거대한 이야기 모음에는 180편이나 되는 이야기(장편에 다른 짧은 이야기가 들어 있는 등 숫자를 세기가 힘들다)가 포함되어 있어서 주된 이야기를 꼽는 것이 쉽지 않은데, 대개 다음과 같은 세 종류(모험 이야기, 사랑 이야기, 우화)로 나뉜다.

사랑과 모험의 이야기

이 이야기 모음 가운데 아마 가장 잘 알려져 있을 것으로 생각되는 『신드바드의 모험』●은 모험 이야기에 속한다. 『알리바바와 40인의 도적』, 『알라딘과 요술 램프』도 같은 소재를 다루고 있지만, 이 두 이야기는 원전에는 들어 있지 않다. 아마도 시리아 등지의 옛날이야기를 나중에 덧붙인 것으로 보인다.

『신드바드의 모험』은 7회로 이루어져 있는데, 그 가운데 마지막 2회에는 사란디브(실론 섬, 지금의 스리랑카)라는 지명이 나오므로 이 인근 지역을 이야기의 배경으로 하고 있는 것은 분명하며, 『청동 도시』의 이야기처럼 가공의 지역도 종종 나온다. 우마이야 왕조 시대(7세기)처럼 이슬람 세력이 확대되는 시대를 배경으로 한 『청동 도시』는 북아프리카나 이베리아 반도의 이교도 도시를 모델로 하고 있는 것으로 보인다.

은혜를 갚는 새에 관한 이야기가 포함되어 있는 『바소라의 하산』은 모험 이야기와 사랑 이야기를 섞은 것이라고 할 수 있다. 에로틱한 장면이 나오는 『바그다드 짐꾼과 세 여자 이야기』(무대는 바그다드)나 『'검은 점' 이야기』(무대는 주로 카이로)도 모험 이야기와 사랑 이야기를 섞은 것인데,

현실적인 느낌이 훨씬 강하다.

사랑 이야기로는 『바소라의 하산』과 같은 페르시아 계열(환상적인 것) 외에 이란 계열(멜로드라마풍)과 이집트 계열(코미디풍)이 있다. 이란 계열의 대표적인 것으로는 『누르 알 딘 알리와 아니스 알 잘리스의 이야기』, 『사랑의 노예 가님 이븐 아유브 이야기』, 『아지즈와 아지자』 등이 있는데, 마지막으로 꼽은 중편은 삼각관계와 사랑받지 못하는 여자의 순애를 다루고 있다. 이집트 계열에는 『알리 샤르와 주무루드 이야기』, 『카마르 알 자만 이야기』 등이 있는데, 현실과 환상이 뒤섞이고 장난과 조롱의 장면이 들어 있는 것이 특징이다. 우화에는 인도 계열의 동물 우화(이솝풍의 이야기)와 페르시아 계열과 이집트 계열의 약간 호색적인 이야기 외에 바그다드 전성 시대(8세기)의 이슬람 교주 하룬 알 라시드나 그 밖에 아랍 명사들을 주인공으로 한 일화나 전설도 포함된다.

이미 언급한 것처럼 『천일야화』에는 본래의 아랍 외에 인도, 페르시아 또는 그리스의 영향이 나타나 있고, 등장인물도 실로 다양하다. 또한 판타지는 그 범위가 매우 넓어 많은 마신(진●, 여성형은 지니)이나 괴조怪鳥 로크, 마신을 불러내는 반지나 램프, 주문으로 열리는 문이나 하늘을 나는 양탄자 등이 이야기를 꾸며 주고 있다.

NOTES

● 『천일야화』 가운데 『신드바드의 모험』에 나오는 괴조 로크는 모델이 있었던 것으로 보인다. 마르코 폴로의 『동방견문록』 속에도 소개되어 있는데, 그 새의 날개는 끝에서 끝까지 길이가 50척(약 15미터)이나 되었다고 한다.

● 『천일야화』 속에 나오는 '진'은 정령의 총칭이다. 한편 아랍어로 광인을 마주눈**Majunun**이라고 하는데, 이는 '진에게 사로잡힌 자'라는 뜻이다.

알리기에리 단테(Alighieri Dante)

신곡
(La Divina Commedia)

'지옥편', '연옥편', '천국편'의 세 편을 통해 한 인간이 죄악의 현실에서 벗어나 구원을 얻고 이상적인 신의 세계로 다가가는 모습을 형상화하고 있다. 교황의 권력을 '신의 사랑'에 기준을 두면서 비판하고 있다.

INTRO

알리기에리 단테(Alighieri Dante, 1265~1321)는 이탈리아의 시인이다. 1265년에 피렌체에서 태어났으며, 집안은 신분이 높지 않은 귀족으로 가난했다. 1274년 5월 피렌체의 명문 폴코 포르티나리의 딸로 9세가 되는 베아트리체를 만나 이 미소녀를 사랑하게 되었는데, 그때 단테도 9세였다. 두 사람은 9년 뒤에 해후했고, 그 이후로 그녀는 단테의 영원한 여성이 되었다.●

1292년에 처녀작인 『신생新生』을 썼는데, 이는 그녀와의 사랑을 주제로 한 운문이 섞인 산문 작품이었다. 초등 교육을 피렌체에서 이수하고 1285년부터 2년간 볼로냐대학교에서 수사학과 철학, 의학을 배웠다. 1290년에 베아트리체가 요절하자 그는 깊은 슬픔에 빠져 보이티우스●의 『철학의 위안』 등을 탐독했다.

1295년에 젬마 도나티와 결혼했고, 귀족의 공직 금지를 정한 '정의의 정령政令'이 완화되자 관직을 얻어 정치 활동을 시작해 1300년에 통령統領으로 선출되었다. 1300년 3월 10일 반대당에 의해 추방당한● 단테는 각지를 방랑하며 『향연』(1306~1308), 『속어론俗語論』(1304~1307), 『제정론帝政論』, 『신곡』(1304~1313) 등을 집필했다. 그중에서도 『신곡』은 규모와 내용 모두 중세에서 르네상스 시대 사이에 나온 작품 가운데 최고의 걸작으로 꼽힌다. 1317년 영주 구이드 노벨로 다 폴렌타의 초청으로 라벤나로 간 단테는 그곳에 가족들을 불러모아 조용하게 문필 생활을 할 수가 있었고, 1321년 9월 13일에 그곳에서 사망했다.

단테의 사후 세계 여행담

1300년 4월 7일 단테가 35세가 되던 해 부활절 직전의 성聖목요일에 일어난 일이다. 그는 우연히 길을 잃어 '어둠의 숲'으로 들어가게 되었다. 간신히 '어둠의 숲'에서 탈출한 뒤 정죄산淨罪山을 오르기 시작하는데, 표범과 사자, 암늑대가 나타나 죽음의 위기에 처한다. 그때 성모 마리아의 명령을 받은 베아트리체가 연옥에서 로마의 시인 베르길리우스의 영혼을 불러내 단테를 구해 달라고 부탁한다. 현장으로 달려온 베르길리우스는 현세로 돌아가려면 지옥과 연옥, 천국을 순례하지 않으면 불가능하다고 말하고, 이에 두 시인은 피안의 세계 여행을 시작하게 된다.

절구 모양을 한 지옥은 제1영역에서 제9영역까지 있는데, 내려갈수록 죄가 무거운 자가 벌을 받고 있었다. 예를 들면 제4영역에서는 인색한 자와 낭비한 자가 무거운 금화가 가득 담긴 자루를 서로에게 밀어내고 있었고, 제5영역에서는 이단자가 석관 속에서 불타고 있었다. 제8영역 다섯 번째 장소에서는 직권을 남용해 부정을 저지른 자가 펄펄 끓는 콜타르에 몸을 담그고 있었고, 지옥 밑바닥에는 3개의 얼굴을 가진 악마의 대왕 루치페로가 3명의 반역자, 곧 유다와 브루투스, 카시우스를 씹어 먹고 있었다.

다음으로 터널을 지나 두 사람이 다다른 곳은 섬의 해변으로 연옥의 가장자리였다. 이윽고 천사가 나타나 단테의 이마에 죄를 뜻하는 P라는 글자를 7개 새겼는데, 그것은 산에 오르자 차례차례 사라져 갔다. 원형의 층을 이루고 있는 산은 밑에서부터 꼽아 첫 번째 원에서 아홉 번째 원까지 있었고, 정상에는 지상의 낙원이 있었다. 도중에서 단테는 갖가지 죄가 정죄되는 것을 보았다. 예를 들어 두 번째 원에 있는 영혼은 선망羨望의 죄를 범한 자들이었는데, 눈꺼풀이 철선으로 꿰매져 있었고, 여섯 번째 원의 식탐이라는 죄를 범한 영혼의 눈앞에는 물과 과일의 환상이 나타났다가 손을 대려고 하면 사라졌다. 지상의 낙원에는 과거를 잊어버리는 공덕이 있는 레테 강과 선행을 기억하는 공덕이 있는 에우노에 강이 있었는데, 단테는 양쪽 강물에 다 들어갔다.

이윽고 시종의 호위를 받으며 가마를 탄 베아트리체가 나타나 천국 여행에 대비해 자신과 그리핀의 눈에 비친 태양 광선을 단테의 눈에 반사시켜 눈을 단련하게 하고, 첫 번째 하늘인 월천月天, 두 번째 하늘인 수성천水星天, 세 번째 하늘인 금성천金星天, 네 번째 하늘인 태양천太陽天, 다섯 번째 하늘인 화성천火星天, 여섯 번째 하늘인 목성천木星天, 일곱 번째 하늘인 토성천土星天, 여덟 번째 하늘인 항성천恒星天, 아홉 번째 하늘인 원동천原動天, 열 번째 하늘인 지고천至高天 등을 차례대로 방문한다. 여섯 번째 하늘에서는 고조부인 카차구이다로부터 피렌체의 미래에 대한 예언을 듣고, 지고천에서는 신의 성스러운 얼굴을 보며 삼위일체의 뜻을 깨닫게 된다.

열렬한 가톨릭 신자이자 애국자였던 단테

주석자인 보카치오에 따르면, 단테는 약간 등이 구부정하고 가무잡잡하며 머리카락이 곱슬곱슬했기 때문에 피렌체에서는 그것이 지옥 불에 탔기 때문이라며 험담을 했다고 하는데, 『신곡』에서는 단테의 외모에 대해 그다지 자세하게 나오지 않는다. 다만 '연옥편' 제30장에 베아트리체가 "당신은 내 말을 듣고 마음 아파하고 있는가. 수염을 들라……"고 되어 있는 것을 보면 수염을 기르고 있었던 것으로 보인다.

그러나 그는 자신이 오만하다는 사실을 자각하고 있었다. 그것은 연옥 세계의 첫 번째 원에서 무거운 짐을 지고 오만의 죄를 씻고 있는 자를 본 뒤에 두 번째 원에서 선망의 죄를 범한 자가 철선으로 눈꺼풀이 꿰매진 채 앉아 있는 것을 보고 "죽으면 내 시력도 여기서 잃게 되겠지만 그것도 얼마 안 되는 기간일 것이다. 왜냐하면 나는 별로 남을 부러워하는 죄를 범하지는 않았으니까. 오히려 첫 번째 원에서 벌을 받는 기간이 길 것 같아서 그 점이 나를 불안하게 한다"고 말하고 있는 것을 보면 알 수 있다.

작품 속의 단테가 가장 심하게 미워하는 대상은 원래 청렴결백해야 할 성직자들이 세속적인 물욕에 눈이 멀어 세상의 영달을 꾀하거나 돈을 모으는 것이다. 그래서 그들이 왜 그렇게 되었는지 그 이유를 연구하기도 하고, 청빈의 덕을 외치며 이를 몸소 실천한 성聖 프란체스코를 찬양하기도 한다.

그와 동시에 단테의 관심은 피렌체의 장래에 있었던 것으로 짐작된다. 그는 지옥과 연옥, 천국을 돌아보면서 미래를 예언하는 능력을 가진 사람, 예를 들면 파리나테 델리 우베르티나 단테의 고조부인 카차구이다의 영혼을 만나서 곧바로 피렌체의 장래에 대해 물었고, 어두운 예측을 들을 때마다 낙담하곤 했는데, 이것은 그가 열렬한 가톨릭 신자인 동시에 피렌체의 애국자였음을 나타내는 태도여서 흥미롭다.

| 작품 속의 명문장 |

"남의 빵이 얼마나 쓰고, 남의 계단을 오르내리는 것이 얼마나 힘든지 네가 직접 경험할 것이다."

'천국편' 제17장 58~59행

"나의 뒤를 따르라. 그리고 평가는 후세 사람들에게 맡겨라."

'연옥편' 제5장 13행

* 마르크스는 이 문구를 『자본론』 제1서문 속에서 다음과 같이 바꾸어 인용했

다. "그대의 길을 가라. 그리고 평가는 후세 사람들에게 맡겨라."

NOTES

● 단테는 아내 젬마를 통해 3남 2녀를 낳았는데, 딸들 가운데 하나에게 베아트리체라는 이름을 붙여 그의 첫사랑이자 평생 동안 동경해 마지않았던 베아트리체를 기렸다고 한다.

● 보이티우스(Anicius Manlius Severinus Boethius, 480?~524)는 고대 로마의 철학자로, 반역죄의 모함을 받아 투옥되었을 때 옥중에서 『철학의 위안』을 썼다. 이 책은 그리스도교와 플라토니즘이 융합된 내용으로 되어 있으며, 중세의 스콜라 철학에 큰 영향을 주었다.

● 피렌체에서 추방당한 단테는 이탈리아 전국을 방랑했는데, 볼로냐에서는 시인으로서의 명예를 상징하는 월계관을 받도록 권유받았으나 머릿속에 피렌체에서의 명예만을 생각하고 있던 단테는 이 제의를 사양했다고 한다.

조반니 보카치오(Giovanni Boccaccio)

데카메론
(Decameron)

사람의 육체적 욕망을 제재로 하여 인간의 본능과 악덕, 허영 등을 폭로하고 있는 이 작품은 영적인 문제에 주목했던 중세적 시각을 타파하고 르네상스 시대로 전환하는 과도기의 모습을 생생하게 보여 주고 있다.

INTRO

이탈리아의 인문학자 조반니 보카치오(Giovanni Boccaccio, 1313~1375)는 1313년 피렌체 근교의 체르탈도에서 상인인 아버지와 프랑스인인 어머니 사이에서 태어났다. 산로렌초 교회에서 나폴리의 로베르토 왕의 딸 마리아를 만나 사랑에 빠졌다. 그 이후로 그녀는 그의 작품에 피아메타라는 이름으로 등장하는데, 그녀의 도움으로 나폴리 궁정을 출입하는 문인과 학자들을 알게 되었다.

그가 쓴 작품으로는 『사랑의 고통』(1336~1340), 『일 필로스트라토』(1337~1339), 『테세이다』(1339~1340), 『아메토의 요정』(1341~1342), 『사랑의 환상』(1342), 『성녀 피아메타에게 바치는 애가』(1343), 『데카메론』(1348~1353), 『단테 알리기에리의 생애』(1357), 라틴어 작품으로는 『목가시』(1350~1365), 『유명인들의 운명에 대하여』, 『뛰어난 여성들에 대하여』(1335~1374), 『이교 신들의 계보에 대하여』(1360), 『산·숲·샘·호수·강·늪 또는 습지와 바다의 이름에 대하여』(연대 미상) 등이 있다.

1350년에 프란체스코 페트라르카●를 만났고, 그 이후로 두 사람은 인문주의 운동에 매진하게 되었다. 그는 주로 문인이자 학자로서 평생을 보냈는데, 때로는 아비뇽의 교황 인노켄티우스 6세를 만나기도 하고, 각지의 궁정에 피렌체 특파 대사로 파견된 일도 있었다. 또한 1373년 피렌체의 산 스테파노디바디아 교회에서 단테의 『신곡』에 대한 강의를 하기도 했다. 말년에는 고향 체르탈도에서 은거하다가 1375년 12월 21일에 62세의 나이로 사망했다.

100편의 기상천외한 이야기

1348년 이탈리아를 강타한 페스트가 드디어 피렌체까지 이르렀을 때 이 시의 산타마리아노벨라 교회의 미사에 참석했던 7명의 귀부인들은 잘 아는 3명의 신사들을 초대해 전염병이 잠잠해질 때까지 교외의 별장에 은둔할 결심을 한다. 그리고 이들 10명의 청춘 남녀는 심심풀이로 각자가 매일 한 가지씩 10일 동안 이야기함으로써 도합 100가지의 재미있는 이야기를 서로에게 들려준다.

『데카메론』은 그 이야기들을 종합한 형식을 취하고 있는데, '데카메론'이란 '열흘 이야기'라는 뜻이다. 이야기에 등장하는 인물들은 참으로 다양하다. 교황과 추기경, 왕, 귀족, 제후, 신사, 숙녀, 기사, 병사, 주교, 수도원장, 재판관, 시장, 예술가, 고리대금업자, 공증인, 의사, 직공, 요리사, 농부, 도둑 등 사회의 모든 계층에 있는 사람들을 망라하고 있다.

또한 이 작품의 특징은 담화 형식으로 이야기를 구성하고 있다는 점인데, 그것은 보카치오가 고안한 형식이 아니라 『천일야화』 등 동방에서 받은 영향이라고 볼 수 있다. 그러나 『데카메론』의 질서 정연한 형식은 보카치오만의 특징으로, 10일 사이에 10명의 화자가 이야기를 한다고는 해도 매일 한 사람씩 사회자를 선출하고, 이야기가 끝나면 사회자의 명령으로 노래를 부르거나 춤을 추는 것으로 하루의 행사를 끝내는 등 그 진행 방법이 참으로 훌륭하다.

그 무렵 평판이 높았던 단테의 『신곡』이 신의 도리를 보여 주는 작품인 데 비해 『데카메론』은 인간의 본능과 악덕, 허위 등을 폭로하고 있는 작품이다. 따라서 이 책은 『신곡』과 대비되는 '인곡人曲'이라고도 불린다.

그러나 보카치오는 인문주의자이기도 했으므로, 인간 특히 여성의 예지를 칭송하려고 노력했으며, 그가 배운 라틴 작가 오비디우스나 호라티우스의 스타일을 모방해 페르시아와 인도, 중국 등지의 신기한 이야기 등도 도입함으로써 작품의 스케일을 크게 확대했다.

예로부터 『데카메론』은 호색적인 책으로 여겨졌다. 그러나 10일째 제1화의 성실한 에스파냐 기사나 10일째 제10화의 정숙한 그리셀다의 미담 등도 있으므로 일괄적으로 그렇다고 할 수만도 없다. 오히려 작품 속의 모험 이야기가 인기를 끌었다고 한다.●

이탈리아 특유의 밝고 유쾌한 주인공들

먼저 화자들을 살펴보자. 가장 나이가 많은 여성의 이름인 팜피네아는 '엄숙한 여인'이라는 뜻을 가지고 있으며, 당당하고 기품있는 태도로 동료들을 리드한다. 필로메나는 '노래를 좋아하는 여인'이라는 뜻으로, 팜피네아의 위성衛星과도 같은 존재이다.

엘리사는 로마 시대부터 있었던 고전적인 이름으로, 카르타고의 여왕 디도의 별명이기도 하다. 네이필레는 '새로운 사랑의 여인'이라는 뜻이고, 에밀리아는 '매력적인 여성'이라는 뜻이며, 라우레타는 '작은 월계관'이라는 뜻이다. 피아메타는 보카치오의 연인과 같은 이름으로 '작은 불꽃'이라는 뜻이다.

남자 쪽으로 필로콜로는 보카치오의 다른 문학 작품에도 나타나는 이름으로, '온몸이 사랑'이라는 뜻이다. 필로스트라토도 보카치오의 다른 작품의 제목이 되기도 한 이름으로, '사랑으로 강타당한 남자'라는 뜻이다.

마지막으로 디오네오는 제우스의 아내 디오네에서 따온 이름으로, 그녀의 딸이 아프로디테(비너스)였다는 점에서 그 또한 호색한으로 설정되어 있다. 이상 10명의 화자에 관한 성격을 설명했는데, 이들이 이야기했던 설화 속의 등장인물 중에도 특색 있는 사람들이 상당히 많다.

먼저 피렌체의 화가로 마음이 선량해 항상 속기만 하는 칼란드리노는 사랑스러운 인물로 등장하는데, 그를 속이는 간악한 악인 역으로는 브루노와 부팔마코가 나온다.

자기 연인에게 학의 한쪽 다리를 주어 버린 채로 주인의 식탁에 냈다가 추궁을 당하자 기발한 임기 응변으로 곤경을 벗어난 요리사 키키비오의 이야기도 있다.

또한 자신이 연모하는 아름다운 미망인에게 다른 애인이 생긴 줄도 모르고 겨울 밤에 눈 위에서 혼자 기다리다가 바람을 맞고, 그 보복으로 그녀를 속여 7월 대낮에 발가벗고 탑 위에 오르게 한 뒤, 모기와 파리에 시달리게 하는 젊은 학자 리니에리의 이야기도 있다.

이렇듯 지혜를 겨루는 이야기들이 상당히 많은데, 이런 이야기에 등장하는 인물들이 모두 밝고 유쾌한 사람들이라는 점도 이탈리아 작품다운 특징이다.

| 작품 속의 명문장 |

"어리석음은 종종 인간을 행복한 경지에서 끌어내려 큰 불행 속으로 끌고 들어가지만, 예지는 위험 속에서 인간을 구출해 훌륭하고 안전하며 평온한 곳으로 인도한다."

첫날, 제3화

"토스카나인을 상대할 때는 한쪽 눈만으로는 부족하다."

8일째, 제10화

"포도주는 인간에게 백약의 왕인데, 열이 있는 사람에게 해가 된다고 해서 포도주가 나쁘다고 할 수 있겠는가."

저자의 끝맺음에 나오는 말

NOTES

● 페트라르카(Francesco Petrarca, 1304~1374)는 아우구스티누스와의 대화 형식으로 자신의 고민을 고백한 『나의 비밀』로 유명한 이탈리아의 시인이자 인문주의자이다. 보카치오의 스승으로, 사제 간의 정이 우정에 가까울 만큼 남달랐던 것으로 전한다.

● 『데카메론』을 모방한 작품은 많지만, 그중에서도 같은 이탈리아의 작가인 반델로의 『노벨레』라는 단편소설집이 유명하다. 이 소설에는 호색적인 주제로 이루어진 작품들이 약 200편 수록되어 있다.

미겔 데 세르반테스(Miguel de Cervantes Saavedra)

돈 키호테
(El ingenioso hidalgo Don Quixote de la Mancha)

인물의 묘사와 발전 과정, 이야기의 역동성, 심리 변화에 중점을 두고 있다는 점에서 근대 소설의 효시로 일컬어지는 장편 풍자소설이다. 세르반테스는 이 작품을 통해 중세의 기사도와 기사도 문학을 풍자하고 있다.

INTRO

에스파냐의 소설가 미겔 데 세르반테스 사아베드라(Miguel de Cervantes Saavedra, 1547~1616)는 1547년 마드리드 근교의 대학 마을인 알칼라데에나레스에서 태어났다. 아버지는 외과 의사였는데, 각지를 전전하는 불안정한 생활을 하고 있었다. 그래서 정규 교육은 거의 받지 못했지만, 1569년에 인문학자 로페스 데 오요스가 편집한 펠리페 2세의 왕비 추모 시문집에 세르반테스의 시가 세 편 뽑혔을 만큼 어느 정도의 교양은 갖추고 있었다.

1570년에 이탈리아로 건너가 군대에 들어갔다가 이듬해 역사적으로 유명한 레판토 전투에서 영웅적인 활약을 했으나, 그때 화승총에 맞은 왼쪽 팔은 그의 말을 빌리자면 "오른손의 명예를 높이기 위해" 평생 쓰지 못하게 되었다.

전쟁에서의 공로가 인정되어 왕의 동생이자 제독이었던 돈 후안으로부터 훈장을 받고 귀국하던 중 터키 해적선의 습격을 받고 포로가 되어 그 뒤 5년 동안 알제리에서 노예 생활을 했다. 그동안 시도한 네 번의 탈출이 모두 실패로 끝나 사형당할 위기에 처했으나, 항상 동료들을 감싸는 그 호탕함에 적들도 감동해 목숨을 부지했다. 33세 때 겨우 풀려나 11년 만에 고국으로 돌아왔는데, 이것으로 세르반테스의 평생에서 영웅적인 시기는 끝이 난다.

그때까지의 공적을 무시당하고, 원하던 관직도 받지 못한 세르반테스는 문필로 출세하리라 마음먹고 희곡을 썼지만 성공하지 못했다. 1584년 18세 연하의 카탈리나 살라사르 이 팔라시오스라와 결혼했다. 그녀의 지참금으로 생활이 한때 나아지기도 했다. 그러나 1585년에 아버지의 죽음으로 가족들을 먹여 살려야 하는 책임감 때문에 펜을 버리고 에스파냐 '무적함대'의 식량 징발 담당, 세금 수금원 등으로 일하면서 안달루시아의 들판을 돌아다녔다.

그 사이에 주교의 영토에서 지나치게 징발을 하는 바람에 교회에서 파문당하기도 하고, 공금을 맡겨 두었던 은행가가 자취를 감추는 바람에 투옥되는 고생도 했다. 이는 세르반테스의 평생에서 가장 굴욕적인 시기였는데, 이런 괴로움 속에서 『돈 키호테』가 태어났던 것이다.●

1605년 58세에 발표한 『돈 키호테』는 출판과 동시에 대단한 평판을 얻어 각지에서 중판이 거듭되었으나, 판권을 싸게 팔아넘겼던 세르반테스의 생활은 전혀 나아지지 않았다. 그러나 이후 1616년에 죽을 때까지 그는 의욕적으로 창작 활동을 계속해, 12편의 단편소설을 수록한 『모범소설집』(1613), 『라만차의 현명한 기사 돈 키호테의 제2부』(1615), 그리고 사후 출판된 『페르실레스와 시히스문다의 사역 : 북방의 이야기』(1616) 등과 같은 대표작이 모두 말년에 집중적으로 집필되었다.●

악을 소탕하기 위한 '자칭 기사' 돈 키호테의 모험

라만차의 시골 구석에 사는 50세 남짓의 한 향사鄕士는 기사도 이야기를 너무 많이 읽은 나머지 정신이 이상해진다. 그의 광기는 이 소설의 본질과 관련이 있는 두 가지 사실로 요약해 이야기할 수 있다. 먼저 황당무계한 이야기에 씌어 있는 것을 역사적 사실과 혼동하는 점, 그리고 17세기 초에 횡행한 중세 기사도의 이념을 소생시키는 것이 가능하다고 믿고 있다는 점이다.

그리고 그런 신념을 실행하기 위해 낡아 빠진 갑옷과 투구를 몸에 두르고 스스로를 기사 돈 키호테라 부르며, 시골 처녀를 둘치네아 공주라 생각하고, 근처에 사는 농부 산초 판사를 종자從者로 하여(이는 제7장부터 시작된다) 앙상한 말을 타고 길을 떠난다.

제정신과 광기가 뒤섞인 이 기사는 기사도와 상관이 없는 부분에 대해서는 지극히 분별력이 있으나, 기사도와 관련된 부분에 대해서는 망상에 사로잡히는 경향이 있었다. 곧, 그는 숙소를 성으로, 풍차를 거인으로, 죄수들을 폭정의 희생자로 보면서 사사건건 '악'을 발견하고는 자신이 그것을 바로잡아야 한다고 생각한다. 그리고 수많은 모험에 도전했다가 태반이 좌절된 뒤 마을 친구인 성직자와 이발사들의 책략으로 감옥에 갇히자 자신이 마법에 걸렸다고 믿으면서 마을로 끌려 돌아온다.

'후편'의 편력에서는 돈 키호테와 그의 시종에 대한 공작 부부의 우롱이 중심을 이루고 있는데, 그때 전개되는 몇 가지 이야기 중에서도 압권인 것은 산초 판사가 바라타리아 섬의 영주로 취임하는 장면이다. 그 밖에도 '사자의 모험'과 '몬테시노스 동굴의 모험', '마법선魔法船의 모험' 등과 같은 뛰어난 장면들이 잇달아 나오는데, 마지막에 '은빛 달의 기사'와의 결투에 패배해 기사로서의 편력을 그만두게 된다. 그리하여 고향으로 돌아간 돈 키호테는 병상에 누운 채 꿈에서 깨어나 선량한 알론소 키하노로 돌아가 죽었다.

세르반테스는 이 작품 곳곳에서 『돈 키호테』는 그 무렵 독자들에게 널리 읽히고 있던 기사도 이야기를 타도하기 위해 쓴 것이라고 창작의 목적을 명백하게 밝히고 있다. 곧, 패러디를 통한 낡은 시대 소설에 대한 부정이었다. 진정한 소설이 다른 소설에 대한 부정으로부터 시작된 셈이다. 이렇게 하여 『돈 키호테』는 '기사도 이야기의 타도'라는 당초의 목적을 넘어 '책(기사도 이야기)이 현실(17세기 초의 에스파냐)에서 효과를 발휘할 수 있을까'라는 주제, 곧 책과 현실의 관계라는 문제의식으로 발전시키면서 근대 문학의 문을 활짝 열었다. 이 주제는 지금까지도 문학 전체가 가지고 있는 커다란 테마이기도 하다.●

에스파냐의 흥망성쇠를 반영

"저 사람은 돈 키호테야"라고 누가 말할 경우, 그 말 속에는 대개 앞뒤를 분간하지 못한 채 저돌적이고 맹목적으로 돌진하는 약간 정신이 나간 사람이라는 뜻이 담겨 있다. 물론 돈 키호테는 그런 남자이지만, 작가 세르반테스와 그 시대를 염두에 두고 보면 이 작품에 나오는 광기 속에 16세기부터 17세기에 걸친 에스파냐의 흥망 성쇠가 장대하게 반영되어 있다는 사실을 알 수 있다.

세르반테스가 살았던 시대의 에스파냐에서 "성직자나 병사가 한 명도 나오지 않은 가정은 존재하지 않는다"는 말이 있었는데, 이는 가톨릭에 의한 세계 제패라는 야망에 사로잡혀 있던 그 무렵 에스파냐의 상황을 잘 나타내 주고 있다. 콜럼버스가 발견한 신대륙을 따라 세계로 진출한 에스파냐는 펠리페 2세의 치세에 이르러 '해가 지지 않는 대제국'을 건설한다.

그러나 이런 영광도 오래가지 못하고 1588년에 '무적 함대'가 괴멸되자 에스파냐는 급격하게 기울어 간다. 이러한 조국의 운명과 함께하며 실의에 빠져 있던 50대 중반의 세르반테스가 세비야의 왕실 감옥 속에서 에스파냐와 자신의 영웅 시대를 씁쓸한 미소로 돌아보며 쓰기 시작한 것이 『돈 키호테』였던 것이다.

"이 철鐵의 시대에 황금 시대를 되살리기 위해 하늘의 뜻으로 태어났다"고 하는 사명감에 불타 앙상한 말에 올라탄 비쩍 마른 초로의 기사 돈 키호테는 기사도 이야기에 나오는 슈퍼맨들에 대한 풍자인 동시에 화려했던 지난날의 에스파냐와 자기 자신에 대한 애정이 담긴 풍자이기도 했다. 수많은 좌절을 되풀이한 끝에 돈 키호테는 고향으로 돌아간 뒤 꿈에서 깨어나 이윽고 죽음을 맞이했는데, 그때 가톨릭에 의한 세계 정복의 꿈을 상실한 에스파냐도 이미 세계사의 화려한 무대 위에서 모습을 감추어 버렸던 것이다.

| 작품 속의 명문장 |

"아아 질투여! 한없는 악의 근원이자 덕을 갉아먹는 벌레여! 어떠한 악도 조금은 기쁨을 주게 마련이지만 질투가 주는 것은 불쾌함과 원한, 노여움뿐이다."

『라만차의 현명한 기사 돈 키호테의 제2부』 제8장

"전쟁에서 받은 상처는 명예를 주는 것이지, 명예를 앗아가는 것이 아니다."

『라만차의 현명한 기사 돈 키호테의 제2부』의 서문

"운명은 항상 성공의 요소를 담고 있다." 『돈 키호테』

"이룰 수 없는 꿈을 꾸고 싸워 이길 수 없는 적과 싸웠으며, 이룰 수 없는 사랑을 하고 잡을 수 없는 저 별을 잡으려 했다."

『돈 키호테』

* 돈 키호테가 죽으면서 한 말이다.

NOTES

● 『돈 키호테』는 1915년 『돈기호전기頓基浩傳奇』(최남선 번역)라는 이름으로 잡지 『청춘』에 게재됨으로써 우리나라에 처음 소개되었다.

● 세르반테스는 소년 시절부터 길바닥에 떨어져 있는 종잇조각이라도 글씨가 씌어 있으면 반드시 주워서 읽었을 정도로 독서광이었다고 한다.

● 투르게네프는 햄릿을 '의심의 상징'이라고 불렀고, 그에 비해 돈 키호테를 '신념의 상징'이라고 호의적으로 해석했는데, 이 양대 성격을 창조한 셰익스피어와 세르반테스는 똑같이 1616년 4월 23일에 사망했다.

헨리크 입센(Henrik Ibsen)

인형의 집
(Et dukkehjem)

여성의 자유와 사회적 인간으로서의 독립을 주제로 삼고 있는 이 희곡은 사실주의 작가 입센의 대표작이자 여성해방운동의 선구적 작품으로 평가되고 있다. 이 작품의 주인공인 노라는 신여성의 대명사가 되었다.

INTRO

노르웨이의 시인이자 극작가인 헨리크 입센(Henrik Ibsen, 1828~1906)은 1828년 노르웨이 남부의 작은 항구 마을 시엔에서 상인의 아들로 태어났다. 7세 때 아버지가 파산했고, 15세에 출생지에서 남서쪽으로 멀리 떨어진 작은 항구 마을 그림스타드로 나가 약국의 도제가 되어 대학 입학 자격 시험을 준비했다. 그림스타드에서 4, 5년 지내는 사이에 시를 쓰기 시작했고, 처녀 희곡 『카틸리나』(1848)를 써서 친구의 도움으로 자비 출판하기도 했다.

22세 때 그림스타드를 떠나 상경했으나 대학 입시에 실패했고, 그 뒤로는 시·희곡·평론으로 내셔널리즘 운동의 일익을 담당했다. 베르겐에 노르웨이 극장이 창설되자 그 극장의 전속 작가 겸 무대감독이 되었다. 본격적인 극작 수업에 들어간 것도 이때부터였다.

29세에 수도 크리스티아니아(지금의 오슬로)의 노르웨이 극장 예술감독으로 취임했으나 극장은 경영난으로 얼마 뒤 폐쇄되었다. 이미 이 무렵에 베르겐의 목사 딸인 수잔나와 결혼해 아들 시구르(뒤의 노르웨이 초대 외무장관)를 낳았지만 앞길이 너무 막막해 자살까지 생각했다. 그러다가 36세 때 겨우 정부로부터 여행 자금을 받아 로마로 갈 수 있었다.

그 뒤로 27년 동안 이탈리아와 독일을 돌아다니며 그 사이에 『브란』(1866), 『페르 귄트』(1867), 『인형의 집』(1879), 『유령』(1888), 『민중의 적』(1882), 『들오리』(1884), 『로스메르스홀름』(1886), 『바다에서 온 부인』(1888), 『헤다 가블러』(1890) 등 많은 걸작을 써서 서유럽 근대극의 선구자로 세계적인 명성을 얻게 되었다. 입센은 장기간에 걸친 이 외국 체재를 스스로 '자기 망명'이라고 불렀다.

1891년 63세에 고국으로 돌아가 크리스티아니아에 정착했고, 이 무렵부터 신비주의적이고 상징주의적 경향이 농후한 작품을 발표함으로써 다음 시대의 선구자 역할을 다시 맡게 되었다. 대표작으로 『건축사 솔네스』(1892), 『꼬마 에위올프』(1894), 『요한 가브리엘 보르크만』(1896), 그리고 '극적 에필로그'라는 부제가 붙은 『우리 죽은 자들이 깨어날 때』(1898) 등 네

편의 작품을 꼽을 수 있다.

입센은 1900년 72세에 동맥경화증으로 크리스티아니아에서 사망했고, 장례식은 국장으로 치러졌다.

노라의 자기 발견과 인형 같은 삶에서의 해방

노라는 결혼한 지 8년이 되었고, 지금은 세 아이의 어머니이다. 그녀의 남편 헬메르는 "아무리 어려워도 돈을 빌리지 않는다"는 신념을 가진 성실한 노력가로, 이듬해에는 은행장에 취임할 것이 확실한 사람이다. 더구나 남편은 노라를 사랑하고 있고, 노라도 남편을 믿으며 사랑하고 있다. 일가의 전도는 밝기만 할 뿐이어서 만약 '그 일'만 남편이 알지 못하는 사이에 잘 처리해 버리면 아내로서, 그리고 어머니로서 자기만큼 행복한 여자는 없을 것이라고 노라는 생각하고 있다. '그 일'이란 결혼한 지 얼마 되지 않았을 무렵에 남편의 병을 고치기 위해 이탈리아로 요양을 떠날 때 크록스타라는 인물로부터 비밀리에 돈을 빌렸던 일이다.

그녀는 살림을 알뜰하게 하고, 남편 몰래 집 안에서 일을 해서 그 빚을 조금씩 갚고 있으며, 그것을 '즐거운 비밀' 또는 '자랑'이라고도 생각하고 있다. 그런데 그녀는 크록스타로부터 이상한 말을 듣게 된다. 그녀가 예전에 내놓았던 차용증은 보증인이 그녀의 아버지로 되어 있고 서명도 되어 있지만, 그것이 위조된 서명이므로 그 사실을 공표하면 그녀가 위증죄에 걸린다는 것이다.

그녀는 그 말을 듣고 "그런 법률은 정말로 나쁜 법이에요. 아버지를 걱정시키지 않을 권리가 딸에게 없을 리가 없어요. 또 남편의 목숨을 구할 권리가 아내에게 없을 리가 없어요!"라고 소리치며 격렬하게 대들어서 그를 물리친다.

크록스타의 목적은 자신의 자리를 지키려는 것이었다. 노라는 몰랐지만 이 남자도 사실은 헬메르가 은행장으로 있는 은행에서 일하고 있는데, 새로운 인사 정책으로 헬메르가 자신을 해고하려 한다는 사실을 알고 노라의 위증을 빌미로 그것을 막기 위해 찾아왔던 것이다.

노라는 크록스타를 물리치기는 했지만 아무래도 불안해져서 해고를 어떻게든 중지시키려고 남편에게 부탁한다. 하지만 남편은 그 부탁을 들어주지 않고 오히려 해고 통지를 보내 버린다. 그러자 크록스타가 헬메르에게 편지를 보내 노라의 '비밀'을 폭로해 버린다.

사실을 알게 된 헬메르는 불같이 화를 내면서 아내에게 있는 대로 욕을 퍼붓는다. 그러나 노라의 옛 친구인 린데 부인의 노력으로 크록스타가 차용증을 돌려주자, "노라, 나는 살았다!"고 하며 태도를 180도 바꾸어 다시 노라의 너그러운 '보호자'가 되려고 한다.

그러나 노라의 눈에는 그런 남편이 남처럼 보인다. 그래서 노라는 결국 결혼반지를 남편에게 돌려주고 3명의 자식들을 남겨 둔 채 집을 나간다. 이 행동이야말로 그녀가 인형과도 같은 아내의 자리에서 탈피했음을 뜻한다. 노라는 아내이자 여자이기 전에 "무엇보다도 먼저 인간"이고 싶다고 자각한 것이다.

사회극·문제극의 명작

3명의 자식들을 남겨 놓고 가출하는 노라의 행위는 이 희곡이 발표되었을 무렵(1879)에 대단한 화제를 불러일으켰다. 이때의 논란 가운데 하나는 노라가 여성으로서 있을 수 없는 짓을 한 못된 여자라고 하는 비난이었고, 또 하나는 노라야말로 새로운 여성의 전형이라고 하는 찬미였다.

입센은 노르웨이의 현대 사회를 무대로 하여 이 작품을 썼는데, 이 시대가 세계적인 사상의 대*전환기에 해당되었기 때문에 온 유럽의 주목을 받았다. 덕분에 여주인공 노라는 순식간에 스칸디나비아에 한정되지 않고 전 유럽의 인기인이 되었을 뿐 아니라, 입센 자신도 여성해방운동의 선구자로 인식되어 작품 자체가 이른바 사회극·문제극의 명작으로 평가되기에 이르렀다.●

그러나 입센이 이 작품을 통해 묻고자 한 것은 결혼이란 무엇인가, 사랑이란 무엇인가, 인간의 행복이란 무엇인가 하는 영원한 문제들이었다.● 입센은 그런 문제를 가정극 형식으로 묘사해 근대 사실극의 확립을 이루려고 했던 것이다.

이 희곡이 3막으로 구성되어 있고, 무대가 헬메르의 집에 한정되어 있으며, 크리스마스를 전후한 3일 간에 모든 일이 벌어지는 응축된 구조인 것도 바로 그것 때문이다. 그 대신 입센은 등장인물의 의상이나 소도구에 극의 움직임을 암시하는 상징적인 수법을 교묘하게 이용해 극적 효과를 높이려 했다.

예를 들면 같은 아파트에 사는 영사의 집에서 열릴 가장무도회에 노라가 참석할 예정이라는 설정을 미리 만들어 놓고, 노라의 '비밀'이 드디어 남편에게 알려지기 직전이 되면 노라를 나폴리 어부의 딸로 가장시켜 연습을 빌미로 그녀를 정신없이 춤추게 만드는 제2막의 끝 부분 등은 절박한 노라의 심리가 극명하게 표현되어 있어 명장면이라 부르는 데 손색이 없다.

2막에서 입은 이 의상은 당연히 가장무도회 당일인 제3막에서도 사용되는데, 위증한 차용증을 크록스타로부터 받은 헬메르의 태도가 변하면 무도회에서 돌아와 아직 의상을 그대로 입고 있던 노라가 조용히 일어서서 "파티 옷을 벗고 올게요" 하며 자기 방으로 들어간다. 그리고 실내복으로 갈아입고 와서 마지막 결별에 이르는데, 여기서도 의상이 큰 역할을 하고 있다.

| 작품 속의 명문장 |

헬메르 : "여보, …… 난 이제 당신에게 타인 이상의 사람이 될 수는 없는 거요?"

노라 : (여행 가방을 잡으며) "기적 중의 기적이라도 생기게 되면요……."

헬메르 : "도대체 뭐요, 그 기적이라는 게?"

노라 : "우리 두 사람이 모두 완전히 바뀌어서……, 아니 난 이제 그런 기적 따윈 믿지 않아요."

헬메르 : "하지만 나는 믿고 싶군. 그렇게 완전히 바뀌어서……?"

노라 : "우리 두 사람의 공동생활이 그대로 진정한 결혼 생활이 되는 거예요. 잘 있어요." (떠난다)

NOTES

● 언젠가 북유럽의 한 부인이 남편과 자식을 버리고 애인과 함께 로마로 도망쳐 왔는데 그곳에 살던 같은 나라 사람들로부터 따돌림을 당하게 되자 입센을 찾아와 하소연했다. 그때 입센은 "하지만 나의 노라는 혼자서 집을 나갔답니다" 라고 대답했다.

● "진정으로 요구되어야 할 것은 인간 정신의 혁명입니다." 이것이 입센의 주장이었다. 그와 친분이 있던 덴마크의 문학평론가 브란데스는 이런 편지를 받고 이것을 입센의 '시적 강령의 전부' 라고 했다.

아우구스트 스트린드베리(Johan August Strindberg)

율리에 아가씨
(Fröken Julie)

이 작품은 1888년에 쓰인 희곡으로, 사람이 살아가는 모습을 있는 그대로 그려 낸 자연주의의 초기 대표작으로 꼽힌다. 귀족 계급의 부패와 공허, 하층 계급의 야비한 면과 경박함이 날카롭게 지적된 작품이다.

INTRO

스웨덴의 극작가이자 소설가인 요한 아우구스트 스트린드베리(Johan August Strindberg, 1849~1912)는 1849년 스톡홀름에서 소형 선박을 판매하는 큰 상인의 집에서 태어났다. 이듬해인 1850년에 아버지가 파산했다. 어머니는 이전에 그 집안의 하녀였고 결혼하기 전에 이미 그의 큰형을 낳은 상태였다. 세상 사람들로부터 백안시당하고, 거만한 아버지로부터는 계속 주종 관계를 강요당하는 여인이었지만, 그에게는 항상 따뜻한 어머니였다. 『하녀의 아들』(1886)은 그의 첫 자전적 소설이었다.

1874년 25세에 왕립도서관에 일자리를 얻어 중국과 관련된 책을 담당한 것이 인도나 일본에 대한 이해로 이어져 후기 작품에서 자주 다루게 되었다. 남작부인 시리 폰 에센을 열애해 삼각관계를 한동안 계속하다가 결혼에 이르렀다. 이 행복한 사랑을(나중에는 역시 문제가 생기지만) 토대로 탐구의 시대였던 1870년대에는 희곡 대작과 자연주의 소설 『붉은 방』(1879) 등을 잇달아 발표해 명성을 얻었다. 1880년대는 비판의 시대로 『아버지』(1887)와 『율리에 아가씨』(1888) 등 자연주의 희곡을 썼다. 이후 유럽 각지로 옮겨 다니며 살면서 사회주의의 영향을 많이 받았다.

그러나 『율리에 아가씨』는 처음에 출판도 거부되었고 상연도 금지되었다. 이후 아내인 시리와 사이가 벌어지자 1891년에 이혼하고 베를린으로 떠났다. 베를린 시대는 보헤미안이 등장할 때로, 뭉크 등 스칸디나비아 예술가들이 그를 중심으로 모여들었다. 그 사이의 두 번째 결혼과 몇 번의 연애가 지속된 시기를 나중에 지옥 시대라고 스스로 이름을 붙이기도 했는데, 1896년에 신비주의를 접하게 된 일을 계기로 회복될 때까지 5년 동안 불안 속에서 지냈다.●

스트린드베리의 전성 시대는 1898년부터 1909년까지의 12년 동안이다. 그는 그 사이에 37편의 뛰어난 희곡을 썼고, 자기 힘으로 스톡홀름에 소극장을 세웠으며, 세 번째 결혼과 이혼을 했다. 근대극의 창시자 가운데 한 사람으로 꼽히는 그는 1912년 5월에 위암으로 스톡홀름에서 사망했다.●

마부의 유혹에 넘어간 백작의 딸

등장인물은 백작의 딸인 율리에(25세)와 마부인 장(30세가량), 그리고 여자 요리사 크리스틴(28세가량) 세 사람이다. 때는 1880년대의 6월 20일 무렵으로, 하지 전날 밤에서 아침까지의 몇 시간 동안이다. 장소는 백작가의 넓은 부엌인데, 이곳은 크리스틴이 관장하는 일터이기도 하다.

하지 전야는 북유럽 최대의 축제가 열리는 밤이다. 반년이나 되는 기나긴 겨울이 지난 뒤 봄을 건너뛴 채 여름이 찾아오는 이 나라에서는 5월 중순이 되면 갑자기 푸른색이 번지기 시작한다. 녹음은 눈에 띄게 짙어지고 이윽고 형형색색의 꽃이 한꺼번에 피면 대자연의 교향곡은 클라이맥스에 이른다. 인간들 또한 이 흥분의 도가니에서 벗어날 수가 없다. 아름답고 화려한 수가 놓인 민속 의상을 입고 밤새도록 춤을 추는 밤이 오기 때문이다.

장은 노는 데 익숙한 남자로 춤 솜씨가 대단하다. 그는 유럽 각지의 귀족 저택을 전전한 뒤 자기가 태어난 고향인 이 지역으로 돌아온 사람이다. 크리스틴은 그런 바람기 많은 남자에게 열을 올려 간신히 결혼 약속을 받아 놓은 참이었다.

이윽고 율리에가 춤을 추자고 찾아와서 장의 손을 억지로 끌고 나간다. 아버지인 백작이 집에 없는 밤이었고, 하지 축제의 전야라고는 하지만 도가 지나치게 정서가 불안한 율리에의 언행이 장의 바람기를 동하게 한다. 율리에 또한 프랑스어까지 할 수 있는 장이 귀족 남자들에게는 없는 통속적인 매력을 가지고 있어 마음이 끌린다.

춤을 춘 다음 흥분된 기분이 가라앉지 않은 두 사람은 계급의 벽을 무너뜨리려는 듯한 농담을 시작했다가 남녀 간의 성적인 화제까지 언급하게 된다. 크리스틴이 일에 지쳐 졸리다며 자기 방으로 들어가자, 율리에는 호수로 나가 배를 타자고 한다. 이때 합창 행렬이 부엌 입구로 다가온다. 백작가의 아가씨가 심야에 하인과 둘이서만 있는 것은 파멸을 초래한다고 설득하는 장의 말을 듣고 율리에는 남들에게 들키지 않도록 장의 방으로 숨어 들어간다.

합창 행렬이 들어왔다가 다시 나간 뒤 율리에와 장이 다시 나타나고, 율리에는 함께 도망치자고 말한다. 두 사람이 그 사이에 육체 관계를 맺은 것이 분명하다. 장은 백작의 돈을 가지고 오라고 명령한다. 그녀는 얼마 안 되는 돈을 가지고 오지만, 장이 보기에 하찮은 금액이다. 거만해지고 방자해진 장 앞에서 율리에는 착란 상태에 빠져든다. 그는 칼을 보이며 해결 방법을 암시하고, 백작의 딸인 율리에는 그 칼을 손에 쥐고 자살하기 위해 문밖으로 나선다.

어머니로부터 남성 불신 사상을 물려받은 율리에

율리에가 빼어난 미모를 가진 외동딸인데도 아직까지 독신인 것은 몇 번 약혼을 했지만 상대방을 하찮게 여겨 싸우다가 관계를 깨버렸기 때문이다. 평민 출신이었던 어머니는 백작의 간청으로 결혼을 했지만 결혼한 뒤에도 애인이 따로 있을 정도였고, 가세가 기울어지는데도 허영을 버리지 못하는 귀족 생활을 혐오하고 있었다. 율리에가 태어나자 그녀는 자신의 딸을 남자아이처럼 키우며 밭일까지 시키기도 했다. 나중에 발작을 일으켜 저택에 불을 지르는 바람에 백작가는 무일푼이 되지만, 자신의 애인인 기와 공장 주인에게 맡겨 두었던 비자금으로 백작가를 다시 일으켜 세웠다.

그녀의 배신 행위는 남자로서의 백작에 대한 불신과 증오 때문에 생긴 것으로, 그녀는 그 무렵에 대두하기 시작한 여자의 자유와 평등을 강조하는 교육을 받았기 때문에 결혼 제도에 대해 강하게 반대하고 있었다. 그런데도 아내가 되고 어머니가 되어 버린 현실에 대한 후회 때문에 딸 율리에만큼은 남자의 노예가 되지 말라고 강조하게 된 것이다.

스트린드베리는 "어머니에게서 받은 선천적인 영향과 아버지의 잘못된 교육, 자기 자신의 자질인 약하고 과민한 신경, 나아가 더 가까운 요인으로는 하지 축제 전야의 흥분, 아버지의 부재, 생리일과의 관계, 성적 흥분을 일으키는 춤, 새벽, 강한 미약媚藥과 같은 꽃향기, 마지막으로 두 사람을 방에 함께 있게 한 우연성, 남자의 자극적인 강요"가 율리에의 비극적인 운명의 요소라고 쓰면서, "이 순간의 다채로움을 나는 현대의 특징이라 생각해 자랑스럽게 그것을 묘사했다"고 밝혔다.

| 작품 속의 명문장 |

율리에 : "당신은 지금까지 연애를 해 본 적이 있나요?"

장 : "저희들은 그런 말을 쓰지 않습니다만, 많은 여자들을 사랑해 주기는 했습니다."

희곡 『율리에 아가씨』

* 이 대사에 이어 장은 "딱 한 번 제가 원하던 여자를 손에 넣지 못해 병에 걸린 적이 있었지요. 앓아누웠단 말입니다. 사랑 때문에 먹지도 마시지도 못하게 된 『천일야화』의 왕자님처럼 말이지요" 하고 말하고는 입을 다물고 만다. 율리에는 그 여자가 누군지 한참을 추궁한 끝에 간신히 그녀가 소녀 시절의 율리에였고, 성으로 몰래 숨어든 소년 시절의 장이 꿈꾸던 여인이었다는 말을 들을 수 있었다. 그러나 종

막 직전에 그 이야기도 율리에를 유혹하기 위해 꾸며 낸 거짓말이었음을 알게 된다.

NOTES

● 스트린드베리는 자신과 같은 해에 태어난 엘렌 케이(여성해방운동가)와 네 번째 결혼을 고려했던 것으로 보인다. 그러나 두 사람 사이가 어느 정도까지 가까웠는지는 자세히 알려지지 않았다.

● 스웨덴어로 된 스트린드베리 전집은 총 55권으로, 1915년에 딱 한 번 편집되어 5년 만에 완성되었다. 그 이후 판을 거듭하지 않은 채 희귀본으로 남아 있다.

헨리크 시엔키에비치(Henryk Sienkiewicz)

쿠오바디스

(Quo vadis)

헬레니즘 문화와 그리스도 신앙 사이에 대립과 항쟁이 벌어지던 1세기 로마를 배경으로, 박해받는 민족의 어둡고 고달픈 운명을 묘사하고 있다. 정의와 진리가 승리한다는 이 책의 내용은 박해받는 폴란드 민족에게 희망을 준 것으로 유명하다.

INTRO

폴란드의 소설가 헨리크 시엔키에비치(Henryk Sienkiewicz, 1846~1916)는 1846년 볼라오크제이스카의 낮은 귀족 집안에 태어났다. 일찍부터 작가 활동을 시작해 사실적인 장편과 단편을 많이 발표했다. 사상적으로는 잇단 반란이 실패한 뒤 경제 기술의 진보와 초계급적인 봉사 속에서 내일에 대한 희망을 찾으려고 한 폴란드 실증주의의 영향을 강하게 받았다.

주로 역사소설을 썼는데, 17세기 국난 시대의 민족적 저항을 그려 낸 『대홍수』를 정점으로 하는 3부작(1884~1888) 등 국민문학으로 널리 읽힌 작품들을 집필했다. 1905년 『쿠오바디스』(1896)로 노벨문학상을 수상했다. 이 작품도 박해받는 정의가 궁극적으로 승리를 거둔다는 주제를 가지고 있어 그 무렵 나라를 잃고 있던 폴란드 동포를 격려할 목적으로 쓰인 작품이라 할 수 있다. 제1차 세계대전 때 난민 구제 활동에 종사하던 중 눈앞에 다가온 대망의 조국 독립의 날을 보지 못한 채 1916년 스위스에서 객사했다.

헬레니즘 세계와 그리스도 세계의 충돌

1세기 중엽의 로마 제국. 사치와 퇴폐로 물든 궁정 생활을 보내며 환락에 싫증이 난 폭군 네로는 시적 감흥을 얻기 위해 로마에 불을 지르고 그 죄를 신흥 종교인 그리스도교에 뒤집어씌워 신자 대학살을 시작한다.● 그러나 사랑의 가르침 속에 사는 그리스도교 신자들의 정신적인 우월성까지는 제압할 수 없었고, 게다가 믿고 있던 군대까지 등을 돌리자

네로는 자살로써 어이없는 종말을 맞이한다.

그 사이에 고지식한 무인인 부유한 청년 귀족 비니키우스는 헬레니즘의 세계에서 그리스도의 가르침 속으로 회심한다. 그런 계기가 된 것은 인질이 되어 로마로 끌려온 이민족 왕의 딸 리기아를 사랑하게 된 일이었다.

처음에는 육체적인 욕망만이 앞선 그릇된 이기심 때문에 폭력을 쓰는 한이 있어도 상대의 아름다운 육체를 손에 넣으려고 할 정도였지만, 그리스도교 신자인 리기아의 인도로 그리스도교 신자들과 접촉을 하면서 차츰 그 사랑은 정신적인 것으로 고양된다. 이렇게 해서 두 사람은 맺어지지만, 얼마 뒤 리기아도 잡혀 들소의 뿔에 묶인 채 투기장으로 끌려나간다. 그러나 충직한 하인 우르수스의 괴력 덕분에 기적적으로 살아남는다. 이윽고 두 사람은 황폐해진 로마를 떠나 사랑과 평화가 넘치는 새로운 생활을 시작한다.

리기아 – 박해받는 폴란드 민족을 상징

오로라처럼 아름답고 정열을 품고 있으면서도 조신하고 부드러운 여성 리기아. 온화한 봄 같은 그녀는 작가에 의해 이상형으로 만들어진 여주인공이다. 그녀가 폴란드 영토인 북방 지역의 슬라브족 출신이라는 설정만 보아도 알 수 있다.

리기아는 얼핏 약해 보이지만 굳건한 믿음을 통해 자기 자신은 물론 자신과 맺어져 있는 타인까지도 올바른 길로 인도해 나가는 강인함을 지니고 있다. 군인답게 무뚝뚝하고 기골이 장대한 미남 비니키우스는 리기아와 알게 된 이후 방탕한 생활을 버리고 진실한 사랑의 세계에 눈을 뜨게 된다.

이 그리스도교적 세계와 대조적인 헬레니즘 세계를 대표하는 주인공으로는 네로의 신하이자 『사티리콘』의 작가로 알려져 있는 페트로니우스●가 등장해 극적 대립을 이끌어 간다.

| 작품 속의 명문장 |

"쿠오바디스 도미네?(Quo vadis, Domine? ; 주여, 어디로 가시나이까?)"

* 사도 베드로가 거세게 불어닥친 그리스도교 박해로 아수라장이 된 로마를 피해 길을 떠나던 중 문득 그리스도의 모습을 보고 놀라며 물었던 말이다. "네가 내 백성을 버렸으니 내가 가서 다시 십자가에 매달려야겠다"고 하는 그리스도의 대답을 듣고 베드로는 당장 로마로 돌아가 순교한다. 소설의 제목도 이 말에서 따온 것이다.

NOTES

● 네로 시대를 다룬 문학 작품은 『쿠오바디스』가 나오기 전까지 모두 합쳐 100편이 넘었다. 그래서 발표될 무렵에는 표절 문제로 시끄러운 논란까지 일어날 정도였는데, 비슷한 소재를 가진 소설 가운데 경이적인 베스트셀러가 된 것은 이 작품 하나뿐이었다.

● 로마의 문인이자 정치가로 네로가 총애하는 신하였던 페트로니우스(Gaius Petronius Arbiter, 20~66)는 뒤에 모반자로 고발되어 네로의 의심을 사게 되자 스스로 목숨을 끊었다. 『쿠오바디스』에는 혈관을 끊고 잠자리에 들듯 죽어 간 그의 죽음이 묘사되어 있다.

알베르토 모라비아(Alberto Moravia)

무관심한 사람들

(Gli Indifferenti)

20세기를 대표하는 작가 모라비아의 처녀작으로, 자신을 둘러싼 현실과의 괴리를 의식하고 있지만 정열도 없고 주변에 대해 철저하게 무관심한 주인공 미켈레를 통해 시민 생활의 부패와 무기력을 묘사하고 있다.

INTRO

이탈리아의 소설가인 알베르토 모라비아(Alberto Moravia, 1907~1990)는 본명이 알베르토 핀케를레Alberto Pincherle이다. 1907년 로마에서 건축가의 아들로 태어났다. 10세 때 골결핵에 걸려 그 이후로 8년 동안 자택과 요양 시설에서 투병 생활을 했다.

처녀작 『무관심한 사람들』은 1925년 가을에 요양 생활과 겨우 결별하면서 쓰기 시작해 2년 반에 걸쳐 완성시킨 작품이다. 1929년에 이 작품은 발표된 뒤 대단한 화제를 불러일으켰으나, 정부의 압력으로 판매가 중지되었고, 모라비아는 작가 생활을 시작하자마자 파시즘 정부로부터 압박을 받게 되었다.

일관되게 리얼리즘을 관철해 전후에는 『로마의 여인』(1947), 『경멸』(1954), 『권태』(1960), 『관심』(1965) 등의 장편소설로 실존적 테마를 추구하는 한편, 『로마 이야기』(1954) 등 많은 단편소설을 써서 이야기꾼으로서의 실력도 유감없이 드러냈다. 국제펜클럽 회장(1959~1962)을 역임하기도 했다.●

이탈리아 중산 계급의 퇴폐 속에서 고뇌하는 젊은이를 묘사

아르덴고 가문은 지금 파산할 위기에 직면해 있으나, 주부인 미망인 마리아그라치아는 이런 현실에 도무지 눈을 돌리지 않은 채 무도회나 만찬으로 세월을 보내는 허례허식의 생활과 비밀스러운 정욕만을 추구하고 있다. 아르덴고 가문과 가까이 지내는 사이인 레오 메루메치는 이미 그녀의 정부가 되었는데, 그의 목적은 약간의 금전적인 원조를 해 주는 대신 이 저택을 빼앗아 돈벌이를 하는 것이며, 또한 지금은 이 집의 딸 카를라에게 욕망을 품고 있다.

집안의 실정과 레오의 물질적인 야심을 알게 된 아들 미켈레는 어머니 면전에서 레오를 매도하려고 하지만 그러기 위한 자신감도 정열도 없다. 그에게 위선과 욕망으로 가득 찬 이 세상은 진실로 살아갈 가치가 있는 곳이라는 생각이 들지 않는다. 그런데 레오의 오랜 애인이었지만 지금은 미켈레를 사랑하고 있는 리사로부터 레오가 카를라를 유혹했다는 사실을 전해 듣고 어쨌든 복수를 하겠다고 다짐하며 나선다.

그러나 권총은 불발로 끝나고, 절망에 빠진 미켈레의 면전에서 레오는 사태의 수습책으로 카를라와의 결혼을 제안한다. 카를라는 그의 제안에 동의하고 당장 새로운 인생을, 새로운 허식과 타산과 위선에 찬 생활을 향한 출발을 꿈꾼다.

'출구 없는 생각'에 갇힌 무기력한 청년, 미켈레

'무관심한 사람들'이라는 제목은 사실 등장인물들의 성격과 맞지 않는다. 아르덴고 가문의 가족 3명은 각자 자신만의 욕망과 생각을 가지고 살아간다. 그리고 현대 사회의 비속함을 혐오하고, 살아가기 위한 목표나 자신감을 찾지 못하는 청년 미켈레야말로 그들 중에서도 가장 '무관심한' 인간이라고 할 수 있을 것이다.

어떤 의미에서 그는 회의懷疑가 행동에 대한 열의를 꺾어 버리는 수많은 현대판 햄릿들 가운데 하나라고 할 수 있는데, 사실은 그런 회의 자체도 성실함과 심각함을 가지고 있지는 않다. 별것 아닌 아부에 자존심이 살아나는 우스운 자신의 모습도 알고 있다. 그를 사로잡고 있는 생각은 딱

한 가지 '나는 무엇을 위해 이 세상에 살고 있는가?'이고, 모든 것이 그를 출구 없는 생각, 대낮에 꾸는 꿈과 같은 환상으로 이끌어 간다.

| 작품 속의 명문장 |

"인생이 지금처럼 우습지 않고 비극적이라고 생각되었을 때 사람은 정말로 죽을 수가 있다. 진심으로 서로를 죽이고 증오하고 사랑할 수가 있다. 그런 때가 되어야만 모든 인간들이 뼈와 살이 있는 살아 있는 몸을 회복해 현실에 뿌리를 내릴 수가 있는 것이다."

『무관심한 사람들』

NOTES

● 『가장무도회』(1941)는 모라비아의 작품들 가운데 정치적 풍자가 노골적인 것으로, 작가는 이를 '폭행의 아들'이라고 변명했다. 그리고 제2차 세계대전 말기에 전선에서 가까운 산촌으로 피신해 겨울을 났던 경험을 토대로 『두 여인』이 쓰였다.

루쉰(魯迅)

아Q정전
(阿Q正傳)

이 작품은 신해혁명辛亥革命으로부터 10년이 지난 뒤에도 혼란과 실수, 압제와 암흑을 되풀이하는 중국의 사회 상황에서 탄생했다. '병든 곳을 내보여서 치료의 필요성을 일깨우는' 루쉰 문학의 의도가 가장 집약적이고도 전형적으로 그려진 작품이다.

INTRO

중국의 문학가 루쉰(魯迅, 1881~1936)은 1881년 저장성浙江省 사오싱紹興에서 태어났다. 본명은 저우수런周樹人이다. 도중에 잠시 중단되기는 했어도 1902년부터 1909년까지 일본으로 건너가 고분학원弘文學院과 센다이의학전문학교仙台醫學專門學校에서 공부했다.

그 사이에 광복회(그 무렵의 혁명당) 회원이 되었다. 귀국한 뒤 교원과 중화민국 정부의 교육부 관리를 거쳐, 1918년에 잡지 『신청년』에 처녀작인 『광인일기』를 발표했다.

1921년에 루쉰의 작가적 존재를 확고하게 해 준 대표작 『아Q정전』을 잡지에 연재했다.

베이징대학교北京大學校 강사와 샤먼대학교廈門大學校 교수, 중산대학교中山大學校 문학계 주임 등을 역임했으며, 1936년에 병으로 사망했다.

많은 소설과 산문시, 평론, 번역 등을 남겼는데, 특히 민족의 역사와 정치 문제에 초점을 둔 '잡감문雜感文'이라고 불리는 평론적 수필이 가장 많다. 마오쩌둥은 『신민주주의론』에서 "루쉰의 방향이 중화 민족의 신문화가 갈 방향"이라고 칭송했다.●

최하층 일용직 농민 아Q의 전기

아Q는 이름이나 출신지가 분명하지 않을 뿐 아니라 예전에 어떤 '행적'을 가졌던 사람인지도 모른다. 토지신을 모신 사당에서 기거하며 고정된 직업도 없다. 다만 바쁠 때에 일용직 일손으로 사람들의 머리에 떠오르는 정도의 존재이다.

자존심만큼은 남보다 강하지만, 그것을 건설적인 방향으로 활용할 줄도 모른다. 독선적이고 반항적이며 뚜렷한 신념도 없다. 무엇인가 대단한 생각이 떠올라도 그것은 빈속에 한 잔 걸친 술의 취기가 환상을 보여 준 것에 지나지 않을 뿐, 깊이도 지속성도 없다.

여자가 필요하다고 외치기도 하지만 이튿날에는 까마득하게 잊어버리곤 한다. 혁명파임을 자인하면서도 하는 일이라고는 고픈 배를 채우기 위해 절 밭에서 먹을 것을 훔치는 정도이고, 그것조차도 남들한테 뒤진다.

그렇다면 아Q를 둘러싼 사람들은 어떠한가. 그들 또한 크게 다를 바가 없다. 부유한 집안 사람들에게 빌붙어서 떡고물을 얻어 먹으려 하고, 사람들의 평판이 도움이 된다는 이유만으로 도둑질한 물건임을 알면서도 자기 손에 넣으려고 한다.

그런 상황 속에서 별생각 없이 '혁명, 혁명' 하고 외치고 돌아다닌 것 때문에 아Q는 도둑 일당이라는 누명을 쓰고 잡힌다. 경찰에서 무슨 질문을 받아도 특별히 할 말이 없는 아Q. 마지막에는 온 마을을 끌려다닌 끝에 총살된다. 그런 아Q에 대해 세상 사람들은 끌려다니면서 노래 하나 제대로 부르지 못했다는 이유로 재미없는 사형수였다고 두 번 단죄해 버린다.

아Q – 1920년대의 중국을 상징

주인공 아Q가 상징하고 있는 것은 신해혁명 뒤에도 변함이 없는 중국 민족의 부정적인 면이다. 곧, 1921년에 발표된 이 작품의 배경을 이루고 있는 것은 270여 년에 걸친 청나라 문화를 타도한 지 10년이 지나도록 여전한 중국의 혼란과 무기력이다. 아Q는 바로 그 무렵 중국의 사회 상황에 속해 살고 있던 너와 나인 것이다.

남에게 맞아도 본말이 전도된 논리로 자신을 납득시키고, 얻어맞은 사실조차 망각하고, 취한 머리로 혁명을 외치고, 자기 몫이 없다는 이유로 혁명을 반역이라고 단죄한다. 따라서 '아Q'라는 이름에 '중국'을 대입해 보면 이 작품을 더욱 잘 이해할 수 있을 것이다.

| 작품 속의 명문장 |

"그는 오른손을 들고 힘을 실어 자신의 얼굴을 연달아 손바닥으로 두 번 때렸다. 때린 사람은 자신이고, 맞은 쪽은 또 하나의 자신이라는 생각이 들었다. 얼마 뒤에는 또 왠지 자기가 다른 사람을 때린 것 같아 …… 만족스러운 기분으로 자랑스럽게 벌렁 뒤로 누웠다."

* 이러한 아Q의 행동은 그 무렵 중국이 빠져 있던 자기기만을 생생하게 표현하고 있다.

NOTES

● 루쉰은 말년에 많은 가명을 써서 정치와 사회에 관해 날카로운 비판을 전개했는데, 그 가명은 140개에 이른다. 번역가로서도 자신의 저작에 필적하는 양의 작업을 남겼다. 그의 시야는 소설사小說史에도 미쳤고, 사상가이자 문학사가로서도 중요한 업적을 남겼다.

가브리엘 가르시아 마르케스(Gabriel García Márquez)

예고된 죽음 이야기

(Crónica de una muerte anunciada)

작가 스스로 자신의 최고 작품이라고 평한 이 작품은 도살된 돼지처럼 살해된 산티아고의 죽음을 추적해 가는 과정을 다루고 있다. 뛰어난 구성력과 치밀한 묘사를 통해 독자들에게 강렬하고 중층적인 이미지를 떠올리게 한다.

INTRO

콜롬비아의 소설가 가브리엘 가르시아 마르케스(Gabriel García Márquez, 1928~)는 1928년 산타마르타 시에 있는 작은 마을 아라카타카에서 태어났다. 집안 사정 때문에 외가에서 양육되었는데, 그 경험이 작가에게 큰 영향을 주었다.

보고타 국립대학교 법학부에 입학했는데, 그의 흥미는 학과 공부보다는 조이스나 카프카 등의 소설과 파블로 네루다●나 루벤 다리오● 등의 시 세계에 있었다. 3년 만에 대학을 중퇴한 뒤 곧바로 언론계로 뛰어들어 신문 기자로 유럽과 남아메리카를 돌아다니며 많은 르포르타주와 칼럼을 집필했다.

1955년 처녀작인 『낙엽』을 간행했고, 1961년 『아무도 대령에게 편지하지 않았다』, 1962년 『암흑의 시대』, 『마마 그란데의 장례식』을 펴냈다. 1967년에 대표작이라고 할 수 있는 『백 년 동안의 고독』●을 출판했고, 1975년에 『족장의 가을』, 1981년에 『예고된 죽음 이야기』를 출판했다. 이해 좌익 게릴라와의 연관성에 대한 의심을 받아 체포될 위험이 생기자 보고타에서 멕시코로 망명해 작품 활동을 계속했다.

1982년에 노벨문학상을 수상한 뒤에도 1985년에 『콜레라 시대의 사랑』, 1989년 『미궁 속의 장군』, 1992년 『열두 가지 순례 이야기』, 1994년 『사랑과 또 다른 악마들에 관하여』 등 문제작을 잇달아 간행했다.

라틴아메리카 문학에서 환상적 사실주의 경향을 주도한 작가로 일컬어진다.

남아메리카의 한 소도시에서 일어난 살인 사건

시공을 초월한 소설적 상상력을 구사해 현실과 신화에 가교를 놓는 가르시아 마르케스. 이 작품은 라틴아메리카 문학의 붐을 일으킨 중심 인물이라고 할 수 있는 그가 작가로서의 역량을 유감없이 발휘한 뛰어난 중편소설이다.

온 마을을 떠들썩하게 했던 혼례 소동의 이튿날, 이루어지지 않았던 주교의 환영식에 대한 흥분이 사라지지 않았을 때 어째서 산티아고 나사르는 도살된 돼지처럼 처참하게 살해되어야 했을까? 더구나 마을 사람들은 그가 살해될 것이라는 사실을 미리 알고 있었다.

이 작품은 작가 자신이 한때 살았던 적이 있는 남아메리카의 시골 마을에서 일어난 실제 사건을 모델로 한 것으로, 화자인 '나'가 사건을 둘러싼 마을 사람들의 증언이나 수사搜査의 조서에 의지해 '숙명이 그(산티아고)에게 부여한 장소와 임무'를 밝혀 나간다는 추리소설이나 논픽션 같은 형식을 취하고 있다. 수많은 우연이 겹쳐진 결과라고밖에 할 수 없는 살인극이지만, 작가 마르케스는 그 속에 갇힌 공간에서 발생하는 민중의 질투와 증오, 남성우월주의가 불러온 과오와 희생에 의해 공동체가 붕괴되어 가는 이야기를 엮어 놓았다.

'공동체' 자체가 주인공

이 작품의 주인공은 살해당한 산티아고 나사르일까? 그러나 관점을 바꾸면 공동체의 명예를 위해 그를 죽인 쌍둥이 파블로와 페드로 비카리오 형제, 공동체에 금이 가게 한 방랑자 바야르도 산 로망, 공동체의 인습 때문에 사랑이 없는 결혼을 하고, 결국 그 파국을 맞게 된 앙젤라 비카리오도 주인공이라고 할 수 있다. 그렇게 보면 이 이야기의 진정한 주인공은 공동체 그 자체라고 할 수 있다. 아마 마르케스의 독자들은 『낙엽』이나 『백 년 동안의 고독』, 『암흑의 시대』 등의 작품에 나오는 저 마콘도의 마을을 머릿속에 떠올릴 것이다.

| 작품 속의 명문장 |

"죽은 자를 땅속에 묻기 전까지는 어느 땅의 사람이라고 할 수가 없다."

* 『백 년 동안의 고독』에 나오는 호세 아르카디오 부엔디아의 말. 라틴아메리카 출신 작가들에게는 거의 공통된 배경이라고 할 수 있다.

NOTES

● 네루다(Pablo Neruda, 1904~1973)는 1971년 노벨문학상을 수상한 칠레의 시인이다. 존재의 부조리를 날카롭게 지적하는 초현실주의적인 작품 『지상의 주소』(1931)로 유명하다.

● 다리오(Ruben Dario, 1867~1916)는 에스파냐어로 된 시의 쇄신에 큰 공적을 남긴 니카라과의 시인이다. 대표작으로는 라틴아메리카 문학의 독립을 나타낸 기념비적 작품 『청靑』(1888) 등을 들 수 있다.

● 마르케스의 작풍은 일반적으로 매직 리얼리즘이라는 수법에 의해 현실과 허구가 혼재하는 것이라는 평가를 받는다. 특히 『백 년 동안의 고독』에서는 그런 세계관이 뚜렷하게 나타나 있어 근대 리얼리즘을 초월한 소설 공간이라 할 수 있다.

밀란 쿤데라(Milan Kundera)

참을 수 없는 존재의 가벼움

(L'insoutenable légèreté de l'être)

사랑과 성性, 역사와 이데올로기의 소용돌이 속에서 갈등과 반목을 거듭하는 주인공들의 방황을 통해 현대인의 분열을 묘사하고 있다. 인간의 삶과 죽음을 가벼움과 무거움이라는 이분법적 측면에서 조명하고 있는 작품이다.

INTRO

체코 태생의 소설가이자 극작가인 밀란 쿤데라(Milan Kundera, 1929~)는 1929년 체코 동부의 브르노에서 태어났다. 아버지는 야나체크 음악원의 음악학 교수였고, 쿤데라 자신도 이 음악원에서 공부했다. 동시에 철학도 공부해 프라하음악·연극아카데미 영화학과를 졸업한 뒤 이 대학에서 세계 문학을 가르쳤다.

1953년 처녀 시집인 『인간 : 드넓은 정원』을 발표하고 작가로서의 생활을 시작했다. 또한 1960년 『소설의 기술』에서는 평론가적인 측면을, 1963년의 『열쇠 주인들』에서는 극작가로서의 측면을 보여 주었다. 1963년에는 단편집 『미소를 머금게 하는 사랑 이야기』를 발표했으며, 1967년에 그때까지의 그를 총결산했다고 할 수 있는 작품인 장편 『농담』을 발표함으로써 '체코의 귀재'로 부동의 위치를 확보했다. 1975년에 해외로 추방되어 프랑스로 이주했으며, 1978년에 발표한 『웃음과 망각의 책』 때문에 체코 시민권을 박탈당했다. 『참을 수 없는 존재의 가벼움』은 1984년에 발표된 작품으로, 1988년 필립 카우프만 감독에 의해 영화로 만들어졌다.●

네 남녀의 서로 다른 색깔의 사랑 이야기

토마스는 장래가 촉망되는 프라하의 외과 의사였다. 자식을 하나 낳은 아내와 이혼한 그는 오래 사귄 애인인 화가 사비나를 비롯해 짧게 사권 다른 많은 애인들과 마음껏 정사를 나누고 있었다. 한편 사비나에게는 대학교수인 프란스라는 애인이 있다.

어느 날 토마스는 일 때문에 찾아간 체코의 시골 마을에서 종업원으로 일하는 테레자를 만난다. 테레자는 토마스를 의지해 프라하로 상경한다. 그때까지 정사를 즐기기는 했어도 여자를 자기 집 안에 머물게 하는 일이 절대로 없었던 토마스가 웬일인지 테레자와는 함께 잠드는 것이 즐겁게 느껴진다. 이윽고 테레자는 토마스의 끊임없는 부정(그에게는 많은 여자들과 육체 관계를 맺는 것이 테레자에 대한 사랑과 전혀 모순되는 일이 아니었지만)에 대한 질투로 몸과 마음이 모두 망가져 간다.

1968년, '프라하의 봄'을 짓밟는 소련군의 침공이 단행되었다. 토마스와 테레자는 일단 스위스의 취리히로 피신하지만, 테레자가 귀국하자 토마스도 다시 프라하로 돌아온다. 체제에 대한 협력을 거부한 것 때문에 토마스는 외과 의사라는 자격을 박탈당한다. 창문 청소부와 농장 트럭 운전수 등 여러 일자리를 전전하면서 나이가 들어 가는 토마스. 마지막에는 조용한 생활 속에서 두 사람은 진실한 사랑으로 맺어진다.

한편, 미국으로 건너갔던 사비나는 토마스의 아들 시몬으로부터 두 사람의 사고사를 알리는 편지를 받는다.

사랑, 망명 그리고 현대인의 분열

토마스와 테레자, 사비나, 그리고 사비나의 애인인 프란스가 이 작품의 주된 등장인물인데, 이 작품의 진정한 주인공은 그들을 통해 자신의 사상과 심정을 이야기하는 작가 쿤데라라고 할 수 있다.

토마스의 사랑은 'es muss sein'(그렇게 되어야 한다)가 아니라 'es könnte auch anders sein'(다른 모양이 될 수도 있는) 사랑, 곧 중압을 견딜 수 없는 가벼운 사랑이다. 테레사는 몸과 마음이 어우러질 수 없는 이중성 때문에 괴로워한다. 어디에도 연결 고리를 갖지 않는 사비나는 참을 수 없는 가벼움으로 드라마를 받아들일 수밖에 없다. 그리고 프란스는 얕은 이해심 때문에 사비나로부터 버림을 받는다.

이에 더해 이 작품의 밑바닥에는 소련군 침공으로 상징되는 공산주의 체제의 기만성과 그로 인해 일어나는 망명 문제가 있다. 작가는 망명에 대해 "자기가 살고 있는 땅을 떠나고 싶어 하는 사람은 행복하지 않다"고 하는 한마디로(제1부 제12장) 그 비극성을 집약하고 있다.

이 이야기는 사랑과 망명과 현대인의 분열을 다룬 지극히 실제적인 작품이라고 할 수 있다.

| 작품 속의 명문장 |

"인생의 드라마는 항상 무게라는 기준으로 표현할 수 있다. 우리는 어떤 인간이 무거운 짐을 지고 있다고 말한다. …… 그런데 도대체 무슨 일이 사비나에게 일어난 것일까? …… 그녀의 드라마는 무게의 드라마가 아니라 가벼움의 드라마였다. 사비나 위에 떨어진 것은 무거운 짐이 아니라 참을 수 없는 존재의 가벼움이었다."

NOTES

● 쿤데라가 경험했던 체코 시절의 작품 검열과 판매 금지, 그리고 파리로의 망명 등은 그에게 '죽음'과 '재생'을 자각시킨 일이었을 것이다. 쿤데라 작품의 특징은 사회주의에 대항하는 입장이 무겁게 나타난다는 점이다.

마누엘 푸익(Manuel Puig)

거미여인의 키스

(El Beso de la Mujer Araña)

동성애자와 혁명가라는 사회적으로 소외된 인간을 통해 사회적 관습과 국가 권력에 의한 억압적인 사회상을 고발하고 있다. 영화 이야기나 노래 가사 등의 서브컬처를 효과적으로 도입한 새로운 소설 기법이 돋보이는 작품이다.

INTRO

아르헨티나의 소설가 마누엘 푸익(Manuel Puig, 1932~1990)는 1932년 부에노스아이레스의 시골 마을에서 태어났다. 어린 시절부터 영화를 좋아해 1956년에 로마로 건너가 치네치타에 있는 실험영화센터에서 공부했다. 비토리오 데 시카●와 르네 클레망● 등과 같은 뛰어난 감독 밑에서 조감독을 하다가 얼마 뒤 스스로에 대한 좌절로 조감독을 그만두었다. 1963년에 뉴욕으로 건너가 첫 번째 장편인 『리타 헤이워스의 배신』을 완성했다(1968 출판).
1967년에 모국 아르헨티나로 귀국했고, 1969년에 『붉은 입술』, 1973년에 『부에노스아이레스 사건』을 출판해 많은 독자들의 사랑을 받게 되었는데, 1974년에는 페론 정권에 의해 작품이 판매 금지 처분을 받았다. 1976년의 군사 쿠데타 이후 1990년 사망할 때까지 망명 생활을 계속하며 『거미여인의 키스』(1976 에스파냐에서 출판), 『천사의 치골』(1979), 『이 글을 읽는 독자들에게 내리는 영원한 저주』(1981), 『보답받은 사랑의 피』, 『열대의 밤이 질 때』(1988) 등을 발표했다.●

한 감방을 쓰게 된 두 죄수의 만남

1970년대의 부에노스아이레스. 미성년자에 대한 성추행으로 수감되어 있는 동성애자 몰리나와, 소란을 선동한 혐의를 받고 있는 과격파 발렌틴이 교도소의 같은 감방에 수감된다. 사회적으로 소외된 인간이라는 점을 빼놓고는 공통점이 없는 두 사람이지만, 몰리나가 이야기한 영화

스토리를 매개로 하여 커뮤니케이션이 이루어진다. 혁명운동가와 성의 이단자 사이에 이윽고 사랑이 싹트게 된다. 두 사람의 관계는 갇힌 공간 속에서 성적인 관계로까지 발전한다.

몰리나는 형무소장으로부터 출감시켜 주는 대신 발렌틴으로부터 혁명 운동에 관한 정보를 캐내라고 강요당하고 있다. 그러나 그는 발렌틴에 대한 사랑 때문에 소장을 배신하고 과격파를 위해 일하려는 결심을 한다. 출감한(미끼로 풀려난) 몰리나는 발렌틴의 동료들에게 접근하려 하지만, 경찰의 추적을 받고 있다는 사실을 눈치챈 동료들은 경찰들과 몰리나를 향해 총을 쏜다.

이 소설은 몰리나와 발렌틴의 대화, 영화 줄거리, 꿈과 무의식에 관한 내적인 독백, 일방통행식 전화, 사건 보고서 등으로 마치스모(남성우월주의)와 군사 정권이라는 상황하에서의 동성애와 혁명이라는 테마를 전개시킨 푸익 문학의 걸작이다. 직접적인 정치 소설이나 공동체의 신화와 역사를 이야기하는 서사시적 작품이 많은 라틴아메리카 문학 속에서 영화 줄거리와 노래 가사 등의 서브컬처를 효과적으로 도입한 푸익의 수법이 더욱 눈길을 끈다.

사랑에서 남성우월주의를 믿는 동성애자, 몰리나

동성애자인 주인공 몰리나는 결코 성해방론자가 아니다. 그의(그녀라고 하는 편이 정확하겠다) 성향은 개인적인 것일 뿐이고, 그는 사랑에서의 남성우월주의를 믿고 있는 동성애자이다. 그가 모델로 삼는 것은 1940년대 할리우드 영화에서 볼 수 있는 아름답고 가련한 여주인공들이다.

따라서 결말에 나오는 그의 죽음은 정치적 각성에 의한 것이 아니라 사랑하는 남자를 위해 죽는 여자라는 고전적인 영웅주의에 토대를 둔 것이다.

한편, 발렌틴도 결과적으로는 몰리나와 육체 관계를 가졌다고는 하나 성행위 도중이나 꿈속에서 보는 상대는 역시 여성이다. 얼핏 보기에 지배와 억압으로부터의 해방으로 보이는 동성애가, 그런 요소를 가진 이성애를 초월할 수 없었던 비극이 두 사람의 관계를 통해 부각된다.

| 작품 속의 명문장 |

"아르헨티나에서는 대중문화가 꼭 여자들과 똑같은 취급을 당해 왔습니다. 곧, 그것들을 마음껏 즐기기는 하지만 결코 존경은 하지 않는 것입니다. …… 참으로 말도 안 되는 모순이 아닙니까?"

『거미여인의 키스』를 번역한 역자와의 인터뷰에서

NOTES

● 이탈리아의 영화감독이자 배우인 데시카(Vittorio De Sica, 1901~1974)는 불행한 시민이나 아이들을 통해 따뜻하면서도 인간적인 배려가 담겨 있는 작품을 많이 발표했다. 그의 대표작으로는 「구두닦이」(1946), 「자전거 도둑」(1948), 「밀라노의 기적」(1951) 등 세계 영화사에서 중요한 위치를 차지하는 명작들이 많다.

● 클레망(Rene Clement, 1913~1996)은 프랑스의 영화감독으로, 주로 반전 의식이 반영된 영화를 만들었다. 「철로의 투쟁」(1945), 「금지된 장난」(1951), 「태양은 가득히」(1959) 등의 걸작을 남겼다.

● 푸익의 작풍은 '가벼움'이라고도 할 수 있는 '대중성'에 특징이 있다. '라틴아메리카의 작가=매직 리얼리즘'이라고 하는 도식 속에서 말과 단편을 구사하는 그의 작품 세계는 경쾌하며 사고의 언어에 따르지 않는 것이 특징이라고 할 수 있다.

요스테인 고르데르(Jostein Gaarder)

소피의 세계

(Sofies Verden)

이 작품은 사춘기 소녀를 통해 인생과 우주의 본질에 대한 질문을 소설 형식으로 풀어 쓴 철학 입문서이다. 철학의 대중화에 크게 이바지한 이 작품은 다양한 예화와 문제 제기를 통해 독자들에게 철학적 의문을 품게 한다.

INTRO

노르웨이의 소설가 요스테인 고르데르(Jostein Gaarder, 1952~)는 1952년 오슬로에서 태어났다. 피오르(협만)에 면한 항구 마을 베르겐의 고등학교에서 11년 동안 철학 교사로 일하는 한편, 아동과 청소년을 위한 작품을 썼다. 1991년에 발표된 『소피의 세계』는 그의 다섯 번째 작품이다. 노르웨이 문학계와 출판계에서는 이 베스트셀러가 1920년도에 노벨문학상을 수상한 K. 함순●, 마찬가지로 1928년도 수상자인 S. 운세트● 이래의 '중대 사건'이 되었다. 지금은 고향에서 작가 활동에 전념하고 있다.●

인간과 우주에 대한 근원적인 질문을 던지는 철학 입문서

당신은 누구입니까?

세계는 어디에서 왔죠?

『소피의 세계』는 이 두 가지의 과격한(근본적이면서도 과격한, 아니 근본적이기 때문에 과격하게 된) '의문'으로 시작된다. 1995년까지 세계 37개국에서 번역, 출판되어 1990년대 출판계의 최대 화제작으로 떠올랐던 이 작품은 노르웨이의 고등학교에서 철학을 가르쳤던 요스테인 고르데르가 쓴 철학 판타지로, '철학의 역사 이야기'라는 부제가 붙어 있다.

노르웨이에 사는 소피 아문센은 얼마 뒤 15세 생일을 맞게 되는 매우 평범한 여학생이다. 소피는 수선화가 과일 나무 밑동 근처에서 빽빽하게 꽃을 피우고 나무에 어린 싹이 나기 시작하는 5월 초순의 어느 날, 녹색으로 된 큰 우편함에서 자기 이름이 적힌 작은 편지를 발견한다. 앞에는 자신의 이름과 거리 이름, 번지(클로버가 3번지)가 씌어 있을 뿐이다. 보내는 이의 이름도 없고 우표도 붙어 있지 않다.

봉투를 열자 그 안에는 작은 종잇조각이 한 장 들어 있다. 그 종이에는 딱 한 마디 '당신은 누구입니까?'라고만 씌어 있다. 소피는 이상하다고 생각하며 고개를 갸웃거렸는데, 그 이상한 일이 또 생긴다. 그날 중에 똑같이 생긴 봉투의 두 번째 편지를 우편함에서 발견한 것이다. 역시 이번에도 짤막하게 '세계는 어디에서 왔죠?'라고만 씌어 있다. 2통의 수수께끼 같은 편지 때문에 현기증이 날 지경인 소피. 여기서부터 (서양) 철학을 향한 소피의 지적 모험이 시작된다.

주인공이 14세의 소녀이기 때문에 이 작품을 아이들을 위한 철학 입문서라고 생각해서는 안 된다. 작가 자신이 어떤 인터뷰 속에서 14세 이상의 어른을 독자로 상정하고 썼다고 대답했던 것처럼 어른(정확하게 말하자면 스스로를 그렇다고 생각하는 사람)들이야말로 반드시 읽어야 할 작품이다. 쉬운 말투로 설명되어 있다고는 하지만, 여기에 있는 것은 인간 존재에 대한 궁극적 의문과 세계의 성립에 대한 끝없는 수수께끼이다.

이 작품에는 그 영원한 의문을 풀기 위해 철학을 한(그렇다, 철학은 '하는' 것이다) 사람들이 130명가량 등장한다. 그리고 이 책이 포괄하는 분야는 좁은 의미의 철학에 그치지 않고 물리와 화학, 생물, 수학, 문학, 역사, 신화, 종교, 음악, 페미니즘, 국제 평화 등 폭넓은 영역에 걸쳐 있다. 그렇게 생각하면 철학이란 인간이 가진 모든 지식의 종합이고, 아무리 작은 단편이라도 전체가 들어 있는 홀로니즘(여기에 대해서도 설명되어 있다)과 같은 것이다. 곧, 무언가에 대해 생각하는 행위가 모두 철학이라고 해도 무방할 만큼의 넓이와 깊이를 갖춘 것이 철학이라 할 수 있다.

그리고 이 작품이 항상 몇 가지 '의문'으로 시작되는 것처럼 생각하는 것, 곧 철학을 하는 것의 근본을 이루는 행위는 끊임없이 질문을 던지는 행위이다. 어른들이 읽어야 된다고 한 이유는 바로 이 점 때문이다. 어른들은, 그중에서도 특히 자기 스스로 어른이라고 생각하는 사람들은 질문을 하지 않는다. 그것은 대답을 벌써 알고 있기 때문이 아니다. 질문을 던지는 일이 귀찮기 때문이다. 질문을 던지는 것 때문에 생각하기 시작해야 하는 일을 꺼리기 때문이다. 그러나 그런 나태와 두려움 속에서는 아무것도 생기지 않는다.

에덴 동산에서 쫓겨난 아담과 이브 이야기는 지혜를 손에 넣는 것이 인간에게 좌절의 계기가 됨을 나타내고 있는 것처럼 보이지만, 그렇다고 해도 이 세상에 태어난 우리가 그 과실을 먹지 않을 수는 없는 일이다. 바람이라는 저항이 없으면 새가 하늘을 날 수 없듯이 돌에 걸려 넘어져 보지 않으면 우리는 살아 있다는 증거를 얻을 수가 없다. 『소피의 세계』가 우리들에게 던져 주는 것은 인간 존재 속에서 질문이라는 것이 가진 근원성과 생각하는 일의 불가피성이다.

평범한 사춘기 소녀 소피

주인공인 소피는 이 작품의 첫머리에서 봄에 대해 약간의 신비한 느낌을 갖는다. '어떻게 따뜻해져서 눈이 녹으면 죽었던 것 같던 땅속에서 초록색 새싹이 돋아나는 걸까?' 이것이 14세 소녀가 생각할 수 있는 일일까? 생각할 수 있을지도 모른다. 하지만 대개의 14세짜리들은 그런 생각을 하지 않을 것이다. 14세는 그런 일을 생각하지 않게 되는 연령에 자리 잡고 있기 때문이다. 어른은 아니다. 그렇다고 아이도 아닌 미묘한 나이이다. 어른이라면 그런 의문을 무시할 수 있을 것이고, 아이라면 그런 생각을 하지 않고 자연과 하나가 되어 살 수 있다. 그러나 14세는 다르다. 그런 의미에서 작가가 소피에게 14세라는 나이를 부여한 것은 매우 중요한 요소이다.

| 작품 속의 명문장 |

"어느 시대에서나 의문을 품는 사람이 가장 위험한 인물이다. 대답하는 것은 위험하지 않다. 몇 개의 질문은 천 개의 대답보다도 많은 기폭제를 내포하고 있다."

* 소크라테스는 '젊은이들을 타락하게 만들고, 신을 인정하지 않는다'는 죄목으로 독이 든 술을 마셔야 했다.

"우리는 적절한 해답을 쉽게 찾을 수 없는 중요한 질문을 받는다. 거기에서부터 길은 두 갈래로 나뉜다. 하나는 자신과 세계를 모두 속이고 알 만한 가치가 있는 일은 모조리 알고 있는 척하는 길이다. 또 하나는 소중한 질문을 외면하고 앞으로 나아가는 것을 완전히 포기하는 길이다. 이렇게 인간은 두 종류로 나뉜다. 대개의 인간은 착각을 잘하고 고집이 세거나 아무래도 상관없다고 생각하는 두 가지 부류 중 어느 하나에 속한다."

* 물론 우리가 찾고 있는 길은 세 번째 길, 곧 자기 앞에 놓인 질문에 대해 진지하게 생각하는 것이지만, 위의 내용은 현재의 사고 정지 상태를 잘 묘사한 말이다. 정보의

홍수 속에서 살아가는 현대인들에게 그 자리에 서서 찬찬히 생각하는 일은 가늘고, 좁고, 험난한 길이다.

NOTES

● 1920년에 노벨문학상을 수상한 노르웨이의 함순(Knut Hamsun, 1859~1952)은 서정적인 작풍으로 언어의 마술사라고 불렸다. 인간 심리의 비합리성과 원시적이고 고고한 정신을 그린 『굶주림』(1890)은 유럽 전역에 센세이션을 불러일으켰다.

● 운세트(Sigrid Undset, 1882~1949)는 노르웨이의 소설가로, 『라브란스가家의 딸 크리스틴』(1920~1922)으로 1928년 노벨문학상을 받았다.

● 노르웨이의 대표적인 작가라고 하면 『인형의 집』을 쓴 입센(1828~1906)과, 노르웨이 국가國歌의 작사가이기도 한 비외른손(1832~1910, 1903년 노벨상 수상)을 꼽을 수 있다. 두 사람 모두 낭만주의적 작품에서 출발해 세계적인 극작가로 이름을 남겼다.

어고터 크리스토프(Agota Kristof)

비밀 노트

(Le Grand Cahier)

마녀로 불리는 할머니에게 맡겨진 쌍둥이 형제가 커다란 노트에 자신들의 성장 과정과 가증스러운 죄악에 관한 내용을 기록하는 형식으로 쓰인 작품이다. 전쟁을 통해 상처를 입은 사람들의 모습을 건조하고 담담한 필치로 묘사하고 있다.

INTRO

헝가리의 소설가 어고터 크리스토프(Agota Kristof, 1936~)는 1936년 오스트리아 국경에 가까운 작은 마을에서 태어났다. 제2차 세계대전 속에서 어린 시절을 보내고, 18세가 되던 해에 자신의 역사 선생님과 결혼했다. 1956년의 헝가리 동란 때 서방으로 망명했으며, 그 이후로 스위스의 뇌샤텔에 거주했다. 1980년대 중반까지 동인지에 시를 발표하기도 하고, 지방 극단을 위한 짧은 희곡을 쓰고 있었던 것으로 알려졌다.

1986년에 파리의 대형 문예출판사 가운데 하나인 쇠이유사에서 『비밀 노트』를 간행한 뒤, 독창적인 걸작으로 평가되어 짧은 기간 동안 세계 10여 개국 언어로 번역되었고, 아직까지도 꾸준히 읽히고 있다. 두 번째 작품인 『타인의 증거』(1989), 세 번째 작품인 『50년간의 고독』과 함께 3부작 『존재의 세 가지 거짓말』(1991)을 집필해 전 세계의 독자들로부터 열렬한 성원을 받았다. 네 번째 작품인 『어제』(1995)도 호평을 받았다.

전쟁 속에 던져진 쌍둥이 형제의 이야기

유럽에서는 '충격'이 대개 '동쪽'으로부터 온다(서쪽에서 온 충격으로는 조이스 정도를 꼽을 수 있다). 도스토옙스키와 카프카, 쿤데라, 그리고 어고터 크리스토프. 동쪽의 작가들이 그려 내는 주인공들은 항상 눈에 띄게 그로테스크하다. 도스토옙스키의 주인공은 악마적이고, 카프카의 주인공은 철저하게 무력하며, 쿤데라의 주인공은 망명으로 인한 분열 문제를 갈등 속에 구현한다.

그리고 『비밀 노트』에서 볼 수 있는 어고터 크리스토프의 주인공은 감정을 배제하는 과정에서 나타나는 소년의 그로테스크한 면이 돋보인다.

작품의 배경은 제2차 세계대전 중의 중부 유럽으로, 더 정확하게 말하자면 독일 제3제국에 병합되어 있던 오스트리아와의 국경에서 가까운 헝가리의 시골이다.

전쟁의 혼란 속에 빠져 있는 큰 도시 부다페스트에서 쌍둥이 소년이 어머니를 따라 할머니가 사는 작은 마을로 피난을 온다. 어머니는 젊었을 때 그곳을 떠나 큰 도시로 나가 버린 뒤 그대로 연락을 끊고 살았다는 사실이 할머니가 처음부터 어머니에게 던지는 지독한 욕을 통해 드러난다. 예를 들면 이런 식이다.

"너, 다른 애들은 어떻게 했냐?"

어머니가 묻는다.

"다른 애들이라니 무슨 소리예요?"

"암캐는 한 번에 새끼를 너덧 마리씩 낳는 것이 보통이야. 그중에서 한두 마리는 살려 놓고 나머지는 물에 빠뜨려 죽여 버리지."

어머니가 자신이 낳은 딸에게 퍼붓는 욕설로 이만큼 악의에 찬 것도 보기 드물 것이다.

이윽고 어머니는 떠나고 쌍둥이는 할머니와 함께 남는다. 여기서부터가 플롯을 겹쳐 놓은 듯한 촌극풍의 이야기인 『비밀 노트』의 시작이다. 쌍둥이 소년들은 항상 '우리'로 사물을 생각하고 행동한다. 그것은 이야기 마지막에 한 사람은 동쪽에 남고, 한 사람은 국경을 넘어 서쪽으로 도망치는 장면을 위한 원대한 복선이다. 사실은 그 장면조차도 나중에 이어지는 3부작의 제2탄 『타인의 증거』, 제3탄 『50년간의 고독』을 위한

복선에 지나지 않는다.●

자신의 남편을 독살한 끔찍한 과거를 가진 할머니는 주위 사람들로부터 '마녀'라는 별명으로 불리고 있다. 그 별명대로 할머니는 통쾌하고 후련할 정도로 마녀답게 행동한다. 철저하게 인색하고, 철저하게 현실주의적이며, 철저하게 불결하다. 그리고 마녀는 밤중에 짚으로 된 침대에서 혼자 흐느껴 운다.

마녀가 '암캐의 자식'이라고 불렀던 쌍둥이 소년들도 지지 않는다. 커다란 힘 앞에서는 감정이 무력하다는 사실을 끈질기게 나타내려는 것처럼 쌍둥이 소년은 철저하게 비감정적인 인간으로 묘사된다. 그들에게 감상주의는 불필요한 것이다. 그들은 남을 살려 줄 때도, 남을 속일 때도 일체의 감정을 섞지 않는다. 그들은 모든 것을 눈앞의 현실로 받아들여, 해야 하는 일들을 담담하게 처리할 뿐이다.

사제관의 하녀가 강제로 성기를 빨았을 때에도, 할머니의 집에 자취하고 있는 마조히즘을 가진 외국인 장교의 벌거벗은 엉덩이를 가죽 벨트로 때릴 때도, 옆집 부인이 집에 불을 질러 태워 달라고 부탁했을 때도, 할머니로부터 안락사를 시켜 달라는 부탁을 받았을 때도 그들은 전혀 주저하지 않는다. 부탁을 받은 그대로 행동에 옮길 뿐이다.

아마도 여기서 다루어지고 있는 것은 무질서한 극한 상태에서도 자유는 존재한다는 문제가 아닐까 한다. 마녀라고 불리는 할머니도, 옆집의 토끼 같은 여자아이(마지막에 스스로 불러들인 해방군 병사들에게 윤간을 당한 끝에 죽지만)도, 그리고 당연히 주인공인 소년들도 지극히 자유롭다. 바로 그 자유가 있었기에 이 이야기는 그로테스크함을 마음껏 표현할 수 있었다고 볼 수 있다.

자유는 관념 속에 존재하지 않는다. 그것은 자유로운 행동을 하는 곳에 실존한다. 따라서 자유는 지향하는 것이 아니다. 체제가 국민에게 주는 것도 아니다. 자유는 자유로울 때만 자유인 것이다. 작가는 자유롭다는 사실이 위장된 서방으로 망명했던 경험이 있기에 그 문제를 이렇게 그로테스크하게, 이렇듯 섬세하게, 결코 감상주의에 빠지는 일이 없이 표현할 수 있었던 것이다.

살아남기 위한 그들의 삶의 방식

마녀와 암캐의 자식인 '우리'는 서로의 영역을 침범하지 않는다는 점에서 매우 양호한 관계를 이루고 있다. 특히 우리는 마녀가 하는 일이나 마녀가 감추고자 하는 일을 알고 있어도 결코 마녀의 영역을 침범하지 않는다. 그런 행동으로 우리가 해를 입는 일이 생기지 않는 한 그녀가 무슨 짓을 하고 있건 우리와는 상관이 없다. 마녀와 암캐의 자식은 살아가는 일에서 이해관계가 일치하는 공범자이다. 그 철저한 공범 관계는 유머러스하게 보일 정도이다.

어머니가 종전 직전에 데리러 왔을 때도, 종전 직후에 아이들에게 의무교육을 받게 하라고 교육 지도 담당이 찾아왔을 때도, 할머니의 포도밭을 해방군이 접수하러 왔을 때도, 아이들의 아버지가 찾아왔을 때도, 공범자들은 서로 협력해 그런 강요를 이겨 냈다.

그들은 자신들의 자유로운 생활을 방해받는 것이 무엇보다도 싫다. 그래서 자신들의 재량으로 살 수 있으니 쓸데없는 간섭은 하지 말라는 듯한 태도를 보인다.

| 작품 속의 명문장 |

"'좋다'와 '안 된다'를 판정하는 기준으로 우리에게는 매우 단순한 기준이 있다.

작문의 내용은 진실해야 한다는 규칙이다. 우리가 쓰는 것은 있는 그대로의 사물과 우리가 본 일, 우리가 들은 일, 우리가 실행한 일 등이어야 한다. …… 감정을 표현하는 낱말은 매우 막연하다. 그런 종류의 낱말은 사용하지 않고 사물이나 인간, 자기 자신의 묘사, 곧 사실에 충실한 묘사에 그치는 편이 좋다."

＊ 작품 가운데 '우리의 학습'이라는 제목이 붙은 장에 나오는 말이다. 『비밀 노트』는 모두 이러한 문장들로 씌어 있다. 이 이야기는 동시에 화자인 우리가 기록한 일기이기도 하다.

"국경을 넘기 위한 수단이 한 가지 있었다. 그 수단이란 자기보다 앞서 누군가가 그곳을 지나게 하는 것이다."

＊ 그 누군가란 자신의 아버지였다. 국경 건너편으로 도망치려 한 아버지는 땅속에 깔려 있던 지뢰를 밟고 땅바닥에 축 늘어진다.

"손에 헝겊으로 된 보자기를 들고 새롭게 나 있는 발자국 위를, 그리고 아버지의 축 늘어진 몸을 밟고 우리 가운데 하나가 또 하나의 나라로 떠난다. 남아 있는 한 명은 할머니 집으로 돌아간다."

NOTES

● 어고터 크리스토프의 작품이 가진 재미의 하나는 그 대담한 허구성이다. 『비밀 노트』 이후 3부작으로 낸 『타인의 증거』, 『50년간의 고독』이라는 제목에도 나타나 있는 것처럼 무엇이 진실이고 무엇이 거짓인지를 밝히는 일종의 수수께끼 풀기도 포함되어 있다.

안토니오 타부키(Antonio Tabucchi)

진술에 의하면 페레이라는……
(Sostiene Pereira)

정치적인 상황과 무관하게 살고 있는 평범하고 겁 많은 한 시민 '페레이라'가 몬테이로 로시라는 정치적 성향이 짙은 학생을 만남으로써 점차 시대를 의식하는 정치적인 인물로 변해 가는 과정을 묘사하고 있다.

INTRO

이탈리아의 소설가 안토니오 타부키(Antonio Tabucchi, 1943~)는 1943년 피사에서 태어났다. 현재 이탈리아를 대표하는 작가로서 유럽을 중심으로 높은 평가를 받고 있는데, 소설가로 인정을 받기 전에 대학교에서 포르투갈 시단의 최대 인물이라고 불리는 페르난두 페소아의 작품을 이탈리아에 소개하는 큰 공적을 남겼다. 페소아에 관한 연구 논문도 많다.

지금까지 『이탈리아 광장』(1975), 『거꾸로 하는 게임』(1981), 『포르토 핌의 여인』(1983), 『인도 야상곡』(1984), 『진혼곡』(1992) 등의 중단편집을 발표했다. 작품은 메타픽션의 게임성이 강한 단편과 시적인 환상과 바로크적 성격을 섞은 것으로 크게 구분된다. 다만 『진술에 의하면 페레이라는……』●은 그런 작품들과 성격이 달라 그때까지 타부키를 제대로 평가하지 않았던 평론가들로부터 절찬을 받았다. 1994년에 이탈리아에서 가장 중요한 문학상인 비아레조상을 수상했다.

어느 무기력한 지식인이 한 청년을 통해 변해 가는 과정

무대는 1938년의 포르투갈 리스본이다. 이해 유럽에서는 코 밑에 검은 종이를 조금 잘라 붙인 듯한 수염을 가진 남자의 야망이 더욱 적나라하게 드러났다. 역사 연표에 '독일에 의한 오스트리아 합병'이라고 기록하게 한 장본인은 말할 나위도 없이 독재자 히틀러였다. 옆 나라 에스파냐에서는 1936년부터 또 한 사람의 독재자인 프랑코 장군과 인민 전선 사이에 에스파냐 시민전쟁이 치러지고 있었다. 프랑코를 지지하는 히틀러의 독일군에 의해 게르니카가 폭격된 것은 그 이듬해였다. 작가 타부키가 태어난 이탈리아에는 마찬가지로 무솔리니가 있었다.

피레네 산맥을 넘어온 파시즘의 바람은 에스파냐 상공에서 전선을 발달시켜 이윽고 피비린내 나는 난기류가 되어 이베리아 반도 끝에 있는 포르투갈을 향해 불어닥치려 하고 있었다. '대서양에서 불어오는 미풍에 푸르게 물든 리스본은 반짝반짝 빛나고' 있었는데, '그날 오후 느닷없이 날씨가 변해 불길한 열기를 가진 시체 냄새가 도시를 온통 뒤덮어' 버렸다.

그 갑작스러운 날씨의 변화, 또는 불길한 열기의 시체 냄새에 대해 발간한 지 아직 얼마 되지 않은 석간 신문 「리스보아」의 문예면 담당 편집실장 페레이라(실제 인원은 그 혼자뿐이었지만)가 어떻게 저항했는지를, 아니 저항에 이르기까지의 경과를 '진술에 의하면 페레이라는……'이라는 진술체(그렇게 불러도 된다면)로 쓴 것이 이 작품이다.

진술이라는 말이 벌써 관헌에 의한 시민 억압이라는 권력 관계를 보여주고 있듯이, 작품 속에 굳이 나오지는 않지만, 주인공의 직업을 염두에 두었을 때 그 저항은 관헌이 그냥 지나칠 수 없는 것이었다는 점도, 그것이 펜으로 하는 저항이었다는 점도 당연히 예상할 수 있다.

저항 이야기는 정치성이 강할수록 주인공이 영웅으로 칭송되는 일이 많은데, 작가 타부키는 페레이라를 그런 인물로 그리지 않았다. 아내를 잃은 중년의 홀아비로, 뚱뚱하며 땀을 많이 흘리고 심장이 나쁘다. 매일 집에서 나와 편집실에서 19세기 프랑스 작가(발자크나 도데)의 작품을 번역하고, '오늘 이날'이라는 고인의 추모 칼럼을 쓴 다음, 단골 카페에서 항상 허브가 든 오믈렛과 레모네이드를 주문하는 남자 페레이라는 보는 것과 듣는 것, 자신의 행동 등에 끊임없이 각주를 다는 사람처럼 혼자 중얼거린다.

그런 페레이라가 심심풀이로 페이지를 넘기고 있던 잡지에 우연히 게재되어 있던 몬테이로 로시라는 학생이 쓴 죽음에 관한 졸업 논문(대부분이 누군가 다른 사람의 문장을 이리저리 짜깁기한 것이지만)을 읽는 데에서 이야기가 시작된다. 말하자면 읽는 것으로 시작되는 페레이라의 재앙을 작가 타부키는 치밀한 구성과 날카로운 필치로 써 나간다. 더구나 정치적 교조주의와 사상적 신념의 나열과는 무관한 아주 평범하고 흔하며 지극히 겁이 많은 남자의 이야기로 엮어 간다.

작품의 이러한 특징이 역으로 타인과 연대해서 산다는 것이 어떤 일인지 의문스러워하는 현대에 더욱 실질적으로 문제가 되고 있는 시민의 사회 책임을 끌어내는 결과가 되었다. 그런 의미에서 이야기 끝 부분에 은근히 쓰인 '1993년 8월 25일'이라는 날짜는 그냥 지나칠 수 없는 날짜이다. 그것은 단순히 탈고한 날이 아니라 1938년에 시작되는 이야기가 아직도 계속되고 있음을 시사하는 날짜인 것이다. 페레이라에 의한 진술은 '전쟁 후'의 이야기로 읽혀서는 안 된다. 우리는 그곳에서 '전쟁 전'을 읽어 낼 필요가 있는 것이다.

평범하고 겁 많은 시민, 페레이라

주인공 페레이라는 '약해 빠진 지식인'의 대표라고 할 수 있다. 눈앞의 현실에서 될 수 있는 대로 멀리 떨어지려고 하고, (정치적인) 상황에 관여하지 않는 것으로 자신의 영역을 지키려고 하는 타입의 사람이다. 그는 추모 예정 원고를 쓰도록 고용한 몬테이로 로시의 원고 가운데 게재할 가치를 가진 기사가 하나도 없다고 생각한다. 그러나 페레이라는 이 학생을 해고할 수도 없어 신지도 않은 기사의 원고료를 자기 주머니에서 내주는 인물이다.

그러나 그것이 '영혼'에 저촉되는 일이라면 어떻게 할까? '영혼'이 체제를 받아들일 수 없을 때, 그래도 사람은 자신의 영역을 지키는 일에 가치를 두려고 할까? 여기에 개인과 정치 사이에 서로 떨어질 수 없는 문제가 도사리고 있다. 그것을 집단 심리로 다루는 것이 내셔널리스트가 잘 쓰는 수단인데, 아무래도 '영혼'에 관한 것은 개인에게 귀속되어야만 생각할 가치가 있는 것이 아닐까?

따라서 "나는 누구의 동지도 아닙니다. 나는 혼자 사는 사람이고, 그 생활에 만족하고 있습니다. 나의 동지는 나 자신뿐입니다"라고 말하는 페레이라를(비슷한 내용의 말이 몇 번이고 그의 입에서 되풀이된다) 지식인의 유약함이라고만 받아들여서는 안 될 것이다. 여기서부터 시작하지 않으면 진실된 '영혼'의 문제는 보이지 않게 된다.

| 작품 속의 명문장 |

"그는 뒤에 남겨진 기분이 되어 자신이 참으로 고독하다고 생각했다. 그리고 정말로 고독한 때야말로 자기 속에 있는 영혼 집단에 명령을 내리는 주도적 자아와 대치할 때라는 사실을 깨닫는다. 그렇게 생각은 했지만 완전히 안심한 것은 아니었다. 그뿐 아니라 무어라고 딱 꼬집어서 말할 수는 없지만 무엇인가가 그리워졌다. 그것은 지금껏 살아온 인생에 대한 향수이고, 아마도 앞으로 살아갈 인생에 대한 깊은 애정이었다고 그렇게 페레이라는 진술하고 있다."

* 비만과 심장병 치료 때문에 찾아간 해양 요법 클리닉의 주치의 카르도소 박사가 프랑스로 떠나는 것을 배웅한 뒤에 한 말이다. 의사는 페레이라에게 "당신의 초자아 같은 것은 하수구에 버려 버리고 새로운 주도적 자아에게 넓은 자리를 마련해 주도록 하시오"라고 말했다.

NOTES

● 『진술에 의하면 페레이라는……』은 항상 환상적이고 몽환적인 세계를 그려 온 타부키가 드물게 인간의 용기와 삶의 의미를 테마로 쓴 소설이다. 파시스트 정권하의 신문 기자의 저항이라는 비非 타부키적인 모티프로 쓰인 작품이지만, 죽은 아내의 사진과 대화를 하는 등 그의 독특한 명상성은 이 작품에도 고스란히 녹아 있다.

파울로 코엘료(Paulo Coelho)

연금술사
(O Alquimista)

꿈을 찾아 떠난 양치기 청년 산티아고가 삶의 참된 의미를 발견하는 이야기이다. 이 책에서 연금술이란 '자아의 신화'를 찾기 위한 여정, 곧 자신의 보물을 찾아 더 나은 삶으로 나아가는 과정을 가리키는 말이다.

INTRO

브라질의 소설가 파울로 코엘료(Paulo Coelho, 1947~)는 1947년 리우데자네이루에서 태어났다. 법과대학을 중퇴한 뒤 3년에 걸쳐 세계 각지를 방랑했다. 브라질로 돌아와 유행가 작사가로 활약하다가 반정부 운동을 했다는 혐의로 투옥되었다. 출옥한 뒤 다시 세계를 떠다니는 여행에 나섰다.

1987년 산티아고 데 콤포스텔라에 이르는 에스파냐 순례 여행을 이야기로 묘사한 『순례』로 데뷔했다. 이듬해에 발표한 『연금술사』는 생텍쥐페리의 『어린 왕자』에 비견될 정도로 대단한 찬사를 받았다. 그 뒤에 『피에트라 강가에 앉아 나는 울었네』(1994)●, 『베로니카 죽기로 결심하다』(1998)● 등을 발표했다.

보물을 찾아 떠나는 산티아고의 여행

이 작품은 '여행'과 '책'에 대해 쓰인 이야기이다.

그와 동시에 작품 속에 되풀이해서 등장하는 매혹적인 아랍어 '마크툽'(어차피 그렇게 될 일이라는 뜻)에서 알 수 있듯이 '전조'前兆를 둘러싼 이야기이기도 하다.

주인공인 산티아고 소년은 안달루시아의 광야에서 양을 모는 양치기이다. 예전에 제단이었던 장소에 무화과나무가 한 그루 서 있는 낡은 교회에서 계속해서 같은 꿈을 꾼다. "꿈속에서 나는 양과 함께 있었습니다. 그러자 한 아이가 나타나 양과 놀기 시작했습니다. …… 그런데 갑자기 그 아이는 내 두 손을 잡더니 나를 이집트의 피라미드까지 데리고 갔습니다. …… 그 아이는 나에게 '당신이 여기에 오면 숨겨진 보물을 발견할 수 있어요'라고 말했습니다."

세일럼의 왕임을 자처하는 이상한 노인과 만나 운명을 나타내는 우림과 툼밈이라는 2개의 돌을 받아 이베리아 반도에서 아프리카 대륙으로 건너가는 산티아고. 그는 "네가 무언가를 바랄 때는 우주 전체가 협력해 그것을 실현시킬 수 있도록 도와준다"고 하는 '전조가 하는 말'과, "운명에 마지막까지 순종하는 것을 잊어서는 안 된다"고 하는 기묘한 노인의 말만을 의지해 아프리카 대륙으로 떠난다.

소년은 탕헤르의 크리스털 가게에서 일해 상당한 돈을 손에 넣는다. 안달루시아로 돌아가 다시 양치기가 된다는 생각이 잠시 뇌리를 스치지만 소년은 꿈을 따르기로 한다. 사하라 사막을 횡단하는 캐러밴 일행에 끼어서 이집트의 피라미드를 향해 동쪽으로 여행을 계속한다. '양치기들한테 배우고 크리스털 가게에서도 배운 것'처럼 소년은 '사막으로부터도 무언가 배울 수 있을 것이다'라고 생각한다. 왜냐하면 '사막은 나이를 많이 먹어 아주 현명하리라 생각되기 때문'이다. 그리고 여행 도중에 소년은 '세계는 많은 이야기를 한다'는 사실을 알게 된다.

사막의 오아시스에서 소년을 기다리고 있던 것은 연금술사였다. 그는 이 캐러밴 속에 '자기 제자가 될 남자가 있다는 사실을 알고 있었다. 전조가 그에게 그렇게 가르쳐 주었던 것'이다. 소년은 머리 위를 날아다니는 2마리의 독수리를 보고 얼마 뒤 오아시스가 습격당하리라는 징조를 얻는다. 소년은 이미 세계로부터 많은 것을 배웠던 것이다. 한마디로 말하자면 그것은 '위대한 영혼'과 접촉하는 방법이라고 할 수 있다.

지구 상의 모든 일은 모든 사물의 역사를 나타낼 수가 있다는 사실을 그는 알고 있었다. 책의 어느 페이지를 펼쳐도, 사람의 손바닥을 보아도, 한 장의 카드를 열어도, 새가 날아다니는 것을 보아도 …… 그것에서 관찰된 것이 무엇이건 사람은 그 순간 자신이 체험하고 있는 것과의 관련성을 발견할 수 있다. 실제로는 그렇게 하는 일 자체가 무언가를 밝히는 것은 아니다. 사람들은 자기 주변에서 일어나고 있는 일을 보고 위대한 영혼과 접촉하는 방법을 찾아낼 수가 있는 것이다. 소년은 그런 비전을 오아시스의 족장에게 알려 주어 오아시스를 지켰다. 그 직후에 소년 앞에 연금술사가 모습을 나타낸다.

피라미드를 향해 연금술사와 함께 사막 여행을 계속하는 소년. 그것은 소년에게 연금술을 배우는 여행이기도 했다. 그는 '연금술이란 영혼의 완전성을 물질 세계에서 이루는 일'임을 알게 된다. 이윽고 사막을 건너는 바람과 사막을 태우는 태양, '모든 것을 쓴 손'과 말을 주고받음으로써 소년은 자신이 바람이 되는 방법(연금술)을 터득한다.

지금 소년의 눈앞에는 피라미드가 있다. 소년은 사막에서 전갈 한 마리가 도망친 곳의 모래를 판다. 그곳에 보물이 숨겨져 있음을 소년은 알고 있다. 그러나 그때 나타난 난민 남자들에 의해 마지막 계시를 받는다. 난민들의 지도자인 남자는 소년에게 "2년 전 일이다. 바로 이 장소에서 나는 몇 번이고 같은 꿈을 꾸었다. 에스파냐의 평야로 가서 양치기와 양들이 잠든 황폐한 교회를 찾으라는 꿈이었다. 그 꿈속에서는 제단이었던 장소에 한 그루의 무화과나무가 서 있었다. 그 무화과나무의 뿌리를 파면……"이라고 말하며 자신은 그것을 찾기 위해 에스파냐로 가는 어리석은 짓은 하지 않겠다고 하고는 떠난다. 산티아고는 그가 말한 곳이 어디인지 알고 있었고, 보물을 찾은 기쁨에 미소를 지었다.

행동을 통한 진정한 '배움'을 강조

책으로 세계를 보는 것과 세계에 대해 쓰인 책을 읽는 일은 매우 비슷하지만 전혀 다른 차원에 속한다. 소년 산티아고의 여행은 우리에게 그 사실을 알려 준다. 그것은 여행과 책의 차이이기도 하다. 여행 쪽에 속해 있는 것이 산티아고이고, 책 쪽에 속해 있는 것이 캐러밴에서 만나게 되는 영국인 청년이다.

여행은 마치 연금술이 금속을 순화시키는 것처럼 정신에 순화 작용을 일으킨다. 뉴에이지 사이언스를 경험한 현대에 이제 연금술은 '엉터리 학문'이 아니라 '위대한 말' 또는 '위대한 영혼'에 도달하기 위한 일종의 잃어버린 고리를 채워 주는 매개체인 것이다. 그것은 책을 통해서가 아니라 여행을 통해서 배워야 한다. "책에서는 아무것도 배울 수가 없었습니다"라고 하는 소년에게 오아시스의 연금술사는 이렇게 대답한다. "배우는 방법은 한 가지밖에 없다. …… 그것은 행동이다. 너는 필요한 것을 모두 너의 여행을 통해 이미 배웠다." 그리고 행동을 통해 배우는 것이란 "이 세계가 존재하고 있다는 것은 그저 단순히 완전한 세계가 존재한다는 증거에 지나지 않는다. 눈에 보이는 것을 통해 인간에게 영적인 가르침과 신의 놀라운 지혜를 이해시키려고 신은 이 세계를 만들어 놓은 것이다"라는 사실을 이해하는 일이다.

| 작품 속의 명문장 |

"소년은 직감이란 영혼이 갑작스럽게 우주의 생명의 흐름에 침입하는 것이라는 사실을 이해하기 시작했다. 그곳에서는 모든 사람들의 역사가 연결되어 있어

모든 것을 알게 된다. 그곳에 모두 씌어 있기 때문이다."

* 사막의 낙타를 모는 사람과 나눈 대화에서 소년은 자신이 '우주의 말'을 배우기 시작했음을 직감적으로 알게 된다. 그것은 탕헤르의 크리스털 상인이 소년에게 가르쳐 준 말인 '마크툽'이었다.

"상처받을까 두려워하는 것은 실제로 상처를 받는 것보다 더 괴롭다고 너의 마음에 새겨 두어라. 꿈을 추구하고 있을 때 마음은 결코 상처를 받지 않는다. 그것을 추구하는 순간순간이 신과의 만남이고 영원과의 만남이기 때문이다."

* 소년의 마음은 사람이 가장 두려워하고 있는 일에 대해 소년에게 가르쳐 준다. 그것은 자기가 가장 중요한 꿈을 추구하는 것으로, 애인이 영원히 떠나 버리거나, 즐거워야 하는데 그렇게 되지 않거나, 찾을 수 있었을지도 모르는 보물을 영원히 잃어버리는 것이 아닐까 하는 두려움이다. 그런 불안에 대해 말하는 소년에게 연금술사는 이 말로 대답했던 것이다.

NOTES

● 『피에트라 강가에 앉아 나는 울었네』는 일주일 동안의 '순례기' 를 통해 한 남자와 한 여자에게 일어나는 '삶의 기적'에 관한 이야기이다.

● 자살을 시도했던 베로니카가 겨우 살아나 이제는 살아갈 마음을 먹으려고 할 즈음에 '시한부 인생'을 선고받게 되는 내용으로 이루어진 『베로니카 죽기로 결심하다』는 '죽음' 을 통해 생의 열정을 이야기하고 있는 소설이다.

알레산드로 바리코(Alessandro Baricco)

바다 위의 피아니스트

(Novecento un Monologo)

육지에서의 삶의 정착을 거부하고 평생을 바다 위에서만 보낸 한 천재적인 피아니스트의 삶을 이야기하고 있다. 평생 여객선 밖으로 나가 보지 않은 한 남자의 순수함과 슬픔, 외로움이 예술적인 감동과 함께 묘사되어 있다.

INTRO

이탈리아의 소설가 알레산드로 바리코(Alessandro Baricco, 1958~)는 1958년 토리노에서 태어났다. 음악평론가로 활약한 뒤 1991년에 『분노의 성城』으로 문단에 데뷔했다. 이탈리아의 중견 인기 작가로 『양洋·해海』(1993), 『바다 위의 피아니스트』(1994), 『비단』(1996), 『시티』(1999) 등을 발표했다. 작품을 쓰는 일 외에 소설가 양성 학교를 주관하는 일도 맡고 있다.

여객선에서 평생을 보낸 어느 천재 피아니스트의 삶

"이 작품은 연극과 소리 내서 읽는 이야기의 중간 지점에 있다는 느낌이 든다. 사족이지만 이런 작품이 해당되는 분야는 존재하지 않는다고 생각한다. 어쨌든 좋은 이야기라는 생각이 든다. 이야기할 만한 가치가 있는 이야기이다"라고 작가가 서두에 쓴 것처럼 이 작품은 소설과 희곡의 경계선상에 자리잡고 있다.

아니, 그것보다는 작품의 무대가 된 여객선 버지니안 호가 리버풀이나 뉴욕, 리우데자네이루, 제노바, 리스본을 왕래하는 것처럼 소설의 기슭과 희곡의 기슭을 자유롭게 왕래하는 작품이라고 하는 편이 알맞을 것이다.

여객선의 전문 악단에 트럼펫 연주자로 들어간 남자가 회상하면서 들려주는 이야기로 소설이 진행된다. 그의 입을 통해 나오는 이야기는 "바다 위에서 연주한 음악가 가운데 사상 최고였던 피아니스트 대니 부드맨 T. D. 레몬 노베첸토"의 일생이다.

일생이라고는 해도 배경은 모두 여객선 안이다. 노베첸토는 태어나서 죽을 때까지 그 여객선에서 한 번도 내린 적이 없는 인물로 그려져 있다. 아니, 일등여객용 댄스실의 피아노 위에 놓인 종이 상자 속에서 발견된 아이 때의 노베첸토는 "법률상 이 세상에 존재하지 않았다. 그의 이름은 관청과 교회, 병원, 감옥, 야구 팀 등 그 어디에도 등록되어 있지 않았다."

딱 한 번 뉴욕에 정박했을 때 배에서 내려 육지를 보려 했지만 계단을 몇 개 내려가다가 다시 배로 돌아와 버렸다. 전쟁 중에 병원선病院船으로 이용되다가 폐선이 된 버지니안 호는 마지막에 다이너마이트로 바다 위에서 폭파해 처분하기로 결정되었다. 그 다이너마이트 위에 앉은 노베첸토의 눈에는 벌써 선명하게 보인다. "저세상에 도착했을 때의 광경이……."

바다 위를 떠도는 천재

배에서 단 한 번도 내린 적이 없는 노베첸토는 8세 때 갑자기 피아노를 칠 수 있게 되었다. 그가 연주하는 음악은 소설 속에 나오는 대사를 빌리자면 다음과 같은 것이었다.

"음악 이상의 것이었습니다. 그가 연주하고 있었던 것은 …… 그가 그 음을 연주할 때까지는 존재하지 않았던 그 무엇. …… 그리고 그가 연주를 끝내고 피아노 앞을 떠나자마자 그 음악은 더 이상 존재하지 않습니다. …… 영원히 소멸해 버리는 것이지요."

그리고 노베첸토는 한 번도 본 적이 없는 세계의 모습을 이 여객선에 탄 승객들의 눈을 통해 볼 수 있었다. "사람들의 몸에 스며 있는 기호를 읽을 수 있었어요. 장소와 소리, 냄새, 그 사람이 살고 있던 땅, 인생 …… 모두 몸에 씌어 있었지요. 그는 그것을 읽어가며 하나씩 믿을 수 없을 정도로 정성스럽게 정리하고, 위치를 바꾸고, 간직해 두고 …… 그의 머릿속에 그려져 있는 거대한 지도에 매일 하나씩 작은 단편들을 덧붙여간 것입니다."

| 작품 속의 명문장 |

"길 하나만 예를 들어도 몇백만 개나 있다. 육지 사람인 당신들은 어떻게 올바른 길을 찾아가는가? 육지라는 것은 나에게는 너무 큰 배다. 너무 긴 여행이다. 너무 아름다운 여인이다. 너무 강한 향수다. 나로서는 연주할 수가 없는 음악이다. 용서하라. 나는 배에서 내리지 않는다. 돌아가게 해 달라. 내가 있어야 할 곳으로."

노베첸토의 독백에서

세계 명작에 우리의 존재와 삶이 있다

임희선 | 번역가

'세계 명작.'

우리가 이런 이름으로 불리는 문학 작품을 맨 처음 접하는 것은 언제일까?

대부분의 사람들은 어릴 때 '무슨무슨 문고', '무슨무슨 전집'의 형태로 묶인, 어린이들을 위해 내용을 추리고 단어를 골라 '편집'된 이야기로 접했을 것이다. '전집'으로 읽었으니 하나하나 내용과 양이 모두 다른 작품들을 획일적인 책으로 느꼈을 테고, 어린이들을 위해 '편집'한 것이니 작품의 전체적인 모습도 알기 힘들었을 것이다.

나도 어릴 적의 이런 기억들 때문에 '세계 명작'이라 하면 딱딱하고, 어렵고, 따분할 것이라고 지레 겁을 먹곤 했다. 그리고 스스로 책을 고를 수 있는 나이가 된 뒤에도 이런 선입견 때문인지 몇몇 작품을 제외하고는 제대로 읽을 기회를 가지지 못했다.

이 방대한 책을 번역하기 시작할 때, 이런저런 이유로 망망대해를 홀로 항해하는 심정이었다. 그러나 학창 시절에 읽었던 작품, 또는 제목이나 주인공의 이름만 익숙한 작품일지라도 작가와 주인공을 다시 만난다는 것은 힘든 작업 중에서도 꽤나 즐거운 경험이었음을 고백한다. 남녀 주인공들이 엮어 가는 순열한 사랑, 목숨을 걸고 사회의 제도와 모순에 맞서는 삶을 향한 사투, 그리고 작가들이 자신의 삶과 문학 속에서 품어 내는 인간에 대한 사랑과 삶의 열정에는 절로 고개가 숙여질 뿐이었다.

이 책은 '세계 명작'으로 거론되는 작품을 나라별로 연대순으로 이해하기 쉽게 정리해 놓은 세계 문학의 안내서이다. 따라서 세계 명작에 대한 두려움을 떨쳐 버리고 손쉽게 다가갈 수 있게 하는 나침반 역할로 안성맞춤이다. 작품이 탄생한 시대적 배경과 간결하게 정리한 작품의 줄거리, 주요 등장인물과 작가 소개, 그리고 작품 속에 등장하는 명문장은 이 책에 수록된 작품들이 왜 시대와 언어권을 초월해 세계 각국의 모든 사람들에게 사랑을 받고 있는지에 대한 충분한 설명이 될 것이다. 이 책을 인류사의 큰 흐름이라는 틀에서 읽다 보면 어떤 작품들은 원작에 도전해 보고 싶은 강한 열망을 느낄 때가 있을 것이다. 그럴 때는 망설이지 말고 서점으로 달려가자. 그곳에 우리의 존재와 삶이 있기 때문이다.

무엇보다도 이 책에 실린 명작의 이야기들은 재미가 있었다. 재미가 없어서는 명작이 될 수 없다. 그 재미란 얄팍한 호기심을 충족해 주는 일시적인 재미가 아니라, 사람이 살아가는 인생에 대한 깨달음으로 통하는 깊은 재미이다. 이들 작품들은 나라마다, 시대마다 쓰인 배경은 제각기 다르지만, 공통적으로 '사람 살아가는 모습이 이런 것이다'라는 점을 잘 보여 주고 있다. 그런 점에서는 TV에서 방영되는 대하 드라마보다도 깊이와 재미가 있다고 할 수 있다.

그리고 그 '재미있는' 문학 작품들은 '교양'으로 남는다.

그런데 우리에게 '교양'이 왜 필요할까?

남에게 뽐내기 위해서? 지식인처럼 보이기 위해서?

그렇지 않다. 교양이란 지금까지 걸어온 삶을 되돌아보고, 앞으로 살아갈 삶을 풍부하게 하는 데 꼭 필요한 영양분인 것이다.

남의 모양새를 보고 내 차림을 살펴보듯, 우리는 남의 삶을 보며 자신의 삶을 돌이켜 보곤 한다. 그렇게 자신의 삶에 대한 잣대가 필요할 때 좋은 예가 되어 주는 사람들이 문학 작품 속의 등장인물들이다. 그들은 어느 한 사람이 아닌, 그 시대의 유형적이거나 전형적인 인물인 경우가 많다. 이 책을 번역하면서 그렇게 특정한 환경 속에서 삶을 헤쳐 나간 사람들의 모습을 통해 우리의 삶을 앞으로 어떻게 꾸려 나가야 할지 생각해 보는 기회를 갖게 된 점은 더없이 소중한 경험이었다.

이 책을 번역하는 작업은 역자에게 아주 좋은 계기가 되어 주었다. 제목만 들었던 명작들의 내용을 알 수 있게 되었을 뿐 아니라, 몇몇 명작들은 직접 완역판에 도전해 보아야겠다는 의욕을 일으켜 주기도 했다. 주인공들의 특징을 읽으며 참으로 많은 유형의 사람들이 살고 있다는 사실을 다시금 깨달을 수 있었고, 나만의 시각으로 바라보는 세상이 얼마나 좁은지도 실감할 수 있었다.

아무쪼록 이 책이 독자들에게도 비슷한 자극제가 되기를 바랄 뿐이다. '절대지식 세계문학'이라는 이 책의 제목처럼, 여기 소개된 책들은 모두 읽으면 '절대적으로' 좋은 양서들이다. 따라서 녹록지 않은 양에 대해 부담스럽게 생각하지 않기를 바란다. 이 책은 꼭 처음부터 읽을 필요는 없다. 흥미가 끌리는 부분이나 필요한 부분을 먼저 읽어도 되고, 특정한 책에 대한 호기심이 생기면 그때그때 찾아서 읽으면 되는 것이다. 여기에서 한 가지만은 분명하게 장담할 수 있다. 그것은 바로 어떤 부분을 읽든지 전에 세계 명작에 대해 가졌던 편견처럼 지겹거나 따분한 일은 절대 없을 것이라는 점이다.

책 속의 부록

- 세계의 시와 시인
- 노벨문학상에 대한 소고
- 노벨문학상 수상자 일람표

세계의 시와 시인

『절대지식 세계문학』 편집부

고대 그리스의 운문에서 시작된 세계의 시문학은 현대에 이르러서 서정시의 흐름을 중심으로 상징주의(심볼리즘)과 초현실주의(쉬르레알리슴) 등에 커다란 영향을 미쳤다. 여기에서는 세계 시의 흐름 가운데 각 나라와 각 시대를 대표하는 시인과 시집을 소개한다.

독일

근대 유럽을 대표하는 시인 괴테는 독일에서 태어났으며, 그의 작품은 세계 문학에 지대한 영향을 주었다. 특히 『파우스트』와 더불어 250편 정도의 시로 이루어진 『서동시집西東詩集』은 전체가 하나의 우주를 나타내며 서정시의 모든 가능성이 시도되어 근대 서정시의 모태가 되었다. 괴테의 이런 풍부한 서정시의 흐름을 이어받은 사람은 하이네이다. 혁명의 서정시 『독일, 겨울 동화』와 풍자시 『아타 트롤, 한여름 밤의 꿈』을 쓰고 『노래책』에서 청춘과 사랑을 찬미한 그는 한편으로 격렬한 혁명적 시인이기도 했다.

20세기 전반의 독일을 대표하는 최고 시인은 릴케로, 같은 시대의 시인인 카로사나 헤세와 함께 독일 학생들이 애송하는 시인이다. 그는 인간 실존의 불안과 고독을 표현한 10편으로 이루어진 시집 『두이노의 비가悲歌』와 산 자와 죽은 자의 교류 및 조화의 세계를 노래한 『오르페우스에게 바치는 소네트』를 완성했다.

프랑스

19세기 프랑스에는 『악의 꽃』으로 전혀 새로운 시의 영역을 개척했을 뿐 아니라 '새로운 전율을 창조했다'고 일컬어지는 시인 보들레르가 있었다. 그의 시는 세계 근대시의 모태가 되었고, 그 뒤를 따른 베를렌이나 랭보에게도 큰 영향을 미쳤다. 베를렌의 대표적 시집 『예지』는 시집 『지옥에서 보낸 한 철』로 강렬한 상징시의 세계를 창출한 랭보를 권총으로 쏘아서 투옥되었을 때의 작품으로, 그 어리석은 행위와 죄상이 순수한 기도의 노래로 아름답게 성화聖化되어 근대 최고의 종교시가 되었다.

이 상징시의 흐름 속에 『목신의 오후』에서 절체시絶體詩라고 할 수 있는 새로운 시의 우주를 꿈꾸며 언어의 음악성과 수학성, 신비성 등 순수한 추상의 세계를 추구한 말라르메가 있다. 그의 문하에서는 시집 『매혹』을 통해 최고의 순수한 서정시를 노래한 발레리가 나왔다.

영국

영국에서는 괴테와 같은 시대에 활동한 낭만파 시인 바이런이 있었다. 그는 이야기 시 『차일드 해럴드의 여행』에서 근대적 자아가 분열되는 고뇌를 표현해 선구자가 된 정열적인 시인으로, 자신이 꿈꾼 '아름다운 그리스'의 독립을 위해 터키와 싸우다가 전쟁터에서 쓰러져 파란만장하고 극적인 최후를 맞이했다.

20세기 영국에는 아일랜드 출신의 예이츠와 미국에서 귀화한 T. S. 엘리엇이라는 양대 시인이 있었다. 예이츠는 『탑』 등의 시집과 극시, 산문극 등으로 영국 시단에 새로운 바람을 불어넣었다. 엘리엇은 대표작 『황무지』에서 현대 문명 속의 인간 붕괴가 보여 주는 지옥 풍경이라고 할 만한 절망적인 인류의 운명을 추구해 세계의 현대시에 충격적인 영향을 미쳤다.

미국

미국에는 보들레르나 말라르메에게도 큰 영향을 준 시인 에드거 앨런 포가 있었다. 그는 『검은 고양이』, 『모르그가의 살인사건』 등과 같은 단편소설이나 추리소설의 근대적인 전형을 창시했는데, 그의 대표 작품인 『갈까마귀』는 정밀한 기법으로 유현미幽玄美의 극치를 음악적이고 아름다운 수학적 시의 형태를 통해 표현했다.

포와 같은 시대의 천재 시인으로는 『풀잎』으로 유명한 휘트먼이 있다. 그는 자연 속에서 신성神性을 찾은 에머슨의 범신론 사상을 발전시켜 선악 모두를 대담하게 긍정하면서, 말할 수 없이 낙천적인 사상을 표현한 시인으로, 자유와 평등의 신대륙적 외침을 생생하고 격렬하게 노래했다.

노벨문학상에 대한 소고

『절대지식 세계문학』 편집부

노벨문학상은 1895년 11월에 작성된 알프레드 베른하르드 노벨의 유언에 따라 '이상주의적 경향을 가진 가장 주목할 만한 문학 작품의 저자'에게 수여하라고 규정하고 있다. 1901년 프랑스의 시인 쉴리 프뤼돔이 첫 번째 수상자로 결정되자, 세계의 여론은 러시아의 문호 톨스토이를 무시한 것에 대해 거세게 항의했으며, 본국인 스웨덴에서도 작가와 배우들이 서명 운동까지 벌이는 소동이 일어났다. 그 뒤에도 입센이나 스트린드베리, 하디, 발레리, 릴케 등과 같이 매우 저명하면서 중요한 작가들이 다수 빠져 있다는 허점이 종종 지적되고 있다.

이 문학상은 어떤 작가의 모든 작품이 동시대 사람들에게 영향을 미치는 것을 기다렸다가 그 문학적 가치를 검토한 다음에 비로소 수여된다. 따라서 수상자들은 대부분 고령자이다. 최연소자는 1907년에 수상한 R. 키플링으로 38세, 최연장자는 1902년에 수상한 M. T. 몸젠으로 85세였다. 수상 대상은 생존자를 원칙으로 하지만, 딱 한 번 이 관례를 벗어난 적이 있었는데, 1931년에 E. A. 카를펠트가 수상했을 때였다. 그의 경우에는 추천을 받고 정식으로 검토되고 있는 도중에 사망해 버렸기 때문에 하는 수 없이 사후에 수여하게 되었다.

1909년도의 셀마 라겔뢰프는 스웨덴인이자 여성으로서 최초의 수상자가 되었다. 그 뒤의 여성 수상자로는 1926년의 G. 델레다, 1928년의 S. 운세트, 1938년의 펄 벅, 1945년의 G. 미스트랄, 1966년의 넬리 작스, 2007년의 도리스 레싱, 2009년의 헤르타 뮐러, 2013년 앨리스 먼로가 있다.

이 상은 작가의 작품 전체에 대해 수여되는 것이 일반적인데, M. T. 몸젠의 『로마사』, C. 슈피텔러의 『올림푸스의 봄』, K. 함순의 『대지의 성장』, W. 레이몬트의 『농민』, 토마스 만의 『부덴브로크가』, J. 골즈워디의 『포사이트가家의 이야기』, 마르탱뒤가르의 『티보가의 사람들』의 경우처럼 특정한 작품이 특별히 지정되는 경우도 종종 있다.

수상자가 사퇴하는 일도 있었는데, 최초의 트러블을 일으킨 작가는 1925년의 버나드 쇼였다. 그는 약간의 망설임을 보이다 결국은 수상했다. 1958년의 V. 파스테르나크와 1970년의 A. 솔제니친은 모두 정치적인 이유 때문에 문제가 생긴 경우로, 솔제니친은 소련에서 추방된 뒤인 1974년에 상을 받았다. 1964년의 J. P. 사르트르의 경우는 "작가가 이런 영예를 수락하면 이를 수여하는 기관에 공약을 해 주는 꼴이 된다"는 것이 사퇴의 이유였다.

• 노벨문학상 수상자 일람표 •

(*표는 이 책에 수록된 작가)

연도	수상자	국적/태생	문학 분야
1901	쉴리 프뤼돔(Sully Prudhomme)	프랑스	시인
1902	테오도어 몸젠(Theodor Mommsen)	독일	역사가
1903	비에른스티에르네 비에른손(Bjørnstjerne Bjørnson)	노르웨이	소설가 · 시인 · 극작가
1904	프레데리크 미스트랄(Frédéric Mistral)	프랑스	시인
	호세 에체가라이 이 에이사기레 (José Echegaray y Eizaguirre)	스페인	극작가
1905	* 헨리크 시엔키에비치(Henryk Sienkiewicz)	폴란드	소설가
1906	조수에 카르두치(Giosuè Carducci)	이탈리아	시인
1907	러디어드 키플링(Rudyard Kipling)	영국	시인 · 소설가
1908	루돌프 오이켄(Rudolf Eucken)	독일	철학자
1909	셀마 라겔뢰프(Selma Lagerlöf)	스웨덴	소설가
1910	파울 폰 하이제(Paul von Heyse)	독일	시인 · 소설가 · 극작가
1911	모리스 마테를링크(Maurice Maeterlinck)	벨기에	극작가
1912	* 게르하르트 하우프트만(Gerhart Hauptmann)	독일	극작가
1913	라빈드라나트 타고르(Rabī-ndranā-th Tagore)	인도	시인
1914	수상자 없음		
1915	* 로맹 롤랑(Romain Rolland)	프랑스	소설가
1916	베르네르 폰 헤이덴스탐(Verner von Heidenstam)	스웨덴	시인
1917	카를 기엘레루프(Karl Gjellerup)	덴마크	소설가
	헨리크 폰토피단(Henrik Pontoppidan)	덴마크	소설가
1918	수상자 없음		
1919	카를 슈피텔러(Carl Spitteler)	스위스	시인 · 소설가
1920	크누트 함순(Knut Hamsun)	노르웨이	소설가
1921	아나톨 프랑스(Anatole France)	프랑스	소설가
1922	하신토 베나벤테 이 마르티네스 (Jacinto Benavente y Martinez)	스페인	극작가
1923	윌리엄 버틀러 예이츠(William Butler Yeats)	아일랜드	시인
1924	브와디수와프 레이몬트(Wladyslaw Reymont)	폴란드	소설가
1925	* 조지 버나드 쇼(George Bernard Shaw)	영국/아일랜드	극작가
1926	그라치아 델레다(Grazia Deledda)	이탈리아	소설가
1927	앙리 베르그송(Henri Bergson)	프랑스	철학자

연도	수상자	국적/태생	문학 분야
1928	시그리드 운세트(Sigrid Undset)	노르웨이	소설가
1929	* 토마스 만(Thomas Mann)	독일	소설가
1930	해리 싱클레어 루이스(Harry Sinclair Lewis)	미국	소설가
1931	에리크 악셀 칼펠트(Erik Axel Karlfeldt)	스웨덴	시인
1932	존 골즈워디(John Galsworthy)	영국	소설가
1933	이반 부닌(Ivan Bunin)	러시아	소설가
1934	루이지 피란델로(Luigi Pirandello)	이탈리아	극작가
1935	수상자 없음		
1936	* 유진 오닐(Eugene O'Neill)	미국	극작가
1937	* 로제 마르탱뒤가르(Roger Martin du Gard)	프랑스	소설가
1938	* 펄 벅(Pearl Buck)	미국	소설가
1939	프란스 에밀 실란페(Frans Eemil Sillanpää)	핀란드	소설가
1940~1943	수상자 없음		
1944	요하네스 빌헬름 옌센(Johannes Vilhelm Jensen)	덴마크	소설가
1945	가브리엘라 미스트랄(Gabriela Mistral)	칠레	시인
1946	* 헤르만 헤세(Hermann Hesse)	독일	소설가
1947	* 앙드레 지드(André Gide)	프랑스	소설가 · 수필가
1948	토머스 스턴스 엘리엇(Thomas Stearns Eliot)	영국	시인 · 비평가
1949	* 윌리엄 포크너(William Faulkner)	미국	소설가
1950	버트런드 러셀(Bertrand Russell)	영국	철학자
1951	페르 라게르크비스트(Pär Lagerkvist)	스웨덴	소설가
1952	프랑수아 모리아크(François Mauriac)	프랑스	시인 · 소설가 · 극작가
1953	윈스턴 처칠(Winston Churchill)	영국	역사가 · 정치가
1954	* 어니스트 헤밍웨이(Ernest Hemingway)	미국	소설가
1955	할도르 락스네스(Halldór Laxness)	아이슬란드	소설가
1956	후안 라몬 히메네스(Juan Ramón Jiménez)	스페인	시인
1957	* 알베르 카뮈(Albert Camus)	프랑스	소설가 · 극작가
1958	* 보리스 파스테르나크(Boris Pasternak)(수상 거부)	러시아	소설가 · 시인
1959	살바토레 콰시모도(Salvatore Quasimodo)	이탈리아	시인

연도	수상자	국적/태생	문학 분야
1960	생존 페르스(Saint-John Perse)	프랑스	시인
1961	이보 안드리치(Ivo Andrić)	유고슬라비아	소설가
1962	* 존 스타인벡(John Steinbeck)	미국	소설가
1963	이오르고스 세페리아데스(Giōrgos Seferiadēs)	그리스	시인
1964	* 장 폴 사르트르(Jean-Paul Sartre)(수상 거부)	프랑스	철학자 · 극작가
1965	* 미하일 숄로호프(Mikhail Sholokhov)	러시아	소설가
1966	슈무엘 요세프 아그논(Shmuel Yosef Agnon)	이스라엘	소설가
	넬리 작스(Nelly Sachs)	스웨덴	시인
1967	미겔 앙헬 아스투리아스(Miguel Ángel Asturias)	과테말라	소설가
1968	가와바타 야스나리[川端康成]	일본	소설가
1969	* 사뮈엘 베케트(Samuel Beckett)	프랑스/아일랜드	소설가 · 극작가
1970	* 알렉산드르 솔제니친(Alexandr Solzhenitsyn)	러시아	소설가
1971	파블로 네루다(Pablo Neruda)	칠레	시인
1972	* 하인리히 뵐(Heinrich Böll)	독일	소설가
1973	패트릭 화이트(Patrick White)	오스트레일리아	소설가
1974	에위빈드 욘손(Eyvind Jonson)	스웨덴	소설가
	하리 마르틴손(Harry Martinson)	스웨덴	소설가 · 시인
1975	에우제니오 몬탈레(Eugenio Montale)	이탈리아	시인
1976	솔 벨로(Saul Bellow)	미국	소설가
1977	비센테 알레익산드레(Vicente Aleixandre)	스페인	소설가
1978	아이작 바셰비스 싱어(Isaac Bashevis Singer)	미국	소설가
1979	오디세우스 엘리티스(Odysseus Elytis)	그리스	시인
1980	체슬와프 미워시(Czestaw Mitosz)	미국/폴란드	시인
1981	엘리아스 카네티(Elias Canetti)	영국/불가리아	소설가 · 수필가
1982	* 가브리엘 가르시아 마르케스 (Gabriel García Márquez)	콜롬비아	소설가 · 언론인 · 사회비평가
1983	윌리엄 골딩(William Golding)	영국	소설가
1984	야로슬라프 세이페르트(Jaroslav Seifert)	체코	시인
1985	클로드 시몽(Claude Simon)	프랑스	소설가
1986	월레 소잉카(Wole Soyinka)	나이지리아	각색가 · 시인

연도	수상자	국적/태생	문학 분야
1987	조지프 브로드스키(Joseph Brodsky)	미국	시인 · 수필가
1988	나기브 마푸즈(Naguib Mahfouz)	이집트	소설가
1989	카밀로 호세 셀라(Camilo José Cela)	스페인	소설가
1990	옥타비오 파스(Octavio Paz)	멕시코	시인 · 수필가
1991	나딘 고디머(Nadine Gordimer)	남아프리카공화국	소설가
1992	데릭 월컷(Derek Walcott)	세인트루시아	시인
1993	토니 모리슨(Toni Morrison)	미국	소설가
1994	오에 겐자부로[大江健三郎]	일본	소설가
1995	셰이머스 히니(Seamus Heaney)	아일랜드	시인
1996	비스와바 심보르스카(Wislawa Szymborska)	폴란드	시인
1997	다리오 포(Dario Fo)	이탈리아	극작가
1998	조제 사라마구(José Saramago)	포르투갈	소설가
1999	* 귄터 그라스(Günter Grass)	독일	시인 · 소설가
2000	가오싱젠(高行健)	프랑스/중국	소설가 · 극작가
2001	V. S. 나이폴(V.S. Naipaul)	영국	소설가
2002	임레 케르테스(Imre Kertész)	헝가리	소설가
2003	존 맥스웰 쿠체(J. M. Coetzee)	남아프리카공화국	소설가 · 비평가 · 번역가
2004	엘프리데 옐리네크(Elfriede Jelinek)	오스트리아	소설가
2005	해럴드 핀터(Harold Pinter)	영국	극작가
2006	오르한 파묵(Orhan Pamuk)	터키	소설가
2007	도리스 레싱(Doris Lessing)	영국/이란	소설가
2008	장 마리 귀스타브 르 클레지오 (Jean-Marie Gustave Le Clézio)	프랑스	소설가
2009	헤르타 뮐러(Herta Müller)	루마니아	소설가
2010	마리오 바르가스 요사 (Mario Vargas Llosa)	페루	소설가
2011	토마스 트란스트뢰메르(Tomas Transtromer)	스웨덴	시인
2012	모옌(Mo Yan)	중국	소설가
2013	앨리스 먼로(Alice Munro)	캐나다	소설가
2014	파트릭 모디아노(Patrick Modiano)	프랑스	소설가

찾아보기 (도서명)

(ㄷ)

(ㄹ)

(ㅁ)

(ㅂ)

(ㅅ)

(ㅇ)

(ㅈ)

(ㅊ)

(ㅋ)

(ㅌ)

(ㅍ)

(ㅎ)

(기타)

찾아보기 (인명)

(ㅂ)

(ㅅ)

(ㅇ)

(ㅈ)

(ㅊ)

(ㅋ)

(ㅌ)

(ㅍ)

(ㅎ)

이 책의 집필에 참여한 필자들

가메야마 이쿠오[龜山郁夫, 東京外國語大學 敎授]
가와베 다케요시[川邊武芳, 筑紫女學園大學 敎授]
가토 나오히로[加藤尙宏, 早稻田大學 敎授]
가토 다미오[加藤民男, 早稻田大學 敎授]
고바야시 겐지[小林健治, 미국 문학가]
고바야시 시게루[小林茂, 早稻田大學 敎授]
고베 하루키[神戸春樹, 東海大學 敎授]
고토 미쓰야스[後藤光康, 明治大學 助敎授]
곤도 이네코[近藤いね子, 영국 문학가]
구도 세이이치로[工藤精一郎, 러시아 문학가
구라하시 다케시[倉橋健, 早稻田大學 敎授]
구리스 게이[栗栖繼, 체코슬로바키아 문학가]
구보타 한야[窪田般彌, 시인 · 프랑스 문학가]
구쓰와다 오사무[轡田收, 學習院大學 敎授]
기노시타 다카노리[木下高德, 跡見學園女子大學 敎授]
기무라 나오지[木村直司, 上智大學 敎授]
나카노 요시오[中野好夫, 전 東京大學 敎授]
나카모토 노부유키[中本信幸, 神奈川大學 敎授]
나카무라 젠야[中村善也, 전 京都府立大學 敎授]
나카지마 고코[中島公子, 전 明治大學 敎授]
노가미 소이치[野上素一, 京都大學 敎授]
노무라 이치로[野村一郎, 독일 문학가]
니시무라 고지[西村孝次, 영국 문학가]
다나카 무쓰오[田中睦夫, 영국 문학가]
다나카 세이지로[田中西二郎, 영국 문학가]
다나카 오토야[田中於莵彌, 東海大學 敎授]
다쓰노쿠치 나오타로[龍口直太郎, 早稻田大學 敎授]
다카무라 가쓰지[高村勝治, 東京敎育大學 敎授]
다카타 구니오[高田邦男, 미국 문학가]
다카하시 미호코[高橋美穗子, 群馬縣立女子大學 敎授]
다케다 히로시[竹田宏, 프랑스 문학가]
다케우치 미치노스케[竹內道之助, 영국 문학가]
다테노 마사히로[立野正裕, 明治大學 敎授]
도비타 시게오[飛田茂雄, 中央大學 敎授]
도쿠다 하루히코[德田陽彦, 早稻田大學 敎授]
마스다 세쓰코[增田節子, 미국 문학가]
마스다 히데오[增田秀男, 영국 문학가]
마쓰다이라 지아키[松平千秋, 京都大學 敎授]
마쓰무라 마사이에[松村昌家, 大手前女子大學 敎授]
무라타 쓰네카즈[村田經和, 學習院大學 敎授]
미야시타 겐조[宮下健三, 독일 문학가]
미야우치 미쓰야[宮內滿也, 연출가]
미즈노 다다오[水野忠夫, 早稻田大學 敎授]
미즈노 하루코[水野晴子, 영국 문학가]
사도야 시게노부[佐渡谷重信, 西南學院大學 敎授]
사토 료이치[佐藤亮一, 東京女子大學 敎授]
사토 미에[佐藤實枝, 早稻田大學 敎授]
사토 쓰네타카[佐藤恒敬, 영국 문학가]
세키구치 이사오[關口功, 영국 문학가]
세키야 소노코[關谷苑子, 프랑스 문학가]
슈무타 나쓰오[朱牟田夏雄, 東京大學 敎授]
스즈키 미치오[鈴木道雄, 미국 문학가]
스즈키 슈지[鈴木周二, 早稻田大學 敎授]
스키즈 유키오[鈴木幸夫, 早稻田大學 敎授]
시나다 이치라[品田一良, 프랑스 문학가]
시미즈 시게루[淸水茂, 早稻田大學 敎授]
아키야마 히데오[秋山英夫, 독일 문학가]
야기 쓰요시[八木毅, 영국 문학가]
야마토 야스오[大和資雄, 영국 문학가]
야스이 겐지[安井源治, 프랑스 문학가]
야지마 후미오[矢島文夫, 전 京都産業大學 敎授]
에나카 나오키[江中直紀, 早稻田大學 敎授]
오노 교이치[小野協一, 영국 문학가]
오사와 마사요시[大澤正佳, 中央大學 敎授]
오야마다 요시후미[小山田義文, 中央大學 敎授]
오이 고지[大井浩二, 關西學院大學 敎授]
오이지 다케로[生地竹郎, 영국 문학가]
오카다 아사오[岡田朝雄, 東洋大學 敎授]
오쿠보 도시히코[大久保敏彦, 日本大學 敎授]
오키타 요시호[沖田吉穗, 早稻田大學 敎授]
오하시 겐자부로[大橋健三郎, 東京大學 敎授]
오하시 기치노스케[大橋吉之輔, 미국 문학가]
와타나베 다카시[渡邊隆司, 프랑스 문학가]
요네카와 가즈오[米川和夫, 이탈리아 문학가]
요네카와 료후[米川良夫, 國學院大學文學部 敎授]
우스다 아키라[臼田昭, 甲南女子大學 敎授]
우시지마 노부아키[牛島信明, 東京外國語大學 敎授]
우에다 유지[植田祐次, 靑山學院大學 敎授]
우에스기 아키라[上杉明, 영국 문학가]
우우치 기치[大內義一, 미국 문학가]
유게 미쓰오[弓削三男, 早稻田大學 敎授]
이누이 지카코[乾千賀子, 프랑스 문학가]
이부키 치세[伊吹知勢, お茶の水女子大學 敎授]
이시이 나오시[石井直志, 프랑스 문학가]
이시자키 하루미[石崎晴己, 靑山學院大學 敎授]
이와모토 이와오[岩本巖, 미국 문학가]
이와부치 다쓰지[岩淵達治, 學習院大學 敎授 · 연출가]
이와세 고[岩瀨孝, 프랑스 문학가]
이치카와 마타히코[市川又彦, 영국 문학가]
이치카와 신이치[市川愼一, 早稻田大學 敎授]
이토 히로시[伊藤洋, 早稻田大學 敎授]
하라 다쿠야[原卓也, 東京外國語大學 敎授]
하라 지요미[原千代海, 극작가]
하마카와 사카에[濱川祥枝, 東京大學 敎授]
하시모토 이쿠오[橋本郁雄, 學習院大學 敎授]
하시모토 히로시[橋本宏, 미국 문학가]
후지모토 아쓰오[藤本淳雄, 독일 문학가]
히다카 하치로[日高八郎, 東京大學 敎授]
히라오카 노보루[平岡昇, 早稻田大學 敎授]
히라오카 도쿠요시[平岡篤頼, 早稻田大學 敎授]
히야마 데쓰히코[檜山哲彦, 東京芸術大學 敎授]

절대지식 세계문학

초판 발행 2005년 6월 7일
개정판 인쇄 2015년 3월 17일
개정판 발행 2015년 3월 19일

지은이 가메야마 이쿠오 외
옮긴이 임희선
펴낸이 황보태수
기 획 박금희
마케팅 박건원
디자인 정의도, 박해리
교 열 양은희
인 쇄 한영문화사
제 본 한영제책

펴낸곳 이다미디어
주소 서울시 마포구 양화진4길 6번지(합정동 378-34 2층)
전화 02-3142-9612, 9623
팩스 02-3142-9629
이메일 idamedia77@hanmail.net

ISBN 978-89-94597-32-4 04300
978-89-94597-30-0(세트)